張大可
韓兆琦 等 注譯

新譯資治通鑑(二十四)

隋紀一—八

三民書局 印行

國家圖書館出版品預行編目資料

新譯資治通鑑(二十四) / 張大可,韓兆琦等注譯.——初版一刷.——臺北市: 三民, 2017
冊;　公分.——(古籍今注新譯叢書)
ISBN 978-957-14-6243-1　(平裝)
1. 資治通鑑 2. 注釋

610.23　　105022866

© 新譯資治通鑑(二十四)

注譯者　張大可　韓兆琦等
責任編輯　陳榮華
美術設計　李唯綸

發行人　劉振強
著作財產權人　三民書局股份有限公司
發行所　三民書局股份有限公司
地址　臺北市復興北路386號
電話　(02)25006600
郵撥帳號　0009998-5
門市部　(復北店) 臺北市復興北路386號
(重南店) 臺北市重慶南路一段61號

出版日期　初版一刷　2017年1月
編號　S 034260
行政院新聞局登記證局版臺業字第〇二〇〇號

ISBN　978-957-14-6243-1　(平裝)

http://www.sanmin.com.tw　三民網路書店

新譯資治通鑑　目次

第二十四冊

卷第一百七十七　隋紀一　西元五八九至五九一年……一
卷第一百七十八　隋紀二　西元五九二至五九九年……六五
卷第一百七十九　隋紀三　西元六〇〇至六〇三年……一三一
卷第一百八十　隋紀四　西元六〇四至六〇七年……一九五
卷第一百八十一　隋紀五　西元六〇八至六一二年……二五九
卷第一百八十二　隋紀六　西元六一三至六一五年……三一九
卷第一百八十三　隋紀七　西元六一六至六一七年……三八三
卷第一百八十四　隋紀八　西元六一七年……四四五

卷第一百七十七

隋❶紀一

起屠維作噩（己酉 西元五八九年），盡重光大淵獻（辛亥 西元五九一年），凡三年。

【題解】本卷載述西元五八九—五九一年隋統一全國初始三年史事。時當隋文帝開皇九年至十一年。本卷著重記述開皇九年隋滅陳的過程。開皇十年、十一年無大事。隋滅陳，以大吞小，隋文帝為英武之主，陳後主是昏庸信讒的亡國之主，以英武對昏庸，故隋滅陳如摧枯拉朽，陳旬月即亡。

高祖文皇帝❷上之上

開皇九年❸（己酉 西元五八九年）

春，正月乙丑朔❹，陳主朝會羣臣，大霧四塞，入人鼻，皆辛酸，陳主昏睡，至晡時❺乃寤。

是日，賀若弼自廣陵引兵濟江。先是弼以老馬多買陳船而匿之，買弊船五六十艘，置於瀆❻內。陳人覘之，以為內國❼無船。弼又請緣江防人每交代❽之際，必集廣陵，於是大列旗幟，營幕被野。陳人以為隋兵大至，急發兵為備，既知防人交代，其眾復散。後以為常，不復設備。又使兵緣江時獵❾，人馬喧譟❿。故弼之濟江，陳人不覺。韓擒虎將五百人自橫江⓫宵濟采石⓬，守者皆醉，遂克之。晉王廣帥大軍屯六合鎮⓭桃葉山⓮。

丙寅⓯，采石戍主徐子建馳啟告變。丁卯⓰，召公卿入議軍旅⓱。戊辰⓲，陳主下詔曰：「犬羊⓳陵縱，侵竊郊畿⓴，蜂蠆㉑有毒，宜時掃定。朕當親御六師㉒，廓清㉓八表㉔，內外並可戒嚴。」以驃騎將軍蕭摩訶、護軍將軍樊毅、中領軍魯廣達並為都督，司空司馬消難、湘州刺史施文慶並為大監軍㉕，遣南豫州刺史樊猛㉖帥舟師出白下㉗，散騎常侍皐文奏將兵鎮南豫州。重立賞格㉘，僧、尼、道士，盡令執役㉙。

庚午㉚，賀若弼攻拔京口，執南徐州刺史黃恪。弼軍令嚴肅，秋毫不犯，有軍士於民間酤酒㉛者，弼立斬之。所俘獲六千餘人，弼皆釋之，給糧勞遣㉜，付以敕書，令分道宣諭㉝。於是所至風靡。

樊猛在建康㉞，其子巡攝行㉟南豫州事。辛未㊱，韓擒虎進攻姑孰㊲，半日拔之，執巡及其家口。皋文奏敗還。江南父老素聞擒虎威信，來謁軍門者晝夜不絕。

魯廣達之子世真(38)在新蔡(39)，與其弟世雄及所部降於擒虎，遣使致書招廣達。廣達時屯建康，自劾(40)，詣廷尉(41)請罪。陳主慰勞之，加賜黃金，遣還營。樊猛與左衛將軍蔣元遜將青龍八十艘於白下遊弈(42)，以禦六合兵(43)，陳主以猛妻子在隋軍，懼有異志，欲使鎮東大將軍任忠代之，令蕭摩訶徐諭(44)猛，猛不悅，陳主重傷其意(45)而止。

於是賀若弼自北道(46)，韓擒虎自南道(47)並進，緣江諸戍，望風盡走。弼分兵斷曲阿之衝(48)而入。陳主命司徒豫章王叔英屯朝堂，蕭摩訶屯樂遊苑，樊毅屯耆闍寺，魯廣達屯白土岡(49)，忠武將軍孔範屯寶田寺。己卯(50)，任忠自吳興(51)入赴，仍屯朱雀門(52)。

辛未(53)，賀若弼進據鍾山(54)，頓白土岡之東。晉王廣遣總管杜彥(55)與韓擒虎合軍，步騎二萬屯于新林。蘄州總管王世積以舟師出九江，破陳將紀瑱於蘄口，陳人大駭，降者相繼。晉王廣上狀(56)，帝大悅，宴賜羣臣。

時建康甲士尚十餘萬人，陳主素怯懦，不達(57)軍事[1]，唯晝[2]夜啼泣，臺內處分(58)，一以委施文慶。文慶既知諸將疾己，恐其有功，乃奏曰：「此等[3]怏怏，素不伏官，迫此事機，那可專信？」由是諸將凡有啟請，率皆不行。

賀若弼之攻京口也，蕭摩訶請將兵逆戰(59)，陳主不許。及弼至鍾山，摩訶又曰：「弼懸軍深入，壘塹(60)未堅，出兵掩襲，可以必克。」又不許。陳主召摩訶、任忠等[4]於內殿議軍事，忠曰：「兵法：客(61)貴速戰，主(62)貴持重。今國家足食足兵[5]，宜固守臺城，緣淮立柵，北軍(63)雖來，勿與交戰。分兵斷江路，無令彼信得通。給臣精兵一萬，金翅(64)三百艘，下江徑掩六合，彼大軍必謂其度江將士已被俘獲，自然挫氣(65)。淮南土人(66)與臣舊相知悉，今聞臣往，必皆景從(67)。臣復揚聲(68)欲往徐州，斷彼歸路，則諸軍不擊自去。待春水既漲，上江(69)周羅睺等眾軍必沿流赴援。此良策也。」陳主不能從。明日，欻然(70)曰：「兵久不決，令人腹煩(71)，可呼蕭郎(72)一出擊之。」任忠叩頭苦請勿戰。孔範又奏：「請作一決，當為官勒石燕然(73)。」陳主從之，謂摩訶曰：「公可為我一決！」摩訶曰：「從來行陳(74)，為國為身，今日之事，兼為妻子。」陳主多出金帛賦(75)諸軍以充賞。甲申(76)，使魯廣達陳於白土岡，居諸軍之南，任忠次之，樊毅、孔範又次之，蕭摩訶軍最在北。諸軍南北亙(77)二十里，首尾進退不相知。

賀若弼將輕騎登山，望見眾軍，因馳下，與所部七總管楊牙、員明(78)等甲士凡八千，勒陳(79)以待之。陳主通(80)於蕭摩訶之妻，故摩訶初無戰意。唯魯廣達以其徒力戰，與弼相當。隋師退走者數四，弼麾下死者二百七十三人，弼縱煙(81)以自隱，窘而復振。陳兵得人頭，皆走獻陳主求賞。弼知其驕惰，更引兵趣孔範，範兵暫交即走，陳諸軍顧之(82)，騎卒亂潰，不可復止，死者五千人。員明擒蕭摩訶送於弼，弼命牽斬之，摩訶顏色自若，乃[6]釋而禮之。

任忠馳入臺，見陳主，言敗狀，曰：「官(83)好住，臣無所用力矣！」陳主與之金兩縢(84)，使募人出戰，忠曰：「陛下唯當具舟楫，就上流眾軍(85)，臣以死奉衛(86)。」陳主信之，敕忠出部分，令宮人裝束以待之，怪其久不至。時韓擒虎自新林進軍，忠已帥數騎迎降於石子岡(87)。領軍蔡徵守朱雀航(88)，聞擒虎將至，眾懼而潰。忠引擒虎軍直入朱雀門，陳人欲戰，忠揮之曰：「老夫尚降，諸軍(89)何事？」眾皆散走。於是城內文武百司(90)皆遁出[7]，唯尚書僕射袁憲在殿中，尚書令江總等數人居省中。陳主謂袁憲曰：「我從來接遇(91)卿不勝餘人，今日但以追愧(92)。非唯朕無德，亦是江東衣冠道盡(93)。」

陳主遑遽(94)，將避匿，憲正色曰：「北兵之入，必無所犯。大事如此，陛下去欲安之？臣願陛下正衣冠，御正殿，依梁武帝見侯景故事(95)。」陳主不從，下榻馳去，曰：「鋒刃之下，未可交當[96]，吾自有計。」從宮人十餘出後堂景陽殿，將自投于井，憲苦諫，不從。後閤舍人[97]夏侯公韻以身蔽井，陳主與爭，久之，乃得入。既而軍人窺井，呼之，不應，欲下石，乃聞叫聲，以繩引之，驚其太重，及出，乃與張貴妃、孔貴嬪同束而上。沈后居處如常。太子深[98]年十五，閉閤而坐，舍人孔伯魚侍側，軍士叩閤而入，深安坐，勞之曰：「戎旅在塗，不至勞也！」軍士咸致敬焉。時陳人宗室王侯在建康者百餘人，陳主恐其為變，皆召入，令屯朝堂，使豫章王叔英總督之，又陰為之備，及臺城失守，相帥出降。

賀若弼乘勝至樂遊苑，魯廣達猶督餘兵苦戰不息，所殺獲數百人。會日暮，乃解甲，面臺[99]再拜慟哭，謂眾曰：「我身不能救國，負罪深矣！」士卒皆涕泣[8]歔欷，遂就擒。諸門衛皆走，弼夜燒北掖門入，聞韓擒虎已得陳叔寶，呼視之，叔寶惶懼，流汗股栗，向弼再拜。弼謂之曰：「小國之君當大國之卿[100]，拜乃禮也。入朝不失作歸命侯[101]，無勞恐懼。」既而恥功在韓擒虎後，與擒虎相詢[102]，挺刃而出。欲令蔡徵為叔寶作降箋，命乘騾車歸己，事不果。弼置叔寶於德教殿，以兵衛守。

高熲先入建康，熲子德弘為晉王廣記室[103]，廣使德弘馳詣熲所，令留張麗華[104]，熲曰：「昔太公蒙面以斬妲己[105]，今豈可留麗華？」乃斬之於青溪。德弘還報，廣變色曰：「昔人云『無德不報』，我必有以報高公[106]矣！」由是恨熲。

丙戌[107]，晉王廣入建康，以施文慶受委[108]不忠，曲為諂佞以蔽耳目[109]，沈客卿重賦厚斂以悅其上[110]，與太市令陽慧朗、刑法監[111]徐析、尚書都令史暨慧皆為民害，斬於石闕下，以謝三吳。使高熲與元帥府記室裴矩[112]收圖籍，封府庫，資財一無所取，天下皆稱廣，以為賢。矩，讓之之弟子也。

廣以賀若弼先期[113]決戰，違軍令，收以屬吏[114]。上驛召之，詔廣曰：「平定江表[115]，弼與韓擒虎之力也。」賜物萬段。又賜弼與擒虎詔，美其功。

開府儀同三司王頒，僧辯之子也[9]。夜發陳高祖陵[116]，焚骨取灰，投水而飲之。既而自縛，歸罪於晉王廣。廣以聞，上命赦之。詔陳高祖、世祖、高宗陵，總給五戶分守之[117]。

上遣使以陳亡告許善心，善心衰服號哭於西階[118]之下，藉草[119]東向坐三日，敕書唁焉[120]。明日，有詔就館[121]，拜通直散騎常侍，賜衣一襲[122]。善心哭盡哀，入房改服[123]，復出，北面立，垂泣[124]再拜受詔。明日乃朝，伏泣於殿下，悲不能興[125]。上顧左右曰：「我平陳國，唯獲此人。既能懷其舊君，即我之誠臣也。」敕以本官直[126]門下省。

陳水軍都督周羅睺與郢州刺史荀法尚守江夏，秦王俊督三十總管水陸十餘萬屯漢口[127]，不得進，相持踰月。陳荊州刺史陳慧紀[128]遣南康內史呂忠肅屯岐亭[129]，據巫峽[130]，於北岸鑿巖，綴鐵鎖三條，橫截上流以遏隋船，忠肅竭其私財以充軍用。楊素、劉仁恩奮兵擊之，四十餘戰，忠肅守險力爭，隋兵死者五千餘人，陳人盡取其鼻以求功賞。既而隋師屢捷，獲陳之士卒，三縱之。忠肅棄柵而遁，素徐去其鎖。忠肅復據荊門之延洲，素遣巴蜑[131]千人，乘五牙[132]四艘，以拍竿碎其十餘艦，遂大破之，俘甲士二千餘人，忠肅僅以身免。陳信州刺史顧覺屯安蜀城[133]，棄城走。陳慧紀屯公安，悉燒其儲蓄，引兵東下，於是巴陵[134]以東無復城守者。陳慧紀帥將士三萬人，樓船[135]千餘艘，沿江而下，欲入援建康，為秦王俊軍[10]所拒，不得前。是時，陳晉熙王叔文罷湘州[136]，還，至巴州，慧紀推叔文為盟主[137]。而叔文已帥巴州刺史畢寶等致書請降於俊，俊遣使迎勞之。會建康平，晉王廣命陳叔寶手書招上江諸將，使樊毅詣周羅睺，陳慧紀子正業詣慧紀諭指[138]。時諸城皆解甲，羅睺乃與諸將大臨[139]三日，放兵散，然後詣俊降，陳慧紀亦降，上江皆平。楊素下至漢口，與俊會。王世積在蘄口，聞陳已亡，移書[11]告諭江南諸郡，於是江州司馬黃偲[140]棄城走，豫章等[12]諸郡太守皆詣世積降。癸巳[141]，詔遣使者巡撫[142]陳州郡。二月乙未[143]，廢淮南行臺省[144]。

【章旨】以上為第一段，寫隋文帝滅陳，破金陵，消滅陳朝主力軍隊的戰鬥過程。

【注釋】❶隋　隋朝國號。初楊忠以功封隨國公，子堅襲爵受周禪，遂以隨為國號。因惡隨字帶辶，辶訓為走，故去辶為隋。❷高祖文皇帝　隋朝開國皇帝楊堅，西元五八一－六〇四年在位。❸開皇九年　隋文帝於陳宣帝太建十三年（西元五八一年）受周禪，至此年平陳，統一天下，《資治通鑑》記事始以開皇繫年。❹乙丑朔　正月初一日。❺晡時　古人進餐習慣，吃第二頓飯是在晡時。即每天下午三至五時。古時「晡」與「餔」相通。❻瀆　溝渠；水道。❼內國　即中國。隋避楊忠諱，改中作內。❽交代　換防。❾時獵　經常打獵。時，時常。❿喧譟　大聲喧鬧。⓫橫江　津渡名，即橫江浦，在今安徽和縣東南長江北岸。⓬采石　地名，即采石磯，在今安徽當塗北采石。⓭六合鎮　地名，在今江蘇六合。⓮桃葉山　地名，在今江蘇六合南。⓯丙寅　正月初二日。⓰丁卯　正月初三日。⓱軍旅　軍事；戰爭。⓲戊辰　正月初四日。⓳犬羊　是陳後主對隋軍的蔑稱。⓴郊畿　指陳都城地區。古代稱距都城百里為郊，天子所直轄之地為畿。㉑蜂蠆　蜂與蠍。毒蟲的泛稱。㉒六師　即六軍。周制，天子有六軍。後作為全國軍隊的統稱。㉓廓清　肅清；澄清。㉔八表　八方之外，指極遠的地方。㉕大監軍　官名，掌監察軍事。㉖樊猛　字智烈，南陽湖陽（今河南唐河縣西南湖陽鎮）人。仕陳，官至南豫州刺史，後降隋。傳附《陳書・樊毅傳》、《南史・樊毅傳》。㉗白下　地名，在今江蘇南京北。㉘賞格　懸賞所定的等級、標準。㉙執役　服役。㉚庚午　正月初六日。㉛酤酒　買酒。酤，買。㉜勞遣　安慰而遣送。㉝宣諭　宣傳、告訴。諭，同「喻」。㉞建康　陳朝都城，在今江蘇南京。㉟攝行　代理。此指樊巡代替其父處理南豫州軍政之事。㊱辛未　正月初七日。㊲姑孰　南豫州治所，在今安徽當塗境。㊳世真　魯廣達長子。事附《陳書・魯廣達傳》、《南史・魯廣達傳》。㊴新蔡　郡名，治所苞信縣，在今河南息縣東北苞信集。㊵自劾　自己彈劾自己的罪行。㊶廷尉　官名，古代九卿之一，掌刑法。㊷遊弈　來回巡邏。㊸六合兵　指隋軍。此時晉王楊廣率大軍駐紮於六合鎮桃葉山。㊹徐諭　慢慢地告訴。㊺重傷其意　難以傷害樊猛的心意。重，難的意思。㊻北道　指從京口進軍。京口在建康偏北，故稱北道。㊼南道　指從姑孰進軍。姑孰在建康偏南，故稱南道。㊽斷

曲阿之衝　曲阿，本指雲陽，秦朝時，傳說此地有天子氣，鑿北岡以敗其勢，截直使阿曲，因名曲阿縣。在今江蘇丹陽。賀若弼為阻止三吳之兵援救建康，故分兵斷其要衝。㊾白土岡　地名，在今江蘇南京東。㊿己卯　正月十五日。51吳興　郡名，治所烏程縣，在今浙江吳興南下菰城。52朱雀門　城門名，一名大航門，建康城南面城門。53辛未　前已有辛未，此恐誤。按，《陳書》卷八〈後主紀〉作「辛巳，賀若弼進據鍾山」，《南史》同。據此，「未」當改為「巳」。辛巳，正月十七日。54鍾山　山名，即紫金山。在今江蘇南京東。55杜彥　（西元五四二—六〇一年）雲中（今內蒙古和林格爾西北土城子）人，歷仕周、隋，官至雲州總管。傳見《隋書》卷五十五、《北史》卷七十三。56上狀　把伐陳的進軍情狀上奏隋文帝。狀，文體的一種，向上級陳述事實的文書。57達　通達；通曉。58臺內處分　朝廷政事的處理安排。臺，晉、宋時稱朝廷禁省為臺。59逆戰　迎戰；迎擊敵軍。60壘塹　軍營的圍牆和護營的濠溝。61客　指進攻的一方。62主　指被進攻的一方。63北軍　指隋軍。隋軍自北方而來，故稱北軍。64金翅　戰艦名。65挫氣　挫傷銳氣。66土人　土著人；當地人。67景從　緊相追隨，如影隨形。景，「影」本字。68揚聲　聲言；公開宣稱。69上江　長江上游。70欻然　忽然；迅疾的樣子。71腹煩　心中煩惱。腹，心中。72蕭郎　指蕭摩訶。73勒石燕然　東漢竇憲曾出擊匈奴，取得勝利，在燕然山立碑，以紀其功。事詳《後漢書・竇憲傳》。勒石，刻文於石。燕然，山名，即蒙古人民共和國杭愛山。74行陳　軍隊行列。此指出軍打仗。陳，同「陣」。75賦　給與；分給。76甲申　正月二十日。77亙　連綿。78員明　隋將，官至開府。事附《隋書・賀若弼傳》。員，姓。79勒陳　統兵列陣。陳，通「陣」。80通　私通；通姦。81縱煙　放火生煙。82顧之　看見孔範軍隊敗走。83官　對陳後主的稱呼。84縢　用繩子捆紮起來的物品。85就上流眾軍　謂乘船到長江上游周羅睺等的軍隊中去。86奉衛　侍衛。奉，對陳後主的敬詞。87石子岡　地名，在今江蘇南京西南。88朱雀航　東晉、南朝時建康正南朱雀門外的古浮橋，以船舶連接而成。戰時有警，則撤航為備。故址在今江蘇南京鎮淮橋東。航，舟船相連。89軍　胡三省注：「或作『君』。」90百司　百官。91接遇　對待。92追愧　回憶往事，表示慚愧。93江東衣冠道盡　指陳朝運數已盡。衣冠，指士大夫。94遑遽　惶恐不安。95依梁武帝見侯景故事　太清三年（西元五四九年），侯景之亂，亂軍已攻入臺城，梁武帝安坐殿上不動，侯景入殿，梁武帝又神色不變。詳見本書卷一百六十二〈梁紀〉十八武帝太清三年。96交當　抵擋。當，同「擋」。97後閤舍人　官名，殿中舍人，主守後閤。98太子深　即陳後主第四子陳深。先封始安王，後立為太子。傳見《陳書》卷二十八、《南史》卷六十五。99面臺　面向臺城。100小國之君當大國之卿　謂小國的君主與大國之卿的地位相當。101歸命侯　爵位名。三國末，晉武帝滅東吳，吳主孫皓投降，封為歸命侯。歸命，歸順之意。102相詢　互相對罵。詢，同「詬」。103記室　官名，即記室參軍，掌章表書記文檄。

(104)張麗華　即陳後主的張貴妃。(105)太公蒙面以斬妲己　太公，即姜尚，周初政治家。妲己，有蘇氏美女，商紂王寵妃。周武王滅商，被殺。(106)報高公　高熲違背了晉王旨意，殺死了張貴妃，晉王廣因此懷恨在心，發誓要報復他。高公，指高熲。(107)丙戌　正月二十二日。(108)受委　接受委任。指施文慶接受陳後主以臺內處分相委付之事。(109)以蔽耳目　指遮蔽君主耳目，使君主不能瞭解下情。(110)以悅其上　以取悅、討好其主子。(111)刑法監　官名，掌管刑法。(112)裴矩　（西元五四八—六二七年）本名裴世矩，唐人因避李世民諱而省。字弘大，河東聞喜（今山西聞喜）人，歷仕北齊、北周、隋與唐，官至太子詹事、兼檢校侍中。著《開業平陳記》十二卷。傳見《隋書》卷六十七、《北史》卷三十八、《新唐書》卷一百、《舊唐書》卷六十三。(113)先期　謂決戰日期提前，沒按規定日期行事。(114)收以屬吏　謂將賀若弼收押，交給主管官吏處理。(115)江表　指長江以南地區。從中原看，地在長江之外，故稱江表。(116)發陳高祖陵　挖掘陳高祖的墳墓。高祖，指武帝陳霸先。曾殺王頒之父僧辯，故頒為他報仇。(117)分守之　由五戶分別守護陳高祖、世祖、高宗三陵。(118)西階　賓客所在處之階。(119)藉草　坐在草薦上。此係喪禮。因陳亡，故許善心行喪禮，表示痛悼。(120)敕書唁焉　發敕書對許善心表示安慰。唁，慰問遇有喪事的人。(121)就館　回到客館。去年許善心聘隋，被留於客館。(122)襲　衣服一套稱襲。(123)改服　謂脫下喪服，換上賜服。(124)垂泣　無聲而出涕。(125)興　起來。(126)直　當值；值勤。(127)漢口　地名，漢水入長江之口，又稱沔口。在今湖北武漢。(128)陳慧紀　字元方，陳高祖之從孫，官至荊州刺史。傳見《陳書》卷十五、《南史》卷六十五。(129)岐亭　地名，故址在今湖北宜昌西北長江西陵峽口。(130)巫峽　楊素水軍於去年冬已過夷陵狼尾灘，在巫峽東。當從《隋書·楊素傳》，巫峽作「江峽」。(131)巴蜑　古代南方民族之一。居今湖北巴東縣一帶，習水性。(132)五牙　大艦名，上起樓五層，容納戰士八百人。(133)安蜀城　地名，故址在今湖北宜昌西北長江西陵峽口。(134)巴陵　巴州治所，在今湖南岳陽。(135)樓船　有疊層的大船，多作為戰船。(136)湘州　州名，治所新化縣，在今湖北大悟東北。(137)盟主　同盟的領袖。晉熙王叔文是陳後主之弟，陳慧紀欲聯合陳宗室及陳將抗隋，故推他為領袖。(138)諭指　告知旨意。指，通「旨」。(139)大臨　哭弔。因陳朝滅亡而痛哭哀悼。(140)黃偲　人名，陳朝江州司馬。(141)癸巳　正月二十九日。(142)巡撫　巡視、安撫。(143)乙未　二月初一日。(144)廢淮南行臺省　禎明二年（西元五八八年）十月，隋文帝為消滅陳朝，於壽春置淮南行省，以晉王楊廣為尚書令。今陳已亡，故廢。

【校　記】[1]事　原作「士」。據章鈺校，乙十一行本、孔天胤本皆作「事」，張敦仁《通鑑刊本識誤》、張瑛《通鑑校勘記》同，今據改。[2]畫　原作「日」。據章鈺校，甲十一行本、乙十一行本皆作「畫」，今據改。按，《南史·恩幸·施文慶傳》作

「輩」。[3]等　原作「輩」。據章鈺校，甲十一行本、乙十一行本、孔天胤本皆作「等」，今據改。按，《南史・恩幸・施文慶傳》作「等」。[4]等　原無此字。據章鈺校，甲十一行本、乙十一行本、孔天胤本皆有此字，今據補。[5]足食足兵　原作「足兵足食」。據章鈺校，甲十一行本、乙十一行本、孔天胤本皆作「足食足兵」，今據改。按，《南史・任忠傳》作「足食足兵」。[6]乃　「乃」上原有「弼」字。據章鈺校，甲十一行本、乙十一行本皆無「弼」字，今據刪。按，《通鑑紀事本末》卷二五無「弼」字。[7]出　原無此字。據章鈺校，甲十一行本、乙十一行本皆有此字，張敦仁《通鑑刊本識誤》同，今據補。[8]涕泣　原作「流涕」。據章鈺校，甲十一行本、乙十一行本、孔天胤本皆作「涕泣」，今據改。按，《陳書・魯廣達傳》、《南史・魯悉達傳附魯廣達傳》皆作「涕泣」。[9]也　原無此字。據章鈺校，甲十一行本、乙十一行本、孔天胤本皆有此字，張敦仁《通鑑刊本識誤》同，今據補。[10]軍　原無此字。據章鈺校，甲十一行本、乙十一行本、孔天胤本皆有此字，張敦仁《通鑑刊本識誤》同，今據補。[11]移書　原無此二字。據章鈺校，甲十一行本、乙十一行本、孔天胤本皆有此二字，張敦仁《通鑑刊本識誤》同，今據補。按，《通鑑紀事本末》卷二五有此二字。[12]等　原無此字。據章鈺校，甲十一行本、乙十一行本、孔天胤本皆有此字，張敦仁《通鑑刊本識誤》同，今據補。

【語　譯】高祖文皇帝上之上

開皇九年（己酉　西元五八九年）

春，正月初一日乙丑，陳後主朝會群臣，四方大霧漫天，呼吸入鼻，全是辛酸氣味，陳後主昏睡，直到晡時才醒。

這一天，隋朝大將賀若弼從廣陵率軍渡過長江。此前，賀若弼用老馬買了很多陳朝的船藏匿起來，又買了五六十艘破船，擺放在入江的水道之中。陳朝人偵察到了，以為北方中國沒有渡江的船。賀若弼又請求緣江戍守的人換防時，一定要集中在廣陵，大肆張揚旗幟，營帳遍野。陳朝人以為隋兵大規模來到，急忙調兵防守，知道是隋軍換防以後，集結的兵力又解散了。此後陳人以為這是隋軍的常態，便不再防備。賀若弼又派兵沿江時常打獵，人馬喧鬧。所以賀若弼渡江，陳朝軍人並沒有發覺。韓擒虎帶領五百人從橫江浦夜渡采石，陳朝守軍都喝醉了，於是防守據點被攻佔。晉王楊廣率領大軍屯駐在六合鎮桃葉山。

正月初二日丙寅，陳朝戍守采石的主將徐子建飛騎赴都城上表告急。初三日丁卯，陳後主召集公卿大臣進宮商議軍事。初四日戊辰，陳後主下詔書說：「犬羊敵軍肆意陵逼，侵犯我朝都城郊區，猶如有毒的蜂蠆，應及時消滅。朕要親率六軍，肅清八方，京城內外都要戒嚴。」於是任命驃騎將軍蕭摩訶、護軍將軍樊毅、中領軍魯廣達都擔任都督，任命司空司馬消難、湘州刺史施文慶都擔任大監軍，並派遣南豫州刺史樊猛統率水軍從白下出發，散騎常侍皋文奏率兵鎮守南豫州。制定重賞規格，令僧侶、尼姑、道士全都服役。

正月初六日庚午，賀若弼攻佔京口，俘虜陳朝南徐州刺史黃恪。賀若弼軍紀嚴明，秋毫不犯，有士兵到百姓家買酒喝，賀若弼立即斬了他。被俘的陳朝軍隊六千餘人，賀若弼全部釋放了，還發給糧食，加以安慰，遣返回家，並把隋文帝的敕書交給他們分別帶往各地散發。所以，隋軍所到之處望風披靡。

樊猛在建康，由他兒子樊巡代理南豫州政事。正月初七日辛未，韓擒虎進攻姑孰，半天時間就攻克了，活捉了樊巡及其家屬。皋文奏敗退而回。江南父老一直就聽說過韓擒虎的威名和誠信，前來軍營拜謁的人日夜不斷。

魯廣達的兒子魯世真在新蔡，與其弟魯世雄和他的部眾投降了韓擒虎，派使者送信招降父親魯廣達。魯廣達當時駐守建康，上表彈劾自己，前往廷尉府請求治罪。陳後主安慰他，賞賜很多黃金，派他返回軍營。樊猛和左衛將軍蔣元遜率領八十艘青龍戰船在白下巡邏，防禦六合方面的隋軍；陳後主因為樊猛的妻子兒女全在隋軍手中，害怕他有二心，想派鎮東大將軍任忠代替他，讓蕭摩訶慢慢勸諭樊猛，樊猛很不高興，陳後主難以傷害樊猛的心意，只好作罷。

這時賀若弼從建康北面的京口進軍，韓擒虎從建康南面的姑孰同時進軍，陳朝沿江各戍所都望風而逃。賀若弼派兵切斷曲阿交通要道，進逼建康。陳後主命司徒豫章王陳叔英駐守朝堂，蕭摩訶駐守樂遊苑，樊毅駐守耆闍寺，魯廣達駐守白土岡，忠武將軍孔範駐守寶田寺。正月十五日己卯，任忠從吳興赴援京師，仍然屯駐朱雀門。

辛未日，賀若弼率軍佔領鍾山，駐軍白土岡東面。晉王楊廣派總管杜彥與韓擒虎會師，共有步兵、騎兵兩萬人屯駐新林。隋蘄州總管王世積率水軍從九江出發，在蘄口打敗陳將紀瑱，陳朝將士大為驚駭，接連向隋軍投降。晉王楊廣上表奏報戰況，文帝大為高興，賜宴群臣。

當時在建康的陳朝軍隊還有十餘萬人，陳後主向來懦弱，不懂軍事，只是晝夜啼泣，朝廷內所有事務的處理，全部交給了施文慶。施文慶已經知道眾將領痛恨自己，怕他們建立戰功，便上奏說：「這些人心懷不滿，一向不誠心服從陛下，臨近此危急關頭，怎能完全相信他們？」因此眾將領的所有啟奏請求，都得不到批准。

賀若弼攻打京口時，蕭摩訶請求領兵迎戰，陳後主不同意。等到賀若弼到達鍾山，蕭摩訶又說：「賀若弼孤軍深入，營壘戰壕還沒有修築堅固，我們出兵突襲，一定可以取勝。」陳後主還是沒有同意。陳後主召來蕭摩訶、任忠等人在內殿商議軍事，任忠說：「兵法說：進攻的一方重在速戰速決，被進攻的一方貴在穩重。現在我們足食足兵，應該固守宮城，沿秦淮河建立柵欄，隋軍即使來攻，我們不與他們交戰。同時派兵截斷長江水路，不讓敵人音訊相通。陛下給我一萬精兵，三百艘金翅戰船，順江而下，直取六合鎮，隋國大軍必定會認為他們渡過長江的將士已經被俘，士氣自會受挫。淮南當地百姓從前就與臣熟悉，現在得知是臣率軍前去，一定緊相追隨。臣再揚言要去攻打徐州，截斷敵人歸路，那麼各路隋軍就會不戰自退。等到春天江河水漲，上游周羅睺等各路軍隊必然順流而下前來救援。這是良策。」陳後主不能聽從。第二天，陳後主忽然說：「兩軍相持長期不決戰，令人心煩，可叫蕭郎出兵攻擊。」任忠磕頭苦苦請求不要出戰。孔範又上奏說：「請求與隋軍一決勝負，我將為陛下在蕪然山刻石紀功。」陳後主聽從了孔範的意見，對蕭摩訶說：「你可為我決此一戰！」蕭摩訶說：「向來打仗是為國為己，今天決戰，還要為妻子兒子。」陳後主拿出許多金銀絲帛，分發給各軍作獎賞。正月二十日甲申，派魯廣達在白土岡布陣，地理位置在各軍的最南邊，在他的北邊是任忠，再往北是樊毅、孔範，蕭摩訶軍隊的位置在最北邊。各軍陣列南北綿延二十里，前後進退互不知曉。

賀若弼率領輕騎兵登上山頭，望見陳朝各軍，立即奔馳下山，與所部七位總管楊牙、員明等領兵八千人擺開陣列準備迎戰。陳後主和蕭摩訶的妻子有私情，因此蕭摩訶原本無心作戰。只有魯廣達率領部下拚死戰鬥，與賀若弼的軍隊旗鼓相當。隋軍一再後退，賀若弼部下戰死的有二百七十三人，賀若弼在軍中燃起濃煙隱蔽自己，從險境中又振作起來。陳朝士兵斬得隋軍人頭，都跑去獻給陳後主請求獎賞。賀若弼知道陳軍驕惰，轉而率軍奔赴孔範，孔範的士兵與隋軍剛一交戰就敗退，陳朝其他的軍隊看見了，騎兵步卒紛紛潰散，無法阻止，死了五千人。員明擒獲了蕭摩訶送交賀若弼，賀若弼命令拉出去斬首，蕭摩訶臉色自如，賀若弼於是給他鬆綁並以禮相待。

任忠快馬跑進臺城，謁見陳後主，講述戰敗情況，他說：「陛下好好保重，臣無能為力了！」陳後主給他兩袋金子，要他招兵出戰，任忠說：「陛下只應該備船，到上游周羅睺等人的軍隊中，臣當拚死保駕。」陳後主信以為真，命令他出外安排，讓後宮宮女收拾行裝等待。陳後主責怪任忠很久不來。當時韓擒虎從新林進軍，任忠已經率領數名騎兵到石子岡投降了他。領軍將軍蔡徵率軍防守朱雀航，聽說韓擒虎快到了，部眾恐慌一哄而散。任忠引導韓擒虎的軍隊直接進入朱雀門，陳朝守軍還想抵抗，任忠對他們招手說：「老夫我尚且投降了，你們還抵抗什麼？」陳軍全都逃散。這時臺城內文武百官都已逃出臺城，只有尚書僕射袁憲在殿內，尚書令江總等人在尚書省中。陳後主對袁憲說：「我以前對待你不如對別人好，今日卻只能追悔慚愧而已。不只是朕無德，也是江東士大夫的氣節全都喪失完了。」

陳後主惶恐不安，想躲藏起來，袁憲嚴肅地說：「北兵進入皇宮，一定不會侵侮陛下。大事已經如此，陛下還能躲到哪裡去？臣希望陛下整理衣冠，端坐正殿，效法以前梁武帝見侯景的做法。」陳後主不聽從，下了坐床飛馳而去，說道：「刀鋒之下，不能與它對抗，我自有計策。」帶領十幾個宮人逃出後堂景陽殿，將自投於井，袁憲苦苦諫阻，後主不聽。後閤舍人夏侯公韻用自己的身體遮蔽井口，陳後主和他爭奪，好長時間，才跳進井裡。不久隋軍士兵向井裡窺探，呼叫後主，沒有人答應，打算投下石頭，才聽到井裡的喊叫聲，用繩子將人往上拉，奇怪的是非常沉重，等拉出井口，才看見是陳後主與張貴妃、孔貴嬪三人拴在一起被拉上來。沈皇后還住皇后宮中，跟平常一樣。皇太子陳深十五歲，閉門而坐，太子舍人孔伯魚在旁侍立，隋軍士兵敲門進去，陳深端坐不動，慰問他們說：「一路行軍打仗，很辛苦了吧！」隋兵都紛紛向他表示敬意。當時陳朝的宗室王侯在建康的有一百多人，陳後主擔心他們發生變亂，就全召進宮中，讓他們駐留在朝堂中，派豫章王陳叔英統領，又私下加以防備。臺城失守後，他們相率出降。

賀若弼乘勝抵達樂遊苑，陳朝都督魯廣達還在督率殘部苦戰不停，殺死、俘獲隋軍數百人。當時天色已晚，魯廣達才卸下盔甲，面向臺城磕頭痛哭，對部下說：「我不能救國，背負的罪大啊！」部下也都流淚歎息，於是被俘。臺城所有宮門衛隊都已逃散，賀若弼夜晚燒毀北掖門進入皇宮，聽說韓擒虎已經抓到陳叔寶，就喊來看看，陳叔寶驚惶恐懼，冷汗直流，渾身發抖，向賀若弼拜了又拜。賀若弼對陳後主說：「小國的君王，只相當於大國的公卿，向我叩拜是禮節。你到了隋朝少不了封一個歸命侯，不必害怕。」後來賀若弼因恥於功勞在韓擒虎之後，便和韓擒虎相罵，拔刀而出。想命令蔡徵替陳叔寶撰寫投降書，讓陳叔寶乘坐騾車投降自己，但事情沒有辦成。賀若弼把陳叔寶安置在德教殿，派兵看守。

高熲比晉王楊廣先進入建康，高熲的兒子高德弘是晉王楊廣的記室參軍，楊廣派高德弘馳馬急奔到高熲住處，傳令留下陳叔寶寵妃張麗華，高熲說：「從前姜太公蒙面斬了妲己，如今怎可留下張麗華？」於是在青溪斬了張麗華。高德弘回去報告，楊廣臉色大變，說：「古人說『恩德沒有不報答的』，我一定有回報高公的辦法。」從此痛恨高熲。

正月二十二日丙戌，晉王楊廣進入建康，認為施文慶接受委命沒有盡忠，極盡諂諛邪佞之能事，蒙蔽天子的視聽；沈客卿重賦厚斂以取悅皇上，與太市令陽慧朗、刑法監徐析、尚書都令史暨慧景等人皆為民害，把他們在石闕下斬首，以此向三吳地區人民謝罪。楊廣派遣高熲和元帥府記室裴矩一起搜集檔案圖書，封存國庫，錢財分文不取，天下的人都稱讚楊廣，認為他賢明。裴矩，是裴讓之的姪兒。

楊廣因賀若弼提前決戰，違犯了軍令，逮捕賀若弼交付軍法審判。隋文帝派驛使召賀若弼入朝，下詔給楊廣說：「平定江南，是賀若弼與韓擒虎的功勞。」賞賜布帛一萬段。又賜賀若弼與韓擒虎詔書，稱美他們的功勞。

開府儀同三司王頒，是王僧辯的兒子。他趁夜掘開陳高祖陵墓，焚燒陳高祖的骨頭，取出骨灰，摻到水中喝了，然後把自己綁起來，向晉王楊廣請罪。楊廣把此事奏報皇上，隋文帝命令赦免他。下詔書總共安排五戶人家給陳高祖、陳世祖、陳高宗三座墳陵守墓。

隋文帝派使者把陳滅亡的消息告訴陳朝使臣許善心，許善心身穿喪服在西階之下號哭，在地上鋪上乾草面朝東方獨坐了三天；隋文帝下敕書弔慰他。第二天，詔命許善心到客館，拜授通直散騎常侍，賜朝服一套。許善心大哭，極盡哀傷，然後進入房裡脫掉喪服，改穿所賜朝服，出來後朝北站立，流著眼淚再拜，接受詔命。第二天上朝，又趴在殿下哭泣，極度悲哀，無法起立。隋文帝顧視身邊的人說：「我平定陳國，只得到這個人。他既然能懷念舊日的國君，就一定會是我的忠臣。」敕令他以通直散騎常侍值事門下省。

陳朝水軍都督周羅睺和郢州刺史荀法尚據守江夏，秦王楊俊督率三十名總管水陸大軍十多萬人屯駐漢口，不能前進，相持超過了一個月。陳朝荊州刺史陳慧紀派南康內史呂忠肅駐兵岐亭，扼守江峽，在北岸巖石上鑿洞，連接三條鐵鏈，橫江攔阻上游隋軍船艦，呂忠肅竭盡個人財物以補充軍用。楊素、劉仁恩率兵奮力攻擊，四十多次交戰，呂忠肅據險奮戰，隋軍士兵戰死的有五千多人，陳軍將士把他們的鼻子都割下來去邀功請賞。不久隋軍屢戰屢捷，俘獲陳軍士兵，一再釋放。呂忠肅放棄營柵逃走，楊素慢慢拆除鎖鏈。呂忠肅又佔據荊門的延洲，楊素派遣一千名巴蜑人，乘坐四艘五牙戰艦，用拍竿擊破陳軍十餘艘戰艦，於是大敗陳軍，俘虜披甲士卒二千多人，呂忠肅僅隻身逃走。陳朝信州刺史顧覺屯駐安蜀城，棄城逃走。陳慧紀屯駐公安，燒掉全部物資儲備，率兵東下，於是巴陵以東再沒有據城而守的陳軍。陳慧紀率領將士三萬人，樓船一千餘艘，順江而下，想入援建康，但被秦王楊俊的軍隊阻截，不能前進。這時，陳朝晉熙王陳叔文被罷免湘州刺史之職，返回建康，抵達巴州，陳慧紀推舉陳叔文為盟主。但是陳叔文已經率領巴州刺史畢寶等人向楊俊遞交了請降書，楊俊派遣使者迎接慰勞他們。適逢建康平定，晉王楊廣讓陳叔寶親筆寫信招降上游諸將，派樊毅前往周羅睺處，陳慧紀之子陳正業到陳慧紀處傳達陳叔寶的意旨。當時各城都放下武器，周羅睺便和眾將一起痛哭了三天，解散軍隊，然後到楊俊處投降，陳慧紀也投降了，上游全部平定。楊素順江而下到達漢口，與楊俊會師。王世積在蘄口，聽說陳朝已經滅亡，就寫信告諭江南各郡，於是江州司馬黃偲棄城逃走，豫章等各郡太守都到王世積處投降。

正月二十九日癸巳，隋文帝下詔派使臣巡視安撫原陳朝各州郡。二月初一日乙未，撤銷淮南行臺省。

蘇威奏請五百家置鄉正❶，使治民，簡辭訟❷。李德林以為：「本廢鄉官❸判事❹，為其里閭❺親識，剖斷❻不平，今令鄉正專治五百家，恐為害更甚。且要荒❼小縣，有不至五百家者，豈可使兩縣共管一鄉？」帝不聽。丙申❽，制：「五百家為鄉，置鄉正一人；百家為里，置里長❾一人。」

陳吳州刺史蕭瓛能得物情❿，陳亡，吳人推瓛為主，右衛大將軍武川宇文述⓫帥行軍總管元契、張默言等討之。落叢公燕榮⓬以舟師自東海至，亦受述節度[1]。陳永新侯陳君範自晉陵⓭奔瓛，并軍拒述。述軍且至，瓛立柵於晉陵城東，留兵拒述，遣其將王褒守吳州，自義興⓮入太湖⓯，欲掩⓰述後。述進破其柵，迴兵擊瓛，大破之。又遣兵別道襲吳州，王褒衣道士服棄城走。瓛以餘眾保包山⓱，燕榮擊破之。瓛將左右數人匿民家，為人所執。述進至奉公埭⓲，陳東揚州⓳刺史蕭巖⓴以會稽降，與瓛皆送長安，斬之。

楊素之下荊門也，遣別將龐暉將兵略地，南至湘州，城中將士，莫有固志㉑，刻日請降[2]。刺史岳陽王叔慎㉒，年十八，置酒會文武僚吏㉓。酒酣㉔，叔慎歎曰：「君臣之義，盡於此乎！」長史謝基伏而流涕。湘州助防㉕遂興侯正理在坐，乃起曰：「主辱臣死。諸君獨非陳國之臣乎？今天下有難，實致命之秋也。縱其無成，猶見臣節，青門之外，有死不能㉖！今日之機，不可猶豫，後應者斬！」眾咸許諾。乃刑牲結盟㉗，仍遣人詐奉降書於龐暉。暉信之，克期㉘而入[3]，叔慎伏甲待之，暉至，執之以徇㉙，并其眾皆斬之。叔慎坐于射堂㉚，招合士眾，數日之中，得五千人。衡陽㉛太守樊通、武州㉜刺史鄔居業皆請舉兵助之。隋所除湘州刺史薛冑㉝將兵適至，與行軍總管劉仁恩共擊之。叔慎遣其將陳正理與樊通拒戰，兵敗。冑乘勝入城，禽㉞叔慎，仁恩破鄔居業於橫橋㉟，亦擒之，俱送秦王俊，斬於漢口。

嶺南未有所附㊱，數郡共奉高涼郡太夫人洗氏㊲為主，號「聖母」，保境拒守。詔遣柱國韋洸㊳等安撫嶺外，陳豫章太守徐璒據南康㊴拒之，洸等不得進。晉王廣遣陳叔寶遺夫人書，諭以國亡，使之歸隋。夫人集首領數千人，盡日慟哭，遣其孫馮魂㊵帥眾迎洸。洸擊斬徐璒，入，至廣州說諭㊶，嶺南諸州皆定。表馮魂為儀同三司㊷，冊洗氏為宋康郡夫人。洸，敻之子也。

衡州司馬任瓌勸都督王勇(43)據嶺南，求陳氏子孫，立以為帝。勇不能用，以所部來降，瓌棄官去。瓌，忠之弟子也。

於是陳國皆平(44)，得州三十，郡一百，縣四百。詔建康城邑宮室，並平蕩耕墾，更於石頭城[4]置蔣州(45)。

晉王廣班師，留王韶鎮石頭，委以後事。三月己巳(46)，陳叔寶與其王公百司發建康，詣長安，大小在路，五百里纍纍不絕(47)。帝命權分長安士民宅以俟(48)之，內外修整，遣使迎勞，陳人至者如歸。夏，四月辛亥(49)，帝幸驪山，親勞旋師(50)。乙巳(51)，諸軍凱入(52)，獻俘于太廟，陳叔寶及諸王侯將相并乘輿服御(53)、天文圖籍(54)等以次行列，仍以鐵騎圍之，從晉王廣、秦王俊入，列于廟[5]庭。拜廣為太尉，賜輅車(55)、乘馬、袞冕之服、玄圭(56)、白璧(57)。丙午(58)[6]，帝坐廣陽門(59)觀，引陳叔寶於前，及太子、諸王二十八人，司空司馬消難以下至尚書郎(60)凡二百餘人。帝使納言宣詔勞之，次使內史令宣詔，責以君臣不能相輔，乃至滅亡。叔寶及其羣臣並愧懼(61)伏地，屏息(62)不能對。既而宥之。

初，武元帝(63)迎司馬消難，與消難結為兄弟，情好甚篤，帝每以叔父禮事之。及平陳，消難至，特免死，配為樂戶(64)，二旬而免，猶以舊恩引見，尋卒於家。

魯廣達追傷本朝淪覆，得疾不療，憤慨而卒[7]。庚戌[65]，帝御廣陽門宴將士，自門外夾道列布帛之積，達于南郭[66]，班賜[67]各有差，凡用三百餘萬段。故陳之境內，給復[68]十年，餘州免其年[8]租賦。

樂安公元諧進曰：「陛下威德遠被，臣前請以突厥可汗為候正[69]，陳叔寶為令史[70]，今可用臣言矣。」帝曰：「朕平陳國，本以除逆，非欲誇誕[71]。公之所奏，殊非朕心。突厥不知山川[72]，何能警候？叔寶昏醉[73]，寧堪驅使[74]？」諧默然而退。

辛酉[75]，進楊素爵為越公，以其子玄感[76]為儀同三司，玄獎[77]為清河郡公，賜物萬段，粟萬石。命賀若弼登御坐[78]，賜物八千段，加位上柱國，進爵宋公。仍各加賜金寶及陳叔寶妹為妾。

賀若弼、韓擒虎爭功於帝前。弼曰：「臣在蔣山[79]死戰，破其銳卒，擒其驍將，震揚威武，遂平陳國。韓擒虎略不交陳[80]，豈臣之比？」擒虎曰：「本奉明旨，令臣與弼同時合勢以取偽都[81]，弼乃敢先期，逢賊遂戰，致令將士傷死甚多。臣以輕騎五百，兵不血刃[82]，直取金陵[83]，降任蠻奴[84]，執陳叔寶，據其府庫，傾其巢穴。弼至夕方扣[85]北掖門，臣啓[86]關而納之，斯乃救罪不暇[87]，安得與臣相比？」帝曰：「二將俱為上勳[88]。」於是進擒虎位上柱國，賜物八千段。有司劾擒虎放縱士卒，淫汙[89]陳宮，坐[90]此不加爵邑。

加高熲上柱國，進爵齊公，賜物九千段。帝勞之曰：「公伐陳後，人言公反，朕已斬之。君臣道合[91]，非青蠅[92]所能間也。」帝從容命熲與賀若弼論平陳事，熲曰：「賀若弼先獻十策[93]，後於蔣山苦戰破賊。臣文吏耳，焉敢與大將論功？」帝大笑，嘉[94]其有讓。

帝之伐陳也，使高熲問方略於上儀同三司[95]李德林，以授晉王廣。至是，帝賞其功，授柱國，封郡公[96]，賞物三千段。已宣敕訖，或說高熲曰：「今歸功於李德林，諸將必當憤惋[97]，且後世觀公有若虛行[98]。」熲入言之，乃止。

以秦王俊為揚州總管四十四州諸軍事，鎮廣陵。晉王廣還并州。晉王廣之戮陳五佞[99]也，未知都官尚書[100]孔範、散騎常侍王瑳、王儀、御史中丞沈瓘之罪，故得免。及至長安，事並露，乙未[101]，帝暴其過惡，投之邊裔，以謝吳、越之人。瑳刻薄貪鄙，忌害才能；儀傾巧[102]側媚[103]，獻二女以求親昵；瓘險慘[104]苛酷，發言邪諂，故同罪焉。

帝給賜陳叔寶甚厚，數得引見，班同三品[105]。每預宴，恐致傷心，為不奏吳音106。後監守者奏言：「叔寶云：『既無秩位107，每預朝集108，願得一官號。』」帝曰：「叔寶全無心肝！」監者又言：「叔寶常醉，罕有醒時。」帝問：「飲酒幾何？」對曰：「與其子弟日飲一石109。」帝大驚，使節110其酒，既而曰：「任其性，不爾111，何以過日？」帝以陳氏子弟既多，恐其在京城為非，乃分置邊州112，給田業使為生，歲時113賜衣服以安全之。

詔以陳尚書令江總為上開府儀同三司，僕射袁憲、驃騎114蕭摩訶、領軍任忠皆為開府儀同三司，吏部尚書吳興姚察為祕書丞。上嘉袁憲雅操115，下詔，以為江表稱首116，授昌州117刺史。聞陳散騎常侍袁元友數直言於陳叔寶，擢拜主爵侍郎118。謂羣臣曰：「平陳之初，我悔不殺任蠻奴。受人榮祿119，兼當重寄120，不能横尸121徇國122，乃云無所用力，與弘演納肝123何其124遠也！」

帝見周羅睺，慰諭之，許以富貴。羅睺垂泣對曰：「臣荷125陳氏厚遇，本朝淪亡，無節可紀。得免於死，陛下之賜也，何富貴之敢望？」賀若弼謂羅睺曰：「聞公郢、漢捉兵126，即知揚州可得。王師利涉127，果如所量。」羅睺曰：「若得與公周旋128，勝負未可知也[9]。」頃之，拜上儀同三司。先是129，陳禆[10]將羊翔來降，伐陳之役，使為鄉導130，位至上開府儀同三司，班在羅睺上。韓擒虎於朝堂戲之曰：「不知機變[131]，乃立在羊翔之下，能無愧乎？」羅睺曰：「昔在江南，久承令問[132]，謂公天下節士[133]，今日所言，殊非所望。」擒虎有愧色。

帝之責陳君臣也，陳叔文獨欣然[134]有得色[135]。既而復上表自陳[136]：「昔在巴州，已先送款[137]，乞知此情，望異常例。」帝雖嫌其不忠，而欲懷柔[138]江表，乃授叔文開府儀同三司，拜宜州刺史。

初，陳散騎常侍韋鼎聘于周，遇帝而異之，謂帝曰：「公當大貴，貴則天下一家[139]，歲一周天[140]，老夫當委質[141]於公。」及至德[142]之初，鼎為太府卿[143]，盡賣田宅，大匠卿[144]毛彪問其故，鼎曰：「江東王氣[145]，盡於此矣！吾與爾當葬長安。」及陳平，上召鼎為上儀同三司。鼎，叡之孫也。

壬戌[146]，詔曰：「今率土大同[147]，含生[148]遂性，太平之法，方可流行。凡我臣民，澡身浴德[149]，家家自修，人人克念[150]。兵可立威，不可不戢，刑可助化[151]，不可專行。禁衛九重[152]之餘，鎮守四方之外，戎旅[153]軍器，皆宜停罷。世路既夷[154]，羣方無事，武力之子[155]，俱可學經。民間甲仗[156]，悉皆除毀。頒告天下，咸悉此意。」

賀若弼撰其所畫策[157]上之，謂為御授平陳七策[158]。帝弗省[159]，曰：「公欲發揚我名，我不求名，公宜自載家傳[160]。」弼位望隆重，兄弟並封郡公，為刺史、列將[161]。家之珍玩，不可勝計，婢妾曳羅綺[162]者數百，時人榮之。其後突厥來朝，上謂之曰：「汝聞江南有陳國天子乎？」對曰：「聞之。」上命左右引突厥詣韓擒虎前曰：「此是執得陳國天子者。」擒虎厲色顧之，突厥惶恐，不敢仰視。

【章　旨】以上為第二段，寫隋文帝平定陳朝全境，以及鞏固統一的措施，妥善安置降人陳朝君臣，封賞立功將士。隋文帝並提賀若弼、韓擒虎兩員大將，用心公允，避免了紛爭。

【注　釋】❶鄉正　官名，掌一鄉之政教禁令。❷使治民二句　此處字句有誤。按，《隋書・李德林傳》云：「威又奏置五百家鄉正，即令理民間辭訟。」據此「簡」當作「間」。此句應作「使治民間辭訟」。辭訟，爭訟；訴訟。❸鄉官　治理一鄉事務的官吏。❹判事　審理案件。❺里閭　里巷；鄉里。❻剖斷　辨明是非而加以判處。❼要荒　泛指邊遠地方。❽丙申　二月初二日。❾里長　古代的鄉職，謂一里之長。❿物情　人心。物，人。⓫宇文述　（？—西元六一六年）字伯通，代郡武川（今內蒙古武川縣西南）人，歷仕周、隋，官至左衛大將軍，加開府儀同三司，封許國公。傳見《隋書》卷六十一、《北史》卷七十九。⓬燕榮　字貴公，華陰弘農（今河南靈寶東北）人。歷仕周、隋，官至幽州總管。傳見《隋書》卷七十四、《北史》卷八十七。⓭晉陵　郡名，治所晉陵縣，在今江蘇常州。⓮義興　郡名，治所陽羨縣，在今江蘇宜興。⓯太湖　湖名，在今江蘇吳縣西南，跨江蘇、浙江二省。⓰掩　乘其不備而襲擊對方。⓱包山　地名，又名洞庭山，在太湖中，四面環水。⓲奉公埭　地名，故址在今浙江蕭山縣西。⓳東揚州　僑州名，治所山陰縣，在今浙江紹興。⓴蕭巖　（？—西元五八九年）字義遠，後梁蕭詧第五子，降陳，封東揚州刺史。傳附《周書・蕭詧傳》。㉑固志　固守城池的意志。㉒岳陽王叔慎　即陳宣帝第十四子陳叔慎（西元五七二—五八九年），字子敬，封岳陽王。傳見《陳書》卷二十八、《南史》卷六十五。㉓僚吏　執役服事的人，即官吏。㉔酒酣　酒興正濃。㉕助防　官名，城防為正職，助防為副職，協助城防保衛城池。㉖青門之外二句　意謂陳國臣民寧死也不效法秦時召平，種瓜青門之外，作新朝隋的順民。青門，即漢長安城東青門。秦時人召平，封東陵侯，秦亡為民，種瓜於青門外。事見《史記・蕭相國世家》。㉗刑牲結盟　殺牲口取血，以結成同盟。㉘克期　同「剋期」。約定日期。㉙狥　宣示眾人，即示眾。㉚射堂　行射禮的處所。㉛衡陽　郡名，治所湘西縣，在今湖南株洲西南。㉜武州　州名，治所武陵縣，在今湖南常德。㉝薛胄　字紹玄，河東汾陽（今山西萬榮西南）人，歷仕周、隋，官至刑部尚書。傳見《隋書》卷五十五、《北史》卷三十六。㉞禽　通「擒」。捉住。㉟橫橋　橋名，故址在今陝西咸陽東北。㊱附　歸附；服從。㊲高涼郡太夫人洗氏　高涼（今廣東陽江縣西）人，世為嶺南少數民族領袖。隋文帝封她為譙國夫人。傳見《隋書》卷八十、《北史》卷九十一。㊳韋洸　字世穆，京兆杜陵（今陝西長安東北）人。歷仕周、隋，官至廣州總管。傳見《隋書》卷四十七、《北史》卷六十四。㊴南康　郡名，治所贛縣，在今江西贛州西南。㊵馮魂　馮融之孫，其祖母為洗夫人。㊶說諭　勸說告諭。㊷儀同三司　官名，隋文帝以為文散官，無職掌。㊸王勇　（?—西元五八九年）仕陳，官至東衡州刺史，總督衡、廣、交、桂、武等二十四州諸軍事。後降隋。傳附《陳書・南康愍王曇朗傳》、《南史・南康愍王曇朗傳》。㊹陳國皆平　自陳武帝於西元五五七年受梁禪建立陳朝，至此而亡，凡歷五主，三十三年。㊺蔣州　州名，治所石頭城，在今江蘇南京石頭山後。㊻己巳　三月初六日。㊼纍纍不絕　連綿不斷。纍纍，接連成串。㊽俟　等待。㊾辛亥　《隋書》卷二〈高祖紀〉上「辛亥」作「己亥」，《北史》同。當改。己亥，四月初六日。㊿旋師　回軍。旋，返還；歸來。(51)乙巳　四月十二日。(52)凱入　高奏凱樂而入。(53)乘輿服御　乘輿，皇帝、諸侯乘坐的車子。服御，衣服車馬之類。(54)天文圖籍　天文，此指曆法。圖籍，地圖與戶籍。(55)輅車　大車。(56)玄圭　黑色的玉，古代帝王舉行典禮所用的一種玉器。(57)白璧　古代以白璧為重要寶器。(58)丙午　四月十三日。(59)廣陽門　長安宮城正南門，後改稱承天門。(60)尚書郎　官名，尚書省列曹尚書所轄諸曹郎之通稱。(61)愧懼　羞愧而又害怕。(62)屏息　抑制呼吸不敢出聲，形容恭謹畏懼的神態。(63)武元帝　即隋文帝之父楊忠，謚武元帝。(64)樂戶　古代犯罪的婦女或犯人的妻女沒入官府，充當官伎，從事吹彈歌唱，供統治者取樂，名隸樂籍，戶稱樂戶。(65)庚戌　四月十七日。按，四月甲午朔，庚戌當在「丙辰」（四月二十三日）之前。此處干支錯亂。(66)郭　外城。(67)班賜　頒賜。(68)復　免除賦稅或徭役。(69)候正　官名，掌斥候警戒。(70)令史　官名，官位次於郎，掌文書。(71)誇誕　誇大、虛妄。(72)山川　山河。指地理情況。(73)昏醉　迷亂，糊塗，猶如人喝醉了酒一樣。(74)寧堪驅使　豈能役使。寧，豈；難道。驅使，役使。(75)辛酉　四月二十八日。(76)玄感　（?—西元六一三年）楊素長子。官至禮部尚書，襲爵楚國公。後叛亂，被殺。傳見《隋書》卷七十、《北史》卷四十一。(77)玄獎　（?—西元六一三年）楊素之子。官至義陽太守，封清河郡公。事附《隋書・楊玄感傳》、《北史・楊玄感傳》。(78)御坐　皇帝的座位。(79)蔣山　地名，即今江蘇南京中山門外鍾山。(80)交陳　兩兵交戰。陳，通「陣」。

81偽都　指陳都城建康。隋以本朝為正統，故稱陳都為偽都。82兵不血刃　不經激戰就取得勝利。兵，兵器。血刃，血染刀口，指殺人。83金陵　地名，在今江蘇南京。84任蠻奴　任忠字蠻奴，隋諱忠字，故稱其字。85方扣　才敲。指賀若弼軍至夕才到宮門。86啓　開。87不暇　忙不過來；沒時間。88上勳　上等功勳。89淫汙　姦淫。90坐　因。91道合　指思想一致。92青蠅　語出《詩經・青蠅》，常用以比喻進讒言的佞人。93獻十策　《資治通鑑》不載十策內容，《隋書》本傳亦不詳。94嘉稱讚。95上儀同三司　官名，位在儀同三司上，文散官，無職事。96郡公　爵名，九等爵位中的第四等。97憤惋　悲憤惋惜。98虛行　就是說白走一趟。99陳五佞　指陳朝的施文慶、沈客卿、陽慧朗、徐析、暨慧景五個佞人。100都官尚書　官名，尚書省列曹尚書之一。南北朝有都官尚書，隋改為刑部尚書，掌刑法。101乙未　孔範等投之邊裔事，《隋書》卷二〈高祖紀〉繫於「己未」下。《通鑑》作乙未，當誤。己未，四月二十六日。102傾巧　狡詐；看風行事。103側媚　以不正當的手段討好別人。104險慘　邪惡而狠毒。105班同三品　指安排陳後主上朝時列位相當於三品官的職位。班，秩位；官位。三品，自晉以後，官分九品，三品為第三等。106吳音　指吳語。江南三吳地區之語音。107秩位　官職的品級。108朝集　朝會。109石　容量單位。十斗為石。110節　控制；節制。111不爾　不這樣。112分置邊州　分別安置在邊遠的州地。113歲時　歲，一年。時，指春、夏、秋、冬四季。114驃騎　將軍名號，驃騎將軍的省略語。位在三公之下。115雅操　高尚的操行。116稱首　稱為第一。117昌州　州名，治所棗陽縣，在今湖北棗陽。118主爵侍郎　官名，隸屬吏部尚書，掌選舉。119榮祿　官職和俸祿。120重寄　重託；重任。121橫尸　屍首橫陳，自殺之意。122徇國　為國獻身。123弘演納肝　弘演，春秋時為衛大夫。翟人攻衛，殺衛懿公，盡食其肉，捨其肝。弘演見後大哭，因自殺，把衛懿公肝納入自己腹內。詳見《呂氏春秋・忠廉》。124何其　多麼。125荷　承受。126捉兵　掌管軍隊。捉，把；持。127利涉　渡江獲得勝利。此指隋軍順利渡過長江，攻下建康。128周旋　追逐；交戰。129先是　此前；在這以前。130鄉導　帶路的人。131機變　隨機應變。132令問　好名聲。令，善；美好。133節士　有節操之人。節，氣節；操守。134欣然　喜悅的樣子。135得色　得意的臉色。136自陳　自述。137送款　遞送誠意，指向隋投誠。138懷柔　招徠安撫。139天下一家　謂天下統一，消除南北對峙的局面。140歲一周天　歲，指歲星，即木星。約十二年運行一周天。141委質　古代臣下向君主獻禮，表示獻身的意思。委，託付，引申為致送之意。質，通「贄」。舊時初次求見人時所送的禮物。142至德　年號。西元五八三年，陳長城公（後主）即位，改元至德。143太府卿　官名，太府長官，掌庫藏財物。144大匠卿　官名，即將作大匠，掌皇族宮廟建築。145王氣　古代指象徵帝王運數的祥瑞之氣。146壬戌　四月二十九日。147率土大同　全國統一。率土，謂境域以內，指全國、全境。大同，謂太平盛世，指統一。148含生　指一切生物。149澡身浴德　修身養德。語出《禮記・儒行》。150克念　約束自己的欲望。151助化　有助於教化。152九重　謂天子所居之處。古稱天有九重。153戎旅　指軍隊。154世路既夷　指世界太平。夷，平。155武力之子　意指武人或武人之子。156甲仗　盔甲器械。157畫策　計劃；謀劃。158御授平陳七策　《隋書》本傳及〈高熲傳〉皆作「十策」，《通鑑》本卷上文亦作「十策」，疑「七」為「十」字之誤。159弗省　不看。160家傳　子孫敘述其父祖事跡的傳記。161列將　位在將軍之列。162羅綺　經緯組織顯椒眼紋的稱為羅，素地織起花的絲織物稱作綺。

【校　記】①亦受述節度　原無此五字。據章鈺校，甲十一行本、乙十一行本、孔天胤本皆有此五字，張敦仁《通鑑刊本識誤》同，今據補。按，《隋書・宇文述傳》、《北史・宇文述傳》、《通鑑紀事本末》卷二五皆有此五字。②刻日請降　原無此四字。據章鈺校，甲十一行本、乙十一行本、孔天胤本皆有此四字，張敦仁《通鑑刊本識誤》同，今據補。按，《通鑑紀事本末》卷二五、《通鑑綱目》卷三六上皆有此四字。③而入　原作「入城」。據章鈺校，甲十一行本、乙十一行本、孔天胤本皆作「而入」，今據改。按，《陳書・岳陽王叔慎傳》、《通鑑紀事本末》卷二五皆作「而入」。④城　原無此字。據章鈺校，甲十一行本、乙十一行本、孔天胤本皆有此字，今據補。按，《隋書・地理志下》、《通鑑紀事本末》卷二五皆有此字。⑤廟　原作「殿」。據章鈺校，甲十一行本、乙十一行本皆作「廟」，張敦仁《通鑑刊本識誤》同，今據改。按，《陳書・晉熙王叔文傳》、《通鑑紀事本末》卷二五皆作「廟」。⑥丙午　原作「丙辰」。據章鈺校，甲十一行本、乙十一行本皆作「丙午」，張敦仁《通鑑刊本識誤》同，今據改。按，《通鑑紀事本末》卷二五作「丙午」。⑦魯廣達追傷本朝淪覆得疾不療憤慨而卒　原無此十七字。據章鈺校，甲十一行本、乙十一行本、孔天胤本皆有此十七字，張敦仁《通鑑刊本識誤》同，今據補。按，《通鑑紀事本末》卷二五、《通鑑綱目》卷三六上皆有此十七字。⑧年　原無此字。據章鈺校，甲十一行本、乙十一行本、孔天胤本皆有此字，張敦仁《通鑑刊本識誤》同，今據補。按，《通鑑紀事本末》卷二五有此字。⑨也　原無此字。據章鈺校，甲十一行本、乙十一行本、孔天胤本皆有此字，張敦仁《通鑑刊本識誤》同，今據補。⑩褌　原無此字。據章鈺校，甲十一行本、乙十一行本、孔天胤本皆有此字，張敦仁《通鑑刊本識誤》同，今據補。按，《隋書・周羅睺傳》、《北史・周羅睺傳》皆有此字。

【語　譯】蘇威奏請每五百家設置一鄉正，讓鄉正治理百姓，審理訟案。李德林認為：「本來當初撤銷鄉官審理訟案，就是因為鄉官是鄉里百姓的親朋，判案不能公平。現在讓鄉正專管五百家，恐怕危害更為嚴重。更何況偏遠小縣，有不到五百家的，怎能讓兩個縣共同管理一個鄉？」隋文帝不聽從。二月初二日丙申，頒發詔書：「五百家為鄉，設置鄉正一人；一百家為里，設置里長一人。」

陳朝吳州刺史蕭瓛能得民心，陳亡，吳地民眾推舉蕭瓛為首領。右衛大將軍武川人宇文述率領行軍總管元契、張默言等人前去討伐。落叢公燕榮率領水軍從東海到達吳州也受到宇文述的調度。陳朝永新侯陳君範從晉陵投奔蕭瓛，聯合抵抗宇文述。宇文述軍隊即將到達，蕭瓛在晉陵城東設立柵欄，留下兵力阻截宇文述，另派他的將領王褒駐守吳州，而自己從義興進入太湖，想從後面掩襲宇文述。宇文述進兵攻破晉陵城東的柵欄，回兵攻擊蕭瓛，把他打得大敗。又派兵從另路襲擊吳州，王褒穿上道士服裝棄城逃走。蕭瓛帶領殘餘部眾退守包山，燕榮又擊敗了他。蕭瓛帶領身邊數人躲藏在老百姓家裡，被人抓獲。宇文述進軍到奉公埭，陳朝東揚州刺史蕭巖獻出會稽城投降，他同蕭瓛一起被押送長安，被斬首。

楊素攻下荊門時，派副將龐暉率兵攻城略地，向南到達湘州，城中陳軍將士，無心堅守，即日投降。湘州刺史岳陽王陳叔慎，年紀十八歲，擺設酒席聚集文武僚佐。酒喝到盡興時，陳叔慎歎息說：「我們的君臣關係，今天結束了嗎！」長史謝基伏地流淚。湘州助防遂興侯陳正理在座，便站起身說：「人主受辱，臣子效死。在座諸君難道不是陳朝的臣子嗎？現在天下有難，正是我們獻身的時候。即使不能成功，也能夠顯現做臣子的節操。陳滅亡我們寧願一死，絕不像召平那樣種瓜青門之外，作隋朝順民。今日已到了危急關頭，不能猶豫，不迅速響應的人立即斬首！」大家全都贊成。於是殺牲歃血共結盟誓，並派人假裝獻投降文書給龐暉。龐暉信以為真，約定日期入城受降，陳叔慎埋伏甲士等待他。龐暉到來後，抓獲了他，斬首示眾，連同他率領的部眾也全部殺掉。陳叔慎坐在射堂之上，招集士眾，幾天之內，得到了五千人。衡陽太守樊通、武州刺史鄔居業都請求率軍協助陳叔慎。正趕上隋朝所任命的湘州刺史薛冑領兵到來，和行軍總管劉仁恩一起攻打湘州。陳叔慎派他的將領陳正理與樊通一起抵抗，軍隊戰敗。薛冑乘勝進入城內，擒獲了陳叔慎，劉仁恩在橫橋打敗了鄔居業，也擒獲了他，一起押送到秦王楊俊那裡，在漢口把他們斬首。

嶺南尚未歸附，幾個郡共同推舉高涼郡太夫人洗氏為盟主，號稱「聖母」，保境抵抗。隋文帝下詔派柱國韋洸等人安撫嶺南，陳朝豫章太守徐璒據守南康郡進行抵抗，韋洸等人不能前進。晉王楊廣派陳叔寶寫信送給洗夫人，告訴她陳朝已經滅亡，讓她歸附隋朝。洗夫人集合首領數千人，哀哭了一整天，派她的孫子馮魂率部眾迎接韋洸。韋洸率軍攻打徐璒，把他斬首，進入嶺南，到達廣州勸說曉諭，嶺南各州全部平定。上表請求朝廷授任馮魂為儀同三司，冊封洗氏為宋康郡夫人。韋洸，是韋敻的兒子。

衡州司馬任瓌勸說都督王勇佔據嶺南，尋找陳氏子孫，立為皇帝。王勇沒有採用他的意見，率領所轄部眾前來投降，任瓌棄官而去。任瓌，是任忠弟弟的兒子。

於是陳國全部平定，隋朝獲得三十個州，一百個郡，四百個縣。隋文帝頒詔，把建康的城邑宮殿房屋，一併蕩平耕墾，另外在石頭城設置蔣州。

晉王楊廣班師，留下王韶鎮守石頭城，委託他處理善後事宜。三月初六日己巳，陳叔寶及其王公百官從建康出發，前往長安，大人小孩踏上路途，五百里連綿不斷。隋文帝命令臨時劃出長安士民住宅等待他們，內外重新裝修，派使者迎接慰勞，陳朝降人到達後就像回到家裡一樣。夏，四月辛亥日，隋文帝駕臨驪山，親自慰問凱旋大軍。十二日乙巳，各路大軍高奏凱樂入城，到太廟獻俘，陳叔寶和陳朝王侯將相連同他們的車駕服飾、天文圖籍等依次排開行列，並由鐵甲騎兵四面圍住，跟隨著晉王楊廣、秦王楊俊進入，排列在殿庭上。隋文帝授楊廣為太尉，賞賜輅車、乘馬、袞服冠冕、黑圭、白璧。十三日丙午，隋文帝坐在廣陽門城樓上觀看，派人把陳叔寶帶到跟前，還有陳朝太子、諸王二十八人，司空司馬消難以下至尚書郎共二百多人。隋文帝派納言宣讀詔書慰勞他們，再讓內史令宣讀詔書，責備他們君臣不能互相輔助，以致國家滅亡。陳叔寶和他的大臣們全都又羞愧又害怕，伏身在地，不敢出氣，無言以對。隋文帝隨後寬恕了他們。

當初，武元帝楊忠迎接司馬消難投降北周，與司馬消難結拜為兄弟，感情極為深厚，隋文帝經常以侍奉叔父的禮節侍奉他。等到平定陳朝，司馬消難作為俘虜到了長安，隋文帝特為下令免死，發配為樂戶，過了二十天又免除樂戶籍，仍然以舊日情誼接見他，不久，司馬消難死在家裡。

魯廣達追念傷悼陳朝的滅亡，得病後不接受治療，憤恨不平而死。四月十七日庚戌，隋文帝駕臨廣陽門宴請將士，從門外兩側擺放成堆布匹綢緞，一直到南邊的外城，按照功勳等級分別賞賜，一共用去三百多萬段。原陳朝境內，免除十年田租賦稅，其他各州免除本年田租賦稅。

樂安公元諧進言說：「陛下威德遠播四海，臣以前請求任命突厥可汗為候正，陳叔寶為令史，今日可以採用臣的建議了。」隋文帝說：「朕平定陳國，本來是為了剷除叛逆，不是想虛為誇耀。你的奏請，一點也不符合我的心意。突厥可汗不瞭解山川形勢，怎麼能夠偵候警戒？陳叔寶昏醉，豈能役使？」元諧默然無語，退了下去。

四月二十八日辛酉，隋文帝把楊素的爵位進封為越公，任命他的兒子楊玄感為儀同三司，楊玄獎為清河郡公；賞賜絹帛一萬段，粟一萬石。命賀若弼坐上御座，賞賜絹帛八千段，加位上柱國，進封為宋公。另外又分別加賜金銀珍寶，並把陳叔寶的妹妹賞賜給他為妾。

賀若弼、韓擒虎在文帝面前爭功，賀若弼說：「臣在蔣山拼死力戰，打敗了陳朝的精兵，擒獲了他們的驍勇將領，震武揚威，終於平定了陳國。韓擒虎幾乎沒有臨陣交戰，豈能與臣相比？」韓擒虎說：「原本接到晉王的命令，讓臣與賀若弼同時合力攻取偽都，賀若弼竟敢先於約定時間，碰到敵軍便交戰，致使將士傷亡極多。而臣率領輕騎兵五百人，兵不血刃，直取金陵，降伏任忠，抓獲了陳叔寶，佔領他們的府庫，傾覆了他們的巢穴。賀若弼到了晚上才進攻到北掖門，臣打開城門讓他進城，他連贖罪都來不及，怎能與臣相比？」隋文帝說：「你們二位將領都是上等功勳。」於是進封韓擒虎爵位為上柱國，賞賜絹帛八千段。掌管司法的有關官員彈劾韓擒虎放縱士兵，姦淫陳朝宮女，因此沒有晉升爵位，增加食邑。

加授高熲上柱國，進封爵位為齊公，賞賜絹帛九千段。隋文帝慰勞他說：「你討伐陳國後，有人說你造反，朕已把他殺了。君臣道義相合，不是讒言可以離間的。」隋文帝讓高熲與賀若弼隨意談論平定陳國之事，高熲說：「賀若弼先進獻平陳十策，後來又苦戰蔣山，打敗賊兵，臣只是一個文職官員，怎敢與大將爭功？」隋文帝大笑，稱讚他的謙讓。

隋文帝討伐陳朝時，派高熲向上儀同三司李德林詢問謀略，然後轉告晉王楊廣。到這時隋文帝嘉獎李德林出謀劃策的功勞，授予他上柱國，進封為郡公，賞賜絹帛三千段。敕令已經宣布，有人勸高熲說：「如今把功勞都歸給李德林，諸將必定憤憤不平，而且後世會看待您在平陳之中如同白跑了一趟。」高熲進宮陳奏，隋文帝封賞李德林之事就作罷了。

任命秦王楊俊為揚州總管四十四州諸軍事，鎮守廣陵。晉王楊廣回到并州。

晉王楊廣誅殺陳朝施文慶等五個奸臣的時候，不知道都官尚書孔範、散騎常侍王瑳、王儀、御史中丞沈瓘的罪行，所以他們得以免死。等到到了長安，事情全都暴露了，乙未日，隋文帝公開了他們的罪惡，把他們流放到邊疆，用來向吳、越地區的百姓謝罪。王瑳為人刻薄，貪婪鄙陋，忌害才能；王儀狡詐奸巧，阿諛奉承，進獻兩個女兒給陳後主以求親近；沈瓘陰險殘酷，出言邪惡諂媚，所以一同治罪。

隋文帝給陳叔寶的賞賜十分豐厚，一再得到召見，班位和三品官相同。每次陳叔寶參加宴會，隋文帝怕引起他傷心，因而禁止演奏吳地音樂。後來監護看守的人上奏說：「陳叔寶說：『既沒有官秩爵位，卻常參加朝會宴集，希望得到一個官號。』」隋文帝說：「陳叔寶完全沒有心肝！」監護的人又說：「陳叔寶常常喝醉，極少有清醒的時候。」隋文帝問道：「喝多少酒？」回答說：「和他的子弟每天喝一石酒。」隋文帝大驚，派人節制他的酒量，不久又說：「讓他隨心所欲吧，不然，他怎麼度日呢？」隋文帝因為陳氏的子弟已經很多，擔心他們在京城惹是生非，就把他們分散安置到邊遠州郡，供給農田讓他們自為生計，年節和四時賞賜衣服以安定保全他們。

隋文帝下詔任命原陳朝尚書令江總為上開府儀同三司，尚書僕射袁憲、驃騎將軍蕭摩訶、領軍將軍任忠都為開府儀同三司，吏部尚書吳興人姚察為祕書丞。隋文帝稱讚袁憲有高尚的品操，頒下詔書，認為他是江東第一人，授任昌州刺史。聽說原陳朝散騎常侍袁元友多次向陳叔寶直言進諫，提升他為主爵侍郎。隋文帝對群臣說：「平定陳朝初期，我後悔沒有殺了任忠，他接受陳朝高官厚祿，又擔當重任，不能以身殉國，卻說自己無能為力，這和剖腹納肝為衛懿公殉死的弘演相差多麼遠啊！」

隋文帝接見周羅睺，安慰勉勵他，以富貴相許。周羅睺流著眼淚回答說：「臣身承陳氏厚遇，前朝淪亡，我無節可述。能夠免死，是陛下的恩賜，豈敢奢望富貴？」賀若弼對周羅睺說：「聽說你在郢、漢地區掌握兵權，就知道揚州可以取得。王師渡江獲勝，果然如所預料的那樣。」周羅睺說：「假如能夠和您交手，勝敗還不一定。」不久，周羅睺被授上儀同三司。起先，陳朝副將羊翔投降隋朝，在討陳之戰中，派他作隋軍嚮導，到現在位至上開府儀同三司，班位還在周羅睺之上。韓擒虎在朝堂上取笑周羅睺說：「你不知道隨機應變，班位還在羊翔之下，能不羞愧嗎？」周羅睺說：「以前在江南，我久仰您的美名，認為您是天下節義之士，今天您說這種話，使我很失望。」韓擒虎滿臉羞愧。

隋文帝責備陳朝君臣時，唯獨陳叔文欣然喜悅，得意洋洋。接著他又上表自陳：「從前在巴州，我已先向隋朝表示誠心歸附，請陛下明察此中情實，希望封賞打破常例。」隋文帝雖然討厭他的不忠，但是想要安撫江南地區，就授予陳叔文開府儀同三司，授任宜州刺史。

當初，陳朝散騎常侍韋鼎出使北周，見到隋文帝，覺得他不同尋常，就對隋文帝說：「您一定會大貴，您大貴時就會天下統一，十二年後，老夫應該委身於您。」到了至德初年，韋鼎任陳朝太府卿，把田地房屋全部賣掉，大匠卿毛彪問他原因，韋鼎說：「江南的帝王之氣，到現在結束了！我和你應葬身長安。」等到陳朝平定，隋文帝召來韋鼎任為上儀同三司。韋鼎，是韋叡的孫子。

四月二十九日壬戌，隋文帝下詔說：「如今天下統一，萬物生靈順適本性，太平時代的法令規章，正可普遍推行。凡是我隋朝臣民，修身養德，家家自我修習，人人都克制慾念。武力可以樹立國威，但是不能不停止，刑罰可以幫助推動教化，但是不可以任意專行。除了保衛京師皇宮的禁衛軍和鎮守四方的邊防軍之外，其餘的軍隊和武器，都要停止使用。社會已經安定，各方無事，軍人的子弟，都可以學習經書。民間的武器，全部予以銷毀。通告天下，讓大家都明白這一思想。」

賀若弼撰寫了他所籌劃的平陳計策上奏隋文帝，題為〈御授平陳七策〉，隋文帝沒有閱覽，說：「你想宣揚我的名聲，我不求名，你應該自己記載在家傳裡面。」賀若弼位高望重，兄弟一起封為郡公，擔任刺史、將軍。家中的珍寶玩物，不計其數，身曳綾羅綢緞的婢妾數百，世人都認為十分榮耀。後來突厥派使節前來朝見，隋文帝對使節說：「你聽說過江南有陳國天子嗎？」使節回答說：「聽說過。」皇上命左右侍從把突厥使節帶到韓擒虎面前，說：「這個就是抓獲陳國天子的人。」韓擒虎板著臉看著突厥使節，突厥使節惶恐不安，不敢抬頭仰視。

右[1]衛將軍龐晃❶等短高熲於上，上怒，皆黜❷之，親禮逾❸密。因謂熲曰：「獨孤公❹，猶鏡也，每被磨瑩❺，皎然❻益明。」初，熲父賓❼為獨孤信僚佐，賜姓獨孤氏，故上常呼為獨孤而不名。

樂安公元諧，性豪俠❽，有氣調❾，少與上同學，甚相愛，及即位，累歷顯仕❿。諧好排詆⓫，不能取媚左右。與上柱國王誼善，誼誅，上稍疏忌⓬之。或告諧與從父弟上開府儀同三司滂、臨澤侯田鸞、上儀同三司祁緒[2]等謀反，下有司按驗⓭，奏：「諧謀令祁緒勒⓮党項兵斷⓯巴、蜀。又，諧嘗與滂同謁上，諧私謂滂曰：『我是主人⓰，殿上者賊⓱也。』因令滂望氣⓲，滂曰：『彼雲似蹲狗走鹿⓳，不如我輩有福德雲。』」上大怒，諧、滂、鸞、緒並伏誅。

閏月⓴己卯㉑，以吏部尚書蘇威為右僕射。六月乙丑㉒，以荊州總管楊素為納言。

朝野皆稱封禪，秋，七月丙午㉓，詔曰：「豈可命一將軍除一小國，遐邇㉔

注意，便謂太平？以薄德而封名山，用虛言而干上帝，非朕攸[25]聞。而今以[3]後，言及封禪，宜即禁絕。」

左衛大將軍廣平王雄，貴寵特盛，與高熲、虞慶則、蘇威稱為四貴。雄寬容下士[26]，朝野傾屬[27]，上惡其得眾，陰忌之，不欲其典[28]兵馬。八月壬戌[29]，以雄為司空，實奪之權。雄既無職務，乃杜門不通[30]賓客。

帝踐阼[31]之初，柱國沛公鄭譯請脩正雅樂[32]，詔太常卿牛弘、國子祭酒辛彥之[33]、博士[34]何妥[35]等議之，積年不決。譯言：「古樂[36]十二律[37]，旋相為宮[38]，各用七聲，世莫能通。」譯因龜茲人蘇祗婆[39]善琵琶，始得其法，推演[40]為十二均[41]、八十四調[42]，以校太樂[43]所奏，例皆乖越[44]。譯又於七音[45]之外更立一聲，謂之應聲[46]，作書宣示朝廷。與邳公[47]世子蘇夔[48]議累黍定律[49]。

時人以音律久無通者，非譯、夔一朝可定。帝素不悅學[50]，而牛弘不精音律，何妥自恥宿儒[51]反不逮[52]譯等，常欲沮壞其事，乃立議，非十二律旋相為宮[53]及七調，競為異議，各立朋黨。或欲令各造樂，待成，擇其善者而從之。妥恐樂成善惡易見，乃請帝張樂[54]試之，先白帝云：「黃鍾[55]象人君之德。」及奏黃鍾之調，帝曰：「滔滔和雅[56]，甚與我心會[57]。」妥因奏止用黃鍾一宮，不假餘律。帝悅，從之。

時又有樂工萬寶常(58)，妙達鍾律(59)。譯等為黃鍾調成，奏之，帝召問寶常，寶常曰：「此亡國之音也。」帝不悅。寶常請以水尺(60)為律，以調樂器，上從之。寶常造諸樂器，其聲率下(61)鄭譯調二律，損益(62)樂器，不可勝紀(63)。其聲雅淡，不為時人所好，太常善聲者多排毀之。蘇夔尤忌寶常，夔父威方用事，凡言樂者皆附之而短寶常，寶常樂竟為威所抑，寢不行(64)。

及平陳，獲宋、齊舊樂器，并江左樂工，帝令廷奏(65)之，歎曰：「此華夏(66)正聲(67)也。」乃調五音為五夏(68)、二舞(69)、登歌(70)、房內等[4]十四調(71)，賓祭用之。仍詔太常置清商署(72)以掌之。

時天下既壹(73)，異代(74)器物，皆集樂府。牛弘奏：「中國舊音多在江左，前克荊州(75)得梁樂，今平蔣州(76)又得陳樂，史傳相承以為合古(77)，請加脩緝(78)以備雅樂。其後魏之樂及後周所用，雜有邊裔之聲，皆不可用，請悉停之。」冬，十二月甲子(79)[5]，詔弘與許善心、姚察及通直郎虞世基參定雅樂。世基，荔之子也。

己巳(80)，以黃州(81)總管周法尚為永州(82)總管，安集嶺南，給黃州兵三千五百人為帳內(83)，陳桂州(84)刺史錢季卿等皆詣法尚降。定州(85)刺史呂子廓，據山洞，不受命，法尚擊斬之。

以駕部侍郎[86]狄道辛公義[87]為岷州[88]刺史。岷州俗畏疫，一人病疫，闔家避之，病者多死。公義命皆輿置[89]己之聽事[90]，暑月，病人或至數百，聽廊皆滿，公義設榻，晝夜處其間，以秩祿[91]具[92]醫藥，身自省問[93]。病者既愈，乃召其親戚諭之曰：「死生有命，豈能相染[94]？若相染者，吾死久矣。」皆慚謝而去。其後人有病者，爭就使君[95]，其家親戚固留養之，始相慈愛，風俗遂變。後遷牟州[96]刺史，下車，先至獄中露坐[97]，親自驗問[98]。十餘日間，決遣[99]咸盡，方還聽事受領新訟。事皆立決[100]，若有未盡，必須禁[101]者，公義即宿聽事[102]，終不還閤。或諫曰：「公事有程[103]，使君何自苦[104]？」公義曰：「刺史無德，不能使民無訟，豈可禁人在獄而安寢於家乎？」罪人聞之，咸自款服[105]。後有訟者，鄉閭[106]父老遽曉之曰：「此小事，何忍勤勞使君？」訟者多兩讓[107]而止。

【章　旨】以上為第三段，寫隋文帝平陳後，開始轉向文治，制禮作樂，注意地方官的選舉，任用賢吏。

【注　釋】❶龐晃　（西元五三二—六〇一年）字元顯，榆林（今內蒙古準噶爾旗東北）人，歷仕周、隋，官至原州總管，封比陽公。傳見《隋書》卷五十、《北史》卷七十五。❷黜　貶；廢免。❸逾　通「愈」。更加。❹獨孤公　指高熲。因其父高賓曾被賜姓獨孤氏。❺磨瑩　磨治。❻皎然　白而亮的樣子。❼熲父賓　高熲父高賓，北齊人，後背齊歸周，官至都州刺史。事附《隋書・高熲傳》、《北史・高熲傳》。❽豪俠　強橫任俠。❾氣調　氣概風度。❿累歷顯仕　屢次擔任顯官。顯仕，顯要的官職。⓫排詆　排斥詆毀別人。⓬稍疏忌　漸漸疏遠而猜忌。⓭按驗　審查；查驗。⓮勒　率領。⓯斷　阻斷。指欲阻斷巴、蜀二地與隋朝的聯繫。⓰主人　人主；人君。⓱殿上者賊　指坐在殿廷上的隋文帝是賊。⓲望氣　古代覘候之法，望雲氣附會人事，預言吉凶。⓳彼雲似蹲狗走鹿　彼雲，指隋文帝的雲氣。蹲狗走鹿，指雲氣如蹲著的狗，跑著的鹿，沒有福德的樣子。⓴閏月　此指閏四月。㉑己卯　閏四月十七日。㉒乙丑　六月初三日。㉓丙午　七月十五日。㉔遐邇　遠近。㉕攸　所。㉖下士　謙恭對待賢士。㉗傾屬　傾心屬意。此處意謂朝野都歸心於楊雄。㉘典　主典；統領。㉙壬戌　八月初一日。㉚通　交通；交接。㉛踐阼　即位；登基。㉜雅樂　用於郊廟朝會的正樂。㉝辛彥之　（？—西元五九一年）隴西狄道（今甘肅臨洮）人，歷仕周、隋，官至禮部尚書。傳見《隋書》卷七十五、《北史》卷八十二。㉞博士　即太常博士。官名，掌宗廟禮儀諸事。㉟何妥　字棲鳳，西域（今新疆和田境）人，歷仕周、隋，官至國子祭酒。著《周易講疏》十三卷、《孝經義疏》三卷等。傳見《隋書》卷七十五、《北史》卷八十二。㊱古樂　古代帝王祭祀、朝會所奏音樂，亦稱雅樂。㊲十二律　即古樂的十二調。其中陽律六，陰律六。㊳宮　五音之一。宮、商、角、徵、羽為五音，也叫五聲。㊴蘇祇婆　龜茲人，從突厥皇后入北周，善彈琵琶，精通音律，曾幫助隋修正雅樂。事見《隋書・音樂志中》。㊵推演　推求演變。㊶均　古樂器中的調律器。㊷調　指樂律。㊸太樂　官名，太常寺屬官，掌奏樂的樂人。㊹乖越　乖錯；不一致。㊺七音　古樂理以宮、商、角、徵、羽、變宮、變徵為七音，也稱七聲。㊻應聲　琴瑟的絃音互相配應。㊼邳公　指蘇威。蘇威曾封邳國公，故稱為邳公。㊽蘇夔　字伯尼，官至鴻臚少卿。傳附《隋書・蘇威傳》、《北史・蘇威傳》。㊾累黍定律　古代以黍粒為計量基準，累黍是以一定方式排列黍粒，為分、寸、尺等，來計算音律管的長度。㊿悅學　喜歡讀書學習。(51)宿儒　知名博學的讀書人。(52)不逮　不及；比不上。(53)旋相為宮　古代諧音之法。以十二律與七聲相配而成眾調。(54)張樂　奏樂。(55)黃鍾　古樂十二律之一，聲調最為洪大響亮。(56)和雅　諧和而高雅。(57)心會　心合；想法一致。(58)萬寶常　隋代音樂家，北齊時，因父罪被配為樂戶，因妙精音律，隋開皇中奉詔造諸樂器，其聲雅淡，不為時人所喜。撰《樂譜》六十四卷。貧病而死，臨終時焚燒幾盡。傳見《隋書》卷七十八、《北史》卷九十。(59)妙達鍾律　精通鐘樂。(60)水尺　調整五音律呂的儀器。(61)率下　一般降低。(62)損益　增減；改動。(63)不可勝紀　多得不能全記下來。勝，盡；全。(64)寢不行　廢止而未流行。(65)廷奏　在朝廷上演奏。(66)華夏　初指我國中原地區，後來包舉我國全部領土而言。(67)正聲　純正的樂聲。(68)五夏　指〈昭夏〉、〈皇夏〉、〈諴夏〉、〈需夏〉、〈肆夏〉。(69)二舞　文、武二舞。(70)登歌　升堂奏歌。國家舉行祭典或大朝會時，樂師登堂而歌。《周禮・春官・大師》：「大祭祀，帥瞽登歌，令奏擊拊。」(71)房內等十四調　隋文帝未稱帝前，彈琵琶作了〈地厚天高〉二首歌，託言夫妻之義，取之為房內曲。十四調用北周故事，懸鐘、磬法七正七倍，合為十四調。(72)清商署 官署名，隸屬太常寺，掌樂器。(73)既壹 已經統一。(74)異代 不同朝代。指隋以前各代。(75)克荊州 指滅後梁。因後梁以荊州治所江陵為都，故稱克荊州。(76)平蔣州 指滅陳。因隋已毀建康城邑宮室，開墾耕種，並於石頭城置蔣州，以治其地，故稱平蔣州。(77)合古 當時多以南朝為正統，承繼華夏之音樂，故稱陳樂與古樂相合。(78)脩緝 修訂整理。(79)甲子 十二月初五日。(80)己巳 十二月初十日。(81)黃州 州名，治所南安縣，在今湖北新洲。(82)永州 州名，治所零陵縣，在今湖南零陵。(83)帳內 帳中。指親信兵。(84)桂州 州名，治所始安縣，在今廣西桂林。(85)定州 州名，治所信安縣，在今湖北麻城東北。(86)駕部侍郎 官名，屬兵部，掌輿輦、傳乘、郵驛、廄牧之事。(87)辛公義 隴西狄道（今甘肅臨洮）人，歷仕周、隋，官至司隸大夫。傳見《隋書》卷七十三、《北史》卷八十六。(88)岷州 州名，治所溢樂縣，在今甘肅岷縣。(89)輿置 用車拉來安置。(90)聽事 謂刺史辦公的場所。聽，通「廳」。(91)秩祿 俸祿。(92)具 備辦。(93)省問 探望；照顧。(94)染 傳染。(95)使君 人們對州郡長官的尊稱。(96)牟州 州名，治所掖縣，在今山東萊州。(97)露坐 坐在室外露天裡。(98)驗問 審問驗證。(99)決遣 結案發遣。(100)立決 立時裁決無遺。(101)禁 囚禁。(102)即宿聽事 就住宿在辦事廳裡。(103)程 指辦事程序。(104)自苦 自討苦吃。(105)款服 誠服。款，誠。(106)鄉閭 鄉里。(107)兩讓 雙方謙讓。

【校　記】[1]右 原作「左」。據章鈺校，甲十一行本、乙十一行本、孔天胤本皆作「右」，張敦仁《通鑑刊本識誤》同，今據改。按，《隋書・高熲傳》、《北史・高熲傳》皆作「右」。[2]祁緒 原作「祈緒」。據章鈺校，甲十一行本、乙十一行本、孔天胤本皆作「祁緒」，今據改。下同。按，《隋書・元諧傳》、《北史・元諧傳》皆作「祁緒」。[3]以 原作「而」。據章鈺校，甲十一行本、乙十一行本、孔天胤本皆作「以」，今據改。[4]等 原無此字。據章鈺校，甲十一行本、乙十一行本、孔天胤本皆有此字，今據補。[5]甲子 原無此二字。據章鈺校，甲十一行本、乙十一行本、孔天胤本皆有此二字，今據補。按，《隋書・高祖紀下》、《北史・高祖文帝紀》皆有此二字。

【語　譯】右衛將軍龐晃等向隋文帝說高熲的壞話，隋文帝很生氣，全部貶黜了他們的官職，對高熲更加親近禮遇。隋文帝便對高熲說：「獨孤公，就像鏡子，每次被磨治，更加皎然明亮。」當初，高熲的父親高賓是獨孤信的僚佐，賜姓獨孤氏，因此隋文帝常稱呼他獨孤公，而不叫他的名字。

樂安公元諧，性情豪放俠義，有風度氣概，年少時和隋文帝一起學習，相互之間極為友愛，等到隋文帝即位後，元諧屢次擔任顯職。元諧喜歡排斥詆毀別人，不能取媚隋文帝左右近臣。元諧與上柱國王誼友善，王誼被殺，隋文帝漸漸疏遠疑忌元諧。有人控告元諧和堂弟上開府儀同三司元滂、臨澤侯田鸞、上儀同三司祁緒等人謀反，於是被交付司法官吏審查，司法官吏奏報說：「元諧陰謀派遣祁緒率領党項兵阻斷巴、蜀。還有，元諧曾經和元滂一同謁見皇上，元諧私下對元滂說：『我是人君，坐在殿上的是賊人。』於是就讓元滂觀察雲氣，元滂說：『他的雲氣像一隻蹲著的狗、奔跑的鹿，不像我們有象徵福德的雲氣。』」隋文帝大怒，元諧、元滂、田鸞、祁緒都被處死。

閏四月十七日己卯，任命吏部尚書蘇威為尚書右僕射。六月初三日乙丑，任命荊州總管楊素為納言。

朝野上下都說應該封禪。秋，七月十五日丙午，隋文帝下詔說：「怎麼可以因為我朝派遣了一位將軍滅掉了一個小國，遠近的人都注意，就說天下已經太平了呢？以我淺薄的德行而封名山，用虛假的話去干求上帝，這不是朕所願聽到的。從今以後，談到封禪的話，應該立即禁止。」

左衛大將軍廣平王楊雄，特別尊貴榮寵，和高熲、虞慶則、蘇威一起被稱為四貴。楊雄寬厚容人，禮賢下士，朝野上下都傾心屬意於他。隋文帝討厭他得人心，暗暗忌恨他，不想讓他掌管軍隊。八月初一日壬戌，任命楊雄為司空，實際上奪了他的兵權。楊雄既然無實權，便緊閉家門不交往賓客。

隋文帝即位初期，柱國沛公鄭譯請求修正雅樂，詔令太常卿牛弘、國子祭酒辛彥之、博士何妥等人商議此事，多年沒有結果。鄭譯進言說：「古樂有十二律，每律都可以作為宮音，循環轉調，各調又分用宮、商、角、變徵、徵、羽、變宮七個音階，世人沒有能通曉的。」鄭譯因為龜茲人蘇祗婆善於彈琵琶，就向他學得確定音調樂律的方法，推演為十二均、八十四調，用來校訂太樂署樂師所演奏的音樂，發現大多不一致。鄭譯又在七音之外，另提出一聲，稱為應聲，並寫成文章在朝廷宣示。又和邳公蘇威的長子蘇夔商量用排列黍粒的方法測量並確定律管長度，以便重定樂律。

當時的人認為音律長期無人通曉，不是鄭譯、蘇夔一朝一夕可以確定的。隋文帝向來不喜學問，而牛弘也不精通音律，何妥自愧身為飽學宿儒而在音律方面反不如鄭譯等人，經常想阻撓破壞修訂雅樂之事，於是就提出建議，反對用十二律循環轉調為宮及七調，大家爭著提出異議，各自結成團伙。有人提出讓各派各自作樂，等待完成後，擇善而從。何妥恐怕樂調造成後好壞很容易看出，就奏請隋文帝立即演奏各種樂調，搶先告訴隋文帝說：「黃鐘調象徵人君的德業。」等到演奏黃鐘樂調時，隋文帝說：「滔滔不絕，和順雅致，與我的心意十分契合。」何妥於是奏請只用黃鐘一種樂調，不用其他的樂律。隋文帝很高興，聽從了他的建議。

當時還有一個樂師名叫萬寶常，精通音律，鄭譯等人製成黃鐘調後，進行演奏，隋文帝召見萬寶常問他，萬寶常說：「這是亡國之音。」隋文帝不高興。萬寶常請求用水尺調定五音律呂，用來調正樂器，皇上聽從了他。萬寶常製造出了各種樂器，其樂調比鄭譯等人定調低二律，他對樂器的增損改進，難於詳述。這些樂器的聲音雅淡，不為當時的人所喜歡，太常寺中懂得聲律的人大多排斥詆毀這種音樂。蘇夔尤為忌恨萬寶常，蘇夔的父親蘇威正在主政，凡是談論音樂的人都附合蘇夔而批評萬寶常，萬寶常的樂調最終被蘇威所壓制，廢止未能流行。

等到平定陳朝，得到宋、齊的舊樂器，連同江左樂師，隋文帝命令他們在殿廷上演奏，讚歎說：「這才是華夏的正聲啊。」於是調整五音為五〈夏〉、二舞、登歌、房內等十四調，在宴賓和祭祀時使用。便詔令在太常寺設置清商署負責管理。

當時全國已經統一，不同時代的樂器，都集中在樂府。牛弘上奏說：「中國古樂多在江左，前時攻取荊州時獲得了梁朝的音樂，如今平定蔣州又獲得陳朝的音樂，史籍書傳相承，都認為合於古樂。請求加以修訂編輯，來充實雅樂。至於北魏的音樂以及北周所使用的，雜有邊疆之聲，都不能使用，請全部加以停止。」冬，十二月初五日甲子，詔令牛弘與許善心、姚察以及通直郎虞世基參定雅樂。虞世基，是虞荔的兒子。

十二月初十日己巳，隋文帝任命黃州總管周法尚為永州總管，安定嶺南，給他黃州兵三千五百人作為親兵，陳朝桂州刺史錢季卿等都到周法尚處投降。定州刺史呂子廓佔據山洞，不接受命令，周法尚發動攻擊，把他斬首。

任命駕部侍郎狄道人辛公義為岷州刺史。岷州習俗畏懼瘟疫，一個人染上了瘟疫，全家都躲避他，病人大多死去。辛公義命人把病人用車拉來安置在自己的辦公廳堂內，暑熱月分，病人有時達到數百，廳堂和過廊人都滿了，辛公義設置床榻，晝夜處在病人中間，用自己的俸祿備辦醫藥，親自探問病情。生病的人痊癒後，就叫來他們的親戚，告訴他們說：「生死是命中註定的，怎麼能互相傳染呢？如果互相傳染，我早就死了。」他們都慚愧地道謝而去。後來有生病的人，都爭著要到刺史那裡去，病人的親屬都堅持要將病人留下來自己看護，於是開始相互慈愛，風俗得以改變。辛公義後來遷調牟州刺史，下了車，先到監獄露天坐下，親自查問，十多天之內，把囚犯結案發遣光了，這才回到州衙廳堂受理新的案件。案件全都立即裁決結案，如果有的案件不能馬上處理，必須囚禁的，辛公義就在廳堂住宿，始終不回家。有人勸諫他說：「公事有一定的辦事程序，使君何必自討苦吃？」辛公義說：「刺史沒有德行，不能使民眾沒有訴訟，怎麼能把人囚禁在監獄而自己在家中安然睡覺呢？」犯罪的人聽了這些話，都自己坦誠認罪。後來有人要打官司，鄉里父老馬上告訴他說：「這是件小事，怎麼忍心去煩勞刺史？」要打官司的人大多雙方互諒互讓而化解了。

十年（庚戌　西元五九〇年）

春，正月乙未❶，以皇孫昭❷為河南王，楷為華陽王。昭，廣之子也。

二月庚申❸[1]，上幸晉陽，命高熲居守❹。夏，四月辛酉❺，至自晉陽。

成安文子❻李德林，恃其才望，論議好勝，同列多疾之。由是以佐命❼元功❽，十年不徙級❾。德林數與蘇威異議，高熲常助威，奏德林狠戾❿，上多從威議。

上賜德林莊店，使自擇之，德林請逆人⓫高阿那肱衛國縣⓬市店，上許之。及幸晉陽，店人訴稱高氏強奪民田，於內造店賃⑬之。蘇威因奏德林誣罔⑭，妄奏自入⑮，司農卿⑯李圓通⑰等復助之曰：「此店收利，如食千戶⑱，請計日追贓。」上自是益惡之。虞慶則等奉使關東巡省⑲，還，皆奏稱「鄉正專理辭訟，黨與愛憎⑳，公行貨賄㉑，不便於民。」上令廢之。德林曰：「茲事臣本以為不可，然置來始爾，復即停廢，政令不一，朝成暮毀㉒，深非帝王設法之義。臣望陛下自今羣臣於律令輒欲改張㉓，即以軍法從事，不然者，紛紜未已。」上遂發怒，大詬㉔云：「爾欲以我為王莽㉕邪？」先是，德林稱父為太尉諮議㉖以取贈官，給事黃門侍郎㉗猗氏陳茂㉘等密奏：「德林父終於校書㉙，妄稱諮議。」上甚銜之㉚。至是，上因數之曰：「公為內史，典朕機密，比不可豫㉛計議者，以公不弘㉜耳，寧自知乎？又罔冒取店，妄加父官，朕實忿之，而未能發，今當以一州相遣耳。」因出為湖州㉝刺史。德林拜謝曰：「臣不敢復望內史令，請但預散參㉞。」上不許，遷懷州刺史而卒。

李圓通，本上微時㉟家奴，有器幹㊱，及為隋公，以圓通及陳茂為參佐㊲，由是信任之。梁國之廢也，上以梁太府卿柳莊㊳為給事黃門侍郎。莊有識度㊴，博學，善辭令，明習典故㊵，雅達㊶政事，上及高熲、蘇威[2]皆重之。與陳茂同僚，不能降意[42]，茂譖之於上，上稍疏之，出為饒州[43]刺史。

上性猜忌[44]，不悅學，既任智[45]以獲大位，因以文法[46]自矜，明察臨下，恆令左右覘視[47]內外，有過失則加以重罪。又患令史贓汙[48]，私使人以錢帛遺之，得犯立斬。每於殿庭棰人，一日之中，或至數四。嘗怒問事[49]揮楚不甚[50]，即命斬之。尚書左僕射高熲、治書侍御史柳彧等諫，以為「朝堂非殺人之所，殿廷非決罰之地。」上不納。熲等乃盡詣朝堂請罪，上顧謂領左右都督[51]田元曰：「吾杖重乎？」元曰：「重。」帝問其狀[52]，元舉手曰：「陛下杖大如指，捶人三十者，比[53]常杖[54]數百，故多死。」上不懌[55]，乃令殿內去杖，欲有決罰，各付所由[56]。後楚州[57]行參軍[58]李君才上言：「上寵高熲過甚。」上大怒，命杖之，而殿內無杖，遂以馬鞭捶殺之，自是殿內復置杖。未幾[59]，怒甚，又於殿廷殺人。兵部侍郎[60]馮基固諫[61]，上不從，竟於殿廷殺之。上亦尋悔，宣慰[62]馮基，而怒羣臣之不諫者。

五月乙未[63]，詔曰：「魏末喪亂，軍人權置[64]坊府[65]，南征北伐，居處無定，家無完堵[66]，地罕包桑[67]，朕甚愍[68]之。凡是軍人，可悉屬州縣，墾田、籍帳[69]，一與民同。軍府統領，宜依舊式[70]。罷山東、河南及北方緣邊之地新置軍府。」

六月辛酉(71)，制民年五十免役收庸(72)。

秋，七月癸卯(73)，以納言楊素為內史令。

冬，十一月辛丑(74)，上祀南郊(75)。

江表自東晉已來，刑法疏緩，世族(76)陵駕寒門(77)，平陳之後，牧民者(78)盡更變之。蘇威復作五教(79)，使民無長幼悉誦之，士民嗟怨(80)。民間復訛言(81)隋欲徙之入關，遠近驚駭。於是婺州(82)汪文進、越州(83)高智慧、蘇州(84)沈玄懀皆舉兵反，自稱天子，署置百官。樂安(85)蔡道人、蔣山李稜[3]、饒州吳世華、溫州(86)沈孝徹、泉州(87)王國慶、杭州楊寶英、交州(88)李春等皆自稱大都督，攻陷州縣。陳之故境，大抵皆反，大者有眾數萬，小者數千，共相影響。執縣令，或抽其腸，或臠(89)其肉食之，曰：「更能使儂(90)誦五教邪？」詔以楊素為行軍總管以討之。

素將濟江，使始興麥鐵杖(91)戴束藁(92)，夜浮渡江覘賊(93)，還而復往，為賊所擒，遣兵仗三十人防之。鐵杖取賊刀，亂斬防者，殺之皆盡，割其鼻，懷之以歸。素大奇之，奏授儀同三司。

素帥舟師自楊子津(94)入，擊賊帥朱莫問於京口，破之。進擊晉陵(95)賊帥顧世興、無錫(96)賊帥葉略，皆平之。沈玄懀敗走，素追擒之。高智慧據浙江(97)東岸為營，周亙[98]百餘里，船艦被江。素擊之。子總管[99]南陽來護兒[100]言於素曰：「吳人[101]輕銳，利在舟楫，必死之賊，難與爭鋒，公宜嚴陳以待之，勿與接刃[102]。請假奇兵數千潛度江，掩破其壁[103]，使退無所歸，進不得戰，此韓信破趙[104]之策也。」素從之。護兒以輕舸[105]數百直登江岸，襲破其營，因縱火，煙焰張[4]天。賊顧火而懼，素因縱兵奮擊，大破之，賊遂潰。智慧逃入海，素躡之[106]至海曲，召行軍記室[107]封德彝[108]計事，德彝墜水，人救，獲免，易衣見素，竟不自言。素後知之，問其故，曰：「私事也，所以不白。」素嗟異之。德彝名倫，以字行，隆之之孫也。汪文進以蔡道人為司空，守樂安，素進討，悉平之。

素遣總管史萬歲[109]帥眾二千，自婺州別道踰嶺越海，攻破溪洞，不可勝數。前後七百餘戰，轉鬬千餘里，寂無聲問[110]者十旬，遠近皆以萬歲為沒[111]。萬歲置書竹筒中，浮之於水，汲者得之，言於素。素上其事，上嗟歎，賜萬歲家錢十萬。

素又破沈孝徹於溫州，步道向天台[112]，指臨海[113]，逐捕遺逸[114]，前後百餘戰，高智慧走保閩、越[115]。上以素久勞於外，令馳傳入朝。素以餘賊未殄[116]，恐為後患，復請行，遂乘傳[117]至會稽。王國慶自以海路艱阻，非北人[118]所習，不設備。素泛海[119]奄至，國慶惶遽棄州走。餘黨散入海島，或守溪洞，素分遣諸將，水陸追捕。密令人說國慶，使斬送智慧以自贖[120]，國慶乃執送智慧，斬於泉州，餘黨悉降。江南大定。

素班師，上遣左領軍將軍獨孤陀[121]至浚儀[122]迎勞。比到京師，問者[123]日至。拜素子玄獎為儀同三司，賞賜甚厚。陀，信之子也。

楊素用兵多權略[124]，馭眾[125]嚴整，每將臨敵，輒求人過失而斬之，多者百餘人，少不下十數，流血盈前[126]，言笑自若[127]。及其對陳，先令一二百人赴敵，陷陳則已，如不能陷而還者，無問多少，悉[128]斬之。又令二三百人復進，還如向法[129]。將士股慄，有必死之心，由是戰無不勝，稱為名將。素時貴幸，言無不從，其從素行者，微功必錄[130]。至佗將雖有大功，多為文吏所譴卻[131]，故素雖殘忍，士亦以此願從焉。

以并州總管晉王廣為揚州總管，鎮江都，復以秦王俊為并州總管。

番禺[132]夷王仲宣反，嶺南首領多應之，引兵圍廣州[133]。韋洸中流矢卒，詔以其副慕容三藏[134]檢校廣州道行軍事[135]。又詔給事郎[136]裴矩巡撫嶺南，矩至南康，得兵數千人。仲宣遣別將周師舉圍東衡州[137]，矩與大將軍鹿愿擊斬之，進至南海[138]。

高涼洗夫人遣其孫馮暄將兵救廣州，暄與賊將陳佛智素善[139]，逗留不進，夫人知之，大怒，遣使執暄，繫州獄(140)。更遣孫盎(141)出討佛智，斬之。進會鹿愿於南海，與慕容三藏合擊仲宣，仲宣眾潰，廣州獲全。洗氏親被甲，乘介馬(142)，張錦繖(143)，引彀騎(144)衛，從裴矩巡撫二十餘州。蒼梧(145)首領陳坦等皆來謁見，矩承制(146)署為刺史、縣令，使還統其部落，嶺表遂定。

矩復命，上謂高熲、楊素曰：「韋洸將二萬兵不能早度嶺(147)，朕每患其兵少。裴矩以三千弊卒(148)徑至南海，有臣若此，朕亦何憂？」以矩為民部侍郎(149)。拜馮盎高州(150)刺史，追贈馮寶廣州總管、譙國公。冊洗氏為譙國夫人，開譙國夫人幕府，置長史以下官屬，給[5]印章，聽發部落六州兵馬，若有機急(151)，便宜行事(152)。仍敕以夫人誠效之故，特赦暄逗留之罪，拜羅州(153)刺史。皇后賜夫人(154)首飾及宴服(155)一襲，夫人並盛於金篋(156)，并梁、陳賜物，各藏一庫，每歲時大會，陳之於庭，以示子孫，曰：「我事三代主，惟用一忠順之心，今賜物具存，此其報也。汝曹皆念之，盡赤心於天子！」

番州(157)總管趙訥貪虐(158)，諸俚、獠(159)多亡叛。夫人遣長史張融上封事(160)，論安撫之宜，并言訥罪，不可以招懷遠人。上遣推(161)訥，得其贓賄，竟致於法。敕[6]委夫人招慰亡叛。夫人親載詔書，自稱使者，歷十餘州，宣述(162)上意，諭諸俚、獠，所至皆降。上嘉之，賜夫人臨振縣163為湯沐邑164，贈馮僕165崖州166總管、平原公。

【章　旨】以上為第四段，寫開皇十年（西元五九〇年），隋朝平定江南反叛，安撫嶺南地區，以及楊素用兵的情形。

【注　釋】❶乙未　正月初七日。❷皇孫昭　（？—西元六〇六年）隋煬帝長子，先封為河南王，隋煬帝即位後立為太子。傳見《隋書》卷五十九、《北史》卷七十一。❸庚申　二月初二日。❹居守　留守。❺辛酉　四月初四日。❻成安文子　成安，縣名。文，李德林謚號。子，爵號。❼佐命　古代帝王建立王朝，自謂承天受命，故稱輔佐之臣為佐命。❽元功　一等功。❾徙級　升級；遷升。❿狠戾　狂暴。⓫逆人　反叛之人。逆，叛逆。⓬衛國縣　縣名，縣治在今山東章丘西南。⓭賃　雇工；租借。⓮誣罔　以不實之辭欺騙人。⓯妄奏自入　指李德林奏報不實，強佔衛國縣平民市店，妄稱為叛逆人之產。妄奏，欺君罔上之奏。自入，佔為己有。⓰司農卿　官名，古代九卿之一，主管錢糧。⓱李圓通　（？—西元六〇六年）京兆涇陽（今陝西涇陽）人，歷仕周、隋，官至兵部尚書。傳見《隋書》卷六十四、《北史》卷七十五。⓲收利二句　指市店收的利息如同食封千戶的租賦一樣多。⓳巡省　巡視。⓴黨與愛憎　指鄉正在處理獄訟時，愛憎出於己私，袒護同黨，憎恨異己。㉑貨賄　以財貨賄賂人。㉒朝成暮毀　早晨做成的，到了晚上又毀棄，猶言朝令夕改。㉓改張　改動；改弦更張。㉔大詬　大聲辱罵。㉕王莽　西漢末外戚王莽篡漢，以頻頻變更法令而亡，隋文帝以為李德林拿王莽來比況自己。㉖太尉諮議　太尉僚佐，掌諮詢商議。㉗給事黃門侍郎　官名，侍衛之官，掌侍從左右，給事中使，內外聯絡。隋煬帝改稱黃門侍郎。㉘陳茂　河東猗氏（今山西臨猗南）人，歷仕周、隋、唐三朝，官至梁州總管。傳見《隋書》卷六十四、《北史》卷七十五。㉙校書　官名，即校書郎，掌校讎典籍。㉚銜之　銜恨李德林。㉛豫　通「與」。參與。㉜弘　寬；大。㉝湖州　州名，治所烏程縣，在今浙江湖州。㉞散參　謂散官無職務，而預朝參。㉟微時　未顯達之時。㊱器幹　才幹；本領。㊲參佐　僚屬；部下。㊳柳莊　字思敬，河東解（今山西臨猗）人，歷仕後梁與隋，官至給事黃門侍郎。傳見《隋書》卷六十六、《北史》卷七十、《周書》卷四十二。㊴識度　見識與度量。㊵明習典故　熟習典章制度。㊶雅達　非常通曉。雅，極；甚。㊷降意　抑制心意，屈居人下。43饒州　州名，治所鄱陽縣，在今江西鄱陽。44性猜忌　生性猜疑妒忌。45任智　憑藉智慧、計謀。46文法　法制；法令條文。47覘視　窺視；偵察。48贓汙　貪汙受賄。49問事　執行杖法的人。50揮楚不甚　杖打得不厲害、不重。楚，木名，即牡荊。枝幹堅勁，可以作杖。51領左右都督　官名，北齊有領左、右府，將軍之下置正、副都督。隋因齊制，掌侍衛。52狀　情狀。53比　等於。54常杖　一般官府所用的杖。55懌　歡喜；快樂。56所由　主管官吏。猶言有關官吏。57楚州　州名，治所山陽縣，在今江蘇淮安。58行參軍　官名，州府僚佐，參與軍事，地位低於參軍。59未幾　時過不久。60兵部侍郎　官名，兵部副長官，掌天下軍衛、武官選授的政令等。61固諫　堅持諫阻。固，一定；堅持。62宣慰　安撫。63乙未　五月初九日。64權置　臨時設置。65坊府　西魏兵制有六坊，也稱六府。66家無完堵　家中沒有完整的牆，形容家裡破弊不堪。堵，土牆。67地罕包桑　地上少有桑樹。包桑，亦作「苞桑」，桑樹的本幹。68愍　哀憐；憂傷。69籍帳　管理戶籍與賦稅交納。70舊式　過去的法令規定。式，法式。71辛酉　六月初五日。72免役收庸　指農民到五十歲時，即可以庸代役。庸，代替力役的賦稅。隋制：每天納絹三尺可代役一日。73癸卯　七月十八日。74辛丑　十一月十七日。75南郊　隋於長安城南，太陽門外道西設壇，壇高七尺，廣四丈。76世族　又稱士族，幾世連做高官的家族，在東晉、南朝均享有經濟與政治特權。77寒門　又稱庶族。父祖官位不顯，是土地和權力擁有者中的下層家族。78牧民者　指官吏。牧民，治民。79五教　五種封建倫理道德，即父義、母慈、兄友、弟恭、子孝。此指蘇威所作宣傳五教的作品。80嗟怨　又慨歎又怨恨。81訛言　謠言；謠傳。82婺州　州名，治所金華縣，在今浙江金華。83越州　州名，治所會稽縣，在今浙江紹興。84蘇州　州名，治所吳縣，在今江蘇蘇州。85樂安　郡名，治所千乘縣，在今山東廣饒北。86溫州　州名，治所永嘉縣，在今浙江溫州。87泉州　州名，治所原豐縣，在今福建福州。88交州　州名，治所交趾縣，在今越南河內。89臠　碎割。90儂　我。江南方言。91麥鐵杖　（?—西元六一二年）始興（今廣東韶關市東南蓮花嶺下）人，官至右屯衛大將軍。傳見《隋書》卷六十四、《北史》卷七十八。92藁　禾柴。93覘賊　偵察敵情。94楊子津　又稱揚子橋，渡口名，故址在今江蘇揚州南。95晉陵　縣名，縣治在今江蘇常州。96無錫　縣名，縣治在今江蘇無錫。97浙江　水名，又名之江，因為多曲折，故名。上游有二源，北為新安江，南為蘭溪，二水合於建德東南，東北流至桐廬為桐江，至富陽為富春江，至舊錢塘境為錢塘江。98周亙　周圍連綿。99子總管　即領兵的裨將，隸屬總管。100來護兒　（?—西元六一六年）字崇善，江都（在今江蘇揚州西南）人。隋代著名將領，官至左翊衛大將軍，封榮國公。傳見《隋書》卷六十四、《北史》卷七十五。101吳人　泛指今江浙一帶人。102接刃　兵刃相接，即交戰。103壁　壁壘；柵寨。104韓信破趙　韓信派輕騎誘趙軍出壁壘，然後用伏兵攻入趙壁，使趙軍退無歸路，遂降。事詳本書卷十〈漢紀〉二高帝三年。[105]輕舸　即輕船。舸，大船。[106]躡之　緊隨在高智慧軍後邊。[107]行軍記室　官名，外出作戰時掌管文書、羽檄。[108]封德彝　（西元五六八—六二七年）名倫，字德彝，觀州蓨（今河北景縣）人，歷仕隋、唐，官至尚書右僕射。事見《隋書·衛玄傳》、《舊唐書》卷六十三、《新唐書》卷一百。[109]史萬歲　（？—西元六〇〇年）京兆杜陵（今陝西長安杜陵鎮）人，歷仕周、隋，官至河州刺史。傳見《隋書》卷五十三、《北史》卷七十三。[110]寂無聲問　杳無音訊。聲問，音訊；消息。[111]為沒　已戰死。[112]天台　山名，在今浙江天台北。[113]臨海　縣名，縣治在今浙江臨海。[114]遺逸　指逃亡四散的敵軍。[115]閩越　皆州名。閩州，治所侯官縣，在今福建福州。越州，治所會稽縣，在今浙江紹興。[116]未殄　沒有被消滅。殄，滅絕；消滅。[117]乘傳　乘用驛站的車。[118]北人　指隋軍。[119]泛海　渡海。泛，漂浮。[120]自贖　自我立功以贖罪。贖，贖罪。[121]獨孤陀　字黎邪，雲中（今山西大同）人。歷仕周、隋，官至上大將軍、延州刺史。傳見《隋書》卷七十九、《北史》卷六十一。[122]浚儀　縣名，縣治在今河南開封。[123]問者　慰勞、慰問的人。[124]權略　權變謀略。[125]馭眾　治軍；統領眾軍。馭，駕御；整治。[126]盈前　充溢眼前。[127]自若　自如；和平常一樣。[128]悉　全部。[129]向法　先前的方法。[130]微功必錄　小的戰功也都加以記載。錄，記載；採取。[131]謙卻　降低或推辭不受。謂不能計功行賞。[132]番禺　縣名，縣治在今廣東廣州。[133]廣州　州名，治所南海縣，在今廣東廣州。[134]慕容三藏　（？—西元六一一年）燕人。歷仕北齊、北周與隋，官至和州刺史。傳見《隋書》卷六十五、《北史》卷五十三。[135]檢校廣州道行軍事　謂在廣州道代理行使軍事權力。檢校，未得實授的加官，或兼領某官為檢校，即代理任職。廣州道，是中央派出去的設在廣州的統治機構。[136]給事郎　官名，隸屬吏部，掌省讀奏案。[137]東衡州　僑州名，治所曲江縣，在今廣東韶關市南武水西。[138]南海　郡名，治所番禺縣，在今廣東廣州。[139]素善　一向很要好。[140]州獄　州府所轄監獄。[141]盎　即馮盎，高涼洗夫人之孫，官至高州刺史。事附《隋書·譙國夫人傳》、《北史·譙國夫人傳》。[142]介馬　披甲的戰馬。介，披甲。[143]張錦繖　打著錦傘。繖，「傘」的本字。[144]彀騎　持弓弩的騎兵。彀，張滿弓弩。[145]蒼梧　郡名，治所廣信，在今廣西梧州。[146]承制　稟承皇帝旨意，以皇帝名義權宜行事。[147]嶺　五嶺。[148]弊卒　衰疲的士卒。[149]民部侍郎　官名，民部副長官，協助民部尚書掌國家財政。民部唐改為戶部。[150]高州　州名，治所高涼縣，在今廣東陽江市西。[151]機急　謂緊急時機。機，時機；機會。[152]便宜行事　不待上奏，自行相機處置。便宜，因利乘便，方便行事。[153]羅州　州名，治所石龍縣，在今廣東化州。[154]夫人　古代婦女的封號。隋時皇帝之妃亦稱夫人。[155]宴服　宴居之服，猶今之便服。[156]篋　箱子之類的器具。大的稱箱，小的稱篋。[157]番州　州名，治所南海縣，在今廣東廣州。[158]貪虐　貪婪暴虐。[159]俚獠　古代生活在五嶺以南的少數民族。[160]封事　密封的章奏。古代百官上書機密事，為防洩露，用皂囊封緘呈奏，故稱封事。❶❻❶推　推問查證。❶❻❷宣述　公開陳述。❶❻❸臨振縣　縣名，縣治在今海南三亞東北。❶❻❹湯沐邑　天子賜給諸侯的封邑，邑內收入供諸侯湯沐之用。❶❻❺馮僕　冼夫人之子，官至石龍太守。事附《隋書・譙國夫人傳》、《北史・譙國夫人傳》。❶❻❻崖州　州名，治所義倫縣，在今海南儋州西北。

【校　記】[1]庚申　原無此二字。據章鈺校，甲十一行本、乙十一行本、孔天胤本皆有此二字，張敦仁《通鑑刊本識誤》同，今據補。按，《隋書・高祖紀下》、《北史・高祖文帝紀》皆有此二字。[2]蘇威　原無此二字。據章鈺校，甲十一行本、乙十一行本、孔天胤本皆有此二字，張敦仁《通鑑刊本識誤》同，今據補。按，《通鑑綱目》卷三六上有此二字。[3]稜　原作「棱」。據章鈺校，甲十一行本、乙十一行本、孔天胤本皆作「稜」，今據改。按，《隋書・高祖紀下》作「稜」。[4]張　原作「漲」。據章鈺校，甲十一行本、乙十一行本皆作「張」，今據改。按，《隋書・來護兒傳》作「張」。[5]給　「給」上原有「官」字。據章鈺校，甲十一行本、乙十一行本、孔天胤本皆無「官」字，今據刪。按，《隋書・列女・譙國夫人傳》、《北史・列女・隋譙國夫人洗氏傳》皆無「官」字。[6]敕　原無此字。據章鈺校，甲十一行本、乙十一行本、孔天胤本皆有此字，今據補。按，《隋書・列女・譙國夫人傳》、《北史・列女・隋譙國夫人洗氏傳》皆有此字。

【語　譯】十年（庚戌　西元五九〇年）

春，正月初七日乙未，隋文帝冊封皇孫楊昭為河南王，楊楷為華陽王。楊昭，是楊廣的兒子。

二月初二日庚申，隋文帝親臨晉陽，命高熲留守京師。夏，四月初四日辛酉，隋文帝從晉陽回到京師。

成安文子李德林，依恃他的才能聲望，爭論好勝，同朝班的官員大多嫉恨他。因此，他以輔佐王命之首功，卻十年沒有升遷。李德林屢次和蘇威的意見不一，高熲常常幫助蘇威，上奏說李德林貪狠暴戾，隋文帝多聽從蘇威的建議。隋文帝賞賜李德林莊園店舍，讓他自己選擇，李德林請求得到叛逆人高阿那肱在衛國縣的市店，隋文帝同意了。等到隋文帝親臨晉陽，店舍的人控訴說高氏強奪民田，在裡面建造店舍出租。蘇威於是上奏李德林欺騙，說他所奏欺君罔上，把民田佔為己有。司農卿李圓通等人又趁機幫助蘇威，說：「這些店舍的收益，如同享有千戶封邑的王侯，請求按日計算，追回李德林收取的贓款。」隋文帝因而更加討厭他。虞慶則等人奉命到關東巡視，回來之後都奏稱：「鄉正專斷訟案，偏私親友，隨心愛憎，公然索取賄賂，不利於民。」隋文帝命令廢除。李德林說：「設置鄉正這件事臣本來認為不可，但是剛剛設置，又馬上停廢，政令不一，朝成夕毀，實在不是帝王設置法令的正道。臣希望陛下從現在開始，凡是群臣對於律令有要求更改的，就用軍法來處置，不然的話，議論紛紛，不會停止。」皇上於是發怒，大罵他說：「你想把我當做王莽嗎？」起先，李德林說他的父親是太尉諮議，以取得死後贈官，給事黃門侍郎猗氏縣人陳茂等祕密上奏：「李德林的父親死時只是個校書郎，假冒說是諮議。」隋文帝十分痛恨此事。這時，隋文帝便指責李德林說：「你是內史，典掌朕的機密，近來不能讓你參與計議的原因，是因為你的氣度不夠恢弘，你自己難道不知道嗎？你欺蒙假冒，索人店舍，亂加父親的官職，朕的確很氣憤，但是沒有發作，如今送你一州之地，讓你去做州官。」因此調出為湖州刺史。李德林拜謝說：「臣不敢再奢望做內史令，只請求做無職務而能參與朝會的散官。」隋文帝沒有同意，遷調他為懷州刺史後死去。

李圓通原本是隋文帝地位微賤時候的家奴，有器識才幹；等到隋文帝為隋公時，就任命圓通和陳茂為參佐，從此很信任他。梁朝被廢時，隋文帝任命梁朝太府卿柳莊為給事黃門侍郎。柳莊有才識器度，學問廣博，善於辭令，熟悉典章制度，深通政事，隋文帝和高熲、蘇威都很器重他。柳莊和陳茂同僚，互不遷就，陳茂在隋文帝面前說柳莊的壞話，隋文帝逐漸疏遠了柳莊，命他出任饒州刺史。

隋文帝生性好猜忌，不喜歡學習，既然運用智略權術而獲得皇位，於是就以精於律令自誇，以明察制御臣下，長期命令左右的人探察朝廷內外，只要有人犯了過錯，就判處重罪。又擔心令史貪贓枉法，便暗中派人拿金錢絲帛贈送他們，抓到犯法的立刻斬殺。常常在殿廷上捶打人，一天內，有時發生好幾次。曾經因為憤怒行杖的人用力不重，立刻下令把行杖人殺了。尚書左僕射高熲、治書侍御史柳彧等人諫阻，認為「朝堂內不是殺人的地方，殿廷中也不是判罪的場所。」隋文帝不採納。高熲等人於是全部到朝堂請罪，隋文帝回頭對領左右都督田元說：「我刑杖重了嗎？」田元說：「重了。」隋文帝又問刑杖太重的情狀，田元舉起手說：「陛下的刑杖粗大如同五指，捶打人三十下，等於一般荊杖的幾百下，因此很多人被打死。」隋文帝聽了不高興，但還是下令殿內去除刑杖，如果有處罰行刑，分別交給主管的人去處理。後來楚州行參軍李君才進言說：「皇上寵幸高熲太過分了。」隋文帝大怒，命令用刑杖處罰他，而殿內無杖，於是便用馬鞭把他打死了。從此殿內又設置刑杖。沒多久，隋文帝盛怒，又在殿廷殺人。兵部侍郎馮基堅決諫阻，皇上不聽從，最終在殿廷把人殺死了。隋文帝不久也後悔了，撫慰馮基，而氣惱群臣中那些沒有諫阻自己的人。

五月初九日乙未，隋文帝下詔說：「魏朝末年喪亂，軍人臨時設置坊府，南征北戰，居無定所，家裡沒有完好的屋牆，地裡桑樹稀少，朕甚為哀憐。凡是軍人，可以一律隸屬州縣，受田開墾、田籍帳簿全部和百姓相同。士兵由軍府統領，仍應遵守舊有的規章。撤銷山東、河南以及北方沿邊界之地新設置的軍府。」

六月初五日辛酉，規定百姓年滿五十歲可免除徵役，收絹作為勞役的代金。

秋，七月十八日癸卯，任用納言楊素為內史令。

冬，十一月十七日辛丑，隋文帝在南郊祭天。

江南自東晉以來，刑法疏闊寬鬆，世家大姓欺壓寒族，平定陳朝以後，郡縣治民官吏完全改變了這一狀況。蘇威又制定《五教》，讓百姓不管長幼都背誦，士民嗟歎怨恨。民間又謠傳隋朝要把他們遷徙入關，遠近的人都驚恐。因此婺州的汪文進、越州的高智慧、蘇州的沈玄懀都舉兵造反，自稱天子，設置百官。樂安的蔡道人、蔣山的李稜、饒州的吳世華、溫州的沈孝徹、泉州的王國慶、杭州的楊寶英、交州的李春等人都自稱大都督，攻佔州縣。陳朝舊境，大部分都造反了，力量大的有數萬人，小的有幾千人，互相響應。抓獲縣令，有的抽出他們的腸子，有的把他們的肉切成碎塊吃了，說：「還能讓我們背誦《五教》嗎？」隋文帝下詔任命楊素為行軍總管去鎮壓他們。

楊素即將渡江，派始興人麥鐵杖頂著一束禾柴，趁夜浮水渡過長江探察賊情，返回後再次前往，被賊兵捉住，派了三十人帶著武器看守他。麥鐵杖奪過賊刀，亂砍防守他的人，把他們全殺光了，割下他們的鼻子，揣在懷中帶回來。楊素大為驚奇，奏請授為儀同三司。

楊素率領水軍從楊子津攻入，在京口攻擊賊兵主帥朱莫問，打敗了他。進擊晉陵賊帥顧世興、無錫賊帥葉略，全都平定了。沈玄懀戰敗逃跑，楊素追趕擒住了他。高智慧據守浙江東岸紮營，周圍綿亙一百多里，船艦布滿江面。楊素發動攻擊。子總管南陽人來護兒報告楊素說：「吳地的人輕快銳利，長於舟船作戰，抱著必死決心的賊兵，難與爭鋒，您應該嚴密布陣等待他們，不要和他們交戰。請給我數千名奇兵暗渡長江，突然襲擊，攻破他們的營壘，使他們後退無路，前進無法作戰，這是韓信打敗趙軍的計策。」楊素聽從了他的建議。來護兒用數百艘輕船直登江岸，襲破敵人的營壘，乘勢縱火，濃煙烈火瀰漫天空。賊兵回頭看見大火，心中恐懼，楊素縱兵奮擊，把他們打得大敗，於是賊兵潰散。高智慧逃進大海，楊素跟蹤追擊到海灣，宣召行軍記室封德彝商議軍事，封德彝掉進水中，被人救起，得免一死。換好衣服來見楊素，始終不講這件事。楊素後來知道了，問他原因，他說：「這是私人的事，所以不說。」楊素驚異歎服。封德彝名倫，以字行世，是封隆之的孫子。汪文進任命蔡道人為司空，守衛樂安，楊素進兵討伐，全都平定了。

楊素派遣總管史萬歲率領二千人，從婺州支路越嶺跨海，攻破溪洞不計其數。前後打了七百多仗，轉戰一千多里，一百多天杳無音訊，遠近的人都以為史萬歲戰死了。史萬歲把信放在竹筒裡，漂浮在水面，被打水的人得到，告訴了楊素。楊素把這件事奏聞隋文帝，隋文帝讚歎不已，賞賜史萬歲家十萬錢。

楊素又在溫州打敗沈孝徹，步行向天台進軍，直指臨海縣，一路上追捕殘餘逃命的敵人，前後百餘戰，高智慧逃亡到閩、越自守。隋文帝因楊素長期在外辛苦，下令乘驛站車馬入朝。楊素因為殘餘的賊兵還沒有消滅，擔心成為後患，又請求進兵，於是乘傳車到達會稽。王國慶自以為海路艱難險阻，不是北方人所能熟習的，就不設防備。楊素渡海突然到達，王國慶倉惶棄州而逃。餘黨散入海島，有的佔據溪洞，楊素分派眾將領從水陸兩路追捕。祕密派人遊說王國慶，讓他斬殺或捆送高智慧替自己贖罪，王國慶於是捉住高智慧送來，在泉州處死，餘黨全部投降。江南大體平定。

楊素班師回京，隋文帝派遣左領軍將軍獨孤陀到浚儀迎接慰勞。等到抵達京師，每天有人來慰問。隋文帝授楊素的兒子楊玄獎為儀同三司，賞賜極為優厚。獨孤陀，是獨孤信的兒子。

楊素用兵多權變謀略，治軍嚴整，每次將要臨陣對敵，就挑尋一些人的過失在陣前斬殺，多者一百多人，少的也不低於十人，流血盈前，談笑自如。等到他和敵人對陣，先命令一二百人奔赴敵陣，如果陷陣則已，若不能陷陣而退回來，不論多少人，全部斬首。又下令二三百人再前進，還是用和前一次相同的方法。將士顫抖，有拼命死戰之心，因此他戰無不勝，被稱為名將。楊素當時寵貴親幸，言無不從，那些跟隨楊素征戰的人，很小的功勞也必加敘錄。至於別的將軍即使有重大功勞，也多被文官所壓低，所以楊素雖然殘忍，兵士也願意跟隨他。

隋文帝任命并州總管晉王楊廣為揚州總管，鎮守江都，又任命秦王楊俊為并州總管。

番禺夷人王仲宣反叛，嶺南夷族首領很多響應他，王仲宣率軍包圍廣州。韋洸中流箭死去，隋文帝下詔任命他的副職慕容三藏檢校廣州道代行軍事。又下詔命令給事郎裴矩巡撫嶺南，裴矩到達南康，得到數千名兵力。王仲宣派遣別將周師舉圍攻東衡州，裴矩和大將軍鹿愿擊殺了周師舉，進軍抵達南海。

高涼洗夫人派遣她的孫子馮暄帶兵救援廣州，馮暄和賊兵將領陳佛智向來關係很好，軍隊逗留不進，洗夫人知道了，大怒，派使者逮捕馮暄，關押在州內監獄中。另外派遣孫子馮盎出兵討伐佛智，把佛智殺了。馮盎進軍，在南海與鹿愿會師，同慕容三藏合力攻打王仲宣，王仲宣的軍隊潰敗，廣州得到保全。洗氏親自穿上戰甲，乘著披甲的戰馬，張開絲錦傘蓋，率領手持弓弩的騎兵衛隊，跟從裴矩巡撫二十多州。蒼梧首領陳坦等人都前來謁見，裴矩承奉皇上旨意，授任他們為刺史、縣令，讓他們回去統領各自的部落，嶺南於是安定了。

裴矩回京稟報，隋文帝對高熲、楊素說：「韋洸率領二萬士兵不能早日越過南嶺，朕經常擔心他的兵力太少。裴矩以三千名衰疲的士卒逕直到達南海，有這樣的臣子，朕還有什麼可擔憂的呢？」任命裴矩為民部侍郎。授任馮盎為高州刺史，追贈馮寶為廣州總管、譙國公。冊封洗氏為譙國夫人，開設譙國夫人幕府，設置長史以下的官屬，授給洗氏印章，允許她調撥部落所屬六州兵馬。如果有緊急情況，可以自行相機處置。還下詔說，由於洗夫人效誠的原因，特赦馮暄逗留不進的罪過，拜為羅州刺史。皇后賞賜洗夫人首飾和宴居之服一套，洗夫人把這些物品都裝在金箱裡面，連同梁朝、陳朝時賞賜的東西，各自藏在一庫之中。每當歲時大會，陳列在大庭中，給子孫們看，說：「我侍奉三朝的君主，只用一顆忠順的心，現在所賞賜的東西都保存著，這就是忠順的回報。你們都要記住，對天子要盡赤誠之心！」

番州總管趙訥貪婪暴虐，眾俚人、獠人大多逃亡背叛。洗夫人派長史張融呈上密封奏章，論述安撫事宜，並說明趙訥的罪狀，不能任用他招撫懷柔邊遠之人。皇上派人推問查證趙訥，獲得他的贓物，最終置之於法。隋文帝下敕委派洗夫人撫慰叛亡的人。洗夫人親自載著詔書，自稱皇帝的使者，經歷十幾個州府，公開陳述皇上的旨意，曉諭眾俚人、獠人，她所到之處都降服了。隋文帝稱讚她，賞賜她臨振縣作為封邑，追贈馮僕為崖州總管、平原公。

十一年（辛亥　西元五九一年）

春，正月丙午❶[1]，皇太子妃元氏薨。

二月戊午❷，吐谷渾遣使入貢。吐谷渾可汗夸呂聞陳亡，大懼，遁逃保險❸，不敢為寇。夸呂卒，子世伏❹立，使其兄子無素奉表稱藩❺，并獻方物，請以女備❻後庭。上謂無素曰：「若依來請，佗國聞之，必當相傚，何以拒之？朕情存安養，各令遂性，豈可聚斂❼子女以實後宮乎？」竟不許。

平鄉❽令劉曠❾有異政❿，以義理曉諭訟者，皆引咎⓫而去。獄中草滿，庭可張羅⓬。遷臨潁⓭令。高熲薦曠清名善政為天下第一，上召見，勞[2]勉之，顧[3]謂侍臣曰：「若不殊獎⓮，何以為勸⓯？」丙子⓰，優詔擢⓱為莒州⓲刺史。

辛巳晦⓳，日有食之。

初，帝微時，與滕穆王瓚⓴不協。帝為周相，以瓚為大宗伯，瓚恐為家禍，陰欲圖帝㉑，帝隱之㉒。瓚妃，周高祖妹順陽公主也，與獨孤后素不平，陰為呪詛㉓。帝命出之㉔，瓚不可。秋，八月壬申㉕[4]，瓚從帝幸栗園㉖，暴薨㉗，時人疑其遇鴆。乙亥㉘，帝至自栗園㉙。

沛達公鄭譯卒。

【章　旨】以上為第五段，寫開皇十一年（西元五九一年），隋文帝安撫吐谷渾，因猜忌而暗除楊瓚的事件。本年隋朝無大事。

【注　釋】❶丙午　正月二十三日。❷戊午　二月初六日。❸保險　據守險要。❹世伏　吐谷渾主，在位一年，國亂被殺。事見《隋書・吐谷渾傳》、《北史・吐谷渾傳》。❺稱藩　稱臣。藩，藩國；封建王朝的屬國。❻備　充。❼聚斂　聚集。❽平鄉　縣名，縣治在今河北平鄉西南。❾劉曠　籍貫不詳，仕隋，官至莒州刺史。傳見《隋書》卷七十三、《北史》卷八十六。❿異政　特異的政績。⓫引咎　承認過失。⓬庭可張羅　形容政治清明，無政務纏身，縣衙大堂可張羅捕雀。⓭臨潁　縣名，縣治在今河南臨潁西北。⓮殊獎　特別獎勵。⓯勸　勉勵。⓰丙子　二月二十四日。⓱擢　提拔；選拔。⓲莒州　州名，治所團城，在今山東沂水縣。⓳辛巳晦　辛巳，二月二十九日。晦，每月最後一日。按，二月壬午晦，非辛巳，「晦」字疑衍。⓴滕穆王瓚　即楊瓚（西元五五〇－五九一年），字恆生，隋文帝弟，封為滕王。傳見《隋書》卷四十四、《北史》卷七十一。㉑圖帝　謀害隋文帝。㉒隱之　意謂隋文帝知滕王欲謀害自己事，但隱而不揭發。㉓呪詛　咒罵。詛，請神加給某人禍殃。㉔出之　棄逐。㉕壬申　八月二十三日。㉖栗園　地名，故址在今陝西西安南。㉗暴薨　突然死亡。薨，古代王侯之死稱薨。㉘乙亥　八月二十六日。㉙至自栗園　謂自栗園還長安宮室。

【校記】①丙午 原無此二字。據章鈺校，甲十一行本、乙十一行本、孔天胤本皆有此二字，今據補。按，《隋書・高祖紀下》、《北史・高祖文帝紀》皆有此二字。②勞 原無此字。據章鈺校，甲十一行本、乙十一行本、孔天胤本皆有此字，張敦仁《通鑑刊本識誤》、張瑛《通鑑校勘記》同，今據補。③顧 原無此字。據章鈺校，甲十一行本、乙十一行本、孔天胤本皆有此字，今據補。按，《隋書・循吏・劉曠傳》、《北史・循吏・劉曠傳》皆有此字。④壬申 原無此二字。據章鈺校，甲十一行本、乙十一行本、孔天胤本皆有此二字，今據補。按，《隋書・高祖紀下》有此二字。

【語譯】十一年（辛亥 西元五九一年）

春，正月二十三日丙午，皇太子妃元氏去世。

二月初六日戊午，吐谷渾派遣使者到隋朝進貢。吐谷渾可汗夸呂聽說陳朝亡國，大為恐懼，遁逃，據險自保，不敢再來侵犯。夸呂去世，他的兒子世伏繼位，世伏派遣他哥哥的兒子無素到隋朝上表稱臣，並進獻地方物產，請求把女兒送到皇帝後宮。隋文帝對無素說：「如果答應了世伏的請求，別的國家聽說了，就一定會仿效，朕用什麼理由拒絕他們呢？朕一心想使天下百姓安居樂業，各順天性發展，怎能聚集女子充實後宮呢？」最終沒有同意世伏的請求。

平鄉縣令劉曠有不同尋常的政績，他對前來告狀的人都能曉之以理，告狀的人都自責而去。監獄中長滿了雜草，縣衙廳堂裡冷清得可以張網捕雀。劉曠升任臨潁縣令。尚書左僕射高熲推薦劉曠，認為他的清廉名聲和良好政績為天下第一，隋文帝召見了他，慰勞勉勵他，回頭對侍臣說：「如果不給特殊獎勵，如何勉勵天下官吏？」二月二十四日丙子，特下詔命，提升劉曠為莒州刺史。

二月二十九日辛巳，發生日蝕。

當初，隋文帝在下層時，與滕穆王楊瓚不和。隋文帝擔任了周朝丞相，任命楊瓚為大宗伯，楊瓚害怕為家招禍，暗中謀劃除掉隋文帝，隋文帝把此事隱忍於心。楊瓚的妃子是周高祖的妹妹順陽公主，與獨孤皇后一向不和，暗中用巫術詛咒獨孤皇后。隋文帝下令楊瓚休掉順陽公主，楊瓚不同意。秋，八月二十三日壬申，楊瓚隨從文帝親臨栗園，突然死去，當時人們懷疑是被毒死的。二十六日乙亥，隋文帝從栗園回來。

沛達公鄭譯去世。

【研　析】本卷所記西元五八九—五九一年三年事，以滅陳的具體過程、滅陳一年後南方發生的大規模暴動為重點。茲就卷中所記隋朝雅樂制作問題及南方暴動背景，作一些分析。

「制禮作樂」，在儒家看來是華夏政治文化的精髓，也是聖君明主化成天下的手段。十六國北朝，北方少數民族政權興滅頻繁，在當時人看來，也意味著華夏禮樂文化的消失。隋初以「復漢、魏之舊」作為制度建設的一個目標，禮樂建設自不可少。開皇六年正月，禮部尚書牛弘便已奉命編成多達百卷的新編《五禮》，下詔頒行。可是「作樂」卻並不成功。

「作樂」對於隋朝來說，最重要的是制定以「華夏正聲」為標誌的廟堂「雅樂」，或者說在國家重大禮儀場合演奏的華夏傳統樂舞。從大的方面講，包括樂器製作、配器、樂章、曲調選擇、演奏形式、演奏場所等等，以編鐘、編磬及琴、瑟、笛、簫為主要樂器，以舒緩中和為樂調特徵，歌辭及演唱則多含華夏古音。與「禮」有較為詳細的儒家文本記載不同，「樂」並不詳載於儒家經典，漢代以後儒學復興，但古樂傳者甚少，漢魏儒者根據經典中的隻言片語，結合自己的理解，利用自古相傳的鐘、磬等樂器，新編曲調、歌辭，搞出了一套「當代雅樂」，魏、西晉相承。《晉書》卷二十三〈樂志下〉說：「諸樂皆和之以鍾律，文之以五聲，詠之於歌辭，陳之於舞列。宮懸在庭，琴瑟在堂，八音迭奏，雅樂並作，登歌下管，各有常詠，周人之舊也。」但即使是這一套「新編雅樂」，在西晉滅亡時，華夏文明再一次遭遇「禮崩樂壞」，承載雅樂的樂人、樂器被消滅西晉的匈奴、羯人所獲，明珠暗投，東晉在江南以華夏正統相號召，其初因「無雅樂器及伶人，省太樂並鼓吹令。」到東晉後期，歷次「北伐」鳩集到的樂器已有不少，一些代代傳授的音樂人也有不少來到江南，「雅樂」漸成規模，「雅樂始頗具」，「四廂金石始備焉」。宋、齊、梁陸續又有所增補，尤其是梁武帝銳意於制禮作樂，以至於「中原士大夫望之以為正朔所在」。

至於十六國北朝，戰爭為常事，以戰鼓、長喇叭為主要演奏器物形成的高亢激越的「鼓吹」樂，最受喜愛，各族民族歌舞隨著少數民族成為統治民族，自然流行於廟堂之上，而傳自西域胡人的琵琶，在民眾中的影響也遠遠超過了琴瑟。《隋書》卷十四〈音樂志中〉記西魏北周時廟堂樂舞發展過程說：宇文泰當政時「高昌款附，乃得其伎，教習以備饗宴之禮」；周武帝迎娶突厥阿史那皇后，「得其所獲康國、龜茲等樂，更雜以高昌之舊，並於大司樂習焉。採用其聲，被於鍾石，取《周官》制以陳之。」樂器、曲調基本上是來自西域的東西，又用鐘、磬演奏西域風格的樂曲，按《周禮》規定演奏程序進行。如同今日某些博物館內用編鐘演奏群眾喜聞樂見的「現代革命歌曲」，說是娛樂，可也，說是「雅樂」，則絕對是驢唇不對馬嘴。因此唐初人在編寫《隋書・音樂志》時，加以嘲笑：「〈下武〉之聲，豈姬人之唱，登歌之奏，協鮮卑之音，情動於中，亦人心不能已也。」

據《隋書・音樂志》，隋初，承北周樂舞，「受命惟新，八州同貫，制氏全出於胡人，迎神猶帶於邊曲」。隋開皇二年，鑑於「太常雅樂，並用胡聲」，實在是有悖於「復漢、魏之舊」的國家形象，顏之推請求根據南朝梁時「雅樂」遺規，並「考尋古典」，創立大隋雅樂。隋文帝看不起梁朝的所謂雅樂，說：「梁樂亡國之音，奈何遣我用邪？」決計要自搞一套，結果找人弄了五年，一無所成，文帝大為惱火：「我受天命七年，樂府猶歌前代功德邪？」差點將主持其事的牛弘、何妥等人下獄治罪。鄭譯自告奮勇，要為隋朝制定雅樂，權臣蘇威之子蘇夔也積極回應。「因龜茲人蘇祇婆善琵琶，始得其法，推演為十二均、八十四調」，以此定音，復按古法「議累黍定律」，製作古式樂器。蘇夔「博覽羣言，尤以鍾律自命」，其人原本不名「夔」，因傳說中堯臣有名夔者，善音樂，能使「百獸率舞」，其父蘇威改其名為「夔」，足見當時人對雅樂制作的熱心，也表明雅樂制作與政治高層的動向有著強烈的關係。

鄭譯等結合西域胡人琵琶曲調所搞出的一套雅樂計畫，曾讓文帝大為興奮。《隋書》卷三十八〈鄭譯傳〉記文帝說：「律令則公定之，音樂則公正之。禮樂律令，公居其三，良足美也。」但堅持儒家傳統說法的何妥等人並不甘心，予以嚴厲批評，「競為異議，各立朋黨」。何妥建議文帝聽聽屬於華夏正聲的黃鐘之調，「素不悅學」的文帝對爭論雙方引經據典根本不感興趣，一聽黃鍾演奏，感覺頗為不錯，於是「妥因奏止用黃鍾一宮，不假餘律。帝悅，從之。」「大隋雅樂」終於如此這般定了下來，而希望通過雅樂制作成為學術領袖的「學術超男」蘇夔，也因此一蹶不振。只不過這黃鐘大調，在精通音樂、追求淡雅旨趣的音樂家萬寶常聽來，竟然是「亡國之音」。

隋軍滅陳，並沒遭遇激烈抵抗。而一年多後，「陳之故境，大抵皆反。大者有眾數萬，小者數千，共相影響。」原因不是梁陳舊貴族試圖復辟，而是江南各地豪族、百姓對於新政嚴重不適應。

據《北史》卷六十三〈蘇綽傳附蘇威傳〉，平陳之後，在蘇威的具體負責下，在原陳朝統治地區實施了三項政策：一是「牧人者盡改變之」，二是「無長幼悉使誦《五教》」，三是「江表依內州責戶籍」。陳朝統治時期，江南地方豪族勢力在政治上有了很大的發展，擔任各地郡縣長官者不在少數，隋滅陳之後，對其在陳朝時期發展起來的政治權利一概不予承認，「盡改變之」，必然引起強烈的不滿。隋朝統治集團源於西魏北周，從西魏創立時代開始，宇文泰、蘇綽即將儒教倫理實踐當成整合社會的重要手段，《孝經》特別受到推重，這一政治文化理念也為隋朝統治集團所繼承。而東晉南朝，上流社會崇尚老莊玄學，看重詩文寫作能力，拒絕與社會下層往來，儒學不興，整個江南地方社會並沒受到儒教倫理的強烈薰陶。隋朝統治者急於將自己成功的經驗推廣到江南地區，「無長幼悉使誦《五教》」，據說蘇威復「加以煩鄙之辭」，既屬煩民之舉，又反映出對南方民眾不尊重的心理，自然會引起民眾普遍的反感。東晉南朝，南方私有大土地發育得極為充分，人身依附關係普遍化，有學者估計南方總人口中，大土地上的各類依附人口，是國家戶籍管理人口的四倍以上。隋在江南「依內州責戶籍」，實際就是要曾在原北齊境內實行過的那樣，「大索貌閱」，清查人口，使南方兩、三個世紀發展起來、適應南方生產與發展需要的社會結構，在短時間內瓦解。而集中人口，加以清查登記，使「徙民入關」的謠言，得以迅速傳播，造成民眾的心理不安。豪族與依附豪族的民眾，遂以隋朝地方官吏作為攻擊的對象，發起暴動。「執縣令，或抽其腸，或臠其肉食之，曰：『更能使儂誦《五教》邪？』」表示了對隋現行政策的強烈排斥。

總的來說，南方民眾暴動表明，南北長期政治分裂情況下，南方與北方社會在社會經濟狀態、文化面貌與社會心態上，有著很大的差異，這種差異並不因政治統一而迅速消失，不承認這種差異，將北方行之有效的制度與法令，一概照搬至南方，自然會引起嚴重的問題。南方的暴動被鎮壓下去了，但是否繼續「無長幼悉使誦《五教》」、「依內州責戶籍」，史無明文，想來應該是不了了之。

卷第一百七十八

隋紀二

起玄黓困敦（壬子　西元五九二年），盡屠維協洽（己未　西元五九九年），凡八年。

【題解】本卷載述西元五九二—五九九年共八年史事，當隋文帝開皇十二年至十九年，是隋文帝統治的中段。此時期，隋朝國力發展，府庫充盈。對外，安定四夷，大破北方突厥。內政，隋文帝制禮作樂，完善明堂制度，制定新曆法、雅樂，廢公廨錢而設置職分田，努力安定民生，尚能納諫稱明主。另一方面，隋文帝日益滋長猜忌心，藉故興大獄，誅功臣；又興建仁壽宮，窮極奢侈，開始從節儉步入縱欲。

高祖文皇帝上之下

開皇十二年（壬子　西元五九二年）

春，二月己巳❶，以蜀王秀為內史令兼右領軍大將軍。

國子博士❷何妥與尚書右僕射邳公蘇威爭議事，積不相能❸。威子夔為太子通事舍人❹，少敏辯，有盛名，士大夫多附之。及議樂，夔與妥各有所持。詔百僚署❺其所同，百僚以威故，同夔者什八九。妥恚❻曰：「吾席間函丈❼四十餘年，反為昨暮兒❽之所屈邪？」遂奏：「威與禮部尚書❾盧愷、吏部侍郎薛道衡、尚書右丞❿王弘、考功侍郎⓫李同和等共為朋黨。省中呼弘為世子，同和為叔，言二人如威之子弟也。」復言威以曲道⓬任其從父弟徹、肅罔冒⓭為官等數事。上命蜀王秀、上柱國虞慶則等雜按⓮之，事頗有狀⓯。上大怒。秋，七月乙巳⓰，威坐免官爵，以開府儀同三司就第⓱，盧愷除名，知名之士坐威得罪者百餘人。

初，周室⓲以來，選無清濁⓳，及愷攝吏部，與薛道衡等[1]甄別士流⓴，故涉朋黨之謗，以至得罪。未幾，上曰：「蘇威德行者，但為人所誤耳！」命之通籍㉑。威好立條章，每歲責民間五品㉒不遜，或答者乃[2]云：「管內㉓無五品之家。」其不相應領，類多如此。又為餘糧簿，欲使有無相贍㉔，民部侍郎郎茂㉕以為煩迂不急，皆奏罷之。茂，基之子也，嘗為衛國㉖令，有民張元預兄弟不睦，丞、尉請加嚴刑，茂曰：「元預兄弟本相憎疾，又坐得罪，彌益㉗其忿，非化民㉘之意也。」乃徐諭之以義。元預等各感悔，頓首請罪，遂相親睦，稱為友悌㉙。

己巳㉚，上享太廟。〇壬申晦㉛，日有食之。

帝以天下用律者多踳駮㉜，罪同論異㉝，八月甲戌㉞，制：「諸州死罪，不得輒決(35)，悉移大理(36)按覆(37)，事盡，然後上省奏裁。」

冬，十月壬午(38)，上享太廟。十一月辛亥(39)，祀南郊。

己未，新義公韓擒虎卒。

十二月乙酉(40)，以內史令楊素為尚書右僕射，與高熲專掌朝政。素性疏辯(41)，高下在心(42)，朝臣之內，頗推(43)高熲，敬牛弘，厚接(44)薛道衡，視蘇威蔑如(45)也，自餘朝貴，多被陵轢(46)。其才藝風調(47)優於熲，至於推誠體國(48)，處物平當(49)，有宰相識度(50)，不如熲遠矣。

右領軍大將軍賀若弼，自謂功名出朝臣之右(51)，每以宰相自許(52)。既而楊素為僕射，弼仍為將軍，甚不平，形於言色(53)，由是坐免官，怨望愈甚。久之，上下弼獄，謂之曰：「我以高熲、楊素為宰相，汝每昌言(54)曰：『此二人惟堪啗飯(55)耳。』是何意也？」弼曰：「熲，臣之故人，素，臣之[3]舅子，臣並知其為人，誠有此語。」公卿奏弼怨望，罪當死。上曰：「臣下守法不移，公可自求活理。」弼曰：「臣恃至尊威靈(56)，將八千兵度江，擒陳叔寶，竊以此望活。」上曰：「此已格外重賞，何用追論？」弼曰：「臣已蒙格外重賞，今還格外望活。」既而上低回(57)者[4]數日，惜其功，特令除名。歲餘，復其爵位，上亦忌之，不復任使(58)，然每宴賜，遇之甚厚。

有司[59]上言：「府藏皆滿，無所[60]容，積於廊廡[61]。」帝曰：「朕既薄賦於民，又大經[62]賜用，何得爾也[63]？」對曰：「入者[64]常多於出，略計每年賜用，至數百萬段，曾無減損。」於是更闢[65]左藏院[66]以受之。詔曰：「寧積於人，無藏府庫。河北、河東今年田租三分減一[67]，兵減半功[68]，調[69]全免。」時天下戶口歲增，京輔[70]及三河[71]地少而人眾，衣食不給[72]，帝乃發使四出，均天下之田，其狹鄉每丁纔至二十畝，老少又少焉[73]。

【章　旨】以上為第一段，著重寫隋文帝的三大重臣蘇威、楊素、賀若弼與公卿大臣的微妙關係，以及在開皇十二年（西元五九二年）之際的升沉。

【注　釋】[1]己巳　二月丁丑朔，無己巳。己巳疑為「乙巳」之誤。乙巳，二月二十九日。[2]國子博士　官名，於國子學掌經學教授。[3]不相能　謂不和睦。[4]太子通事舍人　東宮官名，掌宣傳令旨，內外啟奏。[5]署　簽名。[6]恚　發怒；怨恨。[7]席間函丈　謂在席上從師就學。函丈，席方三尺三寸三分，稱為函丈。後來多用於弟子對老師的敬稱。[8]昨暮兒　初生的嬰兒，極言其幼稚。[9]禮部尚書　官名，掌禮部、祠部、主客、膳部四曹，主管禮儀、祭享、貢舉等。[10]尚書右丞　官名，掌尚書省兵部、刑部、工部等十二司。[11]考功侍郎　官名，屬吏部，掌考察內外百官及功臣家傳、碑、頌、誄、謚等事。[12]曲道　不正直，與直道相對。[13]罔冒　欺騙；冒稱。[14]雜按　俱推問審查。雜，共；俱。[15]有狀　有情狀；有犯罪事實。[16]乙巳　七月一日。[17]就第　謂罷官歸家。[18]周室　指北周王朝。[19]選無清濁　謂選官不分清官與濁官。清濁，在南北朝時，高門士族士人任清官，寒門庶族子弟任濁官。[20]甄別士流　謂區別士庶。[21]通籍　謂通籍殿中，可以參與朝請活動。[22]五品　即五常。一家之內，尊卑之差，即父、母、兄、弟、子。[23]管內　即州、縣所轄區內。[24]有無相贍　有無互相周濟。贍，供給；供養。㉕郎茂　（西元五四一－六一一年）字蔚之，恆山新市（今湖北京山縣東北）人，歷仕齊、周、隋，官至尚書左丞。傳見《隋書》卷六十六、《北史》卷五十五。㉖衛國　縣名，縣治在今山東章丘西南。㉗彌益　更加增添。㉘化民　教化人民。㉙友悌　友愛兄弟。悌，敬愛兄長。㉚己巳　七月二十九日。㉛壬申晦　七月二十九日。「晦」字疑衍。㉜踳駁　雜亂。踳，乖違。駁，通「駮」。錯。㉝罪同論異　罪行相同，判決不同。㉞甲戌　八月一日。㉟輒決　專決。輒，獨；專擅。㊱大理　官署名，即大理寺，掌管刑法。㊲按覆　審理覆核。㊳壬午　十月十日。㊴辛亥　十一月九日。㊵乙酉　十二月十四日。㊶疏辯　性情粗獷，口才辯捷。㊷高下在心　謂不照法則辦事，隨心任意。㊸頗推　很推崇。㊹厚接　交接很厚。㊺蔑如　沒有什麼了不起，輕視之意。㊻陵轢　同「淩轢」。欺壓。轢，車輪輾過。㊼風調　風度；韻致。㊽體國　關心國事。㊾平當　公平允當。㊿識度　見識度量。(51)右　古代以右為尊上。(52)自許　自己稱許自己。許，贊同；承認。(53)形於言色　在言談和表情上表現出來。(54)昌言　放聲高言；大言。(55)啗飯　吃飯。啗，吃。(56)威靈　聲威與神靈。(57)低回　徘徊；猶豫。低，降意。回，回心轉意。(58)任使　差遣、使用。(59)有司　官司，指主管部門。古代設官分職，事各有專司，故稱有司。(60)無所　沒地方。所，處所。(61)廊廡　堂前廊屋。廊，堂下周屋。廡，堂下周圍的走廊；廊屋。(62)大經　大量。(63)何得爾也　怎能如此呢。爾，如此；這樣。(64)入者　指每年收入府庫的賦稅。(65)更闢　再開設。(66)左藏院　府庫名，隋原有左藏、黃藏令等府庫，至此又開設左藏院。(67)三分減一　即減收三分之一的田租。(68)兵減半功　隋寓兵於農，按人授田，計畝收租，如今也減少一半。(69)調　指戶調，每戶每年調絹一疋，綿三兩。(70)京輔　地區名，指關中地區。(71)三河　指河東、河南、河內三郡為三河，大致包括今山西南部地區和河南北部、中部地區。(72)不給　不足；不夠用。(73)焉　於此。

【校　記】①等　原無此字。據章鈺校，甲十一行本、乙十一行本、孔天胤本皆有此字，張敦仁《通鑑刊本識誤》同，今據補。②者乃　原無此二字。據章鈺校，甲十一行本、乙十一行本、孔天胤本皆有此二字，張敦仁《通鑑刊本識誤》同，今據補。按，《隋書・郎茂傳》、《北史・郎基傳附郎茂傳》皆有此二字。③之　原無此字。據章鈺校，甲十一行本、乙十一行本、孔天胤本皆有此字，今據補。④者　原無此字。據章鈺校，甲十一行本有此字，今據補。按，《北史・賀若敦傳附賀若弼傳》有此字。

【語　譯】高祖文皇帝上之下

開皇十二年（壬子　西元五九二年）

春，二月己巳日，隋文帝任命蜀王楊秀為內史令兼右領軍大將軍。

國子博士何妥和尚書右僕射邳公蘇威議事爭吵，長久不和。蘇威的兒子蘇夔擔任太子通事舍人，年輕時就敏捷善辯，負有盛名，士大夫大多依附他。等到討論修訂樂律時，蘇夔和何妥各持己見。文帝詔令百官署名表示贊同誰的主張，百官由於蘇威的緣故，十有八九贊同蘇夔。何妥氣憤地說：「我在席上從師就學四十多年了，難道被一個幼稚小兒所屈辱嗎？」於是上奏隋文帝說：「蘇威和禮部尚書盧愷、吏部侍郎薛道衡、尚書右丞王弘、考功侍郎李同和等人結黨營私。尚書省中稱呼王弘為世子，稱李同和為叔，這是說他們二人猶如蘇威的大兒子和兄弟。」又說蘇威用不正當手段讓他的堂弟蘇徹、蘇肅假冒為官等多樁事件。因此隋文帝命蜀王楊秀、上柱國虞慶則等人共同查辦，發現所揭發的事都有證據。隋文帝大怒，秋，七月初一日乙巳，蘇威因罪被罷免官職爵位，僅保留開府儀同三司官銜回家閒居，盧愷被免職除名，知名人士由於受蘇威牽連而獲罪的有一百多人。

當初，從北周以來，選官不分清官與濁官，等到盧愷兼管吏部，與薛道衡等人甄別士庶，所以招致結黨營私的指控，並因此獲罪。沒過多久，隋文帝說：「蘇威是一個有德行的人，只是被別人陷害了！」於是下令把蘇威的名字列入可以上朝的名籍中。蘇威愛好訂立各種章程條例，每年責令地方上報不重視「五品」道德的人家，有些地方官員便回答說：「本管轄區沒有五品之家。」他做事不切實際，大多如此。蘇威又編製餘糧帳簿，想讓民間有無互相周濟，民部侍郎郎茂認為煩瑣迂腐，不是緊要的事，奏請一律停止。郎茂，是郎基的兒子，曾經做過衛國縣令，平民張元預兄弟不和睦，縣丞、縣尉請求施用嚴刑，郎茂說：「張元預兄弟原本互相仇視，又因此獲罪，更加增添他們的仇恨，這不是教化平民的本意。」於是逐漸地用義來勸諭兩兄弟。張元預等人各自感悟悔恨，磕頭請罪，於是兄弟親睦，人們稱讚他們兄弟友愛，尊敬兄長。

七月二十五日己巳，隋文帝祭祀太廟。〇本月最後一天二十九日壬申，發生日蝕。

隋文帝因執法官員對法律的理解多錯亂，常常罪行相同而判決不同。八月初一日甲戌，下制書說：「各州犯死罪的人，州府不要專擅判決，全部要移交大理寺覆審，覆審完畢，然後送尚書省裁決。」

冬，十月初十日壬午，隋文帝到太廟祭祀。十一月初九日辛亥，隋文帝到南郊祭天。

十一月十七日己未，新義公韓擒虎去世。

十二月十四日乙酉，任命內史令楊素為尚書右僕射，與尚書左僕射高熲共掌朝政。楊素性情疏獷，口才辯捷，上下隨意，在朝臣之中，頗為推崇高熲，尊敬太常卿牛弘，厚待薛道衡，很看不起蘇威，其餘的朝廷權貴，大多被他欺陵。楊素的才能風度比高熲強，至於推誠待人，關心國事，處事公正，有宰相的見識和度量，就遠遠不如高熲了。

右領軍大將軍賀若弼自以為功勞名望在群臣之上，常常以宰相自許。後來楊素擔任僕射，賀若弼仍舊為將軍，心中很不平，顯露在言談表情上，因此獲罪免官，怨恨牢騷更加強烈。過了很久，隋文帝把賀若弼關進了監獄，對他說：「我任用高熲、楊素為宰相，你經常揚言說：『這兩個人只配白吃飯。』這是什麼意思？」賀若弼說：「高熲，是臣的老友，楊素，是臣的舅父之子，臣知道這兩人的為人，確實說過這樣的話。」公卿上奏賀若弼怨恨朝廷，其罪當處死。隋文帝說：「公卿大臣依法不徇私情，你可以自己找活命的理由。」賀若弼說：「臣依靠皇上的聲威和神靈，率領八千名子弟兵橫渡長江，抓獲陳叔寶，自認為靠這個功勞有望活命。」隋文帝說：「這已經給了你特別的重賞，哪裡需要再提出？」賀若弼說：「臣已經蒙受皇上的特別重賞，今日還希望皇上格外開恩。」隨後皇上猶豫了好幾天，愛惜賀若弼的功勞，特別下令免官除名。過了一年多，恢復了賀若弼的爵位，但皇上還是猜忌他，不再任用他，然而每次宴請賞賜，對待他特別優厚。

主管官員上奏說：「國家的府庫都裝滿了，沒有地方放了，就堆積在廳堂走廊上。」隋文帝說：「朕已經減輕了賦稅，又大量賞賜耗用，怎麼能如此呢？」回答說：「收入常多於支出，大略統計每年賞賜耗用的，達到幾百萬段絹帛，但府庫的收藏沒有減少。」於是另外興建左藏院收藏新徵收來的錢糧。同時下詔書說：「寧可藏富於民，不要收藏在國家的府庫。河北、河東今年的田租減徵三分之一，兵戶的田租減收二分之一，戶調全免。」當時全國戶口年年增加，京輔和三河地區地少人多，衣食不足，隋文帝便派遣使者到全國各地，均分天下的田地，地少人多的狹鄉每個成年男丁只能分到二十畝土地，老人與未成年人分到的土地又少於此。

十三年（癸丑　西元五九三年）

春，正月壬子❶，上祀感生帝❷。○壬戌❸，行幸岐州。

二月丙午❹，詔營仁壽宮❺於岐州之北，使楊素監之❻。素奏前萊州❼刺史宇文愷檢校❽將作大匠，記室封德彝為土木監❾。於是夷山堙❿谷以立宮殿，崇臺累榭⓫，宛轉相屬⓬。役使嚴急，丁夫多死，疲頓⓭顛仆者[1]，推填坑坎⓮，覆以土石，因而築為平地。死者以萬數。

丁亥⓯，上至自岐州。○己卯⓰，立皇孫暕為豫章王。暕，廣之子也。○丁酉⓱，制：「私家不得藏緯候⓲、圖讖⓳。」

秋，七月戊辰晦⓴，日有食之。

是歲，上命禮部尚書牛弘等議明堂㉑制度。宇文愷獻明堂木樣，上命有司規度安業里㉒地。將立之，而諸儒異議，久之不決，乃罷之。

上之滅陳也，以陳叔寶屏風賜突厥大義公主㉓。公主以其宗國㉔之覆，心常不平，書屏風，為詩敘陳亡以自寄㉕。上聞而惡之，禮賜漸薄。彭公劉昶先尚周公主，流人㉖楊欽亡入突厥，詐言昶欲與其妻作亂攻隋，遣欽來[2]密告大義公主，發兵擾邊。都藍可汗信之，乃不脩職貢㉗，頗為邊患。上遣車騎將軍長孫晟使於突厥，微觀㉘察之。公主見晟，言辭不遜，又遣所私㉙胡人安遂迦與楊欽計議，扇惑㉚都藍。晟至京師，具以狀聞。上遣晟往索欽，都藍不與，曰：「檢校㉛客內無此色人㉜。」晟乃賂其達官，知欽所在，夜掩獲㉝之，以示都藍，因發㉞公主私事，國人大以為恥。都藍執安遂迦等，并以付晟。上大喜，加授開府儀同三司，仍遣入突厥廢公主。內史侍郎㉟裴矩請說都藍使殺公主。

時處羅侯之子染干，號突利可汗，居北方，遣使求婚，上使裴矩謂之曰：「當殺大義公主，乃許婚。」突利復譖之於都藍，都藍因發怒，殺公主，更表請婚，朝議㊱將許之。長孫晟曰：「臣觀雍虞閭㊲反覆無信，直以與玷厥㊳有隙，所以欲依倚㊴國家，雖與為婚，終當叛去。今若得尚公主，承藉威靈，玷厥、染干必受其徵發㊵。彊而更反，後恐難圖。且染干者，處羅侯之子，素有誠款㊶，於今兩代。前乞通婚，不如許之，招令南徙，兵少力弱，易可撫馴㊷，使敵㊸雍虞閭以為邊捍。」上曰：「善。」復遣晟慰諭染干，許尚公主。

牛弘使協律郎㊹范陽祖孝孫㊺等參定雅樂，從㊻陳陽山㊼太守毛爽㊽受京房㊾ [3]
律法，布管飛灰，順月皆驗。又每律生五音，十二律為六十音，因而六之，為三百六十音，分直一歲之日以配七音，而旋相為宮之法，由是著名。弘等乃奏請復用旋宮法[50]，上猶記何妥之言，注弘奏下，不聽作旋宮，但用黃鍾一宮。於是弘等復為奏，附順[51]上意，其前代金石[52]並銷毀之，以息異議。弘等又作武舞[53]，以象隋之功德。郊廟[54]饗[55]用一調[56]，迎氣用五調[57]。舊工稍盡，其餘聲律，皆不復通。

【章旨】以上為第二段，寫隋文帝招撫突厥，牛弘主持完成隋代雅樂的制定。由於新律只用黃鍾作宮音，其他宮音的傳統古樂從此失傳。

【注釋】[1]壬子　正月十一日。[2]感生帝　隋以火德王，以赤帝赤熛怒為感生帝。即隋文帝是赤帝下凡而生。[3]壬戌　正月二十一日。[4]丙午　二月辛未朔，無丙午。按，《隋書》卷二〈高祖紀〉下「丙午」作「丙子」，《北史》同，此誤。丙子，二月初六日。[5]仁壽宮　宮名，故址在今陝西麟遊西。[6]監之　指監造仁壽宮。[7]萊州　州名，治所掖縣，在今山東萊州。[8]檢校　隋制：未實授的加官，或暫領其職務者，稱為檢校官。[9]土木監　官名，掌土木建築事，因營建仁壽宮而臨時設置，非常設之官。[10]堙　填；堵。[11]崇臺累榭　層層高臺、重重亭榭。臺，高而上平的建築物。榭，臺上蓋的高屋。[12]宛轉相屬　宛轉，展轉；曲折。相屬，互相連接在一起。[13]疲頓　疲憊困頓。[14]推填坑坎　謂把傷病跌倒的勞工推填到坑窪中。[15]丁亥　二月十七日。按，二月辛未朔，丁亥不應記在己卯（九日）前，史文當有訛誤或顛倒。[16]己卯　二月九日。[17]丁酉　二月二十七日。[18]緯候　緯是漢代神學迷信附會儒家經義的書，以經義附會人事吉凶廢興。候是古代占卜吉凶。[19]圖讖　圖是河圖。讖是假借神靈的一種預言。[20]戊辰晦　七月三十日。[21]明堂　古代帝王宣明政教的地方。凡朝會、祭祀、慶賞、選士、養老、教學等大典，均在此處舉行。後來宮室逐漸完備，另在都城近郊東南修建明堂，以保存古制。[22]安業里　地名，在今陝西西安南部。[23]大義公主　（？—西元五九三年）早年稱千金公主，北周趙王宇文招之女。事見《隋書》卷八十四、《北史》卷九十九〈突厥傳〉。[24]宗國　指北周。[25]自寄　寄託自己的情思。[26]流人　因有罪而被流放的人。[27]不脩職貢　謂不盡職貢納。[28]微觀　暗地觀察。[29]所私　指大義公主私通的人。[30]扇惑　煽動蠱惑。[31]檢校　查核。[32]無此色人　沒有這個人。此色，此種。色，種類。㉝掩獲　乘其不備而將其抓獲。㉞發　檢舉；告發。㉟內史侍郎　官名，內史省（即中書省）副長官，專掌詔制草稿。㊱朝議　又稱廷議。即在朝廷中商議國家大事。㊲雍虞閭　即突厥頡伽施多那都藍可汗，簡稱都藍。㊳玷厥　即突厥達頭可汗。㊴依倚　憑藉；依靠。㊵徵發　調遣。一般指上級徵集動用下級的人力和物力。㊶誠款　懇摯；忠誠。㊷撫馴　安撫而控制。㊸敵　抵禦。㊹協律郎　官名，屬太常寺，掌和六律六呂，辨四季之氣，監試太樂鼓吹教樂。㊺祖孝孫　幽州范陽（今河北涿州）人，隋唐音樂家。曾撰《大唐雅樂》。事見《隋書》卷十六〈律曆志〉上，傳見《舊唐書》卷七十九。㊻從　胡三省注曰：「『從』字上更有『孝孫』二字，文意乃明。」㊼陽山　郡名，治所含洭縣，在今廣東英德西北。㊽毛爽　隋朝音樂家，曾仕陳朝為陽山太守。參與議定律呂，著有《律譜》。事見《隋書》卷十六〈律曆志〉上。㊾京房　西漢人，今文《易》學京氏學的創始人。本姓李，好音律，推律自京為京氏。傳見《漢書》卷七十五。㊿旋宮法　秦漢以前譜音之法。以十二律與七聲相配而成眾調。(51)附順　迎合順從。(52)金石　指鐘磬類樂器。(53)武舞　武士身披盔甲，手執兵器跳的一種舞蹈。(54)郊廟　指郊祀和廟祭。(55)饗　合祭。(56)一調　即止用黃鐘一宮。(57)迎氣用五調　即春用角，夏用徵，中央用宮，秋用商，冬用羽。氣，季節。

【校記】[1]者　原無此字。據章鈺校，甲十一行本、乙十一行本、孔天胤本皆有此字，張敦仁《通鑑刊本識誤》同，今據補。[2]來　原無此字。據章鈺校，甲十一行本、乙十一行本皆有此字，今據補。按，《通鑑紀事本末》卷二五有此字。[3]房　原作空格。《通鑑綱目》卷三六上有「房」字，當是，今據補。

【語譯】十三年（癸丑　西元五九三年）

春，正月十一日壬子，隋文帝祭祀感生帝。〇二十一日壬戌，隋文帝巡視岐州。

二月丙午日，隋文帝詔令在岐州北邊營建仁壽宮，派楊素監督施工。楊素奏請前萊州刺史宇文愷為檢校將作大匠，記室封德彝為土木監。於是平山填谷營造宮殿，高臺累榭，宛轉相連。督使嚴厲急迫，很多民工死了。有些人疲憊困頓，倒在地上，便把他們推到坑中填埋了，用土石覆蓋，隨即整理成平地。死的人以萬計。

二月十七日丁亥，隋文帝從岐州回到長安。〇初九日己卯，冊立皇孫楊暕為豫章王。楊暕，是楊廣的兒子。○二十七日丁酉，隋文帝下制書說：「私家不得收藏占卜吉凶的緯候、圖讖類書。」

秋，七月最後一天三十日戊辰，發生日蝕。

這一年，隋文帝命令禮部尚書牛弘等人討論明堂制度。宇文愷獻上木製的明堂模型，皇上命令主管官吏在長安南城安業里測量施工地區。準備建造明堂，但是眾儒有異議，很久不能決定，於是作罷。

隋文帝討滅陳國時，把陳叔寶的屏風賞賜給突厥大義公主。大義公主因為自己的宗國北周滅亡，心裡常常憤慨不平，便作了敘述陳朝滅亡的詩篇書寫在屏風上，藉以寄託自己的情懷。隋文帝知道後心裡很厭惡大義公主，禮遇和賞賜漸漸淡薄。彭公劉昶原先娶了周室公主為妻，有一個被流放的人楊欽逃入突厥，謊稱劉昶準備和他的妻子一起反叛進攻隋朝，派遣他楊欽來密告大義公主，請求派兵侵擾隋朝邊境。都藍可汗聽信了楊欽的話，就不再進獻貢物，時常為患隋朝邊境。隋文帝派車騎將軍長孫晟出使突厥，暗中觀察情況。大義公主接見長孫晟，言辭不敬，又派和她有私情的胡人安遂迦與楊欽商議，煽動蠱惑都藍可汗。長孫晟回到京師，把全部情形奏報了隋文帝。隋文帝派遣長孫晟去往突厥索要楊欽，都藍可汗不肯給，說：「經過查核，我們的賓客中沒有這個人。」長孫晟便賄賂突厥的高官，得知了楊欽所在地，趁夜乘其不備抓獲了他，帶給都藍可汗看，藉機告發了公主的私情，突厥國人認為非常羞恥。都藍可汗拘捕了安遂迦等人，一起交給長孫晟。隋文帝非常高興，加官長孫晟為開府儀同三司，再次派他去突厥廢除大義公主。內史侍郎裴矩請求勸說都藍可汗，讓他殺掉公主。

當時處羅侯的兒子染干，號突利可汗，居住在北方，派使者到隋朝來求婚，隋文帝讓裴矩告訴來使說：「突厥殺死大義公主，才能答應通婚。」突利可汗又向都藍可汗說大義公主的壞話，都藍可汗因此很生氣，殺死了大義公主，另又上表請求通婚，朝臣商議準備答應他。長孫晟說：「臣觀察雍虞閭反覆無常，沒有信用，只因他與玷厥有矛盾，所以才想要依靠皇上，即使和他通了婚，最終一定會叛離。現在如果讓都藍可汗娶了隋朝公主，他依靠皇上的威靈，玷厥、染干一定會聽憑他都藍可汗調遣。都藍可汗強大了再反叛，以後恐怕很難對付了。何況染干這個人，是處羅侯的兒子，一向忠誠，到現在兩代了。前次曾請求通婚，不如答應他，令他向南遷徙，他兵少力弱，容易安撫控制，讓他同雍虞閭對抗，作為我們北方邊疆的一道屏衛。」隋文帝說：「很好。」於是又派長孫晟前往突厥安慰勸諭染干，答應他娶公主的請求。

牛弘讓協律郎范陽人祖孝孫等參加制定雅樂，祖孝孫向原陳朝陽山太守毛爽學習京房的律法，排列律管吹動葭灰，以測候節氣，順著時月十分應驗。又每律產生五音，十二律有六十音，重複六次為三百六十音，分別和一年的三百六十日相應，再和宮、商、角、變徵、徵、羽、變宮七個音階配合，以形成各種律調，也就是用十二律輪流作為宮音，以構成各種不同音階的方法，這樣產生的樂律十分鮮明。牛弘等人於是奏請重新用轉相為宮的方法，隋文帝還記得何妥說的「黃鐘象人君之德」的話，在牛弘的奏疏上批註自己的意見，不准採用十二律轉相為宮的方法，只用第一律黃鐘作宮音。於是牛弘等人又上奏，迎合隋文帝的旨意，把前代的金石樂器一併銷毀，以平息不同的議論。牛弘等人又作武舞，用來象徵隋朝的功德。郊祀和廟祭只用黃鐘宮一個調，迎接時令的樂律用五個調。舊日的樂工逐漸沒有了，其餘聲律，全都不再通行。

十四年（甲寅　西元五九四年）

春，三月，樂成。夏，四月乙丑❶，詔行新樂，且曰：「民間音樂，流僻❷日久，棄其舊體，競造繁聲，宜加禁約❸，務存其本。」萬寶常聽太常所奏樂，泫然❹泣曰：「樂聲淫厲❺而哀，天下不久將盡！」時四海全盛❻，聞者皆謂不然，大業之末，其言卒驗❼。寶常貧而無子，久之，竟餓死。且死，悉取其書燒之，曰：「用此何為？」

先是，臺❽、省❾、府❿、寺⓫及諸州皆置公廨錢⓬，收息取給⓭。工部尚書扶風[1]蘇孝慈⑭以為「官司⑮出舉興生，煩擾百姓，敗損風俗，請皆禁止，給地以營農⑯。」上從之。六月丁卯⑰，始詔「公卿以下皆給職田⑱，毋得治生⑲，與民爭利。」

秋，七月乙未⑳，以邳公蘇威為納言。

初，張賓曆既行，廣平劉孝孫㉑及[2]冀州秀才劉焯㉒並言其失。賓方有寵於上，劉暉㉓附會之，共短孝孫等[3]，斥罷之。後賓卒，孝孫為掖縣㉔丞，委官㉕入京，上其事，詔留直太史㉖，累年不調，乃抱其書，使弟子輿櫬㉗來詣闕下，伏而慟哭，執法拘而奏之。帝異焉，以問國子祭酒㉘何妥，妥言其善。乃遣與賓曆比校短長㉙。直太史勃海張胄玄㉚與孝孫共短賓曆，異論鋒㉛起，久之不定。上令參問日食事，楊素等奏：「太史㉜凡奏日食二十有五，率皆無驗，胄玄所刻㉝，前後妙中㉞，孝孫所刻，驗亦過半。」於是上引孝孫、胄玄等親自勞徠㉟。孝孫請先斬劉暉，乃可定曆，帝不懌，又罷之。孝孫尋卒。

關中大旱，民飢，上遣左右視民食，得豆屑雜糠以獻。上流涕以示羣臣，深自咎責㊱，為之不御酒肉者[4]殆將一朞㊲。八月辛未㊳，上帥民就食㊴於洛陽，敕斥候不得輒有驅逼。男女參廁㊵於仗衛之間，遇扶老攜幼者，輒引馬避之，慰勉而去。至艱險之處，見負擔者，令左右扶助之。

冬，閏十月甲寅[41]，詔以齊、梁、陳宗祀[42]廢絕，命高仁英、蕭琮、陳叔寶以時[43]脩祭，所須器物[44]，有司給之。陳叔寶從帝登邙山，侍飲，賦詩曰：「日月光天德，山河壯帝居，太平無以報[45]，願上東封[46]書。」并表請封禪。帝優詔答之。它日，復侍宴，及出，帝目之曰：「此敗豈不由酒？以作詩之功，何如思安時事[47]？當賀若弼度京口，彼人密啓告急，叔寶飲酒，遂不之省。高熲至日，猶見啓在牀下，未開封。此誠[48]可笑，蓋天亡之也。昔苻氏[49]征伐所得國，皆榮貴[50]其主，苟欲求名，不知違天命〔5〕，與之官，乃違天也。」

齊州[51]刺史盧賁坐民飢閉民糶[52]，除名。帝後復欲授以一州[53]，賁對詔失旨[54]，又有怨言，帝大怒，遂不用。皇太子為言：「此輩[55]並有佐命功，雖性行輕險[56]，誠不可棄。」帝曰：「我抑屈[57]之，全[58]其命也。微[59]劉昉、鄭譯、盧賁、柳裘、皇甫績等，則我不至此。然此等皆反覆子也，當周宣帝時，以無賴得幸[60]。及帝大漸[61]，顏之儀等請以趙王輔政，此輩行詐[62]，顧命於我。我將為政，又欲亂之，故昉謀大逆[63]，譯為巫蠱。如賁之例，皆不滿志[64]，任之[65]則不遜，置之[66]則怨望，自為難信，非我棄之。眾人見此，謂我薄於功臣，斯不然矣。」賁遂廢，卒於家。

晉王廣帥百官抗表(67)，固請封禪。帝令牛弘等[6]創定儀注(68)，既成，帝視之，曰：「茲事體(69)大，朕何德以堪之？但當東巡，因致祭泰山耳。」十二月乙未(70)，車駕東巡。

上好機祥(71)小數(72)，上儀同三司蕭吉(73)上書曰：「甲寅、乙卯，天地之合(74)也。今茲甲寅之年，以辛酉朔旦冬至，來年乙卯，以甲子夏至。冬至陽始，郊天之日，即至尊本命。夏至陰始，祀地之辰，即皇后本命。至尊德並乾(75)之覆育(76)，皇后仁同地之載養(77)，所以二儀元氣(78)並會本辰。」上大悅，賜物五百段。吉，懿之孫也。員外散騎侍郎(79)王劭言上有龍顏(80)戴干(81)之表，指示羣臣。上悅，拜著作郎(82)。劭前後上表言上受命符瑞(83)甚眾，又採民間歌謠，引圖書讖緯，捃摭(84)佛經，回易(85)文字，曲加誣飾(86)，撰皇隋靈感志三十卷奏之，上令宣示天下。劭集諸州朝集(87)，使盥手(88)焚香，閉目[7]而讀之，曲折其聲(89)，有如歌詠，經涉(90)旬朔(91)，偏而後罷。上益喜，前後賞賜優洽(92)。

【章　旨】以上為第三段，寫隋文帝的雙重性格，一方面同情平民大眾，為災民減膳；另一方面，隋文帝又好大喜功，定曆法、制樂律、議封禪，牛弘等大臣順風承旨，滋長了隋文帝的驕矜。

【注　釋】❶乙丑　四月初一日。❷流僻　邪弊流傳。僻，邪。❸禁約　限制；禁止。❹泫然　流淚的樣子。❺淫厲　淫靡淒厲。淫即淫聲，古稱鄭衛之音等俗樂為淫聲，後來以淫聲指浮靡不正派的樂調樂曲。❻四海全盛　天下正處於全盛時期。❼卒驗　終於得到驗證。卒，終於；最後。❽臺　中央官署，此時隋設有御史、都水、謁者三臺。❾省　中央官署，隋設有尚書、門下、內史、祕書、內侍五省。❿府　直屬中央的地方官署，隋有京兆、河南府。⓫寺　中央低於省一級的官署，此時設太常、光祿、衛尉、宗正、太僕、大理、鴻臚、司農、太府等九寺。⓬公廨錢　各級官府的辦公費用。⓭收息取給　收取利息以供使用。⓮蘇孝慈　扶風（今陝西鳳翔）人，歷仕周、隋，官至兵部尚書。傳見《隋書》卷四十六、《北史》卷七十五。⓯官司　指百官。⓰營農　經營農業。⓱丁卯　六月初四日。⓲職田　又稱職分田，此制始於北周，按官品的高低給田，多少不等。⓳治生　謀生計；經商取利。⓴乙未　七月三日。㉑劉孝孫　廣平（今河北雞澤東南）人，通曉曆法，官至掖縣丞。事見《隋書》卷十七〈律曆志〉中。㉒劉焯　（西元五四四—六一〇年）字士元，信都昌亭（今河北冀州）人，官至太學博士，與王劭同修國史，兼參議律曆。著有《稽極》十卷、《曆書》十卷、《五經述議》等。傳見《隋書》卷七十五、《北史》卷八十二。㉓劉暉　仕隋，官至儀同、太史令，參議律曆。事見《隋書》卷十七〈律曆志〉中。㉔掖縣　縣名，縣治在今山東萊州。㉕委官　棄官不做。㉖直太史　以他官入太史曹，當值太史。㉗輿櫬　載棺前往，表示必死的決心。㉘國子祭酒　官名，掌國子學之政。㉙短長　優劣。㉚張胄玄　勃海蓨（今河北景縣）人，仕隋，官至員外散騎侍郎，兼太史令，參議律曆，改定新曆。傳見《隋書》卷七十八、《北史》卷八十九。㉛鋒　亦作「蜂」，眾多之意。㉜太史　官名，即太史令，掌天文曆法。㉝所刻　指測定日蝕的刻度。㉞妙中　精妙準確。㉟勞徠　勸勉。亦作「勞來」。㊱咎責　引咎自責。㊲殆將一朞　差不多一整年。殆，幾乎。朞，一週年。㊳辛未　八月初九日。㊴就食　移至糧多之處，就地取得食物。㊵參廁　參雜。㊶甲寅　閏十月二十三日。㊷宗祀　廟祭；祭祀祖宗。㊸以時　按季節。㊹器物　指祭祀所用器皿供物。㊺報　回報；回答。㊻東封　指到泰山封禪。因泰山位於長安東，故稱東封。㊼時事　當時的政事。指陳叔寶滅亡前事。㊽誠　實在。㊾苻氏　指前秦帝苻堅。他在位時，曾一度統一了北方地區。傳見《晉書》卷一百十三、《魏書》卷九十五。㊿榮貴　謂以官爵尊寵之。(51)齊州　州名，治所歷城縣，在今山東濟南市。(52)閉民糶　禁止老百姓出賣糧食。糶，賣出穀物。(53)授以一州　即授任某一州刺史的官職。(54)失旨　不符合皇帝的旨意。(55)此輩　這些人。包括盧賁、劉昉、鄭譯等人。(56)輕險　輕佻險詐。(57)抑屈　壓抑、摧折。(58)全　保全。(59)微　沒有。(60)得幸　受到寵幸。(61)大漸　皇帝病危。漸，加劇之意。(62)行詐　使用欺騙的手法。(63)大逆　封建時代，凡干犯君主及謀毀陵廟、宮闕者，皆為大逆罪。(64)不滿志　其志意得不到滿足。(65)任之　指任用他們做官。(66)置之　擱置起來。指不用他們做官。(67)抗表　上表直言。(68)儀注　禮節制度。此指封禪時的禮儀制度。

(69)體　規模。(70)乙

未 十二月五日。❼機祥 吉凶。❼小數 小的技能。❼蕭吉 字文休，梁宗室後裔，歷仕後梁、周、隋，官至太府少卿。精通陰陽術，著有《金海》三十卷、《葬經》六卷、《樂譜》二十卷。傳見《隋書》卷七十八、《北史》卷八十九。❼天地之合 謂天干地支之和。❼乾 《易》乾象天、象君、象陽。❼覆育 指天的庇護化育。❼載養 人們生活在大地，承受大地的養育。❼二儀元氣 指天地未分前混一之氣。二儀，指天地。❼員外散騎侍郎 官名，侍從皇帝左右，掌規諫。❽龍顏 謂眉骨圓起。後稱皇帝的顏貌為龍顏。❽戴干 一種特異的相貌。指頭部有肉突起如干戈對立。干，盾牌。❽著作郎 官名，隋著作郎掌祕書省太史、著作二曹的曆法、修史等。❽符瑞 吉祥的徵兆。❽捃摭 拾取。❽回易 改換。❽誣飾 捏造粉飾。❽朝集 官名，各州每年朝集京師者。又稱朝集使。❽盥手 洗手。❽曲折其聲 使讀書的聲調委婉動聽。❾經涉 經過。❾旬朔 十天或一月。旬，十天。朔，農曆每月初一。❾優洽 優厚而普遍。

【校 記】[1]扶風 原無此二字。據章鈺校，甲十一行本、乙十一行本、孔天胤本皆有此二字，今據補。按，《隋書・蘇孝慈傳》、《北史・蘇孝慈傳》載其為「扶風」人。[2]及 原無此字。據章鈺校，甲十一行本、乙十一行本、孔天胤本皆有此字，今據補。[3]等 原無此字。據章鈺校，甲十一行本、乙十一行本、孔天胤本皆有此字，今據補。[4]者 原無此字。據章鈺校，甲十一行本、乙十一行本、孔天胤本皆有此字，今據補。[5]命 原作「令」。據章鈺校，甲十一行本、乙十一行本、孔天胤本皆作「命」，今據改。按，《南史・後主紀》作「命」。[6]等 原無此字。據章鈺校，甲十一行本、乙十一行本、孔天胤本皆有此字，今據補。[7]閉目 原無此二字。據章鈺校，甲十一行本、乙十一行本、孔天胤本皆有此二字，張敦仁《通鑑刊本識誤》同，今據補。按，《隋書・王劭傳》有此二字。

【語 譯】十四年（甲寅 西元五九四年）

春，三月，雅樂制定完成。夏，四月初一日乙丑，下詔頒行新樂，詔令說：「民間的音樂，放蕩邪僻，流傳已經很久，又拋棄了舊有的格調，爭相製作繁雜的新聲，應當加以禁止約束，必須要保持其傳統的本來面貌。」萬寶常聽了太常所演奏的音樂，流著眼淚哭泣說：「樂音淫靡淒厲而哀傷，天下不久就要滅亡！」當時天下正處於全盛時期，聽了萬寶常話的人都認為並非如此，大業末年，他的話終於應驗了。萬寶常家貧無子，過了很久，竟然餓死了。臨死的時候，萬寶常把他的書全部拿出來燒毀了，說：「這些書有什麼用？」

此前，朝廷臺、省、府、寺，以及地方各州都設置辦公費，借貸收取利息以供使用。工部尚書扶風人蘇孝慈認為「官府放貸公錢，收取利息，煩擾百姓，敗壞風俗，請求一律禁止，撥給各級官員土地來經營農業。」隋文帝聽從了。六月初四日丁卯，開始下詔書「公卿以下都按級別授給職分田，不允許經營放貸，與民爭利。」

秋，七月初三日乙未，任命邳公蘇威為納言。

當初，張賓《甲子元曆》頒行以後，廣平人劉孝孫和冀州秀才劉焯都說它有失誤。張賓當時正得到隋文帝的寵信，劉暉附和他，一起說劉孝孫等人的壞話，隋文帝斥責劉孝孫把他趕出京師。後來張賓去世，劉孝孫擔任掖縣縣丞，他棄官進京，上奏陳述關於曆法的事，隋文帝詔令他留京在太史曹為當直太史，從此以後好多年不遷調他的職務，劉孝孫於是抱著自己的書，讓弟子們用車拉著棺材，來到宮闕之下，伏地痛哭，執法人員把他抓起來，奏報皇上。隋文帝覺得很詫異，就此事詢問國子祭酒何妥，何妥說劉孝孫的曆法好。於是派人比較劉孝孫曆和張賓曆的好壞。當直太史勃海人張冑玄和劉孝孫一同指出張賓曆法的缺點，不同的意見紛紛興起，很久不能作出結論。隋文帝詢問兩種曆法對日蝕觀測的情況，楊素等人上奏說：「太史一共奏報日蝕二十五次，一律都沒有應驗；張冑玄所推定的日蝕，前後精妙準確；劉孝孫所推定的日蝕，應驗的也超過一半。」於是皇上召見劉孝孫、張冑玄，親自慰勞勉勵。劉孝孫請求先將劉暉斬首，才可以制定曆法，隋文帝很不高興，又罷斥了他。劉孝孫不久就死了。

關中大旱，民眾饑荒，隋文帝派身邊近臣察看災民的飯食，他們得到災民吃的豆屑摻合糠皮，就拿回呈獻給隋文帝看。隋文帝流著眼淚拿給群臣看，深深地引咎自責，為此不飲酒不吃肉將近一年時間。八月初九日辛未，隋文帝帶領災民就食洛陽，敕令偵察放哨的士兵不許隨便驅趕他們。男男女女混雜在儀仗衛隊之間，遇到扶老攜幼的災民，隋文帝就勒馬讓路，好言慰勉之後才走。到了艱險難行的地方，看見有背東西或挑擔子的人，便命令身邊的人幫助他們。

冬，閏十月二十三日甲寅，隋文帝下詔，由於齊朝、梁朝、陳朝的宗廟祭祀已經斷絕，就命高仁英、蕭琮、陳叔寶分別在四季向祖先致祭，所需要的器物祭品，由主管官府供給。陳叔寶隨從隋文帝登上邙山，陪侍隋文帝飲酒，吟詩說：「日月光天德，山河壯帝居，太平無以報，願上東封書。」並上表請求封禪。隋文帝用嘉獎詔書回覆了陳叔寶。另有一天，陳叔寶又陪侍隋文帝飲酒，等陳叔寶離去時，隋文帝望著他說：「此人的失敗亡國，難道不就是由於飲酒嗎？有用來賦詩的功夫，為什麼不思考國事？當賀若弼率軍渡江攻擊京口的時候，他們中有人密奏告急，陳叔寶正在飲酒，竟看也不看。高熲進入宮城的那天，還看見告急密啟在床下，竟還沒有開封。這真是可笑啊，大概是天要亡他吧！從前苻堅征伐別的國家，都使俘獲的亡國之君尊榮顯貴，苻堅一心想博得好名聲，殊不知這有背天意，給亡國之君官職，就是違背天意。」

齊州刺史盧賁因在人民鬧饑荒時禁止向百姓出售糧食獲罪，被削除官籍。隋文帝後來又想授任他為一州刺史，盧賁覆命未能符合皇上的旨意，還有怨言，隋文帝大怒，於是不予任用。皇太子替他進言說：「這些人都有佐命大功，雖然性情行為輕佻險詐，但還不能拋棄不用。」隋文帝說：「我貶抑他，是保全他的性命。沒有劉昉、鄭譯、盧賁、柳裘、皇甫績這些人，我不會達到今天這樣的地位。然而這些人全是反覆不定的傢伙，北周宣帝時，他們靠狡猾無賴受到寵幸。等到周宣帝病危時，顏之儀等人請求讓趙王輔政，這些人使用欺騙手法，讓我輔政。我將要執政時，他們又想作亂，所以劉昉策劃謀反，鄭譯用巫術詛咒害人。像盧賁這些人，都是想法得不到滿足，任用他們則不恭遜，不用他們則心懷怨恨，他們自己的所作所為難以讓人相信，不是朕要拋棄他們。大家看到這些表面現象，說我薄待功臣，事實不是這樣的。」盧賁終於被廢黜，死在家中。

晉王楊廣率領百官直言上奏，堅決請求封禪。隋文帝命令牛弘等人起草封禪的禮儀制度，完成以後，隋文帝看了說：「這件事規模宏大，朕有何德能夠承受呢？只應該巡視東方，順便致祭泰山罷了。」十二月初五日乙未，隋文帝車駕東巡。

皇上愛好吉凶小技，上儀同三司蕭吉上書說：「甲寅、乙卯，是天地相合的時候。今年是甲寅年，朔旦冬至在辛酉日，明年是乙卯年，夏至在甲子日。冬至日陽氣開始產生，是到南郊祭天的日子，也是皇上的本命日子。夏至日陰氣開始產生，是祭祀地的日子，也是皇后的本命日。皇上的恩德如同蒼天覆蓋養育眾生，皇后的仁愛如同大地載養萬物，所以天地元氣都在這個時候會合。」隋文帝大為高興，賞賜蕭吉絹綢五百段。蕭吉，是蕭懿的孫子。員外散騎侍郎王劭說皇上有龍顏戴干的相貌，並指給群臣看，皇上非常高興，拜授王劭為著作郎。王劭先後多次上奏章，講了很多皇上承受天命的祥瑞，又採集了民間歌謠，引用讖緯圖書，摘取佛經文句，改換字句，捏造粉飾，撰寫了《皇隋靈感志》三十卷上奏。隋文帝命令向全天下公布。王劭召集各州的朝集使，讓他們洗手焚香，閉目誦讀《皇隋靈感志》，要他們聲音委婉曲折，如同唱歌，誦讀了十幾天，從頭到尾讀完全書這才停止。皇上更加高興，先後賞賜非常優厚。

十五年（乙卯　西元五九五年）

春，正月壬戌❶，車駕頓❷齊州。庚午❸，為壇於泰山，柴燎祀天，以歲旱謝愆咎❹，禮如南郊。又親祀青帝❺壇。赦天下。

二月丙辰❻，收天下兵器，敢私造者坐之❼，關中、緣邊❽不在其例。

三月己未❾，至自東巡。

仁壽宮成。丁亥❿，上幸仁壽宮。時天暑，役夫死者相次⓫於道，楊素悉焚除之，上聞之，不悅。及至，見制度⓬壯麗，大怒曰：「楊素殫民力為離宮⓭，為吾結怨天下。」素聞之，惶恐，慮獲譴⓮，以告封德彝，曰：「公勿憂，俟⓯皇后至，必有恩詔⓰。」明日，上果⓱召素入對，獨孤后勞之曰：「公知吾夫婦老，無以自娛，盛飾⑱此宮，豈非忠孝？」賜錢百萬，錦絹三千段。素負貴恃才，多所陵侮⑲，唯賞重德彝，每引之與論宰相職務，終日忘倦，因撫其牀曰：「封郎必當[1]據吾此座[2]。」屢薦於帝，帝擢為內史舍人⑳。

夏，四月己丑朔㉑，赦天下。

六月戊子㉒，詔鑿底柱㉓。

庚寅㉔，相州刺史豆盧通㉕貢綾文布，命焚之於朝堂。

秋，七月，納言蘇威坐從祠泰山不敬，免，俄而復位。上謂羣臣曰：「世人言蘇威詐清㉖，家累金玉，此妄言㉗也。然其性狠戾，不切世要㉘，求名太甚，從己則悅，違之必怒，此其大病耳。」

戊寅㉙，上至自仁壽宮。

冬，十月戊子㉚，以吏部尚書韋世康為荊州總管。世康，洸之弟也，和靜謙恕㉛，在吏部十餘年，時稱廉平㉜。常有止足之志㉝，謂子弟曰：「祿豈須多？防滿則退。年不待暮㉞，有疾便辭。」因懇乞骸骨㉟。帝不許，使鎮荊州。時天下惟有四總管，并、揚、益、荊，以晉、秦、蜀三王及世康為之，當時以為榮。

十一月辛酉㊱，上幸溫湯㊲。

十二月戊子㊳，敕：「盜邊糧㊴一升已上，皆斬，仍籍沒其家㊵。」

己丑㊶，詔文武官以四考受代㊷。

汴州㊸刺史令狐熙來朝，考績㊹為天下之最，賜帛三百匹，頒告天下。熙，整之子也。

【章　旨】以上為第四段，著重記述隋文帝對四位大臣的嘉獎。楊素監造仁壽宮窮極奢侈，討好皇上；蘇威嚴厲；韋世康廉潔謙讓；令狐熙在地方政績第一。

【注　釋】❶壬戌　正月初三。❷頓　停留；止息。❸庚午　正月十一日。❹愆咎　過錯。❺青帝　天帝名，東方之神。❻丙辰　二月二十七日。❼坐之　意謂對私造兵器者判罪。坐，定罪。❽緣邊　邊疆一帶。❾己未　三月一日。❿丁亥　三月二十九日。⓫相次　排列。⓬制度　規模。⓭離宮　古代帝王於正宮之外，別造宮室，以便隨時遊處，稱為離宮。⓮獲譴　受到譴責。⓯俟　等到；待。⓰恩詔　降恩的詔書。⓱果　果然。⓲盛飾　極力裝飾。⓳陵侮　欺陵侮辱。⓴內史舍人　官名，掌起草詔制。後改為中書舍人。㉑己丑朔　四月初一日。㉒戊子　六月初一日。㉓底柱　即砥柱，山名，位於黃河三門峽。相傳大禹治水，山陵擋住水路，故鑿開以通河水。河水分流，包山而過，山現於水中，若柱一樣，遂稱砥柱。㉔庚寅　六月三日。㉕豆盧通　（西元五三九－五九七年）一名會，昌黎徒河（今遼寧錦州）人。歷仕周、隋，官至相州刺史，封南陳郡公。傳附《隋書・豆盧勣傳》、《北史・豆盧勣傳》。㉖詐清　假裝清正。㉗妄言　胡說；不合實際。㉘不切世要　不符合當時的需要。切，合；靠近。㉙戊寅　七月二十二日。㉚戊子　十月三日。㉛謙恕　謙遜而寬容。㉜廉平　廉潔公正。㉝止足之志　即志在知止知足，不貪求名利。㉞年不待暮　年歲不能等到暮年。㉟乞骸骨　古代官吏因年老請求退職，常稱乞骸骨。言使骸骨得以歸葬故鄉。㊱辛酉　十一月七日。㊲溫湯　即溫泉，在今陝西臨潼驪山。因為其泉水溫熱若湯，故稱溫湯。㊳戊子　十二月四日。㊴邊糧　指運送給邊防軍的糧食。㊵籍沒其家　指將盜邊糧者家中財產沒收入官府。㊶己丑　十二月初五日。㊷四考受代　即任官期滿四年才能遷轉。考，一年為一考，考查官吏的政績。㊸汴州　州名，治所浚儀縣，在今河南開封。㊹考績 考核官吏的政績。

【校 記】①當 原作「須」。據章鈺校，甲十一行本、乙十一行本、孔天胤本皆作「當」，今據改。按，《舊唐書・封倫傳》作「當」。②座 原作「坐」。據章鈺校，甲十一行本、乙十一行本、孔天胤本皆作「座」，張敦仁《通鑑刊本識誤》同，今據改。按，《舊唐書・封倫傳》作「座」。

【語 譯】十五年（乙卯 西元五九五年）

春，正月初三日壬戌，隋文帝車駕在齊州停留。十一日庚午，在泰山上修築祭壇，舉行燃燒柴火的祭天典禮，因為年歲乾旱，向天請罪，就像在南郊的祭天禮儀。隋文帝又親自祭祀青帝，大赦天下。

二月二十七日丙辰，收繳天下的兵器，敢於私造兵器的人要判罪，關中和沿邊地區不在限令之內。

三月初一日己未，隋文帝從東方巡視回到長安。

仁壽宮落成，三月二十九日丁亥，隋文帝幸臨仁壽宮。當時天氣暑熱，死去的服役民工相次於路，楊素把屍體全部焚燒處理掉，隋文帝聽說了，很不高興。隋文帝到了仁壽宮，看見規模宏偉華麗，大怒，說：「楊素窮盡民力修建行宮，為我結怨於天下。」楊素聽了，惶恐不安，擔心受到譴責，把情況告訴封德彝，封德彝說：「您不必擔憂，等皇后駕到，一定有降恩的詔書。」第二天，隋文帝果然召楊素入宮答話，獨孤皇后慰勞他說：「您知道我們夫婦年老，沒有什麼用來娛樂，極力裝飾這座行宮，這難道不是忠孝的表現？」賞賜錢一百萬，錦絹三千段。楊素憑仗自己貴顯的地位和才幹，對朝臣多有欺陵；唯獨賞識器重封德彝，常常請他來和他討論宰相的職責，整天不知疲倦，並撫摸自己的坐榻，說：「封郎必定會坐上我這個座位。」他多次向隋文帝推薦，隋文帝提拔封德彝為內史舍人。

夏，四月初一日己丑，大赦天下。

六月初一日戊子，下詔開鑿砥柱山。

六月初三日庚寅，相州刺史豆盧通進貢綾紋布，隋文帝命令在朝堂上把布燒掉。

秋，七月，納言蘇威犯了隨從隋文帝祭祀泰山時不敬之罪，被免職，不久又恢復職位。隋文帝對群臣說：「世人說蘇威假裝清正，家中堆滿金玉，這是胡說。但是他的性情兇狠暴戾，不符合時代需要，追求名望太甚，順從自己的就喜歡，違背自己一定惱怒，這是他的大缺點。」

七月二十二日戊寅，隋文帝從仁壽宮返回長安。

冬，十月初三日戊子，任命吏部尚書韋世康為荊州總管。韋世康是韋洸的弟弟，平和沉靜，謙虛寬厚，在吏部十多年，當時人都稱讚他廉潔公正。他常有知足知止之心，對子弟們說：「俸祿哪裡需要多？要防止過滿就應退讓。做官年歲不能等到年老，有了病就辭職。」因此乞請退職。隋文帝沒有同意，讓他鎮守荊州。當時全國只設置了四個總管，并州、揚州、益州、荊州，命任晉王楊廣、秦王楊俊、蜀王楊秀，以及韋世康分別擔任，當時人們認為這是韋世康的光榮。

十一月初七日辛酉，隋文帝幸臨驪山溫泉。

十二月初四日戊子，隋文帝敕令：「偷盜邊疆軍糧一升以上的，都要殺頭，並且查抄家中全部財產。」

十二月初五日己丑，隋文帝下詔文武百官經過四次考核調轉提升。

汴州刺史令狐熙進京朝見，考核政績為全國第一，隋文帝賜給他絹帛三百匹，並通報全國。令狐熙，是令狐整的兒子。

十六年（丙辰　西元五九六年）

春，正月丁亥❶，以皇孫裕為平原王，筠為安成王，嶷為安平王，恪為襄城王，該為高陽王，韶為建安王，煚為潁川王，皆勇之子也。

夏，六月甲午❷，初制工商不得仕進❸。

秋，八月丙戌❹，詔：「決❺死罪者，三奏然後行刑。」

冬，十月己丑❻，上幸長春宮❼，十一月壬子❽，還長安。

党項寇會州❾，詔發隴西兵討降之。

帝以光化公主❿妻吐谷渾可汗世伏⓫。世伏上表請稱公主為天后，上不許。

【章　旨】以上為第五段，記述開皇十六年（西元五九六年）有兩項重大政令，一是隋文帝首次用政令方式重申自秦漢以來的重農抑商傳統政策，不允許工商之民做官；二是對處決死囚的重視，要三次奏報才可執行。

【注　釋】❶丁亥　正月甲寅朔，無丁亥。《通鑑》本《隋書·高祖紀》誤。按，《北史》卷十一〈隋本紀〉上第十一作「春二月丁亥」，疑作「二月丁亥」為是。丁亥，二月初四日。❷甲午　六月十三日。❸工商不得仕進　從事工商業的人不許入仕做官。這是封建時代一貫的重農抑商政策。仕進，進身為官。❹丙戌　八月初六日。❺決　判決；判定。❻己丑　十月初十日。❼長春宮　離宮名，故址在今陝西大荔朝邑鎮西北。❽壬子　十一月初三日。❾會州　州名，治所廣陽縣，在今四川茂縣西北。❿光化公主　隋宗室女。⓫世伏　吐谷渾國主，西元五九一－五九七年在位。事見《隋書》卷八十三、《北史》卷九十六。

【語　譯】十六年（丙辰　西元五九六年）

春，正月丁亥日，隋文帝冊封皇孫楊裕為平原王，楊筠為安成王，楊嶷為安平王，楊恪為襄城王，楊該為高陽王，楊韶為建安王，楊煚為潁川王，都是太子楊勇的兒子。

夏，六月十三日甲午，第一次頒布從事工商業的人不得做官。

秋，八月初六日丙戌，隋文帝下詔：「判處死罪的人，要三次奏報，然後才執行。」

冬，十月初十日己丑，隋文帝巡幸長春宮，十一月初三日壬子，回到長安。

党項人侵擾會州，隋文帝下詔調發隴西軍隊前往征討，收降党項人。

隋文帝把光化公主嫁給吐谷渾可汗世伏為妻。世伏上奏表請求稱光化公主為天后，皇上不允許。

十七年（丁巳　西元五九七年）

春，二月癸未❶，太平公史萬歲擊南寧羌❷，平之。初，梁睿之克王謙也，西南夷、獠❸莫不歸附，唯南寧州酋帥爨震恃遠不服。睿上疏，以為：「南寧州，漢世牂柯❹之地，戶口殷眾❺，金寶富饒。梁南寧州刺史徐文盛❻為湘東王❼徵赴荊州，屬東夏❽尚阻，未遑❾遠略，土民爨瓚遂竊據一方，國家遙授刺史，其子震相承至今。而震臣禮多虧❿，貢賦不入，乞因平蜀之眾，略定南寧。」帝以為天下初定，未之許[1]。其後南寧夷爨翫來降，拜昆州刺史，既而復叛。乃以左領軍將軍史萬歲為行軍總管，帥眾擊之，入自蜻蛉川⓫，至于南中⓬。夷人前後屯據要害，萬歲皆擊破之。過諸葛亮紀功碑⓭，度西洱河⓮，入渠濫川⓯，行千餘里，破其三十餘部，虜獲男女二萬餘口。諸夷大懼，遣使請降，獻明珠徑寸⓰，於是勒石⓱頌美隋德。萬歲請將爨翫入朝，詔許之。爨翫陰有貳心，不欲詣闕，賂萬歲以金寶，萬歲於是捨翫而還。

庚寅⑱，上幸仁壽宮。

桂州俚⑲帥李光仕作亂，帝遣上柱國王世積與前桂州總管周法尚討之，法尚發嶺南⑳兵，世積發嶺北㉑兵，俱會尹州㉒。世積所部遇瘴㉓，不能進，頓于衡州，法尚獨討之。光仕戰敗，帥勁兵㉔走保白石洞㉕。法尚大獲家口㉖，其黨有來降者，輒以妻子還之，居旬日，降者數千人。光仕眾潰而走，追斬之。

帝又遣員外散騎侍郎何稠㉗募兵討光仕，稠諭降其黨莫崇等，承制署首領為州縣官。稠，妥之兄子也。

上以嶺南夷、越㉘數反，以汴州刺史令狐熙為桂州總管十七州諸軍事，許以便宜從事，刺史以下官得承制補授。熙至部，大弘㉙恩信，其溪洞渠帥㉚更相謂曰：「前時總管皆以兵威相脅，今者乃以手教㉛相諭，我輩其可違乎？」於是相帥歸附。先是州縣生梗㉜，長吏㉝多不得之官㉞，寄政㉟於總管府，熙悉遣之，為建城邑，開設學校，華、夷感化焉。俚帥甯猛力者[2]，在陳世已據南海㊱，隋因而撫之，拜安州㊲刺史。猛力恃險驕倨㊳，未嘗參謁㊴，熙諭以恩信，猛力感之，詣府請謁，不敢為非。熙奏改安州為欽州。

帝以所在屬官㊵不敬憚㊶其上，事難克舉㊷，三月丙辰㊸，詔「諸司論屬官罪，有律輕情重(44)者，聽於律外(45)斟酌決杖(46)。」於是上下相驅，迭行(47)捶楚(48)，以殘暴為幹能，以守法為懦弱。

帝以盜賊繁多，命盜一錢(49)以上皆棄市，或三人共盜一瓜，事發即死。於是行旅皆晏起早宿(50)，天下懍懍(51)，有數人劫執事而謂之曰：「吾豈求財者邪？但為枉人(52)來耳。而為我奏至尊：自古以來，體國立法(53)，未有盜一錢而死[3]也。而不為我以聞(54)，吾更來，而屬(55)無類矣！」帝聞之，為停此法。

帝嘗乘怒，欲以六月杖殺人(56)，大理少卿(57)河東趙綽(58)固爭曰：「季夏之月，天地成長庶類(59)，不可以此時誅殺。」帝報曰：「六月雖曰生長，此時必有雷霆，我則天(60)而行，有何不可？」遂殺之。

大理掌固(61)來曠上言大理官司(62)太寬，帝以曠為忠直，遣每日於五品行中(63)參見。曠又告少卿趙綽濫免徒囚，帝使信臣(64)推驗(65)，初無阿曲(66)，帝怒，命斬之。綽固爭，以為曠不合死，帝拂衣入閤。綽矯言(67)：「臣更不理曠，自有佗事，未及奏聞。」帝命引入閤，綽再拜請曰：「臣有死罪三，臣為大理少卿，不能制馭(68)[4]掌固，使曠觸挂(69)天刑(70)，一也。囚不合死，而臣不能死爭，二也。臣本無佗事，而妄言求入，三也。」帝解顏。會獨孤后在坐，命賜綽二金盃酒，并盃賜之。曠因免死，徙廣州。

蕭摩訶子世略在江南作亂，摩訶當從坐(71)，上曰：「世略年未二十，亦何能為？以其名將之子，為人所逼耳。」因赦摩訶。綽固諫不可，上不能奪(72)，欲綽去而赦之，因命綽退食(73)。綽曰：「臣奏獄(74)未決，不敢退。」上曰：「大理其為朕特捨[5]摩訶也！」因命左右釋之。

刑部侍郎辛亶嘗衣緋褌(75)，俗云利官(76)，上以為厭蠱(77)，將斬之。綽曰：「法不當死，臣不敢奉詔(78)。」上怒甚，曰：「卿惜辛亶而不自惜也？」命引綽斬之。綽曰：「陛下寧殺臣，不可殺辛亶。」至朝堂，解衣當斬，上使人謂綽曰：「竟何如(79)？」對曰：「執法一心，不敢惜死。」上拂衣而入，良久，乃釋之。明日謝綽(80)，勞勉之，賜物三百段。

時上禁行惡錢(81)，有二人在市，以惡錢易好者，武候(82)執以聞，上令悉斬之。綽進諫曰：「此人所坐當杖(83)，殺之非法。」上曰：「不關卿事(84)。」綽曰：「陛下不以臣愚暗(85)，置在法司(86)，欲妄殺人，豈得不關臣事？」上曰：「撼大木，不動者當退。」對曰：「臣望感天心(87)，何論動木？」上復曰：「啜羹(88)者熱則置之，天子之威，欲相挫(89)邪？」綽拜而益前，訶之(90)，不肯退，上遂入。治書侍御史柳彧復上奏切諫，上乃止。

上以綽有誠直之心，每引入閤中，或遇上與皇后同榻(91)，即呼綽坐，評論得失，前後賞賜萬計。與大理卿薛胄同時，俱名平恕(92)，然胄斷獄以情(93)而綽守法(94)，俱為稱職。胄，端之子也。

帝晚節用法益峻(95)，御史(96)於元日不劾(97)武官衣劍之不齊(98)者，帝曰：「爾為御史，縱捨自由。」命殺之。諫議大夫毛思祖諫，又殺之。將作寺丞以課麥䴷遲晚(99)，武庫令(100)以署庭荒蕪，左右出使，或授牧宰(101)馬鞭、鸚鵡，帝察知，並親臨斬之。

帝既喜怒不恆，不復依準科律(102)。信任楊素，素復任情(103)不平，與鴻臚少卿(104)陳延有隙，嘗經蕃客館(105)，庭中有馬屎，又眾僕於氈上樗蒲，以白帝。帝大怒，主客令(106)及樗蒲者皆杖殺之，棰陳延幾死。

帝遣親衛大都督(107)長安屈突通(108)往隴西檢覆羣牧，得隱匿馬二萬餘匹，帝大怒，將斬太僕卿(109)慕容悉達及諸監官千五百人。通諫曰：「人命至重，陛下柰何以畜產之故殺千有餘人？臣敢以死請！」帝瞋目(110)叱之，通又頓首曰：「臣一身分死，就陛下匄(111)千餘人命。」帝感寤(112)，曰：「朕之不明，以至於此！賴有卿忠言耳。」於是悉達等皆減死論，擢通為右[6]武候將軍[113]。

上柱國彭公[7]劉昶與帝有舊，帝甚親之。其子居士，任俠不遵法度，數有罪，上以昶故，每原之[114]。居士轉[115]驕恣，取公卿子弟雄健者，輒將至家，以車輪括其頸而棒之，殆死[116]能不屈者，稱為壯士，釋而與交[117]。黨與[118]三百人，毆擊路人，多所侵奪，至於公卿妃主[119]，莫敢與校[120]。或告居士謀為不軌，帝怒，斬之，公卿子弟坐居士除名者甚眾。

楊素、牛弘等復薦張胄玄曆術[121]。上令楊素與術數人[122]立議六十一事，皆舊法久難通者，令劉暉[8]與胄玄等辯析之[9]。暉杜口[123]一無所答，胄玄通者五十四，上乃拜胄玄員外散騎侍郎兼太史令，賜物千段，令參定新術[124]。至是，胄玄曆成。夏，四月戊寅[125]，詔頒新曆。前造曆者劉暉等[10]四人並除名。

秋，七月，桂州人李世賢反，上議討之。諸將數人請行[126]，上不許，顧右武候大將軍虞慶則曰：「位居宰相[127]，爵乃上公[128]，國家有賊，遂無行意，何也？」慶則拜謝，恐懼。乃以慶則為桂州道行軍總管，討平之。

秦王俊，幼仁恕[129]，喜佛教，嘗請為沙門[130]，不許。及為并州總管，漸好奢侈，違越制度[131]，盛治宮室。俊好內[132]，其妃[11]崔氏，弘度之妹也，性妬[133]，於瓜中進毒，由是得疾，徵還京師。上以其奢縱[134]，丁亥[135]，免俊官，以王就第。崔妃以毒王，廢絕[136]，賜死於家。左武衛將軍[137]劉昇諫曰：「秦王非有佗過，但費官物，營廨舍[138]而已，臣謂可容。」上曰：「法不可違。」楊素復[12]諫曰：「秦王之過，不應至此，願陛下詳之[139]！」上曰：「我是五兒之父[140]，非兆民之父？若如公意，何不別制天子兒律？以周公之為人，尚誅管、蔡[141]，我誠不及周公遠矣，安能虧法乎？」卒不許。

戊戌[142]，突厥突利可汗來逆女，上舍之太常，教習六禮[143]，妻以宗女安義公主。上欲離間都藍，故特厚其禮，遣太常卿[144]牛弘、納言蘇威、民部尚書斛律孝卿相繼為使。

突利本居北方，既尚主，長孫晟說其帥眾南徙，居度斤舊鎮[145]，錫賚優厚。都藍怒曰：「我，大可汗也，反不如染干？」於是朝貢遂絕，亟來抄掠邊鄙。突利伺知動靜，輒遣奏聞，由是邊鄙每先有備。

九月甲申[146]，上至自仁壽宮。

何稠之自嶺南還也，甯猛力請隨稠入朝，稠見其疾篤，遣還欽州，與之約曰：「八九月間，可詣京師相見。」使還，奏狀，上意不懌。冬，十月，猛力病卒。

上謂稠曰：「汝前不將猛力來，今竟死矣！」稠曰：「猛力與臣約，假令身死，當遣子入侍[147]。越人性直，其子必來。」猛力臨終，果誡[148][13]其子長真曰：「我與大使[149]約，不可失信，汝葬我畢，宜即登路。」長真嗣為刺史，如言入朝。上大悅曰：「何稠著信[150]蠻夷，乃至於此！」

魯公虞慶則之討李世賢也，以婦弟[151]趙什住為隨府長史[152]。什住通於慶則愛妾，恐事泄，乃宣言慶則不欲此行，上聞之，禮賜甚薄。慶則還，至潭州[153]臨桂嶺[154]，觀眺山川形勢，曰：「此誠險固，加以足糧，若守得其人，攻不可拔。」使什住馳詣京師奏事，觀上顏色[155]，什住因告慶則謀反，下有司按驗。十二月壬子[156]，慶則坐死[157]，拜什住為柱國。

高麗王湯[158]聞陳亡，大懼，治兵積穀，為拒守之策。是歲，上賜湯璽書[159]，責以「雖稱藩附[160]，誠節未盡」。且曰：「彼之一方，雖地狹人少，今若黜王[161]，不可虛置，終須更選官屬，就彼安撫。王若洒心易行[162]，率由憲章[163]，即是朕之良臣，何勞別遣才彥[164]？王謂遼水[165]之廣，何如長江？高麗之人，多少陳國？朕若不存含育[166]，責王前愆，命一將軍，何待多力？殷勤[167]曉示，許王自新耳。」湯得書，惶恐，將奉表陳謝[168]。會病卒，子元嗣立，上使使拜元為上開府儀同三司，襲爵遼東公。元奉表謝恩，因請封王，上許之。吐谷渾大亂，國人殺世伏，立其弟伏允⑯為主，遣使陳廢立之事，并謝專命⑰之罪，且請依俗尚主，上從之。自是朝貢歲至。

【章旨】以上為第六段，記述隋文帝開皇十七年（西元五九七年），成功地撫夷安邊和晚年用法苛酷尚能納諫兩大政績。這一年，隋文帝平定了嶺南的叛亂，安撫西邊的吐谷渾、東邊的高麗，羈縻北方突厥，用人得當，都取得了成功。隋文帝晚年用法苛酷，大理寺少卿趙綽執法公平，與屈突通等人冒死諫爭，避免一些大案、冤案的發生，緩解了矛盾，隋朝政治穩定。

【注釋】❶癸未　二月六日。❷南寧羌　指生活在南寧一帶的羌族人。南寧，州名，治所味縣，在今雲南曲靖西。❸西南夷獠　指生活在今四川南部和雲南一帶的少數民族。❹牂柯　郡名，西漢武帝時設置，治所且蘭，在今貴州凱里西北。❺夥眾　眾多。❻徐文盛　（？—西元五四八年）字道茂，彭城（今江蘇徐州）人。仕梁，官至秦州刺史。傳見《梁書》卷四十六、《南史》卷六十四。❼湘東王　即梁元帝蕭繹。傳見《梁書》卷五、《南史》卷八。❽東夏　指中國的東部。古代稱中國為夏。❾未遑　沒有時間；來不及。❿臣禮多虧　沒有盡到臣子的禮節。虧，少；不足。⓫蜻蛉川　地名，漢蜻蛉縣境，在今雲南大姚、姚安境。⓬南中　相當於今四川南部及雲南貴州地區。⓭諸葛亮紀功碑　諸葛亮記錄平南中之功的碑刻，碑址在今雲南保山市境。⓮西洱河　河名，一名葉榆澤，即今雲南西部洱海。⓯渠濫川　城名，在今雲南昆陽東。⓰徑寸　直徑為一寸。⓱勒石　在石碑上刻文字。⓲庚寅　二月十三日。⓳桂州俚　指生活在桂州（在今廣西桂林）一帶的俚族人。⓴嶺南　泛指五嶺以南地區。㉑嶺北　泛指五嶺以北的地區。㉒尹州　州名，治所鬱林縣，在今廣西貴縣東南鬱江南岸。㉓瘴癘　指瘴氣。古代指我國南部和西南部地區山林間溼熱蒸發致人疾病之氣。㉔勁兵　精銳的兵士。㉕白石洞　地名，故址在今廣西桂平南。㉖家口　指李光仕兵士家屬。㉗何稠　字桂林，西域人。歷仕後梁、周、隋、唐，官至將作少匠。傳見《隋書》卷六十八、《北史》卷九十。㉘嶺南夷越　指生活在今福建、廣東、廣西一帶的夷、越等少數民族。㉙大弘　大為弘揚。㉚渠

帥　魁首。渠，大。㉛手教　即手書。㉜生梗　故意阻攔。㉝長史　指州縣一級官長。㉞之官　上任就職。㉟寄政　意謂讓長史寄居在總管府。政，指治事的官吏。㊱南海　郡名，治所番禺縣，在今廣東廣州西。㊲安州　州名，治所宋壽縣，在今廣西欽州東北。㊳倨　傲慢。㊴參謁　參拜進見。古代指下級見上級或進見受尊敬的人。㊵所在屬官　所有下屬官吏。所在，處處；到處。㊶敬憚　尊敬而懼怕。㊷克舉　成功；成事。克，能夠。㊸丙辰　三月九日。㊹律輕情重　指從法律的條文上說，並未犯重法，但從實情上看，卻是嚴重的。㊺律外　法律以外。㊻決杖　罰以杖刑。㊼迭行　指主管上級一級壓一級，輪番壓迫下級。迭，輪流；更替。㊽捶楚　用杖或板打。指杖刑。㊾一錢　古代錢的單位，指一文錢。㊿晏起早　晚起早睡。晏，晚。(51)懔懔　畏懼的樣子。(52)枉人　受冤枉的人。(53)體國立法　經理國家，制定法律。(54)以聞　指把此事上奏給皇帝。(55)而屬　即汝輩、你們。(56)六月杖殺人　古代行刑，一般規定在秋季。(57)大理少卿　官名，大理寺副長官，掌刑法。(58)趙綽　河東（今山西永濟西南）人，歷仕周、隋，官至大理少卿。傳見《隋書》卷六十二、《北史》卷七十七。(59)成長庶類　指各種生物都在成長時期。庶類，眾多的物類。(60)則天　以天為法。則，法則。(61)掌固　官名，掌看守倉庫及陳設等。(62)官司　訟事；斷獄案。(63)五品行中　在五品官行列中。(64)信臣　誠懇而信用的臣子。(65)推驗　推究檢驗。(66)阿曲　指不依法行事，徇私曲從。(67)矯言　假稱。(68)制馭　控制。馭，同「御」。駕御。(69)觸挂　觸犯。(70)天刑　刑法。對隋文帝所制刑法的尊稱。(71)從坐　古代以參與犯罪或受牽連而判罪稱從坐。同案犯人主謀者為首，隨從者也稱從坐。(72)奪　迫使人改變本意。(73)退食　退朝就餐。(74)奏獄　指奏請蕭摩訶當從坐的事。(75)緋褌　緋色有襠的內褲。緋，紅色。(76)利官　謂有利於官職的遷轉。(77)厭蠱　古代迷信，能以詛咒害人稱厭，能以邪術害人稱蠱。(78)奉詔　謂奉行處斬辛亶的詔命。(79)竟何如　究竟怎樣。(80)謝綽　向趙綽道歉。(81)惡錢　古代私自鑄造的錢，質料低劣而又分量較輕，稱為惡錢。(82)武候　武官名，隸屬左右武候將軍，掌晝夜巡查、執捕奸盜。(83)所坐當杖　所犯的罪行，應當處以杖刑。(84)不關卿事　指此事與趙綽無關。因趙綽時任大理少卿，故稱他為卿。(85)愚暗　愚蠢而昏庸。(86)法司　指掌司法刑獄的官署。(87)感天心　指感動隋文帝，使他回心轉意。(88)啜羹　喝羹湯。啜，飲；吃。羹，一種和味的湯。(89)相挫　指打擊天子的威望。挫，打擊。(90)訶之　大聲喝叱趙綽。訶，同「呵」。怒斥；大聲喝叱。(91)同榻　同坐一個榻上。榻，狹長而低的坐臥用具。(92)平恕　公平而能寬容人。恕，寬容。(93)斷獄以情　審定獄訟根據實情。(94)守法　遵守法律條文，以法斷案。(95)益峻　更加嚴酷。(96)御史　官名，掌糾察。(97)於元日不劾　不彈劾在元日朝會上有過錯的官員。元日，正月初一日。(98)衣劍之不齊　指穿衣、佩劍不規範。(99)將作寺丞以課麥麲遲晚　將作寺丞，官名，掌治土木工程、宮室營建。隋初承北齊制，置將作寺，後改為將作監。課麥麲，收麥稈。課，納課；稅收。麲，麥秸。

(100)武庫令　官名，屬衛尉寺，掌管武器府庫。(101)牧宰　泛指州縣長官。州官稱牧，縣官稱宰。(102)依準科律　依照法律辦事。科律，法令；條律。(103)任情　任性；隨意所為。(104)鴻臚少卿　官名，鴻臚寺副長官，掌典客、司儀二署。(105)蕃客館　外國或外族來賓所居住的客館。當時習稱外國或外族為蕃。(106)主客令　官名，鴻臚寺典客署之長，掌蕃客辭見、迎送、宴會等。(107)親衛大都督　武官名，掌宿衛之事。(108)屈突通　（西元五五七－六二八年）雍州長安（今陝西西安）人，歷仕隋、唐，官至刑部尚書。傳見《舊唐書》卷五十九、《新唐書》卷八十九。(109)太僕卿　官名，太僕寺長官，掌廄馬及畜牧。(110)瞋目　張目；瞪大眼睛。(111)匄　乞求。(112)感寤　有所感而覺醒。寤，覺；睡醒。(113)右武侯將軍　武官名，掌帝出入時侍衛，並掌京城晝夜巡邏，追捕盜賊。(114)每原之　每次都原宥劉居士的罪過。(115)轉　變得；反而。(116)殆死　將近死亡。殆，近；幾乎。(117)與交　與他交為好友。(118)黨與　同黨的人。(119)妃主　王妃與公主。(120)與校　跟他計較。校，較量；計較。(121)曆術　曆法。(122)術數人　又稱術士。慣用陰陽五行相生相剋的數理，來推斷人事的吉凶，如占候、卜筮、星命等。(123)杜口　閉口不言。(124)新術　新的曆法。(125)戊寅　四月初二日。(126)請行　請求讓自己率兵前去平定李世賢反叛。(127)位居宰相　虞慶則曾任尚書右僕射，宰相之職。(128)爵乃上公　時虞慶則授上柱國，封魯國公。上公，公爵的尊稱，言位在諸爵之上。(129)仁恕　仁慈寬厚。(130)沙門　僧徒。也稱「桑門」。梵語室羅摩拏的音譯。義譯為勤息、勤修善法、止息惡行之意。(131)違越制度　違背和超過了有關制度的規定。(132)好內　此指喜歡女色。(133)性妬　生性妒嫉。(134)奢縱　奢侈放縱。(135)丁亥　七月十三日。(136)廢絕　廢掉王妃身分，斷絕夫妻關係。(137)左武衛將軍　武官名，掌理禁衛。左武衛，隋十二衛之一。(138)廨舍　官吏辦事及居住的處所。(139)詳之　審慎地處理此事。詳，審慎；審察。(140)五兒之父　隋文帝有五個兒子，依次是太子楊勇、晉王楊廣、秦王楊俊、蜀王楊秀、漢王楊諒。(141)誅管蔡　管、蔡即周武王弟管叔、蔡叔。周武王滅商，封管、蔡為諸侯，以監視商紂王子武庚。武王死，子成王年幼，周公攝政，管、蔡同武庚叛亂，為周公所殺。詳見《史記》卷三十三〈魯周公世家〉。(142)戊戌　七月二十四日。(143)六禮　古代婚制的六項禮儀，即納采、問名、納吉、納徵、請期、親迎。(144)太常卿　官名，太常寺長官，掌陵廟、禮樂、天文、儀制等。(145)度斤舊鎮　即都斤山。突厥沙鉢略的舊居。(146)甲申　九月十一日。(147)遣子入侍　派遣子弟入京師侍衛。(148)誡　命令；告誡。(149)大使　指何稠。這年二月，何稠以員外散騎侍郎的身分出討李光仕，嶺南夷、越族把他視為隋朝的使臣。(150)著信　樹立誠信。著，標舉。(151)婦弟　妻子的弟弟，俗稱內弟。(152)隨府長史　官名，行軍總管府的臨時官員，掌軍政。(153)潭州　州名，治所長沙縣，在今湖南長沙。(154)臨桂嶺　地名，在今湖南長沙附近。(155)覲上顏色　觀察皇帝對此事的態度、反應。顏色，臉色。(156)王子　十二月十日。(157)坐死　判為死刑。(158)高麗王湯　（？－西元五九七年）高句麗昭烈帝六世孫，北周武帝封為遼東王，隋文帝改封高麗王。事見《隋書》卷八十一、《北史》卷九十四。159璽書　古代天子用璽印封記的文書。160藩附　指向隋稱臣，附屬於隋。161黜王　廢掉湯的王號。162洒心易行　意謂悔改。洒心，洗心。易，改變。163率由憲章　遵循規章制度。164才彥　才德傑出的人。165遼水　水名，即今遼河，有東西兩源，東遼河源出吉林遼源境，西遼河上游西拉木倫源出內蒙古克什克騰旗境。兩河在遼寧昌圖匯合後稱遼河，折西南至盤山入海。166含育　包容養育。167殷勤　情意懇切。168奉表陳謝　上表陳述原由，表示道歉。169伏允　（?—西元六三五年）吐谷渾國主。詳見《隋書》卷八十三、《北史》卷九十六、《舊唐書》卷一百九十八、《新唐書》卷二百二十一上。170專命　不待請示而行事。此指事先未經隋朝批准而就國主之位。

【校　記】1帝以為天下初定未之許　原無此十字。據章鈺校，甲十一行本、乙十一行本、孔天胤本皆有此十字，今據補。2者　原無此字。據章鈺校，甲十一行本、乙十一行本、孔天胤本皆有此字，張敦仁《通鑑刊本識誤》同，今據補。3死　原作「死者」。據章鈺校，甲十一行本、乙十一行本、孔天胤本皆無「者」字，今據刪。4馭　原作「御」。據章鈺校，甲十一行本、乙十一行本、孔天胤本皆作「馭」，今據改。按，《隋書・刑法志》作「馭」。5捨　原作「赦」。據章鈺校，甲十一行本、乙十一行本、孔天胤本皆作「捨」，今據改。按，《隋書・趙綽傳》、《北史・趙綽傳》皆作「捨」。6右　原作「左」。據章鈺校，甲十一行本、乙十一行本、孔天胤本皆作「右」，今據改。按，《舊唐書・屈突通傳》作「右」。7彭公　原無此二字。據章鈺校，甲十一行本、乙十一行本、孔天胤本皆有此二字，今據補。8令劉暉　原作「令暉等」。據章鈺校，甲十一行本、乙十一行本、孔天胤本皆作「令劉暉」，張敦仁《通鑑刊本識誤》云「『令』下脫『劉』字」，今據改。按，《通鑑綱目》卷三六上作「令劉暉」，無「等」字。9之　原無此字。據章鈺校，甲十一行本、乙十一行本、孔天胤本皆有此字，張敦仁《通鑑刊本識誤》同，今據補。10等　原無此字。據章鈺校，甲十一行本、乙十一行本、孔天胤本皆有此字，張敦仁《通鑑刊本識誤》同，今據補。11妃　原作「妻」。據章鈺校，甲十一行本、乙十一行本、孔天胤本皆作「妃」，張敦仁《通鑑刊本識誤》同，今據改。12復　原無此字。據章鈺校，甲十一行本、乙十一行本、孔天胤本皆有此字，今據補。按，《隋書・秦孝王俊傳》有此字。13誡　原作「戒」。據章鈺校，甲十一行本、乙十一行本、孔天胤本皆作「誡」，今據改。按，《隋書・何稠傳》、《北史・藝術下・何稠傳》皆作「誡」。

【語　譯】十七年（丁巳　西元五九七年）

春，二月初六日癸未，太平公史萬歲攻打南寧羌人，平定了他們。當初，梁睿攻克王謙的時候，西南夷、獠人沒有不歸附的，只有南寧州酋帥爨震依仗偏遠不順從。梁睿上書認為：「南寧州是漢代牂柯郡，人口眾多，物產豐富。梁朝南寧州刺史徐文盛被湘東王蕭繹徵調到荊州以討伐侯景，當時華夏東部尚有戰亂，沒有時間經略邊遠地方，南寧州的土著百姓爨瓚於是竊據一方，朝廷遙授爨瓚為刺史，他的兒子爨震繼承刺史職位直到今天。可是爨震多失為臣之禮，不繳納貢賦，臣請求借重平定蜀地的兵力，去平定南寧州。」隋文帝認為天下剛剛平定，沒有同意。此後南寧州夷人爨翫前來投降，拜授他為昆州刺史，不久，爨翫又叛亂。於是任命左領軍將軍史萬歲為行軍總管，領兵攻打他。史萬歲從蜻蛉川攻入，到達南中。夷人先後屯兵據守險要，全都被史萬歲攻破。史萬歲率眾經過諸葛亮紀功碑，渡過西洱河，進入渠濫川，行軍千餘里，攻破了三十多個部落，俘獲男女兩萬多人。各部夷人大為恐懼，派遣使臣請求投降，貢獻直徑一寸大的明珠，於是立石刻碑稱頌隋朝功德。史萬歲請求帶爨翫入朝，隋文帝同意了。爨翫暗中懷有二心，不願意前往朝廷，用金銀珠寶賄賂史萬歲，史萬歲於是留下爨翫返回。

二月十三日庚寅，隋文帝駕臨仁壽宮。

桂州俚族部落酋長李光仕作亂，隋文帝派遣上柱國王世積和前桂州總管周法尚去討伐他，周法尚調發嶺南軍隊，王世積調發嶺北軍隊，一起會師尹州。王世積率領的軍隊遇到瘴疫，不能前進，屯駐衡州，周法尚單獨進軍討伐。李光仕戰敗，率領精銳士卒逃走據守白石洞。周法尚俘獲了李光仕部屬的很多家屬，李光仕黨羽有來投降的，周法尚就把妻子兒女交還他們，過了十天，歸降的有幾千人。李光仕的部眾潰散逃走，周法尚追殺了李光仕。

隋文帝又派員外散騎侍郎何稠招募軍隊討伐李光仕，何稠勸降了李光仕的黨羽莫崇等人，又以朝廷的命令安置他們的首領擔任州縣官吏。何稠，是何妥兄長的兒子。

隋文帝因為嶺南夷族、越族多次反叛，任命汴州刺史令狐熙為桂州總管十七州諸軍事，允許他可以自行決斷處置緊急事務，並以朝廷的命令補授刺史以下官職。令狐熙到任後，廣施恩德信義，那些溪洞中的夷族、越族酋長互相商量說：「以前的總管都是用軍隊殺伐來威逼我們，現在的總管卻是用親筆教令來勸說開導，我們這些人怎能違背他呢？」於是相繼歸附。以前嶺南各州縣有意梗阻，刺史、縣令都不能前往就職，只能讓他們寄居在總管府。現在令狐熙把他們全部派遣到職，並為各州縣修建城邑，興辦學堂，漢、夷各族人民同受教化。俚族部落酋長甯猛力，在陳朝時已據有南海，隋朝乘機安撫他，拜授他為安州刺史。甯猛力憑藉險要，態度傲慢，未曾到總管府拜謁長官。令狐熙用恩德誠信曉諭他，甯猛力受感動，到總管府請示拜謁，不敢為非作歹。令狐熙奏請改安州為欽州。

隋文帝認為處處下屬官吏不敬畏他們的長官，事情很難辦成，三月初九日丙辰，詔令「官府各部門給下屬官員定罪，有按法律處罰很輕，而犯罪情節嚴重的情況，允許在法律規定之外斟酌情況處以杖刑。」於是上下各部門驅逼屬官，一級壓一級施用拷打，把殘酷暴虐當做本事，把遵紀守法當做懦弱。

隋文帝因為盜賊太多，下令偷竊一個錢以上的全要在鬧市斬首，暴屍街頭。有三個人一起偷了一個瓜，事情被揭發便都立即處死。因此行路的人都不敢早起趕路，天未晚就急忙投宿，天下人惶懼。有幾個人劫持了執政官員，對他說：「我們哪是貪求錢財的人？只是為被冤枉的人來的。你替我們奏報皇上：自古以來，治國立法，沒有偷一個錢就被處死的。你若不把我們的話奏報皇上知道，我們再來，你們一個也活不成！」隋文帝得知此事，為此廢止了這條法令。

隋文帝曾經乘著怒氣，想在六月杖殺人，大理寺少卿河東人趙綽盡力諫爭說：「季夏月分，天地間萬物正在蓬勃成長，不可在這個時候殺人。」隋文帝回答說：「六月分雖然說是萬物生長，但此時也一定有雷霆，我效法上天而行，有何不可？」終於將人杖死。

大理寺掌固來曠上奏說大理寺斷案判刑太寬，隋文帝認為來曠忠誠耿直，派他每天早朝時在五品官員行列中參拜。來曠又控告大理寺少卿趙綽隨便赦免囚徒。隋文帝派誠信臣子去調查驗證，趙綽原本就沒有徇私枉法，隋文帝大怒，下令把來曠斬首。趙綽極力諫爭，認為來曠不應處死，隋文帝氣憤，拂衣起身進殿。趙綽假稱：「臣不再說來曠的事，本來還有別的事，沒有來得及上奏。」隋文帝派人把趙綽引進殿中，趙綽磕了兩次頭，向隋文帝請罪說：「臣有三條死罪：臣任大理寺少卿，沒能管束好掌固，使得來曠觸犯國法，這是第一條；因犯不應判死罪，而臣不能以死諫爭，這是第二條；臣本來沒有別的事，卻說謊話請求進殿來見皇上，這是第三條。」隋文帝的怒容緩和下來。適逢獨孤皇后坐在旁邊，下令賞賜趙綽兩金杯酒，連同金杯也賞賜給趙綽。來曠因此被免除了死刑，流放到廣州。

蕭摩訶兒子蕭世略在江南作亂，蕭摩訶應當株連判罪，隋文帝說：「蕭世略年齡不滿二十，他能幹什麼？因為他是名將的兒子，被別人逼迫罷了。」因此赦免了蕭摩訶。趙綽極力諫爭，認為不可赦免，隋文帝不能使趙綽改變觀點，想等趙綽離開後再赦免蕭摩訶，便讓趙綽退下回去吃飯。趙綽說：「臣奏報的獄案還沒有決斷，不敢退下。」隋文帝說：「大理卿你就為了朕特別寬恕蕭摩訶吧！」於是命令左右侍臣釋放了蕭摩訶。

刑部侍郎辛亶曾經穿紅色褲子，世俗說這有利於升官，隋文帝認為這是巫蠱妖術，準備把辛亶斬首。趙綽說：「按照法律他不應當處死，臣不敢奉行詔命。」隋文帝極為惱怒，說：「你難道顧惜辛亶而不顧惜自己嗎？」命令帶趙綽出去斬首。趙綽說：「陛下可殺臣，不可殺辛亶。」走到朝堂，脫下衣服，將要斬首，隋文帝派人對趙綽說：「到底怎麼樣？」趙綽回答說：「一心執法，不敢怕死。」隋文帝拂袖而起走進後殿，過了很久，才釋放了趙綽。第二天隋文帝向趙綽道歉，慰勉他，賞賜絹帛三百段。

當時隋文帝禁止劣質銅錢流通，有兩個人在集市上用劣質銅錢兌換正品真幣，負責巡查的武候抓住了他們，奏報朝廷，隋文帝命令全都斬首。趙綽進諫說：「這兩個人所犯的罪應當受杖刑，殺死他們就不合法律量刑的規定。」隋文帝說：「這不關你的事。」趙綽說：「陛下不因為臣愚暗，把臣安排在法官的位置上，現在您想任意殺人，怎麼能不關臣的事？」隋文帝說：「搖撼大樹，搖不動的人就退下。」趙綽回答說：「臣希望感動天子的聖心，豈止是搖動大樹？」隋文帝又說：「喝湯的人，湯太熱就先放一下，天子的神威，你想冒犯嗎？」趙綽拜伏在地上越來越往前移，隋文帝呵斥趙綽，趙綽也不肯退後，隋文帝於是轉身進入殿內。治書侍御史柳彧又上奏懇切勸諫，隋文帝才罷休。

隋文帝認為趙綽心地忠誠正直，常常召他進入殿中，有時碰上隋文帝和皇后同榻而坐，就招呼趙綽也坐下，評論政事的得失，前前後後對趙綽的賞賜以萬計。趙綽與大理寺卿薛胄同時都以公平寬恕聞名，然而薛冑斷案依據實情，趙綽則謹守法律，兩人都很稱職。薛冑，是薛端的兒子。

隋文帝晚年用法更加嚴厲，曾有個御史在正月元旦朝會時沒有糾劾著裝佩劍不規範的武官，隋文帝說：「你作為御史，這樣隨意放任。」命令殺了他。諫議大夫毛思祖諫阻，又被殺了。將作寺丞因為徵收麥秸遲緩，武庫令因為府署大堂荒蕪，身邊近臣出使，有的人接受州牧縣宰的馬鞭、鸚鵡，隋文帝發現了，都親自到場斬了他們。

隋文帝已喜怒無常，不再依據法律。信任楊素，楊素又恣意放任，處事待人不公平。楊素與鴻臚寺少卿陳延有矛盾，曾經經過蕃客館，庭中有馬屎，還有許多僕人在毛氈上賭博，楊素稟報了皇上。隋文帝大怒，把主客令和參加賭博的人都用刑杖打死，捶打陳延幾乎死去。

隋文帝派親衛大都督長安人屈突通去隴西複查畜牧情況，查出隱瞞馬匹兩萬多匹，隋文帝大怒，要殺掉太僕卿慕容悉達和其他監官一千五百人，屈突通諫阻說：「人命最為寶貴，陛下為何為了畜產，就要殺死一千多人？臣願冒死請求陛下寬恕！」隋文帝睜大眼睛呵責他，屈突通又磕頭說：「臣一個人甘願受死，特向陛下哀求一千多條人命。」隋文帝感動醒悟，說：「朕糊塗不明，居然到如此地步！幸虧有你的忠言。」於是慕容悉達等都被免除死罪，另外量刑處罰，提拔屈突通為右武候將軍。

上柱國彭公劉昶和隋文帝是舊交，隋文帝十分親近他。他的兒子劉居士，好打抱不平，不遵守法度，多次違法犯罪，隋文帝因為劉昶的緣故，每次都原諒了他。劉居士反而更加驕橫放肆，劫持了身體雄健的公卿子弟，就帶到家中，把車輪掛在他們的脖子上，再用棍棒毒打，直到將死仍不屈服的，就稱為壯士，釋放他並和他結交。黨羽共有三百人，毆打攻擊路上行人，搶劫財物，連公卿大臣王妃公主都不敢和他們計較。有人控告劉居士想造反，隋文帝發怒，殺了他，公卿子弟受牽連而被免官除名的很多。

楊素、牛弘等人再次推薦張冑玄的曆法。隋文帝命楊素同幾位律曆學者討論提出了六十一個問題，都是舊曆法很久不能解決的，命劉暉與張冑玄等人辯論解析。劉暉閉口一個問題都未回答，而張冑玄可以解釋清楚的有五十四個問題，隋文帝於是拜授張冑玄為員外散騎侍郎兼太史令，賞賜絹帛一千段，命他參加制定新曆法。至此，張冑玄曆法修訂完成。夏，四月初二日戊寅，詔令頒行新曆。以前制定曆法的劉暉等四人都被免官除名。

秋，七月，桂州人李世賢造反，隋文帝召集大臣們商議出兵討伐他。眾將中有幾位將領請求出征，隋文帝沒有同意，回頭對右武候大將軍虞慶則說：「你位居宰相，爵為上公，朝廷有了反賊，你竟然沒有出征的意思，為什麼？」虞慶則跪拜謝罪，十分恐懼。於是任命虞慶則為桂州道行軍總管，討伐並平定了李世賢。

秦王楊俊年幼時仁慈寬厚，喜歡佛教，曾請求當和尚，隋文帝不同意。等到擔任了并州總管，漸漸愛好奢侈，違反制度規定，大規模修建宮室。楊俊喜歡女色，他的王妃崔氏是崔弘度的妹妹，生性嫉妒，在瓜中放了毒藥，楊俊因此得病，被召回京師。隋文帝因為他驕奢放縱，七月十三日丁亥，罷免了楊俊的官職，保留王爵回到府第。崔妃因為毒害秦王，被廢除，賜死家中。左武衛將軍劉昇進諫說：「秦王並沒有別的過錯，只是浪費點官府財物，營造官舍和住處而已，臣認為可以寬容他。」隋文帝說：「法律不可違反。」楊素又進諫說：「秦王的過錯，還不至於違反法律，希望陛下明察！」皇上說：「我是五個兒子的父親，難道不是天下人民的君父？若按你的意思，為什麼不另外制定一部皇帝兒子的法律？周公那樣寬厚的人，況且殺了管叔、蔡叔，我確實遠遠趕不上周公，怎麼能破壞法律呢？」隋文帝最後也沒有同意。

七月二十四日戊戌，突厥突利可汗來迎娶公主，隋文帝安置突利可汗住在太常寺，教他學習漢人娶親的六禮：納采、問名、納吉、納徵、請期、親迎，把宗室女安義公主嫁給突利可汗為妻。隋文帝想離間都藍和突厥，因此禮儀特別隆重，派遣太常卿牛弘、納言蘇威、民部尚書斛律孝卿相繼為使臣。

突利可汗原本住在大漠北方，既然娶了公主，長孫晟便勸說他領眾南移，定居在度斤舊鎮，賞賜特別優厚。都藍發怒，說：「我是大可汗，反而不如染干？」於是斷絕了向隋朝的朝請貢獻，還多次侵擾邊境。突利可汗一打探到了動靜，就派遣使臣上奏，因此邊境上每次都事先有了準備。

九月十一日甲申，隋文帝從仁壽宮回到京師。

何稠從嶺南返回京城，甯猛力請求隨同入朝，何稠見他病重，就把他送回欽州，和他約定說：「八九月間，可以到京城相見。」何稠出使返回京城，奏報了這些情況，隋文帝很不高興。冬，十月，甯猛力病死，隋文帝對何稠說：「你先前不帶甯猛力來京，如今竟然死了！」何稠說：「甯猛力與臣相約，如果他死了，應派兒子入朝侍奉，越人生性直率，他的兒子一定前來。」甯猛力臨死時，果真告誡他的兒子甯長真說：「我與朝廷大使有約，不可失信，你安葬我完了，應該立即上路。」甯長真接任欽州刺史，遵從父親的遺言進京朝拜。隋文帝非常高興，說：「何稠在蠻族、夷族中樹立誠信，竟然到了這個境地！」

魯公虞慶則征討李世賢時，任用他的內弟趙什住擔任隨府長史。趙什住與虞慶則的愛妾私通，擔心事情洩露，就揚言虞慶則本意不想出征，隋文帝聽到這話，接待的禮儀賞賜十分微薄。虞慶則回朝，到達潭州臨桂嶺，觀賞眺望山川形勝，說：「這裡真是險要堅固，加上充足的糧食，如果有得力的人把守，是無法攻克的。」虞慶則派趙什住飛馳進京師奏事，觀察皇上的表情。趙什住趁機誣告虞慶則謀反，虞慶則被逮捕交給主管部門調查核驗。十二月十日壬子，虞慶則被定死罪，趙什住被授為柱國。

高麗王高湯得知陳朝滅亡，大為恐懼，於是訓練軍隊，積聚糧食，做好抵抗防守的準備。這一年，隋文帝賜給高湯加蓋璽印的國書，責備他「雖然說是藩屬國，卻沒有盡到藩屬的忠誠之節。」並且說：「你們那一片地方，雖然地小人少，現在如果把你廢黜，也不能沒有人治理，最終還是要另外選派官員到那裡去安撫。你如果洗心易行，遵循規章制度，就是朕的好臣子，何必讓朕勞神費力另派高人？你認為遼水廣闊，能和長江相比嗎？高麗人口，與陳國相比是多是少？朕如果不存有包容化育的心懷，而責備你以往的過失，只需命令一名將軍征討，哪裡需要很多氣力？這樣誠懇深切的曉諭規勸，是讓你改過自新罷了。」高湯接到了璽書，惶恐不安，準備奉表陳情謝罪，不巧患病死了。兒子高元繼位，隋文帝派使者封高元為上開府儀同三司，承襲爵位為遼東公。高元奉上表章謝恩，並請求封王，隋文帝答應了。

吐谷渾大亂，國人殺死世伏可汗，立他的弟弟伏允為國主，派遣使者向隋文帝報告廢立之事，並對專擅廢立請罪，同時請求依照慣例娶公主為妻，隋文帝同意了。從此，吐谷渾每年都派使臣入朝進貢。

十八年（戊午　西元五九八年）

春，二月甲辰❶，上幸仁壽宮。

高麗王元帥靺鞨❷之眾萬餘寇遼西❸，營州❹總管韋沖❺擊走之。上聞而大怒，乙巳❻，以漢王諒、王世積並為行軍元帥，將水陸三十萬伐高麗，以尚書左僕射高熲為漢王長史，周羅睺為水軍總管。

延州刺史獨孤陀❼有婢曰徐阿尼，事貓鬼，能使之殺人，云每殺人，則死家財物潛移❽於畜貓鬼家。會獨孤后及楊素妻鄭氏俱有疾，醫皆曰：「貓鬼疾也。」上以陀，后之異母弟，陀妻，楊素異母妹，由是意陀所為，令高熲等雜治❾之，具得其實。上怒，令以犢車❿載陀夫妻，將賜死於家[1]，獨孤后三日不食，為之請命⓫曰：「陀若蠹政害民⓬者，妾不敢言。今坐為妾身，敢請其命。」陀弟司勳侍郎⓭整⓮詣闕求哀，於是免陀死，除名為民，以其妻楊氏為尼。先是，有人訟其母為貓鬼所殺者，上以為妖妄，怒而遣之。至是，詔誅被訟行貓鬼家。夏，五[2]月辛亥⓯，詔：「畜貓鬼、蠱毒⓰、厭魅[3]野道之家，並投於四裔⓱。」

六月丙寅⓲，下詔黜高麗王元官爵。漢王諒軍出臨渝關⓳，值水潦⓴，餽運不繼㉑，軍中乏食，復遇疾疫。周羅睺自東萊㉒泛海趣平壤城㉓，亦遭風，船多飄沒。

秋，九月己丑㉔，師還，死者什八九。高麗王元亦惶懼遣使謝罪，上表稱「遼東㉕糞土臣元」，上於是罷兵，待之如初。

百濟王昌遣使奉表，請為軍導㉖，帝下詔諭以「高麗服罪，朕已赦之，不可致伐。」厚其使而遣之。高麗頗知其事，以兵侵掠其境。

辛卯㉗，上至自仁壽宮。

冬，十一月癸未㉘，上祀南郊。

十二月，自京師至仁壽宮，置行宮㉙十有二所。

南寧夷爨翫復反。蜀王秀奏「史萬歲受賂縱賊，致生邊患。」上責萬歲，萬歲詆讕㉚，上怒，命斬之。高熲及左衛大將軍㉛元旻㉜等固請曰：「萬歲雄略過人，將士樂為致力㉝，雖古名將，未能過也。」上意少解，於是除名為民。

【章　旨】以上為第七段，寫隋文帝懲治妖術，遠征高麗失利。

【注　釋】❶甲辰　二月三日。❷靺鞨　古代民族名，在高麗之北。商周時稱肅慎，漢魏時稱挹婁，北朝時稱勿吉，隋朝改為靺鞨。其活動區域在長白山與黑龍江流域。❸遼西　郡名，治所柳城，在今遼寧朝陽。❹營州　州名，治所柳城，在今遼寧朝陽。❺韋沖　（西元五四〇—六〇五年）字世沖，京兆杜陵（今陝西長安）人。歷仕周、隋，官至民部尚書，封義豐縣侯。傳附《隋書・韋世康傳》、《北史・韋孝寬傳》。❻乙巳　二月初四日。❼獨孤陀　（？—西元五九八年）字黎邪，雲中（今山西大同）人。歷仕周、隋，官至延州刺史。傳見《隋書》卷七十九、《北史》卷六十一。❽潛移　暗暗地轉移。❾雜治　共同治辦。雜，俱；共。❿犢車　牛車。官品低下者所乘。犢，小牛；牛子。⓫為之請命　替獨孤陀祈求保全他的生命。⓬蠹政害民　敗壞政治，殘害人民。蠹，一種蛀蟲，能敗壞各種物品。⓭司勳侍郎　官名，屬於吏部，掌校定勳績，論官賞勳，官告身等。⓮整　獨孤整，獨孤陀之弟。仕隋，官至幽州刺史。傳附《隋書・獨孤陀傳》、《北史・獨孤陀傳》。⓯辛亥　五月辛未朔，無辛丑日，疑《通鑑》誤。⓰蠱毒　毒害。⓱四裔　四方邊遠地區。⓲丙寅　六月二十七日。⓳臨渝關　關名，故址在今河北撫寧東榆關鎮。⓴水潦　指雨後的大水。㉑餽運不繼　運送的糧草接濟不上。餽，供給。㉒東萊　郡名，治所掖縣，在今山東萊州。㉓平壤城　地名，當時高麗國都城，即今朝鮮平壤。㉔己丑　九月二十一日。㉕遼東　遼水以東地區，大致包括今遼寧東南部遼河以東的地區。㉖軍導　軍事上的嚮導。㉗辛卯　九月二十三日。㉘癸未　十一月十六日。㉙行宮　京城以外供帝王出行時居住的宮殿。㉚詆讕　抵賴。詆，拒絕談所隱諱的事。讕，狂言；抵賴。㉛左衛大將軍　武官名，掌禁衛營兵。㉜元旻　（？—西元五九〇年）官至左衛大將軍，封五原公。㉝致力　效力。

【校　記】①於家　原無此二字。據章鈺校，甲十一行本、乙十一行本、孔天胤本皆有此二字，今據補。②五　原作「四」。據章鈺校，甲十一行本、乙十一行本、孔天胤本皆作「五」，張敦仁《通鑑刊本識誤》同，今據改。按，《隋書・高祖紀下》、《北史・高祖文帝紀》皆作「五」。③魅　原作「媚」。據章鈺校，甲十一行本、乙十一行本、孔天胤本皆作「魅」，今據改。按，《隋書・高祖紀下》、《北史・高祖文帝紀》皆作「魅」。

【語　譯】十八年（戊午　西元五九八年）

春，二月初三日甲辰，隋文帝幸臨仁壽宮。

高麗王高元率領靺鞨一萬多人侵犯遼西郡，營州總管韋沖打退了高元。隋文帝得知情況大怒。二月初四日乙巳，隋文帝任命漢王楊諒、上柱國王世積同為行軍元帥，率領水陸軍隊三十萬人討伐高麗，任命尚書左僕射高熲為漢王長史，周羅睺為水軍總管。

延州刺史獨孤陀有一個婢女叫徐阿尼，侍奉貓鬼，能指使貓鬼殺人，並說每次殺人，能讓死者的家財暗中轉移到養貓鬼的人家。恰好獨孤皇后和楊素的妻子鄭氏都有病，醫生都說：「這是貓鬼作祟帶來的病。」隋文帝因為獨孤陀是獨孤皇后的同父異母弟弟，獨孤陀的妻子楊氏是楊素同父異母妹妹，因此就想到是獨孤陀所為，命令高熲等人共同審理，完全得到真實情況。隋文帝很生氣，命令用牛車載送獨孤陀夫妻，準備賜死在家中。獨孤皇后三天不吃飯，替獨孤陀求情說：「獨孤陀如果是敗壞國政，殘害百姓，妾不敢說什麼。如今是因為妾個人生病而犯罪，斗膽地為他們請命。」獨孤陀的弟弟司勳侍郎獨孤整也到宮闕下哀求，這才免了獨孤陀的死刑，削除官籍，貶為平民，令他的妻子楊氏出家為尼。此前，有人控告他的母親被貓鬼殺害，隋文帝認為是妖言妄語，怒氣沖沖把告狀人趕走。到這時，下詔誅殺被控告用貓鬼害人的那家人。夏，五月辛亥日，隋文帝下詔：「畜養貓鬼、蠱毒，以及從事詛咒妖術的人家，統統流放到四方邊遠地區。」

六月二十七日丙寅，隋文帝下詔罷黜高麗王高元的官爵。漢王楊諒大軍從臨渝關出發，正值雨後大水，運送的糧食接濟不上，軍中缺乏食物，又遇到瘟疫。周羅睺從東萊渡海趕赴平壤城，也遇到大風，船艦大多飄散沉沒。秋，九月二十一日己丑，隋軍撤回，士卒死去的有十之八九。高麗王高元也惶恐畏懼，派遣使者來謝罪，上表章自稱「遼東糞土臣高元」，隋文帝於是休兵，對待高元和原來一樣。

百濟王余昌派使者奉上表章，請求擔任征討大軍的嚮導，隋文帝下詔告訴他「高麗服罪，朕已經赦免了高元，不可再去討伐了。」贈給百濟使者很多的禮物，送他回國。高麗知道了一些消息，就派兵侵掠百濟邊境。

九月二十三日辛卯，隋文帝從仁壽宮回到京師。

冬，十一月十六日癸未，隋文帝在南郊祭天。

十二月，隋文帝從京師到仁壽宮，設置行宮十二處。

南寧夷族首領爨翫又反叛。蜀王楊秀奏告「史萬歲收受賄賂，放縱賊兵，以致產生邊患。」隋文帝斥責史萬歲，史萬歲抵賴，隋文帝大怒，命人把他處死。高熲和左衛大將軍元旻等堅決請求說：「史萬歲雄才武略過人，將士都樂意為他效力，雖然是古代的名將，也不能超過他。」隋文帝的怒氣稍微消了些，於是削除官籍，貶為平民。

十九年（己未　西元五九九年）

春，正月癸酉❶，赦天下。

二月甲寅❷，上幸仁壽宮。

突厥突利可汗因長孫晟奏言都藍可汗作攻具❸，欲攻大同城❹。詔以漢王諒為元帥，尚書左僕射高熲出朔州道❺，右僕射楊素出靈州道，上柱國燕榮❻出幽州道以擊都藍，皆取漢王節度，然漢王竟不臨戎❼。

都藍聞之，與達頭可汗結盟，合兵掩襲突利，大戰長城下，突利大敗。都藍盡殺其兄弟子姪，遂度河入蔚州❽。突利部落散亡，夜與長孫晟以五騎南走，比旦❾，行百餘里，收得數百騎。突利與其下謀曰：「今兵敗入朝，一降人耳，大隋天子豈禮❿我乎？玷厥⓫雖來，本無冤隙⓬，若往投之⓭，必相存濟⓮。」晟知之，密遣使者入伏遠鎮⓯，令速舉烽⓰。突利見四烽俱發，以問晟，晟紿之曰：「城高地迥⓱，必遙見賊來。我國家法，若賊少，舉二烽；來多，舉三烽；大逼⓲，舉四烽。彼見賊多而又近耳。」突利大懼，謂其眾曰：「追兵已逼，且可投城。」既入鎮，晟留其達官執室領其眾，自將突利馳驛入朝。夏，四月丁酉⓳，突利至長安。帝大喜，以晟為左勳衛驃騎將軍⓴，持節㉑護㉒突厥。

上令突利與都藍使者因頭特勒相辯詰㉓，突利辭直，上乃厚待之。都藍弟都速六[1]棄其妻子，與突利歸朝，上嘉之，使突利多遺之珍寶以慰其心。

高熲使上柱國趙仲卿㉔將兵三千為前鋒，至族蠡山㉕，與突厥遇，交戰七日，大破之。追奔至乞伏泊㉖，復破之，虜千餘口，雜畜萬計。突厥復大舉而至，仲卿為方陳，四面拒戰，凡五日。會高熲大兵至，合擊之，突厥敗走，追度白道，踰秦山㉗七百餘里而還。楊素軍與達頭遇。先是諸將與突厥戰，慮其騎兵奔突㉘，皆以戎車步騎相參㉙，設鹿角㉚為方陳，騎在其內。素曰：「此乃自固之道㉛，未足以取勝也。」於是悉除舊法，令諸軍為騎陳㉜。達頭聞之，大喜曰：「天賜我也！」下馬仰天而拜，帥騎兵十餘萬直前。上儀同三司周羅睺曰：「賊陳未整，請擊之。」先[2]帥精騎逆戰，素以大兵繼之，突厥大敗，達頭被重創㉝而遁，殺傷不可勝計，其眾號哭而去。

六月丁酉㉞，以豫章王暕為內史令。

宜陽公王世積為涼州㉟總管，其親信安定皇甫孝諧有罪，吏捕之，亡㊱抵世積，世積不納。孝諧配防桂州㊲，因上變㊳，稱「世積嘗令道人相其貴不㊴，道人答曰：『公當為國主㊵，又將之㊶涼州。』其所親謂世積曰：『河西㊷天下精兵處，可圖大事㊸。』世積曰：『涼州土曠人希㊹，非用武之國。』世積坐誅㊺，拜孝諧上大將軍。

獨孤后性妒忌，後宮莫敢進御㊻。尉遲迥女孫㊼，有美色，先沒宮中，上於仁壽宮見而悅之，因得幸㊽。后伺上聽朝㊾，陰殺之，上由是大怒，單騎㊿從苑中出，不由徑路51，入山谷間二十餘里。高熲、楊素等追及上，扣馬苦諫。上太息52曰：「吾貴為天子，不得自由！」高熲曰：「陛下豈以一婦人而輕天下？」上意少解，駐馬良久，中夜53方還宮。后俟上於閤內，及至，后流涕拜謝，熲、素等和解之，因置酒極歡。先是后以高熲，父之家客54，甚見親禮55，至是，聞熲謂己為一婦人，遂銜之。

時太子勇失愛於上，潛有廢立之志，從容謂熲曰：「有神告晉王妃，言王必有天下，若之何56？」熲長跪57曰：「長幼有序58，其可廢乎？」上默然而止[3]。獨孤后知熲不可奪，陰欲去之59。

會上令選東宮衛士以入上臺60，熲奏稱：「若盡取彊者，恐東宮宿衛太劣。」上作色61曰：「我有時出入，宿衛須得勇毅。太子毓德東宮62[4]，左右何須壯士？此極弊法。如我意者，恆於交番63之日，分向東宮，上下團伍64不別，豈非佳事？

我熟見65前代，公不須仍踵舊風66。」熲子表仁67，娶太子女，故上以此言防之。

熲夫人卒，獨孤后言於上曰：「高僕射老矣，而喪夫人，陛下何能不為之娶？」上以后言告熲。熲流涕謝曰：「臣今已老，退朝，唯齋居68讀佛經而已。雖陛下垂哀69之深，至於納室70，非臣所願。」上乃止。既而熲愛妾生男，上聞之，極喜，后甚不悅。上問其故，后曰：「陛下尚復信高熲邪？始，陛下欲為熲娶，熲心存愛妾，面欺71陛下。今其詐已見72，安得信之？」上由是疏73熲。

伐遼之役，熲固諫，不從，及師74無功，后言於上曰：「熲初不欲行，陛下強遣之，妾固知其無功矣！」又，上以漢王年少，專委軍事於熲，熲以任寄隆重75，每懷至公76，無自疑77之意，諒所言多不用。諒甚銜之，及還，泣言於后曰：「兒幸免高熲所殺。」上聞之，彌不平。

及擊突厥，出白道78，進圖入磧79，遣使請兵，近臣緣此80言熲欲反。上未有所答，熲已破突厥而還。及王世積誅，推覈81之際，有宮禁中事，云於熲處得之，上大驚。有司又奏「熲及左右衛大將軍元旻、元冑，並與世積交通82，受其名馬之贈。」旻、冑坐免官。上柱國賀若弼、吳州總管宇文弼83、刑部尚書薛冑、民部尚書斛律孝卿、兵部尚書柳述84等明熲無罪，上愈怒，皆以屬吏，自是朝臣莫5

敢言者。秋，八月癸卯[85]，熲坐免上柱國、左僕射，以齊公[86]就第。未幾，上幸秦王俊第，召熲侍宴。熲歔欷悲不自勝，獨孤后亦對之泣。上謂熲曰：「朕不負公，公自負[87]也。」因謂侍臣曰：「我於高熲，勝於兒子，雖或不見，常似目前。自其解落[88]，瞑然忘之[89]，如本無高熲。人臣不可以身要君[90]，自云第一也。」頃之，熲國令[91]上熲陰事[92]，稱其子表仁謂熲曰：「司馬仲達[93]初託疾不朝，遂有天下，公今遇此[94]，焉知非福？」於是上大怒，因熲於內史省而鞫之[95]。憲司[96]復奏沙門真覺嘗謂熲云：「明年國有大喪[97]。」尼令暉復云：「十七、十八年，皇帝有大厄[98]，十九年不可過。」上聞而益怒，顧謂羣臣曰：「帝王豈可力求？孔子以大聖[99]之才，猶不得天下。熲與子言，自比晉帝[100]，此何心乎？」有司請斬之。上曰：「去年殺虞慶則，今茲斬王世積，如更誅熲，天下其謂我何？」於是除名為民。

熲初為僕射，其母誡[6]之曰：「汝富貴已極，但有一斫頭[101]耳，爾其慎之[102]！」熲由是常恐禍變[103]。至是，熲歡然[104]無恨色。先是國子祭酒元善[105]言於上曰：「楊素粗疏，蘇威怯懦，元胄、元旻正似鴨[106]耳。可以付社稷[107]者，唯獨高熲。」上初然之[108]。及熲得罪，上深責之，善憂懼而卒。

九月乙丑(109)[7]，以太常卿牛弘為吏部尚書。弘選舉先德行而後文才，務在審慎，雖致停緩，其所進用，並多稱職。吏部侍郎高孝基(110)鑒賞機晤，清慎(111)絕倫(112)，然爽俊(113)有餘，迹(114)似輕薄，時宰(115)多以此疑之，唯弘深識其真，推心任委。隋之選舉得人，於斯為最，時論(116)彌服弘識度之遠。

冬，十月甲午(117)，以突厥突利可汗為意利珍豆啟民可汗，華言「意智健(118)」也。突厥歸啟民者男女萬餘口，上命長孫晟將五萬人於朔州，築大利城(119)以處之。時安義公主已卒，復使晟持節送宗女義成公主以妻之(120)。晟奏：「染干部落，歸者益眾，雖在長城之內，猶被雍虞閭抄掠，不得寧居。請徙五原(121)，以河為固，於夏、勝(122)兩州之間，東西至河，南北四百里，掘為橫塹(123)，令處其內，使得任情(124)畜牧。」上從之。

又令上柱國趙仲卿屯兵二萬為啟民防達頭，代州(125)總管韓洪(126)等將步騎一萬鎮恆安(127)。達頭騎十萬來寇，韓洪軍大敗，仲卿自樂寧鎮(128)邀擊，斬虜[8]首千餘級。

帝遣越公楊素出靈州，行軍總管韓僧壽(129)出慶州(130)，太平公史萬歲出燕州(131)，大將軍武威姚辯(132)出河州(133)，以擊都藍。師未出塞，十二月乙未(134)，都藍為部下所殺，達頭自立為步迦可汗，其國大亂。長孫晟言於上曰：「今官軍臨境，戰數有功，虜內[135]自攜離，其主被殺，乘此招撫，可以盡降。請遣染干部下分道招慰。」上從之。降者甚眾。

【章旨】以上為第八段，寫開皇十九年（西元五九九年），隋文帝用兵大破突厥，保持對外英武的形象，而內政多疑偏信，殺大臣王世積，罷斥高熲，漸露專制君主晚年昏聵的跡象。

【注釋】❶癸酉　正月七日。❷甲寅　二月十九日。❸攻具　攻城的裝置、工具。❹大同城　地名，故址在今內蒙古烏拉特前旗東北。❺朔州道　謂從朔州出擊突厥。朔州，治所馬邑縣，在今山西朔州。道，指外出作戰的進軍路線。❻燕榮　（？－西元六〇三年）字貴公，華陰弘農（今河南靈寶東北）人，歷仕周、隋，官至幽州總管。傳見《隋書》卷七十四、《北史》卷八十七。❼臨戎　親臨戰場。❽蔚州　州名，治所靈丘縣，在今山西靈丘。❾比旦　到了天亮時。比，及。❿禮　謂以禮相待。⓫玷厥　達頭可汗之名。⓬冤隙　怨恨；仇恨。⓭投之　投奔達頭可汗部。⓮存濟　保全。⓯伏遠鎮　地名，故址不詳。⓰舉烽　點燃烽火，向內地報警。烽，也作「熢」，古代邊防報警的煙火。⓱迥　遠。⓲大逼　大軍壓境。⓳丁酉　四月二日。⓴左勳衛驃騎將軍　武官名，掌宮廷侍衛。㉑持節　古代使臣出使，必持節以做憑證。節，符節。㉒護　監護。㉓相辯詰　相互辯論，以弄清是非。詰，責問。㉔趙仲卿　（西元五四二－六〇五年）天水隴西（今甘肅隴西縣東南）人，歷仕周、隋，官至檢校司農卿，判兵部、工部二曹尚書事。傳見《隋書》卷七十四、《北史》傳六十九。㉕族蠡山　山名，今在何處不詳。㉖乞伏泊　湖名，即今內蒙古察哈爾右旗東北黃旗海。㉗秦山　山名，即今內蒙古黃河東北大青山。㉘奔突　奔馳衝突。㉙相參　互相混合。㉚鹿角　古時陣地營寨以前的一種防禦工事。把帶枝的樹木削尖，半埋入地下，以阻止敵人進入。㉛自固之道　自我固守的方法。固，牢固。㉜騎陳　用騎兵組成陣勢。㉝重創　重傷。創，創傷。㉞丁酉　六月初三日。㉟涼州　州名，治所姑臧縣，在今甘肅武威。㊱亡　逃跑。㊲配防桂州　發配桂州當兵防守。㊳上變　向朝廷舉報謀反叛亂之事。㊴相其貴不　給世積相面，看其能否富貴。不，通「否」。㊵國主　一國之君主。㊶之　往。㊷河西　泛指黃河以西的甘肅地區。又稱河右。㊸大事　重大的事情。指發動政變，奪取皇位。㊹土曠人希　土地遼闊，人煙稀少。曠，遼闊；廣大。希，通「稀」。稀少。㊺坐誅　被判為死刑。㊻進御　指侍候皇帝。㊼女孫　孫女。㊽得幸　得到皇帝的寵遇。封建時代稱皇帝親臨為幸。

(49)聽朝　上朝聽政；帝王主持朝會以處理政事。聽，治理。(50)單騎　謂隋文帝獨自乘馬，沒有從騎。(51)徑路　道路。(52)太息　出聲長歎。(53)中夜　半夜。(54)后以高熲二句　高熲父賓，為皇后父獨孤信參佐，獨孤信被殺後，皇后以賓為獨孤信的部下，多往來其家，故稱家客。(55)親禮　親近而尊敬。(56)若之何　怎麼辦。(57)長跪　直身而跪。古代人席地而坐，坐時兩膝據地以臀部著腳跟。跪時則伸直腰、腿，以表示莊重。(58)長幼有序　按宗法制，立太子要按照先長後幼的順序。(59)去之　指除去高熲。去，去掉；除去。(60)上臺　宮禁。(61)作色　臉上變色。(62)太子毓德東宮　太子在東宮修養德行。毓，生長；養育。此指修養、培養。(63)交番　番衛交接、輪換。(64)團伍　當時禁衛的軍事組織，三百人為團，五人為伍。(65)熟見　熟悉；明瞭。(66)仍踵舊風　仍然因襲舊的習慣。踵，跟隨；因襲。(67)表仁　即高表仁，高熲第三子，封渤海郡公。傳附《隋書・高熲傳》。(68)齋居　居處心清慮專。(69)垂哀　憐愛。垂，俯；下。(70)納室　娶妻。室，妻。(71)面欺　當面欺騙。(72)見　「現」的本字。(73)疏　疏遠；不親近。(74)師　軍隊；師旅。(75)任寄隆重　受託的責任重大。任寄，任用委託。隆重，重要。(76)每懷至公　常懷大公無私之心。每，常常。至，極；甚。(77)自疑　自我疑慮。(78)白道　地名，故址在今內蒙古呼和浩特西北。(79)進圖入磧　進一步圖謀深入大漠。磧，沙漠。(80)緣此　因此。(81)推覈　推究查問。覈，審察。(82)交通　交結往來。(83)宇文弢　（西元五四六—六〇七年）字公輔，河南洛陽（今河南洛陽）人，歷仕周、隋，官至禮部尚書。傳見《隋書》卷五十六、《北史》卷七十五。弢，古「弼」字。(84)柳述　字業隆，河東解（今山西運城市西南解州鎮）人。仕隋，官至兵部尚書。傳附《隋書・柳機傳》、《北史・柳虯傳》。(85)癸卯　八月初十日。(86)齊公　高熲曾封為齊國公。(87)自負　自己對不起自己。(88)解落　謂解官落職。(89)瞑然忘之　閉上眼睛，什麼也看不到，被忘記了。(90)要君　要挾君主。(91)國令　官名，王國、公國皆有令，掌封國的政事。(92)陰事　祕密的事。(93)司馬仲達　曹魏丞相司馬懿，字仲達，是西晉篡奪曹魏政權的奠基人。事詳本書卷七十五〈魏紀〉邵陵厲公嘉平元年。(94)公今遇此　指高熲被解職歸家之事。(95)鞫之　審查高熲。鞫，審訊；查問。(96)憲司　法司。魏、晉以來御史的別稱。(97)大喪　指帝王、皇后及其嫡長子的喪禮。(98)大厄　大的危難。厄，危難；災難。(99)大聖　至聖，指道德高尚完備的人。(100)晉帝　指司馬懿。曹魏丞相，其孫司馬炎代魏稱帝，建立晉朝，追諡為宣帝。(101)斫頭　砍頭。斫，用刀砍。(102)爾其慎之　你要謹慎。爾，你。(103)禍變　災禍。(104)歡然　歡喜的樣子。(105)元善　（西元五四〇—五九九年）河南洛陽人，仕隋，官至國子祭酒。傳見《隋書》卷七十五、《北史》卷十六。(106)似鴨　鴨子常浮在水上，隨波上下。以此比喻元胄等人隨波逐流，以保全自己。(107)付社稷　謂交付國家大事。社稷，國家政權的象徵。(108)初然之　起初以為是這樣。(109)乙丑　九月初三日。(110)高孝基　官至吏部侍郎。事附《隋書・牛弘傳》、《北史・牛弘傳》。(111)清慎　廉潔謹慎。(112)絕倫　無與倫比。倫，同類；同輩。

⑬爽俊　爽朗而有才智。⑭迹　行為。⑮時宰　當時的執政官。⑯時論　當時的輿論。⑰甲午　十月二日。⑱意智健　意智猶言智慧，健是強健之意。⑲大利城　城名，故址在今內蒙古和林格爾東北。⑳以妻之　意謂把義成公主嫁給啓民可汗為妻子。妻，以女嫁人。㉑五原　郡名，治所九原縣，在今內蒙古包頭西北。㉒夏勝　兩州名。夏州，治所岩綠縣，在今陝西靖邊東北白城子。勝州，治所榆林縣，在今內蒙古準噶爾旗東北黃河南岸十二連城。㉓橫塹　橫溝。塹，壕溝。㉔任情　任意；隨便。㉕代州　州名，治所雁門縣，在今山西代縣。㉖韓洪　（西元五四八—六一〇年）字叔明，河南東垣（今河南新安）人，韓擒虎三弟，歷仕北周、隋，官至隴西太守。傳附《隋書・韓擒虎傳》、《北史・韓雄傳》。㉗恆安　鎮名，故址在今山西大同東北古城。㉘樂寧鎮　鎮名，故址不詳。㉙韓僧壽　（西元五四七—六一二年）字玄慶，韓擒虎二弟，歷仕北周、隋，官至蔚州刺史，封新蔡郡公。傳附《隋書・韓擒虎傳》、《北史・韓雄傳》。㉚慶州　州名，治所合水縣，在今甘肅慶陽。㉛燕州　州名，治所懷戎縣，在今河北涿鹿西南。㉜姚辯　（？—西元六一一年）武威（今甘肅武威）人，官至右光祿大夫、左屯衛大將軍。事散見《隋書》本紀。㉝河州　州名，治所枹罕縣，在今甘肅臨夏西南。㉞乙未　十二月初四日。㉟虜內　指突厥內部。當時中原人習稱突厥為虜。

【校　記】①都速六　原作「郁速六」。據章鈺校，甲十一行本、乙十一行本、孔天胤本皆作「都速六」，今據改。按，《隋書・北狄・突厥傳》、《北史・突厥傳》皆作「都速六」。②先　原無此字。據章鈺校，甲十一行本、乙十一行本、孔天胤本皆有此字，張敦仁《通鑑刊本識誤》同，今據補。③上默然而止　原無此五字。據章鈺校，甲十一行本、乙十一行本、孔天胤本皆有此五字，今據補。按，《隋書・高熲傳》有此五字。④東宮　原作「春宮」。據章鈺校，甲十一行本、乙十一行本、孔天胤本皆作「東宮」，今據改。按，《隋書・房陵王勇傳》、《北史・房陵王楊勇傳》皆作「東宮」。⑤莫　原作「無」。據章鈺校，甲十一行本、乙十一行本、孔天胤本皆作「莫」，今據改。按，《隋書・高熲傳》、《北史・高熲傳》皆作「莫」。⑥誡　原作「戒」。據章鈺校，甲十一行本、乙十一行本、孔天胤本皆作「誡」，今據改。按，《隋書・高熲傳》、《北史・高熲傳》皆作「誡」。⑦乙丑　原無此二字。據章鈺校，甲十一行本、乙十一行本、孔天胤本皆有此二字，張敦仁《通鑑刊本識誤》、張瑛《通鑑校勘記》同，今據補。按，《隋書・高祖紀下》、《北史・高祖文帝紀》有此二字。⑧虜　原無此字。據章鈺校，甲十一行本、乙十一行本、孔天胤本皆有此字，今據補。按，《隋書・趙仲卿傳》、《通鑑紀事本末》卷二六皆有此字。

【語　譯】十九年（己未　西元五九九年）

春，正月初七日癸酉，大赦天下。

二月十九日甲寅，隋文帝幸臨仁壽宮。

突厥突利可汗通過長孫晟上奏說都藍可汗製造攻城器具，想要攻打大同城。隋文帝下詔任命漢王楊諒為元帥，尚書左僕射高熲從朔州道出發，右僕射楊素從靈州道出發，上柱國燕榮從幽州道出發，前往討伐都藍，都受漢王楊諒指揮，但漢王竟不親臨前線。

都藍聽到消息，與達頭可汗結盟，合兵偷襲突利可汗，在長城下大戰，突利大敗。都藍全部殺死了他的兄弟子姪，乘勝渡過黃河侵入蔚州。突利的部落潰散逃亡，趁夜晚突利可汗與長孫晟帶領五名騎兵南逃，等到天亮時，跑了一百多里，收攏了數百名騎兵。突利和部下商議說：「現在兵敗進京朝見，只不過是一個投降的人而已，大隋天子豈能以禮待我？玷厥雖然這次來襲擊我，但是我和他原本沒有什麼仇怨，如果前去投奔他，他一定保全我。」長孫晟得知這一情況，便暗中派使者進入伏遠鎮，命令軍士迅速點燃告急烽火。突利可汗看見四堆烽火同時點燃，便問長孫晟，長孫晟騙他說：「伏遠鎮城池很高，地勢遼闊，一定是遠遠望見敵軍來了。我朝制度：如果敵軍少，燃起兩堆烽火；敵軍來得多，燃起三堆烽火；大軍壓境，燃起四堆烽火。他們是望見敵軍很多而又逼近了啊。」突利可汗非常害怕，對他的部眾說：「追兵已經逼近，我們暫且進城。」進入伏遠鎮之後，長孫晟留下突利可汗的達官執室統領可汗部眾，自己帶領突利可汗驅馳驛馬入朝。夏，四月初二日丁酉，突利可汗到達長安。隋文帝非常高興，封長孫晟為左勳衛驃騎將軍，持節監護突厥。

隋文帝命突利可汗和都藍的使者因頭特勒兩人互相辯論，突利理直氣壯，隋文帝因此厚待他。都藍的弟弟都速六拋棄他的妻子兒女，和突利可汗一起歸附朝廷，隋文帝讚許都速六，讓突利可汗多送給他珍寶表示安慰。

高熲派上柱國趙仲卿領兵三千為先鋒，到達族蠡山，與突厥軍隊遭遇，交戰七天，大敗突厥。又追擊逃敵直到乞伏泊，再次打敗突厥兵，俘虜了一千多口，各種牲畜以萬計。突厥兵又大量到來。趙仲卿把軍隊擺成方陣，四面拒敵，一共五天。正好高熲的大軍趕到，合力攻擊，突厥軍隊敗逃，隋軍追擊，渡過白道，翻過秦山追擊七百多里後班師。楊素的軍隊和達頭可汗相遇。此前，隋軍眾將與突厥交戰，擔心突厥騎兵奔馳衝擊，便都把戰車、步兵、騎兵混合編隊，設置鹿角，組成方陣，騎兵在方陣之內。楊素說：「這是自我固守的方法，不能用來打敗敵人。」於是完全廢除舊法，命令各軍擺出騎兵陣。達頭知道後，非常高興地說：「這是上天賜給我取勝良機！」便下馬向蒼天叩拜，率領十餘萬騎兵逕直奔襲隋軍。上儀同三司周羅睺說：「敵軍的陣列還沒整齊，請立即出擊。」先率領精銳騎兵迎戰，楊素率領大軍緊隨其後，突厥軍隊大敗，達頭受重傷而逃，死傷不計其數，剩下的部眾哀號痛哭，向北逃去。

六月初三日丁酉，任命豫章王楊暕為內史令。

宜陽公王世積任涼州總管，他的親信安定人皇甫孝諧犯了罪，官吏緝拿他，他逃到王世積那裡，王世積沒有接納。皇甫孝諧被捕後發配到桂州當兵，因此他向朝廷舉報王世積謀反叛亂，說「王世積曾經讓道士給他看相，是否能大貴。道士回答說：『您應成為一國君主，又將要調往涼州。』他的親信對他說：『河西是天下的精兵所在，可以圖謀大事。』王世積說：『涼州地廣人稀，不是用武的地方。』」王世積被定罪殺頭，皇甫孝諧被授為上大將軍。

獨孤皇后生性嫉妒，宮女沒有人敢去侍候皇上。尉遲迥的孫女，姿色美豔，早先被沒入宮中，隋文帝在仁壽宮看見她很喜愛，因而得到寵幸。獨孤皇后乘皇上上朝聽政，暗中殺了她，隋文帝因此大怒，獨自一人騎馬從宮苑出走，不經由道路，進入山谷二十多里。高熲、楊素等人追趕上皇上，拉住馬籠頭苦苦勸諫。隋文帝歎息說：「我貴為天子，卻不能自由！」高熲說：「陛下怎能因為一個婦人而看輕天下？」隋文帝怒氣稍微緩解，把馬停下來，過了許久，半夜才回宮。獨孤皇后在後宮等候皇上，等到皇上回來了，獨孤皇后流著淚跪拜謝罪，高熲、楊素等人又從中勸解，隋文帝於是擺下酒宴，盡情歡樂。此前，獨孤皇后因高熲是自己父親家中的常客，對他十分親近禮遇，到這時，聽到高熲說自己是一個婦人，於是心懷忿恨。

當時，太子楊勇失寵於隋文帝，隋文帝暗中有廢黜楊勇另立太子的打算，閒談時對高熲說：「有神靈告訴晉王妃，說晉王一定據有天下，該怎麼辦？」高熲長跪在地上，說：「長幼有序，怎麼可以廢除太子呢？」

隋文帝不說話，放棄了這個打算。獨孤皇后知道高熲護衛太子的意志不會改變，便暗中想要除掉他。

適逢隋文帝下令選調東宮衛士入宮宿衛，高熲上奏說：「如果完全挑選強壯的，恐怕東宮宿衛力量太弱。」隋文帝變了臉色，說：「我時有進出，宿衛之士需要驍勇強健。太子在東宮修養德行，身邊何必要強壯勇士？東宮衛隊強大是一個嚴重弊端。依我的想法，應當經常在禁衛軍輪值交接時，分一部分去宿衛東宮，使皇宮衛隊和東宮衛隊編制不區分，豈不是件好事？我熟悉前代的情況，你不要仍然沿襲舊制。」高熲的兒子高表仁娶太子之女為妻，所以隋文帝用這些話來提防他。

高熲的夫人去世，獨孤皇后對皇上說：「高僕射老了，而又死了夫人，陛下怎能不為他再娶一位？」隋文帝把獨孤皇后的話告訴了高熲。高熲流淚致謝說：「臣現已年老，退朝後，只是心清慮專而居，頌讀佛經而已。雖然陛下深加哀憐，但是至於娶妻，不是臣所願意的。」隋文帝於是作罷。後來高熲的愛妾生了男孩，隋文帝聽說了，非常喜悅，獨孤皇后卻很不高興。隋文帝問是什麼原因，獨孤皇后說：「陛下還相信高熲嗎？當初，陛下想替高熲再娶，高熲心裡想著愛妾，當面矇騙陛下。現在他的欺詐已經暴露出來了，怎能還信任他呢？」隋文帝由此疏遠高熲。

隋文帝討伐高麗的戰役，高熲極力諫阻，隋文帝沒有聽從，等到軍隊無功而還，獨孤皇后對隋文帝說：「高熲當初不願出征，陛下強行派遣他，妾本來就知道高熲不會建功！」又，隋文帝認為漢王楊諒年少，把軍事全權委託給高熲，高熲深感責任重大，常懷大公無私之心，沒有自我疑慮之意，漢王楊諒的話大多不被採納。楊諒內心懷恨，等到班師回朝，楊諒流著眼淚對獨孤皇后說：「兒子萬幸，差點被高熲殺害。」隋文帝聽了，更加不平。

到攻打突厥時，高熲從白道出發，進一步圖謀深入大漠，派使者向朝廷請求增兵，隋文帝身邊的近臣因此說高熲想要謀反。隋文帝沒有答覆高熲，高熲已打敗突厥班師回朝。等到王世積被處死，在審判調查之際，牽涉到宮禁中的機密，說是從高熲那裡得到的，隋文帝大驚。主管部門又奏稱「高熲和左右衛大將軍元旻、元冑，都和王世積交結來往，接受王世積贈送的名馬。」元旻、元冑坐罪免官。上柱國賀若弼、吳州總管宇文弢、刑部尚書薛胄、民部尚書斛律孝卿、兵部尚書柳述等證明高熲無罪，隋文帝更加生氣，把他們全都交給法官審問，從此朝中大臣沒有敢再說話的。秋，八月初十日癸卯，高熲坐罪被解除上柱國、左僕射官職，保留齊公的爵位回到家中。

不久，隋文帝臨幸秦王楊俊宅第，召高熲陪侍酒宴。高熲哭泣抽咽，悲傷不已，獨孤皇后也對著他哭泣。隋文帝對高熲說：「朕沒有對不起你，是你自己對不起自己。」便對侍臣說：「我對待高熲，比對兒子還好，雖然有時見不到他，也好像近在眼前。自從他解官免職，便逐漸淡忘，好像原本沒有高熲這個人。做臣子的不該拿自己的功勞要挾君王，自以為天下第一。」不久，高熲的國令上奏揭發高熲陰祕的事，說高熲的兒子高表仁對高熲說：「司馬仲達當初託稱有病不入宮朝見，於是奪取了天下，您今天這種境遇，又怎麼知道不是將來之福呢？」於是隋文帝大怒，把高熲囚禁在內史省審訊。執法部門又上奏揭發，和尚真覺曾經對高熲說：「明年國家有大喪。」尼姑令暉又說：「開皇十七、十八年，皇上有大難，十九年不能過得去。」隋文帝聽了更加憤怒，回頭對群臣說：「帝王難道是人力可以求得的嗎？孔子以大聖的才幹，尚不能得到天下。高熲與他兒子談話，把自己比作晉宣帝司馬懿，這打的是什麼主意？」執法官吏奏請殺掉高熲，隋文帝說：「去年殺了虞慶則，今年斬了王世積，如果再殺高熲，天下人將會怎麼說我呢？」於是將高熲從官籍除名，罷官為民。

高熲開始擔任尚書僕射時，他的母親告誡他說：「你富貴達到了極點，但有一次砍頭而已，你要謹慎！」高熲因此常常擔心災禍臨頭。到這時，高熲很高興，沒有怨恨的表情。此前，國子祭酒元善對隋文帝說：「楊素粗略疏闊，蘇威膽怯懦弱，元冑、元旻只不過像鴨子一樣隨波逐流。可以託付國家的，只有高熲。」隋文帝起初認為元善說得對。等到高熲獲罪，隋文帝嚴厲斥責元善，元善恐懼憂慮而死。

九月初三日乙丑，隋文帝任命太常卿牛弘為吏部尚書。牛弘選拔官吏以德行為先，然後才看文才，力求嚴格慎重，雖然導致選授遲緩，但是他所進用的人，大多都稱職。吏部侍郎高孝基鑑別賞識人才機警聰明，清廉謹慎，無與倫比，但是爽朗才智有餘，行為似嫌輕薄，當時執政大臣大多因此懷疑他，只有牛弘深刻瞭解他的真實才情，推心置腹地加以任用。隋朝選舉得到真正的人才，此時最多。當時輿論都很佩服牛弘的遠見卓識和器度。

冬，十月初二日甲午，冊封突厥突利可汗為意利珍豆啓民可汗，漢語的意思是「心智強健」。突厥歸附啓民可汗的有男女一萬多人，隋文帝命令長孫晟在朔州率領五萬人修築大利城安置他們。這時安義公主已經逝世，又派長孫晟持節送皇室之女義成公主給啓民可汗為妻。

長孫晟上奏說：「染干的部落，歸附的人越來越多，雖然居住在長城之內，仍被雍虞閭襲擊搶掠，不得安居。請把他們遷徙到五原，以黃河為屏障，在夏州、勝州之間，東西以黃河河曲為界，南北相距四百里，挖掘兩條橫向深溝，讓他們居住在這個範圍之內，使他們能夠隨便放牧。」隋文帝聽從了他的建議。

隋文帝又命令上柱國趙仲卿屯駐軍隊兩萬人為啓民部眾防禦達頭，代州總管韓洪等率領步騎兵一萬人鎮守恆安。達頭騎兵十萬人來犯，韓洪軍隊大敗，趙仲卿從樂寧鎮攔擊達頭軍隊，斬殺一千多人。

隋文帝派遣越公楊素從靈州出兵，行軍總管韓僧壽從慶州出兵，太平公史萬歲從燕州出兵，大將軍武威人姚辯從河州出兵，前往攻擊都藍。大軍還沒出塞，十二月初四日乙未，都藍被部下殺死，達頭自立為步迦可汗，突厥國大亂。長孫晟向隋文帝進言說：「現在官軍到達敵境，幾次作戰都勝了，敵人內部四分五裂，可汗也被殺了，藉此機會招撫他們，可以悉數招降。請派染干的部屬分幾路去招撫。」隋文帝聽從了他的建議。投降的突厥人很多。

【研　析】本卷所記西元五九二—五九九年八年間，統一的隋帝國平穩發展，一派太平景象。但盛世往往孕育危機，開皇後期的危機，在政治、經濟上都有表現。

政治上，隋已是全國統一政權，但政治權力核心掌握在源自西魏北周的關隴統治集團手中，隋統一以前東西分裂敵視的歷史仍隱隱影響著隋朝的政策措施與人物的政治命運。《隋書》卷七十三〈梁彥光傳〉稱「齊亡後，衣冠士人多遷關內」，既有監視管理之意，亦有集中選拔人才的目的。開皇二年，隋文帝亦曾下詔要求對「山東」即原齊境的人才加以選拔。詔書中說：「自周平東夏，每遣搜揚，彼州俊乂，多未應起。或以東西舊隔，情猶自疏，或以道路懸遠，慮有困乏，假為辭託，不肯入朝。」這反映出，隋朝代周，政治上的急劇變化，東、西地域間的社會文化差異與心理隔閡，並未能消除。文帝在詔書中強調：「朕受天命，四海為家，關東關西，本無差異，必有材用，來即銓敘，虛心待之，猶飢思食。」詔書宣傳是一回事，實行起來又是另一回事。我們從李德林的遭遇，便可發現「山東」人士在隋朝的處境的尷尬。

據《隋書》卷四十二〈李德林傳〉，周武帝平齊，稱賞李德林：「平齊之利，唯在於爾。」楊堅相周，引李德林入於幕府，出了很多重要主意，「三方構亂，指授兵略，皆與之參詳。軍書羽檄，朝夕填委，一日之中，動逾百數。或機速競發，口授數人，文意百端，不加治點。」充分顯示其政治才幹。後楊堅創隋之際，李德林反對楊堅盡誅宇文氏的計畫，卻被楊堅怒斥：「君讀書人，不足平章此事！」李德林也因此「自是品位不加」。「德林自隋有天下，每贊平陳之計」，後滅陳之戰，李德林病不能行，文帝使高熲至李德林家「取其方略」，「高祖以之付晉王廣。後從駕還，在塗中，高祖以馬鞭南指云：『待平陳訖，會以七寶裝嚴公，使自山東無及之者。』」滅陳之後，因李德林有定策之勳，文帝欲「授柱國、郡公，實封八百戶，賞物三千段」。有人向高熲進言：「天子畫策，晉王及諸將戮力之所致也。今乃歸功於李德林，諸將必當憤惋，且後世觀公有若虛行。」結果高熲將這話給文帝一講，獎賞李德林一事便音信全無。「十年不徙級」的李德林，最終被高熲、蘇威聯手逐出朝廷，不再參與最高決策。才高且實際政治貢獻很大的李德林，尚且如此，其他山東士人的處境可想而知。

山東人士受到關隴集團的壓制，原陳境士人進入開皇時期政治高層者更是鮮有其人，蘇威在江南實施的「牧人者盡改變之」的政策，一度成為南方暴動的重要原因。這些都使隋朝雖然已是全國統一政權，但遠未贏得全國的心理認同，統一的政治基礎仍相當薄弱。王劭出於討好的目的，撰《皇隋靈感志》三十卷，「上令宣示天下。劭集諸州朝集，使盥手焚香，閉目而讀之，曲折其聲，有如歌詠，經涉旬朔，徧而後罷。」楊堅大為高興，重加賞賜。不過，通過將《皇隋靈感志》「宣示天下」，在「集諸州朝集」之時宣講誦讀，是否真的可以在全國人民心中確立隋政權不可動搖的地位，頗值得懷疑。

經濟上，開皇後期，國家財政充足，「府藏皆滿，無所容，積於廊廡。」這主要緣於戶口的快速增長以及戶口清查卓有成效。隋朝建立之初，民戶不滿四百萬戶，到開皇末年，國家掌握的民戶已接近九百萬戶，只河北所在的冀州已多達一百萬戶。租調按戶計算，戶口增多，同時也意味國家財稅成倍地增長，因此儘管開皇時期「薄賦於民」，國家開支也並沒減少，但「入者常多於出」，財政積餘越來越多。可是，民戶成倍增長，並不等於耕地也同時成倍地擴大。也就是說，和平時期民戶的巨大增長，結果是民戶平均耕地的減少，在農業勞動生產率不可能迅速提高的情況下，民戶增長、國家財政增加，同時也意味著民戶總體生活水準的不斷下降，民戶的再生產能力以及應對天災人禍的能力降低。「時天下戶口歲增，京輔及三河地少而人眾，衣食不給，帝乃發使四出，均天下之田，其狹鄉每丁纔至二十畝，老少又少焉」，便是這種情況的反映。開皇後期，「盜賊繁多」，以至於文帝改變開皇前期輕刑的政策，「命盜一錢以上皆棄市，或三人共盜一瓜，事發即死。於是行旅皆晏起早宿，天下懍懍」，結果因有人劫持「執事」，要求改變這種「盜一錢而死」的嚴酷刑法，文帝遂加以取消。盜賊多發，甚至可以通過劫持重要官員要挾朝廷改變政策，情況不可謂不嚴重。這些現象體現的正是中國古代農業社會經常面臨的盛世危機。到了煬帝統治時期，濫用民力，百姓無以為生，「羣盜蜂起」，危機遂演變為不可遏止的民眾暴動。

經濟上的危機，還表現在政治中心與經濟中心區已嚴重分離。開皇初，文帝曾積極通過改善倉儲、運輸條件，增加長安地區的糧食儲備，但仍應付不了開皇十四年關中地區因大旱引起的災荒。災民以豆屑雜糠維持生命，文帝知道後深以自責，甚至「為之不御酒肉者殆將一朞」。皇帝不得不親自率領百姓離開長安到洛陽「就食」，其實就是舉國逃荒。國家經濟上業已仰賴黃河中下游地區，甚至南方的財富，而政治中心仍在長安，國家權力掌握在關隴集團手中，黃河中下游地區的人們經濟上支撐著隋帝國，在政治上卻受到歧視，東、西區域經濟上的差異，使東、西區域在帝國政治上的權益不對稱問題，顯得更加突出。這無疑就是後來隋煬帝修建東都洛陽的經濟與政治背景。

上述政治、經濟業已表現出來的危機，在很大程度上被人口增長、國家財政富裕的盛世景象掩蓋了。節儉之風漸漸讓位於奢侈之俗，而最值得注意的是，統治集團開邊拓土的政治野心也膨脹起來，「開皇之末，國家殷盛，朝野皆以高麗為意」。開皇十七年（西元五八七年）文帝致書高麗國王，責其「雖稱藩附，誠節未盡」，並以戰爭相威脅：「王謂遼水之廣，何如長江？高麗之人，多少陳國？朕若不存含育，責王前愆，命一將軍，何待多力？殷勤曉示，許王自新耳。」次年六月，文帝不顧高熲的強烈反對，發軍三十萬進攻高麗，結果陸道「值水潦，餽運不繼，軍中乏食」，海道「亦遭風，船多飄沒」。至九月退軍，「死者什八九」。

開皇後期，促成開皇盛世的兩個著名宰相蘇威、高熲，均已被逐出了權力核心，隋文帝也「喜怒不恆，不復依準科律」，這些都是盛世不再的徵兆。但文帝還保持了足夠的清醒，劉居士招聚公卿子弟三百餘人，為非作歹，「毆擊路人，多所侵奪，至於公卿妃主，莫敢與校」，最終受到嚴厲懲處；死刑的終審權從地方政府收歸朝廷；進攻高麗失敗後，他也並沒有因怒而強行攻打，甚至拒絕百濟國聯合進攻的請求：「高麗服罪，朕已赦之，不可致伐。」其子秦王楊俊「漸好奢侈，違越制度」，亦強調「法不可違」，免其官。當有人認為楊俊不過「費官物，營廨舍」，法有可容時，文帝稱：「我是五兒之父，非兆民之父？若如公意，何不別制天子兒律？以周公之為人，尚誅管、蔡，我誠不及周公遠矣，安能虧法乎？」所有這些都使政治、經濟的危機，仍在可控的範圍之內，在他統治時期，並未釀成國家亂亡的悲劇。

高熲在政治上失勢，是本卷特別值得關注的事件，但這本身與太子廢立關係巨大，我們將在下卷集中予以討論。

卷第一百七十九

隋紀三

起上章涒灘（庚申 西元六〇〇年），盡昭陽大淵獻（癸亥 西元六〇三年），凡四年。

【題解】本卷載述西元六〇〇—六〇三年四年史事，當隋文帝開皇二十年至仁壽三年。此時期是隋文帝執政從開明到昏暴的一個轉折時期，最大的政治事件是廢太子楊勇更立太子楊廣。太子楊勇並無大惡，近聲色，親孌倖，只是小惡，不如楊廣之甚。楊勇任性率直，友愛兄弟，不施報復，聞過有悔改之意，不被廢黜，隋朝不會短祚滅亡。而楊勇之被廢黜，完全是一場人為的大冤案，本卷做了詳盡的記載。

高祖文皇帝中

開皇二十年（庚申 西元六〇〇年）

春，二月，熙州❶人李英林反。三月辛卯❷，以揚州總管司馬❸河內張衡❹為行軍總管，帥步騎五萬討平之。

賀若弼復坐事下獄，上數❺之曰：「公有三太猛：嫉妒心太猛，自是❻、非人❼心太猛，無上心太猛。」既而釋之。佗日，上謂侍臣曰：「弼將伐陳，謂高熲曰：『陳叔寶可平也。不作高鳥盡、良弓藏❽邪？』熲云：『必不然。』及平陳，遽索❾內史，又索僕射。我語熲曰：『功臣正宜授勳官❿，不可預朝政⓫。』弼後語熲：『皇太子於己，出口入耳⓬，無所不盡。公終久何必不得弼力，何脈脈⓭邪？』意圖鎮[1]廣陵，又圖荊州，皆作亂之地⓮，意終不改也。」夏，四月壬戌⓯，突厥達頭可汗犯塞⓰，詔命晉王廣、楊素出靈武道，漢王諒、史萬歲出馬邑道以擊之。

長孫晟帥降人⓱為秦州行軍總管，受晉王節度⓲。晟以突厥飲泉，易可行毒⓳，因取諸藥毒水上流，突厥人畜飲之多死，於是大驚曰：「天雨惡水⓴，其亡我乎？」因夜遁。晟追之，斬首千餘級。

史萬歲出塞，至大斤山㉑，與虜相遇。達頭遣使問：「隋將為誰？」候騎報：「史萬歲也。」突厥復問：「得非敦煌戍卒㉒乎？」候騎曰：「是也。」達頭懼，而引去。萬歲馳追百餘里，縱擊㉓，大破之，斬數千級。逐北㉔，入磧㉕數百里，虜遠遁而還。詔遣長孫晟復還大利城，安撫新附。

達頭復遣其弟子俟利伐從磧東攻啓民，上又發兵助啓民守要路，俟利伐退走入磧。啓民上表陳謝曰：「大隋聖人可汗㉖憐養百姓，如天無不覆，地無不載㉗。染干如枯木更葉，枯骨更肉㉘，千世萬世，常為大隋典羊馬㉙也。」帝又遣趙仲卿為啓民築金河、定襄㉚二城。

秦孝王俊久疾未能起，遣使奉表陳謝。上謂其使者曰：「我戮力㉛創茲大業，作訓㉜垂範，庶㉝臣下守之，汝為吾子而欲敗之，不知何以責汝？」俊慚怖㉞，疾遂篤，乃復拜俊上柱國。六月丁丑㉟，俊薨。上哭之，數聲而止。俊所為侈麗之物，悉命焚之。王府僚佐㊱請立碑㊲，上曰：「欲求名，一卷史書足矣，何用碑為？若子孫不能保家㊳，徒與人作鎮石㊴耳。」俊子浩㊵，崔妃所生也。庶子曰湛。羣臣希旨，奏稱[2]：「漢之栗姬子榮㊶、郭后子彊㊷皆隨母廢，今秦王二子，母皆有罪，不合承嗣。」上從之，以秦國官為喪主㊸。

初，上使太子勇參決軍國政事，時有損益，上皆納之。勇性寬厚，率意任情，無矯飾㊹之行。上性節儉，勇嘗文飾㊺蜀鎧㊻，上見而不悅，戒之曰：「自古帝王未有好奢侈而能久長者。汝為儲后㊼，當以儉約為先，乃能奉承宗廟㊽。吾昔日衣服，各留一物，時復觀之以自警戒。恐汝以今日皇太子之心忘昔時之事，故賜汝以我舊所帶刀子[3]一枚，并葅醬(49)一合，汝昔作上士(50)時常所食也。若存記(51)前事，應知我心。」後遇冬至，百官皆詣勇，勇張樂(52)受賀。上知之，問朝臣曰：「近聞至日(53)內外百官相帥朝東宮，此何禮也？」太常少卿辛亶對曰：「於東宮，乃賀也，不得言朝。」上曰：「賀者正可三數十人，隨情各去，何乃(54)有司徵召，一時普集(55)？太子法服(56)設樂以待之，可乎？」因下詔曰：「禮有等差，君臣不雜(57)。皇太子雖居上嗣(58)，義兼臣子，而諸方岳牧(59)[4]正冬朝賀，任土作貢(60)，別上東宮。事非典則(61)，宜悉停斷。」自是恩寵始衰，漸生猜阻(62)。

勇多內寵(63)，昭訓雲氏(64)尤幸。其妃元氏無寵，遇心疾，二日而薨，獨孤后意有他故，甚責望(65)勇。自是雲昭訓專內政，生長寧王儼(66)，平原王裕，安成王筠；高良娣(67)生安平王嶷，襄城王恪；王良媛(68)生高陽王該，建安王韶；成姬生潁川王煚；後宮生孝實，孝範。后彌不平，頗遣人伺察，求勇過惡。

晉王廣知之[5]，彌自矯飾，唯與蕭妃居處，後庭有子皆不育(69)，后由是數稱(70)廣賢。大臣用事者，廣皆傾心與交(71)。上及后每遣左右至廣所，無貴賤，廣必與蕭妃迎門接引，為設美饌(72)，申(73)以厚禮。婢僕(74)往來者，無不稱其仁孝。上與后嘗幸其第，廣悉屏匿(75)美姬於別室，唯留老醜者，衣以縵綵(76)，給事(77)左右。屏帳(78)

改用縑素，故絕樂器之絃，不令拂去塵埃。上見之，以為不好聲色，還宮，以語侍臣[79]，意甚喜，侍臣皆稱慶[80]，由是愛之特異諸子。

上密令善相者[81]來和[82]偏視諸子，對曰：「晉王眉上雙骨隆起，貴不可言。」上又問上儀同三司韋鼎：「我諸兒誰得嗣位[83]？」對曰：「至尊、皇后所最愛者當與之，非臣敢預知也。」上笑曰：「卿不肯顯言[84]邪？」

晉王廣美姿儀[85]，性敏慧，沈深嚴重[86]，好學，善屬文[87]，敬接朝士，禮極卑屈[88]。由是聲名籍甚[89]，冠於諸王。

廣為揚州總管，入朝，將還鎮，入宮辭后，伏地流涕，后亦泫然泣下。廣曰：「臣性識[90]愚下，常守平生昆弟[91]之意，不知何罪失愛東宮[92]，恆蓄盛怒，欲加屠陷[93]。每恐讒譖[94]生於投杼[95]，鴆毒遇於杯勺，是用[6]勤憂積念，懼履[96]危亡。」后忿然曰：「睍地伐[97]漸不可耐，我為之娶元氏女，竟不以夫婦禮待之，專寵阿雲，使有如許豚犬[98]。前新婦遇毒而夭[99]，我亦不能窮治[100]，何故復於汝發如此意？我在尚爾[101]，我死後，當魚肉[102]汝乎？每思東宮竟無正嫡[103]，至尊千秋萬歲之後[104]，遣汝等兄弟向阿雲兒前再拜問訊，此是幾許[105]苦痛邪！」廣又拜，嗚咽[106]不能止，后亦悲不自勝[107]。自是后決意欲廢勇立廣矣。

廣與安州[108]總管宇文述素善，欲述近己，奏為壽州[109]刺史。廣尤親任總管司馬張衡，衡為廣畫[110]奪宗[111]之策。廣問計於述，述曰：「皇太子失愛已久，令德[112]不聞於天下。大王仁孝著稱，才能蓋世[113]，數經將領[114]，頻有大功。主上之與內宮[115]，咸所鍾愛[116]，四海之望，實歸大王。然廢立者國家大事，處人父子骨肉[117]之間，誠未易謀也。然能移主上意者，唯楊素耳，素所與謀者唯其弟約[118]。述雅知[119]約，請朝京師，與約相見，共圖之。」廣大悅，多齎金寶，資述入關[120]。

約時為大理少卿，素凡有所為，皆先籌[121]於約而[7]行之。述請約，盛陳[122]器玩，與之酣暢[123]，因而共博[124]，每陽[125]不勝，所齎金寶盡輸之。約[8]所得既多，稍以謝述，述因曰：「此晉王之賜，令述與公為歡樂耳。」約大驚曰：「何為爾[126]？」述因通廣意，說之曰：「夫守正履道[127]，固人臣之常致，反經[128]合義，亦達者[129]之令圖[130]。自古賢人君子，莫不與時消息[131]，以避禍患。公之兄弟，功名蓋世，當塗用事[132]有年矣，朝臣為足下家所屈辱者，可勝數哉？又，儲后以所欲不行，每切齒於執政。公雖自結於人主，而欲危公者[133]，固亦多矣！主上一旦棄羣臣[134]，公亦何以取庇[135]？今皇太子失愛於皇后，主上素有廢黜[136]之心，此公所知也。今若請立晉王，在賢兄之口耳。誠能因此時建大功，王必永銘骨髓，斯則去累卵之危[137]，成太山[138]之安也。」約然之[139]，因以白素。素聞之，大喜，撫掌[140]曰：「吾之智思殊不[141]及此，賴汝起[9]予[142]。」約知其計行，復謂素曰：「今皇后之言，上無不用，宜因機會早自結託[143]，則長保榮祿，傳祚[144]子孫。兄若遲疑，一旦有變，今太子用事，恐禍至無日[145]矣！」素從之。

後數日，素入侍宴，微稱「晉王孝悌恭儉[146]，有類至尊。」用此揣[147]后意。后泣曰：「公言是也！吾兒大孝愛，每聞至尊及我遣內使[148]到，必迎於境首[149]。言及違離[150]，未嘗不泣。又其新婦亦大可憐，我使婢去，常與之同寢共食。豈若晛地伐與阿雲對坐，終日酣宴[151]，昵近[152]小人，疑阻[153]骨肉？我所以益憐阿麼[154]者，常恐其潛殺[155]之。」素既知后意，因盛言太子不才。后遂遺素金，使贊上廢立。

勇頗知其謀，憂懼，計無所出，使新豐人王輔賢造諸厭勝[156]。又於後園作庶人[157]村，室屋卑陋[158]，勇時於中寢息，布衣草褥，冀以當之。上知勇不自安，在仁壽宮，使楊素觀勇所為。素至東宮，偃息[159]未入，勇束帶[160]待之，素故久不進以激怒勇，勇銜[161]之，形於言色[162]。素還言：「勇怨望，恐有佗變，願深防察[163]！」上聞素譖毀，甚疑之。后又遣人伺覘[164]東宮，纖介[165]事皆聞奏，因加誣飾[166]以成其罪。

上遂疏忌[167]勇，迺於玄武門[168]達至德門[169]量置候人[170]，以伺動靜，皆隨事奏聞。又，東宮宿衛之人，侍官[171]以上，名籍悉令屬諸衛府[172]，有勇健者咸屏去之。出左衛率[173]蘇孝慈[174]為浙州[175]刺史，勇愈不悅。太史令袁充[176]言於上曰：「臣觀天文，皇太子當廢。」上曰：「玄象[177]久見，羣臣不敢言耳。」充，君正之子也。

晉王廣又令督王府軍事[178]姑臧段達[179]私賂東宮幸臣姬威，令伺太子動靜，密告楊素。於是內外諠謗[180]，過失日聞。段達因脅姬威曰：「東宮過失，主上皆知之矣。已奉密詔，定當廢立，君能告之，則大富貴！」威許諾，即上書告之。

秋，九月壬子[181]，上至自仁壽宮。翌日[182]，御大興殿[183]，謂侍臣曰：「我新還京師，應開懷歡樂，不知何意翻邑然[184]愁苦。」吏部尚書牛弘對曰：「臣等不稱職，故至尊憂勞。」上既數聞譖毀，疑朝臣悉知之，故於眾中發問，冀聞太子之過。弘對既失旨[185]，上因作色[186]，謂東宮官屬曰：「仁壽宮去此[10]不遠，而令我每還京師，嚴備仗衛[187]，如入敵國。我為下利[188]，不解衣臥。昨夜欲近廁，故在後房恐有警急，還移就前殿，豈非爾輩[189]欲壞我家國邪？」於是執太子左庶子[190]唐令則[191]等數人付所司訊鞫[192][11]。命楊素陳東宮事狀以告近臣，素乃顯言之曰：「臣奉敕向京[193]，令皇太子檢校[194]劉居士[195]餘黨。太子奉詔，作色奮厲[196]，骨肉飛騰[197]，語臣云：『居士黨盡伏法，遣我何處窮討？爾作右僕射，委寄不輕，自檢校之，何關我事？』又云：『昔大事[198]不遂[199]，我先被誅，今作天子，竟乃令我不如諸弟，一事以上，不得自遂[200]！』因長歎回視云：『我大覺[201]身妨。』上曰：「此兒不堪承嗣久矣，皇后恆勸我廢之。我以布衣[202]時所生，地復居長[203]，望其漸改，隱忍至今。勇嘗指皇后侍兒謂人曰：『是皆我物。』此言幾許異事[204]！其婦初亡，我深疑其遇毒，嘗責之，勇即懟[205]曰：『會[206]殺元孝矩[207]。』此欲害我而遷怒[208]耳。長寧[209]初生，朕與皇后共抱養之，自懷彼此，連遣來索。且雲定興女，在外私合[210]而生，想此由來，何必是其體胤[211]？昔晉太子[212]取屠家女，其兒即好屠割。今儻非類，便亂宗祏[213]。我雖德慚堯、舜，終不以萬姓[214]付不肖[215]子！我恆畏其加害，如防大敵，今欲廢之以安天下！」

左衛大將軍五原公元旻諫曰：「廢立大事，詔旨若行，後悔無及。讒言罔極[216]，惟陛下察之。」上不應，命姬威悉陳[217]太子罪惡。威對曰：「太子由來與臣語，唯意在驕奢，且云：『若有諫者，正當斬之，不殺百許人，自然永息[218]。』營起臺殿，四時[219]不輟。前蘇孝慈解左衛率，太子奮髯揚肘[220]曰：『大丈夫會當[221]有一日，終不忘之，決當快意。』又宮內所須[222]，尚書多執法不與，輒怒曰：『僕射以下，吾會戮一二人，使知慢[223]我之禍。』每云：『至尊惡我多側庶[224]，高緯、陳叔寶豈孽子[225]乎？』嘗令師姥[226]卜吉凶[227]，語臣云：『至尊忌在十八年，此期促矣。』」上泫然曰：「誰非父母生，乃至於此！朕近覽齊書[228]，見高歡縱其兒子，不勝忿憤，安可效尤[229]邪？」於是禁勇及諸子，部分[230]收其黨與。楊素舞文[231]巧詆，鍛鍊[232]以成其獄。

居數日，有司承素意，奏元旻常曲事於勇，情存附託[233]，在仁壽宮，勇使所親裴弘以書與旻，題云「勿令人見」。上曰：「朕在仁壽宮，有纖介事，東宮必知，疾於驛馬[234]，怪之甚久，豈非此徒邪？」遣武士執旻於仗[235]。右衛大將軍元胄時當下直[236]，不去，因奏曰：「臣向不下直者，為防元旻耳。」上以旻及裴弘付獄。

先是，勇見老枯槐，問：「此堪何用？」或對曰：「古槐尤宜取火。」時衛士皆佩火燧[237]，勇命工造數千枚，欲以分賜左右。至是，獲於庫。又藥藏局[238]貯艾數斛[239]，索得之，大以為怪，以問姬威，威曰：「太子此意別有所在，至尊在仁壽宮，太子常飼馬千匹，云：『徑往守城門[240]，自然餓死。』」素以威言詰勇，勇不服，曰：「竊聞公家馬數萬匹，勇忝備[241]太子，馬千匹，乃是反乎？」素又發東宮服玩[242]，似加琱飾[243]者，悉陳之於庭，以示文武羣官[12]，為太子之罪。上及皇后迭遣使[244]責問勇，勇不服。

冬，十月乙丑[245]，上使人召勇，勇見使者，驚曰：「得無[246]殺我邪？」上戎服陳兵，御武德殿[247]，集百官立於東面，諸親[248]立於西面，引勇及諸子列於殿庭，命內史侍郎[249]薛道衡宣詔，廢勇及其男、女為王、公主者，並為庶人[13]。勇再拜言曰：「臣當伏尸[250]都市[251]，為將來鑒戒，幸蒙哀憐，得全性命！」言畢，泣下流襟，既而舞蹈而去，左右莫不閔默[252]。長寧王儼上表乞宿衛，辭情哀切，上覽之閔然[253]。楊素進曰：「伏望[254]聖心同於螫手[255]，不宜復留意[256]。」

己巳[257]，詔：「元旻、唐令則及太子家令[258]鄒文騰、左衛率司馬[259]夏侯福、典膳[260]監元淹、前吏部侍郎蕭子寶、前主璽下士[261]何竦並處斬，妻妾子孫皆沒官。車騎將軍榆林閻毗[262]、東郡公崔君綽[263]、游騎尉[264]沈福寶、瀛州術士章仇太翼[265]，特免死，各杖一百，身及妻子、資財、田宅皆沒官。副將作大匠[266]高龍叉、率更令[267]晉文建、通直散騎侍郎[268]元衡皆處盡[269]。」於是集羣官于廣陽門[270]外，宣詔戮之。乃移勇於內史省，給五品料食[271]。賜楊素物三千段，元胄、楊約並千段，賞鞫勇之功也。

文林郎[272]楊孝政上書諫曰：「皇太子為小人所誤，宜加訓誨，不宜廢黜。」上怒，撻其胸。

【章　旨】以上為第一段，寫隋文帝開皇二十年（西元六〇〇年）廢黜太子楊勇的過程。

【注　釋】❶熙州　州名，治所懷寧縣，在今安徽潛山縣。❷辛卯　三月初二日。❸總管司馬　官名，掌總管府軍事。❹張衡（?—西元六一二年）字建平，河內（今河南沁陽）人，歷仕周、隋，官至御史大夫。傳見《隋書》卷五十六、《北史》卷七十四。❺數　責備；數落。❻自是　自以為是。❼非人　責難、詆毀別人。❽高鳥盡良弓藏　春秋時越國人范蠡對大夫文種說的話，用以比喻誅殺功臣，見《史記・越王句踐世家》。❾遽索　馬上要求。索，索取；要求。❿勳官　官職的一種，無具體職掌，是授予有功之臣的一種榮譽職銜。⓫預朝政　參與朝廷政事。⓬出口入耳　語出《左傳》昭公二十年，指兩人之間私下相傳，沒有第三者知道。⓭脈脈　相視不語的樣子。⓮作亂之地　謀反、叛亂的要地。荊州、揚州自古就是長江中下游的軍事要衝。⓯壬戌　四月初四日。⓰犯塞　指侵犯隋朝邊塞。⓱降人　指突厥原突利可汗部下。⓲節度　節制調度。⓳行毒　投毒；下毒。指在突厥士卒飲用的泉水中下毒。⓴天雨惡水　雨，降落。惡水，有毒的水，指已下過毒的泉水。㉑大斤山　山名，即位於今內蒙古黃河東北部的大青山。㉒敦煌戍卒　即史萬歲。史萬歲原為上大將軍，在至德元年（西元五八三年）因事被發配為敦煌戍卒，曾威鎮突厥。㉓縱擊　縱兵擊殺。縱，發；放。㉔逐北　追擊敗逃的敵軍。北，敗北；失敗者。㉕磧　沙漠，不生草木的沙石地。㉖大隋聖人可汗　是突厥對隋朝皇帝的尊敬稱呼。㉗天無不覆二句　比喻恩德如同天地。㉘枯木更葉二句　乾枯的樹木又長出樹葉，乾枯的骨頭又長出肉來。比喻隋朝使染干可汗死而復生。㉙典羊馬　掌管羊馬。指染干可汗永遠臣服於隋朝，為其效力盡忠。㉚金河定襄　兩城。金河，故址在今內蒙古托克托境。定襄，故址在今山西大同。㉛戮力　併力；勉力。㉜作訓　制定法則。訓，教誨；法則。㉝庶　副詞，表示希望。㉞慙怖　慚愧而恐懼。㉟丁丑　六月二十日。㊱王府僚佐　秦王府的幕僚，主要包括師、友、文學、長史、司馬、諮議參軍、掾、屬、主簿、錄事、功曹等。㊲碑　埋葬時所立，臣子追述君父之功，書寫於碑上。㊳保家　指守住祖宗開創的帝業。㊴鎮石　壓物之石。㊵浩（?—西元六一八年）秦孝王楊俊嫡子楊浩，煬帝立為秦王，後來，曾被宇文化及立為帝。傳附《隋書・秦孝王傳》、《北史・

秦孝王傳》。㊶栗姬子榮　栗姬為漢景帝妃，榮為其子，曾立為太子，後栗姬被殺，榮也被廢。㊷郭后子彊　郭后為光武帝皇后，因失寵被廢，其子彊也被廢。㊸喪主　主持喪事的人。㊹矯飾　虛假偽裝。㊺文飾　修飾；裝飾。㊻蜀鎧　蜀人製作的鎧甲，做工精巧。㊼儲后　儲君。后，君主。㊽奉承宗廟　供奉宗廟，指能繼承帝王之業。㊾葅醬　酸菜醬。葅，醃菜。㊿上士　官名，周有上士、中士、下士之分。上士為六卿一類的官。楊勇在北周時曾做過上士。(51)存記　記住；留心。(52)張樂　陳設樂舞。張，陳設。(53)至日　指冬至日。(54)何乃　為什麼。(55)普集　全部集合。(56)太子法服　法服是禮法所規定的標準服裝。《隋書》卷十二〈禮儀志〉七載：皇太子法服為袞冕，下垂白珠九旒，紅組纓，犀牛角簪笄，青纊琉耳，紺衣，纁裳，去日月星辰為九章。(57)君臣不雜　指君主與臣子在禮法上各有等級，不能混淆。(58)上嗣　古代君主的嫡長子。(59)岳牧　相傳堯舜時有四岳、十二州牧分管政務和方國諸侯，合稱岳牧。後用為封疆大吏的泛稱。(60)任土作貢　根據土地的具體情況制定貢賦。(61)典則　典制、法則。(62)猜阻　猜疑。(63)內寵　姬妾。(64)昭訓雲氏　昭訓，東宮女官名。雲氏，名阿雲，雲定興之女，太子楊勇昭訓。事見《隋書》卷四十五、《北史》卷七十一。(65)責望　責難抱怨。(66)長寧王儼　（？—西元六〇七年）楊勇長子，封長寧王。傳附《隋書・文四子傳》、《北史・文帝四王傳》。(67)良娣　東宮女官名。(68)良媛　東宮女官名。(69)有子皆不育　指後宮人懷孕後墮胎全部不讓生育。(70)數稱　一再稱讚、誇獎。數，屢次；數次。(71)傾心與交　一心與其相交結。(72)美饌　美好的食品。饌，食物。(73)申　重；再加上。(74)婢僕　奴婢；僕人。(75)屏匿　隱藏。匿，藏。(76)縵綵　無花紋圖案的絲織物。(77)給事　供職；供人役使。(78)屏帳　屏風和帷幕。(79)以語侍臣　把見到的情況告訴侍臣。(80)稱慶　道賀。慶，慶賀。(81)相者　觀察人的形貌以占測其命運的人。(82)來和　字弘順，京兆長安（今陝西西安）人，善相術，著《相經》四十卷。官至開府。傳見《隋書》卷七十八、《北史》卷八十九。(83)嗣位　繼承皇位。(84)顯言　明白地說出來。(85)姿儀　形貌儀表。(86)嚴重　處事認真、嚴肅、莊重。(87)屬文　寫文章。屬，撰寫。(88)卑屈　謙虛恭敬。(89)聲名籍甚　名聲甚盛。(90)性識　思想意識。(91)昆弟　兄弟。(92)東宮　指太子楊勇。(93)屠陷　滅絕與陷害。(94)讒譖　說別人的壞話，以陷害別人。(95)投杼　戰國時有與曾參同名的人殺了人，有人告訴曾母說曾參殺人，曾母不信，依然織布，至第三人來告時，曾母誤信為真，遂投杼逾牆而走。事見《戰國策・秦二》。比喻傳聞可以動搖原來的信心。杼，織布梭，兩頭尖。(96)懼履　恐怕走上。履，踏；踩。(97)睍地伐　楊勇的小字。(98)豚犬　三國時曹操曾說：「生子當如孫仲謀（權），劉景升（表）兒子若豚犬耳！」見《三國志・吳主權傳》。豚犬乃輕賤之詞，後常用以謙稱自己的兒子。(99)夭　少壯而死。(100)窮治　追究到底。(101)尚爾　尚且如此。(102)魚肉　如魚肉任人宰割。比喻被欺陵屠戮。(103)正嫡　嫡子。(104)千秋萬歲之後　婉言帝王之死。(105)幾許　多麼。(106)嗚咽　悲泣的聲音。(107)悲不

自勝　悲痛得忍受不了。勝，經得起。108安州　州名，治所安陸縣，在今湖北安陸。109壽州　州名，治所壽春縣，在今安徽壽縣。110畫　籌劃；謀劃。111奪宗　古代宗法，宗子為諸侯，即失去宗子的權力，稱奪宗。後來泛稱爭奪繼承之權為奪宗。112令德　美德。113蓋世　謂壓倒當世。114數經將領　謂屢次為將率兵外出征戰。數，屢次。115內宮　即中宮，指皇后。隋諱中，故稱內。116鍾愛　極其喜愛。117父子骨肉　父子之情如同骨肉，比喻至親。118其弟約　即楊素弟楊約，字惠伯，官至內史令，封修武縣公。傳附《隋書・楊素傳》、《北史・楊敷傳》。119雅知　很熟悉；很瞭解。120入關　進入關中，赴京師。121籌　謀劃。122盛陳　陳列很多。123酣暢　暢飲。124博　即六博，古代的一種遊戲，用十二棋，六棋白，六棋黑，以較勝負。125陽　通「佯」。假裝。126何為爾　為什麼這樣。127守正履道　遵守正道。128反經　違反常規。129達者　通達事理的人。130令圖　好的謀略。131與時消息　謂隨時代的變化而變化。消息，一消一長，互為變化。132當塗用事　謂執掌大政。當塗，同「當路」。133危公者　危害楊約的人。公，指楊約。134棄羣臣　指君主丟棄群臣而死去。婉言君主去世。135取庇　得到庇護。136廢黜　廢除。黜，廢免；擯棄。137累卵之危　堆累起來的蛋，極易傾倒打碎，比喻非常危險。138太山　即泰山。此句比喻地位安如泰山，不能動搖。139然之　以為這樣正確。140撫掌　拍手，表示高興的樣子。141殊不　一點也不。142起予　啟發了我；提醒了我。予，我。143結託　結交依托。144傳祚　把福祿傳給後代。祚，福。145無日　無時日。猶言不久、隨時。146孝悌恭儉　孝順父母，尊敬兄長，謙恭節儉。147揣　揣度；試探。148內使　中使；宮廷裡派出由宦官擔任的使者。隋諱中，故稱內。149境首　邊境上。150違離　離開。151酣宴　飲宴。152昵近　親近。153疑阻　猜疑。154阿麼　楊廣小字。155潛殺　暗中殺害。156厭勝　利用詛咒制勝。157庶人　泛指無官爵的平民、百姓。158卑陋　低矮簡陋。159偃息　休息。160束帶　整飾衣帽，束緊衣帶，表示恭敬。161銜　銜恨；怨望。162言色　言談和臉色。163防察　防備和觀察其變化。164伺覘　偵察窺視。165纖介　細微。介，也作「芥」。166誣飾　誣陷增飾。167疏忌　疏遠而猜忌。168玄武門　隋大興宮城正北門。169至德門　在宮城東北角。170候人　道路上迎送賓客的官吏。此為偵察太子情況的人。171侍官　侍衛之官。東宮侍官包括直閤、直寢、直齋、直後、備身、直長等官，由東宮率府統轄，略同十二衛府。172名籍悉令屬諸衛府　意謂東宮侍衛都隸屬於國家衛府掌管，太子無指揮權。名籍，東宮侍官的名冊。諸衛府，指十二衛府。173左衛率　官名，掌東宮門衛衛士。174蘇孝慈　（？—西元六〇一年）扶風（今陝西鳳翔）人，歷仕周、隋，官至兵部尚書。傳見《隋書》卷四十六、《北史》卷七十五。175淅州　州名，治所修陽縣，在今河南西峽縣北。176袁充　（西元五四四—六一八年）字德符，陳郡夏陽（今河南淮陽）人，歷仕陳、隋，官至祕書令。傳見《隋書》卷六十九、《北史》卷七十四。177玄象　天象。日月星辰，在天成象，故稱玄象。178督王府軍事　官名，掌親王府軍事。

179段達 （?—西元六二一年）武威姑臧（今甘肅武威）人，官至開府儀同三司，兼納言。傳見《隋書》卷八十五、《北史》卷七十九。180讙謗 大聲誹謗。讙，同「喧」。大聲而嘈雜。181壬子 九月二十六日。182翌日 第二天。183大興殿 新都大興城的正殿。184邑然 憂鬱的樣子。邑，通「悒」。憂鬱。185失旨 不符合皇帝旨意。186作色 臉上變色，指生氣。187仗衛 儀仗侍衛。188下利 泄利；拉肚子。189爾輩 你們。指東宮官屬。190太子左庶子 官名，與右庶子分掌東宮門下坊、典書坊事。191唐令則 （?—西元六〇四年）北海平壽（今山東昌樂）人。歷仕周、隋，官至太子左庶子。傳附《周書・唐瑾傳》、《北史・唐永傳》。192訊鞫 審訊。鞫，審訊犯人。193向京 楊素自仁壽宮奉敕去長安。194檢校 檢查；清理。195劉居士 上柱國劉昶之子，驕橫不法，於開皇十七年（西元五九七年）被處死。196作色奮厲 臉色變得憤怒厲害。奮，憤怒。197骨肉飛騰 雄健踴躍的樣子。此指憤怒異常。198昔大事 指奪取北周政權事。199不遂 不成。遂，成功。200自遂 自我順心如意。遂，順；如意。201大覺 深感。202布衣 百姓；未做官之時。203地復居長 兄弟排行又居長位。204異事 怪事。205懟 怨恨。206會 一定要。207元孝矩 太子元妃之父。傳見《隋書》卷五十。208遷怒 把憤怒轉移給他人。209長寧 楊勇長子儼，封長寧王。210私合 即野合，指不合禮儀的婚配。211體胤 親生子女。胤，後代。212晉太子 指晉惠帝之子，娶屠家女，其兒好屠割，所稱斤兩，輕重不差。事見本書卷八十三〈晉紀〉五惠帝元康九年。213宗祏 宗廟中藏神主的石室。214萬姓 百姓。215不肖 不才；不賢。216罔極 無窮盡。罔，副詞。毋；不。217悉陳 盡量詳細陳述。218不殺百許人二句 此二句文理不通。《隋書・文四子傳》「殺」上有「過」字，文意明白，當據補。《北史》亦有「過」字。219四時 四季。時，季。220奮髯揚肘 震怒的樣子。髯，鬍鬚。221會當 終當。222須 通「需」。223慢 怠慢。224側庶 妾生的兒子。225孽子 庶子；非正妻所生之子。226師姥 巫婆。227卜吉凶 以占卜的形式預測吉凶。卜，古人用火灼龜甲取兆，以預測吉凶。228齊書 書名，此時李百藥《齊書》未出，可能是崔子發所撰《齊紀》，記北齊史事。229效尤 明知有錯誤而仿效。尤，罪過；過失。230部分 部署；安排。231舞文 玩弄法令條文。232鍛鍊 羅織罪名。233附託 依附。234驛馬 驛站的馬。供載人或傳郵之用。235仗 左衛仗。因元旻時為左衛大將軍，在左衛仗值班。236下直 值班已畢而退，即下班。237火燧 取火的木頭。燧，古時取火的工具。238藥藏局 官署名，屬東宮門下坊，掌保管藥物。239斛 量器名，也為容量單位。古代以十斗為一斛。南宋末年改為五斗一斛，兩斛為一石。240徑往守城門 直接去守住城門，阻止隋文帝回京城。241忝備 慚愧地聊以充數。忝，羞愧。備，謙詞，聊以充數。242服玩 服用與玩賞的用品。243琱飾 刻鏤文彩，加以裝飾。琱，刻鏤；雕飾。244迭遣使 接連派遣使者。迭，屢次；接連。245乙丑 十月九日。246得無 莫非。247武德殿 殿名，在延恩殿西。248諸親 謂皇族宗親。249內史侍郎 官名，即中書侍郎，掌侍從、制敕、冊命、敷奏文表等。❿250伏尸　倒在地上的屍體。❿251都市　城市。此指都城長安。❿252閔默　哀憐而不敢出聲。閔，憐恤；哀傷。❿253閔然　哀傷的樣子。❿254伏望　希望；請求。伏，身體前傾，面向下。❿255聖心同於螫手　蝮蛇螫手，壯士斷腕。比喻為保全大局，忍痛犧牲局部。❿256留意　留情。❿257己巳　十月十三日。❿258太子家令　官名，東宮官，掌刑法、食膳、倉庫、物品、奴婢等。❿259左衛率司馬　官名，東宮官，左衛率屬吏，掌軍事。❿260典膳　官名，東宮門下坊典膳局長官，掌膳食。❿261主璽下士　官名，北周官，掌印璽。❿262閻毗　榆林盛樂（今內蒙古托克托）人，歷仕周、隋，官至殿內少監。傳見《隋書》卷六十八、《北史》卷六十一。❿263崔君綽　清河東武城（今河北清河縣東北）人，歷仕周、隋，嗣爵東郡公。傳附《周書・崔彥穆傳》、《北史・崔彥穆傳》。❿264游騎尉　官名，掌流動突襲的騎兵。❿265章仇太翼　字協昭，本姓章仇氏，隋煬帝賜姓盧，故又名盧太翼，河間（今河北河間）人。傳見《隋書》卷七十八、《北史》卷八十九。❿266副將作大匠　官名，將作監副長官，掌城廓宮室建築。❿267率更令　官名，掌東宮伎樂、漏刻。❿268通直散騎侍郎　官名，東宮官，掌文書奏事。❿269處盡　處置其罪，使自盡。❿270廣陽門　長安宮城南面五門，正南為廣陽門，唐神龍元年（西元七〇五年）改為承天門。❿271給五品料食　按五品官料食的標準供給。❿272文林郎　官名，隋開皇六年置，文散官。

【校　記】①鎮　原無此字。據章鈺校，甲十一行本、乙十一行本、孔天胤本皆有此字，張敦仁《通鑑刊本識誤》同，今據補。②稱　原無此字。據章鈺校，甲十一行本、乙十一行本、孔天胤本皆有此字，張瑛《通鑑校勘記》同，今據補。③子　原無此字。據章鈺校，甲十一行本、乙十一行本皆有此字，今據補。按，《北史・房陵王楊勇傳》有此字。④牧　原無此字。據章鈺校，甲十一行本、乙十一行本、孔天胤本皆有此字，今據補。按，《隋書・房陵王勇傳》、《北史・房陵王楊勇傳》皆有此字。⑤知之　原無此二字。據章鈺校，甲十一行本、乙十一行本、孔天胤本皆有此二字，張敦仁《通鑑刊本識誤》、張瑛《通鑑校勘記》同，今據補。⑥用　原作「以」。據章鈺校，甲十一行本、乙十一行本、孔天胤本皆作「用」，張敦仁《通鑑刊本識誤》同，今據改。按，《隋書・房陵王勇傳》作「用」。⑦而　原作「而後」。據章鈺校，甲十一行本、乙十一行本皆無「後」字，今據刪。按，《通鑑紀事本末》卷二五無「後」字。⑧約　「約」字原重。據章鈺校，甲十一行本、乙十一行本「約」字皆不重，今據刪。按，《隋書・宇文述》傳同。⑨起　原作「啟」。據章鈺校，甲十一行本、乙十一行本皆作「起」，今據改。按，《隋書・楊素傳附楊約傳》、《北史・楊敷傳附楊約傳》皆作「起」。⑩去此　原作「此去」。據章鈺校，孔天胤本二字互乙，今據改。按，《隋書・房陵王勇傳》、《北史・房陵王楊勇傳》、《通鑑紀事本末》卷二五皆作「去此」。⑪鞫　原作「鞠」。張瑛

《通鑑校勘記》作「鞫」，今據改。按，《隋書・房陵王勇傳》、《北史・房陵王楊勇傳》、《通鑑紀事本末》卷二五皆作「鞫」。

⑫官 原作「臣」。據章鈺校，甲十一行本、乙十一行本、孔天胤本皆作「官」，今據改。按，《隋書・房陵王勇傳》作「官」。

⑬並為庶人 原無此四字。據章鈺校，甲十一行本、乙十一行本、孔天胤本皆有此四字，張敦仁《通鑑刊本識誤》、張瑛《通鑑校勘記》同，今據補。

【語 譯】高祖文皇帝中

開皇二十年（庚申 西元六〇〇年）

春，二月，熙州人李英林反叛。三月初二日辛卯，隋文帝任命揚州總管司馬河內人張衡為行軍總管，率領步兵、騎兵五萬征討，平定了叛亂。

賀若弼又犯罪下獄，隋文帝斥責他說：「你有三個方面太過頭：嫉妒心太強；自以為是，責難別人太苛刻；心無皇上太過分。」不久又釋放了他。有一天，隋文帝對侍臣說：「賀若弼將要討伐陳朝時，對高熲說：『陳叔寶是可以平定的。皇上不做高鳥盡、良弓藏的事嗎？』高熲說：『一定不會那樣。』等到平定了陳朝，立即就伸手要當內史令，又要求做尚書僕射。我對高熲說：『功臣只適合授勳官，不可以干預朝政。』賀若弼後來對高熲說：『皇太子對我，說話出口入耳，從無保留。你日後未必不需要我的幫助，為什麼沉默不說話？』賀若弼一心想要出鎮廣陵，又想要荊州，那都是作亂的地方，他的這個心意一直沒有改變。」

夏，四月初四日壬戌，突厥達頭可汗侵犯邊塞，隋文帝下詔任命晉王楊廣、越國公楊素出兵靈武道，漢王楊諒、史萬歲出兵馬邑道迎擊達頭可汗。

長孫晟率領歸降的突厥軍隊出任秦州行軍總管，接受晉王楊廣指揮。長孫晟認為突厥人飲用泉水，容易投毒，便把很多毒藥投入泉水的上游，突厥人和牲畜飲用後大多死亡，於是大驚說：「上天降下毒水，是要滅亡我們嗎？」便乘夜逃走。長孫晟追擊他們，斬首一千多級。

史萬歲出塞，到達大斤山，與突厥人遭遇。達頭可汗派使者詢問：「隋朝將領是誰？」偵察騎兵回答說：「是史萬歲。」突厥達頭使者又問：「莫非是敦煌的那個戍卒嗎？」偵察騎兵說：「是的。」達頭可汗害怕了，率兵離去。史萬歲驅馳追趕了一百多里，縱兵進攻，大敗突厥，殺死了幾千人。又乘勝追擊敗兵，深入沙漠幾百里，敵人逃遠了才回軍。隋文帝詔令長孫晟仍然回到大利城，安撫新歸服的突厥人。

達頭可汗又派他弟弟的兒子俟利伐從大漠的東邊攻擊啓民可汗，隋文帝又發兵援助啓民可汗把守要害道路，俟利伐退兵回到大漠。啓民可汗上表感謝說：「大隋聖明天子憐愛百姓，恩德如天無不覆蓋，如地無不載育。染干我就像枯木長葉，朽骨生肉，願意千世萬世，永遠替大隋管理羊馬。」隋文帝又派趙仲卿替啓民可汗修築金河、定襄兩座城。

秦孝王楊俊久病不起，他派使者奏表陳情謝罪。隋文帝對他的使者說：「我努力開創這番大業，制定規章，樹立典範，希望臣下遵守它；你是我的兒子，卻想要敗壞它，我不知道怎樣責備你？」楊俊既慚愧又恐懼，病情因而加重，隋文帝便重新拜授楊俊為上柱國。六月二十日丁丑，楊俊病逝。隋文帝哭了幾聲就停止了。楊俊製作的奢侈華麗物品，隋文帝下令全都燒掉。秦王府僚屬佐吏請求立碑，隋文帝說：「要想求名，一卷史書足夠了，立碑幹什麼？如果子孫後代不能保住家業，那碑只是徒然給別人作鎮石罷了。」楊俊的嫡子楊浩，為崔妃所生。庶子名叫楊湛。群臣迎合皇上的旨意，上奏說：「漢代栗姬的兒子劉榮、郭后的兒子劉彊，都隨母親而被廢黜，如今秦王的兩個兒子，母親都有罪，不應當擔任繼嗣。」隋文帝聽從了群臣的意見，命秦王府的官員做主持喪事的人。

當初，隋文帝讓太子楊勇參與決策軍國大事，他時常有所損益，隋文帝全都採納了。楊勇性情寬厚，直率坦誠，沒有虛假偽裝的行為。隋文帝生性節儉，楊勇曾經把蜀地製造的精美鎧甲再加文飾，隋文帝看見了很不高興，告誡他說：「自古以來的帝王，沒有喜歡奢侈而能久坐江山的。你身為儲君，應當以節儉為先，才能夠奉承宗廟。我往日的衣服，每種留下一件，時常拿出來看看，用來警戒自己。擔心你今天持有皇太子的心態，而忘記了過去之事，所以把我以前用的佩刀一把賜給你，再加上醃菜一盒，這是你以前做北周上士時常吃的食物。你如果能記住以前的事，應該知道我的用心。」後來遇到冬至，百官都前往楊勇那裡，楊勇陳設樂隊接受賀禮。隋文帝知道了這件事，問朝臣們說：「近來聽說冬至日朝廷內外官員接二連三去朝賀太子，這是什麼禮儀？」太常少卿辛亶回答說：「到東宮，是慶賀節日，不能說是朝見。」隋文帝說：「慶賀節日，只能是三五人或數十人，隨便來去，為什麼由主管部門召集，大家同時全部集合？太子身穿禮服，陳設樂隊來接待百官，可以這樣嗎？」於是隋文帝下詔說：「禮儀有等級差別，君與臣不能混淆。皇太子儘管是皇位繼承人，大義上既是臣子，又是兒子。可是各地方長官冬至日前去朝賀，各自進貢土產，分別送給東宮。此事不符合典制，應全都停止。」從此以後隋文帝對太子的恩寵開始衰減，逐漸產生了猜疑。

楊勇有很多寵愛的姬妾，昭訓雲氏特別受到寵幸。太子妃元氏不受寵愛，突然發了心臟病，兩天就死了，獨孤皇后心想有其他原因，極為責怪楊勇。從此雲昭訓獨掌東宮內政，她生了長寧王楊儼、平原王楊裕、安成王楊筠；高良娣生了安平王楊嶷、襄城王楊恪；王良媛生了高陽王楊該、建安王楊韶；成姬生了潁川王楊煚；另有宮女生了楊孝實、楊孝範。獨孤皇后更加憤憤不平，經常派人窺探，尋找楊勇的過錯。

晉王楊廣知道後，更加偽裝掩飾自己，只和蕭妃住在一起，後宮姬妾有了身孕也不讓生育，獨孤皇后因此一再稱讚楊廣賢德。朝中主政的大臣，楊廣都一心和他們交往。隋文帝和獨孤皇后每次派遣身邊的人到楊廣那裡，來者不論身分貴賤，楊廣一定和蕭妃在門口迎接，為他們備辦精美食品，再加送厚禮。來往的婢女僕人，無不稱讚他的仁愛和孝心。隋文帝與獨孤皇后曾經親臨他的住宅，楊廣把漂亮的姬妾全都藏匿在別的房間，只留下老的醜的，穿上不帶花紋圖案的絲織物，在身邊伺候。房間的屏帳換上淺色的絲絹，故意弄斷樂器上的絃，不讓擦去上面的塵埃。隋文帝看到了，以為楊廣不愛好音樂女色，回到宮中，把這些情況告訴侍臣，心裡很是高興，侍臣們全都祝賀，因此，隋文帝疼愛楊廣不同於其他的兒子。

隋文帝祕密命令善於看相的來和給幾個兒子一個一個看相，來和報告說：「晉王楊廣眉上雙骨隆起，貴不可言。」隋文帝又問上儀同三司韋鼎：「我的幾個兒子誰能繼承皇位？」韋鼎回答說：「皇上、皇后最喜歡的人，就應當把皇位給與他，不是臣敢於預先知道的。」隋文帝笑著說：「你不願明說吧？」

晉王楊廣儀表俊美，生性機敏聰慧，而又深沉莊重，愛好學習，善寫文章，恭敬地接待朝中官員，禮節極為謙恭。因此，名聲盛大，在諸王之上。

楊廣擔任揚州總管，入京朝見，將要返回鎮所揚州，進宮拜別母親獨孤皇后，趴在地上流淚，獨孤皇后也潸然下淚。楊廣說：「臣思想意識愚笨，才識淺薄，經常維護兄弟間平時的感情，不知什麼罪過失愛於太子，他總是胸懷盛怒，想要陷害滅絕我。我時時擔心，遭到連親人也相信的讒言加身，更擔心酒杯湯勺之中有毒藥，因此憂慮積心，生怕踏上滅亡的境地。」獨孤皇后氣忿地說：「睍地伐越來越使人不可忍耐，我替他娶了元氏女，他竟然不以夫婦之禮對待她，一心只寵愛阿雲，使她生下這麼多豬狗。先前新娶的媳婦遭到毒害死了，我沒有徹底追究，為何又對你動了這樣的念頭？我活著他尚且這樣，我要死了，那不把你們當魚肉嗎？我常常想到太子竟然沒有正妻生的嫡子，皇上千秋萬歲後，讓你們兄弟去向阿雲的兒子面前磕頭問安，這是多麼痛苦啊！」楊廣接著磕頭，嗚咽悲泣不能停止，獨孤皇后也悲傷得控制不住。從這以後，獨孤皇后決意要廢除楊勇而立楊廣為太子了。

楊廣和安州總管宇文述一向關係好，他想讓宇文述靠近自己，便奏請讓他擔任壽州刺史。楊廣特別親近信任總管司馬張衡，張衡替楊廣謀劃奪取太子地位的策略。楊廣向宇文述詢問計策，宇文述說：「皇太子失寵已經很久，美德不為天下人所知。大王的仁愛忠孝著名，才能蓋世，多次為將率兵打仗，屢建大功。皇上和皇后，都十分喜愛你，天下的希望，實際已經歸向大王。然而廢黜太子另立儲君，是朝廷大事，我處在別人父子骨肉之間，確實不容易出謀劃策。但是能夠改變皇上心意的，只有楊素一人而已，能與楊素一起議事的人只有他的弟弟楊約。我宇文述很瞭解楊約，讓我入京師朝見，同楊約會面，共同商議此事。」楊廣大為高興，送給他很多金銀財寶，資助宇文述入京。

楊約當時任大理寺少卿，楊素凡是要做什麼事，都要和楊約先謀劃然後再行動。宇文述約請楊約，擺了很多珍寶玩物，和他一起暢飲，又一起博戲，每次假裝不贏，所帶的金銀財寶全都輸給了楊約。楊約贏了很多財寶，向宇文述略示歉意。宇文述趁機說：「這些東西都是晉王楊廣送的，讓我與你娛樂罷了。」楊約大驚說：「為什麼這樣？」宇文述便告訴了楊廣的心意，勸楊約說：「遵守正道，本應是做臣子的平常應做到的，但是違反常規而合於義理，也是通達事理者最好的謀略。自古以來的賢人君子，無不順應潮流，以避免禍患。你們兄弟，功勞名望超過了世人，執掌大政有很多年了，朝中大臣被你家陵辱的，數得過來嗎？還有，皇太子因為要求的很多事沒有辦成，時常對掌權的人切齒痛恨。你雖然得到當今皇上的寵信，可是一心想謀害你的人，本來就很多！皇上一旦棄群臣而逝，你到哪裡得到庇護？如今皇太子失去了皇后的寵愛，皇上一向有廢黜太子的心意，這是你知道的事。現今如果請求皇上立晉王楊廣為太子，只不過是你哥哥的一句話罷了。如果真的藉這機會建立了大功，晉王一定永遠刻骨銘心，這樣，你們兄弟就可以排除累卵一樣的危險，形成泰山一樣的安穩。」楊約認為說得正確，便將此事告訴了楊素。楊素聽了，非常高興，拍掌說：「在我的思考謀劃中，一點也沒有考慮到此事，全靠你提醒我。」楊約知道自己的計謀能推行，便又對楊素說：「如今皇后說的話，皇上沒有不採納的，應當趁這時機早一點巴結上皇后，就能長保榮華富貴，把福祿傳給子孫後代。兄長如果遲疑，一旦發生變故，讓太子掌權，恐怕大禍就要臨頭了！」楊素聽從了。

幾天以後，楊素進宮陪伴皇后酒宴，婉轉地說：「晉王孝順友愛，謙恭節儉，類似皇上。」用這話來揣摩獨孤皇后的心意。皇后哭著說：「你說得對！我的阿麼兒最孝敬友愛，每次聽到皇上和我派的內使到達，一定到邊境上迎接。說起遠離雙親，沒有不流淚的。還有他新娶的媳婦也十分可愛，我派婢女去，她經常和婢女同床睡覺，一起吃飯。哪裡像睍地伐只和阿雲面對面相坐，整天飲宴，親近小人，猜疑骨肉兄弟？我之所以更加憐愛阿麼，是常擔心睍地伐暗害他。」楊素既然知道了獨孤皇后的心意，趁機大講太子不成器。皇后於是送給楊素很多金銀，讓楊素幫助勸說隋文帝廢除太子另立楊廣。

楊勇察覺了他們的陰謀，憂愁恐懼，拿不出計策，便讓新豐人王輔賢造設了許多巫術詛咒之物來鎮伏。又在後園修建了平民村，房屋低矮簡陋，楊勇時常在裡面睡覺休息，穿粗布衣服，墊草褥席，希望以此來阻擋讒言。隋文帝知道楊勇內心不安，在仁壽宮派楊素到長安觀察楊勇的作為。楊素到了東宮，在宮外休息不進去，楊勇穿戴衣冠等候他，楊素故意長時間不入東宮，以此來激怒楊勇，楊勇怨恨在心，便在言辭和臉色上表現出來。楊素回去報告說：「楊勇滿懷怨恨，恐怕有其他變故，希望嚴加防備和觀察！」隋文帝聽了楊素的誣陷，極為猜疑楊勇。獨孤皇后又派人暗中監視東宮，細小瑣事都奏報皇上，再加上誣陷增飾，以構成楊勇的罪狀。

隋文帝於是疏遠並且猜忌楊勇，就在玄武門到至德門之間，按一定距離布置密探，用來偵察楊勇的動靜，全都隨時奏報。另外，東宮侍衛人員，凡是侍官以上的，名冊全部劃歸十二禁軍府，有勇武健壯的全都裁撤。又調出東宮左衛率蘇孝慈為淅州刺史，楊勇更加不高興。太史令袁充對隋文帝說：「臣觀察天文，皇太子應該廢黜。」隋文帝說：「天象已經出現很久了，群臣不敢言語而已。」袁充，是袁君正的兒子。

晉王楊廣又命督王府軍事姑臧人段達暗中賄賂東宮寵臣姬威，要他監視太子動靜，祕密報告楊素。於是朝廷內外喧鬧誹謗，太子的過失每天奏聞。段達借勢威脅姬威說：「太子的過失，皇上全都知道了。已經接到密詔，決定要廢立太子，你能告發太子，就會大富大貴！」姬威答應了，馬上上書告發太子。

秋，九月二十六日壬子，隋文帝從仁壽宮回到京師。第二天，親臨大興殿，對侍臣說：「我剛剛回到京師，應當心胸開朗，高興快樂，不知為什麼反而鬱悶愁苦。」吏部尚書牛弘回答說：「臣等不稱職，所以讓皇上憂愁勞苦。」隋文帝已經多次聽到了對太子的誹謗，懷疑滿朝大臣都知道，所以當眾發問，希望聽到太子的過失。牛弘的回答有失心意，隋文帝於是變了臉色，對東宮的官員說：「仁壽宮離這裡不遠，而讓我每次返回京師，都要嚴密設置兵仗警衛，就像進入敵國。我因拉肚子，不敢脫下衣服睡覺。昨晚，想靠近廁所，便住在後房，又擔心有緊急事變，就又搬到前殿，這難道不是你們想要毀掉我的朝廷嗎？」於是逮捕太子左庶子唐令則等數人，交給司法部門審問。命楊素陳述東宮的情況，通報近臣，楊素於是公開指控太子說：「臣從仁壽宮奉詔命到京師，讓皇太子清查劉居士的黨羽，太子接了詔令，變了臉色，憤激嚴厲，暴跳如雷，對臣說：『劉居士同黨全都伏法，令我到哪裡去追查？你擔任右僕射，責任不輕，自己去追查，與我有何相干？』又說：『先前禪讓大事如果不成功，我第一個被誅殺，現今做了天子，竟然使我不如幾個弟弟，任何一件事，都不讓我順心自主！』便長歎一聲回頭說：『我深感身不由己。』」隋文帝說：「我早就知道這個兒子不能繼承帝位，皇后一直勸我廢黜他。我以為他是我身為平民時所生，兄弟排行又居長位，希望他慢慢改過，所以一直克制忍耐拖到今天。楊勇曾經指著皇后的侍女對人說：『她們都將屬於我。』這話說得太怪了！他的妻子剛死，我深深懷疑是中毒死的，曾經責備他，楊勇當即怨恨地說：『一定要殺死元孝矩。』這是想害我才遷怒到岳父頭上啊！長寧王楊儼剛出生，朕與皇后一起抱過來撫養他，楊勇心存隔閡，接連派人來要回。再說雲定興的女兒，在外面與人私通生下的兒子。想想這個由來，怎能斷定是他的親生骨肉？從前晉惠帝的太子娶了屠戶的女兒，所生的兒子就喜歡殺豬。現在如果傳位不倫不類，就會亂了皇家宗祠。我雖然德行自愧不如堯舜，也斷不會把天下百姓交給不肖的兒子！我經常害怕他加害於我，如同防備大敵，今天想廢掉他以安定天下！」

左衛大將軍五原公元旻諫阻說：「廢立太子是國家大事，詔旨如果頒行，後悔就來不及了。讒言無窮無盡，希望皇上明察。」隋文帝不吭聲，命令姬威全面陳述太子的罪惡。姬威回答說：「太子與臣講話，從來想的只是驕縱奢侈，他還說：『如果有人來諫阻，就應殺掉他，不過殺掉一百左右人，諫阻就會永遠止息。』太子營造亭臺殿閣，一年四季都不停止。先前蘇孝慈被解除了左衛率，太子吹鬍子瞪眼睛，揮舞拳頭說：『大丈夫終當有揚眉吐氣的一天，我永遠不會忘記這件事，一定要揚眉吐氣。』又，東宮所需的物品，尚書大多按法規辦事不給，太子常發怒說：『尚書僕射以下，我要殺他一兩個，讓人知道怠慢我的下場。』他還經常說：『皇上討厭我有很多小妾生的兒子，北齊末主高緯、陳朝末主陳叔寶難道是庶子嗎？』太子曾經命巫婆占卜吉凶，對臣說：『皇上開皇十八年將歸天，這個期限快到了。』」隋文帝淚流滿面，說：「誰人不是父母所生，太子竟然到了這個地步！朕近來翻閱《齊書》，看到高歡放縱兒子，氣憤難忍，我怎麼能夠效法高歡呢？」於是拘禁了楊勇和他的幾個兒子，安排逮捕太子的黨羽。楊素舞文弄墨，歪曲捏造，羅織罪名，造成了太子的罪案。

過了幾天，司法官吏稟承楊素的旨意，向隋文帝奏告說元旻經常曲意侍奉楊勇，存心攀附。在仁壽宮時，楊勇曾派親信裴弘送信給元旻，信上題寫「不要讓別人看見」。隋文帝說：「朕在仁壽宮，有一點點小事，東宮必定知道，比驛馬傳信還快，我長時間以來覺得奇怪，難道不是這個傢伙洩密的？」因此就派武士在左衛禁軍行列中逮捕了元旻。右衛大將軍元胄當時正要下朝，卻不肯離去，便上奏說：「臣剛才沒有回家去，就是為了防備元旻。」皇上把元旻以及裴弘一齊關進監獄。

此前，楊勇看到老枯槐樹，問道：「這樹能有什麼用？」有人回答說：「古槐最適用於取火。」當時衛士都帶火燧，楊勇命令工匠製作了幾千枚火燧，打算分賜給下屬。到這時，這些火燧在藏庫中查獲。此外，藥藏局儲存了數斛艾草，也搜查出來了，隋文帝感到非常奇怪，便問姬威，姬威說：「太子這樣做另有目的。皇上在仁壽宮，太子經常養馬一千匹，說：『直接去守住城門，皇上自然就要餓死。』」楊素用姬威的話去責問楊勇，楊勇不服，說：「我聽說你家養馬幾萬匹，我身為太子，養馬千匹，能說是謀反嗎？」楊素又把從東宮收繳來的服飾珍玩中像是加工雕飾過的物品，全部擺在殿庭之中，讓文武百官觀看，作為太子謀反的罪證。隋文帝和獨孤皇后輪番派出使者責問楊勇，楊勇不認罪。

冬，十月初九日乙丑，隋文帝派人召見楊勇，楊勇見到使者，吃驚地說：「莫非要殺我嗎？」隋文帝穿上軍裝，列隊士卒，登上武德殿，集合文武百官站立在東面，皇室宗親站立在西面，帶楊勇和他的幾個兒子站在殿堂中間，命令內史侍郎薛道衡宣讀詔書，廢黜楊勇以及他有王爵、公主封號的兒女為百姓。楊勇連續叩拜說：「臣應當陳屍長安鬧市，為後來的人鑑戒，有幸蒙陛下哀憐，能夠保全性命！」說完，淚流滿襟，隨後行舞蹈禮後離去，左右的人無不默然哀憐。長寧王楊儼上表請求擔任京師的宿衛，言辭情意哀傷懇切，隋文帝看了也感動悲切。楊素進言說：「臣希望聖上下狠心，就像毒蛇咬傷手指，壯士揮刀斷腕一樣，不宜再留溫情。」

十月十三日己巳，隋文帝下詔：「元旻、唐令則，以及太子家令鄒文騰、左衛率司馬夏侯福、典膳監元淹、前吏部侍郎蕭子寶、前主璽下士何竦，一律處斬，妻妾子孫都籍沒入官為奴。車騎將軍榆林人閻毗、東郡公崔君綽、游騎尉沈福寶、瀛州術士章仇太翼，特赦免死罪，各處杖刑一百，本人及妻子兒女、家產田地房屋都籍沒入官府。副將作大匠高龍叉、率更令晉文建、通直散騎侍郎元衡，都處置其罪，讓他們自盡。」於是在廣陽門外集合朝官，宣讀詔書，處死罪臣。然後將楊勇轉到內史省，給他五品官員的生活待遇。賜給楊素三千段絹帛，元胄、楊約各一千段，獎勵他們審訊楊勇的功勞。

文林郎楊孝政上書進諫說：「皇太子被小人所誤，應該加強訓導教誨，不應該廢黜。」隋文帝大怒，鞭打他的前胸。

初，雲昭訓父定興，出入東宮無節❶，數進其[1]奇服異器以求悅媚❷。左庶子裴政❸屢諫，勇不聽。政謂定興曰：「公所為不合法度。又，元妃暴薨，道路籍籍❹，此於太子，非令名❺也。公宜自引退❻，不然，將及禍。」定興以告勇，勇益疏政，由是出為襄州總管。唐令則為勇所昵狎❼，每令以絃歌教內人❽，右庶子❾劉行本❿責之曰：「庶子當輔太子以正道，何有取媚於房帷⓫之間哉？」令則甚慙而不能改。時沛國劉臻⓬、平原明克讓⓭、魏郡陸爽⓮，並以文學為勇所親。行本怒其不能調護，每謂三人曰：「卿等正解讀書⓯耳！」夏侯福嘗於閤內與勇戲，福大笑，聲聞於外。行本聞之，待其出，數之曰：「殿下寬容，賜汝顏色⓰。汝何物小人，敢為褻慢⓱？」因付執法者治之。數日，勇為福致請，乃釋之。勇嘗得良馬，欲令行本乘而觀之，行本正色曰：「至尊置臣於庶子，欲令輔導殿下，非為殿下作弄臣⓲也。」勇慙而止。及勇敗，二人已卒，上歎曰：「向使⓳裴政、劉行本在，勇不至此。」

勇嘗宴宮臣⑳，唐令則自彈琵琶，歌嫵媚娘㉑。洗馬㉒李綱㉓起白勇曰：「令則身為宮卿㉔，職當調護㉕，乃於廣坐㉖自比倡優，進淫聲，穢㉗視聽。事若上聞，令則罪在不測㉘，豈不為殿下之累邪？臣請速治其罪！」勇曰：「我欲為樂耳，君勿多事。」綱遂趨出。及勇廢，上召東宮官屬切責㉙之，皆惶懼無敢對者。綱獨曰：「廢立大事，今文武大臣皆知其不可而莫肯發言，臣何敢畏死，不一為陛下別白㉚言之乎？太子性本中人㉛，可與為善，可與為惡。曏㉜使陛下擇正人輔之，足以嗣守㉝鴻基㉞。今乃以唐令則為左庶子，鄒文騰為家令，二人唯知以絃歌鷹犬娛悅㉟太子，安得㊱不至於是邪？此乃陛下之過，非太子之罪也。」因伏地流涕嗚咽。上慘然㊲良久曰：「李綱責㊳我，非為㊴無理，然㊵徒㊶知其一，未知其二。我擇汝為宮臣，而勇不親任，雖更得正人，何益哉？」對曰：「臣之[2]所以不被親任㊷者，良由姦臣[3]在側故也。陛下但斬令則、文騰，更選賢才以輔太子，安知臣之終見疏棄也？自古國家[4]廢立冢嫡㊸，鮮㊹不傾危㊺，願陛下深留聖思㊻，無貽㊼後悔。」上不悅，罷朝，左右皆為之股栗。會尚書右丞㊽缺，有司請人，上指綱曰：「此佳右丞也！」即用之。

太平公史萬歲還自大斤山，楊素害其功㊾，言於上曰：「突厥本降，初不為寇㊿，來塞上畜牧耳。」遂寢之。萬歲數抗表陳狀(51)，上未之悟(52)。上廢太子，方窮(53)東宮黨與。上問萬歲所在，萬歲實在朝堂，楊素曰：「萬歲謁東宮矣！」以激怒上。上謂為信然(54)，令召萬歲。時所將(55)將士在朝堂稱冤者數百人，萬歲謂之曰：「吾今日為汝極言(56)於上，事當決矣。」既見上，言「將士有功，為朝廷所抑！」詞氣(57)憤厲。上大怒，令左右搒殺(58)之。既而(59)追之(60)，不及，因下詔陳其罪狀，天下共冤惜之。

十一月戊子(61)，立晉王廣為皇太子。天下地震，太子請降章服(62)，宮官不稱臣。十二月戊午(63)，詔從之。以宇文述為左衛率。始，太子之謀奪宗也，洪州(64)總管郭衍(65)預焉，由是徵衍為左監門率(66)。

帝因故太子勇於東宮，付太子廣掌之。勇自以廢非其罪，頻請見上申冤，而廣遏(67)之不得聞。勇於是升樹大叫，聲聞帝所，冀得引見。楊素因言勇情志昏亂(68)，為癲鬼(69)所著(70)，不可復收。帝以為然，卒不得見。

【章　旨】以上為第二段，寫廢立太子前前後後的錯綜關係。楊勇蒙冤，卻也咎由自取。楊廣與楊素陰謀奪嫡成功，又繼續擴大冤案，因而史萬歲遭冤殺，隋朝的清平政治開始走下坡。

【注　釋】❶無節　沒有節制；很隨便。❷悅媚　取悅獻媚。❸裴政　字德表，河東聞喜（今山西聞喜）人，歷仕梁、周、隋，官至左庶子。傳見《隋書》卷六十六、《北史》卷七十七。❹籍籍　語聲喧譁。此指議論紛紛。❺令名　美名。❻引退　謂辭職。❼昵狎　親昵。狎，親近而不莊重。❽內人　妻妾。此指宮中女伎藝人。❾右庶子　官名，東宮官，掌門下典書坊。❿劉行本　沛（今江蘇沛縣）人，歷仕後梁、周與隋，官至左庶子。傳見《隋書》卷六十二、《北史》卷七十。⓫房帷　又作「帷房」。指婦女居住的內室。⓬劉臻　（西元五二七—五九八年）字宣摯，沛國相（今江蘇沛縣）人。歷仕梁、北周及隋，位至儀同三司。傳見《隋書》卷七十六、《北史》卷八十三。⓭明克讓　字弘道，平原鬲（今山東陵縣）人，歷仕後梁、周與隋，官至率更令，封歷城縣侯。著《孝經》一卷、《古今帝代記》一卷等書。傳見《隋書》卷五十八、《北史》卷八十三。⓮陸爽　（西元五三九—五九一年）字開明，魏郡臨漳（今河北臨漳西南）人。歷仕北齊、北周及隋，官至太子洗馬。傳見《隋書》卷五十八、《北史》卷二十八。⓯正解讀書　只知讀書，即讀死書，什麼都不會做。⓰賜汝顏色　賞給你臉面。⓱褻慢　輕慢；不莊重。⓲弄臣　為帝王親近狎玩之臣。⓳向使　假使。⓴宮臣　東宮裡的官吏。㉑娬媚娘　樂曲名。㉒洗馬　官名，東宮官，隸司經局，掌侍奉及經史圖籍。㉓李綱　（西元五四七—六三一年）字文紀，觀州蓨（今河北景縣）人，歷仕周、隋與唐三代，官至太子少師。傳見《舊唐書》卷六十二、《新唐書》卷九十九。㉔宮卿　東宮左、右庶子稱為宮卿。㉕調護　調理保護，即輔導。㉖廣坐　眾人會聚的場所。㉗穢　汙濁；醜陋。㉘罪在不測　罪名難以預知。意謂罪過嚴重。㉙切責　嚴詞譴責。㉚別白　分辨明白。㉛中人　平常人。㉜曏　從前；舊時。㉝嗣守　繼承和守住。㉞鴻基　帝王事業。鴻，通「洪」。大。㉟娛悅　歡娛以取悅。㊱安得　怎能；怎麼能。㊲慘然　悲痛、淒慘的樣子。㊳責　詰問；批評。㊴非為　不是。㊵然　轉折詞。但是。㊶徒　副詞。只；僅。㊷親任　親近而信任。㊸冢嫡　嫡長子。冢，大。㊹鮮　少。㊺傾危　傾側欲倒的樣子。㊻聖思　指皇帝的思考。㊼貽　留下；遺留。㊽尚書右丞　官名，與左丞分掌尚書省諸司糾察駁議。㊾害其功　謂妒忌史萬歲的功勞。㊿為寇　指侵犯邊塞。(51)陳狀　陳述狀況。(52)未之悟　指因受楊素欺騙而未明白其情狀。(53)窮　窮究；追查到底。(54)謂為信然　以為是這樣。信然，誠然；確實。(55)所將　所率領的。(56)極言　盡力陳說。(57)詞氣　言辭和氣色。(58)㩧殺　擊殺。㩧，擲擊。(59)既而　事後很快。(60)追之　追改成命，免其死刑。(61)戊子　十一月三日。(62)請降章服　古代認為地震是上天對天子的譴告，故太子請求章服降等級，以表示自責。章服，禮服，上有圖文作為等級標誌。(63)戊午　十二月三日。(64)洪州　州名，治所南昌縣，在今江西南昌。(65)郭衍　（？—西元六一一年）字彥文，太原介休（今山西介休）人，歷仕周、隋，官至左武衛大將軍。傳見《隋書》卷六十一、《北史》卷七十四。(66)左監門率　官名，東宮設左、右監門率，掌監門衛。(67)遏　阻止。(68)情志昏亂　精神錯亂。(69)癲鬼　得狂病而死者。(70)著　附著。

【校記】①其　原無此字。據章鈺校，甲十一行本、乙十一行本、孔天胤本皆有此字，今據補。按，《通鑑紀事本末》卷二五、《通鑑綱目》卷三六下皆有此字。②之　原無此字。據章鈺校，甲十一行本、乙十一行本、孔天胤本皆有此字，今據補。按，《通鑑紀事本末》卷二五有此字。③臣　原作「人」。據章鈺校，甲十一行本、乙十一行本、孔天胤本皆作「臣」，今據改。按，《通鑑紀事本末》卷二五作「臣」。④國家　原無此二字。據章鈺校，甲十一行本、乙十一行本、孔天胤本皆有此二字，張敦仁《通鑑刊本識誤》同，今據補。按，《通鑑紀事本末》卷二五有此二字。

【語譯】當初，雲昭訓的父親雲定興，隨意進出東宮，不受節制，多次進獻他的奇異服裝器物，用來取悅獻媚太子。左庶子裴政多次進諫，楊勇不聽。裴政對雲定興說：「您幹的事不合法度。而且，元妃突然死了，路途上議論紛紛，這對於太子並不是好名聲。您應當自行引退，不然，將要大禍臨頭。」雲定興把裴政說的話轉告了楊勇，楊勇更加疏遠裴政，因此把他調去做襄州總管。唐令則被楊勇親近寵愛，常常命他教宮女妃妾彈奏唱歌，右庶子劉行本責備他說：「太子庶子應當用正道輔佐太子，哪有在內室獻媚取寵的道理？」唐令則深感慚愧，但卻不能夠改正。當時沛國人劉臻、平原人明克讓、魏郡人陸爽，都因為有文學才華被楊勇親近。劉行本痛恨他們不能輔導太子，常常對這三個人說：「你們只知道死讀書罷了！」夏侯福曾在閤內和楊勇嬉戲，夏侯福哈哈大笑，聲音傳到外面。劉行本聽到了，等他出來之後，責備他說：「殿下寬容，賞臉色給你。你算什麼東西，竟敢輕慢無理？」於是把他交付執法官員治罪。過了幾天，楊勇替夏侯福說情，才釋放了他。楊勇曾得到好馬，想讓劉行本騎上馬觀賞一下，劉行本嚴肅地說：「皇上把臣安排在太子庶子這個職位上，是要讓臣輔導殿下，不是要給殿下做弄臣。」楊勇慚愧作罷。等到楊勇被廢黜，裴政和劉行本已經死了，隋文帝歎息說：「假如裴政、劉行本還活著，楊勇不會到這地步。」

楊勇曾經宴請東宮臣僚，唐令則自彈琵琶，唱〈娬媚娘〉。太子洗馬李綱起身告訴楊勇說：「唐令則身為宮卿，職責是輔導太子，卻在大庭廣眾中把自己當做歌伎，進獻靡靡之音，汙穢太子的眼耳。這事如果皇上知道了，唐令則的罪責不可預知，難道不會連累殿下嗎？臣請求立即懲處他！」楊勇說：「我想取樂而已，你不要多事。」李綱於是快步退出。等到楊勇被廢黜，皇上召集東宮官屬嚴厲責備，大家都驚恐慌張，沒有人敢說話。只有李綱說：「廢立太子是國家大事，現在文武大臣都知道不可以，但不敢出來說話。臣怎麼敢怕死，就不對陛下明明白白說一下是非呢？太子是一個中等人才，可以使他為善，也可以使他為惡。從前陛下如果選擇正直的人輔導太子，太子足可以繼承大隋的偉大基業。如今選用唐令則做太子左庶子，鄒文騰做太子家令，這兩個人只知道用聲色狗馬取悅太子，怎能不導致這個下場？這乃是陛下的過錯，不是太子之罪。」於是伏在地上痛哭流涕，嗚咽不止。隋文帝悲痛了好長時間，才說：「李綱責備我，不是沒有道理，但是只知道一面，不知道另一面。我選擇你為東宮的臣子，可是楊勇不親任你，即使我選擇了別的正直的人，又有什麼用？」李綱回答說：「臣之所以不被太子親近信任，實在是因為奸臣在太子身邊的緣故。陛下只要殺了唐令則、鄒文騰，另選賢才輔導太子，怎麼知道臣最終會被太子疏遠嫌棄呢？自古以來，朝廷廢黜嫡長子，很少有不傾覆危亡的，希望陛下深加思考，不要留下後悔。」隋文帝很不高興，起身退朝，左右官員都因此而兩腿發抖。正巧尚書右丞空缺，主管部門請求人選，隋文帝指著李綱說：「這就是一個好右丞！」立即任命了李綱。

太平公史萬歲從大斤山回來後，楊素嫉妒他的功勞，對隋文帝進言說：「突厥已投降，原本沒有入侵，前來塞上放牧罷了。」於是把封賞功勞的事擱置下來。史萬歲多次直言上表陳述戰況，隋文帝都沒有醒悟。隋文帝廢黜了太子，正窮究東宮黨羽。隋文帝問史萬歲在什麼地方，其實史萬歲正在朝堂，楊素卻說：「史萬歲拜見太子去了！」以此激怒皇上。隋文帝信以為真，傳令召見史萬歲。當時史萬歲所率領的將士在朝堂上聲稱冤屈的有數百人，史萬歲對他們說：「我今天為你們向皇上盡力說明情況，事情會有結果了。」史萬歲見到隋文帝說：「將士有功，卻被朝廷壓抑！」言詞語氣激憤嚴厲。隋文帝大怒，命令左右的人把他拖出去亂棍打死。過了一會派人傳令停止行刑，沒有來得及，便下詔列舉史萬歲的罪狀，天下的人全都覺得他冤枉，惋惜他。

十一月初三日戊子，冊立晉王楊廣為皇太子。天下地震，太子楊廣請求禮服降低等級，東宮官屬對太子不以臣自稱。十二月初三日戊午，隋文帝下詔同意楊廣的請求。任命宇文述為左衛率。當初，楊廣陰謀奪取太子地位的時候，洪州總管郭衍參與了此事，因此徵召郭衍為左監門率。

隋文帝把前太子楊勇囚禁在東宮，交給太子楊廣掌管。楊勇自認為無罪而被廢黜，屢次請求見到隋文帝申訴冤屈，但楊廣阻攔他，使他的請求皇上不能知道。楊勇於是爬到樹上大聲喊叫，使聲音傳到隋文帝那裡，希望能夠被召見。楊素便說楊勇神志已經昏亂，被瘋鬼附身，治不好了。隋文帝信以為真，始終沒有召見楊勇。

初，帝之克陳也，天下皆以為將太平，監察御史房彥謙❶私謂所親曰：「主上忌刻❷而苛酷，太子卑弱，諸王擅權❸，天下雖安，方憂危亂。」其子玄齡❹亦密言於彥謙曰：「主上本無功德，以詐取天下，諸子皆驕奢不仁，必自相誅夷❺，今雖承平❻，其亡可翹足待❼。」彥謙，法壽之玄孫❽也。

玄齡與杜果❾之兄孫如晦❿皆預選，吏部侍郎高孝基名知人，見玄齡，嘆曰：「僕閱人多矣，未見如此郎者，異日必為偉器⓫，恨不見其大成⓬耳。」見如晦，謂曰：「君有應變⓭之才，必任棟梁之重。」俱以子孫託之。

帝晚年深信佛道鬼神，辛巳⓮，始詔「有毀盜[1]佛及天尊、嶽、鎮、海、瀆神像⓯者，以不道論。沙門毀佛像，道士毀天尊像者，以惡逆論⓰。」

是歲，徵同州刺史蔡王智積⓱入朝。智積，帝之弟子也，性脩謹⓲，門無私謁[19]，自奉[20]簡素[21]，帝甚憐之。智積有五男，止教讀論語[22]、孝經[2]，不令交通賓客。或問其故，智積曰：「卿非知我者！」其意蓋恐諸子有才能以致禍也。

齊州行參軍[23]章武王伽[24]送流囚李參等七十餘人詣京師，行至滎陽，哀其辛苦，悉呼謂曰：「卿輩自犯國刑[25]，身嬰縲紲[26]，固其職也，重勞援卒[27]，豈不愧心哉？」參等辭謝。伽乃悉脫其枷鎖，停援卒，與約曰：「某日當至京師，如致前卻[28]，吾當為汝受死。」遂捨之而去。流人[29]感悅，如期而至，一無離叛。上聞而驚異，召見與語[30]，稱善久之。於是悉召流人，令攜負妻子俱入，賜宴於殿庭而赦之。因下詔曰：「凡在有生[31]，含靈[32]稟性[33]，咸知善惡，並識是非。若臨以至誠，明加勸導，則俗必從化[34]，人皆遷善[35]。往以海內[36]亂離，德教廢絕，吏無慈愛之心，民懷姦詐之意。朕思遵聖法，以德化民，而伽深識朕意，誠心宣導[37]，參等感悟[38][3]，自赴憲司[39]，明是率土[40]之人，非為難教。若使官盡王伽之儔[41]，民皆李參之輩，刑厝[42]不用，其何遠哉？」乃擢伽為雍[43]令。

太史令袁充表稱：「隋興已後，晝日漸長，開皇元年，冬至之景長一丈二尺七寸二分，自爾[44]漸短，至十七年，短於舊三寸七分。日去極[45]近則景短而日長，去極遠則景長而日短。行內道[46]則去極近，行外道則去極遠。謹按元命包[47]云[4]：

『日月出內道，璇璣㊽得其常。』京房別對㊾曰：『太平，日行上道；升平㊿，行次道；霸代51，行下道。』伏惟大隋啓運52，上感乾元53，景短日長，振古希有54。」上臨朝，謂百官曰：「景長之慶，天之祐55也。今太子新立，當須改元，宜取日長之意以為年號。」是後百工作役，並加程課56，以日長故也。丁匠苦之。

【章旨】以上為第三段，寫有識之士已預感到隋朝盛世已潛伏危機。隋文帝嘉獎王伽釋囚事件，表明隋文帝尚未糊塗昏聵；而太史令袁充的上奏，隋文帝又被阿諛的言詞弄昏了頭。

【注釋】❶房彥謙　字孝沖，清河（今河北清河縣西北）人，歷仕周、隋，官至監察御史。傳見《隋書》卷六十六、《北史》卷三十九。❷忌刻　猜忌刻薄。❸諸王擅權　指秦、晉、蜀三王分別佔據一方。❹玄齡　即房玄齡（西元五七九－六四八年），字喬，歷仕隋、唐，官至尚書左僕射，封梁國公。唐代名相。傳見《舊唐書》卷六十六、《新唐書》卷九十六。❺誅夷　殺戮。夷，削平。❻承平　治平相承。指太平已久。❼翹足待　即翹足可待。一舉足的短時間內即可到來。言極短的時間。❽玄孫　曾孫之子。即本身以下第五世。❾杜果　杜如晦父祖世系，舊史記載，多相牴牾，然「杜果」當作「杜杲」為是。詳參趙超《新唐書宰相世系表》卷二。❿如晦　（西元五八五－六三〇年）字克明，京兆杜陵（今陝西長安杜陵鎮）人，歷仕隋、唐，官至尚書右僕射，封蔡國公。唐代名相。傳見《舊唐書》卷六十六、《新唐書》卷九十六。⓫偉器　大器，指能擔當大事的人。⓬大成　指學問、事業等大有成就。⓭應變　應付事變。⓮辛巳　十二月二十六日。⓯佛及天尊嶽鎮海瀆神像　均民間信仰的各種神像。佛，指佛教寺廟中的神像。天尊，道家對所奉最高神仙的尊稱。《道經》載，它生於太元之先，稟受自然之氣，其體常存不滅。嶽，指五嶽之神。東嶽泰山，西嶽華山，南嶽衡山，北嶽恆山，中嶽嵩山。鎮，指山神。一方的主山稱鎮，如揚州其山鎮為會稽，荊州其山鎮為衡山，豫州其山鎮為華山，青州其山鎮為沂山等，並就山立祠。海，指海神。東海於會稽縣界，南海於南海鎮南，並近海立祠。瀆，指河神。四瀆，指長江、黃河、淮河、濟河。⓰以惡逆論　以犯惡逆之罪論處。惡逆，古代刑律十惡大罪之一。指毆打及謀殺祖父母、父母，殺死叔伯父母、姑、兄、姐、外祖父母、夫、夫祖父母、父母的人。⑰蔡王智積 （？—西元六一六年）隋文帝弟楊整之子，封蔡王。傳見《隋書》卷四十四、《北史》卷七十一。⑱脩謹 謹慎。⑲私謁 以私事謁見請託。⑳自奉 對待自己。㉑簡素 簡易樸素。㉒論語 書名，《四書》之一。是孔子弟子及後學關於孔子言行思想的記錄。共二十篇。㉓行參軍 官名，位在諸曹參軍之下，參謀軍事。㉔王伽 河間章武（今河北黃驊西北）人，仕隋，官至雍縣令。傳見《隋書》卷七十三、《北史》卷八十六。㉕國刑 國法。㉖身嬰縲紲 身上捆綁著繩索。嬰，繫；戴。縲紲，拘繫犯人的繩索。㉗重勞援卒 深深勞累押送的獄卒。援卒，押送之兵士。援，執；持。㉘前卻 或前或後，不能如期到達。卻，意謂遲到、後到。㉙流人 被判處流刑的罪犯。㉚與語 指與王伽談話。㉛有生 有生命者。一般指人。㉜含靈 舊時稱人為萬物之靈，故稱人為含靈。㉝稟性 舊稱天所賦予人的品性資質。㉞從化 順從歸化。㉟遷善 改惡從善。㊱海內 四海之內，指國內。㊲宣導 宣諭引導。㊳感悟 有所感而覺悟。悟，醒悟。㊴憲司 司法機關。魏晉以來多是御史的別稱。㊵率土 謂境域以內。㊶儔 同輩；伴侶。㊷刑厝 刑法擱置而不用。厝，通「措」。安置。㊸雍 縣名，縣治在今陝西鳳翔。㊹自爾 從此。㊺極 頂點；最高限度。指北極。㊻內道 地球圍繞太陽運行的路線，天文學稱為黃道。㊼元命包 緯書，即《春秋元命包》。㊽璇璣 古代以玉作裝飾的天體觀測儀器。璇，美玉。㊾京房 別對 書名，京房為西漢元帝時人，精通五行災異說，曾以災異之變對答元帝。詳見《漢書》卷七十五。㊿升平 太平。51霸代 稱霸時代。代，世。52啟運 創業；開創帝業。53乾元 指天。《易經・乾卦》：「大哉乾元。」54振古希有 自古少有。振，自。55祐 也作「佑」。指神明的祐助。56程課 工作量。

【校 記】①盜 原無此字。據章鈺校，甲十一行本、乙十一行本、孔天胤本皆有此字，今據補。按，《北史・高祖文帝紀》有此字。②孝經 原無此二字。據章鈺校，甲十一行本、乙十一行本、孔天胤本皆有此二字，張敦仁《通鑑刊本識誤》、張瑛《通鑑校勘記》同，今據補。③悟 原作「寤」。據章鈺校，甲十一行本、乙十一行本、孔天胤本皆作「悟」，今據改。④云 原作「曰」。據章鈺校，甲十一行本、乙十一行本皆作「云」，今據改。按，《隋書・袁充傳》、《北史・袁充傳》皆作「云」。

【語 譯】當初，隋文帝平定陳朝的時候，天下人都認為將要太平了，監察御史房彥謙私下對親近的人說：「皇上猜忌刻薄而又苛嚴殘酷，太子卑微懦弱，諸王專權，天下雖然安定，我正擔憂危急禍亂發生。」他的兒子房玄齡也暗中對父親說：「皇上本來沒有功德，用欺詐方法奪取天下，幾個兒子都驕縱奢侈沒有仁德，一定會自相殘殺，現今雖然太平已久，它的滅亡翹足可待。」房彥謙，是房法壽的玄孫。

房玄齡和杜果的姪孫杜如晦都接受吏部選拔，吏部侍郎高孝基以識人知名，他見了房玄齡，驚歎說：「我見過的人很多，還沒有見過像這樣的年輕人，日後必成大器，遺憾的是我不能親眼看到他的重大成就。」高孝基見到杜如晦，對他說：「你有應變的才幹，一定能夠擔當棟樑的重任。」高孝基把子孫都託付給他們兩人。

隋文帝晚年篤好佛法、道教、鬼神，十二月二十六日辛巳，第一次下詔「敢有毀壞、偷盜佛像和道教元始天尊神像，以及五嶽、九鎮、二海、四瀆神像的人，以不道論罪。和尚毀壞佛像，道士毀壞元始天尊像的，以大逆不道論罪。」

這一年，隋文帝徵召同州刺吏蔡王楊智積入朝。楊智積，是隋文帝弟弟的兒子，生性謹慎，門口沒有來私下請託的人，自己生活簡易樸素，隋文帝非常憐愛他。楊智積有五個兒子，只教他們讀《論語》、《孝經》，不讓他們交往賓客。有人問他是什麼緣故，楊智積說：「你不是瞭解我的人！」他的用意大概是擔心幾個兒子有才能會招來禍患吧！

齊州行參軍章武人王伽押送被判流放的囚徒李參等七十多人前往京城，走到滎陽，王伽可憐囚犯困苦，便把他們全都叫來說：「你們自己犯了國法，身子被繩索捆綁，這本是罪有應得，還要勞累押送的獄卒，心裡難道不慚愧嗎？」李參等人向王伽謝罪。王伽便把全體囚犯的枷鎖解開，把押送的獄卒遣回，與囚犯相約，說：「某天你們應當到達京師，如果早到或遲到，我必定替你們受死。」於是放了他們，自己就走了。被流放的人又感動又高興，都如期到達京師，沒有一個人叛逃。隋文帝聽到後非常驚異。召見王伽，與他談話，稱讚了好長時間。於是召集全體流放的犯人，讓他們帶著妻子兒女一起入朝，在殿廷上賜宴，然後赦免了他們。因而下詔書說：「凡是有生命的人，都有靈氣善性，都知道善惡，明辨是非。如果用誠心對待他們，耐心勸導，那麼習俗一定能夠順應教化，人人都會一心向善。從前因為海內戰亂，道教廢絕，官吏沒有慈愛之心，黎民懷有奸詐之念。朕想要遵循古代聖賢的方法，用道德教化民眾，而王伽深刻瞭解朕的心意，誠心宣諭開導，李參等人感悟，自動到達執法機關，這表明全天下的人，不是很難教育。如果官吏都是王伽一樣的人，黎民都像李參等人，刑法擱置不用，時日有什麼遠的呢？」於是提拔王伽為雍縣縣令。

太史令袁充上表說：「隋朝建立以後，白晝漸漸加長，開皇元年，冬至的日影長一丈二尺七寸二分，從此漸漸縮短，到了開皇十七年，日影比從前縮短三寸七分。太陽離北極近，則日影短而白晝長。太陽離北極遠，則日影長而白晝短。太陽在黃道之北運行則離北極近，在黃道之南運行則離北極遠。謹按《元命包》說：『日月在黃道之北運行，天文儀器觀測就正常。』《京房別對》上說：『太平之世，太陽在黃道之北運行；昇平之世，在黃道運行；亂世，在黃道之南運行。』臣想大隋創業，上感蒼天，日影短白晝長，自古少有。」隋文帝臨朝，對文武百官說：「影短日長的吉慶，是上天福祐。現在太子剛剛冊封，應當改年號，應該取白晝增長的意思作為年號。」此後工匠民伕作工，都加大了工作量，因為白晝時間加長了。民間工匠都深受其苦。

仁壽元年（辛酉　西元六〇一年）

春，正月乙酉朔❶，赦天下，改元❷。○以尚書右僕射楊素為左僕射，納言蘇威為右僕射。○丁酉❸，徙河南王昭❹為晉王。○突厥步迦可汗犯塞，敗代州❺總管韓弘❻於恆安❼。○以晉王昭為內史令。

二月乙卯朔❽，日有食之。

夏，五月己丑❾，突厥男女九萬口來降。

六月乙卯❿，遣十六使巡省⓫風俗。

乙丑⑫，詔以天下學校生徒⑬多而不精，唯簡留國子學⑭生七十人，太學⑮、四門⑯及州縣學⑰並廢。前[1]殿內將軍⑱河間劉炫⑲上表切諫，不聽。秋，七月戊戌⑳[2]，改國子學為太學。

初，帝受周禪，恐民心未服，故多稱符瑞以耀之，其偽造而獻者，不可勝計。冬，十一月己丑㉑，有事于南郊，如封禪禮，版文㉒備述㉓前後符瑞以報謝云。

山獠㉔作亂，以衛尉少卿㉕洛陽衛文昇㉖為資州㉗刺史鎮撫之。文昇名玄，以字行。初到官，獠方攻大牢鎮㉘，文昇單騎造㉙其營，謂曰：「我是刺史，銜天子詔㉚，安養汝等，勿驚懼也！」羣獠莫敢動。於是說以利害，渠帥㉛感悅，解兵而去，前後歸附者十餘萬口。帝大悅，賜縑二千匹。壬辰㉜，以文昇為遂州㉝總管。

潮、成㉞等五州獠反，高州酋長馮盎馳詣京師，請討之。帝敕楊素與盎論賊形勢，素歎曰：「不意㉟蠻夷中有如是㊱人！」即遣盎發江、嶺㊲兵擊之。事平，除盎漢陽㊳太守㊴。

詔以楊素為雲州道㊵行軍元帥，長孫晟為受降使者㊶，挾㊷啓民可汗北擊步迦㊸。

【章　旨】以上為第四段，寫隋文帝仁壽元年（西元六〇一年）裁減學校，邊患再起。

【注　釋】❶乙酉朔　正月初一日。朔，初一。❷改元　由開皇二十一年改為仁壽元年。❸丁酉　正月十三日。❹河南王昭　即隋煬帝長子楊昭（？—西元六〇六年），初封河南王，煬帝即位，被立為皇太子，不久病死。傳見《隋書》卷五十九、《北史》卷七十一。❺代州　州名，治所雁門縣，在今山西代縣。❻韓弘　（西元五四八—六一〇年）字叔明，河南東垣（今河南新安）人，韓擒虎之弟，歷仕周、隋，官至隴西太守。傳附《隋書・韓擒虎傳》、《北史・韓雄傳》。按，《隋書》本傳「弘」作「洪」，《北史》同。此避宋諱改。❼恆安　鎮名，故址在今山西大同東北。❽乙卯朔　二月初一日。❾己丑　五月七日。❿乙卯　六月初三日。⓫巡省　巡視；視察。⓬乙丑　六月十三日。⓭生徒　學生。⓮國子學　古代教育管理機關，亦為最高學府。⓯太學　古學校名，即國學。僅次於國子學的高級學府。⓰四門　指四門學，於京城四門設立的學校，故稱四門學。⓱州縣學　在州、縣所設立的地方學校。⓲殿內將軍　武官名，即殿中將軍，隋避諱所改。屬左、右衛，掌禁衛。⓳劉炫　字光伯，河間景城（今河北滄州西景城）人，歷仕周、隋，官至殿中將軍。著《論語述議》十卷、《春秋攻昧》十卷、《尚書述議》二十卷等。傳見《隋書》卷七十五、《北史》卷八十二。⓴戊戌　七月十七日。㉑己丑　十一月九日。㉒版文　書版為文。版，牘，即用以寫字的簡。㉓備述　詳細敘述。㉔山獠　指生活在山區裡的仡佬族。「獠」為蔑稱。㉕衛尉少卿　官名，衛尉寺副長官，監門衛掌宮門屯兵。㉖衛文昇　（西元五四一—六一七年）名玄，字文昇，河南洛陽（今河南洛陽）人，歷仕周、隋，官至刑部尚書。傳見《隋書》卷六十三、《北史》卷七十六。㉗資州　州名，治所磐石縣，在今四川資中北。㉘大牢鎮　地名，故址在今四川榮縣。㉙造　到；去。指登門訪問。㉚銜天子詔　奉行天子詔命。銜，領受。㉛渠帥　首領。渠，大。㉜壬辰　十一月十二日。㉝遂州　州名，治所方義縣，在今四川遂寧。㉞潮成　兩州名。潮州，治所海陽縣，在今廣東潮安。成州，治所梁信縣，在今廣東封開東南。㉟不意　沒想到。㊱如是　如此。是，此。㊲江嶺　江指江南，嶺指嶺南。㊳漢陽　郡名，治所上祿縣，在今甘肅禮縣南。㊴太守　官名，郡中長官，掌管一郡政事。按，馮盎不當出任在今甘肅的職務，疑是遙領的虛銜。㊵雲州道　雲州，州名，治所大利縣，在今內蒙古和林格爾西北。道，是一種行軍路線，對外作戰時，大抵按行軍方位、作戰地點命名，長官為某某道行軍總管或元帥。㊶受降使者　使者名，掌管接受對方投降事宜。㊷挾　攜帶；帶領。㊸步迦　即步迦可汗，突厥都藍可汗死，達頭可汗自立為步迦可汗。

【校　記】①前　原無此字。據章鈺校，甲十一行本、乙十一行本、孔天胤本皆有此字，張敦仁《通鑑刊本識誤》同，今據補。②戊戌　原無此二字。據章鈺校，甲十一行本、乙十一行本、孔天胤本皆有此二字，張敦仁《通鑑刊本識誤》、張瑛《通鑑校勘記》同，今據補。按，《隋書・高祖紀下》、《北史・高祖文帝紀下》皆有此二字。

【語　譯】仁壽元年（辛酉　西元六〇一年）

春，正月初一日乙酉，大赦天下，改換年號。〇隋文帝任命尚書右僕射楊素為左僕射，納言蘇威為右僕射。〇十三日丁酉，徙封河南王楊昭為晉王。〇突厥步迦可汗侵犯邊塞，在恆安郡打敗代州總管韓弘。〇隋文帝任命晉王楊昭為內史令。

二月初一日乙卯，發生日蝕。

夏，五月初七日己丑，突厥男女九萬人前來歸附。

六月初三日乙卯，隋文帝派出十六位使者巡察各地風俗。

六月十三日乙丑，頒布詔令，因為全國各級學校生員很多，而學業不精，只挑選七十名學生留在國子學，太學、四門學以及州學、縣學全都停辦。前殿內將軍河間人劉炫上表懇切地諫阻，隋文帝沒有聽從。秋，七月十七日戊戌，把國子學改為太學。

當初，文帝接受周朝禪讓，怕民心不服，因此就多次聲稱有符瑞來炫耀，假造符瑞徵兆以進獻的人不計其數。冬，十一月初九日己丑，隋文帝到京師南郊祭天，跟封禪大典一樣，把祭文刻在木版上，詳細敘述前前後後的符瑞，以此來報謝上天。

居住在山中的獠人造反，朝廷任命衛尉少卿洛陽人衛文昇為資州刺史鎮撫他們。衛文昇名玄，以字號行於世。他剛到職時，獠人正在攻打大牢鎮，他單槍匹馬前往獠人軍營，對獠人說：「我是刺史，奉天子詔命，安撫保護你們，不要驚恐！」獠人沒有敢亂動。於是衛文昇用利害關係勸說他們，獠人首領又感動又高興，撤兵而去，前後歸附的有十多萬人。隋文帝大為高興，賞賜衛文昇絹帛二千匹。十一月十二日壬辰，任命衛文昇為遂州總管。

潮州、成州等五州的獠人造反，高州酋長馮盎奔赴京師，請求朝廷派兵征討。隋文帝敕令楊素和馮盎討論這一情況，楊素歎息說：「沒想到蠻夷中有這樣忠心的人！」隨即派遣馮盎徵調江南、嶺南的軍隊攻打獠人。亂事平定後，任命馮盎為漢陽太守。

隋文帝下詔任命楊素為雲州道行軍元帥，長孫晟為受降使者，帶領啓民可汗北上攻打步迦可汗。

二年（壬戌　西元六〇二年）

春，三月己亥❶，上幸仁壽宮。

突厥思力俟斤❷等南度河❸，掠啓民男女六千口、雜畜二十餘萬而去。楊素帥諸軍追擊，轉戰六十餘里，大破之。突厥北走，素復進追，夜，及之❹，恐其越逸❺，令其騎稍後，親引兩騎并降突厥二人與虜並行，虜不之覺。候❻其頓舍❼未定，趣❽後騎掩擊，大破之，悉得人畜以歸啓民。自是突厥遠遁❾，磧南無復寇抄❿。素以功進子玄感爵柱國，賜玄縱爵淮南公。

兵部尚書柳述⓫，慶之孫也，尚蘭陵公主⓬，怙寵⓭使氣，自楊素之屬⓮皆下之。帝問符璽直長⓯萬年韋雲起⓰：「外間有不便事，可言之。」述時侍側，雲起奏曰：「柳述驕豪⓱，未嘗經事，兵機要重，非其所堪，徒以主壻⓲，遂居要職。臣恐物議⓳以陛下為[1]『官不擇賢，專私所愛』，斯亦不便之大者。」帝甚然⓴

其言，顧謂逑曰：「雲起之言，汝藥石㉑也，可師友之。」秋，七月丙戌㉒，詔內外官各舉所知。柳逑舉雲起，除通事舍人㉓。

益州總管蜀王秀，容貌瓌偉㉔，有膽氣㉕，好武藝。帝每謂獨孤后曰：「秀必以惡終㉖，我在當無慮，至兄弟，必反矣。」大將軍劉噲之討西爨㉗也，帝令上開府儀同三司楊武通㉘將兵繼進。秀以嬖人萬智光為武通行軍司馬㉙。帝以秀任非其人㉚，譴責之，因謂羣臣曰：「壞我法者，子孫也。譬如猛虎，物不能害，反為毛間蟲㉛所損食㉜耳。」遂分秀所統。

自長史元巖卒後，秀漸奢僭㉝，造渾天儀㉞，多捕山獠充宦者，車馬被服，擬於乘輿㉟。

及太子勇以讒廢㊱，晉王廣為太子，秀意甚不平。太子恐秀終為後患，陰令楊素求其罪而譖之。上遂徵秀㊲，秀猶豫，欲謝病不行㊳。總管司馬源師㊴諫，秀作色曰：「此自我家事，何預卿也？」師垂涕對曰：「師忝參㊵府幕㊶，敢不盡忠？聖上有敕追王㊷，以淹㊸時月，今乃遷延㊹未去。百姓不識王心，儻生異議，內外疑駭，發雷霆㊺之詔，降一介㊻之使，王何以自明？願王熟計之！」朝廷恐秀生變，戊子㊼，以原州總管獨孤楷㊽為益州總管，馳傳㊾代之。楷至，秀猶未肯行，楷諷諭[50]久之，乃就路。楷察秀有悔色，因勒兵[51]為備。秀行四十餘里，將還襲楷，覘知有備，乃止。

八月甲子[52]，皇后獨孤氏崩。太子對上及宮人哀慟絕氣[53]，若不勝喪者，其處私室，飲食言笑如平常。又，每朝令進二溢[54]米，而私令外[2]取肥肉脯鮓[55]，置竹筩[56]中，以蠟閉口，衣襆[57]裹而納之。

著作郎[58]王劭上言：「佛說：『人應生天上及生無量壽國之時，天佛放大光明，以香花妓樂[59]來迎。』伏惟大行皇后[60]福善禎符，備諸祕記[61]，皆云是妙善菩薩[62]。臣謹按八月二十二日，仁壽宮內再雨金銀花[63]。二十三日，大寶殿[64]後夜有神光。二十四日卯時[65]，永安宮[66]北有自然種種音樂，震滿虛空。至夜五更[67]，奄然[68]如寐，遂即升遐[69]，與經文所說，事皆符驗。」上覽之悲喜。

九月丙戌[70]，上至自仁壽宮。

冬，十月癸丑[71]，以工部尚書楊達[72]為納言。達，雄之弟也。

閏月甲申[73]，詔楊素、蘇威與吏部尚書牛弘等修定五禮[74]。

上令上儀同三司蕭吉[75]為皇后擇葬地，得吉處[76]，云：「卜年二千，卜世二百。」上曰：「吉凶由人，不在於地。高緯[77]葬父，豈不卜乎？俄而國亡。正如我家墓田，若云不吉，朕不當為天子；若云不凶，我弟不當戰沒[78]。」然竟從吉言。吉退，告族人蕭平仲曰：「皇太子遣宇文左率[79]深謝余云：『公前稱我當為太子，竟有其驗，終不忘也。今卜山陵[80]，務令我早立。我立之後，當以富貴相報。』吾語之曰[3]：『後四載，太子御天下[81]。』若太子得政，隋其亡乎？吾前紿云『卜年二千』者，三十字也；『卜世二百』者，取世二傳也。汝其識[82]之！」

壬寅[83]，葬獻皇后[84][4]於太陵。詔以「楊素經營葬事，勤求吉地，論素此心，事極誠孝，豈與夫平戎定寇[85]比其功業？可別封[86]一子義康公，邑[87]萬戶。」并賜田三十頃，絹萬段，米萬石，金珠綾錦稱是。

蜀王秀至長安，上見之，不與語，明日，使使[88]切讓[89]之。秀謝罪，太子諸王流涕庭謝[90]。上曰：「頃者秦王糜費[91]財物，我以父道[92]訓之。今秀蠹害生民，當以君道[93]繩[94]之。」於是付執法者。開府儀同三司慶整諫曰：「庶人勇[95]既廢，秦王已薨，陛下見子[96]無多，何至如是？蜀王性甚耿介[97]，今被重責，恐不自全。」上大怒，欲斷其舌，因謂羣臣曰：「當斬秀於市[98]以謝百姓。」乃令楊素等推治[99]之。

太子陰作偶人[100]，縛[101]手釘心，枷鎖杻械[102]，書上及漢王姓名，仍云「請西嶽[103]

慈父聖母神兵[5]收楊堅、楊諒神魂，如此形狀[104]，勿令散蕩[105]。」密埋之華山下，楊素發之。又云秀妄述圖讖，稱京師妖異，造蜀地徵祥[106]，并作檄文[107]，云指期問罪，置秀集[108]中，俱以聞奏。上曰：「天下寧有是邪？」十二月癸巳[109]，廢秀為庶人，幽之[110]內侍省[111]，不聽與妻子相見，唯給[6]獠婢二人驅使[112]，連坐[113]者百餘人。秀上表摧[114]謝，且[7]曰：「伏願慈恩，賜垂矜愍[115]，殘息[116]未盡之間，希與瓜子[117]相見。請賜一穴，令骸骨有所。」瓜子，其愛子也。上因下詔數其十罪，且曰：「我今[8]不知楊堅、楊諒是汝何親？」後乃聽與其子同處。

初，楊素嘗以少譴[118]敕送南臺[119]，命治書侍御史[120]柳彧治之。素恃貴，坐彧牀。彧從外來見之[9]，於階下端笏整容[121]謂素曰：「奉敕治公之罪！」素遽下。彧據案而坐，立素於庭，辨詰事狀[122]。素由是銜之。蜀王秀嘗從彧求李文博[123]所撰治道集，彧與之，秀遺彧奴婢十口。及秀得罪，素奏彧以內臣交通諸侯[124]，除名為民，配戍[125]懷遠鎮[126]。

帝使司農卿[127]趙仲卿往益州窮按秀事，秀之賓客經過之處，仲卿必深文[128]致法，州縣長吏坐者太半[129]。上以為能，賞賜甚厚。

久之，貝州[130]長史裴肅[131]遣使上書，稱：「高熲以天挺[132]良才，元勳[133]佐命，為眾所疾，以至廢棄。願陛下錄其大功，忘其小過。又二庶人[134]得罪已久，寧無革心[135]？願陛下弘[136]君父之慈，顧天性之義，各封小國，觀其所為：若能遷善，漸更增益；如或不悛[137]，貶削[138]非晚。今者自新之路永絕，愧悔之心莫見，豈不哀哉？」書奏，上謂楊素曰：「裴肅憂我家事，此亦至誠[139]也。」於是徵肅入朝。太子聞之，謂左庶子張衡曰：「使勇自新，欲何為也？」衡曰：「觀肅之意，欲今如吳太伯、漢東海王[140]耳。」肅至，上面諭以勇不可復收之意而罷遣之。肅，俠之子也。

楊素弟約及從父文思[141]、文紀[142]、族父忌[143]並為尚書、列卿[144]，諸子無汗馬之勞，位至柱國、刺史。廣營資產，自京師及諸方都會[145]處，邸店[146]、碾磑[147]、便利田宅，不可勝數。家僮千數，後庭妓妾曳綺羅者以數千[10]。第宅華侈，制擬宮禁[148]。親故吏[149]布列清顯[150]。既廢一太子及一王，威權愈盛。朝臣有違忤[151]者，或至誅夷，有附會及親戚，雖無才用，必加進擢[152]。朝廷靡然[153]，莫不畏附。敢與素抗而不橈[154]者，獨柳彧及尚書右丞李綱、大理卿梁毗[155]而已。

始，毗為西寧州[156]刺史，凡十一年，蠻夷酋長皆以金多者為豪雋[157]，遞相[158]攻奪，略無寧歲，毗患之。後因諸酋長相帥[159]以金遺毗，毗置金坐側，對之慟哭，而謂之曰：「此物飢不可食，寒不可衣，汝等以此相滅，不可勝數，今將此來，欲殺我邪？」一無所納[160]。於是蠻夷感悟，遂不相攻擊。上聞而善之，徵為大理卿，處法平允[161]。

毗見楊素專權，恐為國患[162]，乃上封事[163]曰：「臣聞臣無有作威作福，其害于而家，凶于而國。竊見左僕射越國公素，幸遇[164]愈重，權勢日隆，搢紳[165]之徒，屬其視聽[166]。忤意〔11〕者嚴霜夏零[167]，阿旨[168]者膏〔12〕雨冬澍[169]。榮枯由其脣吻[170]，廢興候其指麾。所私皆非忠讜[171]，所進咸是親戚，子弟布列，兼州連縣[172]。天下無事，容息異圖[173]，四海有虞[174]，必為禍始。夫姦臣擅命[175]，有漸[176]而來，王莽[177]資之於積年，桓玄[178]基之於易世[179]，而卒殄漢祀[180]，終傾晉祚[181]。陛下若以素為阿衡[182]，臣恐其心未必伊尹也。伏願揆鑒[183]古今，量為處置，俾洪基永固，率土幸甚！」書奏，上大怒，收毗繫獄[184]，親詰之。毗極言「素擅寵弄權[185]，將領之處，殺戮無道[186]。又太子及〔13〕蜀王罪廢之日，百僚無不震竦[187]，唯素揚眉奮肘[188]，喜見容色，利國家有事以為身幸[189]。」上無以屈，乃釋之。

其後上亦寖疏忌素，乃下敕曰：「僕射，國之宰輔[190]，不可躬親[191]細務，但三五日一向省，評論大事。」外示優崇[192]，實奪之權也。素由是終仁壽之末，不復通判[193]省事。出楊約為伊州[194]刺史。素既被疏，吏部尚書柳述益用事，攝兵部尚書，參掌機密[195]，素由是惡之。

太子問於賀若弼曰：「楊素、韓擒虎、史萬歲皆稱良將，其優劣何如？」弼曰：「楊素猛將，非謀將[196]；韓擒虎鬭將，非領將[197]；史萬歲騎將[198]，非大將[199]。」太子曰：「然則大將誰也？」弼拜曰：「唯殿下所擇！」弼意自許[200]也。

交州[201]俚[202]帥李佛子作亂，據越王故城[203]，遣其兄子大權據龍編城[204]，其別帥李普鼎據烏延城[205]。楊素薦瓜州[206]刺史長安劉方[207]有將帥之略，詔以方為交州道行軍總管，統二十七營而進。方軍令嚴肅，有犯必斬，然仁愛士卒，有疾病者親臨撫養，士卒亦以此懷之。至都隆嶺[208]，遇賊，擊破之。進軍臨佛子營，先諭以禍福。佛子懼，請降，送之長安。

【章　旨】以上為第五段，寫仁壽二年（西元六〇二年）的政事變故。獨孤皇后去世，蜀王楊秀被廢，奸臣楊素被疏遠。

【注　釋】❶己亥　三月二十一日。❷思力俟斤　即阿勿思力俟斤可汗。當時突厥內部分為多部，此為各部可汗之一。❸河　指黃河。❹及之　指楊素軍追上了突厥兵。❺越逸　四散逃亡。逸，逃散。❻候　等到；待。❼頓舍　安頓休息。頓，止息；停止。❽趣　催促。❾遁　逃走。❿寇抄　抄掠。⓫柳述　字隆業，河東解（今山西運城市西南解州鎮）人，柳機之子。仕隋，官至兵部尚書。傳附《隋書・柳機傳》、《北史・柳則傳》。⓬蘭陵公主　字阿五，隋文帝第五女。傳見《隋書》卷八十、

《北史》卷九十一。⑬怙寵　恃寵。怙，依靠；倚仗。⑭屬　類；輩。⑮符璽直長　官名，門下省符璽局官員，掌符璽。⑯韋雲起　（？—西元六二六年）雍州萬年（今陝西西安南）人，歷仕隋、唐，官至司農卿。傳見《舊唐書》卷七十五、《新唐書》卷一百三。⑰驕豪　驕橫。豪，強橫。⑱徒以主壻　只因為是公主的丈夫。徒以，僅因為。主壻，公主的丈夫。⑲物議　眾人的議論。⑳甚然　很以為然。㉑藥石　藥物總稱。㉒丙戌　七月初十日。㉓通事舍人　官名，隋屬內史省，掌呈奏案章。㉔瓌偉　相貌魁異。㉕膽氣　膽量和勇氣。㉖以惡終　以惡終其身。㉗西爨　史稱「南寧夷」，生活在今雲南曲靖一帶。其首領爨翫曾多次起兵反隋。㉘楊武通　弘農華陰（今陝西華陰）人，官至左武衛大將軍。傳附《隋書・劉方傳》、《北史・劉方傳》。㉙行軍司馬　武官名，掌軍政，權任很重。㉚任非其人　用人不當。㉛毛間蟲　指藏在毛裡的寄生蟲。㉜損食　傷害蠶食。損，損害；傷害。㉝奢僭　奢侈僭越。僭，越分。㉞渾天儀　古代觀測天體位置的儀器，類似今天的天球儀。㉟乘輿　指皇帝所乘坐的車子。㊱以讒廢　因被別人說壞話而被廢黜。㊲徵秀　徵召蜀王楊秀還京。㊳謝病不行　託辭有病不啟程。㊴源師　字踐言，河南洛陽（今河南洛陽）人，歷仕周、隋，官至刑部侍郎。傳見《北齊書》卷四十三、《隋書》卷六十六、《北史》卷二十八。㊵忝參　愧列。忝，有愧於。㊶府幕　王府幕僚。㊷追王　催促王入京。㊸淹　久留；滯留。㊹遷延　拖延。㊺雷霆　比喻嚴厲。㊻一介　一人。㊼戊子　七月十二日。㊽獨孤楷　本姓李，賜姓獨孤氏，字修則，本籍不詳。歷仕周、隋，官至益州總管，封汝陽郡公。傳見《隋書》卷五十五、《北史》卷七十三。㊾馳傳　駕驛站車馬急行。㊿諷諭　用委婉的話進行勸說。(51)勒兵　指揮軍隊；統率軍隊。(52)甲子　八月十九日。(53)哀慟絕氣　悲痛得斷了氣。慟，極其悲痛。(54)溢　同「鎰」。古代計量單位。二十兩（古一斤為十六兩）為一鎰。(55)脯鮓　乾肉稱脯，經過加工製成的魚肉稱鮓。(56)箒　竹筒。(57)襆　包袱；巾帕。(58)著作郎　官名，屬祕書省，專掌編修史書。(59)妓樂　歌舞奏樂。妓，歌舞女藝人。(60)大行皇后　指未安葬的獨孤皇后。大行，古代臣下諱言帝王死亡，用大行（一去不返）指代。(61)祕記　指讖緯之類的書籍。(62)菩薩　梵語，指能普濟眾生的佛教徒，次於佛。菩，普。薩，濟。(63)金銀花　忍冬花的別稱，藥草。藤生，冬天不凋謝。(64)大寶殿　寢殿，在仁壽宮中。(65)卯時　指早晨五至七時。(66)永安宮　隋永安宮在今重慶市奉節城中。(67)五更　天將亮時。(68)奄然　忽然。(69)升遐　升天。指帝王之死。此指獨孤皇后之死。(70)丙戌　九月十一日。(71)癸丑　十月九日。(72)楊達　（西元五五一—六一二年）字士達，隋文帝族子。歷仕周、隋，官至納言。傳附《隋書・觀德王雄傳》、《北史・楊紹傳》。(73)甲申　閏十月十日。(74)五禮　指吉禮、凶禮、軍禮、賓禮、嘉禮。(75)蕭吉　（？—西元六一四年）字文休，梁武帝兄長沙宣武王懿之孫，梁亡，入北，歷仕周、隋，官至上儀同三司。精通陰陽算術，著《金海》三十卷、《葬經》六卷、《樂譜》二十卷等。傳見《隋書》卷七十八、《北史》卷八十九。(76)吉處　吉祥的葬地。(77)高緯　北齊後主，西元五六五—五七六年在位。事見《北齊書》卷八、《北史》卷八。(78)我弟不當戰沒　隋文帝弟楊整從周武帝伐齊，戰死并州（今山西太原）。(79)宇文左率　即宇文述，時為左衛率。(80)山陵　帝王陵墓。(81)御天下　君臨天下。御，統治；駕御。(82)識　記。(83)壬寅　閏十月二十八日。(84)獻皇后即獨孤皇后，諡曰獻。(85)平戎定寇　平定戎狄寇賊。(86)別封　另封。(87)邑　食邑。食邑之內，編戶把租稅上繳給食封之人。(88)使使　派遣使者。前「使」為動詞，後「使」為名詞。(89)切讓　嚴厲責備。讓，責備。(90)庭謝　在朝廷謝罪。庭，通「廷」。朝廷。(91)糜費　浪費。糜，通「靡」。浪費。(92)父道　為父之道；做父親的原則。(93)君道　為君之道；做君主的原則。(94)繩制裁。(95)庶人勇　即廢太子楊勇。(96)見子　現有的兒子。見，同「現」。(97)耿介　正直；守志不趨時。介，耿直。(98)斬秀於市　在鬧市行刑，即公開處死刑。市，市場。長安有東、西兩市。(99)推治　審查治罪。推，推究。(100)偶人　用土木製成的人像。(101)縛　捆綁。(102)杻械　手銬腳鐐。杻，刑具名。(103)西嶽　五嶽之一，即華山。在今陝西華陰南。(104)如此形狀　即如縛手釘心、帶著刑具的偶人那樣。(105)散蕩　散開。(106)徵祥　吉祥的預兆。徵，同「禎」。(107)檄文　古代用於申討的文書。(108)集文集。(109)癸巳　十二月二十日。(110)幽之　把他幽閉。(111)內侍省　官署名，中央官署，管領內侍、內常侍等官。(112)驅使　使喚。(113)連坐　謂受株連而被判罪。(114)摧　悲傷哀痛。(115)垂矜愍　降下憐憫之心。垂，降下。(116)殘息　僅存的喘息。指臨近死亡。(117)瓜子　《隋書》卷四十五〈文四子傳〉「瓜」作「爪」，《北史》同。(118)少譴　小罪。譴，罪過。(119)南臺　即御史臺。朝堂在北，臺省皆在南，故尚書省稱南省，御史臺稱南臺。(120)治書侍御史　官名，唐以後稱御史中丞，掌糾察百官過失。(121)整容整理衣飾，態度端莊認真。(122)辨詰事狀　審問罪狀。辨詰，分辨追問。事狀，罪狀。(123)李文博　博陵（今河北定州）人，仕隋，官至校書郎。好讀書，著《治道集》十卷。傳見《隋書》卷五十八、《北史》卷八十三。(124)彧以內臣交通諸侯　柳彧身為朝中大臣與諸侯王交通，違反禁令。中國古代歷代專制帝王均禁止大臣與諸侯王交通，犯此為大逆罪。內臣，宮廷內的臣僚。諸侯，楊秀時封為蜀王，鎮定一方，故稱為諸侯。(125)配戍　因罪被流放邊疆戍守。(126)懷遠鎮　地名，故址在今遼寧遼中境。(127)司農卿　官名，司農寺長官，掌農林倉廩。(128)深文　援用法律條文，苛細周納，以治人罪。(129)坐者太半　獲罪的人超過半數。(130)貝州　州名，治所清河縣，在今河北清河縣東北。(131)裴肅　字神封，河東聞喜（今山西聞喜）人，歷仕周、隋，官至貝州長史。傳見《周書》卷三十五、《隋書》卷六十二、《北史》卷三十八。(132)天挺　猶言天生。挺，拔。(133)元勳　首功。(134)二庶人　指被廢為庶人的原太子楊勇和蜀王楊秀。(135)革心　謂洗心改過。(136)弘　通「宏」。光大；弘揚。(137)悛　悔改。(138)貶削貶職和削去爵位。貶，降職。(139)至誠　極為忠誠。至，極；大。(140)漢東海王　光武帝之子劉彊，郭皇后所生。先立為太子，後因郭后被廢，心裡不安，遂辭去太子位，備位藩國。光武帝以其無罪，又去就有禮，故封為東海王。事見《後漢書》卷四十二〈光武十王傳〉。141文思　字溫才，楊素從叔。歷仕周、隋，官至納言。傳附《隋書・楊素傳》、《北史・楊敷傳》。142文紀　字溫範，歷仕周、隋，官至荊州總管。傳附《隋書・楊素傳》、《北史・楊敷傳》。143忌　《隋書》卷四十六作「異」，《北史》同。疑「異」字是。異，即楊異，字文殊，歷仕周、隋，官至刑部尚書。傳見《隋書》卷四十六、《北史》卷四十一。144列卿　指在九卿之列。145都會　大城市。146邸店　古代兼具貨棧、商店、客舍性質的市肆。147碾磑　利用水力，使水磨的機械裝置自然轉動，可以作灌溉及糧食加工之用。碾，即石碾。磑，石磨。148制擬宮禁　規制比擬皇宮。宮禁，皇帝居住的地方，宮中禁衛森嚴，臣下不得任意出入，故稱宮禁。149親故吏　《隋書》卷四十八〈楊素傳〉作「親戚故吏」，此脫「戚」字。150清顯　政事清簡而職位顯要之官。151違忤　背犯；違反。152進擢　進用和提拔。擢，提升。153靡然　趨附的樣子。靡，披靡。154橈　屈從。155梁毗　（？—西元六一〇年）字景和，安定烏氏（今甘肅涇川縣東北）人，歷仕周、隋，官至刑部尚書。傳見《隋書》卷六十二、《北史》卷七十七。156西寧州　州名，治所越巂縣，在今四川西昌。157豪雋　豪傑。雋，通「俊」、「儁」。才智出眾。158遞相　互相。遞，交替。159帥　通「率」。160納　收受。161處法平允　執法公平而允當。處法，執法。162國患　國家的大患。163上封事　向皇帝呈密封的奏章。164幸遇　得到皇帝的寵遇。165搢紳　士大夫。搢紳原指把笏插於衣帶間，後代指士大夫。搢，插。紳，衣帶。166屬其視聽　謂百官視聽繫於楊素，全聽從楊素指揮。167零　凋落。168阿旨　迎合旨意。169澍　降。170脣吻　言辭；說句話。171忠讜　忠誠正直。172兼州連縣　連州跨縣，形容地面廣闊。兼，併。173容息異圖　或許停止反叛的圖謀。174虞　憂慮。175擅命　擅自發號施令，不受節制。176有漸　逐漸；漸進。177王莽　西漢末年外戚，逐漸專權擅命，最後代漢而稱帝。詳見《漢書》卷九十九。178桓玄　東晉後期權臣，曾舉兵作亂，被殺。詳見《晉書》卷九十九、《魏書》卷九十七。179易世　即易代，不止一代之意。180漢祀　指西漢政權。祀，祭祀。181晉祚　東晉政權。祚，皇位。182阿衡　商代之官名。伊尹曾為阿衡，輔佐國政。引申為輔佐帝王，主持國政。183揆鑒　鑑戒。揆，測度。184繫獄　囚禁於牢獄。繫，拘囚。185擅寵弄權　憑藉皇帝寵信而專擅權柄。擅寵，特受寵信。弄權，玩弄權勢。186無道　殘暴；無德政。187震竦　震驚恐懼。188揚眉奮附　形容洋洋得意的樣子。189身幸　本人的幸運。190宰輔　輔政大臣。一般指宰相或三公。191躬親　親身去做。躬，親自。192優崇　優待尊崇。193通判　全面管理。通，全部。判，治理。194伊州　州名，治所伏流縣，在今河南嵩縣東北。195參掌機密　參與國家機密大事，職掌同宰相。196謀將　指有謀略的將領。197領將　統率全軍的將領。198騎將　騎兵將領。199大將　此指智勇雙全、可獨當一面的高級將領。200自許　自己認可自己。201交州　州名，治所交趾縣，在今越南河內。❷⓪❷俚　古代對黎族的稱呼。❷⓪❸越王故城　地名，大概是秦、漢間駱越之王所築。故址不詳。❷⓪❹龍編城　即龍編縣城。故址在今越南北寧仙遊。❷⓪❺烏延城　地名，故址不詳。❷⓪❻瓜州　州名，治所敦煌縣，在今甘肅敦煌西。❷⓪❼劉方　（？—西元六〇五年）京兆長安（今陝西西安）人，歷仕周、隋，官至瓜州刺史。傳見《隋書》卷五十三、《北史》卷七十三。❷⓪❽都隆嶺　地名，故址不詳。

【校　記】1陛下為　原作「為陛下」。據章鈺校，甲十一行本、乙十一行本、孔天胤本皆作「陛下為」，今據改。2外　原無此字。據章鈺校，甲十一行本、乙十一行本、孔天胤本皆有此字，張敦仁《通鑑刊本識誤》同，今據補。3曰　原作「云」。據章鈺校，甲十一行本、乙十一行本、孔天胤本皆作「曰」，今據補。4獻皇后　原作「文獻皇后」。據章鈺校，甲十一行本、乙十一行本皆無「文」字，熊羅宿《胡刻資治通鑑校字記》同，今據刪。按，《隋書・高祖紀下》、《北史・高祖文帝紀》皆無「文」字。5神兵　原無此二字。據章鈺校，甲十一行本、乙十一行本、孔天胤本皆有此二字，張敦仁《通鑑刊本識誤》同，今據補。按，《隋書・庶人秀傳》、《北史・庶人楊秀傳》皆有此二字。6給　原無此字。據章鈺校，甲十一行本、乙十一行本、孔天胤本皆有此字，今據補。按，《隋書・庶人秀傳》、《北史・庶人楊秀傳》皆有此字。7且　原無此字。據章鈺校，甲十一行本、乙十一行本、孔天胤本皆有此字，張敦仁《通鑑刊本識誤》同，今據補。8今　原無此字。據章鈺校，甲十一行本、乙十一行本、孔天胤本皆有此字，今據補。按，《隋書・庶人秀傳》、《北史・庶人楊秀傳》皆有此字。9見之　原無此二字。據章鈺校，甲十一行本、乙十一行本、孔天胤本皆有此二字，張敦仁《通鑑刊本識誤》同，今據補。按，《隋書・柳彧傳》有此二字。10數千　原作「千數」。據章鈺校，甲十一行本、乙十一行本、孔天胤本二字皆互乙，張敦仁《通鑑刊本識誤》同，今據改。11意　原作「旨」。據章鈺校，甲十一行本、乙十一行本、孔天胤本皆作「意」，張敦仁《通鑑刊本識誤》同，今據改。12膏　原作「甘」。據章鈺校，甲十一行本、乙十一行本、孔天胤本皆作「膏」，今據改。按，《隋書・梁毗傳》作「膏」。13及　原無此字。據章鈺校，甲十一行本、乙十一行本、孔天胤本皆有此字，張敦仁《通鑑刊本識誤》同，今據補。

【語　譯】二年（壬戌　西元六〇二年）

春，三月二十一日己亥，隋文帝臨幸仁壽宮。

突厥思力俟斤等人南渡黃河，擄掠啓民部落男女六千人、各種牲畜二十多萬頭而後離去。楊素率領各路大軍追擊，轉戰六十多里，大敗思力俟斤。突厥人向北逃跑，楊素又進軍追擊，夜裡，追上了突厥兵。楊素怕敵人四散逃跑，便命令他的騎兵稍稍拉開與前面敵人的距離，自己親率兩名騎兵和兩名投降的突厥人與敵軍一起行進，敵人沒有發覺。等到敵人停下住宿還沒有安頓下來，急令後面的騎兵突然襲擊，把突厥兵打得大敗，得到全部被俘的人口與牲畜歸還啟民可汗。從此突厥人遠遠逃離，大漠南邊再沒有突厥人抄掠。楊素因為這次戰功，他的兒子楊玄感被進爵柱國，楊玄縱被賜爵淮南公。

兵部尚書柳述，是柳慶的孫子，娶隋文帝第五女蘭陵公主，他仗恃皇帝寵愛，任性霸道，連楊素他們都屈居其下。隋文帝問符璽直長萬年人韋雲起：「宮外有不便說的事，你可以說一說。」柳述當時陪坐在旁邊，韋雲起奏說：「柳述驕橫放縱，沒辦過大事，兵機重事，他擔當不起，只因是皇上的女婿，於是擔任了要職，臣擔心輿論認為陛下會『用人不擇賢，專門偏心所愛的人』，這是最不便說的事。」隋文帝非常贊同韋雲起的話，回頭對柳述說：「韋雲起說的話，是你治病的良藥，你應當把他當做你的良師益友。」秋，七月初十日丙戌，隋文帝下詔讓朝內朝外的官員推薦自己瞭解的賢才，柳述薦舉韋雲起，隋文帝任命韋雲起為通事舍人。

益州總管蜀王楊秀，容貌魁偉，有膽量有勇氣，愛好練武。隋文帝常常對獨孤皇后說：「楊秀一定以惡終其身，我在世的時候當然不必擔心，等到他們兄弟當政時，楊秀肯定要反叛。」大將軍劉噲討伐西爨時，隋文帝命令上開府儀同三司楊武通率領軍隊隨後跟進。楊秀派他的寵信弄臣萬智光擔任楊武通的行軍司馬，隋文帝認為楊秀任用的人不合適，責備他，便對群臣說：「破壞我的法度的，是我的子孫。這好比猛虎，別的動物傷不了牠，反倒被牠自身皮毛間的小蟲子所損害。」於是減少了楊秀統領的軍隊數量。

自從長史元巖去世後，楊秀逐漸奢侈違規，製造天子用的渾天儀，又捕捉了很多的山居獠人充當宦官，車馬服飾，仿照皇上的儀仗。

等到太子楊勇因為讒言而被廢黜，晉王楊廣做了太子，楊秀心裡很不平。太子楊廣擔心楊秀最終成為後患，暗中讓楊素找他的過錯讒害楊秀。隋文帝便徵召楊秀入朝，楊秀遲疑不決，想假託有病不啟程。總管司馬源師進諫，楊秀板著臉說：「這是我的家事，與你有什麼相干？」源師流著眼淚回答說：「源師忝列王府幕僚，怎敢不盡忠心？聖上有敕令催促大王，已經滯留很長時間了，如今還在拖延不動身。百姓不瞭解大王，的心意，如果產生非議，朝廷內外猜疑震驚，皇上頒下震怒的詔書，再派出一個使臣來，大王將怎麼解釋清楚呢？希望大王深思熟慮！」朝廷擔心楊秀發生變故，七月十二日戊子，隋文帝任命原州總管獨孤楷為益州總管，乘驛站車馬快速去接替楊秀。獨孤楷到了益州，楊秀仍不願意啟程，獨孤楷勸說了很長時間，楊秀才上了路。獨孤楷觀察楊秀啟程後又有後悔之意，便部署軍隊，做了防備。楊秀走了四十多里，打算返回襲擊獨孤楷，偵察得知他已有了防備，這才停止。

八月十九日甲子，獨孤皇后逝世。太子楊廣當著皇上和宮女宦官的面悲痛欲絕，彷彿承受不了喪事一樣，可是住到自己房中，吃喝談笑和平時一樣。又，楊廣每天早上使人只送進房中兩溢米，而暗中卻命人從外邊把肥肉、乾肉、醃魚等，放在竹筒裡，用蠟封口，用巾帕裹著送進房中。

著作郎王劭上奏說：「佛經說：『人的靈魂應當升天的和進入極樂世界時，天上的佛會大放光明，使用香花和女子樂舞來迎接。』臣私下認為，大行皇后的福緣善果、禎祥符瑞，在各種祕籍裡都有記載，都說是妙善菩薩。臣謹慎考慮，八月二十二日，仁壽宮內再次從天上降下金銀花。二十三日，大寶殿後面夜晚出現神光。二十四日卯時，永安宮北面出現各種天樂，響徹空中。到了夜晚五更，忽然如入夢境，皇后隨即升天，與佛家經文所說的，事事全都符合驗證。」皇上看了奏章悲喜交加。

九月十一日丙戌，皇上從仁壽宮回到京師。

冬，十月初九日癸丑，任命工部尚書楊達為納言。楊達，是楊雄的弟弟。

閏十月初十日甲申，詔令楊素、蘇威和吏部尚書牛弘等修訂五禮。

隋文帝命令上儀同三司蕭吉替獨孤皇后選擇葬地，選得一處吉地，上奏說：「占卜年代，隋朝可享年二千歲；占卜世代，皇家可傳二百代。」隋文帝說：「吉凶由人，不在於地。高緯埋葬父親，難道沒有占卜選擇葬地嗎？不久國家就滅亡了。正如我家的墓地，如果說不吉利，朕就不該為天子；如果說不凶險，我弟弟就不該戰死。」然而最終還是聽從了蕭吉的意見。蕭吉退出，告訴族人蕭平仲說：「皇太子派左衛率宇文述深深感謝我說：『你以前說我當為太子，竟然應驗了，我終究不會忘記的。現今占卜選擇皇后葬地，務必讓我早日即位，我即位之後，一定用富貴報答你。』我告訴他說：『四年以後，太子要統治天下。』如果太子當政，隋朝恐怕就要滅亡了吧？我先前騙他說『占卜年代，隋朝可享二千年』，其實是三十兩字；『占卜世代，皇家可傳二百世』，是取能傳二世的意思。你記住這件事！」

閏十月二十八日壬寅，在太陵安葬了獻皇后。隋文帝下詔，因為「楊素辦理喪事，辛苦尋找吉地，他的這分心意至誠至孝，那平定夷狄寇賊的功勞怎能與此相比？可另外封一個兒子為義康公，食邑一萬戶。」並賞賜田地三十頃，絹一萬段，米一萬石，另外還有與這價值相當的金珠綾錦等物品。

蜀王楊秀到達長安，隋文帝見了他，不和他說話，第二天，派使者嚴厲譴責他。楊秀謝罪認錯，太子和幾個王也在殿庭上流淚陪罪。隋文帝說：「不久前秦王浪費財物，我以做父親的原則教訓他。現在楊秀殘害百姓，應當以為君之道制裁他。」於是把他交給執法官吏。開府儀同三司慶整進諫說：「庶人楊勇已經廢黜，秦王楊俊也死了，陛下現有的兒子不多，何必要這樣處置？蜀王生性很正直，現今受到嚴厲責罰，恐怕不會保全自己。」隋文帝大怒，要割掉慶整的舌頭，便對群臣說：「應當把楊秀在鬧市斬首，以向百姓謝罪。」於是命令楊素等人審查治罪。

太子楊廣暗中製作木偶人，用繩子綁了雙手，用鐵釘釘在心上，再加上枷鎖和腳鐐手銬，寫上皇上楊堅和漢王楊諒的姓名，還寫上「請求西嶽慈父聖母派神兵收楊堅、楊諒的魂魄，就像這個樣子，不要讓他們四處遊蕩。」祕密埋在華山腳下，由楊素把它挖出來。又指控楊秀膽大妄為，引述圖讖，聲稱京師有妖怪，捏造蜀地有吉祥徵兆，還製作了檄文，說到時追究罪責，把這篇檄文收進楊秀的文集中，全部上奏皇上。隋文帝說：「天下難道有這樣的事？」十二月二十日癸巳，廢黜楊秀為庶人，囚禁在內侍省，不讓與妻子兒子相見，只派兩個獠人婢女供驅使，株連判罪的有一百多人。楊秀呈上奏表，悲傷哀痛地謝罪，並說：「懇求陛下慈悲施恩，賜下憐憫，在我苟延殘喘之時，希望和瓜子相見。請求賜一個墓穴，讓屍骨有一個處所。」瓜子是楊秀的愛子。隋文帝於是下詔書列舉楊秀十條罪狀，並說：「我現在不知道楊堅、楊諒是你的什麼親人？」後來才讓楊秀和他的兒子住在一起。

當初，楊素曾因小過錯被敕令送到御史臺，命治書侍御史柳彧治罪。楊素依仗貴寵，坐在柳彧床上。柳彧從外面進來看到楊素這樣，在臺階下端持笏板，整理衣飾，對楊素說：「奉皇上敕令治你的罪！」楊素立即下床。柳彧坐在文案後面，讓楊素站在廳堂上，查問案情。楊素從此懷恨在心。蜀王楊秀曾經向柳彧索要李文博所撰《治道集》，柳彧給了楊秀，楊秀送給柳彧十個奴婢。等到楊秀獲罪，楊素奏告柳彧身為朝內大臣交通諸侯，罷官除名，貶為平民，發配到懷遠鎮戍邊。

隋文帝派司農卿趙仲卿前往益州追查楊秀犯罪事實，凡是楊秀的賓客所到之處、所往來的人，趙仲卿一定苛刻地曲解法律條文陷人於罪，州縣長吏受牽連獲罪的有一大半。隋文帝認為趙仲卿能幹，賞賜很豐厚。

過了很久，貝州長史裴肅派遣使者上書，說：「高熲以天生的優異才能，成為開國元勳，遭到眾人的嫉妒，以至於被免官除名。希望陛下念他的大功，忘記他的小過。另外，楊勇、楊秀兩人獲罪已經很久了，怎麼會沒有悔過自新？希望陛下發揚君父的慈愛，念及父子的情義，各封他們一個小國，觀察他們的作為：如果能夠改過向善，就逐漸增加封邑；如果仍不悔改，再貶黜削奪也不遲。如今是改過自新之路永遠斷絕，他們慚愧悔恨的心意沒法表現，豈不令人悲哀？」上書奏報後，隋文帝對楊素說：「裴肅憂慮朕的家事，這也是至誠之心。」於是徵召裴肅入朝。太子楊廣聽到消息，對左庶子張衡說：「讓楊勇自新，想幹什麼？」張衡說：「看來裴肅的意思，是想讓楊勇做周時的吳太伯、漢代的東海王罷了。」裴肅到了京師，隋文帝當面把楊勇不可能再做太子的原因告訴裴肅，然後打發他回去。裴肅，是裴俠的兒子。

楊素的弟弟楊約和叔父楊文思、楊文紀以及族叔楊忌都擔任尚書、列卿，他們的兒子沒有汗馬之勞，官位卻達到柱國、刺史。楊家大肆經營家產，從京城到地方各大都會，客店、磨房、上等的田產和宅第不計其數。家奴幾千個，庭院穿著拖地的綾羅綢緞的歌伎姬妾也有幾千人。宅第豪華奢侈，規模制度可以和皇宮相比。親戚和舊屬都安置高官顯位。當皇室廢黜了一個太子和一個王以後，楊素家族的聲威權勢更加顯赫。朝廷大臣敢冒犯楊素的人，有的被殺頭，甚至滅族，攀附楊素以及沾親帶故的人，即使沒有才幹，也一定得到升遷提拔。朝廷官隨風一邊倒，沒人不畏懼他、依附他。敢與楊素對抗不屈服的人，只有侍御史柳彧、尚書右丞李綱、大理卿梁毗而已。

當初，梁毗擔任西寧州刺史，共有十一年，當地的蠻夷酋長都以金子多的人為英雄豪傑，因此他們總是互相攻擊掠奪，簡直沒有安寧的日子，梁毗深感憂慮。後來，梁毗藉各酋長都給自己送金子的機會，把金子放在座位旁邊，對著金子痛哭，並對送金子的豪酋們說：「這東西飢餓的時候不能吃，寒冷的時候不能穿，你們為了它互相殘殺，死了無數的人，現在又拿這種東西來，想害死我嗎？」他一點金子也不收。於是蠻夷都受感化，從此不再互相殘殺。隋文帝聽說此事後十分稱讚，徵召梁毗為大理卿，他執法公平允當。

梁毗見楊素專權，擔心他成為國家的禍患，於是呈上一封密奏說：「臣聽說人臣不可以作威作福，那樣將要傷害家庭，毀滅國家。臣私下看到尚書左僕射越國公楊素，所受到的寵幸恩遇越來越重，權勢一天比一天隆盛，在朝做官的人，全都聽他指揮。冒犯他的，夏天也遭寒霜，迎合旨意的，冬季也降霖雨。是榮華富貴還是身敗名裂，全憑他口中一句話，飛黃騰達還是罷黜殺戮，就等他一揮手。他所寵愛的都不是忠誠正直的人士，他所薦舉提拔的人全是他的親戚，子弟遍布全國連州跨縣。天下太平無事，他們或許停止反叛的圖謀，天下有了可憂之事，他們必定成為禍亂之根源。奸臣專擅權力，是逐漸形成的，王莽憑藉多年的積累，桓玄依據兩代的基業，最終滅掉了西漢王朝，傾覆了晉朝皇位。陛下假若以楊素為輔佐，臣恐怕他的心未必能像伊尹。臣懇求陛下借鑑古今，酌情處置，使王朝大業永遠穩固，天下百姓就萬幸了！」密奏呈上，隋文帝大怒，把梁毗抓起來關進監獄，親自審問他。梁毗極力陳言「楊素依恃寵信，專擅用權，他率兵所到之處，屠殺平民，殘酷無道。此外太子和蜀王獲罪被廢的時候，百官無不震驚恐懼，只有楊素揚眉奮附，喜形於色，把朝廷的災難當做自己的幸事。」隋文帝沒有辦法使梁毗屈服，便釋放了他。

此後，隋文帝也逐漸疏遠猜忌楊素，便下敕令說：「尚書僕射，是國家的宰輔，不可以親自處理一些細事，只需三五天到一次尚書省，處理大事。」表面上顯示對楊素優禮尊崇，實際上是剝奪他的權力。楊素因此直到仁壽末年，都不再掌理尚書省政事。隋文帝還外放楊約為伊州刺史。楊素被疏遠之後，吏部尚書柳述愈益主政，他兼任兵部尚書，參與決策國家大事。楊素因此厭惡他。

太子詢問賀若弼說：「楊素、韓擒虎、史萬歲都被稱為良將，他們的優劣如何？」賀若弼回答說：「楊素是猛將，不是善於謀略的將領；韓擒虎是鬥將，不是統帥全軍的領將；史萬歲是騎將，不是大將。」太子說：「那麼大將是誰呢？」賀若弼叩拜說：「全靠殿下選擇！」賀若弼的意思是以大將自許。

交州俚人豪帥李佛子叛亂，佔據了越王故城，派遣他哥哥的兒子李大權佔據龍編城，他的部將李普鼎佔據了烏延城。楊素薦舉瓜州刺史長安人劉方有將帥的謀略。隋文帝下詔任命劉方為交州道行軍總管，統領二十七營軍隊進討。劉方軍令嚴肅，有犯必斬，但他愛護士兵，有生病的士兵，他親自撫慰調養，士兵們也因此擁戴他。劉方的軍隊到達都隆嶺，遭遇了敵兵，打敗了他們。進軍逼進李佛子的兵營，先向李佛子講明利害禍福關係。李佛子害怕了，請求投降，被押解到長安。

三年（癸亥　西元六〇三年）

秋，八月壬申❶，賜幽州總管燕榮❷死。榮性嚴酷，鞭撻❸左右，動至千數。嘗見道次❹叢荊❺，以為堪作杖，命取之，輒以試人。人或自陳❻無罪，榮曰：「後有罪，當免汝。」既而有犯，將杖之，人曰：「前日被杖，使君❼許以有罪宥❽之。」榮曰：「無罪尚爾，況有罪邪？」杖之自若。

觀州❾長史元弘嗣❿遷幽州長史，懼為榮所辱，固辭。上敕榮曰：「弘嗣杖十已上罪，皆須奏聞。」榮忿曰：「豎子⓫何敢玩我？」於是遣弘嗣監納倉粟，颺⓬得一糠一粃⓭，輒[1]罰之。每笞雖不滿十，然一日之中，或至三數。如是歷年，怨隙⑭日構⑮。榮遂收弘嗣付獄，禁絕其糧，弘嗣抽衣[2]絮雜水咽之。其妻詣闕稱冤，上遣使案驗⑯，奏榮暴虐，贓穢⑰狼籍。徵還，賜死。元弘嗣代榮為政，酷又甚之。

九月壬戌⑱，置常平官⑲。

是歲，龍門王通⑳詣闕獻太平十二策，上不能用，罷歸。通遂教授於河、汾之間㉑，弟子自遠至者甚眾，累徵不起㉒。楊素甚重之，勸之仕，通曰：「通有先人之弊廬足以庇[3]風雨，薄田㉓足以具飦粥㉔，讀書談道足以自樂。願明公正身以治天下，使時和年豐[4]，通也受賜多矣，不願仕也。」或譖通於素曰：「彼實慢公，公何敬焉？」素以問通，通曰：「使㉕公可慢，則僕㉖得矣；不可慢，則僕失矣：得失在僕，公何預焉？」素待之如初。

弟子賈瓊問息謗㉗，通曰：「無辯。」問止怨，曰：「不爭。」通嘗稱：「無赦㉘之國，其刑必平。重斂之國，其財必削㉙。」又曰：「聞謗而怒者，讒之囮㉚也。見譽而喜者，佞㉛之媒也。絕囮去媒，讒佞遠矣。」大業㉜末，卒于家，門人諡曰文中子㉝。

突厥步迦可汗所部大亂，鐵勒僕骨㉞等十餘部，皆叛步迦降於啓民。步迦眾潰，西奔吐谷渾。長孫晟送啓民置磧口㉟，啓民於是盡有步迦之眾。

【章旨】以上為第六段，仁壽三年（西元六〇三年）無大事，略記二三事：隋文帝懲治暴吏，楊素禮遇王通，西突厥眾潰。隋文帝賜令暴吏幽州刺史燕榮自裁，但繼任者暴虐更甚。由於隋文帝晚年為政暴虐，上行下效，雖然懲治了個別暴吏，但無濟於風氣的改變。

【注釋】❶壬申　八月初三日。❷燕榮　（？—西元六〇三年）字貴公，華陰弘農（今河南靈寶）人，歷仕周、隋，官至幽州總管。傳見《隋書》卷七十四、《北史》卷八十七。❸鞭撻　即鞭打。撻，打。❹道次　道路附近。次，處。❺叢荊　灌木荊。❻自陳　自己訴說。陳，說；述說。❼使君　漢以後對州郡長官的尊稱。❽宥　赦免。❾觀州　州名，治所東光縣，在今河北東光。❿元弘嗣　（西元五六五—六一三年）河南洛陽人，仕隋，官至殿內少監，金紫光祿大夫。傳見《隋書》卷七十四、《北史》卷八十七。⓫豎子　對人的鄙稱。猶言「小子」。⓬颺　揚起。⓭粃　同「秕」。中空或不飽滿的穀粒。⓮怨隙　怨恨隔閡。⓯日構　一天一天結怨。⓰案驗　審查；查驗。⓱贓穢　貪汙受賄。⓲壬戌　九月二十三日。⓳常平官　官名，掌義倉事。義倉於開皇初年設立，為賑濟災荒之用。⓴王通　（西元五八四—六一八年）字仲淹，絳州龍門（今山西河津西北）人，仕隋，官至蜀郡司戶書佐，後辭官以講學為業，並有著述。卒後門人私諡曰文中子。傳附《舊唐書・王勃傳》。㉑河汾之間　黃河、汾河之間的地區。大致在今山西新絳一帶。㉒累徵不起　朝廷屢次徵召，卻不出來做官。㉓薄田　土質瘠薄的土地。㉔餰粥　稠粥。餰，同「饘」。㉕使　假使。㉖僕　僕人。此是王通的謙稱。㉗息謗　使誹謗止息。㉘無赦　不實行大赦。㉙削　減少。㉚囮　鳥媒。原意是指用經過訓練的鳥引誘他鳥前來，伺機捕捉。引申為媒介、引誘。㉛佞言巧語。㉜大業　隋煬帝年號（西元六〇五—六一七年）。㉝文中子　王通死，弟子共議諡號。取《易經》「黃裳元吉，文在中也」之語，請諡曰文中子。㉞僕骨　突厥鐵勒族的一部，生活在獨洛河（即今土拉河，在蒙古烏蘭巴托以西）流域。㉟磧口　地名，在今內蒙古蘇尼特右旗西、中蒙交界處。

【校　記】①輒　原作「皆」。據章鈺校，甲十一行本、乙十一行本、孔天胤本皆作「輒」，張敦仁《通鑑刊本識誤》同，今據改。②衣　原無此字。據章鈺校，甲十一行本、乙十一行本、孔天胤本皆有此字，今據補。按，《隋書・酷吏・燕榮傳》、

《北史・酷吏・燕榮傳》皆有此字。③庇 原作「蔽」。據章鈺校，甲十一行本、乙十一行本、孔天胤本皆作「庇」，今據改。④使時和年豐 原作「時和歲豐」。據章鈺校，甲十一行本、乙十一行本、孔天胤本皆有「使」字，「歲」皆作「年」，今據改。按，《通鑑綱目》卷三六下作「使時和年豐」。

【語譯】三年（癸亥 西元六〇三年）

秋，八月初三日壬申，隋文帝賜死幽州總管燕榮。燕榮生性暴虐，鞭打左右的人，一打就是上千棍。他曾經看到路旁叢生的荊條，認為能做刑杖，派人砍伐回來，就拿人來試驗。被試驗的人有的自訴無罪，燕榮說：「以後有罪，可以免除你的杖刑。」不久那人犯罪，將要用刑杖打他，他說：「前些天被杖打，使君答應以後有罪就赦免我。」燕榮說：「沒有罪還遭了杖刑，何況有罪呢？」照樣施以杖刑。

觀州長史元弘嗣調任幽州長史，害怕遭受燕榮陵辱，堅決推辭。隋文帝敕令燕榮說：「元弘嗣犯了十棍以上的杖刑罪，都要事先奏報朝廷知道。」燕榮氣憤地說：「這小子怎膽敢戲耍我？」於是派元弘嗣監收倉庫粟米，如果從粟米中揚出一粒糠一粒秕，就要處罰他。每次責打雖然不滿十下，但是一天之中，有時連遭三五次杖刑。這樣過了一年，雙方的仇怨隔閡日益加深。燕榮於是逮捕元弘嗣關進監獄，斷絕糧米，元弘嗣抽取衣絮混合著水吞吃。他的妻子到宮闕喊冤，隋文帝派遣使者查驗，上奏燕榮暴虐，貪汙受賄非常嚴重。燕榮被徵召回朝，賜死。元弘嗣代替燕榮為幽州刺史，殘暴又超過了燕榮。

九月二十三日壬戌，設置常平官。

這一年，龍門人王通到宮闕進獻〈太平十二策〉，隋文帝沒有採納，王通作罷返回。王通於是在黃河、汾水之間講學授徒，學生從遠方到來的很多。朝廷多次徵召，他都不出來做官。楊素極為敬重他，勸他出來做官。王通說：「我王通有祖輩的破舊房屋可以遮風避雨，瘠薄的田地足以供我稠粥，讀書論道足以自樂。希望明公端正身心治理天下，使四時和順，年成豐收，那我王通所受到的恩賜就夠多了，不願意做官。」有人在楊素面前譖毀王通說：「他實際上是怠慢您，您為何還這樣敬重他？」楊素便問王通，王通說：「假使您是可以怠慢的，那麼我就有所得；假使您不可以怠慢，那麼我就有所失；得與失都在於我，與您有何干呢？」

楊素對待他一如既往。

學生賈瓊問怎樣才能止住誹謗，王通說：「不要辯解。」又問怎樣消除怨恨，王通說：「不要相爭。」王通曾經說：「不實行大赦的國家，它的刑法一定公平。橫徵暴斂的國家，它的財力必然削弱。」又說：「聽到誹謗就發怒的人，是招引讒言的媒介。聽到讚揚就歡喜的人，是招致諂佞的媒介。杜絕讒言的媒介，消除諂佞的媒介，讒言邪佞就會遠離而去。」大業末年，王通在家中去世，學生們送他一個諡號叫文中子。

突厥步迦可汗所統部落大亂，鐵勒僕骨等十多個部落都背叛步迦歸降啓民可汗，步迦部眾潰散，向西投奔吐谷渾。長孫晟護送啓民可汗把他安置在磧口，啓民可汗於是統領了步迦的部眾。

【研　析】本卷記西元六〇〇—六〇三年事，主要圍繞的是隋朝太子更替而進行。皇位繼承人之爭，歷代都不乏其事，而隋文帝末年廢立太子，卻有著鮮明的時代特色。

漢代而後，皇位繼承基本上按嫡長子繼承制度進行。繼承人更替，常常伴著帝王薄倖，太子母年老色衰、缺乏政治勢力的支持，皇帝移情別戀，寵愛後妃，並試圖將後妃立為皇后，後妃之子立為太子，這成為太子廢立的一個常見的原因。但隋文帝五個兒子，同為獨孤皇后所生，並不存在這樣的問題，文帝本人即曾說：「前世天子，溺於嬖幸，嫡庶分爭，遂有廢立，或至亡國；朕旁無姬侍，五子同母，可謂真兄弟也，豈有此憂邪！」歷代太子廢立，另一個重要原因，是皇帝老而昏庸，朝臣各自為政，紛紛在太子與諸王間選邊站隊，希望在皇位更替時撈取政治資本，如漢武帝末年、孫權後期的繼承人之爭，隋文帝廢立太子與此也不相同。太子廢立另一個重要原因便是太子失德，不足以擔當重任，皇帝為社稷江山計，決計廢立，這是卷中所記文帝廢太子楊勇、立晉王楊廣的重要依據，但又遠不是事實。下面結合當時社會與政治特徵，就太子廢立事，較深入地探討。

楊勇被廢，起因於其母親獨孤皇后的個人好惡，也就是因為獨孤皇后嚴格的忌妒性格。據《隋書・文獻獨孤皇后傳》，獨孤氏十四歲時嫁與楊堅，青年時二人感情甚為融洽，「誓無異生之子」。在西魏北周以來的政治中，獨孤氏家族地位顯赫，其父獨孤信為西魏首批柱國大將軍之一，獨孤氏姐姐為周明帝皇后，她與楊堅所生長女，為周宣帝皇后。作為女性，獨孤氏「柔順恭孝，不失婦道」，「頗仁愛，每聞大理決囚，未嘗不流涕。」應該說，儘管其家族「貴盛莫比」，但無論是作為楊堅的妻子，還是作為隋帝國的皇后，她都是相當稱職的。

但獨孤氏有著北朝女性共同的性格特徵：妒忌。《北齊書》卷二十八〈元孝友傳〉曾極言當時風氣：「婦人多幸，生逢今世，舉朝既是無妾，天下殆皆一妻。設令人強志廣娶，則家道離索，身事迍邅，內外親知，共相嗤怪。凡今之人，通無準節。父母嫁女，則教以妬。姑姊逢迎，必相勸以忌。以制夫為婦德，以能妬為女工。」在家庭生活中，女性明顯居於重要地位，特別是那些迎娶公主、權門女子的家庭，老公忍氣吞聲的史實，常見於史書記錄。隋文帝亦不例外。〈文獻獨孤皇后傳〉說：「性尤妬忌，後宮莫敢進御。尉遲迥女孫有美色，先在宮中。上於仁壽宮見而悅之，因此得幸。后伺上聽朝，陰殺之。上由是大怒，單騎從苑中而出，不由徑路，入山谷間二十餘里。高熲、楊素等追及上，扣馬苦諫。上太息曰：『吾貴為天子，而不得自由。』」作為皇后，獨孤氏雖然並不常參與國家大事，但「后每與上言及政事，往往意合，宮中稱為二聖」，楊堅很重視她的意見。正因如此，她的忌妒心理，影響便不止於家庭，而具有政治層面的意義。傳稱：「又以（高）熲夫人死，其妾生男，益不善之，漸加譖毀，上亦每事唯后言是用。后見諸王及朝士有妾孕者，必勸上斥之。時皇太子多內寵，妃元氏暴薨，后意太子愛妾雲氏害之。由是諷上黜高熲，竟廢太子，立晉王廣，皆后之謀也。」

太子楊勇「性寬厚，率意任情，無矯飾之行」，原本無甚過錯，獨孤氏因婦人妒忌之心，遷怒於長子「多內寵」。太子楊勇正妃去世後，寵愛妾雲氏，讓獨孤氏尤其難以忍受，她對楊廣等說：「每思東宮竟無正嫡，至尊千秋萬歲之後，遣汝等兄弟向阿雲兒前再拜問訊，此是幾許苦痛邪！」遂必廢之而後快，另立「乖巧」的次子楊廣為太子。在獨孤氏一步步推動下，楊堅越來越覺得太子不可信任，處處予以防範，最終加以廢黜。

太子廢立，與晉王楊廣努力爭取，想辦法討獨孤氏喜歡，並結援朝臣楊素等，有很大關係。值得注意的是，楊廣不只是通過宮廷運作謀取皇位繼承人，而且有著更深厚的政治背景，與文帝的統治策略相關。

文帝取周建隋以後，為鞏固楊氏皇位，分封諸子以屏藩。《隋書》卷六十二〈元巖傳〉說：「高祖初即位，每懲周代諸侯微弱，以致滅亡，由是分王諸子，權侔王室，以為磐石之固。」開皇元年，即以第四子楊秀為蜀王、益州刺史，總管二十二州諸軍事；開皇三年，又以第二子楊俊為秦州總管，「隴右諸州盡隸焉」；開皇十七年，又以第五子楊諒為并州總管，「自山以東，至于滄海，南拒黃河，五十二州盡隸焉」。楊廣為滅陳隋軍名義上的統帥，江南暴動被平定後，楊廣被任命為揚州總管，坐鎮揚州，總管江淮以南四十四州諸軍事，長達十年。

諸子分據要地，總管數十州軍政大權，拱衛中央，在文帝看來，足以保證無人敢覬覦楊氏天下。但這一個個總管區，無疑就是一個個地方小朝廷，隋朝統一的時間並不長，而分裂的歷史已有兩、三個世紀，隋政權不可能在短時間內消除造成分裂的政治勢力、心理觀念以及區域經濟差異，這些因素，加上皇位的極度誘惑，鎮守地方、手握大片疆土的宗王們，政治野心便不斷膨脹。據《隋書》卷四十五〈文帝四子傳〉，楊秀在蜀地，「車馬被服，擬於天子」，「重述木易之楊，更治成都之宮，妄說禾乃之名，以當八千之運」，幾乎要另立朝廷；楊諒在并州，「自以所居天下精兵之處」，遂「陰有異圖」；楊俊亦以「違犯制度」被廢為平民。如《隋書》卷六十一〈郭衍傳〉所說，楊廣在揚州，在極力爭奪太子之位的同時，還招徠南方亡國失意之士，「大修甲仗，陰養士卒。」做了奪太子位不成，便「據淮海，復梁、陳之舊」，建立割據政權的政治準備。

因此，獨孤氏妒忌心理的遷怒，楊堅聽從獨孤氏的意見，都只是文帝晚年繼承人危機產生的表面原因，更深層次的原因在於專制集權與「家天下」所引發的最高權力爭奪。如果太子楊勇未失愛於母，在文帝去世後得以順利即位，早有準備的楊廣勢不可能束手就縛，意味著國家內戰，甚至南北朝割據局面的再現。我們知道，楊廣當上皇帝後，并州總管楊諒便以山東之眾舉兵反抗，兄弟之間兵戎相見。古人多從道德的層面，哀楊勇之無辜、忿楊廣之虛偽，更從楊廣後來造成隋帝國崩潰的事實，指責其「奪嫡之謀」的非正當性。從權力爭奪的角度來說，成王敗寇，原本無所謂正義與非正義，楊勇身為太子，在與楊廣爭奪繼承人的鬥爭中，原本具有道義上、地位上的優勢，但最終敗下陣來，成為權力鬥爭的犧牲品，他當上皇帝後，很難說一定就比楊廣幹得更為出色，隋政權就一定能長治久安。

卷第一百八十

隋紀四

起閼逢困敦（甲子 西元六〇四年），盡彊圉單閼（丁卯 西元六〇七年），凡四年。

【題 解】本卷載述西元六〇四—六〇七年共四年史事，當隋文帝仁壽四年至隋煬帝大業三年。這是隋朝多事和盛衰轉折的一個時期。重大史事有：隋煬帝弒君弒父得以繼位；平定漢王楊諒的叛亂，國家遭受一次大浩劫，平叛後殺戮流放者達二十萬人；隋煬帝建東宮、修運河、築長城、巡遊江都、耀兵北疆、通西域，加之賞賜無節，都耗費了隋朝大量資財。由於當時天下承平，無內憂外患，尚能支撐。

高祖文皇帝下

仁壽四年（甲子 西元六〇四年）

春，正月丙午❶，赦天下。

帝將避暑於仁壽宮，術士章仇太翼固諫，不聽。太翼曰：「是行恐鑾輿❷不返！」帝大怒，繫之長安獄，期❸還而斬之。甲子❹，幸仁壽宮。乙丑❺，詔賞賜支度[6]，事無巨細[7]，並付皇太子。夏，四月乙卯[8]，上〔1〕不豫[9]。六月庚申[10]，赦天下。秋，七月甲辰[11]，上疾甚，臥與百僚辭訣[12]，並握手歔欷，命太子赦章仇太翼。丁未[13]，崩於大寶殿。

高祖性嚴重[14]，令行禁止。勤於政事〔2〕，每日聽朝，日昃[15]忘倦。雖嗇[16]於財，至於賞賜有功，即無所愛[17]。將士戰沒，必加優賞[18]，仍遣使者勞問[19]其家。愛養百姓，勸課[20]農桑[21]，輕傜薄賦[22]。其自奉養[23]，務為儉素[24]，乘輿御物[25]故弊[26]者，隨宜補用。自非享宴[27]，所食不過一肉。後宮皆服澣濯[28]之衣。天下化之，開皇、仁壽之間，丈夫率衣絹布，不服綾綺，裝帶不過銅鐵骨角，無金玉之飾。故衣食滋殖[29]，倉庫盈溢。受禪之初，民戶不滿四百萬，末年，踰[30]八百九十萬，獨冀州[31]已一百萬戶。然猜忌苛察[32]，信受[33]讒言，功臣故舊[34]，無始終保全者，乃至子弟，皆如仇敵，此其所短也。

初，文獻皇后既崩，宣華夫人陳氏[35]、容華夫人蔡氏[36]皆有寵。陳氏，陳高宗之女。蔡氏，丹楊人也。上寢疾於仁壽宮，尚書左僕射楊素、兵部尚書柳述、黃門侍郎元巖[37]皆入閤侍疾，召皇太子入居大寶殿。太子慮上有不諱[38]，須預防擬[39]，手自為書，封出問素，素條錄[40]事狀以報太子。宮人誤送上所[41]，上覽而大恚㊷。陳夫人平旦出更衣，為太子所逼㊸，夫人[3]拒之，得免，歸於上所。上怪其神色有異㊹，問其故。夫人泫然曰：「太子無禮！」上恚，抵㊺床曰：「畜生㊻何足付大事？獨孤誤我㊼！」乃呼柳述、元巖曰：「召我兒！」述等將呼太子，上曰：「勇也。」述、巖出閣為敕書。楊素聞之，以白太子，矯詔執述、巖，繫大理獄㊽。追東宮兵士帖㊾上臺宿衛，門禁出入，並取㊿宇文述、郭衍(51)節度。令右庶子張衡入寢殿侍疾，盡遣後宮出就別室。俄而上崩。故中外頗有異論(52)。陳夫人與後宮聞變(53)，相顧戰栗失色。晡後(54)，太子遣使者齎小金合，帖紙於際(55)，親署封字，以賜夫人。夫人見之，惶懼，以為鴆毒(56)，不敢發。使者促之，乃發，合中有同心結(57)數枚，宮人咸悅，相謂曰：「得免死矣！」陳氏恚而卻坐，不肯致謝。諸宮人共逼之，乃拜使者。其夜，太子烝(58)焉。

【章　旨】以上為第一段，寫隋文帝暴崩於仁壽宮，太子楊廣弒父弒君，烝淫陳夫人。

【注　釋】❶丙午　正月初九日。❷鑾輿　又稱鑾駕，指天子的車駕。❸期　限期。❹甲子　正月二十七日。❺乙丑　正月二十八日。❻支度　財政支出。❼巨細　大小。❽乙卯　四月丙寅朔，無乙卯。當是己卯之誤。己卯，四月十四日。❾不豫　天子有病稱不豫。❿庚申　六月乙丑朔，無庚申。按，《北史・隋本紀》作「庚午」，是。庚午，六月初六日。⓫甲辰　七月初十日。⓬辭訣　告別。訣，別。⓭丁未　七月十三日。⓮嚴重　嚴謹持重。⓯日昃　太陽偏西。⓰嗇　慳吝。⓱愛　捨不得；愛惜。⓲優賞　優厚的獎賞。優，豐厚。⓳勞問　慰問。問，問候。⓴勸課　勸勉考查。課，凡定有程式而試驗考核，均稱課。㉑農桑　農耕與蠶桑。指耕織。㉒輕傜薄賦　減輕勞役，收輕薄的賦稅。傜，勞役。賦，田地稅。㉓奉養　進奉供養。㉔務為儉素　力求節約樸素。㉕御物　御用之物。指天子用品。㉖故弊　破舊。故，陳舊。㉗享宴　宴會。享，宴會。㉘澣濯　洗滌。㉙滋殖　增殖。㉚踰　同「逾」。超過。㉛冀州　州名，治所信都縣，在今河北冀州。隋冀州包括信都、清河、遼西等三十一郡，兼有以前幽、并、營三州之地，故其戶數最多。㉜苛察　苛刻細究。㉝信受　聽信。㉞故舊　故交；老友。㉟宣華夫人陳氏　陳宣帝之女，陳滅，選入宮為嬪，封為宣華夫人。傳見《隋書》卷三十六、《北史》卷十四。㊱容華夫人蔡氏　丹陽（今江蘇南京）人，陳滅，選入宮，封為貴人，後加號容華夫人。傳見《隋書》卷三十六、《北史》卷十四。㊲元巖　河南洛陽（今河南洛陽）人，仕隋，官至黃門侍郎，封龍涸縣公。傳附《隋書・華陽王楷妃傳》、《北史・華陽王楷妃傳》。㊳不諱　死的婉詞。意為人死不可避免，無可忌諱。㊴防擬　猶言防備。㊵條錄　逐條記載。㊶上所　天子所居之處。㊷大恚　十分惱怒。恚，發怒。㊸逼　脅迫。此指意圖姦汙。㊹神色有異　臉色與平常不一樣。㊺抵　觸。㊻畜生　罵人的話。言其無識無禮，如同牛馬豬狗一樣。㊼獨孤誤我　獨孤皇后壞了我的大事。獨孤，指獨孤皇后。誤我，毀壞了我的大事。指廢立太子之事。㊽大理獄　大理寺所屬監獄。㊾帖　褌；褲。㊿取　受。(51)郭衍　（？—西元六一一年）字彥文，自稱太原介休（今山西介休）人，歷仕周、隋，官至左武衛大將軍。傳見《隋書》卷六十一、《北史》卷七十四。(52)頗有異論　多有不同的議論。(53)聞變　聽說有變故，指文帝被弒事。(54)晡後　晡時以後。晡，即下午三至五時。(55)際　指金盒縫口。(56)鴆毒　毒酒。鴆，傳說中一種有毒的鳥，其羽毛有劇毒，放在酒裡，飲後立即死亡。(57)同心結　用錦帶製成的菱形連環回文結，表示恩愛之意。(58)烝　下淫上稱烝。

【校　記】[1]上　原作「帝」。據章鈺校，十二行本、乙十一行本、孔天胤本皆作「上」，今據改。按，《通鑑紀事本末》卷二五作「上」。[2]勤於政事　原無此四字。據章鈺校，十二行本、乙十一行本、孔天胤本皆有此四字，今據補。按，《通鑑綱目》卷三六下有此四字。[3]夫人　原無此二字。據章鈺校，十二行本、乙十一行本、孔天胤本皆有此二字，今據補。按，《隋書・后妃・宣華夫人陳氏傳》、《北史・后妃下・隋文帝宣華夫人陳氏傳》皆有此二字。

【語　譯】高祖文皇帝下

仁壽四年（甲子　西元六〇四年）

春，正月初九日丙午，大赦天下。

隋文帝將要到仁壽宮去避暑，術士章仇太翼極力諫阻，隋文帝沒有聽從。章仇太翼說：「這次出行恐怕聖駕回不了京師！」隋文帝大怒，把章仇太翼關進長安的監獄，限定回京時斬首。正月二十七日甲子，隋文帝駕臨仁壽宮。二十八日乙丑，隋文帝下詔，賞賜和財政支出，事無巨細，全都交給太子楊廣處理。夏，四月乙卯日，隋文帝生病。六月庚申日，大赦天下。秋，七月初十日甲辰，隋文帝病重，臥床與百官訣別，並與大臣們握手嗚咽，命令太子楊廣赦免章仇太翼。十三日丁未，隋文帝在大寶殿去世。

隋高祖楊堅生性嚴謹持重，有令即行，有禁即止。勤勞政務，每天清早聽朝理政，到了太陽偏西仍不知疲倦。雖然吝嗇錢財，到了賞賜有功之臣時，卻無所愛惜。將士戰死，必加厚賞，並派使者慰問其家。他愛護百姓，勸勉農桑，輕徭薄賦。他自己的供給，力求節儉，乘坐的輿車以及日常用品破舊了的，還隨時修補再用。除了宴會，平時吃飯不超過一個肉菜。後宮嬪妃都穿洗過的衣服。全國風氣都受到感化，開皇、仁壽年間，男人們都穿用絹布，不服用綾羅綢緞，裝飾用品不過是銅鐵骨角，沒有用金銀珠玉之飾。所以百姓吃穿增加，國家倉庫充溢。隋文帝接受禪讓的初年，民眾戶口不滿四百萬，到了仁壽末年，超過了八百九十萬戶，僅冀州已有一百萬戶。然而隋文帝猜疑忌刻心太重，喜歡苛刻細究，聽信讒言，功臣故舊，沒有能保全始終的，甚至自己的子弟，也都有如仇敵，這是他的短處。

當初，獨孤皇后去世以後，宣華夫人陳氏、容華夫人蔡氏都受到隋文帝的寵幸。陳氏，是陳宣帝的女兒。蔡氏，是丹楊人。隋文帝臥病仁壽宮，尚書左僕射楊素、兵部尚書柳述、黃門侍郎元巖都進宮侍候，召來皇太子楊廣住進大寶殿。太子楊廣想到皇上萬一去世，必須預先作好應變防備，他親自寫了書信，密封送出來詢問楊素，楊素把各種情況及要採取的措施，一條條寫下來回覆太子。宮人把回信誤送到了隋文帝那裡，隋文帝看後十分氣憤。陳夫人天亮時出去換衣服，被太子逼迫，陳夫人抗拒，得以逃脫，回到隋文帝寢宮。隋文帝奇怪她神色失常，問她是什麼緣故，陳夫人流淚說：「太子非禮！」隋文帝大怒，用手捶床說：「這個畜生怎麼能交付給他國家大事？獨孤氏害了我！」便叫來柳述、元巖說：「召我兒！」柳述等人準備去喊太子，隋文帝說：「是勇兒。」柳述、元巖出了寢宮，撰寫敕書。楊素聽到消息，告訴了太子楊廣，假傳皇上詔令逮捕柳述、元巖，關進大理寺牢獄。急調東宮的兵士增補臺省宿衛，宮禁出入，全受宇文述、郭衍調度指揮。命令太子右庶子張衡進入寢宮侍候，把寢宮的宮女宦官全部送到其他房舍。一會兒，隋文帝崩逝。因此朝廷內外多有不同的議論。陳夫人與後宮宮女聽到變故，面面相覷，全身發抖，面無人色。晡時以後，太子派使者送來小金盒，接口處貼著紙條，太子親自題字簽封，用來賜給夫人。夫人看見小金盒，驚恐不安，以為是毒藥，不敢打開。使者催促她，她才打開，盒內有幾枚同心結，宮女們都很高興，互相說：「得以免死了！」陳夫人很氣憤，退後坐下，不肯答謝。宮女們一起逼迫她，才拜謝使者。當天夜裡，太子楊廣姦淫了陳夫人。

乙卯❶，發喪，太子即皇帝位。會伊州刺史楊約來朝，太子遣約入長安，易留守❷者，矯稱高祖❸之詔，賜故太子勇死，縊殺之。然後陳兵集眾，發高祖凶問❹。煬帝聞之，曰：「令兄❺之弟，果堪大任❻。」追封勇為房陵王，不為置嗣❼。

八月丁卯❽，梓宮❾至自仁壽宮，丙子❿，殯⓫于大興前殿⓬。柳述、元巖並除名，述徙龍川⓭，巖徙南海⓮。帝令蘭陵公主與述離絕，欲改嫁之。公主以死自誓，不復朝謁⓯，上表請與述同徙，帝大怒。公主憂憤而卒，臨終，上表請葬於柳氏，帝愈怒，竟不哭，葬送甚薄。

太史令袁充奏言：「皇帝即位，與堯受命⓰年合。」諷百官表賀⓱。禮部侍郎許善心議，以為「國哀⓲甫爾，不宜稱賀。」左衛大將軍宇文述素惡⓳善心，諷御史劾之，左遷⑳給事郎㉑，降品二等。

漢王諒有寵於高祖，為并州總管，自山㉒以東，至于滄海㉓，南距㉔黃河，五十二州皆隸焉，特許以便宜從事，不拘㉕律令。諒自以所居天下精兵處，見太子勇以讒廢，居常怏怏㉖，及蜀王秀得罪，尤不自安，陰蓄異圖。言於高祖，以「突厥方彊，宜修武備㉗。」於是大發工役，繕治㉘器械，招集亡命㉙，左右私人殆將㉚數萬。突厥嘗寇邊，高祖使諒禦之，為突厥所敗，其所領將帥坐除解者㉛八十餘人，皆配防嶺表㉜。諒以其宿舊㉝，奏請留之，高祖怒曰：「爾為藩王㉞，惟當敬依朝命，何得私論宿舊，廢國家憲法㉟邪？嗟乎㊱小子㊲，爾一日無我，或欲妄動，彼取爾如籠內雞雛耳，何用腹心為？」

王頍㊳者，僧辯之子，倜儻㊴好奇略，為諒諮議參軍，蕭摩訶，陳氏舊將，二人俱不得志，每鬱鬱㊵思亂，皆為諒所親善，贊成其陰謀。

會熒惑㊶守東井㊷，儀曹㊸鄴人傅奕㊹曉星曆，諒問之曰：「是何祥也？」對曰：「天上東井，黃道㊺所經，熒惑過之，乃其常理，若入地上井，則可怪耳。」諒不悅。

及高祖崩，煬帝遣車騎將軍屈突通㊻以高祖璽書徵之。先是，高祖與諒密約：

「若璽書召汝，敕字傍別加一點，又與玉麟符(47)合者，當就徵。」及發書無驗(48)，諒知有變。詰通，通占對(49)不屈，乃遣歸長安。諒遂發兵反。

總管司馬安定皇甫誕(50)切諫，諒不納，誕流涕曰：「竊料大王兵資非京師之敵。加以君臣位定(51)，逆順勢殊(52)，士馬雖精，難以取勝。一旦陷身叛逆，絓於刑書(53)，雖欲為布衣，不可得也。」諒怒，囚之。

嵐州(54)刺史喬鍾葵將赴諒，其司馬京兆陶模(55)拒之曰：「漢王所圖不軌，公荷(56)國厚恩，位為方伯[1]，當竭誠效命，豈得身為厲階(57)乎？」鍾葵失色曰：「司馬反邪？」臨之以兵(58)，辭氣(59)不撓，鍾葵義(60)而釋之。軍吏曰：「若不斬模，無以壓眾心(61)。」乃囚之。於是從諒反者凡十九州。

王頍說諒曰：「王所部將吏，家屬盡在關西(62)，若用此等，則宜長驅深入，直據京都，所謂疾雷不及掩耳，若但欲割據舊齊之地(63)，宜任東人(64)。」諒不能決，乃兼用二策，唱言(65)楊素反，將誅之。

總管府兵曹(66)聞喜裴文安說諒曰：「井陘(67)以西，在王掌握之內，山東(68)士馬，亦為我有，宜悉發之，分遣羸兵(69)屯守要害，仍命隨方略地(70)，帥其精銳，直入蒲津(71)。文安請為前鋒，王以大軍繼後，風行雷擊(72)，頓於霸上(73)。咸陽(74)以東，可指麾[75]而定。京師震擾，兵不暇集[76]，上下相疑，羣情離駭[77]，我陳兵號令[78]，誰敢不從？旬日[79]之間，事可定矣。」諒大悅，於是遣所署大將軍余公理出太谷[80]，趣河陽[81]，大將軍綦良出滏口[82]，趣黎陽，大將軍劉建出井陘，略燕、趙[83]，柱國喬鍾葵出鴈門[84]，署[85]文安為柱國，與柱國紇單[86]貴、王聃[87]等直指京師。

帝以右武衛將軍[88]洛陽丘和[89]為蒲州刺史，鎮蒲津。諒簡〔2〕精銳數百騎戴冪離[90]〔3〕，詐稱諒宮人還長安，門司[91]弗覺[92]，徑入蒲州，城中豪傑亦有應之者。丘和覺其變，踰城，逃歸長安。蒲州長史勃海高義明、司馬北平榮毗[93]皆為反者所執。裴文安等未至蒲津百餘里，諒忽改圖[94]，令紇單貴斷河橋[95]，守蒲州，而召文安還。文安至，謂諒曰：「兵機[96]詭速[97]，本欲出其不意。王既不行，文安又返，使彼計成，大事去矣。」諒不對。以王聃為蒲州刺史，裴文安為晉州[98]刺史，薛粹為絳州[99]刺史，梁菩薩為潞州[100]刺史，韋道正為韓州[101]刺史，張伯英為澤州[102]刺史。代州總管天水李景[103]發兵拒諒，諒遣其將劉暠襲景，景擊斬之。諒復遣喬鍾葵帥勁勇[104]三萬攻之，景戰士不過數千，加以城池不固，為鍾葵所攻，崩毀相繼，景且戰且築，士卒皆殊死[105]鬭，鍾葵屢敗。司馬馮孝慈[106]、司法[107]呂玉並驍勇善戰，儀同三司侯莫陳乂[108]多謀畫，工[109]拒守之術，景知三人可用，推誠[110]任之，己無所關預[111]，唯在閤持重[112]，時撫循[113]而已。

楊素將輕騎五千襲王聃、紇單貴於蒲州，夜，至河際，收商賈[114]船，得數百艘，船內多置草，踐之無聲，遂銜枚[115]而濟，遲明[116]，擊之。紇單貴敗走，聃懼，以城降。有詔徵素還。初，素將行，計日[117]破賊，皆如所量[118]，於是以素為并州道行軍總管、河北道安撫大使[119]，帥眾數萬以討諒。

諒之初起兵也，妃兄豆盧毓[120]為府主簿[121]，苦諫，不從，私謂其弟懿曰：「吾匹馬歸朝，自得免禍，此乃身計[122]，非為國也，不若且偽從之，徐伺其便[123]。」毓，勣之子也。毓兄顯州[124]刺史賢[125]言於帝曰：「臣弟毓素懷志節[126]，必不從亂，但逼兇威，不能自遂，臣請從軍，與毓為表裏[127]，諒不足圖也。」帝許之。賢密遣家人齎敕書至毓所，與之計議。

諒出城，將往介州[128]，令毓與總管屬[129]朱濤留守。毓謂濤曰：「漢王構逆[130]，敗不旋踵[131]，吾屬豈可坐受夷滅，孤負[132]國家邪？當與卿出兵拒之。」濤驚曰：「王以大事相付，何得有是語？」因拂衣而去，毓追斬之。出皇甫誕於獄，與之協計，及開府儀同三司宿勤武[133]等閉城拒諒。部分[134]未定，有人告諒，諒襲擊之。毓見諒至，紿其眾曰：「此賊軍也！」諒攻城南門，稽胡[135]守南城[136]，不識諒，射之，矢[137]下如雨。諒移攻西門，守兵識諒，即開門納之，毓、誕皆死。

綦良攻慈州[138]刺史上官政，不克，引兵攻行相州事[139]薛冑，又不克，遂自滏口攻黎州，塞白馬津[140]。余公理自太行[141]下河內[142]，帝以右衛將軍史祥[143]為行軍總管，軍[144]於河陰[145]。祥謂軍吏曰：「余公理輕[146]而無謀，恃眾[147]而驕，不足破也。」公理屯河陽，祥具舟南岸，公理聚兵當之。祥簡精銳於下流潛濟，公理聞之，引兵拒之，戰於須水[148]。公理未成列[149]，祥擊之，公理大敗。祥東趣黎陽，綦良軍不戰而潰。祥，寧之子也。

帝將發幽州兵，疑幽州總管竇抗[150]有貳心，問可使取抗者於楊素[4]，素薦前江州[151]刺史勃海李子雄[152]，授上大將軍，拜廣州刺史[153]。又以左領軍將軍[154]長孫晟為相州刺史，發山東兵，與李子雄共經略之。晟辭以男行布[155]在諒所部，帝曰：「公體國之深，終不以兒害義，朕今相委，公其勿辭。」李子雄馳至幽州，止傳舍[156]，召募得千餘人。抗來詣子雄，子雄伏甲擒之。抗，榮定之子也。

子雄遂發幽州兵步騎三萬，自井陘西擊諒。時劉建圍戍將京兆張祥於井陘，子雄破建於抱犢山[157]下，建遁去。李景被圍月餘，詔朔州刺史代人楊義臣[158]救之。義臣帥馬步二萬，夜出西陘[159]，喬鍾葵悉眾拒之。義臣自以兵少，悉取軍中牛驢，得數千頭，復令兵數百人，人持一鼓潛驅之，匿於澗谷間。晡後，義臣復與鍾葵戰，兵初合[160]，命驅牛驢者疾進，一時鳴鼓，塵埃張[5]天[161]，鍾葵軍不知，以為伏兵發，因而奔潰[162]，義臣縱擊，大破之。晉、絳、呂[163]三州皆為諒城守[164]，楊素各以二千人縻[165]之而去。諒遣其將趙子開擁眾十餘萬，柵絕徑路[166]，屯據高壁[167]，布陳五十里。素令諸將以兵臨之，自引奇兵潛入霍山[168]，緣崖谷而進。素營於谷口，自坐營外，使軍司[169]入營簡[170]留三百人守營，軍士憚北兵[171]之彊，不欲出戰，多願守營，因爾致遲。素責所由，軍司具對，素即召所留三百人出營，悉斬之。更令簡留，人皆無願留者。素乃引軍馳進，出北軍之北，直指其營，鳴鼓縱火。北軍不知所為，自相蹂踐，殺傷數萬。諒所署介州刺史梁脩羅屯介休[172]，聞素至，棄城走。

諒聞趙子開敗，大懼，自將眾且十萬，拒素於蒿澤[173]。會大雨，諒欲引軍還，王頍諫曰：「楊素懸軍[174]深入，士馬疲弊，王以銳卒自將擊之，其勢必克。今望敵而退，示人以怯，沮[175]戰士之心，益西軍[176]之氣，願王勿還。」諒不從，退守清源[177]。

王頍謂其子曰：「氣候[178]殊不佳，兵必敗，汝可隨我。」楊素進擊諒，大破之，擒蕭摩訶。諒退保晉陽，素進兵圍之，諒窮蹙[179]，請降，餘黨悉平。帝遣楊約齎手詔[180]勞素。王頍將奔突厥，至山中，徑路斷絕，知必不免，謂其子曰：「吾之計數不減楊素[181]，但坐言不見從[182]，遂至於此，不能坐受擒獲，以成豎子名，吾死之後，汝慎勿過親故。」於是自殺，瘗[183]之石窟[184]中。其子數日不得食，遂過其故人，竟為所擒，并獲頍尸，梟[185]於晉陽。

羣臣奏漢王諒當死，帝不許，除名為民，絕其屬籍[186]，竟以幽死。諒所部吏民坐諒死徙者二十餘萬家。初，高祖與獨孤后甚相愛重，誓無異生之子[187]，嘗謂羣臣曰：「前世天子，溺[188]於嬖幸，嫡庶[189]分爭，遂有廢立，或至亡國。朕旁無姬侍[190]，五子同母，可謂真兄弟也，豈有此憂邪？」帝又懲周室諸王微弱[191]，故使諸子分據大鎮，專制[192]方面，權侔帝室。及其晚節[193]，父子兄弟迭相[194]猜忌，五子皆不以壽終[195]。

臣光曰：「昔辛伯[196]諗[197]周桓公[198]曰：『內寵[199]並后，外寵[200]貳政[201]，嬖子[202]配嫡[203]，大都[204]偶國[205]，亂之本也。』人主誠能慎此四者，亂何自生哉？隋高祖徒知嫡庶之多爭，孤弱之易搖，曾不知勢鈞[206]位逼，雖同產[207]至親，不能無相傾奪。考諸辛伯之言，得其一而失其三乎？」

冬，十月己卯[208]，葬文皇帝[209]於太陵，廟號高祖，與文獻皇后同墳異穴。

詔除婦人及奴婢、部曲[210]之課，男子二十二成丁[211]。

章仇太翼言於帝曰：「陛下木命[212]，雍州為破木之衝[213]，不可久居。又讖云：『脩治洛陽還晉家。』」帝深以為然。十一月乙未[214]，幸洛陽，留晉王昭守長安。楊素以功拜其子萬石、仁行、姪玄挺皆[6]為儀同三司，賚物五萬段，綺羅千匹，諒妓妾二十人。

丙申[215]，發丁男數十萬掘塹，自龍門東接長平[216]、汲郡[217]，抵臨清關[218]，度河至浚儀[219]、襄城[220]，達於上洛[221]，以置關防。

壬子[222]，陳叔寶卒，贈大將軍、長城縣[223]公，諡曰煬[224]。

癸丑[225]，下詔於伊洛[226]營建東京[227]，仍曰：「宮室之制，本以便生，今所營構，務從儉約[7]。」

蜀王秀之得罪也，右衛大將軍元冑坐與交通除名，久不得調。時慈州刺史上官政坐事徙嶺南，將軍丘和以蒲州失守除名，冑與和有舊，酒酣，謂和曰：「上官政，壯士也，今徙嶺表，得無大事乎？」因自拊[228]腹曰：「若是公者，不徒然[229]矣。」和奏之，冑竟坐死。於是徵政為驍衛將軍[230]，以和為代州刺史。

【章　旨】以上為第二段，寫隋煬帝討平漢王楊諒的反叛。

【注　釋】❶乙卯　七月二十一日。❷易留守　替換監視廢太子楊勇的人。❸高祖　隋文帝廟號。❹凶問　死訊。凶，不吉利；死。❺令兄　對別人之兄的敬稱。此指楊素。❻大任　重任。❼置嗣　設立後嗣。❽丁卯　八月初三日。❾梓宮　天子的棺材，梓木所製。❿丙子　八月十二日。⓫殯　停柩待葬。⓬大興前殿　即大興宮正殿。⓭龍川　郡名，治所歸善縣，在今廣東惠陽東北。⓮南海　郡名，治所番禺縣，在今廣東廣州。⓯朝謁　朝見。謁，晉見。⓰受命　接受天命。指即帝位。⓱表賀　上表慶賀。⓲國哀　帝王之死，舉國哀悼，稱國哀。⓳素惡　一向憎惡。⓴左遷　降職。古代以右為尊，以左為卑，故降職稱左遷。㉑給事郎　官名，掌顧問應對。㉒山　指太行山。㉓滄海　大海，此指渤海與黃海。㉔距　去。㉕不拘　不拘泥；不受約束。㉖怏怏　不服氣；不樂意。㉗武備　軍備。㉘繕治　修整；整治。㉙亡命　指逃亡的人。㉚殆將　將近。㉛除解者　罷官的人。除，除名。解，解官。㉜嶺表　即嶺南。指五嶺以外之地。㉝宿舊　舊好。㉞藩王　古代皇帝諸子分封外地為王，以藩屏王室，故稱藩王。㉟憲法　法律。㊱嗟乎　歎詞。㊲小子　尊者稱卑者之辭。㊳王頍　（西元五五一—六〇四年）字景文，太原祁（今山西祁縣）人。歷仕後梁、周、隋，官至王府諮議參軍。著《五經大義》三十卷，已佚。傳見《隋書》卷七十六、《北史》卷八十四。㊴倜儻　灑脫；不拘束。㊵鬱鬱　憂悶。㊶熒惑　火星別名。因隱現不定，令人迷惑，故稱熒惑。㊷東井　星名，即井宿。㊸儀曹　官名，王府屬官，掌禮儀。㊹傅奕　（西元五五五—六三九年）相州鄴（今河南安陽）人，精通天文曆數，歷仕隋、唐，官至太史令。傳見《舊唐書》卷七十九、《新唐書》卷一百四。㊺黃道　地球上的人看太陽於一年之內在恆星之間所走的視路徑，即地球的公轉軌道平面和天球相交的大圓。㊻屈突通　（西元五五七—六二八年）雍州長安人，歷仕隋、唐，官至工部尚書，封蔣國公。傳見《舊唐書》卷五十九、《新唐書》卷八十九。㊼玉麟符　符是過去皇帝調兵遣將的憑證，因狀似玉麒麟，故稱玉麟符。隋以文帝三子分鎮并、揚、益三州，管轄甚廣，特頒玉麟符。㊽無驗　得不到驗證。㊾占對　應口對答。㊿皇甫誕　（？—西元六〇四年）字玄慮（洪頤煊《諸史考證》云皇甫誕碑作「字玄憲」），安定烏氏（今甘肅涇川縣東北）人。仕隋，官至并州總管司馬。傳見《隋書》卷七十一、《北史》卷七十。(51)君臣位定　指太子已即位為國君，漢王楊諒身居臣位。(52)逆順勢殊　謀反為逆，保衛皇權為順，二者情勢不同。(53)絓於刑書　意謂被刑律所羈絆。絓，絆住。刑書，刑法的條文。(54)嵐州　州名，治所宜芳縣，在今山西嵐縣北之嵐城。(55)陶模　《北史·皇甫誕傳》本作「陶世模」，《隋書》避唐太宗諱改。京兆（今陝西西安）人。仕隋，位至銀青光祿大夫。傳見《隋書》卷七十

一、《北史》卷七十。(56)荷　承受。(57)厲階　禍端。厲，惡。階，上下的臺階。(58)臨之以兵　把兵器高舉在上方，欲砍殺的樣子。兵，指刀劍等兵器。(59)辭氣　言詞聲調。(60)義　善。稱道他的臨危不懼。(61)壓眾心　壓服眾人之心。(62)關西　此關西指蒲津關以西，即今陝西大荔東舊朝邑縣以西。(63)舊齊之地　舊齊指北齊，南至黃河，北盡燕、代，皆是北齊之地。(64)東人　即關東人，即函谷關以東，包括今山西、河北、河南、山東等地。(65)唱言　揚言。(66)兵曹　官名，即兵曹參軍，掌管軍防的烽火、驛馬傳送、門禁、田獵、儀仗等事。(67)井陘　山名，太行山的支脈，有要隘名井陘口。在今河北井陘西北。(68)山東　泛指太行山以東的地區。(69)羸兵　疲弱的兵士。羸，瘦弱；疲病。(70)略地　攻取土地。略，取。(71)蒲津　關名，在今陝西大荔東舊朝邑縣東北。(72)風行雷擊　形容行動迅速，氣勢壯盛。(73)頓於霸上　屯駐霸上。頓，停留；止息。霸上，地名，在今陝西西安東。(74)咸陽　地名，故址在今陝西咸陽東北。(75)指麾　同「指揮」。手指揮動。形容很容易。(76)兵不暇集　沒有空暇調集軍隊。(77)羣情離駭　人心離散而又懼怕。(78)號令　發號施令。(79)旬日　十天。一旬為十天。(80)太谷　縣名，縣治在今山西太谷縣。(81)趣河陽　奔赴河陽。趣，通「趨」。河陽，縣名，縣治在今河南孟州南。(82)滏口　古隘道名，太行八陘之一。在今河北磁縣西北石鼓山。(83)略燕趙　攻取燕、趙舊地，大致包括今河北、遼寧部分地區。(84)鴈門　郡名，治所雁門縣，在今山西代縣。(85)署　官制術語，指代理、暫任或試充官職。(86)紇單　北方少數民族複姓。(87)王聃　又稱王聃子。原為柱國，從漢王楊諒叛亂。事跡散見《隋書》卷四十五、卷四十八等。(88)右武衛將軍　武官名，與左武衛將軍共領外軍宿衛。(89)丘和（西元五五二—六三七年）河南洛陽人，歷仕周、隋、唐，官至左武侯大將軍，封譚國公。傳見《舊唐書》卷五十九、《新唐書》卷九十。(90)冪離　面紗。古時婦女障面之巾。(91)門司　官名，掌城門。(92)弗覺　沒有發現。弗，不；沒有。(93)滎毗　字子諶，北平無終（今天津市薊縣）人，歷仕周、隋，官至治書侍御史。傳見《隋書》卷六十六、《北史》卷七十七。(94)改圖　改變原來的策略、計謀。(95)河橋　指蒲津之橋。(96)兵機　用兵的機宜。(97)詭速　詭詐神速。(98)晉州　州名，治所白馬城，在今山西臨汾。(99)絳州　州名，治所龍頭城，在今山西聞喜東北。(100)潞州　州名，治所上黨縣，在今山西長治。(101)韓州　州名，治所襄垣縣，在今山西襄垣。(102)澤州　州名，治所丹川縣，在今山西晉城東北。(103)李景　（？—西元六一七年）字道興，天水休官（今甘肅天水市）人，歷仕周、隋，官至右武衛大將軍，封滑國公。傳見《隋書》卷六十五、《北史》卷七十六。(104)勁勇　指強勁勇猛的士卒。(105)殊死　拼死；決死。(106)馮孝慈　（？—西元六一三年）人名，仕隋，官至右候衛將軍。事散見《隋書》卷四、六十四、六十五等。(107)司法　官名，即法曹行參軍，掌刑法獄訟事。(108)侯莫陳乂　人名。侯莫陳，北方少數民族的複姓。(109)工　擅長。(110)推誠　以誠意相待。(111)關預　參與；干涉。(112)持重　穩重固守，主持大計。(113)撫循　同「拊循」。

安撫。[114]商賈　經商的人。行曰商，坐曰賈。[115]銜枚　枚形狀如筷子，橫銜口中，防止行軍喧譁。[116]遲明　黎明。[117]計日　計算日期。[118]量　估量。[119]安撫大使　官名，帝王特派出的臨時使節，主管安頓官民。[120]豆盧毓　（西元五七七—六〇四年）字道生，昌黎徒河（今遼寧錦州）人，仕隋，官至儀同三司。傳附《隋書・豆盧勣傳》、《北史・豆盧寧傳》。[121]府主簿　官名，掌管王府文記簿書。[122]身計　為了自身安危之計。[123]徐伺其便　慢慢伺機下手。[124]顯州　州名，治所比陽縣，在今河南泌陽。[125]賢　即豆盧賢，昌黎徒河（今遼寧錦州）人。仕隋，官至顯州刺史、大理少卿。傳附《隋書・豆盧勣傳》、《北史・豆盧寧傳》。[126]志節　志尚節操。[127]表裏　內外。[128]介州　州名，治所隰城縣，在今山西汾陽。[129]總管屬　總管府僚佐，位在掾下。[130]構逆　圖謀反叛。構，圖謀。[131]旋踵　轉足之間，形容迅速。[132]孤負　虧負。孤，有負。[133]宿勤武　人名。宿勤，北方少數民族複姓。[134]部分　安排；部署。[135]稽胡　即步落稽，少數民族，散居在今山西介休、離石一帶。[136]南城　即城南門一帶。[137]矢　箭。以竹為箭，以木為矢。[138]慈州　州名，治所滏陽縣，在今河北磁縣。[139]行相州事　代理相州事。行，官階高而所理職低稱行。相州，州名，治所安陽縣，在今河南安陽。[140]白馬津　古代黃河著名渡口。故址在今河南滑縣東北。[141]太行　關名，又稱天井關、楚雄關、平陽關。在山西晉城太行山上。[142]河內　郡名，治所河內縣，在今河南沁陽。[143]史祥　字世休，朔方（今內蒙古杭錦旗）人，歷仕周、隋，官至左驍衛大將軍。傳見《隋書》卷六十三、《北史》卷六十一。[144]軍　駐紮。[145]河陰　縣名，縣治在今河南孟州南。[146]輕　輕佻；不穩重。[147]恃眾　依仗人多。[148]須水　胡三省注認為須水鎮在河南滎陽，而雙方戰於河北，此不應是須水。《通典》卷一百五十三作「溴水」，「須」字誤，當從改。[149]成列　擺成隊列、陣勢。[150]竇抗　（?—西元六二一年）字道生，扶風平陵（今陝西咸陽西北）人，歷仕隋、唐，官至左武候大將軍，領左右千牛備身大將軍。傳見《隋書》卷三十九、《北史》卷六十一、《舊唐書》卷六十一、《新唐書》卷九十五。[151]江州　州名，治所湓口城，在今江西九江市。[152]李子雄　（?—西元六一三年）《北史》稱「李雄」，勃海蓨（今河北景縣）人，歷仕周、隋，官至右武候大將軍，後從楊玄感作亂。傳見《隋書》卷七十、《北史》卷七十四。[153]拜廣州刺史　史稱拜廣州刺史，卻赴幽州，實際上未到廣州赴任。[154]左領軍將軍　武官名，掌十二軍籍帳、差役、訴訟之事。[155]行布　（?—西元六〇四年）長孫晟長子，官至庫真。傳附《隋書・長孫晟傳》、《北史・長孫道生傳》。[156]傳舍　古時供來往行人休息住宿的處所。[157]抱犢山　山名，故址在今河北鹿泉西。[158]楊義臣　代（今山西代縣）人，本姓尉遲氏，隋文帝賜姓楊氏。歷仕周、隋，官至禮部尚書。傳見《隋書》卷六十三、《北史》卷七十三。[159]西陘　關名，故址在今山西代縣西北。[160]兵初合　雙方士兵剛一交戰。[161]張天　沖天。張，彌漫；充滿。[162]奔潰　奔跑潰散。[163]呂　州名，治所霍邑縣，在今山西霍州。[164]城守　據城防守。[165]縻　本指牛鼻繩，引申為束縛、牽制。(166)柵絕徑路　設置木柵，以斷絕道路。(167)高壁　嶺名，在今山西靈石南。(168)霍山　山名，也稱霍太山或太岳山。在今山西霍州東北。(169)軍司　官名，為監軍之職。(170)簡　選擇。(171)北兵　即漢王楊諒軍。楊諒鎮守太原，在長安之北，故稱北軍。(172)介休　縣名，縣治在今山西介休。(173)蒿澤　湖泊名，在今山西平遙、祁縣境內。(174)懸軍　孤軍。(175)沮　敗壞；挫傷。(176)西軍　楊素軍從長安來，故稱之為西軍。(177)清源　縣名，因縣西清源水為名，縣治在今山西清徐。(178)氣候　氣象。意指交戰形勢。(179)窮蹙　窘迫無路。蹙，皺縮。(180)手詔　帝王親自寫的詔書。也稱「手敕」。(181)吾之計數不減楊素　我的謀略不比楊素差。計數，計謀。不減，不少。(182)不見從　不被採納。從，聽從；採納。(183)瘞　埋葬。(184)石窟　山中石洞穴。(185)梟　將首級掛在樹木上。(186)屬籍　家族的名冊。(187)異生之子　指在獨孤皇后外與其他妃嬪所生之子。(188)溺　溺愛。(189)嫡庶　正妻生子稱嫡，妾生子稱庶。(190)姬侍　侍妾。(191)懲周室諸王微弱　以北周皇室諸侯王力量弱小為鑑戒。懲，鑑戒。(192)專制　獨斷獨行。(193)晚節　晚年。(194)迭相　互相。迭，更替；輪流。(195)壽終　自然死亡。(196)辛伯　春秋時人，周桓王大夫。事見《史記》卷四。(197)諗　規諫；告知。(198)周桓公　當是周公黑肩。事見《左傳》桓公十八年、閔公二年及《史記》卷四。(199)內寵　帝王所寵愛的人。此指姬妾。(200)外寵　指寵臣。(201)貳政　政謂正卿，執宰相之權者二人。(202)嬖子　寵愛的兒子。(203)配嫡　與嫡子相匹對。(204)大都　大的都會。(205)偶國　與國都相等。偶，同等。(206)勢鈞　勢力相均衡。鈞，通「均」。(207)同產　同母兄弟。(208)己卯　十月十六日。(209)文皇帝　文為隋高祖諡號。(210)部曲　指依附豪門大族的家丁、門客等農民。(211)成丁　成為丁壯勞力，開始向國家納稅服傜役。(212)木命　古代術士把人生之年和木金水火土五行相結合，以推測人運氣的好壞。(213)破木之衝　章仇太翼稱，隋煬帝本旺（運氣）在卯，在東方，而雍州在西，稱為破木之衝，不吉利。(214)乙未　十一月三日。(215)丙申　十一月四日。(216)長平　郡名，治所玄氏縣，在今山西高平。(217)汲郡　郡名，治所衛縣，在今河南淇縣東。(218)臨清關　關名，故址在今河南新鄉東北。(219)浚儀　縣名，縣治在今河南開封。(220)襄城　縣名，縣治在今河南襄城縣。(221)上洛　郡名，治所上洛縣，在今陝西商州。(222)王子　十一月二十日。(223)長城縣　縣名，縣治在今浙江長興。(224)諡曰煬　帝王、貴族、大臣等死後，依其生前事跡給予的稱號叫諡。煬，《諡法》：好內怠政稱煬。(225)癸丑　十一月二十一日。(226)伊洛　伊水和洛水。二河於今河南偃師匯合。(227)東京　洛陽城，在長安東，故稱東京，在今河南洛陽。(228)拊　拍；輕擊。(229)徒然　枉然；空。(230)驍衛將軍　武官名，掌管宿衛。

【校　記】1位為方伯　原無此四字。據章鈺校，十二行本、乙十一行本、孔天胤本皆有此四字，張敦仁《通鑑刊本識誤》

同，今據補。按，《通鑑紀事本末》卷二五有此四字。②簡　原作「選」。據章鈺校，十二行本、乙十一行本、孔天胤本皆作「簡」，今據改。按，《通鑑紀事本末》卷二五作「簡」。③離　原作「羅」。據章鈺校，十二行本、乙十一行本皆作「離」，今據改。按，《通鑑紀事本末》卷二五作「離」。④楊素　原無「素」字。據章鈺校，十二行本、乙十一行本、孔天胤本皆有此字，張敦仁《通鑑刊本識誤》同，今據補。⑤張　原作「漲」。據章鈺校，十二行本、乙十一行本、孔天胤本皆作「張」，今據改。按，《隋書·楊義臣傳》、《北史·楊義臣傳》皆作「張」。⑥皆　原無此字。據章鈺校，十二行本、乙十一行本皆有此字，張敦仁《通鑑刊本識誤》同，今據補。⑦癸丑下詔於伊洛營建東京仍曰宮室之制本以便生今所營構務從儉約　原無此二十九字。據章鈺校，十二行本、乙十一行本、孔天胤本皆有此二十九字，張敦仁《通鑑刊本識誤》同，今據補。

【語譯】七月二十一日乙卯，發喪，太子楊廣即皇帝位。適逢伊州刺史楊約來朝見，楊廣派楊約進入長安，調換了看守楊勇的宿衛，假稱高祖的詔命，賜故太子楊勇死，將他勒死了。然後陳列軍隊會集眾人，發布高祖崩逝的消息。隋煬帝得知這一切，對楊素說：「令兄的弟弟，果然堪當重任。」追封楊勇為房陵王，不為他立爵位繼承人。八月初三日丁卯，隋文帝靈柩從仁壽宮運到京師，十二日丙子，停靈柩於大興宮正殿。柳述、元巖一起被罷官除名，柳述發配到龍川，元巖發配到南海。隋煬帝強迫蘭陵公主與柳述離婚，想把她改嫁。公主誓死不從，不再朝請，上表請求與柳述一起發配，隋煬帝大怒。公主憂憤而死，臨死，又上表請求埋葬在柳氏墓地，隋煬帝更加憤怒，竟然不去哭喪，所送葬禮很少。

太史令袁充上奏說：「皇帝即位，與帝堯接受天命的時間相合。」暗示百官上表慶賀。禮部侍郎許善心發表意見，認為「國喪剛開始，不宜慶賀」。左衛大將軍宇文述一向憎恨許善心，暗示御史彈劾他，貶為給事郎，官品降二等。

漢王楊諒受高祖的寵愛，擔任并州總管，從太行山以東，直到大海，南到黃河，五十二州的地方都隸屬於并州，特許漢王可以根據需要，自行處置事務，不必拘泥律令條文。楊諒自認為他所在的地方是天下精兵會聚的地方，他看到太子楊勇因受誣陷而被廢黜，居家常常怏怏不樂，等到蜀王楊秀獲罪，楊諒更加不安，暗懷反叛之意。他對高祖說，由於「突厥正日益強盛，應該整治武備。」於是大規模徵調工匠夫役，修理器械，招集亡命之徒，自己身邊的私人武裝將近數萬人。突厥人曾侵犯邊境，高祖派楊諒抵禦，被突厥人打敗，他所率領的將帥因罪被解職除名的有八十餘人，都被發配到嶺南戍守。楊諒因為這些人是他多年的舊部，奏請留下他們。高祖生氣地說：「你作為藩主，只應服從朝廷命令，怎麼可以私自強調故舊關係，廢棄朝廷的法令呢？小子啊，你一旦沒有了我，假如要輕舉妄動，人家抓你就像抓籠子裡的小雞一樣，你要那些心腹又有何用？」

王頍是王僧辯的兒子，為人灑脫，善出奇謀，擔任楊諒的諮議參軍。蕭摩訶是陳國的舊將。兩個人都不得志，常鬱鬱憂悶，圖謀作亂，都被楊諒所親善，贊同楊諒的陰謀。

正巧，火星處在井宿的位置，儀曹鄴人傅奕通曉占星術，楊諒問他說：「這是什麼徵兆？」傅奕回答：「天上的井宿，在黃道帶上，火星通過，是正常的現象，假如進入地上井宿的分野，就奇怪了。」楊諒很不高興。

到高祖去世時，隋煬帝派車騎將軍屈突通持高祖璽書召楊諒進京。此前，高祖與楊諒祕密約定：「假若用璽書召你，敕字旁另外加上一點，而又和玉麟符相合，你就應當接受徵召。」等到打開璽書一看沒有驗證，楊諒知道出了事。盤問屈突通，屈突通回答不改口，便打發他返回長安，楊諒於是起兵造反。

總管司馬安定人皇甫誕懇切諫阻，楊諒不接受，皇甫誕流著淚說：「我料定大王的兵力和裝備不能和京師相抗衡。加上君臣的地位已經確定，逆順的形勢懸殊，大王雖然兵強馬壯，也難以取勝。一旦陷身為叛逆，被刑律所羈絆，縱然想作一個平民也不可能了。」楊諒大怒，囚禁了他。

嵐州刺史喬鍾葵將要奔赴楊諒，他的司馬京兆人陶模阻止他說：「漢王圖謀不軌，您身受國家厚恩，位居刺史，應當竭誠效命，怎麼能自陷禍端呢？」喬鍾葵變了臉色，說：「司馬你反了嗎？」對陶模以刀相加。陶模言辭氣度毫不屈服，喬鍾葵佩服他大義凜然，就放了他。軍吏說：「如果不殺陶模，無法鎮服眾心。」於是把他囚禁起來。當時跟從楊諒造反的有十九個州。

王頍勸說楊諒說：「大王所轄將吏，家屬都在關西，如果用這些人，就應當長驅深入，直接佔領京師，這就叫迅雷不及掩耳，如果只打算割據舊齊的地方，應當任用東部的人。」楊諒拿不定主意，就兼用兩策，聲言楊素反叛，準備起兵誅討。

總管府兵曹參軍聞喜人裴文安勸楊諒說：「井陘以西，在大王控制之內，太行山以東的兵馬，也歸我有，應當全部徵發，分派老弱駐守要害地方，並命令他們隨機攻取土地，大王率領精銳部隊，直接進入蒲津關。我裴文安請求作為先鋒，大王以大軍繼後，風行雷擊，進駐霸上。咸陽以東的地方，就可以很容易平定。這時京師震動紛擾，軍隊無暇調集，上下相互猜疑，人心恐懼離散，我軍嚴陣以待，發號施令，誰敢不從命？十天之內，大事可定了。」楊諒非常高興，於是派遣所任命的大將軍余公理從太谷出兵，奔赴河陽；大將軍綦良從滏口出兵，趕往黎陽；大將軍劉建從井陘出兵，攻略燕趙地區，柱國喬鍾葵從雁門出兵，任命裴文安為柱國，與柱國紇單貴、王聃等直指京師。

隋煬帝任命右武衛將軍洛陽人丘和為蒲州刺史，鎮守蒲津。楊諒挑選幾百個精銳騎兵，戴上婦女的面紗，詐稱是楊諒的宮人回長安，守門的官員沒有發覺，逕直進入蒲州城，城中豪傑也有響應的。丘和覺察了變故，翻過城牆，逃回長安。蒲州長史勃海人高義明、司馬北平人榮毗都被反叛的人抓獲。裴文安等人到達距蒲津關一百餘里處，楊諒忽然改變策略，派紇單貴拆斷河橋，據守蒲州，而召回裴文安。裴文安回來後，對楊諒說：「用兵的玄機貴在詭詐神速，本來想出其不意。大王既不前行，我又返回，讓對方制定好計畫，我們的大事完了。」楊諒不應答。他任命王聃為蒲州刺史，裴文安為晉州刺史，薛粹為絳州刺史，梁菩薩為潞州刺史，韋道正為韓州刺史，張伯英為澤州刺史。代州總管天水人李景發兵抵抗楊諒，楊諒派部將劉暠襲擊李景，李景斬殺了劉暠。楊諒又派喬鍾葵率領三萬勁卒攻打李景，李景手下戰士不過幾千人，加上城池不堅固，被喬鍾葵所攻，城牆相繼崩塌，李景一邊作戰一邊築城，士卒們都拼死戰鬥，喬鍾葵多次被擊敗。代州司馬馮孝慈、司法呂玉都驍勇善戰，儀同三司侯莫陳乂足智多謀，擅長防禦戰術。李景知道這三人可以重用，便誠心誠意任用他們，自己不加干預，只是在衙署內主持大計，時時撫慰而已。

楊素率領輕騎兵五千人在蒲州襲擊王聃、紇單貴，夜裡，到達河邊，搜集商人船隻，得到幾百艘，船內放置很多草，人馬踏到上面沒有聲音，於是士兵口含木片渡過黃河，黎明，發起攻擊。紇單貴戰敗逃走，王聃恐懼，獻出城池投降。隋煬帝下詔召回楊素。當初，楊素將要出發，計算日期打敗叛賊，結果完全和估計的一樣。於是任命楊素為并州道行軍總管、河北道安撫大使，率領數萬軍隊征討楊諒。

楊諒開始起兵的時候，王妃的哥哥豆盧毓任漢王府主簿，苦苦諫阻，楊諒不聽。豆盧毓私下對他弟弟豆盧懿說：「我單人匹馬返回朝廷，自然能夠免禍，這只是為自身安危之計，不是為了國家。不如暫且假裝服從他，慢慢伺機下手。」豆盧毓是豆盧勣的兒子。豆盧毓的哥哥顯州刺史豆盧賢對隋煬帝說：「臣的弟弟豆盧毓一向就有氣節，一定不會跟著作亂，只是被兇威逼迫，不能夠按自己心意辦事。我請求隨軍出征，與豆盧毓裡應外合，打敗楊諒沒有問題。」隋煬帝同意了。豆盧賢祕密地派家人帶上敕書到豆盧毓的住所，和他商量。

楊諒出城，將要前往介州，命豆盧毓與總管屬朱濤留守。豆盧毓對朱濤說：「漢王圖謀反叛，很快就要失敗，我們怎能坐等滅族，辜負皇上呢？我和你應當出兵抵抗漢王。」朱濤吃驚地說：「漢王把大事交給我們，怎麼能說這種話？」便拂袖而去，豆盧毓追上去殺了朱濤。從牢獄中放出皇甫誕，與他一起商議，並和開府儀同三司宿勤武等共同關閉城門抵抗楊諒。還沒有部署妥當，有人報告了楊諒，楊諒襲擊豆盧毓等。豆盧毓看到楊諒到來，就欺騙守城士兵說：「這是敵軍！」楊諒攻打南門，稽胡人守衛南城，不認識楊諒，用弓弩射擊，箭如雨下。楊諒轉攻西門，守城兵士認識楊諒，立即開門讓楊諒進城，豆盧毓、皇甫誕都被殺死。

綦良進攻慈州刺史上官政，沒能攻克，率軍進攻代理相州刺史薛冑，又沒有取勝，於是從滏口攻打黎州，封鎖白馬津。余公理從太行直下河內，隋煬帝任命右衛將軍史祥為行軍總管，駐軍在河陰。史祥對軍吏說：「余公理輕佻無謀，依靠兵多而驕傲，很容易打敗他。」余公理屯駐河陽，史祥在南岸準備好了船隻，余公理集中兵力抵擋。史祥挑選精銳在下游偷偷渡河，余公理聽到消息，領兵抵抗，兩軍在須水交戰。余公理還沒有擺好陣勢，史祥便攻打他，余公理大敗。史祥東赴黎陽，綦良的軍隊未戰而潰。史祥，是史寧的兒子。

隋煬帝即將徵調幽州的軍隊，懷疑幽州總管竇抗有二心，向楊素詢問誰能擒獲竇抗。楊素推薦前江州刺史勃海人李子雄，隋煬帝任命李子雄為上大將軍，拜廣州刺史。又任命左領軍將軍長孫晟為相州刺史，徵調山東的軍隊，與李子雄共同掌管處置。長孫晟以他的兒子長孫行布在楊諒的部下為由進行推辭，隋煬帝說：「你以國家利益為重，終不會因為兒子而損害大義，朕現今託付你大事，你不要推辭。」李子雄馳馬到達幽州，停留在驛站，招募到了一千多人。竇抗來見李子雄，李子雄埋伏武士活捉了竇抗。竇抗，是竇榮定的兒子。

李子雄於是徵調幽州兵步騎三萬，從井陘西進攻擊楊諒。當時劉建在井陘包圍了井陘戍將京兆人張祥，李子雄在抱犢山下打敗了劉建，劉建逃走。李景被包圍了一個多月，隋煬帝詔令朔州刺史代郡人楊義臣救援他。楊義臣率領步騎兩萬，乘夜出西陘關，喬鍾葵率領全部兵馬迎擊。楊義臣自以為兵少，全部調取軍中的牛驢，得到數千頭，又派了士卒幾百人，每人拿一個鼓暗中驅趕牛驢，隱藏在山谷中。下午三時以後，楊義臣再次與喬鍾葵交戰，剛一交兵，命令驅趕牛驢的士兵迅速前進，一時間鼓聲大震，塵埃滿天，喬鍾葵軍不知虛實，以為埋伏的兵士出擊，因而潰逃，楊義臣縱兵出擊，大敗敵軍。晉州、絳州、呂州三座州城都是楊諒兵駐守，楊素每州用兩千人牽制，然後率軍離去。楊諒派部將趙子開率領十餘萬人，用柵欄阻斷道路，屯兵據守高壁嶺，布陣五十里。楊素命令眾將率軍靠攏高壁嶺，自己出奇兵潛入霍山，沿著懸崖陡壁前進。楊素駐紮在山谷口，自己坐在營帳外邊，派軍司入營選三百人留下守營。兵士害怕楊諒軍隊強大，不願出戰，多願守營，因而拖延了時間。楊素責問原因，軍司據實回答，楊素立即召喚留守的三百人出營，全部殺掉。他重新下令選派留守的人，再沒有人願意留下。楊素於是率領軍士飛馳前進，到達楊諒軍隊的北邊，直衝楊諒的軍營，鳴鼓放火。楊諒軍隊不知所措，自相踐踏，殺傷數萬人，楊諒委任的介州刺史梁脩羅屯守介休，聽說楊素到來，棄城逃跑。

楊諒得知趙子開戰敗，十分恐懼，親自率領近十萬大軍，在蒿澤抵抗楊素。正趕上大雨，楊諒想率領軍隊返回，王頍諫阻說：「楊素孤軍深入，兵馬疲弊，大王親自率領精兵攻擊他，其勢必勝。如今望見敵人就退走，向人顯示膽怯，挫傷我軍將士的鬥志，增強楊素軍隊的士氣，希望大王不要退回去。」楊諒不聽，退守清源。

王頍對他兒子說：「形勢很不好，我軍必敗，你要跟著我。」楊素進擊楊諒，把他打得大敗，活捉了蕭摩訶。楊諒撤退到晉陽防守，楊素進軍包圍，楊諒窘迫無路，請求投降，殘餘黨羽都被掃平。隋煬帝派楊約帶著自己的親筆詔書慰勞楊素。王頍準備投奔突厥，走到山中，道路斷絕，自知一定不能幸免，對他的兒子說：「我的謀略不比楊素差，只因為我的話不被聽從，才落到了這種地步。我不能坐著被抓獲，以成就楊素那小子的功名。我死後，你千萬不要去親友那裡。」於是自殺，被埋葬在石窟中。他兒子幾天吃不上飯，就到朋友家去，終於被人抓獲，同時尋獲了王頍的屍體，在晉陽梟首示眾。

群臣上奏漢王楊諒應當處死，隋煬帝不答應，把楊諒從官籍中除名為民，斷絕了他的宗室族籍，最後被囚禁而死。他的所屬吏民受牽連而獲罪，被處死和流放的有二十餘萬家。當初，高祖楊堅與獨孤皇后極為互愛互敬，發誓不和別的姬妾生兒子。高祖曾經對群臣說：「前朝天子，沉溺於寵幸的姬妾，嫡子與庶子互相爭鬥，便有廢立太子之事，有的因此亡國。我沒有別的姬妾生子，五個兒子都是一母所生，可以說是真正的兄弟，怎麼會有廢立的憂患呢？」隋文帝又以北周宗室微弱終致亡國為鑑戒，所以讓幾個兒子分據大鎮，專制一方，權力與皇室相當。到了晚年，父子兄弟互相猜忌，五個兒子都不以壽終。

司馬光說：「從前辛伯深諫周桓公說：『內室姬妾與王后平列，外寵之臣與正卿二人執政，庶子與嫡子匹對，大的都會與國都相等，這都是禍亂的根源。』人主真能在這四個方面特別慎重，禍亂從哪裡產生呢？隋高祖只知嫡庶之間多有爭鬥，皇室孤單諸藩弱小政權容易被搖動，竟不知道勢均力敵地位相當，雖然是同母兄弟，關係至親，也不能避免互相傾軋爭奪。對照辛伯說的話，隋高祖只領會了一條，而丟了三條嗎？」

冬，十月十六日己卯，安葬隋文帝於太陵，廟號高祖，與文獻皇后同一個墳冢而不同墓穴。

隋煬帝下詔免除婦女，以及奴婢、部曲的賦稅，規定男子二十二歲為成丁。

章仇太翼向隋煬帝進言說：「陛下是木命，雍州是破木的要衝，不可長久居住。又圖讖上說：『脩治洛陽還晉家。』」隋煬帝極為贊同。十一月初三日乙未，隋煬帝幸臨洛陽，留晉王楊昭守長安。楊素因功勞皇上授他的兒子楊萬石、楊仁行、姪兒楊玄挺都為儀同三司，賞賜絲帛五萬段，綺羅一千匹，楊諒歌伎侍妾二十人。

十一月初四日丙申，徵發丁男數十萬人挖長壕，從龍門起向東連接長平、汲郡，直到臨清關，越過黃河到浚儀、襄城，到達上洛，沿壕溝布置關卡。

十一月二十日壬子，陳叔寶去世，贈大將軍、長城縣公，謚號曰煬。

十一月二十一日癸丑，隋煬帝下詔在伊水、洛水交匯處建築東京，還說：「宮室制度，原本是方便生活，如今建造，務必節約。」

蜀王楊秀獲罪時，右衛大將軍元冑因與楊秀往來被罷官除名，長久沒有起用。當時慈州刺史上官政犯罪流徙嶺南，將軍丘和因為失守蒲州被罷官除名。元冑與丘和有舊交，喝酒酣暢時，對丘和說：「上官政，是一位壯士，如今流徙嶺南，大概不會出什麼大事吧？」然後拍著自己的肚子說：「像你這樣的人，是不會無所作為的。」丘和上奏朝廷，元冑終被處死。於是徵召上官政擔任驍衛將軍，任命丘和為代州刺史。

煬皇帝❶上之上

大業元年（乙丑　西元六〇五年）

春，正月壬辰朔❷，赦天下，改元❸。○立妃蕭氏為皇后。○廢諸州總管府。

○丙辰❹，立晉王昭為皇太子。

高祖之末，羣臣有言林邑❺多奇寶者。時天下無事，劉方新平交州，乃授方驩州❻道行軍總管，經略林邑。方遣欽州❼刺史甯長真等以步騎萬餘出越裳❽，方親帥大將軍張瑾等以舟師出比景⑨，是月，軍至海口⑩。

二月戊辰⑪，敕有司大陳金寶、器物、錦綵、車馬，引楊素及諸將討漢王諒有功者立於前，使奇章公牛弘宣詔，稱揚功伐⑫，賜賚各有差。素等再拜舞蹈而出。己卯⑬，以素為尚書令⑭。

詔天下公除，惟帝服淺色黃衫、鐵裝帶。

三月丁未⑮，詔楊素與納言楊達、將作大匠宇文愷營建東京，每月役丁二百萬人，徙洛州⑯郭內居民及諸州富商大賈數萬戶以實之。廢二崤道⑰，開葼冊道⑱。

戊申⑲，詔曰：「聽採輿頌⑳，謀及庶民㉑，故能審刑政㉒之得失，今將巡歷淮、海㉓，觀省風俗。」

敕宇文愷與內史舍人封德彝等營顯仁宮㉔，南接阜澗㉕，北跨洛濱㉖。發大江㉗之南、五嶺㉘以北奇材異石，輸之洛陽。又求海內嘉木異草，珍禽奇獸，以實園苑。辛亥㉙，命尚書右丞皇甫議發河南、淮北㉚諸郡民，前後百餘萬，開通濟渠㉛。自西苑引穀、洛水㉜達于河；復自板渚㉝引河歷滎澤㉞入汴㉟；又自大梁㊱之東引汴水入泗，達于淮；又發淮南民十餘萬開邗溝㊲，自山陽㊳至楊子㊴入江。渠廣四十步，渠旁皆築御道㊵，樹以柳。自長安至江都㊶，置離宮四十餘所。庚申㊷，遣黃門侍郎王弘等往江南造龍舟㊸及雜船數萬艘。東京官吏督役嚴急，役丁死者什四五，所司以車載死丁，東至成皋㊹[1]，北至河陽，相望於道。又作天經宮㊺於東京，四時㊻祭高祖。

林邑王梵志㊼遣兵守險，劉方擊走之。師度闍黎江，林邑兵乘巨象，四面而至。方戰不利，乃多掘小坑，草覆其上，以兵挑之，既戰，偽北㊽，林邑逐之，象多陷地顛躓㊾，轉相驚駭，軍遂亂。方以弩㊿射象，象卻走，蹂(51)其陳，因以銳師(52)繼之，林邑大敗，俘馘(53)萬計。方引兵追之，屢戰皆捷，過馬援銅柱(54)南，八日至其國都。夏，四月，梵志棄城走入海。方入城，獲其廟主(55)十八，皆鑄金為之。刻石紀功而還。士卒腫足，死者什四五(56)，方亦得疾，卒於道。

初，尚書右丞李綱數以異議忤楊素及蘇威，素薦綱於高祖，以為方行軍司馬(57)。方承素意，屈辱之，幾死。軍還，久不得調(58)，威復遣綱詣南海應接林邑，久而不召。綱自歸奏事，威劾奏綱擅離所職，下吏按問(59)，會赦，免官，屏居(60)於鄠(61)。

五月，築西苑，周二百里。其內為海，周十餘里，為方丈、蓬萊[2]、瀛洲(62)諸山，高出水百餘尺，臺觀宮殿[3]，羅絡(63)山上，向背(64)如神。海[4]北有龍鱗渠(65)，縈紆[66]注海內。緣渠作十六院，門皆臨渠，每院以四品夫人[67]主之，堂殿樓觀，窮極華麗。宮樹秋冬彫落，則翦綵[68]為華葉，綴於枝條，色渝[69]則易以新者，常如陽春[70]。沼內[71]亦翦綵為荷芰菱芡[72]，乘輿遊幸，則去冰而布之。十六院競以殽羞[73]精麗相高，求市恩寵。上好以月夜從宮女數千騎遊西苑，作清夜遊曲，於馬上奏之。

帝待諸王恩薄，多所猜忌，滕王綸[74]、衛王集[75]內自憂懼，呼術者問吉凶及章醮求福。或告[76]其怨望咒詛[77]，有司奏請誅之。秋，七月丙午[78]，詔除名為民，徙邊郡。綸，瓚之子。集，爽之子也。

八月壬寅[79]，上行幸江都，發顯仁宮，王弘遣龍舟奉迎。乙巳[80]，上御小朱航，自漕渠[81]出洛口[82]，御龍舟。龍舟四重[83]，高四十五尺，長二百尺[5]。上重有正殿、內殿、東・西朝堂，中二重有百二十房，皆飾以金玉，下重內侍[84]處之。皇后乘翔螭[85]舟，制度差小，而裝飾無異。別有浮景九艘，三重，皆水殿也。又有漾彩、朱鳥、蒼螭、白虎、玄武、飛羽、青鳧[86]、陵波、五樓、道場[87]、玄壇[88]、樓船[6]、板艙[89]、黃篾[90]等數千艘，後宮、諸王、公主、百官、僧、尼、道士、蕃客[91]乘之，及載內外百司供奉之物，共用挽船士[92]八萬餘人，其挽漾彩以上者九千餘人，謂之殿腳[93]，皆以錦綵為袍。又有平乘、青龍、艨艟、艚䑠[94]、八櫂[95]、艇舸[96]等數千艘，並十二衛[97]兵乘之，并載兵器帳幕，兵士自引，不給夫。舳艫[98]相接二百餘里，照耀川陸，騎兵翊[99]兩岸而行，旌旗蔽野。所過州縣，五百里內皆令獻食，多者一州至百轝[100]，極水陸珍奇，後宮厭飫[101]，將發之際，多棄埋之。

契丹寇營州[102]，詔通事謁者[103]韋雲起[104]護突厥兵討之，啓民可汗發騎二萬，受其處分。雲起分為二十營，四道俱引，營相去一里，不得交雜，聞鼓聲而行，聞角聲[105]而止，自非公使[106]，勿得走馬，三令五申[107]，擊鼓而發。有紇干[108]犯約，斬之，持首以徇。於是突厥將帥入謁，皆膝行[109]股栗，莫敢仰視。契丹本事突厥，情無猜忌。雲起既入其境，使突厥詐云向柳城[110]與高麗交易[111]，敢漏泄事實者斬。契丹不為備，去其營五十里，馳進襲之，盡獲其男女四萬口，殺其男子，以女子及畜產之半賜突厥，餘皆收之以歸。帝大喜，集夏仲[112]曰：「雲起用突厥平契丹，才兼文武，朕今自舉[113]之。」擢為治書侍御史。

初，西突厥[114]阿波可汗為葉護可汗所虜，國人立鞅素特勒之子，是為泥利可汗。泥利卒，子達漫立，號處羅可汗。其母向氏，本中國人，更嫁[115]泥利之弟婆實特勒。開皇末，婆實與向氏入朝，遇達頭之亂，遂留長安，舍[116]於鴻臚寺[117]。

處羅多居烏孫[118]故地，撫御[119]失道，國人多叛，復為鐵勒[120]所困。鐵勒者，匈奴之遺種，族類最多，有僕骨、同羅、契苾、薛延陀等部，其酋長皆號俟斤。族姓雖殊，通謂之鐵勒，大抵與突厥同俗，以寇抄[121]為生，無大君長，分屬東、西兩突厥。是歲，處羅引兵擊鐵勒諸部，厚稅[122]其物，又猜忌薛延陀[123]，恐其為變，集其酋長數百人，盡殺之。於是鐵勒皆叛，立俟利發俟斤契苾歌楞為莫何可汗，又立薛延陀俟斤字也咥為小可汗，與處羅戰，屢破之。莫何勇毅絕倫[124]，甚得眾心，為鄰國所憚，伊吾[125]、高昌[126]、焉耆[127]皆附之。

【章　旨】以上為第三段，寫隋煬帝大業元年（西元六〇五年），執政伊始就窮奢極欲，建東都、修運河、下江南。徵役數百萬，毫不顧惜民力。

【注　釋】[1]煬皇帝　隋朝第二代皇帝楊廣，隋文帝第二子。一名英，小字阿麼。西元六〇五—六一七年在位。[2]壬辰朔　正月初一。[3]改元　由仁壽五年改為大業元年。[4]丙辰　正月二十五日。[5]林邑　國名，後又稱「占城」。故國在今越南南部。[6]驩州　州名，治所九德縣，在今越南義安省榮市。[7]欽州　州名，治所欽江縣，在今廣西欽州北。[8]越裳　縣名，縣治在今越南中部。[9]比景　郡名，治所比景縣，在今越南中部。[10]海口　林邑出海之口。[11]戊辰　二月七日。[12]稱揚功伐　頌揚功業。指頌揚隋煬帝平定漢王楊諒的叛亂。稱揚，頌揚；歌頌。伐，功勞。[13]己卯　二月十八日。[14]尚書令　官名，尚書省最高長官，輔佐皇帝處理全國政事。為宰相之職。[15]丁未　三月十七日。[16]洛州　州名，治所洛陽縣，在今河南洛陽東北。[17]二崤道　路名，在今河南洛寧西北。《元和郡縣志》卷五〈河南府〉載：「崤山分東西二崤，自東崤至西崤三十五里，東崤長阪數里，……車不得方軌；西崤全是石阪二十里。」[18]葼冊道　道路名，故址不詳。[19]戊申　三月十八日。[20]輿頌　眾人的議論。[21]謀及庶民　與庶民謀議。[22]刑政　刑罰與政令。[23]淮海　淮指淮河流域，海指東海沿海一帶。[24]顯仁宮　宮名，在今河南宜陽東南。(25)皁澗　河名，在今河南宜陽西南。(26)洛濱　洛水之濱。(27)大江　即今長江。(28)五嶺　山名，說法不一。有稱大庾、騎田、都龐、萌渚、越城為五嶺；有稱大庾、始安、臨賀、桂陽、揭陽為五嶺。(29)辛亥　三月二十一日。(30)河南淮北　指黃河以南、淮河以北地區。(31)通濟渠　隋大運河中的一段。從洛陽東板渚至今江蘇盱眙，溝通了黃河與淮水。(32)穀洛水　二河名。穀水，發源於河南澠池縣，東經新安至洛陽，與洛水匯合。洛水，源於陝西洛南縣西北，東入河南，經盧氏、洛寧、宜陽、洛陽，至偃師納伊河後，至鞏縣的洛口入黃河。(33)板渚　即板城渚口，古為黃河中段重要渡口。古址在今河南滎陽汜水鎮東北。(34)滎澤　古澤名，故址在今河南滎陽境。(35)汴　即汴水，河名，經河南的鄭州、開封、商丘，流經江蘇舊徐州，合泗水入淮河。(36)大梁　地名，戰國時魏國都。故址在今河南開封。(37)邗溝　春秋時吳國所開故渠道。從江蘇揚州西北至淮安北入淮河的運河。(38)山陽　郡名，治所山陽縣，在今江蘇淮安。(39)楊子　縣名，縣治在今江蘇揚州南。(40)御道　皇帝專用道路。(41)江都　郡名，治所江陽縣，在今江蘇揚州。(42)庚申　三月三十日。(43)龍舟　帝王所乘，因船身製成龍形刻有龍紋，故稱龍舟。(44)成皋　郡名，治所成皋縣，在今河南滎陽西北汜水鎮。(45)天經宮　宮名，因《孝經》說：「夫孝，天之經也。」故取名天經宮。(46)四時　謂春、夏、秋、冬四季。時，季。(47)梵志　林邑國王。事見《隋書》卷八十二、《北史》卷九十五〈林邑傳〉。(48)偽北　假裝敗北。北，敗。(49)顛躓　傾跌。躓，跌倒。(50)弩　用機械發射的大弓，也叫窩弓，力強可以射遠。(51)蹂　踐踏。(52)銳師　精銳部隊。(53)俘馘　俘，被活捉的敵人。馘，從敵屍上割下的左耳，指殺死的敵人。(54)馬援銅柱　在林邑南二千餘里，有西屠夷，漢馬援在此樹立兩銅柱，以標識邊界。馬援，東漢開國功臣之一，封新息侯。傳見《後漢書》卷二十四。(55)廟主　廟中祭祀的神主。(56)什四五　十分之四五。(57)行軍司馬　官名，在行軍作戰中掌軍政，權任很重。(58)調　遷轉；升遷。(59)下吏按問　交法官審訊。(60)屏居　隱居。(61)鄠　縣名，縣治在今陝西戶縣。(62)方丈蓬萊瀛洲　傳說中海上三座仙山之名。(63)羅絡　分布排列，連在一起。(64)向背　正面與背面。(65)龍鱗渠　渠名，在今河南洛陽西北。(66)縈紆　迴旋曲折。(67)四品夫人　命婦品級視同百官。(68)翦綵　剪裁彩帛。翦，同「剪」。(69)色渝　顏色變了。渝，變更。(70)陽春　溫暖的春天。(71)沼內　池內。沼，水池。(72)荷芰菱芡　指形同荷花的菱角和芡。芰，菱角。芡，水生植物，又名雞頭。(73)殽羞　美味的菜餚和食物。殽，同「餚」。羞，美味的食物。(74)滕王綸　滕穆王楊瓚之子。先封邵國公，後襲封滕王。傳附《隋書・滕穆王瓚傳》、《北史・滕穆王瓚傳》。(75)衛王集　衛昭王楊爽之子。初封遂安王，襲封衛王。傳附《隋書・衛昭王爽傳》、《北史・衛昭王爽傳》。(76)或告　有人告發。(77)呪詛　咒罵。(78)丙午　七月十八日。(79)壬寅　八月十五日。(80)乙巳　八月十八日。(81)漕渠　漕運用的渠道。(82)洛口　洛水入黃河之口。在今河南鞏縣東北。(83)重　層。(84)內侍　在皇帝宮廷聽使喚的人。85螭　傳說中無角的龍。86鳧　野鴨。87道場　佛、道二教誦經修道的地方。88玄壇　道教的齋壇。89艬　大船。90黃篋　船名。91蕃客　外族或外國來客。92挽船士　拉船前進的人，即縴夫。93殿腳　龍舟、漾彩，帝后所乘，如同宮殿，故稱挽船士為殿腳。94平乘青龍艨艟艚艔　均戰船。95八櫂　櫂本是划船用具，形狀似槳。此指船。96艇舸　輕便小船。97十二衛　官署名，包括左右翊衛、左右驍衛、左右武衛、左右屯衛、左右御衛、左右候衛。98舳艫　泛指船隊。舳，船尾。艫，船頭。99翊　護衛。100轝　車。101厭飫　飲食飽足。飫，飽。102營州　州名，治所柳城縣，在今遼寧朝陽。103通事謁者　官名，隋煬帝即位後改內史省通事舍人為通事謁者，職掌同通事舍人。104韋雲起　（？—西元六二六年）雍州萬年（今陝西西安）人，歷仕隋、唐，官至益州行臺兵部尚書。傳見《舊唐書》卷七十五、《新唐書》卷一百三。105角聲　角號聲。106公使　公事使者。107三令五申　再三告誡。申，述說。108紇干　突厥小官。109膝行　匍匐前行。表示畏服。110柳城　柳城縣治，在今遼寧朝陽。111交易　交換貨物。指物物交換。112夏仲　此處作「夏仲」，未知何意。據兩《唐書·韋雲起傳》，當作「百官」為是。113自舉　親自舉薦、提拔。114西突厥　太建四年（西元五七二年），突厥木杆可汗死，其子大邏便與新立沙鉢略可汗有矛盾，突厥分裂，大邏便居西，稱為西突厥。115更嫁　改嫁。116舍　居住。117鴻臚寺　中央官署名，掌與周邊少數民族國家與外國的外交來往。118烏孫　漢西域城國名，少數民族建立的國家。先居於甘肅敦煌、祁連之間，被匈奴所逼而西遷，驅逐大月氏而建立烏孫國。參見《漢書》卷六十一、九十一下。119撫御　安撫控馭。120鐵勒　古代北方民族名，匈奴族後裔中的一支，南北朝時曾為突厥兼併。其部主要有僕骨、同羅、薛延陀等。隋時活動在今新疆烏魯木齊西南一帶。121寇抄　侵掠。122厚稅　多徵收賦稅。123薛延陀　部族名，鐵勒中的一部。初與薛族雜居，後併延陀部，因稱薛延陀。其酋長曾稱莫何可汗。後又成為突厥的附庸。124絕倫　無與倫比。125伊吾　西域城國名，故址在今新疆哈密。126高昌　西域城國名，故址在今新疆吐魯番境。127焉耆　西域城國名，故址在今新疆焉耆回族自治縣境。

【校記】1成皋　原作「城皋」。據章鈺校，十二行本、乙十一行本、孔天胤本皆作「成皋」，今據改。按，《通鑑紀事本末》卷二六作「成皋」。2方丈蓬萊　原作「蓬萊方丈」。據章鈺校，十二行本、乙十一行本、孔天胤本二詞皆互乙，今據改。按，《通鑑紀事本末》卷二六、《通鑑綱目》卷三六下皆作「方丈蓬萊」。3宮殿　原作「殿閣」。據章鈺校，十二行本、乙十一行本、孔天胤本皆作「宮殿」，今據改。按，《通鑑紀事本末》卷二六、《通鑑綱目》卷三六下皆作「宮殿」。4海　原無此字。據章鈺校，十二行本、乙十一行本、孔天胤本皆有此字，張敦仁《通鑑刊本識誤》同，今據補。5尺　原作「丈」。據章鈺校，十二行本、乙十一行本、孔天胤本皆作「尺」，今據改。按，《通鑑紀事本末》卷二六、《通鑑綱目》卷三六下皆作「尺」。

⑥樓船　原無此二字。據章鈺校，十二行本、乙十一行本、孔天胤本皆有此二字，張敦仁《通鑑刊本識誤》同，今據補。按，《通鑑紀事本末》卷二六有此二字。

【語　譯】煬皇帝上之上

大業元年（乙丑　西元六〇五年）

春，正月初一日壬辰，大赦天下，改換年號。〇冊立王妃蕭氏為皇后。〇撤銷各州總管府。〇二十五日丙辰，冊立晉王楊昭為皇太子。

高祖末年，群臣中有人說林邑有許多珍寶。當時天下太平，劉方剛剛平定交州，隋文帝於是任命劉方為驩州道行軍總管，治理林邑。劉方派欽州刺史甯長真等率領步騎一萬多人出越裳進兵，劉方親自率領大將軍張愻等以水師出比景進兵，這個月，軍隊到達林邑國的出海口。

二月初七日戊辰，隋煬帝敕命主管部門盛陳金寶、器物、錦綵、車馬，引導楊素以及征討漢王楊諒的有功將領站在前面，讓奇章公牛弘宣讀詔書，表彰功勞，賞賜各有等級。楊素等人再拜施舞蹈禮之後離去。十八日己卯，任命楊素為尚書令。

下詔全國除去喪服，只有隋煬帝穿淺色黃衫，繫黑色腰帶。

三月十七日丁未，詔令楊素與納言楊達、將作大匠宇文愷等營建東京，每月投入做工的男丁二百萬人，遷移洛州城內的居民以及各州富商大賈數萬戶用以充實東京，廢除二崤道，開通葼冊道。

三月十八日戊申，下詔說：「君王聽取民眾的輿論，與庶民百姓商議國事，所以能瞭解刑政的得失，朕現今將巡視淮、海，觀察各地民風習俗。」

隋煬帝下令宇文愷與內史舍人封德彝等人營建顯仁宮，南邊連接阜澗，北邊橫跨洛水。徵調大江以南、五嶺以北的奇材異石，運送到洛陽。又徵求全國的嘉木異草，珍禽奇獸，用來充實皇家園林。三月二十一日辛亥，命令尚書右丞皇甫議徵發河南、淮北各郡百姓，前後一百多萬，開鑿通濟渠。從西苑引穀水、洛水到達黃河；又從板渚引河水經滎澤進入汴水；又從大梁的東邊引汴水進入泗水，到達淮水；又徵發淮南民眾十餘萬開挖邗溝，從山陽至楊子進入長江。渠寬四十步，渠旁都修築御道，栽種柳樹。從長安到江都，修建離宮四十餘處。三十日庚申，派黃門侍郎王弘等前往江南造龍舟以及其他各種船隻數萬艘。東京的官吏催督工役十分嚴厲急迫，服役的民伕十分之四五死亡，主管部門用車載死屍，東到成皋，北到河陽，在道路上前後相望。又在東京建造天經宮，四時祭祀高祖。

林邑王梵志派兵把守險要，劉方趕跑了他們。部隊渡過闍黎江，林邑的士兵乘坐大象，從四面八方到來。劉方交戰失利，於是隋軍挖了許多小土坑，草蓋在上面，用兵挑戰，交戰以後，隋軍假裝敗退，林邑人追趕他們，很多大象陷入土坑摔倒，林邑兵轉而驚慌害怕，軍隊大亂。劉方用箭弩射擊大象，大象後退逃跑，踐踏林邑軍的陣列，劉方乘勢用精兵追趕，林邑兵大敗，被俘被殺數以萬計。劉方領兵追擊，多次戰鬥都勝利了，經過馬援銅柱南進，八天到達了林邑國都。夏，四月，林邑國王梵志棄城逃到海上。劉方進城，獲得林邑國廟主牌位十八個，都是用黃金鑄成。劉方立碑紀功班師。士兵腳腫，死亡的有十分之四五。劉方也生了病，死在半道。

當初，尚書右丞李綱多次因發表不同意見冒犯了楊素和蘇威。楊素向高祖推薦李綱，任命李綱為劉方的行軍司馬。劉方稟承楊素的旨意，陵辱李綱，差點死去。軍隊回朝，長久得不到提升。蘇威又派李綱到南海處理林邑事務，長期不召他回朝。李綱自己回京奏報公務，蘇威彈劾李綱擅自離開職守，交由司法官審理，適逢大赦，罷免官職，隱居在鄠縣。

五月，營建東京西苑，周長二百里。苑內有海，周長十餘里，海中造方丈、蓬萊、瀛洲幾座神山，高出水面一百多尺，亭臺宮殿，分布山上，正面背面如同仙境。海的北面有龍鱗渠，渠水彎彎曲曲流入海內。沿著渠水建造了十六處宮院，院門都面臨渠水，每院安置一個四品夫人主持。殿堂樓觀，極其華麗。秋冬時節，宮中樹木凋落，就剪彩帛為花朵綠葉，綴連在樹枝上，顏色變了就換新的，常年保持溫暖春天景象。在池沼之中也剪彩帛為荷葉菱角，皇上來遊玩，就除去冰面，布置在池水中。十六院的夫人爭相用精美的食品比試高低，用以求得皇上恩寵。皇上喜歡在月夜帶領幾千名宮女，騎馬遊西苑，創作〈清夜遊曲〉，在馬背上演奏。

隋煬帝對待諸王薄情寡恩，對諸王多所猜忌，滕王楊綸、衛王楊集心懷憂懼，叫來方術士詢問吉凶禍福，以及打醮求福。有人控告二王怨望詛咒，主管部門奏請誅殺二王。秋，七月十八日丙午，隋煬帝下詔廢黜二王，除名為平民，發配到邊郡。楊綸，是楊瓚的兒子。楊集，是楊爽的兒子。

八月十五日壬寅，隋煬帝巡幸江都，從顯仁宮出發，王弘派龍舟迎接。十八日乙巳，隋煬帝乘坐小朱航，從漕渠駛出洛口，乘坐龍舟。龍舟四層，高四十五尺，長二百尺，最上層有正殿、內殿、東·西朝堂，中間兩層有一百二十間房，都用金玉裝飾，底層由內侍居住。蕭皇后乘坐的翔螭舟，規制稍微小一些，但裝飾沒有差別。另外有浮景船九艘，三層樓，都是水上宮殿。又有漾彩、朱鳥、蒼螭、白虎、玄武、飛羽、青鳧、陵波、五樓、道場、玄壇、樓船、板艙、黃篾等船數千艘，供後宮、諸王、公主、百官、僧尼、道士、蕃客乘坐，以及運載內外百官向皇上奉獻的物品。一共用了拉縴的船工八萬多人，其中拉漾彩以上級別船隻的縴夫九千多人，稱為殿腳，都身穿錦緞彩綢的袍服。還有平乘、青龍、艨艟、艚艓、八櫂、艇舸等幾千艘兵船，都供十二衛的士兵乘坐，同時運載兵器帳幕，由兵士自己牽引，不配民伕。船艦前後相接，連綿二百多里，燈火照耀河面及兩岸陸地，騎兵在兩岸護衛行進，旌旗遍野。所經過的州縣，五百里以內都奉命供給食物，多的一個州要出動一百多輛車運送，食物極盡水陸珍奇，後宮美女都吃膩了，用餐後將要起程時，未吃完的食物大多扔掉掩埋。

契丹入侵營州，下詔通事謁者韋雲起監護突厥兵去討伐，啓民可汗調集兩萬騎兵，接受韋雲起指揮。韋雲起分為二十營，四路並進，每營相隔一里，不得相混，聽到鼓聲前行，聽到角聲停止，除非傳遞公事的使者，不得馳馬，三令五申，擊鼓出發。突厥軍的一個紇干犯了軍令，斬殺了他，持首示眾。於是突厥將帥入見韋雲起，都膝行而前，兩腿發抖，沒有人敢仰視。契丹人原本歸附突厥，沒有猜忌之心。韋雲起進入契丹境內，讓突厥人謊稱到柳城去與高麗人做生意，敢洩露真實情況的就殺頭。契丹人沒有防備，在距離契丹兵營五十里時，快騎行進發起襲擊，全部俘虜了契丹男女四萬人，把男子都殺死，婦女及畜產的一半賞賜給突厥人，其餘的都集中起來帶回。隋煬帝非常高興，召集夏仲說：「韋雲起用突厥人平定了契丹，才兼文武，朕今天要親自提拔他。」升遷韋雲起為治書侍御史。

當初，西突厥阿波可汗被葉護可汗俘獲，國人擁立鞅素特勒的兒子，他就是泥利可汗。泥利去世，兒子達漫繼位，稱處羅可汗。達漫的母親向氏，本是中國人，在泥利去世後改嫁泥利之弟婆實特勒。開皇末年，婆實特勒和向氏到長安覲見，遇上達頭可汗叛亂，便留居長安，住在鴻臚寺。處羅可汗多半居住在烏孫國故地，由於安撫治理不當，國人大多叛亂，又受到鐵勒人侵擾。鐵勒是匈奴後裔，分為很多部族，有僕骨、同羅、契苾、薛延陀等部，酋長都稱俟斤。各部族姓氏雖然不同，但都通稱鐵勒，大致與突厥人的習俗相同，以搶劫掠奪為生，沒有大的君長，分別屬於東、西兩突厥。這一年，處羅可汗率兵襲擊鐵勒各部，對鐵勒人的財物課以重稅，又猜忌薛延陀部，擔心他們發生變故，便召集薛延陀部酋長幾百人，全部殺掉。因此鐵勒各部族全都叛變，擁立俟利發俟斤契苾歌楞為莫何可汗，又擁立薛延陀部俟斤字也咥為小可汗。與處羅部交戰，多次打敗處羅可汗。莫何可汗勇猛剛毅絕倫，深得民心，被鄰國所懼怕，伊吾、高昌、焉耆等國都歸附他。

二年（丙寅　西元六〇六年）

春，正月辛酉❶，東京成，進將作大匠宇文愷位開府儀同三司。

丁卯❷，遣十使併省❸州縣。

二月丙戌❹，詔吏部尚書牛弘等議定輿服、儀衛制度❺。以開府儀同三司何稠為太府少卿，使之營造，送江都。稠智思❻精巧，博覽圖籍❼，參會❽古今，多所損益。袞冕⑨畫日、月、星、辰，皮弁⑩用漆紗為之。又作黃麾⑪三萬六千人仗，及輅輦⑫車輿，皇后鹵簿⑬，百官儀服⑭，務為華盛，以稱上意。課州縣送羽毛，民求捕之，網羅被⑮水陸，禽獸有堪氅毦⑯之用者，殆無遺類。烏程⑰有高樹，踰百尺，旁無附枝，上有鶴巢，民欲取之，不可上，乃伐其根。鶴恐殺其子，自拔氅毛⑱投於地，時人或稱以為瑞，曰：「天子造羽儀⑲，鳥獸自獻毛羽[1]。」所役工十萬餘人，用金銀錢帛鉅億⑳計。帝每出遊幸，羽儀填街溢路㉑，亙二十餘里。三月庚午㉒，上發江都，夏，四月庚戌㉓，自伊闕㉔陳法駕，備千乘萬騎入東京。辛亥㉕，御端門㉖，大赦，免天下今年租賦。制五品已上文官乘車，在朝弁服，佩玉；武官馬加珂㉗，戴幘㉘，服袴褶㉙。文物㉚之盛，近世莫及也。

六月壬子㉛，以楊素為司徒，進封豫章王暕為齊王。

秋，七月庚申㉜，制百官不得計考㉝增級，必有德行、功能灼然㉞顯著者進擢之。帝頗惜名位，羣臣當進職者，多令兼假㉟而已。雖有闕員㊱，留而不補。時牛弘為吏部尚書，不得專行其職，別敕納言蘇威、左翊衛大將軍㊲宇文述、左驍衛大將軍張瑾、內史侍郎虞世基㊳、御史大夫裴蘊㊴、黃門侍郎裴矩參掌選事，時人謂之「選曹㊵七貴」。雖七人同在坐，然與奪㊶之筆，虞世基獨專之，受納賄賂，多者超越等倫[42]，無者注色[43]而已。蘊，遂之從曾孫也。

元德太子昭自長安來朝，數月，將還，欲乞少留，帝不許。拜請無數，體素肥，因致勞疾，甲戌[44]，薨。帝哭之，數聲而止，尋奏聲伎[45]，無異平日。

楚景武公[46]楊素，雖有大功，特為帝所猜忌，外示殊禮[47]，內情甚薄。太史言隋分野[48]有大喪，乃徙素為楚公，意言楚與隋同分[49]，欲以厭之。素寢疾，帝每令名醫診候[50]，賜以上藥，然密問醫者，恆恐[51]不死。素亦自知名位已極，不肯餌藥[52]，亦不將慎[53]，謂〔2〕弟約曰：「我豈須更活邪？」乙亥[54]，素薨，贈太尉公[55]、弘農等十郡太守，葬送甚盛。

八月辛卯[56]，封皇孫倓[57]為燕王，侗[58]為越王，侑[59]為代王，皆昭之子也。

九月乙丑[60]，立秦孝王[61]子浩為秦王。

帝以高祖末年，法令峻刻[62]，冬，十月，詔改修律令。

置洛口倉[63]於鞏[64]東南原[65]上，築倉城，周回二十餘里，穿三千窖，窖容八千石以還，置監官并鎮兵千人。十二月，置回洛倉[66]於洛陽北七里，倉城周回十里，穿三百窖。

初，齊溫公[67]之世，有魚龍[68]、山車[69]等戲，謂之散樂[70]，周宣帝時，鄭譯奏徵之。高祖受禪，命牛弘定樂，非正聲(71)清商(72)及九部四舞(73)之色，悉放遣之。帝以啓民可汗將入朝，欲以富樂(74)誇之。太常少卿裴蘊希旨，奏括(75)天下周、齊、梁、陳樂家子弟皆為樂戶。其六品以下至庶人，有善音樂者，皆直(76)太常。帝從之。於是四方散樂，大集東京，閱之於芳華苑(77)積翠池側。有舍利獸先來跳躍，激水滿衢，黿鼉(78)、龜鼈、水人、蟲魚，徧覆于地。又有鯨魚噴霧翳(79)日，倏忽化成黃龍，長七八丈。又二人戴竿，上有舞者，欻[3]然(80)騰過，左右易處(81)。又有神鼇負山，幻人(82)吐火，千變萬化。伎人皆衣錦繡繒綵，舞者鳴環佩(83)，綴花毦(84)。課京兆(85)、河南(86)製其衣，兩京錦綵為之空竭。帝多製豔篇(87)，令樂正(88)白明達造新聲播之，音極哀怨。帝甚悅，謂明達曰：「齊氏偏隅(89)，樂工曹妙達(90)猶封王，我今天下大同，方且貴汝，宜自脩謹！」

【章旨】以上為第四段，寫大業二年（西元六〇六年）隋煬帝製儀仗，創豔樂，窮奢極侈，歌舞昇平，以及權臣楊素之死。

【注釋】❶辛酉　正月初六日。❷丁卯　正月十二日。❸併省　合併、裁減。❹丙戌　二月一日。❺輿服儀衛制度　輿服，車服。車乘衣冠章服的總稱。古代的車服制度，表明了個人的等級。儀衛，儀仗與衛士的統稱。不同地位的人，儀衛形式也不相同，也表明個人的地位。❻智思　智慧心計。❼圖籍　圖畫與書籍。❽參會　綜合；調合。❾袞冕　袞衣和冠冕。古代帝王及士大夫的禮服和禮帽。❿皮弁　古冠名，用白鹿皮製作，為視朝的常服。⓫黃麾　皇帝儀仗所用的黃色旌旗。⓬輅輦略，大車，天子所用的車子。輦，原是人拉的車，自漢以來也為天子所乘用。⑬鹵簿　天子駕出時扈從的儀仗隊。自漢以後，后妃、太子、大臣也給鹵簿。⑭儀服　禮服。⑮被　遍布。⑯氅毦　羽毛裝飾。⑰烏程　縣名，縣治在今浙江湖州。⑱氅毛　羽毛。⑲羽儀　儀仗中以羽毛裝飾的旌旗之類。⑳鉅億　指極大的數目。鉅，通「巨」。大。㉑填街溢路　充滿了街衢道路。㉒庚午　三月十六日。㉓庚戌　四月二十六日。㉔伊闕　縣名，縣治在今河南洛陽南，即春秋周闕塞。㉕辛亥　四月二十七日。㉖端門　東京皇城南面三門，中間稱端門。㉗珂　馬籠頭上的裝飾品。㉘幘　包頭巾。㉙袴褶　服裝名，上服褶而下服袴，其外不再穿裘裳。㉚文物　舊指禮樂典章制度。㉛壬子　六月二十九日。㉜庚申　七月八日。㉝計考　累計考核。考，考查，古代對官員政績大小進行定期考查，然後遷轉。㉞灼然　明顯的樣子。灼，同「焯」。㉟兼假　兼任或攝代，即代理。㊱闕員　官員缺額。闕，通「缺」。㊲左翊衛大將軍　武官名，即左衛大將軍，隋煬帝所改，掌禁衛。㊳虞世基　（？—西元六一七年）字茂世，會稽餘姚（今浙江餘姚）人，歷仕陳、隋，官至內史侍郎，專典機密。傳見《隋書》卷六十七、《北史》卷八十三。㊴裴蘊　（？—西元六一七年）河東聞喜（今山西聞喜）人，歷仕陳、隋，官至御史大夫。傳見《隋書》卷六十七、《北史》卷七十四。㊵選曹　官署名，主銓選官吏事。㊶與奪　給予或剝奪。㊷等倫　同輩。㊸注色　填寫入仕的履歷。履歷，古稱腳色，省稱色。㊹甲戌　七月二十二日。㊺聲伎　古代宮廷及貴族官僚家中的歌舞伎。㊻楚景武公　楚公為楊素封爵。景武為楊素謚號。㊼殊禮　特殊的禮遇。㊽分野　古天文學說，把十二星辰的位置與地上州、國的位置相對應，如以鶉火（星次名，南方七宿中部）對應周，鶉尾（星次名，指翼、軫二宿）對應楚。就天文說，稱分星；就地面說，稱分野。古人通常以天象的變異來比附州國的吉凶。㊾同分　謂分野相同。㊿診候　看病。(51)恆恐　常常擔心。(52)餌藥　服藥。餌，吃。(53)將慎　調養保重。(54)乙亥　七月二十三日。(55)太尉公　太尉為三公之一，故稱太尉公。(56)辛卯　八月九日。(57)皇孫倓　（西元六〇二—六一七年）字仁安，元德太子長子，封燕王。傳附《隋書．元德太子傳》、《北史．元德太子傳》。(58)侗　（？—西元六一九年）元德太子次子，封越王。隋煬帝死，曾被立為帝。傳附《隋書．元德太子傳》、《北史．元德太子傳》。(59)侑　（西元六〇五—六一九年）元德太子第三子，封代王。曾被唐高祖李淵擁立為傀儡皇帝。傳見《隋書》卷五、《北史》卷十二。(60)乙丑　九月十四日。(61)秦孝王　秦王楊俊謚號為孝，故稱。(62)峻刻　嚴厲而苛刻。(63)洛口倉　隋著名糧倉之一，容糧八千萬石。因在洛水入黃河之口，故稱洛口倉。(64)鞏　縣名，縣治在今河南鞏縣東。(65)原　寬闊平坦之地。(66)回洛倉　隋著名糧倉之一，故址在今河南洛陽東隋洛陽故城北七里。(67)齊溫公　北齊後主高緯降周後，周封為溫公。(68)魚龍　雜戲名，據張衡〈西京賦〉載：魚龍戲稱為舍利之獸，先於庭盡頭遊戲，然後入殿前激水，化成比目魚，跳躍漱水，作霧障日，最後化成黃龍八丈，出水遨遊於庭，炫耀日光。69山車　雜戲名，車上設立棚閣，用繒彩加以裝飾，做成山林之狀。70散樂　古代樂舞名。包括俳優歌舞雜戲，因不在官樂之內，故稱散樂。71正聲　純正的樂聲。此指鄭譯所定之樂。72清商　隋平陳，設清商署，管宋齊舊樂，即清樂。73九部四舞　九部，指規定的清商、西涼、龜茲、天竺、康國、疏勒、安國、高麗、禮畢為九部樂。四舞，指鞞、鐸、巾、拂四舞。74富樂　富足而歡樂。75括　搜求。76直　當值；做事。77芳華苑　據《唐兩京城坊考》卷五載：「唐之東都苑，隋之會通苑，又曰上林苑，武德初改為芳華苑」。因在宮城之西，故多稱西苑。78黿鼉　黿，一種大鱉。鼉，一名鼉龍，又名豬婆龍，或稱揚子鱷。79翳　遮蔽。80欻然　忽然。81易處　變換位置。82幻人　能作幻術的人，如同今天的魔術師。83鳴環佩　環佩隨著舞蹈發出響聲。環佩，也作「環珮」，衣服上的佩玉。84花毦　鮮花。毦，花草。85京兆　郡名，隋京兆郡統大興、長安等關中中部二十二縣。86河南　郡名，隋河南郡統河南、洛陽等十八縣。即東京洛陽地區。87豔篇　文詞華麗的詩篇。88樂正　官名，即清商署樂師。89偏隅　一隅之地。90曹妙達　曹僧奴之子，善彈琵琶，齊後主為他開府封王。傳附《北史・恩幸傳》。

【校記】1毛羽　原作「羽毛」。據章鈺校，十二行本、乙十一行本、孔天胤本二字皆互乙，今據改。按，《通鑑紀事本末》卷二六作「毛羽」。2謂　原作「謂其」。據章鈺校，十二行本、乙十一行本、孔天胤本皆無「其」字，今據刪。按，《通鑑綱目》卷三六下無「其」字。3欻　原作「歘」。據章鈺校，乙十一行本、孔天胤本皆作「欻」，今據改。按，《通鑑紀事本末》卷二六作「欻」。

【語譯】二年（丙寅　西元六〇六年）

春，正月初六日辛酉，東京營建完成，將作大匠宇文愷被進位為開府儀同三司。

正月十二日丁卯，隋煬帝派出十路使者去裁撤合併州縣。

二月初一日丙戌，下詔吏部尚書牛弘等制定皇帝的車服儀仗制度。任命開府儀同三司何稠為太府少卿，讓他負責製造，送到江都。何稠聰慧精巧，博覽圖書典籍，綜合古今式樣，有許多增刪改進。皇帝袞服和冠冕都繡上日、月、星、辰，鹿皮冠改用漆紗製作。何稠又製作朝會所用三萬六千人的黃色旌旗儀仗，以及皇帝的御車、御轎，皇后的儀仗，文武百官的禮服，都力求華麗壯觀以稱皇上心意。又督責各州縣送交羽毛，百姓為捕捉鳥獸，水上陸地遍布網羅，毛羽可作裝飾品的鳥獸，幾乎都被捕盡殺絕。烏程有一棵高樹，超過一百尺，樹幹沒有可以攀附的枝條，這棵樹上有鶴巢，人們想捉鶴取羽毛，但爬不上樹，就砍伐樹根。鶴擔心牠的幼鶴跌死，自己把羽毛拔下來扔在地上。當時有人宣稱這是一種吉兆，說：「天子造有羽飾的儀仗，鳥獸自動呈獻羽毛。」製造儀仗所役使的工匠達十萬餘人，耗費的金銀錢帛多得數以億計。隋煬帝每次出行，儀仗隊伍都堵塞了街衢，充滿了道路，連綿二十餘里。三月十六日庚午，隋煬帝從江都出發。夏，四月二十六日庚戌，從伊闕開始排列車駕，備有千乘萬騎，浩浩蕩蕩，進入東京。二十七日辛亥，隋煬帝駕臨端門，大赦天下，免去全國當年的租賦。又制定五品以上文官乘車，在朝穿弁服，佩掛碧玉；武官的馬勒加白螺裝飾，戴包頭巾，著袴褶。文物典制的隆盛，近世沒有比得上的。

六月二十九日壬子，任命以楊素為司徒，進封豫章王楊暕為齊王。

秋，七月初八日庚申，規定百官不能憑累計考核升級，一定要德行、功勞和才能顯著的人才能得以升遷。隋煬帝很吝惜名位，群臣中有應當進升官職的，大多讓他兼職暫代而已。即使職位有空缺，寧可空留著也不讓人補上。當時牛弘任吏部尚書，不能獨立行使職權，而另外敕令納言蘇威、左翊衛大將軍宇文述、左驍衛大將軍張瑾、內史侍郎虞世基、御史大夫裴蘊、黃門侍郎裴矩一起掌理選用官吏之事，時人稱之為「選曹七貴」。雖然這七個人一同在座，但是用與不用的實權，由虞世基專斷，他接受賄賂，行賄多的人可以破格提拔，沒有行賄的人僅登記一下姓名履歷而已。裴蘊，是裴邃的堂曾孫。

元德太子楊昭從長安來朝見皇上，過了數月，將要返回，請求再留住一些時日，隋煬帝沒有答應。楊昭跪拜請求了無數次，他身體向來肥胖，以至於勞苦而得病，七月二十二日甲戌，病死。隋煬帝為他哭了，幾聲而止，不一會兒命女伎演奏音樂，與平日沒有什麼不同。

楚景武公楊素雖然立有大功，但是，特別遭到隋煬帝的猜忌，表面上顯示給他特殊禮遇，內心感情十分淡薄。太史令說隋地分野內會有大喪，隋煬帝就把楊素改封為楚國公，意思是說楚與隋在同一分野內，想用楊素來壓邪。楊素患病臥床，隋煬帝經常派名醫去看病，賜給上等醫藥，但祕密地詢問醫生，總擔心他不死。

楊素也自知名聲地位已經到了極點，不肯服藥，也不細心調養，對弟弟楊約說：「我哪裡還想再活啊？」七月二十三日乙亥，楊素去世，追贈太尉公、弘農等十郡太守，賻儀豐厚，葬禮十分隆重。

八月初九日辛卯，隋煬帝冊封皇孫楊倓為燕王，楊侗為越王，楊侑為代王，他們都是楊昭的兒子。

九月十四日乙丑，冊立秦孝王的兒子楊浩為秦王。

隋煬帝因高祖晚年法令嚴峻苛刻，冬，十月，下詔命令修改法令。

隋煬帝在鞏縣東南平原上建造洛口倉，修築倉城，方圓二十餘里，開鑿三千個地窖，每個窖可裝糧食八千石以上，設置糧倉監官和鎮守的士兵一千人。十二月，在洛陽北七里建造回洛倉，倉城方圓十里，開鑿三百個地窖。

當初，齊溫公高緯在位時，有魚龍、山車等雜戲，稱作散樂。周宣帝時，鄭譯奏請徵召這些雜戲樂人。隋高祖受周禪讓後，命令牛弘制定雅樂，凡是不屬正聲清商和九部樂、四舞的樂舞，全部遣散不用。隋煬帝由於啓民可汗即將入朝，想向他炫耀隋朝富庶歡樂。太常少卿裴蘊迎合隋煬帝的心意，奏請徵召天下原來周、齊、梁、陳等國的樂家子弟都編入樂戶。此外，六品以下官員和庶民百姓，凡擅長音樂的，都要到太常寺當差。隋煬帝聽從了這個建議。於是四面八方的樂舞，大量集中到東京，在芳華苑積翠池旁邊公開展演。舍利獸首先出場歡騰跳躍，激水滿街，黿鼉、龜鱉、會泅水的人、蟲魚，遍布地面。又有鯨魚噴水成霧遮天蔽日，忽然間化作黃龍，長七八丈。又有二人頭頂長竿，竿子上有起舞的人，忽然兩竿上的人飛騰而過，互相交換了位置。還有神鼇背負大山，魔術師吐火，千變萬化。藝人們都穿綾羅綢緞，跳舞的人環佩叮噹，綴飾著鮮花。讓京兆、河南兩地製作藝人所穿的彩服，以致長安、洛陽兩京綢緞為之一空。隋煬帝創作了許多篇豔詩，命樂師白明達譜上新曲教人演奏，音調極為哀婉愁怨。隋煬帝大為高興，對白明達說：「齊氏偏居一隅，樂工曹妙達尚且封王，我現在天下統一，將要使你顯貴，你應當慎重努力！」

三年（丁卯　西元六〇七年）

春，正月朔旦❶，大陳文物。時突厥啟民可汗入朝，見而慕之，請襲冠帶❷，帝不許。明日，又率其屬上表固請，帝大悅，謂牛弘等曰：「今衣冠❸大備，致單于❹解辮❺，卿等功也！」各賜帛甚厚。

三月辛亥❻，帝還長安。

癸丑❼，帝使羽騎尉❽朱寬入海求訪異俗，至流求國❾而還。

初，雲定興、閻毗坐媚事❿太子勇，與妻子皆沒官為奴婢。上即位，多所營造，聞其有巧思⓫，召之，使典其事，以毗為朝請郎⓬。時宇文述用事，定興以明珠絡帳賂述，并以奇服新聲求媚於述，述大喜，兄事之⓭。上將有事四夷⓮，大作兵器，述薦定興可使監造，上從之。述謂定興曰：「兄所作器仗，並合上心，而不得官者，為長寧兄弟⓯猶未死耳。」定興曰：「此無用物，何不勸上殺之？」述因奏：「房陵⓰諸子年並成立，今欲興兵征[1]討，若使之從駕，則守掌為難；若留於一處，又恐不可。進退無用，請早處分。」帝然之，乃鴆殺長寧王儼，分徙其七弟於嶺表，仍遣間使⓱於路盡殺之。襄城王恪之妃柳氏自殺以從恪。

夏，四月庚辰⓲，下詔欲安輯河北，巡省趙、魏⓳。

牛弘等造新律成，凡十八篇，謂之大業律⑳，甲申㉑，始頒行之。民久厭嚴刻，喜於寬政㉒。其後征役繁興，民不堪命，有司臨時迫脅㉓以求濟事，不復用律令矣。旅騎尉㉔劉炫預修律令，弘嘗從容問炫曰：「周禮士多而府史少㉕，今令史㉖百倍於前，減則不濟，其故何也？」炫曰：「古人委任㉗責成㉘，歲終考其殿最㉙，案㉚不重校，文㉛不繁悉㉜，府史之任，掌要目而已。今之文簿㉝，恆慮覆治，若鍛鍊不密，則萬里追證百年舊案。故諺云：『老吏抱案死㉞。』事繁政弊，職此之由也。」弘曰：「魏、齊之時，令史從容而已，今則不遑㉟寧處，何故？」炫曰：「往者州唯置綱紀㊱，郡置守、丞，縣置令而已。其餘具僚㊲則長官自辟，受詔赴任，每州不過數十。今則不然，大小之官，悉由吏部，纖介㊳之迹，皆屬考功㊴。省官不如省事，官事不省而望從容，其可得乎？」弘善其言而不能用。

壬辰㊵，改州為郡。改度量權衡㊶，並依古式。改上柱國以下官為大夫㊷。置殿內省㊸，與尚書、門下、內史、祕書為五省。增謁者㊹、司隸臺㊺，與御史為三臺。分太府寺㊻置少府監㊼，與長秋㊽、國子、將作、都水㊾為五監。又增改左、右翊衛等為十六府㊿。廢伯、子、男爵，唯留王、公、侯三等。

丙寅(51)，車駕北巡，己亥(52)，頓赤岸澤(53)。五月丁巳(54)，突厥啟民可汗遣其子拓特勒來朝。戊午(55)，發河北十餘郡丁男鑿太行山(56)，達于并州，以通馳道。丙寅(57)，啟民遣其兄子毗黎伽特勒來朝。辛未(58)，啟民遣使請自入塞奉迎輿駕(59)，上不許。

初，高祖受禪，唯立四親廟(60)，同殿異室而已，帝即位，命有司議七廟之制(61)。禮部侍郎攝太常少卿許善心等奏請為太祖、高祖各立一殿，準周文、武二祧(62)，與始祖而三，餘並分室而祭，從迭毀之法。至是，有司請如前議，於東京建宗廟。帝謂祕書監柳䛒(63)曰：「今始祖及二祧已具，後世子孫處朕何所？」六月丁亥(64)，詔為高祖建別廟，仍修月祭禮。既而方事巡幸，竟不果(65)立。

帝過鴈門，鴈門太守丘和(66)獻食甚精。至馬邑(67)，馬邑太守楊廓獨無所獻，帝不悅。以和為博陵(68)太守，仍使廓至博陵觀和為式(69)。由是所至獻食，競為豐侈。

戊子(70)，車駕頓榆林郡(71)。帝欲出塞耀兵(72)，徑突厥中，指于涿郡(73)，恐啟民驚懼，先遣武衛將軍長孫晟諭旨。啟民奉詔，因召所部諸國奚、霫(74)、室韋等酋長數十人咸集。晟見牙帳(75)中草穢(76)，欲令啟民親除之，示諸部落，以明威重，乃指帳②前草曰：「此根大香。」啟民遽嗅之，曰：「殊不香也。」晟曰：「天子行幸所在⑰，諸侯躬自灑掃，耕除⑱御路，以表至敬之心。今牙內蕪穢⑲，謂是留香草耳！」啟民乃悟曰：「奴之罪也！奴之骨肉皆天子所賜，得效筋力，豈敢有辭？特以邊人⑳不知法耳，賴將軍教之。此③將軍之惠，奴之幸也。」遂拔所佩刀，自芟㉑庭草。其貴人及諸部爭效之。於是發榆林北境，至其牙㉒，東達於薊㉓，長三千里，廣㉔百步，舉國就役，開為御道。帝聞晟策，益嘉之。

丁酉㉕，啟民及義成公主來朝行宮。己亥㉖，吐谷渾、高昌㉗並遣使入貢。

甲辰㉘，上御北樓觀漁於河，以宴百僚。定襄㉙太守周法尚朝于行宮，太府卿元壽㉚言於帝曰：「漢武㉛出關，旌旗千里。今御營之外，請分為二十四軍，日別遣一軍發，相去三十里，旗幟相望，鉦鼓㉜相聞，首尾相屬，千里不絕，此亦出師之盛者也。」法尚曰：「不然，兵亙千里，動間山川，猝有不虞㉝，四分五裂。腹心有事，首尾未知，道路阻長，難以相救，雖有故事，乃取敗之道也。」帝不懌，曰：「卿意如何？」法尚曰：「結為方陳，四面外拒㉞，六宮及百官家屬並在其內；若有變起㉟，所當之面，即令抗拒，內引奇兵，出外奮擊，車為壁壘㊱，重設鉤陳㊲，此與據城㊳，理亦何異？若戰而捷，抽騎追奔，萬一不捷，屯營自守，臣謂此萬全之策也。」帝曰：「善！」因拜法尚左武衛將軍(99)。

啓民可汗復上表，以為「先帝(100)可汗憐臣，賜臣安義公主，種種(101)無乏。臣兄弟嫉妬，共欲殺臣。臣當是時，走無所適(102)，仰視唯天，俯視唯地，奉身委命(103)，依歸先帝。先帝憐臣且死，養而生之，以臣為大可汗，還撫突厥之民。至尊今御天下，還如先帝養生臣及突厥之民，種種無乏。臣荷戴(104)聖恩，言不能盡。臣今非昔日突厥可汗，乃是至尊臣民，願率部落變改衣服，一如華夏(105)。」帝以為不可。秋，七月辛亥(106)，賜啓民璽書，諭以「磧北未靜，猶須征戰，但存心恭順，何必變服？」

帝欲誇示突厥，令宇文愷為大帳，其下可坐數千人。甲寅(107)，帝於城東御大帳，備儀衛(108)，宴啓民及其部落，作散樂。諸胡駭悅(109)，爭獻牛羊駝馬數千萬頭。帝賜啓民帛二十[4]萬段，其下各有差。又賜啓民路車(110)乘馬，鼓吹幡旗(111)，贊拜(112)不名(113)，位在諸侯王上。

又詔發丁男百餘萬築長城，西距[5]榆林，東至紫河(114)。尚書左僕射蘇威諫，帝[6]不聽，築之二旬而畢。帝之徵散樂也，太常卿高熲諫，不聽。熲退，謂太常丞(115)李懿曰：「周天元(116)以好樂而亡，殷鑒(117)不遠，安可復爾？」熲又以帝遇啓民過厚，謂太府卿何稠曰：「此虜頗知中國虛實，山川險易[118]，恐為後患。」又謂觀王雄[119]曰：「近來朝廷殊無綱紀。」禮部尚書宇文弢私謂熲曰：「天元之侈，以今方[120]之，不亦甚乎？」又言：「長城之役，幸非急務。」光祿大夫[121]賀若弼亦私議宴可汗太侈。並為人所奏，帝以為誹謗朝政。丙子[122]，高熲、宇文弢、賀若弼皆坐誅[123]，熲諸子徙邊，弼妻子沒官為奴婢。事連蘇威，亦坐免官。熲有文武大略，明達世務[124]，自蒙寄任[125]，竭誠盡節，進引貞良[126]，以天下為己任。蘇威、楊素、賀若弼、韓擒虎皆熲所推薦，自餘立功立事者不可勝數。當朝執政將二十年，朝野推服[127]，物無異議，海內富庶，熲之力也。及死，天下莫不傷之。先是，蕭琮以皇后故，甚見親重，為內史令，改封梁公，宗族緦麻[128]以上，皆隨才擢用，諸蕭昆弟，布列朝廷。琮性澹雅[129]，不以職務為意，身雖羇旅[130]，見北間[131]豪貴，無所降下。與賀若弼善，弼既誅，又有童謠曰：「蕭蕭亦復起[132]。」帝由是忌之，遂廢於家，未幾而卒。

八月壬午[133]，車駕發榆林，歷雲中，泝[134]金河[135]。時天下承平，百物豐實，甲士五十餘萬，馬十萬匹，旌旗輜重[136]，千里不絕。令宇文愷等造觀風行殿[137]，上容侍衛者數百人，離合為之，下施輪軸，倏忽推移。又作行城，周二千步，以板為榦[138]，衣之以布，飾以丹青[139]，樓櫓[140]悉備。胡人驚以為神，每望御營，十里之外，屈膝稽顙，無敢乘馬。啓民奉廬帳[141]以俟車駕，乙酉[142]，帝幸其帳，啓民奉觴[143]上壽，跪伏恭甚，王侯以下袒割[144]於帳前，莫敢仰視。帝大悅，賦詩曰：「呼韓[145]頓顙至，屠耆[146]接踵來，何如漢天子，空上單于臺[147]！」皇后亦幸義成公主帳。帝賜啓民及公主金甕各一，并衣服被褥錦綵，特勒以下，受賜各有差。帝還，啓民從入塞，己丑[148]，遣歸國。

癸巳[149]，入樓煩關[150]。壬寅[151]，至太原，詔營晉陽宮。帝謂御史大夫張衡曰：「朕欲過公宅，可為朕作主人。」衡乃先馳至河內[152]，具牛酒。帝上太行，開直道九十里，九月己未[153]，至濟源[154]，幸衡宅。帝悅其山泉，留宴三日，賜賚甚厚。衡復獻食，帝令頒賜公卿，下至衛士，無不霑洽[155]。己巳[156]，至東都。

壬申[157]，以齊王暕為河南尹[158]。癸酉[159]，以民部尚書楊文思為納言。

冬，十月，敕河南諸郡送一藝戶[160]陪東都三千餘家，置十二坊[161]於洛水南以處之。

西域諸胡多至張掖[162]交市[163]，帝使吏部侍郎裴矩掌之。矩知帝好遠略，諸商胡[7]至者，矩誘訪諸國山川風俗、王及庶人儀形服飾，撰西域圖記[164]三卷，合四十四國，入朝奏之。仍別造地圖，窮其要害，從西傾[165]以去，縱橫[166]所亙，將二萬里。發自敦煌[167]，至于西海[168]，凡為三道，北道從伊吾[169]，中道從高昌[170]，南道從鄯善[171]，總湊[172]敦煌。且云：「以國家威德，將士驍雄，汎濛汜[173]而越崑崙[174]，易如反掌。但突厥、吐渾[175]分領羌、胡之國，為其壅遏[176]，故朝貢不通。今並因商人密送誠款[177]，引領翹首[178]，願為臣妾。若服而撫之，務存安輯，皇華[179]遣使，弗動兵車，諸蕃既從，渾、厥[180]可滅，混壹[181]戎、夏，其在茲乎？」帝大悅，賜物[8]五百段，日[182]引矩至御坐，親問西域事。矩盛言胡中多諸珍寶，吐谷渾易可并吞。帝於是慨然[183]慕秦皇、漢武之功[184]，甘心將通西域，四夷經略，咸以委之。以矩為黃門侍郎，復使至張掖，引致諸胡，啗[185]之以利，勸令入朝。自是西域諸[9]胡往來相繼，所經郡縣，疲於送迎，縻費[186]以萬萬計，卒令中國疲弊以至於亡，皆矩之唱導[187]也。

鐵勒寇邊，帝遣將軍馮孝慈出敦煌擊之，不利。鐵勒尋遣使謝罪，請降，帝使裴矩慰撫之。

【章　旨】以上為第五段，寫隋煬帝大業三年（西元六〇七年），巡視北疆，觀兵突厥；築長城，誅大臣，剛愎拒諫；通商西域，奢靡誇富，對外賞賜無節，將導致隋朝府庫衰竭。

【注釋】❶朔旦　正月初一早晨。旦，早晨。❷襲冠帶　穿漢人官服。襲，穿衣。冠帶，帽子和衣帶。指漢人官服。❸衣冠　原指士大夫的穿戴，此指文明禮教。❹單于　突厥等少數民族首領的稱呼。❺解辮　解開辮子。此指換掉突厥服飾。❻辛亥　三月二日。❼癸丑　三月四日。❽羽騎尉　武官名，隋所置八尉之一，掌羽林軍騎兵。❾流求國　國名，隋代稱今臺灣為流求國。❿媚事　巴結；逢迎。⓫巧思　高妙的構思。⓬朝請郎　官名，為文散官，無職掌。古代諸侯朝見天子，春季朝見稱朝，秋季朝見稱請。⓭兄事之　像對待兄長那樣對待雲定興。⓮有事四夷　指征伐四夷。有事，指用兵打仗。四夷，指隋周邊的少數民族或國家。⓯長寧兄弟　指廢太子楊勇之子長寧王楊儼弟兄們。⓰房陵　廢太子楊勇被煬帝殺死，追封為房陵王。⓱間使　負有伺隙使命的使者。⓲庚辰　四月初二日。⓳趙魏　指戰國時趙、魏舊地。趙大致包括今河北南部、山西北部，魏大致包括今河南大部、山東西南部等地。⓴大業律　因牛弘等所造新律於隋煬帝大業年間頒行，故取名為《大業律》。㉑甲申　四月初六日。㉒寬政　謂政刑寬鬆。㉓迫脅　威逼。㉔旅騎尉　武官名，開皇六年設八尉，此是其一，掌羽林軍。㉕士多而府史少　士、府、史，均官名，士是各部門長官下面分管事務的長官。《周禮》各官所屬有上士、中士、下士，人數甚多；府、史，是低於士官的吏員，公派給士官承辦具體的文牘案卷，人數比士官少。㉖令史　官名，隋前令史有品秩，可補升為郎。隋朝令史沒有品秩，成為三省六部的低級官員。㉗委任　任命官職。㉘責成　督責完成任務。㉙殿最　政績優劣。殿，後。最，前。㉚案　官府處理公事的文書、成例及獄訟判定結論叫案。㉛文　行文。㉜繁悉　繁瑣詳盡。㉝文簿　公文案卷。㉞老吏抱案死　形容文簿繁多。㉟不遑　來不及；不得。遑，閒暇。㊱綱紀　指主持政務的地方長吏、司馬等職官。㊲具僚　備具僚佐。㊳纖介　細小。㊴考功　官名，即考功侍郎，掌考察內外文武官員的政績與功過。㊵壬辰　四月十四日。㊶度量權衡　度指量長度，如丈尺等。量指容量，如石斗等。權衡指重量，如斤兩等。權，秤錘。㊷改上柱國以下官為大夫　過去上柱國下至都督凡十一等，今改為光祿、左、右光祿、金紫、銀青光祿、正議、通議、朝請、朝散九大夫。㊸殿內省　中央官署名，掌宮廷供奉。㊹謁者　即謁者臺。中央官署名，掌受詔出使勞問、安撫、持節審理冤案而申奏朝廷。㊺司隸臺　中央官署名，掌管巡察事宜。㊻太府寺　官署名，掌管左、右藏及黃藏等府庫。㊼少府監　官署名，掌尚方、司織、司染、鎧甲、弓弩等部門。㊽長秋　官署名，由內侍省所改。㊾都水　官署名，掌管水利。㊿十六府　原為十二衛，現增改左、右衛為左、右翊衛，左、右備身為左、右驍衛，左、右武衛不變，改領軍為左、右屯衛，增加左、右禦衛，改左、右武候為左、右候衛，共十二衛。改左、右府為左、右備身府，左、右監門不變，計十六府。(51)丙寅　四月己卯朔，無丙寅。按，《隋書》卷三〈煬帝紀〉作「丙申」；《北史》同。當作「丙申」。丙申，四月十八日。(52)己亥　四月二十一日。(53)赤岸澤　湖名，故址在今陝西華縣北。(54)丁巳　五月九日。(55)戊午　五月十日。(56)太行山　山名，綿延山西、河北、河南三省界的大山脈。(57)丙寅　五月十八日。(58)辛未　五月二十三日。(59)輿駕　皇帝車駕。(60)四親廟　一是皇高祖太原府君廟，二是皇曾祖康王廟，三是皇祖獻王廟，四是皇考太祖武元皇帝廟。(61)七廟之制　歷代帝王為進行宗法統治，設七廟供奉七代祖先。《禮記・王制》載：「天子七廟，三昭三穆（左右順序），與太祖之廟而七。」(62)文武二祧　周文王、武王二廟。祧，祭遠祖、始祖之廟。(63)柳䛒　字顧言，本河東（今山西永濟西南）人，歷仕陳、隋，官至祕書監。著《晉王北伐記》十五卷。傳見《隋書》卷五十八、《北史》卷八十三。(64)丁亥　六月十日。(65)果　此為實現之意。(66)丘和　（西元五五二—六三七年）河南洛陽（今河南洛陽）人，歷仕周、隋與唐，官至稷州刺史。傳見《舊唐書》卷五十九、《新唐書》卷九十。(67)馬邑　郡名，治所善陽縣，在今山西朔州。(68)博陵　郡名，治所鮮虞縣，在今河北定州。(69)式　榜樣；規格。(70)戊子　六月十一日。(71)榆林郡　郡名，治所榆林縣，在今內蒙古準噶爾旗東北。(72)耀兵　炫耀武力。(73)涿郡　郡名，治所薊縣，在今北京市西南。(74)霫　古代部族名，匈奴別支，居住潢水北。(75)牙帳　突厥可汗所居帳幕。(76)草穢　指野草荒蕪，遍地是雜草。(77)所在　天子所居之處。(78)耕除　填補打掃。(79)蕪穢　雜亂；雜草叢生。(80)邊人　邊遠之人。(81)芟　除草。(82)牙　牙旗的簡稱。此指突厥啓民可汗居所。(83)薊　即涿郡治所薊縣。(84)廣　寬。(85)丁酉　六月二十日。(86)己亥　六月二十二日。(87)高昌　古代城國名，北朝時柔然以闞伯周為高昌王，建立高昌國，治高昌郡，在今新疆吐魯番東哈拉和卓堡。(88)甲辰　六月二十七日。(89)定襄　郡名，治所大利縣，在今內蒙古和林格爾西北。(90)元壽　（西元五四八—六一〇年）字長壽，河南洛陽（今河南洛陽）人，歷仕周、隋，官至內史令。傳見《隋書》卷六十三、《北史》卷七十五。(91)漢武　即西漢武帝劉徹。傳見《史記》卷十二、《漢書》卷六。(92)鉦鼓　古代軍中樂器名，鳴鉦作為鼓的節奏。(93)猝有不虞　突然有不測。猝，突然。虞，意料。(94)外拒　對外防守。拒，抵禦。(95)變起　事變發生。(96)壁壘　軍營的圍牆。此指用車作為防守的工事。(97)鉤陳　設陣彎曲如鉤，像天上的鉤陳星。鉤陳，星名，在紫微垣內，最近北極，天文家多用以測極，稱為極星。(98)據城　據守城防。(99)左武衛將軍　武官名，掌管宿衛。(100)先帝　指隋文帝。(101)種種　件件；事事。(102)走無所適　走投無路。適，往；去。(103)委命　寄託性命。(104)荷戴　蒙受。(105)華夏　華夏初指我國中原地區，後來包舉我國全部領土。(106)辛亥　七月初四日。(107)甲寅　七月初七日。(108)儀衛　儀仗與衛士的統稱。文的稱儀，武的稱衛。(109)駭悅　驚喜。(110)路車　即輅車，古代天子及諸侯貴族所乘之車。(111)幡旗　旗幟。(112)贊拜　臣子朝見君王，司儀宣讀行禮的儀式。(113)不名　不直呼其名，以示優寵。(114)紫河　河名，即今內蒙古烏蘭察布南境黃河支流渾河。(115)太常丞　官名，掌行禮及祭祀，總署曹事，檢舉廟中非法之事。(116)周天元　即周宣帝，傳位給其子靜帝以後，自稱天元皇帝，故稱周天元。117殷鑒　指殷商亡國的教訓。118險易　險要與平坦。易，平坦。119觀王雄　楊雄由安德郡王改封觀王。120方　比擬。121光祿大夫　官名，文散官，不治事。122丙子　七月二十九日。123坐誅　獲罪被殺。坐，獲罪。124世務　時務。125寄任　委任。寄，委託；託付。126貞良　忠貞賢良。貞，言行一致。127推服　推許佩服。128緦麻　喪服名，是五服中最輕的服制，服期三月。高祖父母、曾伯叔祖父母、族伯叔父母、外祖父母、岳父母、中表兄弟、婿、外孫等都屬緦麻之親。129澹雅　恬淡儒雅。澹，恬靜；安定。130羈旅　寄居作客。因蕭琮原為後梁人，故歸隋後稱寄居。131北間　後梁在南，故稱隋地為北間。132蕭蕭亦復起　暗指後梁蕭氏再起。133壬午　八月初六日。134泝　逆水而上。135金河　河名，古代黃河支流。故道在今內蒙古托克托以北。136輜重　行軍攜載的物資。137行殿　能移動的宮殿。138榦　欄杆。139丹青　繪畫用的顏色。丹指丹砂，青指石青（即藍銅礦），兩種可製顏料的礦石。此處代指彩畫。140樓櫓　城樓、瞭望臺。141廬帳　帳幕做的房子；帳篷。142乙酉　八月初九日。143奉觴　舉杯。144袒割　脫去上衣，露著臂膀切割肉。145呼韓　即呼韓邪單于，歸降西漢。146屠耆　即屠耆單于，西漢時匈奴握衍朐提單于從兄。初封日逐王，後為呼韓邪所殺。147單于臺　地名，故址在今山西大同。148己丑　八月十三日。149癸巳　八月十七日。150樓煩關　關名，故址在今山西寧武東北陽方口。151壬寅　八月二十六日。152河內　郡名，治所野王縣，在今河南沁陽。153己未　九月十三日。154濟源　縣名，縣治在今河南濟源。155霑洽　指受其恩澤。霑，亦作「沾」。潤澤。洽，沾潤。156己巳　九月二十三日。157壬申　九月二十六日。158河南尹　官名，河南郡最高長官，管一郡政刑。洛陽在隋初稱洛州，隋煬帝初年改為河南郡，置尹。159癸酉　九月二十七日。160藝戶　擅長伎藝的家庭。161坊　城市中街市里巷的通稱。162張掖　郡名，治所張掖縣，在今甘肅張掖。163交市　互市；互相進行市場交易。164西域圖記　書名，記載西域四十四國風俗及山川險易、君長姓族、物產、服章等。165西傾　山名，在今甘肅碌曲南。166縱橫　南北稱縱，東西稱橫。167敦煌　郡名，治所敦煌縣，在今甘肅敦煌西。168西海　地名，在條支（今阿富汗加拉尼）以西。即波斯灣。169伊吾　郡名，治所伊吾縣，在今新疆哈密境。170高昌　地名，故址在今新疆吐魯番東。171鄯善　郡名，治所鄯善城，在今新疆若羌。172湊　會合；聚集。173汎濛汜　渡過濛汜河。汎，浮起；渡過。濛汜，河名，不詳在今何處。174崑崙　山名，在新疆與西藏之間，西接帕米爾高原，東延入青海境內。175吐渾　即吐谷渾。176壅遏　阻塞。177誠款　懇摯；忠誠。178翹首　抬頭而望，形容盼望殷切。179皇華　《詩·小雅》有〈皇皇者華〉，〈詩序〉謂為君遣使臣之作。後來遂用為使人或出使的典故。180渾厥　指吐谷渾、突厥。181混壹　統一。壹，同「一」。182日　每天。183慨然　感慨的樣子。184秦皇漢武之功　指秦始皇、漢武帝開拓疆域的功勞。185啗　以利誘人。186糜費　浪費。187唱導　倡導。唱，通「倡」。

【校　記】①征　原作「誅」。據章鈺校，十二行本、乙十一行本皆作「征」，今據改。按，《隋書・宇文述傳》、《北史・宇文述傳》皆作「征」。②帳　原無此字。據章鈺校，十二行本、乙十一行本、孔天胤本皆有此字，今據補。按，《通鑑紀事本末》卷二六有此字。③此　原無此字。據章鈺校，十二行本、乙十一行本、孔天胤本皆有此字，今據補。按，《通鑑紀事本末》卷二六有此字。④十　原作「千」。據章鈺校，十二行本、孔天胤本皆作「十」，張敦仁《通鑑刊本識誤》同，今據改。按，《通鑑紀事本末》卷二六作「十」。⑤距　原作「拒」。據章鈺校，十二行本、乙十一行本皆作「距」，張敦仁《通鑑刊本識誤》同，今據改。按，《通鑑紀事本末》卷二六作「距」。⑥帝　原作「上」。據章鈺校，十二行本、乙十一行本、孔天胤本皆作「帝」，今據改。按，《通鑑紀事本末》卷二六作「帝」。⑦諸商胡　原無「諸」字。章鈺校云：「十二行本作『諸胡商』三字，孔本同，張校同。」然張敦仁《通鑑刊本識誤》云：「『略』下脫『諸』字」，則當作「諸商胡」，非如章鈺校之作「諸胡商」，疑章鈺校「商」、「胡」二字互乙而誤。《隋書・裴矩傳》、《通鑑紀事本末》卷二六皆作「諸商胡」，今據補。⑧物　原作「帛」。據章鈺校，十二行本、乙十一行本、孔天胤本皆作「物」，今據改。按，《隋書・裴矩傳》、《北史・裴佗傳附裴矩傳》作「物」。⑨諸　原無此字。據章鈺校，十二行本、乙十一行本、孔天胤本皆有此字，張敦仁《通鑑刊本識誤》同，今據補。

【語　譯】三年（丁卯　西元六〇七年）

春，正月初一日早晨，隋朝大量陳列禮樂車服以及觀賞物品。當時，突厥啓民可汗入朝，看了非常羨慕，請求穿戴隋朝服飾，隋煬帝不同意。第二天，啓民可汗又帶領他的部屬上表堅決請求，隋煬帝大為高興，對牛弘等人說：「現今文明禮教十分完備，以致單于也要解辮更服，這都是你們的功勞！」給每個臣子賞賜了豐厚的絲帛。

三月初二日辛亥，隋煬帝返回長安。

三月初四日癸丑，隋煬帝下令羽騎尉朱寬出海採訪外國習俗，朱寬到達流求國後返回。

當初，雲定興、閻毗因巴結太子楊勇被判罪，與妻子兒女一起都罰沒為官奴婢。隋煬帝即位，大興土木，聽說他兩人有奇巧的構思，召見兩人，派他們掌管營建事務。任命閻毗為朝請郎。當時宇文述掌權，雲定興用夜明珠細羅帳賄賂宇文述，並用珍奇的衣服和新造的音樂討好宇文述，宇文述大為高興，待他如兄長。隋煬帝將要討伐四夷，大造兵器，宇文述推薦雲定興，可讓他監造，隋煬帝聽從了。宇文述對雲定興說：「兄長製造的兵器，都稱皇上心意，但沒有給你封官，那是因為你的外甥長寧王兄弟還沒有死。」雲定興說：「他們都是無用的東西，為什麼不勸皇帝把他們殺了呢？」宇文述便上奏說：「房陵王楊勇的幾個兒子都長大成人了，現今皇上正要起兵征討，如果讓他們跟隨聖駕，那麼看管很困難；如果把他們留在一個地方，恐怕不行，反正沒有用處，請求早作處理。」隋煬帝認為很對，就用毒酒殺死了長寧王楊儼，把他的七個弟弟分別發配到嶺南，又派密使在半道把他們都殺了。襄城王楊恪的王妃柳氏自殺殉夫。

夏，四月初二日庚辰，隋煬帝下詔打算安撫河北，巡視趙、魏地區。

牛弘等人修訂新律完成，共十八篇，稱之為《大業律》，四月初六日甲申，開始頒布執行。民眾長久以來怨恨舊律嚴酷苛刻，喜歡政刑寬緩。後來頻繁徵發勞役，民眾不堪役使，官吏臨時威逼，以求完成任務，不再依律令辦事了。旅騎尉劉炫參與律令起草，牛弘曾經閒談時問劉炫說：「按照《周禮》制度，主管事務的官員多而承辦具體文牘案卷的屬吏少，現今屬吏百倍於官員，減少了則辦不成事，這是什麼緣故呢？」劉炫說：「古代任命官吏責以成效，年終要考核分出最好最壞，案件審結不再重新覆核，文書不求繁瑣，屬吏的職責是掌握大綱節目罷了。現在的文案簿書，時常擔心複查，如果辦理不周密，就要不遠萬里去追查百年舊案。所以諺語說：『老吏抱著案卷累死。』事務繁瑣，政令衰弊，這就是屬吏多而效率低的原因。」牛弘說：「北魏、北齊時期，屬吏們清閒，如今卻無暇休閒，是什麼原因？」劉炫說：「先前州衙只設置長史、司馬，郡衙設置郡守、郡丞，縣衙設置縣令，僅此而已，其他辦事僚屬則由長官自己任命，接受詔命上任的，每州不過幾十人。現今不是這樣，大小官員，全由吏部選任，細小的事，全由考功侍郎核准。減少官吏不如減少事務，官吏們的事務不減省，還希望清閒，能辦得到嗎？」牛弘讚賞劉炫說的話，但是不能採用。

四月十四日壬辰，改州為郡。又改革度量衡，全部依照古制。改上柱國以下的官叫大夫。增設殿內省，與尚書省、門下省、內史省、祕書省為五省。增設謁者臺、司隸臺，與御史臺合稱三臺。分太府寺設置少府監，與長秋、國子、將作、都水為五監。又增改左、右翊衛等為十六府。廢除伯爵、子爵、男爵，僅留王、公、侯三等爵位。

丙寅日，隋煬帝去北方巡視，四月二十一日己亥，停駐赤岸澤。五月初九日丁巳，突厥啓民可汗派遣他的兒子拓特勤來朝見。初十日戊午，徵發河北十幾個郡的男丁開鑿太行山，直達并州，用以貫通馳道。十八日丙寅，啓民可汗又派遣他哥哥的兒子毗黎伽特勤來朝見。二十三日辛未，啓民可汗遣使請求親自入塞迎接聖駕，隋煬帝沒有同意。

當初，隋高祖接受禪位，只設立了四座親廟，都在同一個殿堂之內，只是不同房間。隋煬帝即位以後，命令有關部門討論建七廟的儀制，禮部侍郎兼太常少卿許善心等人上奏請求為太祖、高祖各建一座殿，依照周代建文王、武王兩座祖廟，與始祖廟共三座祖廟，其餘的祖先都在一座廟裡只是分室祭祀，後代每增加一主，就把最先的那個祖先撤去。到這時，有關部門上奏請求按照以前議定的那樣，在東京建立宗廟。隋煬帝對祕書監柳䛒說：「如今始祖廟與兩座祧廟都已具備，後世子孫把朕又放到何處呢？」六月初十日丁亥，隋煬帝下詔令為高祖另外建立一廟，仍然執行月祭禮。後來由於忙於巡遊的事務，終竟沒有建立。

隋煬帝經過雁門，雁門太守丘和進獻的食物十分精美。到達馬邑，馬邑太守楊廓卻沒有奉獻什麼東西，隋煬帝很不高興。任命丘和為博陵太守，並且讓楊廓到博陵參觀，以丘和為榜樣。從此以後，隋煬帝所到之處進獻的食物，互相攀比豐盛奢侈。

六月十一日戊子，隋煬帝車駕留住榆林郡。隋煬帝想出塞顯示軍威，穿過突厥境內，直達涿郡。擔心啓民可汗驚恐，先派武衛將軍長孫晟宣諭旨意。啓民可汗接到詔命，就把他所轄的奚、霫、室韋等國的酋長幾十人都召集起來。長孫晟見啓民可汗牙帳內長滿雜草，想讓啓民可汗親自除掉，向各部落顯示天子的威嚴，就指著帳前的草說：「這草非常香。」啓民可汗急忙聞了一下，說：「一點都不香。」長孫晟說：「天子巡幸所居之處，諸侯都要親自灑掃，填補打掃道路，以表示崇敬的心意。現在牙帳內雜草叢生，所以把它說成是留香草嘛！」啓民可汗醒悟過來，說：「這是我的罪過！我身上的骨肉都是天子賜給的，能效筋骨之力，怎敢推辭？只是因為邊遠之人不懂法度，幸虧將軍教誨我。這是將軍的恩惠，乃是我的榮幸。」於是拔出佩刀，親自割牙帳庭內的雜草。其他貴族和各部酋長都競相仿效他。於是從榆林北境開始，西到可汗牙帳，東到薊城，長三千里，寬一百步，突厥人全部就役，開闢為御道。隋煬帝得知長孫晟的計策，更加讚賞他。

六月二十日丁酉，啓民可汗和義成公主來行宮朝見。二十二日己亥，吐谷渾、高昌都派遣使者前來進貢。

六月二十七日甲辰，隋煬帝登上北樓觀看漁人在黃河中捕魚，宴請百官。定襄太守周法尚到行宮朝見。太府卿元壽對隋煬帝說：「漢武帝出關，旌旗千里。現今御營衛隊以外，請求把軍隊分成二十四軍，每天派遣一軍出發，相隔三十里，前後旗幟可以互相望見，鉦鼓之聲聽得清楚，首尾相連，千里不斷，這也顯示出師的盛況。」周法尚說：「不對。軍隊連綿千里，時時被山川所阻隔，突然有不測之事，隊伍會四分五裂；若中部有事變，首尾不知道，道路險阻漫長，難以相救；雖然歷史上有先例，但卻是自找失敗的辦法。」隋煬帝不高興，說：「你說怎麼辦？」周法尚道：「把軍隊集結為方陣，四面向外防禦，六宮及百官家屬都在方陣中心，如果有事變發生，受敵的一面，馬上令其抵抗，從陣內率領奇兵，出陣外奮力攻擊，用車輛作為壁壘，設置幾重彎彎曲曲的鉤陣，這和據守城池，道理又有什麼不同？假如交戰得勝，就抽調騎兵追趕，萬一不勝，便屯營自守，臣認為這是萬全之策。」隋煬帝說：「好！」於是任命周法尚為左武衛將軍。

啓民可汗又上表，以為「先帝可汗疼愛臣，賜給臣安義公主。使我們樣樣不缺少。臣的兄弟嫉妒，一起想殺我，臣在當時，走投無路，抬頭只看到天，低頭只看到地，便把自身託付給了先帝。先帝同情臣將死，便收留撫養，讓臣做了大可汗，回來安撫突厥的人民。皇上如今統治天下，仍然像先帝一樣撫育臣和突厥的民眾，樣樣不缺少。臣深蒙聖上的恩德，不能盡言。臣現今不是先前的突厥可汗，而是皇上的臣民，臣願意率領部落百姓改變服飾，同華夏一樣。」隋煬帝認為不可以這樣做。秋，七月初四日辛亥，賜給啓民可汗璽書，告諭他「漢北還沒有安定，還需要征討，只要心存恭順，何必改變服飾？」

隋煬帝想向突厥炫耀，命令宇文愷製作大帳，帳下能坐幾千人。七月初七日甲寅，隋煬帝在城東親臨大帳，設置儀仗侍衛，宴請啓民可汗和他的部落，表演各種雜戲。各胡族的人驚喜，爭著貢獻牛羊駱駝馬匹幾千萬頭。隋煬帝賞賜啓民可汗錦帛二十萬段，他的下屬按照不同的等級都有賞賜。又賞賜給啓民可汗路車、坐騎和鼓吹幡旗等儀仗，朝拜時司儀不呼其名，列位在諸侯王之上。

隋煬帝又下詔徵發丁男一百多萬修築長城，西至榆林，東到紫河。尚書左僕射蘇威進諫，隋煬帝不聽。修築了兩個月完工。隋煬帝徵集全國各種雜戲藝人時，太常卿高熲勸諫，隋煬帝不聽，高熲退朝後，對太常丞李懿說：「周天元皇帝因喜好音樂而亡國，殷鑑不遠，怎麼能再這樣呢？」高熲又認為隋煬帝對待啓民可汗過於優厚，就對太府卿何稠說：「這個胡人非常熟悉中國的虛實，山川險要，恐怕成為後患。」高熲又對觀王楊雄說：「近來朝廷太沒有綱常法紀了。」禮部尚書宇文弼私下對高熲說：「周天元皇帝奢侈，拿今天的情況和他相比，不是更嚴重嗎？」又說：「長城之役，不是當務之急。」光祿大夫賀若弼也私下議論宴請啓民可汗太奢侈。這些情況都被人上奏，隋煬帝認為是誹謗朝政。七月二十九日丙子，高熲、宇文弼、賀若弼都獲罪誅殺，高熲的幾個兒子發配邊疆，賀若弼的妻子兒女籍沒為官奴。這事牽連到蘇威，也獲罪免官。高熲有文武才略，通曉世務，自從蒙受委任，竭誠盡節，推薦忠貞賢良，以天下為己任。蘇威、楊素、賀若弼、韓擒虎都是高熲推薦的人才，其餘建功立業的人不勝枚舉。高熲在朝執政近二十年，朝野推許佩服，人無異議。國家富足，是高熲的功勞。當他被殺，全國的人沒有不傷心的。此前，蕭琮因為皇后的緣故，深受隋煬帝的親近推重，任命為內史令，改封梁國公。蕭氏宗族五服以內的人都被量才使用，蕭氏兄弟，布列朝廷。蕭琮性情恬淡儒雅，不把當官放在心上，雖然客居北方，見到北方的豪門貴族，從不低聲下氣。與賀若弼友善，賀若弼被殺，又有童謠說：「蕭蕭亦復起。」隋煬帝因此猜忌蕭琮，蕭琮被免職回家，沒多久就死了。

八月初六日壬午，隋煬帝車駕從榆林出發，經過雲中，逆行金河。當時天下太平，百物豐實，甲士五十多萬，馬十萬匹，旌旗輜重，綿延千里。隋煬帝命令宇文愷製造觀景的移動宮殿，上面可容納侍衛幾百人。行殿可拆可合，下設輪軸，可以快速推移。又製造移動的城堡，周長二千步，用木板作骨架，用布覆蓋，畫上彩畫，城樓、瞭望臺一應俱全。突厥人驚訝，以為是神造的，每次望見御營，十里之外就跪下磕頭，無人敢騎馬。啓民可汗供奉廬帳以等待聖駕，初九日乙酉，隋煬帝親臨啓民可汗營帳，啓民可汗捧著酒杯向皇上祝賀，跪伏在地上很是恭敬。突厥王侯以下的人都在帳前袒衣割肉，不敢仰視。隋煬帝大為高興，賦詩云：「呼韓頓顙至，屠耆接踵來，何如漢天子，空上單于臺！」皇后蕭氏也臨幸義成公主營帳。隋煬帝賜啓民可汗和義成公主每人一只金甕，另外還有衣服、被褥、彩緞。特勒以下，得到的賞賜各有等差。隋煬帝返回，啓民可汗跟隨入塞。十三日己丑，隋煬帝讓啓民可汗回國。

八月十七日癸巳，隋煬帝進入樓煩關。二十六日壬寅，到達太原，下詔營建晉陽宮。隋煬帝對御史大夫張衡說：「朕想看看你的家，你可要作主人招待朕。」張衡便先馳馬回到河內，備辦酒宴。隋煬帝登上太行山，命令開闢直道九十里通達張衡的家。九月十三日己未，隋煬帝抵達濟源，親臨張衡宅第。隋煬帝喜愛這裡的山泉，便住下來飲宴三天，賞賜非常豐富。張衡又進獻食物，隋煬帝下令分賜公卿大臣，下至衛士，沒有一人不沾聖恩。二十三日己巳，到達東都。

九月二十六日壬申，任命齊王楊暕為河南尹。二十七日癸酉，任命民部尚書楊文思為納言。

冬，十月，敕令河南各郡選送一家藝戶到東京協助原有的三千餘戶藝戶，在洛水南邊設置十二坊來安置他們。

西域各胡人大多到張掖做生意，隋煬帝委派吏部侍郎裴矩負責管理。裴矩知道隋煬帝喜歡略取遠方，各國做生意的胡人到來的，裴矩就探詢各國的山川地理和風俗情況，以及國王、平民的儀表形貌和服飾，寫成《西域圖記》三卷，共記有四十四國，入朝上奏皇帝。另外還繪製地圖，詳細說明西域所有要害之地，從西傾山以西，縱橫連亙將近二萬里。從敦煌出發，直到西海，一共有三條路：北路從伊吾起，中路從高昌起，南路從鄯善起，三條路都通向敦煌。裴矩還說：「憑藉朝廷的威德，將士的驍勇，渡過濛汜水，越過昆侖山，易如反掌。但是突厥、吐谷渾分別控制羌人、胡人的國家，被他們阻擋，所以不能來朝貢。現在都通過商人暗地裡送達誠懇的心意，伸長脖子，翹首盼望，希望成為大隋的臣民。如果使他們歸服，安撫他們，促使他們安定和睦，只需由朝廷派出使者，不必興師動眾，諸蕃國就會歸服大隋，之後，吐谷渾、突厥就可以吞滅。統一戎狄、華夏，就在當前了嗎？」隋煬帝非常高興，賞賜裴矩珍物絲帛五百段，每天讓裴矩坐到御座旁，親自詢問西域的事務。裴矩大講特講，說西域各種珍寶很多，吐谷渾很容易吞併。隋煬帝於是十分感慨，羨慕秦始皇、漢武帝的功業，一心要開通西域，把經略四夷之事，都交付給裴矩。隋煬帝任命裴矩為黃門侍郎，又派他到張掖招引西域各國的胡人，用重利引誘他們，勸告他們入朝。從這以後，西域各國胡人一個接一個來到中國。胡人所經郡縣，疲於招待迎接，浪費的資財以萬萬計，最終導致隋王朝疲困以致滅亡，這都是裴矩引起的。

鐵勒人侵犯邊境，隋煬帝派將軍馮孝慈出敦煌攻擊，沒有取勝。不久，鐵勒人遣使謝罪，請求歸降，隋煬帝派裴矩安撫他們。

【研　析】本卷所記西元六〇四—六〇七年事，隋煬帝開始主政隋帝國，並展示了與隋文帝完全不同的政治風格。茲就卷中所記煬帝逼幸陳夫人事以及煬帝「好大喜功」的為政風格，作一些分析。

文帝病重，太子楊廣侍疾，欲強暴文帝寵妃宣華夫人陳氏，文帝怒斥之為「畜生」，並試圖廢除楊廣太子之位，重新立廢太子楊勇為繼承人。無奈整個皇宮已被楊廣的親信控制，文帝抱憾而終，是否是被楊廣親信殺害，已難確認。文帝死去的當日，「太子遣使者齎小金合，帖紙於際，親署封字，以賜夫人。夫人見之，惶懼，以為鴆毒，不敢發。使者促之，乃發，合中有同心結數枚，宮人咸悅，相謂曰：『得免死矣！』陳氏恚而卻坐，不肯致謝。諸宮人共逼之，乃拜使者。其夜，太子烝焉。」楊廣確實如其所願，將陳夫人變成了自己的女人。不只陳夫人，文帝寵信的容華夫人蔡氏，「上崩後，自請言事，亦為煬帝所烝。」

陳夫人乃陳宣帝之女，「性聰慧，姿貌無雙」，文帝死時，二十七、八歲，仍算得上江南美女，楊廣其時三十六、七歲，就個人來說，二人結合並無不妥，但就華夏傳統倫理來說，事涉「亂倫」，歷史確實也是將此事作為煬帝的人生汙點予以記錄的。但煬帝如此放肆，公然以同心結相贈，陳氏身邊的宮人「共逼」陳氏就範，僅從煬帝色慾熏心，悖於人倫，似乎還說不過去。我們知道，唐高宗為太子時，即曾著意於唐太宗身邊的「才人」武則天，即皇位後，甚至立以為皇后，這與煬帝的行為，實際上沒什麼區別。這實際上是北朝隋唐時期，草原民族風習強烈影響中原傳統的一個事例。

《史記》記匈奴之俗：「父死，妻其後母。兄弟死，皆取其妻妻之。」漢文帝時，漢朝使者曾與代表匈奴人的燕人中行說發生中原文化與匈奴文化優劣的討論，漢使對匈奴這一「禽獸行」給予了批評，但在中行說看來，這正是匈奴人重視血親的表現：「父子兄弟死，取其妻妻之，惡種姓之失也。故匈奴雖亂，必立宗種。今中國雖詳不取其父兄之妻，親屬益疏則相殺，至乃易姓，皆從此類。」不僅匈奴人如此。《後漢書》記游牧的羌族人「父沒則妻後母」、烏桓「其俗妻後母，報寡嫂」。《魏書》記吐谷渾之俗：「父兄死，妻後母及嫂等，與突厥俗同。」《北史》記突厥之俗：「父、兄、伯、叔死，子、弟及姪等妻其後母、世叔母、嫂，唯尊者不得下淫。」《漢書．西域傳》記漢武帝時，為聯合烏孫遏止匈奴人，嫁細君公主於烏孫王昆莫，「昆莫年老，欲使其孫岑陬尚公主。公主不聽，上書言狀，天子報曰：『從其國俗，欲與烏孫共滅胡。』」後細君公主死，漢朝又將解憂公主嫁與岑陬，岑陬死，其姪翁歸靡為烏孫王，解憂公主又「從其國俗」，嫁給翁歸靡為妻。在國家利益面前，漢朝選擇了尊重烏孫「妻後母」的民族習慣。

十六國北朝以來，北方草原民族不斷湧入中原建立政權，此等習俗亦傳至內地，只是在各族漢化過程中，這種習俗已被視為落後、有悖人倫，偶見記錄，也是特別為了說明當事者人品卑劣，行同畜生。煬帝逼幸陳夫人，從時代風氣的角度來看，或許尚不足以說明煬帝本質上就是一個壞人。至於陳夫人生於江南，於此習慣尚不甚瞭解，心理上難以接受，楊廣贈同心結示意，她「恚而卻坐，不肯致謝」，也是可以理解的。

煬帝即位以後，不斷地「巡幸」、追求豪華排場，與文帝時期為政風格迥異，與二人的政治理念有很大的關係，不能全以煬帝追求奢侈的心理加以解釋。

隋文帝在位二十多年，自己坐鎮長安，安排諸子為總管，坐鎮一方，除開皇十四年因關中發生災荒，不得不率長安軍民「就食」洛陽，並短時期東至泰山行封禪大典外，基本上沒有到帝國各地「巡幸」的活動。自己對全國局勢的掌控，除了利用地方行政機構層層控制外，便是不斷地派出「大使」，巡視各地，瞭解情況。

煬帝即位當年，便下詔「廢諸州總管府」，在位十二年中，在帝國都城長安只待了不到八個月，在洛陽也很少停留，不斷地巡視全國。其出巡，不是短暫的「微服私訪」，而是帶著中央政府、十二衛軍人以及後宮，禁衛森嚴，隊伍龐大。除了未到長江以南外，他巡視到了青海草原、塞北戈壁、遼東鴨綠江邊，當然有些「巡幸」，是伴隨戰爭而進行的。戰爭的樣式也發生了改變，不再是委一大將為元帥率兵出征，而是皇帝親自披掛上陣，指揮行動。在巡視與出征的場合，煬帝表現得並不像個傳統的華夏皇帝，倒像是草原游牧帝國的政治領袖，其巡視途中的「大帳」或「觀風行殿」，彷彿就是一草原「行國」的穹廬，只不過規模更為宏大。

通過巡幸與親征，帝國皇帝對全國發揮了強大的個人影響。煬帝似乎陶醉於宏大場面帶給人的心理震懾。「輅輦車輿，皇后鹵簿，百官儀服，務為華盛」，「帝每出遊幸，羽儀填街溢路，亙二十餘里。」「文物之盛，近世莫及也。」其巡幸揚州，舟艦數千艘，「舳艫相接二百餘里，照耀川陸，騎兵翊兩岸而行，旌旗蔽野。」北巡長城沿線，「甲士五十餘萬，馬十萬匹，旌旗輜重，千里不絕。」奢華在這種情況下體現的不只是個人的享受，而是國家的強大與威嚴。其北巡時浩大的隊伍，及周長二千步的「行城」，使塞北胡人「驚以為神，每望御營，十里之外，屈膝稽顙，無敢乘馬」；「王侯以下袒割於帳前，莫敢仰視。」煬帝為此心曠神怡，賦詩說：「呼韓頓顙至，屠耆接踵來，何如漢天子，空上單于臺。」「慨然慕秦皇、漢武之功」的隋煬帝，僅僅通過國力的「展示」，便使突厥人震恐拜服，一時間獲得了自己已超越秦皇、漢武的心理滿足。

當然，我們不能說隋煬帝以巡視、親征所體現出來的為政風格，與他「妻後母」一樣，緣自草原習俗，但帝國的政治與經濟活動，以及百姓與國家的命運，無疑都會受這種新的為政風格強烈的影響。大運河的開鑿，儘管有諸多經濟利益，對後代影響也大，最初開建主要還是為了巡幸的需要，與同時開建的從榆林至薊城「長三千里、廣百步」的御道、穿越太行的馳道、以及遍地開花的離宮別館，都是出於同樣的目的。隋文帝「愛養百姓，勸課農桑，輕傜薄賦。其自奉養，務為儉素，乘輿御物，故弊者隨宜補用；自非享宴，所食不過一肉；後宮皆服澣濯之衣。天下化之。」煬帝為政，目的不是「愛養百姓」，而是利用開皇時期積累起來的財富，無視百姓的痛苦，以極盡奢華突顯皇帝個人的地位與國家的威嚴，向遠方異域誇示隋帝國的富盛莫比，並不計成本，「引致諸胡，啗之以利」，以便造成「萬方來儀」的盛況。以至於冬日剪裁錦彩以為樹葉、花朵，裝飾街道，舉行盛大的招待宴會與長時間的演出活動，對異域來者以熱情似火的接待。「西域諸胡往來相繼，所經郡縣，疲於送迎，糜費以萬萬計，卒令中國疲弊以至於亡。」講排場、要面子，不惜血本，政策層面的奢華，比起個人追求享受，對國家與百姓造成的傷害更為嚴重。

卷第一百八十一

隋紀五　起著雍執徐（戊辰　西元六〇八年），盡玄黓涒灘（壬申　西元六一二年），凡五年。

【題解】本卷載述西元六〇八—六一二年，共五年史事，當隋煬帝大業四年至大業八年。此時期隋煬帝的統治用四個字概括，就是「外征內作」。大業四年招撫西突厥，兵伐伊吾，南通赤土；大業五年親征吐谷渾；大業七年、八年舉國動員，兵伐高麗，只有大業六年無戰事。又大興土木，擴建東都、洛陽宮、江都宮、汾陽宮，可以說隋煬帝無年不生事。老子說：「治大國如烹小鮮。」只有十餘年開皇年間的承平積蓄，怎能支撐如此的荒唐折騰！

煬皇帝上之下

大業四年（戊辰　西元六〇八年）

春，正月乙巳❶，詔發河北❷諸軍百餘萬眾[1]穿永濟渠❸，引沁水❹南達于河，北通涿郡。丁男不供❺，始役婦人。

壬申(6)，以太府卿元壽為內史令。

裴矩聞西突厥處羅可汗思其母，請遣使招懷之。二月己卯(7)，帝遣司朝謁者(8)崔君肅(9)齎詔書慰諭之。處羅見君肅甚倨(10)，受詔不肯起，君肅謂之曰：「突厥本一國，中分為二，每歲交兵，積數十歲而莫能相滅者，明知其勢敵(11)耳。然啟民舉其部落百萬之眾，卑躬(12)折節(13)，入臣天子者，其故何也？正以切恨(14)可汗，不能獨制，欲借兵於大國，共滅可汗耳。羣臣咸欲從啟民之請，天子既許之，師出有日(15)矣。顧可汗母向夫人懼西國(16)之滅，旦夕守闕(17)，哭泣哀祈(18)，匍匐(19)謝罪，請發使召可汗，令入內屬(20)。天子憐之，故復遣使至此。今可汗乃倨慢如是[2]，則向夫人為誑天子，必伏尸(21)都市，傳首虜庭(22)。發大隋之兵，資東國(23)之眾，左提右挈以擊可汗，亡無日矣！柰何愛兩拜之禮(24)，絕慈母之命，惜一語稱臣，使社稷為墟(25)乎？」處羅矍然(26)而起，流涕再拜，跪受詔書，因遣使者隨君肅貢汗血馬(27)。

三月壬戌(28)，倭王(29)多利思比孤(30)遣使[3]入貢，遺帝書曰：「日出處(31)天子致書日沒處(32)天子無恙。」帝覽之，不悅，謂鴻臚卿曰：「蠻夷書無禮者，勿復以聞。」

乙丑(33)，車駕幸五原(34)，因出塞巡長城。行宮設六合板城(35)，載以槍車(36)。每頓舍(37)，則外其轅以為外圍，內布鐵菱(38)；次施弩牀(39)，牀[4]皆插鋼錐，外向；上施旋機弩(40)，以繩連機，人來觸繩，則弩機(41)旋轉，向所觸而發。其外又以繒(42)周圍，施鈴柱、槌磬(43)以知所警。

帝募能通絕域(44)者，屯田主事(45)常駿等[5]請使赤土(46)，帝大悅，丙寅(47)，命駿齎物五千段，以賜其王。赤土者，南海中遠國也。

帝無日不治宮室，兩京(48)及江都，苑囿(49)亭殿雖多，久而益厭，每遊幸，左右顧矚(50)，無可意者，不知所適(51)。乃備責天下山川之圖，躬自歷覽(52)，以求勝地(53)可置宮苑者。夏，四月，詔於汾州之北汾水之源，營汾陽宮(54)。

初，元德太子薨，河南尹齊王暕次(55)當為嗣，元德吏兵二萬餘人，悉隸於暕，帝為之妙選僚屬(56)，以光祿少卿(57)柳謇之(58)為齊王長史，且戒之曰：「齊王德業脩備，富貴自鍾卿門(59)，若有不善，罪亦相及。」謇之，慶之從子也。暕寵遇日隆，百官趨謁(60)，闐咽(61)道路。暕以是驕恣，昵近小人，所為多不法。遣左右喬令則、庫狄(62)仲錡、陳智偉等[6]求聲色。令則等因此放縱，訪人家有美女，輒矯暕命呼之，載入暕第，淫而遣之。仲錡、智偉詣隴西(63)，撾(64)炙諸胡，責其名馬，得數匹以進暕。暕令還主，仲錡等詐言王賜，取歸其家，暕不知也。樂平公主(65)嘗奏帝，言柳氏女美，帝未有所答。久之，主復以柳氏進暕，暕納之。其後，帝問主：「柳氏女安在？」主曰：「在齊王所。」帝不悅。暕從帝幸汾陽宮，大獵，詔暕以千騎入圍，暕大獲麋鹿(66)以獻；而帝未有得也，乃怒從官，皆言為暕左右所遏，獸不得前。帝於是發怒，求暕罪失。時制(67)：縣令無故不得出境。有伊闕(68)令皇甫詡，得幸於暕，違禁，攜之至汾陽宮。御史韋德裕希旨(69)劾奏暕，帝令甲士千餘人大索暕第，因窮治(70)其事。暕妃韋氏早卒，暕與妃姊元氏婦通(71)，產一女。暕召相工(72)令徧視後庭，相工指妃姊曰：「此產子者當為皇后。」暕以元德太子有三子(73)，恐不得立，陰挾左道(74)為厭勝，至是皆發。帝大怒，斬令則等數人，賜妃姊死，暕府僚皆斥之邊遠(75)。柳謇之坐不能匡正(76)，除名。時趙王杲(77)尚幼，帝謂侍臣曰：「朕唯有暕一子，不然者，當肆(78)諸市朝(79)以明國憲(80)。」暕自是恩寵日衰，雖為京尹(81)，不復關預時政。帝恆令虎賁郎將(82)一人監其府事，暕有微失，虎賁輒奏之。帝亦常慮暕生變，所給左右，皆以老弱，備員(83)而已。太史令庾質(84)，季才之子也，其子為齊王屬(85)，帝謂質曰：「汝不能一心事我，乃使兒事齊王，何向背(86)如此？」對曰：「臣事陛下，子事齊王，實是一心，不敢有二。」

帝猶怒，出為合水[87]令。

乙卯[88]，詔以突厥啓民可汗遵奉朝化[89]，思改戎俗，宜於萬壽戍[90]置城造屋，其帷帳牀褥以上，務從優厚。

秋，七月辛巳[91]，發丁男二十餘萬築長城，自榆谷[92]而東。

裴矩說鐵勒，使擊吐谷渾，大破之。吐谷渾可汗伏允東走，入西平[93]境內，遣使請降求救。帝遣安德王雄出澆河[94]，許公[95]宇文述出西平迎之。述至臨羌城[96]，吐谷渾畏述兵盛，不敢降，帥眾西遁。述引兵追之，拔曼頭[97]、赤水[98]二城，斬三千餘級，獲其王公以下二百人，虜男女四千口而還。伏允南奔雪山[99]，其故地皆空，東西四千里，南北二千里，皆為隋有，置郡[7]、縣、鎮、戍，天下輕罪徙居之。

八月辛酉[100]，上親祠恆岳[101]，赦天下。河北道[102]郡守畢集，裴矩所致西域十餘國皆來助祭[103]。

九月辛未[104]，徵天下鷹師[105]悉集東京，至者萬餘人。

冬，十月乙卯[106]，頒新式[107]。

常駿等至赤土境，赤土王利富多塞遣使以三十舶[108]迎之，進金鏁以纜[109]駿船。

凡汎海百餘日，入境月餘，乃至其都[110]。其王居處器用，窮極珍麗，待使者禮亦厚，遣其子那邪迦隨駿入貢。

帝以右翊衛將軍河東薛世雄[111]為玉門道[112]行軍大將，與突厥啓民可汗連兵擊伊吾，師[113]出玉門，啓民不至。世雄孤軍度磧，伊吾初謂隋軍不能至，皆不設備[114]，聞世雄兵[8]已度磧，大懼，請降。世雄乃於漢故伊吾城[115]東築城，留銀青光祿大夫[116]王威以甲卒千餘人戍之而還。

【章　旨】以上為第一段，寫隋煬帝大業四年（西元六〇八年）向外擴張，招撫西突厥，兵伐伊吾，通使南海赤土國。齊王驕恣失寵。

【注　釋】❶乙巳　正月初一。❷河北　黃河以北，大致包括今河北及山東、遼寧部分地區。❸永濟渠　隋大運河之一段。引沁水南通於黃河，北到涿郡（今北京市），溝通了沁水、黃河與海河水系。❹沁水　河名，黃河支流。發源於山西沁源東北的羊頭山，南流經安澤，經河南武陟入黃河。❺不供　供應不足。❻壬申　正月二十八日。❼己卯　二月初六日。❽司朝謁者　官名，謁者臺副長官，掌朝覲及奉詔出使。❾崔君肅　清河東武城（今河北清河）人。歷仕周、隋，官至司朝謁者。傳附《周書・崔彥穆傳》、《北史・崔彥穆傳》。❿倨　傲慢。⓫勢敵　勢均力敵。⓬卑躬　低身。表示恭敬。⓭折節　屈己下人，降低本人的身分。⓮切恨　切齒痛恨。⓯有日　有了明確日期。意謂指日可待。⓰西國　指西突厥。⓱闕　宮門。⓲哀祈　苦苦祈求。祈，求的意思。⓳匍匐　伏地而行。⓴內屬　內附。㉑伏尸　倒在地上的屍體。㉒虜庭　指東突厥啓民可汗庭。㉓東國　指東突厥。㉔兩拜之禮　指拜受天子詔書的儀禮。㉕社稷為墟　社稷變成廢墟。意指西突厥亡國。㉖矍然　驚惶的樣子。㉗汗血馬　古代一種駿馬。據說汗從前髆出，如血，號一日千里。㉘壬戌　三月十九日。㉙倭王　日本國王。古時稱日本人為倭。㉚多利思比孤　日本國王。姓阿每，字多利思比孤。事見《隋書・倭國傳》、《北史・倭國傳》。㉛日出處倭王自稱倭國。因日本在東，故稱日出處。㉜日沒處　指隋朝。因隋在日本西，故稱日沒處。㉝乙丑　三月二十二日。㉞五原　郡名，治所九原縣，在今內蒙古五原西南。㉟六合板城　木城。城方圓一百二十步，高四丈二尺。六合是指用方一尺的六個立方體，外面一方有板，稱為一板。疊六為城，高三丈六尺，上面加上女牆，板高六尺，開南北二門。城四角立敵樓二個，門觀門樓皆塗上顏色。木城裡還造有六合殿、千人帳等。㊱槍車　一種裝有發射弩機關的車子。㊲頓舍　停頓住宿。㊳鐵菱　又稱鐵蒺藜，散布路上，防敵人通過。㊴弩牀　發射弩機的座。㊵旋機弩　裝有旋轉機械的弩。㊶弩機　弩的部件，青銅製成，裝置在弩的木臂後部。㊷矰　古代繫有生絲以射鳥的箭。㊸槌磬　一種用敲擊以報警的裝置。槌，通「捶」。敲打。㊹絕域　極遠的地域。㊺屯田主事　官名，屬工部尚書屯田曹，掌屯田曹事。㊻赤土　國名，即赤土國，扶南族的一支，在南海中。㊼丙寅　三月二十三日。㊽兩京　指長安與洛陽。㊾苑囿　蓄養禽獸的圈地。㊿顧矚　看；望。(51)適　往。(52)歷覽　一一觀看。歷，依次。(53)勝地　名勝的地方。(54)汾陽宮　宮名，修建於汾水之源燕京山上的天池周圍。故址在今山西寧武西南。(55)次　依次。此指按照兄弟長幼次序。(56)僚屬　僚佐屬吏。(57)光祿少卿　官名，光祿寺副長官。除掌宮殿掖庭門戶外，兼掌諸膳食、帳幕。(58)柳謇之　字公正，河東解（今山西臨猗）人。歷仕周、隋，官至黃門侍郎。傳見《隋書》卷四十七、《北史》卷六十四。(59)自鍾卿門　自然都集你家。鍾，聚。卿，指柳謇之。(60)趨謁　前往進見。(61)闐咽　擠滿。闐，盛；滿。咽，塞。(62)庫狄　複姓。(63)隴西　郡名，治所狄道縣，在今甘肅臨洮。(64)撾　敲打；擊。(65)樂平公主　（西元五六一—六〇九年）名麗華，隋文帝長女，周宣帝皇后。隋文帝代周後，改封樂平公主。傳見《周書》卷九、《北史》卷十四。(66)麈鹿　鹿的一種。雄的有角，角像鹿，尾像驢，蹄像牛，頸像駱駝。也叫四不像。(67)時制　當時規定。制，制令。(68)伊闕　縣名，縣治在今河南洛陽南。(69)希旨　迎合皇帝的旨意。希，迎合。(70)窮治　追究到底。(71)通　私通；通姦。(72)相工　觀察人的形貌以占測其命運的人。(73)三子　指楊侑、楊倓、楊侗三人。(74)左道　邪門旁道。古代多指斥未經官府認可的巫蠱、方術等。(75)斥之邊遠　貶斥到邊遠的地方。(76)匡正　扶正。(77)趙王杲　（西元六〇六—六一七年）齊王楊暕之子，封趙王。傳附《隋書·齊王暕傳》、《北史·齊王暕傳》。(78)肆　執行死刑後陳屍示眾。(79)市朝　市場。(80)國憲　國家的法制刑律。(81)京尹　即河南尹，因東京在河南郡管轄下，故又稱京尹。(82)虎賁郎將　武官名，十二衛將軍之副職，掌宿衛。(83)備員　湊數。謂虛其位，聊以充數。(84)庾質　字行修，新野（今河南新野）人，歷仕周、隋，官至太史令。傳附《隋書·庾季才傳》、《北史·庾季才傳》。(85)齊王屬　即齊王府官吏。(86)向背　支持和反對。(87)合水　縣名，縣治在今甘肅慶陽。(88)乙卯　四月十三日。(89)朝化　隋朝的教化。(90)萬壽戍　軍鎮名，故址在今內蒙古托克托北。(91)辛巳　七月十日。(92)榆谷　地名，故址在今青海尖扎、貴德之間黃河以南。[93]西平　郡名，治所湟水縣，在今青海樂都。[94]澆河　郡名，治所河津縣，在今青海貴德。[95]許公　時宇文述封許國公，故簡稱許公。[96]臨羌城　臨羌縣城，縣治在今青海湟源東南。[97]曼頭　城名，故址在今青海共和西南。[98]赤水　城名，河源郡治所，在今青海興海縣東南黃河西岸。[99]雪山　此雪山指蜀西山之西雪山，即今青海阿尼瑪卿山。[100]辛酉　八月二十一日。[101]恆岳　即北嶽恆山。[102]河北道　指太行山以東、黃河以北地區。這裡的道是指一種行政區劃，與行軍道不同。早在兩漢時期，即出現了道這一行政區劃，唐朝也先後將全國因山川形勢之便分為十道和十五道。而隋道如何區劃，難以考述。[103]助祭　古代祭祀，分主祭與助祭。帝王主祭，諸侯只能助祭。[104]辛未　九月初一。[105]鷹師　善於調養訓練鷹隼的人。[106]乙卯　十月十六日。[107]新式　去年四月改度量權衡，並依古式，現在頒行天下。[108]舶　大船；海船。[109]纜　繫船。[110]其都　指赤土國都城僧祇城。[111]薛世雄（西元五五二—六一四年）字世英，河東汾陰（今山西萬榮西南）人，歷仕周、隋，官至左禦衛大將軍，領涿郡留守。傳見《隋書》卷六十五、《北史》卷七十六。[112]玉門道　指從玉門進軍的路線。玉門，縣名，縣治在今甘肅玉門西北赤金堡稍東。[113]師　軍隊，指隋軍。[114]設備　設兵防備。[115]漢故伊吾城　西漢伊吾舊城。故址在今新疆哈密西。[116]銀青光祿大夫　官名，文散官，無職掌。

【校記】[1]眾　原無此字。據章鈺校，十二行本、乙十一行本、孔天胤本皆有此字，張敦仁《通鑑刊本識誤》同，今據補。[2]是　原作「此」。據章鈺校，乙十一行本、孔天胤本皆作「是」。按，《通鑑紀事本末》卷二八作「是」，今據改。[3]遣使　原無此二字。據章鈺校，十二行本、乙十一行本、孔天胤本皆有此二字，張敦仁《通鑑刊本識誤》同，今據補。[4]牀　原無此字。據章鈺校，十二行本、乙十一行本、孔天胤本皆有此字，張敦仁《通鑑刊本識誤》同，今據補。[5]等　原無此字。據章鈺校，十二行本、乙十一行本、孔天胤本皆有此字，今據補。[6]等　原無此字。據章鈺校，十二行本、乙十一行本、孔天胤本皆有此字，今據補。[7]郡　原作「州」。據章鈺校，十二行本、乙十一行本、孔天胤本皆作「郡」，今據改。[8]兵　原作「軍」。據章鈺校，十二行本、乙十一行本、孔天胤本皆作「兵」，今據改。

【語譯】煬皇帝上之下

大業四年（戊辰　西元六〇八年）

春，正月初一日乙巳，隋煬帝下詔徵調河北各郡的軍隊一百多萬人開鑿永濟渠，引導沁水向南流入黃河，向北通達涿郡。丁男不夠用，開始徵用婦女服役。

正月二十八日壬申，任命太府卿元壽為內史令。

裴矩聽到西突厥處羅可汗思念母親，請求派遣使者招撫他。二月初六日己卯，隋煬帝派遣司朝謁者崔君肅帶著詔書去安撫曉諭處羅可汗。處羅可汗接見崔君肅態度很傲慢，接受詔書又不肯起身，崔君肅對他說：「突厥原本是一國，中分為兩國，每年交戰，經過了幾十年誰也滅不了誰，明知兩國勢均力敵。但是，啟民可汗率領全部落百萬之眾，謙卑屈身，臣服大隋天子，原因是什麼呢？只是因為他切齒痛恨你處羅可汗，又不能獨自制服你，想從大國借兵，一起滅掉你罷了。群臣都想接受啟民可汗的請求，天子也已經同意了他，出兵指日可待。考慮到你的母親向夫人害怕西突厥滅亡，從早到晚守在宮門外，哭泣哀求，匍匐在地上謝罪，請求天子派遣使臣來召喚你，讓你歸服。天子同情夫人，所以又派使臣到這裡。如今可汗你如此傲慢，那麼向夫人就是欺騙天子，一定會在鬧市被處斬，把首級傳送到西域各國示眾。天子徵調大隋的軍隊，借助東突厥的部眾，兩面夾擊可汗你，滅亡就不遠了！為什麼要吝惜一個臣服叩拜的禮節，斷送慈母的生命，吝惜說一句稱臣的話，卻讓國家化為廢墟呢？」處羅可汗驚惶地站起來，流著淚拜了兩拜，跪著接受詔書，便派出使者隨崔君肅入朝貢獻汗血馬。

三月十九日壬戌，倭王多利思比孤派遣使者進貢，送國書給隋煬帝說：「日出處天子致信給日落處天子，問候安康。」隋煬帝看後非常不高興，對鴻臚卿說：「不懂禮儀的蠻夷書信，不要再給我看。」

三月二十二日乙丑，隋煬帝臨幸五原，趁便出塞巡視長城。行宮設有木製的六合城，用槍車來裝載，每到一個地方頓宿，便把車轅朝外作外圍，裡面布置鐵蒺藜；還安設弩床，每床都插上鋼錐，鋼錐朝外；上面裝置旋機弩，用繩子繫在弩的扳機上，如果有人前來觸動繩子，弩機就旋轉，向觸動的方向射箭。在弩機外邊環繞能弋射的短箭，並裝設鈴柱、木槌、石磬，用來報警。

隋煬帝召募能夠出使極遠國家的人，屯田主事常駿等人請求出使赤土，隋煬帝很高興。三月二十三日丙寅，命令常駿帶上絲帛五千段，用以賞賜赤土國王。赤土國是南海中遙遠的國家。

隋煬帝每天都在建造宮室，長安、洛陽以及江都，苑囿、亭臺樓閣雖然很多，時間久了也感到厭煩，每次巡遊，左顧右盼，沒有適意的東西，不知該去往哪裡。於是遍求天下山川的地理圖形，親自一一觀看，尋找可以建造宮苑的好地方。夏，四月，隋煬帝下詔在汾州北邊汾水源頭地方營建汾陽宮。

當初，元德太子楊昭死了，河南尹齊王楊暕依次當為嗣子，元德太子所屬兩萬餘名官兵，全部隸屬楊暕。隋煬帝為他精心挑選僚屬，任命光祿少卿柳謇之為齊王長史，並且告誡柳謇之說：「齊王的德行和學業都兼備，榮華富貴自然就會聚你家，如果齊王不好，你也脫不了罪責。」柳謇之，是柳慶的姪兒。楊暕受到寵信日益隆盛，文武百官競相拜謁，車馬充塞了道路。楊暕因此驕傲放縱，親近小人，幹了許多不法的事。楊暕派親近喬令則、庫狄仲錡、陳智偉等人去尋找歌伎美女。喬令則等人因此肆意橫行，打聽人家有美女，就假傳楊暕的命令召喚出來，拉上車子送進楊暕的府第，姦淫後送走。庫狄仲錡、陳智偉到了隴西，苦刑拷打各部落的胡人，勒索名馬，得到了幾匹好馬進獻給楊暕。楊暕讓他們歸還原主人，庫狄仲錡等人謊稱是齊王的賞賜，牽馬回了自己家，楊暕並不知曉。樂平公主曾經上奏隋煬帝，說柳家的女子漂亮，隋煬帝沒有回答。過了很久，樂平公主又把柳氏女子進獻給楊暕，楊暕接收了。這之後，隋煬帝問樂平公主：「柳氏美女在哪裡？」樂平公主回答說：「在齊王處。」隋煬帝很不高興。楊暕隨從隋煬帝遊幸汾陽宮，舉行大規模的圍獵，隋煬帝下詔楊暕帶領一千人圍獵，楊暕獵獲了大批麞鹿進獻，而隋煬帝卻沒有什麼收穫，就對隨從官員發脾氣，官員們都說被楊暕的人阻攔，野獸到不了跟前。隋煬帝於是大怒，尋找楊暕的過失。當時制度規定：縣令無故不得出境。有一位叫皇甫詡的伊闕縣令，受到楊暕的寵信，楊暕違犯制度，把皇甫詡帶進了汾陽宮。御史韋德裕迎合隋煬帝的心意彈劾楊暕，隋煬帝命令一千多名甲士去搜查楊暕的府第，徹底追查這件事。楊暕的妃子韋氏早死，楊暕與王妃姐姐元氏婦私通，生了一個女兒，楊暕召來相面師，令他給王府後宮女子一一相面，相面師指著王妃姐姐說：「這個生了孩子的女人應當成為皇后。」楊暕因為元德太子生有三個兒子，擔心自己不能繼位，於是暗中用妖術詛咒來求勝，到這時全都被揭發出來了。隋煬帝大怒，殺了喬令則等幾人，賜王妃姐姐自盡，楊暕府中的僚屬都流放到邊疆。柳謇之因為不能輔助齊王糾正過失，被免官除名。當時趙王楊杲尚幼，隋煬帝對侍臣說：「我只有楊暕一子，不然的話，應當將他在鬧市斬殺示眾，用以昭明國法。」楊暕受到的恩寵從此日漸衰減，雖然擔任京尹，卻不能再參加議政。隋煬帝常派一名虎賁郎將負責監理齊王府事務，楊暕哪怕有微小過失，虎賁郎便會立即奏報隋煬帝。隋煬帝也常常擔憂楊暕作亂，派給楊暕身邊的人，都年老體弱，只是充數而已。太史令庾質是庾季才的兒子，他的兒子是齊王府的府屬。隋煬帝對庾質說：「你不能一條心侍奉我，而讓你兒子去侍奉齊王，為何背離我到這種樣子？」庾質回答說：「我侍奉陛下，兒子侍奉齊王，都是忠心的，不敢有二心。」隋煬帝還是怒氣沖沖，便把他外任為合水縣令。

四月十三日乙卯，隋煬帝下詔認為突厥啓民可汗遵循隋朝教化，想變更戎狄習俗，應在萬壽戍建城造屋，他的帷帳、床褥等物，一定要優厚供應。

秋，七月初十日辛巳，徵調二十餘萬丁男修築長城，從榆谷向東修築。

裴矩勸說鐵勒，讓他攻打吐谷渾，把吐谷渾打得大敗。吐谷渾可汗伏允東逃，進入西平境內，派使者向隋朝請降求救。隋煬帝派遣安德王楊雄從澆河郡出發、許公宇文述從西平郡出發迎接伏允。宇文述抵達臨羌城，吐谷渾懼怕宇文述兵強馬壯，竟不敢投降，率領部眾向西逃亡。宇文述領兵追擊，攻破曼頭、赤水兩城，斬殺三千餘人，抓獲王公以下二百人，俘虜男女平民四千人而返回。伏允可汗向南逃到雪山，吐谷渾原有領地全部空無一人，東西四千里，南北二千里，都被隋朝佔領，隋朝設置了郡、縣、鎮、戍，把全國輕罪囚犯遷徙到這裡居住。

八月二十一日辛酉，隋煬帝親自到北嶽恆山祭祀，大赦天下。河北道郡守都集中到恆山，裴矩招撫的十幾個西域國都來助祭。

九月初一日辛未，徵召全國的訓鷹師集中到東京，到達的有一萬多人。

冬，十月十六日乙卯，頒布新制度量衡。

常駿等到達赤土國邊境，赤土國王利富多塞派遣使者帶著三十隻大船迎接，進獻黃金鎖用來連繫常駿的船隻。常駿等在海上共行走了一百多天，進入赤土國境一個多月，才到達了赤土國的都城。赤土國王的王宮器用，都非常珍貴華麗，接待使者的禮儀也很優厚，赤土國王派他的兒子那邪迦隨同常駿入隋進貢。

隋煬帝任命右翊衛將軍河東人薛世雄為玉門道行軍大將，與突厥啟民可汗合兵攻打伊吾。隋軍出了玉門關，啟民可汗沒有到達。薛世雄孤軍穿過戈壁，伊吾人起初認為隋軍不可能來到，沒有做好防備，得知薛世雄的軍隊已經穿過戈壁，大為恐懼，請求投降。薛世雄就在漢時故伊吾城的東邊築城，留銀青光祿大夫王威領兵一千餘人鎮守，而後班師回朝。

五年（己巳　西元六〇九年）

春，正月丙子❶，改東京為東都。〇突厥啟民可汗來朝，禮賜益厚。〇癸未❷，詔天下均田❸。〇戊子❹，上自東都西還。〇己丑❺，制民間鐵叉、搭鉤❻、穳刃❼之類皆禁之。

二月戊申❽，車駕至西京。

三月己巳❾，西巡河右❿。乙亥⓫，幸扶風⓬舊宅。夏，四月癸亥⓭，出臨津關⓮，度黃河，至西平⓯，陳兵講武⓰，將擊吐谷渾。五月乙亥⓱，上大獵於拔延山⓲，長圍周[1]亙二十里。庚辰⓳，入長寧谷⓴，度星嶺㉑。丙戌㉒，至浩亹川㉓。以橋未成，斬都水使者㉔黃亙㉕及督役者九人。數日，橋成，乃行。

吐谷渾可汗伏允帥眾保覆袁川㉖，帝分命內史元壽南屯金山㉗，兵部尚書段文振㉘北屯雪山㉙，太僕卿楊義臣東屯琵琶峽㉚，將軍張壽西屯泥嶺㉛，四面圍之。

伏允以數十騎遁出，遣其名王詐稱伏允，保車我真山[32]。壬辰[33]，詔右屯衛大將軍[34]張定和[35]往捕之。定和輕其眾少，不被甲，挺身登山，吐谷渾伏兵射殺之。其亞將[36]柳武建擊吐谷渾，破之。甲午[37]，吐谷渾仙頭王窮蹙[38]，帥男女十餘萬口來降。六月丁酉[39]，遣左光祿大夫梁默[40]等追討伏允，兵敗，為伏允所殺。衛尉卿彭城〔2〕劉權出伊吾道，擊吐谷渾，至青海[41]，虜獲千餘口，乘勝追奔，至伏俟城[42]。

辛丑[43]，帝謂給事郎蔡徵[44]曰：「自古天子有巡狩[45]之禮，而江東諸帝多傅脂粉，坐深宮，不與百姓相見，此何理也？」對曰：「此其所以不能長世。」丙午[46]，至張掖。帝之將西巡也，命裴矩說高昌王麴伯雅及伊吾吐屯設[47]等，啗以厚利，召使入朝。壬子[48]，帝至燕支山[49]，伯雅、吐屯設等及西域二十七國謁於道左，皆令佩金玉，被[50]錦罽[51]，焚香奏樂，歌舞諠譟。帝復令武威、張掖士女盛飾縱觀，衣服車馬不鮮者，郡縣督課[52]之。騎乘填咽，周亘[53]數十里，以示中國之盛。吐屯設獻西域數千里之地，上大悅。癸丑[54]，置西海[55]、河源[56]、鄯善[57]、且末[58]等郡，謫[59]天下罪人為戍卒以守之。命劉權[60]鎮河源郡積石鎮[61]，大開屯田，扞禦[62]吐谷渾，以通西域之路。

是時天下凡有郡一百九十，縣一千二百五十五，戶八百九十萬有奇。東西九千三百里，南北萬四千八百一十五里。隋氏之盛，極於此矣。

帝謂裴矩有綏懷[63]之略，進位銀青光祿大夫。自西京諸縣及西北諸郡，皆轉輸塞外，每歲鉅億萬計。經途險遠及遇寇鈔[64]，人畜死亡不達[65]者，郡縣皆徵破其家[66]。由是百姓失業，西方先困矣。

初，吐谷渾伏允使其子順來朝，帝留順不遣[67]。伏允敗走，無以自資[68]，帥數千騎客於党項[69]。帝立順為可汗，送至玉門，令統其餘眾，以其大寶王尼洛周為輔。至西平，其部下殺洛周，順不果入而還。

丙辰[70]，上御觀風殿[71]，大備文物，引高昌王麴伯雅及伊吾吐屯設升殿宴飲，其餘蠻夷使者陪階庭者二十餘國，奏九部樂[72]及魚龍戲以娛之，賜賚有差。戊午[73]，赦天下。

吐谷渾有青海，俗傳置牝馬[74]於其上，得龍種[75]。秋，七月丁卯[76][3]，置馬牧於青海，縱牝馬二千匹於川谷以求龍種，無效而止。

車駕東還行[4]，經大斗拔谷[77]，山路隘險[78]，魚貫[79]而出，風雪晦冥[80]，文武飢餒[81]沾濕，夜久不逮[82]前營，士卒凍死者太半，馬驢什八九，後宮妃、主或狼狽相失，與軍士雜宿山間。九月癸未83 [5]，車駕入西京。冬，十一月丙子84，復幸東都。

民部侍郎裴蘊以民間版籍85，脫漏戶口及詐注86老小尚多，奏令貌閱87，若一人不實，則官司88解職。又許民糾89得一丁者，令被糾之家代輸90賦役。是歲，諸郡計帳91進丁二十四[6]萬三千，新附口六十四萬一千五百。帝臨朝覽狀92，謂百官曰：「前代無賢才，致此罔冒93，今戶口皆實，全由裴蘊。」由是漸見親委94，未幾，擢授御史大夫，與裴矩、虞世基參掌機密。蘊善候伺95人主微意，所欲罪者，則曲法96鍛97成其罪；所欲宥者，則附從輕典98，因而釋之。是後大小之獄，皆以付蘊，刑部、大理莫敢與爭，必稟承99進止100，然後決斷。蘊有機辯101，言若懸河102，或重或輕，皆由其口，剖析103明敏104，時人不能致詰。

突厥啓民可汗卒，上為之廢朝105三日，立其子咄吉106，是為始畢可汗。表請尚公主，詔從其俗。

初，內史侍郎薛道衡以才學有盛名，久當樞要107，高祖末，出為襄州總管。帝即位，自番州108刺史召之，欲用為祕書監。道衡既至，上高祖文皇帝頌109，帝覽之，不悅，顧謂蘇威曰：「道衡致美110先朝，此魚藻111之義也。」拜司隸大夫112，將置之罪。司隸刺史(113)房彥謙勸道衡杜絕賓客，卑辭(114)下氣(115)，道衡不能用。會議新令，久不決，道衡謂朝士曰：「向使(116)高熲不死，令決(117)當久行(118)。」有人奏之，帝怒曰：「汝憶(119)高熲邪？」付執法者推之(120)。裴蘊奏：「道衡負才恃舊(121)，有無君之心，推惡於國，妄造禍端。論其罪名，似如隱昧(122)，原(123)其情意，深為悖逆(124)。」帝曰：「然。我少時與之行役(125)，輕我童稚(126)，與高熲、賀若弼等外擅威權。及我即位，懷不自安(127)，賴天下無事，未得反耳。公論其逆，妙體(128)本心。」道衡自以所坐非大過，促憲司(129)早斷，冀奏日帝必赦之，敕(130)家人具饌(131)，以備賓客來候(132)者。及奏，帝令自盡，道衡殊不意(133)，未能引決(134)。憲司重奏，縊而殺之，妻子徙(135)且末。天下冤之。

帝大閱軍實(136)，稱器甲之美，宇文述因進言：「此皆雲定興之功。」帝即擢定興為太府丞(137)。

【章　旨】以上為第二段，寫大業五年（西元六〇九年），隋煬帝無事親征吐谷渾，枉殺大臣薛道衡。

【注　釋】❶丙子　正月初八日。❷癸未　正月十五日。❸均田　早在隋文帝開皇年間已頒行均田令，此均田是重申均田法令。❹戊子　正月二十日。❺己丑　正月二十一日。❻搭鉤　一種柄上裝有鐵鉤，能鉤掛東西的工具。❼穳刃　小矛之類的兵器。❽戊申　二月十一日。❾己巳　三月初二日。❿河右　即河西。泛指今青海、甘肅之黃河以西的河西走廊一帶。⓫乙亥　三月初八日。⓬扶風　郡名，治所雍縣，在今陝西鳳翔。⓭癸亥　四月二十七日。⓮臨津關　關名，故址在今甘肅積石山保安族東鄉族撒拉族自治縣東。⑮西平　郡名，治所湟水縣，在今青海樂都。⑯講武　講習武事，即軍事演習。⑰乙亥　五月初九日。⑱拔延山　山名，在今青海化隆回族自治縣西北。⑲庚辰　五月十四日。⑳長寧谷　山谷名，故址在今青海西寧北。㉑星嶺　山嶺名，在今青海大通附近。㉒丙戌　五月二十日。㉓浩亹川　河名，即今大通河，也稱閤門河。源出祁連山脈東段托來南山與大通山之間，東南流經甘肅、青海邊境，在民和入湟水。㉔都水使者　官名，由都水監所改。管舟楫、河渠二署。㉕黃亘　（？—西元六〇九年）籍貫不詳。仕隋，官至朝散大夫。傳附《隋書·何稠傳》、《北史·何稠傳》。㉖覆袁川　河名，在今青海青海湖東北。㉗金山　山名，在今青海西寧西北。㉘段文振　（？—西元六一二年）北海期原（今山東青州）人，歷仕周、隋，官至兵部尚書。傳見《隋書》卷六十、《北史》卷七十六。㉙雪山　山名，即今冷龍嶺，在青海祁連東北，青海與甘肅交界之處。㉚琵琶峽　峽谷名，位於浩亹川與長寧川之間，在今青海門源回族自治縣西南。㉛泥嶺　即今大通山，在青海祁連西南。㉜車我真山　山名，在今青海祁連東南。㉝壬辰　五月二十六日。㉞右屯衛大將軍　武官名，隋十二衛大將軍之一，掌羽林軍。㉟張定和　（？—西元六〇九年）字處謐，京兆萬年（今陝西西安）人，仕隋，官至左屯衛大將軍。傳見《隋書》卷六十四、《北史》卷七十八。㊱亞將　副將。㊲甲午　五月二十八日。㊳窮蹙　緊迫；走投無路。㊴丁酉　六月二日。㊵梁默　（？—西元六〇九年）本為梁士彥奴僕，以軍功，歷仕周、隋，官至大將軍。傳附《隋書·梁士彥傳》、《北史·梁士彥傳》、《周書·梁士彥傳》。㊶青海　即今青海湖，在青海海晏西、剛察南。㊷伏俟城　城名，吐谷渾都城，在今青海湖西。㊸辛丑　六月初六日。㊹蔡徵　人名，歷仕陳、隋，官至禮部侍郎。事散見《隋書》、《北史》各傳。㊺巡狩　同「巡守」。天子出巡。㊻丙午　六月十一日。㊼吐屯設　突厥設置，用以守伊吾的官員。㊽壬子　六月十七日。㊾燕支山　山名，在今甘肅永昌與民樂之間。㊿被　通「披」。(51)罽　一種毛織品。(52)督課　督責考核。(53)周亘　周圍連綿。(54)癸丑　六月十八日。(55)西海　郡名，治所伏俟城，在今青海湖西。(56)河源　郡名，治所赤水城，在今青海興海縣東南。(57)鄯善　郡名，治所古樓蘭城，在今新疆若羌境。(58)且末　郡名，治所古且末城，在今新疆且末境。(59)謫　因罪流放或貶官。(60)劉權　字世略，彭城豐（今江蘇豐縣）人。歷仕齊、周與隋，官至司農卿。傳見《隋書》卷六十三、《北史》卷七十六。(61)積石鎮　鎮名，故址在今青海興海縣一帶。(62)扞禦　抵禦。(63)綏懷　安撫懷柔。(64)寇鈔　攻劫掠奪。(65)不達　沒有到達目的地。(66)徵破其家　徵收繁重，以致其家破產。(67)不遣　不放回。(68)自資　自己解決生活資用。(69)党項　羌族的一種。三苗的後裔，其部族有宕昌、白狼等，生活在今青海南部、四川北部、西藏的東北部一帶。(70)丙辰　六月二十一日。(71)觀風殿　即此前所造觀風行殿。(72)九部樂　指清樂、龜茲、西涼、天竺、康國、疏勒、安國、高麗、禮畢等九部樂。(73)戊午　六月二十三日。

❼❹牝馬　雌性馬。俗稱母馬。❼❺龍種　指優良品種的馬。相傳青海湖中有小山，冬天把牝馬放養在山上，則得「龍種」馬，能日行千里。❼❻丁卯　七月初二日。❼❼大斗拔谷　山谷名，故址在今甘肅民樂南，甘肅與青海交界的地方。❼❽隘險　狹窄又險峻。❼❾魚貫　指連續而進，如魚群相接。❽⓿晦冥　昏暗。冥，暗。❽❶餒　飢餓。❽❷逮　到達。❽❸癸未　九月十九日。❽❹丙子　十一月十三日。❽❺版籍　戶口冊。❽❻詐注　註冊不實。詐，欺；偽。❽❼貌閱　看其外貌，以檢查其和戶口冊所注年齡是否相符。❽❽官司　指主事的官員。❽❾糾　檢舉。❾⓿輸　繳納。❾❶計帳　計簿。由國家根據各地戶籍情況編製而成。❾❷覽狀　觀看計帳的情狀。❾❸罔冒　弄虛作假，以偽亂真。❾❹親委　寵愛信任。❾❺候伺　觀察揣摩。❾❻曲法　曲解法律，使法律符合自己的心意。曲，彎曲。❾❼鍛　編織。❾❽輕典　輕法。❾❾稟承　承受；聽命。⓿⓿進止　進退；去留。⓿❶機辯　智巧善辯。機，機巧；靈巧。⓿❷懸河　比喻論辯不絕或文辭流暢奔放。⓿❸剖析　辨別、分析。⓿❹明敏　清楚而敏捷。⓿❺廢朝　停止朝會。廢，廢除；停止。⓿❻咄吉　（？—西元六一九年）人名，又叫咄吉世。啓民可汗卒後，他即位為突厥始畢可汗。事見《隋書》卷八十四、《北史》卷九十九、《舊唐書》卷一百九十四上、《新唐書》卷二百十五上。⓿❼樞要　中心。指中央政權中機要的部門或官職。⓿❽番州　州名，原為廣州，仁壽元年改。治所在今廣東廣州。⓿❾高祖文皇帝頌　文章名，是頌揚隋文帝的文章。頌，是古代的一種文章體裁。❶⓿致美　極力美化。致，盡；極。❶❶魚藻　《詩經．小雅》篇名。小序曰：「〈魚藻〉，刺周幽王。也言萬物失其性，王居鎬京，將不能以自樂，故君子思古之武王焉。」隋煬帝以為薛道衡頌揚高祖，意在諷刺他本人，所以很不高興。❶❷司隸大夫　官名，司隸臺（隋煬帝改雍州牧為司隸臺）長官，掌諸巡察。❶❸司隸刺史　官名，隸屬司隸臺，掌巡察京畿以外諸郡。❶❹卑辭　言辭卑恭。❶❺下氣　低聲下氣。❶❻向使　假使。❶❼決　肯定。❶❽久行　早已頒布執行。❶❾憶想念。❷⓿推之　審問；追究。❷❶恃舊　仗恃舊情。❷❷隱昧　不明顯。❷❸原　本來；推其根源。❷❹悖逆　違亂忤逆。悖，違反；亂逆。❷❺行役　謂軍旅之事。此指南伐陳朝之事。❷❻童稚　幼小。稚，小兒。❷❼懷不自安　自己心裡不安。懷，胸前，引申為心意。❷❽體　領悟；體察。❷❾憲司　司法部門。魏晉以來為御史的別稱。❸⓿敕　告誡。❸❶具饌　準備酒食。饌，食品。❸❷候探望；問候。❸❸殊不意　一點也沒想到。❸❹引決　也作「引訣」。自裁；自殺。❸❺徙　遷；移。此是遣送、流放之意。❸❻軍實　指器械、糧餉及作戰俘獲等軍事物資。❸❼太府丞　官名，屬太府寺，掌管寺事，如左右庫藏帳、請受輸納等。

【校　記】1周　原無此字。據章鈺校，十二行本、乙十一行本、孔天胤本皆有此字，張敦仁《通鑑刊本識誤》同，今據補。2彭城　原無此二字。據章鈺校，十二行本、乙十一行本、孔天胤本皆有此二字，張敦仁《通鑑刊本識誤》同，今據補。3丁

卯 原無此二字。據章鈺校，十二行本、乙十一行本、孔天胤本皆有此二字，張敦仁《通鑑刊本識誤》同，今據補。按，《隋書・煬帝紀上》、《北史・煬帝紀》皆有此二字。④行 原無此字。據章鈺校，十二行本、乙十一行本、孔天胤本皆有此字，張敦仁《通鑑刊本識誤》同，今據補。⑤癸未 原作「乙未」。據章鈺校，十二行本、乙十一行本、孔天胤本皆作「癸未」，張敦仁《通鑑刊本識誤》同，今據改。按，《隋書・煬帝紀上》、《北史・煬帝紀》皆作「癸未」。⑥四 原無此字。據章鈺校，十二行本、乙十一行本、孔天胤本皆有此字，張敦仁《通鑑刊本識誤》同，今據補。按，《隋書・裴蘊傳》、《北史・裴蘊傳》皆有此字。

【語譯】五年（己巳 西元六〇九年）

春，正月初八日丙子，改東京為東都。〇突厥啓民可汗來朝拜，接待的禮儀和賞賜更加優厚。〇十五日癸未，隋煬帝下詔全國重申均田令。〇二十日戊子，隋煬帝從東都起程回西京長安。〇二十一日己丑，規定民間鐵叉、搭鉤、鐵矛一類器具都禁止生產使用。

二月十一日戊申，隋煬帝回到西京。

三月初二日己巳，隋煬帝西巡河西。初八日乙亥，駕臨扶風郡楊氏故宅。夏，四月二十七日癸亥，車駕出臨津關，渡過黃河，到達西平，陳列軍隊，進行軍事演習，即將攻打吐谷渾。五月初九日乙亥，隋煬帝到拔延山大規模圍獵，長圍周長綿延二十里。十四日庚辰，進入長寧谷，翻過星嶺。二十日丙戌，到達浩亹川。因過河的橋沒有完成，隋煬帝殺了都水使者黃亘以及監督工程的官員九人。幾天後，橋建成，才繼續前行。

吐谷渾可汗伏允率領部眾防守覆袁川，隋煬帝分別命令內史元壽往南駐守金山，兵部尚書段文振往北駐守雪山，太僕卿楊義臣往東駐守琵琶峽，將軍張壽往西駐守泥嶺，四面圍攻覆袁川。伏允可汗帶領數十騎逃出，派他的一位名王詭稱是伏允可汗，據守車我真山。五月二十六日壬辰，隋煬帝下詔右屯衛大將軍張定和進兵車我真山捕獲伏允可汗。張定和輕視吐谷渾兵少，不穿鎧甲，領頭登山，吐谷渾的伏兵射死了他。張定和的副將柳武建進兵攻擊吐谷渾，打敗了敵人。二十八日甲午，吐谷渾仙頭王走投無路，率領男女十餘萬口前來投降。六月初二日丁酉，隋煬帝派左光祿大夫梁默等追擊伏允，兵敗，梁默被伏允殺死。衛尉卿彭城人劉權從伊吾道出兵，攻打吐谷渾，到達青海，俘虜千餘人，乘勝追擊敗兵，到達伏俟城。

六月初六日辛丑，隋煬帝對給事郎蔡徵說：「自古天子就有到各地巡狩的禮儀，可是江南的各位皇帝大多喜歡塗脂抹粉，坐在深宮，不與百姓相見，這是什麼道理呢？」蔡徵回答說：「這正是他們各朝不能世代長久的原因。」十一日丙午，隋煬帝到達張掖。在隋煬帝將要西巡時，命令裴矩去勸說高昌王麴伯雅和伊吾吐屯設等，以厚利相誘惑，叫他們入朝。十七日壬子，隋煬帝抵達燕支山，麴伯雅、吐屯設及西域二十七國都到路邊拜謁。隋煬帝讓他們都佩戴金玉，穿上綢緞和毛織品，奏樂焚香，歌舞歡慶。隋煬帝又讓武威、張掖兩郡青年男女極力打扮，縱情觀看，衣服、車馬不新穎漂亮的，由郡縣督責查看。於是馬匹車輛堵塞道路，綿延幾十里，用來表示中國的富強。吐屯設獻上西域幾千里土地，隋煬帝非常高興。十八日癸丑，設置西海、河源、鄯善、且末等郡，貶謫天下的罪人作為戍卒守衛這些地方。又命劉權鎮守河源郡積石鎮，大量開荒墾田，防備吐谷渾，以確保西域道路通暢。

此時，全國一共有一百九十個郡，一千二百五十五個縣，八百九十多萬戶。東西長九千三百里，南北寬一萬四千八百一十五里。隋朝的強盛，這時到達了頂點。

隋煬帝認為裴矩有安撫懷柔的才能，晉升為銀青光祿大夫。從西京各縣以及西北各郡，都要轉運物資到塞外，每年耗費數以億計。所經路途遙遠而艱險，又遭遇搶劫，人畜死亡運送不到的，郡縣重新徵調其家，人戶全都家破人亡。因此百姓喪失生計，西部郡縣首先貧困。

當初，吐谷渾可汗伏允讓他的兒子順前來朝見，隋煬帝將順扣留下不讓他回去。伏允失敗逃走，生計困難，就率領幾千名騎兵在党項境內客居下來。隋煬帝冊立順為可汗，把他送到玉門，讓他統領吐谷渾餘部，又讓吐谷渾的大寶王尼洛周做他的輔佐。順抵達西平，他的部下殺了尼洛周，順無法進入吐谷渾而返回。

六月二十一日丙辰，隋煬帝駕臨觀風行殿，陳列儀仗，規模很大，帶領高昌王麴伯雅和伊吾的吐屯設上殿宴飲，其餘陪侍階庭的蠻夷使者共有二十多個國家。演奏九部樂，並表演魚龍雜戲，用來歡慶娛樂，各國來使都得到不同等級的賞賜。二十三日戊午，大赦天下。

吐谷渾據有青海湖期間，民間傳說把母馬放到湖中山上，就會有良馬來交配生龍種。秋，七月初二日丁卯，在青海設置牧馬場，把兩千匹母馬放到川谷間，希望得到龍種，沒有成效，就停止了。

隋煬帝車駕向東回返，途經大斗拔谷，山路狹窄險峻，人馬一個接一個單行而出。風雪交加昏天黑地，文武百官衣服溼透，又凍又餓，深夜還沒有到達前面的營地，士卒凍死的有大半，馬驢凍死的十分之八九，後宮的嬪妃、公主有的狼狽走失，與士兵混在一起留宿山中。九月十九日癸未，車駕回到西京。冬，十一月十三日丙子，隋煬帝又幸臨東都。

民部侍郎裴蘊認為民間的戶籍中，脫漏戶口以及登記老少不實的情況很多，於是奏請查閱形貌以驗老少。如果有一個人不確實，主管的官員就免職。又許諾民眾，只要有人檢舉出一個成丁，就讓被檢舉出的人家替檢舉人繳納賦稅或代替服役。這一年，各郡呈報戶口統計，男丁增加了二十四萬三千人，新登記的人數六十四萬一千五百人。隋煬帝上朝覽閱奏狀，對百官說：「前代沒有賢才，導致戶口虛假不實，現在戶口都確實了，都是由於裴蘊。」因此裴蘊逐漸被親近並委以重任。不久，提升他為御史大夫，讓他和裴矩、虞世基一起掌管機密。裴蘊善於觀察揣摩皇上深微的心意，隋煬帝想要加罪的人，裴蘊就曲解法律條文羅織罪狀構成罪名；隋煬帝想要赦免的人，裴蘊就附和意旨，拉扯上從輕的條款，因而開釋。此後大大小小的獄案，全都交給裴蘊。刑部、大理寺都不敢與裴蘊爭論，一定聽命進退，然後才決斷。裴蘊機警善辯，口若懸河，犯人的罪名輕重，全都由裴蘊說了算，他分析得清楚而敏捷，當時的人無法提出詰問。

突厥啓民可汗去世，隋煬帝為此停止朝會三天。冊立啓民可汗的兒子咄吉，就是始畢可汗。他上表要求娶庶母義成公主，詔命遵從突厥風俗。

當初，內史侍郎薛道衡由於有才學而享有盛名，長期掌管樞要，高祖末年，外任襄州總管。隋煬帝即位，把他從番州刺史任上召回，想任用他為祕書監。薛道衡回到京城，獻上〈高祖文皇帝頌〉，隋煬帝看了，心中不高興，回頭對蘇威說：「薛道衡頌揚前朝皇帝，這是效法〈魚藻〉詩來寄託諷刺。」因此只授給他司隸大夫，準備治他的罪。司隸刺史房彥謙勸薛道衡閉門謝絕賓客，要言辭卑恭，低聲下氣，薛道衡未能採納。恰好要商議新的律令，長期爭執不決，薛道衡對朝臣們說：「要是高熲沒死，新律令肯定早就施行了。」有人向皇上報告了此事，隋煬帝生氣地說：「你懷念高熲嗎？」把薛道衡交給司法部門審問。裴蘊上奏說：「薛道衡依仗有才能又是老臣，眼裡看不起皇上，把過惡推給國家，隨意製造禍端。真要判他的罪，又好像不明顯，推究他的真實內心，實在是大逆不道。」隋煬帝說：「正是這樣。我年輕時與他一起行軍，他就輕視我年少，與高熲、賀若弼等人在外專權。等到我即位，他心懷不安，幸虧天下無事，未能造反。你認為他悖逆，真是精妙地領悟了他的內心。」薛道衡自認為沒有犯大錯，就催司法部門早作判決，希望在上奏那天皇上一定赦免他，還告誡家裡人備辦酒席，好招待前來問候的賓客。等到判決上奏，隋煬帝令他自盡，薛道衡完全未想到，未能自殺。司法部門再次上奏，隋煬帝派人絞死了薛道衡，把他的妻子兒女流放到且末。天下的人都認為他冤枉。

隋煬帝大規模檢查軍用物資，稱讚器械精美，宇文述趁機進言說：「這都是雲定興的功勞。」隋煬帝立即提升雲定興為太府丞。

六年（庚午　西元六一〇年）

春，正月癸亥朔❶，未明三刻❷，有盜數十人，素冠❸練衣❹，焚香持華❺，自稱彌勒佛❻，入自建國門❼，監門者皆稽首❽。既而奪衛士仗，將為亂，齊王暕遇而斬之。於是都下❾大索❿，連坐者千餘家。

帝以諸蕃酋長畢集⓫洛陽，丁丑⓬，於端門街⓭盛陳百戲，戲場周圍五千步，執絲竹⓮者萬八千人，聲聞數十里，自昏達[1]旦，燈火光燭天地，終月而罷，所費巨萬。自是⑮歲以為常⑯。

諸蕃請入豐都⑰市交易，帝許之。先命整飾店肆⑱，簷宇⑲如一，盛設帷帳，珍貨充積，人物華盛，賣菜者亦藉⑳以龍須席㉑。胡客㉒每[2]過酒食店，悉令邀延㉓就坐，醉飽而散，不取其直㉔，紿㉕之曰：「中國豐饒，酒食例㉖不取直。」胡客皆驚歎。其黠㉗者頗覺之，見以繒帛纏樹，曰：「中國亦有貧者，衣不蓋形㉘，何如以此物與之，纏樹何為？」市人慚不能答。

帝稱裴矩之能，謂羣臣曰：「裴矩大識㉙朕意，凡所陳奏，皆朕之成筭㉚，未發之頃，矩輒以聞，自非奉國㉛盡心，孰㉜能若是？」是時矩與左[3]翊衛大將軍宇文述、內史侍郎虞世基、御史大夫裴蘊、光祿大夫郭衍皆以諂諛㉝有寵。述善於供奉，容止㉞便辟㉟，侍衛者咸取則㊱焉。郭衍嘗勸帝五日一視朝㊲，曰：「無效高祖，空自勤苦㊳。」帝益以為忠，曰：「唯有郭衍心與朕同。」

帝臨朝凝重㊴，發言降詔，辭義㊵可觀，而內存聲色，其在兩都及巡遊，常以僧、尼、道士、女官㊶自隨，謂之四道場。梁公蕭鉅㊷，琮之弟子，千牛左右㊸宇文皛㊹，慶之孫也，皆有寵於帝。帝每日於苑中林亭間盛陳酒饌㊺，敕燕王倓與鉅、皛及高祖嬪御㊻為一席，僧、尼、道士、女官為一席，帝與諸寵姬為一席，略相連接，罷朝即從之宴飲，更相勸侑[47]，酒酣殽亂[48]，靡所不至，以是為常。楊氏婦女之美者，往往進御[49]。晶出入宮掖[50]，不限門禁，至於妃嬪、公主皆有醜聲，帝亦不之罪[51]也。

帝復遣朱寬招撫流求，流求不從，帝遣虎賁郎將[52]廬江陳稜[53]、朝請大夫[54]同安張鎮周發東陽[55]兵萬餘人，自義安[56]汎海擊之。行月餘，至其國，以鎮周為先鋒，流求王渴剌兜遣兵逆戰。屢破之，遂至其都[57]。渴剌兜自將出戰，又敗，退入柵，稜等乘勝攻拔之，斬渴剌兜，虜其民萬餘口而還。二月乙巳[58]，稜等獻流求俘，頒賜百官，進稜位右光祿大夫[59]，鎮周金紫光祿大夫[60]。

乙卯[61]，詔以「近世茅土[62]妄假，名實相乖[63]，自今唯有功勳乃得賜封，仍令子孫承襲。」於是舊賜五等爵[64]，非有功者皆除之。

庚申[65]，以所徵周、齊、梁、陳散樂悉配太常，皆置博士弟子以相傳授，樂工至三萬餘人。

三月癸亥[66]，帝幸江都宮。

初，帝欲大營汾陽宮[67]，令御史大夫張衡具圖[68]奏之。衡承[4]間[69]進諫曰：「比年[70]勞役繁多，百姓疲弊，伏願留神，稍加抑損[71]。」帝意甚不平，後目衡謂侍臣曰：「張衡自謂由其計畫[72]，今我有天下也。」乃錄[73]齊王暕攜皇甫詡從駕及前幸涿郡祠恆岳時父老謁見者衣冠多不整，譴衡以憲司不能舉正[74]，出為榆林太守。久之，衡督役築樓煩城[75]，因帝巡幸，得謁帝。帝惡衡不損瘦[76]，以為不念咎[77]，謂衡曰：「公甚肥澤[78]，宜且還郡。」復遣之榆林。未幾，敕衡督役江都宮。禮部尚書楊玄感使至江都，衡謂玄感曰：「薛道衡真為枉死。」玄感奏之。江都郡丞王世充[79]又奏衡頻減頓具[80]。帝於是發怒，鎖詣江都市，將斬之，久乃得釋，除名為民，放還田里。以王世充領江都宮監。

世充本西域胡人，姓支氏，父收，幼從其母嫁王氏，因冒其姓。世充性譎詐[81]，有口辯[82]，頗涉[83]書傳，好兵法，習[84]律令。帝數幸江都，世充能伺候顏色[85]為阿諛，雕飾池臺，奏獻珍物，由是有寵。

夏，六月甲寅[86]，制江都太守秩[87]同京尹[88]。

冬，十二月己未[89]，文安憲侯[90]牛弘卒。弘寬厚恭[91]儉，學術精博。隋室舊臣，始終信任，悔吝[92]不及者，唯弘一人而已。弟弼，好酒而酗[93]，嘗因醉射殺弘駕車牛。弘來還宅，其妻迎謂之曰：「叔射殺牛。」弘無所怪問，直答云：「作脯[94]。」坐定，其妻又曰：「叔忽射殺牛，大是異事！」弘曰：「已知之矣。」顏色自若，讀書不輟。

敕穿江南河[95]，自京口[96]至餘杭[97]，八百餘里，廣十餘丈，使可通龍舟，并置驛宮[98]、草頓[99]，欲東巡會稽[100]。

上以百官從駕皆服袴褶[101]，於軍旅間不便，是歲，始詔「從駕涉遠者，文武官皆戎衣[102]，五品以上，通著紫袍，六品以下，兼用緋[103]綠，胥史[104]以青，庶人以白，屠商[105]以皁[106]，士卒以黃。」

帝之幸啟民帳也，高麗使者在啟民所，啟民不敢隱，與之見帝。黃門侍郎裴矩說帝曰：「高麗本箕子[107]所封之地，漢、晉皆為郡縣，今乃不臣[108]，別為異域。先帝欲征之久矣，但楊諒不肖，師出無功。當陛下之時，安可不取，使冠帶[109]之境，遂為蠻貊[110]之鄉乎？今其使者親見啟民舉國從化，可因其恐懼，脅[111]使入朝。」帝從之。敕牛弘宣旨曰：「朕以啟民誠心奉國，故親至其帳。明年當往涿郡，爾還日語高麗王：宜早來朝[5]，勿自疑懼，存育[112]之禮，當如啟民。苟或不朝，將帥啟民往巡彼土[113]。」高麗王元懼，藩禮[114]頗闕[115]，帝將討之。課天下富人買武馬[116]，匹至十萬錢。簡閱[117]器仗，務令精新，或有濫惡，則使者立斬。

【章　旨】以上為第三段，寫隋煬帝大業六年（西元六一〇年）起，大辦歲首燈節，厚斂以奉胡人，誇飾國威，耗費民脂。繼續大興土木，營建汾陽宮，擴建江都宮，二下江都，荒淫無度。

【注　釋】❶癸亥朔　正月初一。❷刻　計時的單位。古代以銅漏計時，一晝夜分為一百刻，至清代始用時鐘，以十五分為一刻。❸素冠　白帽子。❹練衣　白色的衣服。練，白。❺華　同「花」。❻彌勒佛　佛名，彌勒是姓，為慈氏。字阿逸多，義為無勝。❼建國門　東京洛陽皇城正南有三門，正南為建國門，唐稱端門。❽稽首　古代所行的跪拜禮，磕頭額觸地。❾都下　京城。❿大索　廣泛搜索。⓫畢集　全都會集。畢，全部。⓬丁丑　正月十五日。⓭端門街　即洛陽皇城端門外的大街。⓮絲竹　指絃樂器和管樂器。⓯自是　從此。是，這。⓰歲以為常　每年都是這樣。常，常事。⓱豐都　東都有三市，東市稱豐都。⓲店肆　商店。肆，商店、客棧、旅館等。⓳簷宇　屋簷。⓴藉　坐臥其上。㉑龍須席　一種用龍鬚草編織的席子。㉒胡客　外族或外國客人。胡，古代對北方或西北方少數民族或外國人的習稱。㉓邀延　邀請。延，延請。㉔其直　指酒飯錢。㉕紿　欺騙。㉖例　一概。㉗黠　聰慧；機敏。㉘衣不蓋形　衣服遮蔽不住身體。形容窮困。形，形體。㉙大識　特別能認識、領會。㉚成筭　預定的計畫。筭，同「算」。㉛奉國　為國家效勞。㉜孰　疑問代詞。誰。㉝諂諛　奉承；諂媚。用不實之詞奉承人。㉞容止　形貌舉動。㉟便辟　逢迎諂媚的樣子。㊱取則　取法；仿效。㊲視朝　臨朝聽政。㊳空自勤苦　白白地自我勞苦。㊴凝重　莊重；端莊。㊵辭義　文辭義理。㊶女官　即女道士。㊷蕭鉅　（？—西元六一七年）小名藏。蘭陵（今江蘇丹陽）人。梁昭明太子之後裔。傳附《隋書．蕭巋傳》、《北史．蕭巋傳》。㊸千牛左右　武官名，掌供御弓箭。㊹宇文皛　（？—西元六一七年）字婆羅門，河南洛陽（今河南洛陽）人，宇文慶之子。傳附《隋書．宇文慶傳》、《北史．宇文慶傳》。㊺盛陳酒饌　大擺宴席。㊻嬪御　古代帝王的侍妾、宮女。㊼勸侑　勸說、鼓勵。侑，勸人吃喝。㊽酒酣殽亂　酒興很濃，杯盤雜亂。殽，同「餚」。㊾進御　進宮侍奉皇帝。㊿宮掖　掖，掖庭，宮內的旁舍，是妃嬪居住的地方，因稱皇宮為宮掖。(51)不之罪　不罪之，不加治罪的意思。(52)虎賁郎將　武官名，掌虎賁宿衛。(53)陳稜　（？—西元六一七年）字長威，廬江襄安（今安徽巢縣）人，仕隋，官至右禦衛將軍。傳見《隋書》卷六十四、《北史》卷七十八。(54)朝請大夫　官名，文散官，無職掌。(55)東陽　郡名，治所東陽縣，在今浙江金華。(56)義安　郡名，治所海陽縣，在今廣東潮安。(57)其都　指流求王所居之地，叫婆羅檀洞，外有溝塹木柵三重，流水環繞，有荊棘為藩屏。(58)乙巳　二月十三日。(59)右光祿大夫　官名，文散官，無職掌。(60)金紫光祿大夫　官名，文散官，金章紫綬，無職掌。(61)乙卯　二月二十三日。(62)茅土　謂受封為王侯。

古代帝王社祭之壇以五色土建成，以茅包上，稱為茅土，給受封者在封國內立社。63相乖　互相背離；不一致。64五等爵　一般指公、侯、伯、子、男五個爵位等級。65庚申　二月二十八日。66癸亥　三月初二日。67汾陽宮　宮名，故址在今山西寧武西南管涔山上。68具圖　繪製汾陽宮圖樣。具，備辦。69承間　趁機會。間，間隙。70比年　近年。71抑損　控制並減少。72計畫　指張衡入宮侍疾，弒隋文帝之事。73錄　搜集。74舉正　糾正。75樓煩城　即樓煩郡城。當時隋煬帝在此建造汾陽宮，故築城。在今山西靜樂。76損瘦　減瘦。損，減少。77念咎　自省悔過。咎，罪過。78肥澤　肌肉豐潤。澤，光潤。79王世充　（？—西元六二一年）字行滿，本姓支，西域胡人，其父死，幼隨母嫁王氏，遂姓王。仕隋為將軍，宇文化及弒煬帝後，擁越王楊侗為帝。後殺楊侗而偽稱帝，國號鄭。傳見《隋書》卷八十五、《北史》卷七十九、《舊唐書》卷五十四、《新唐書》卷八十五。80頓具　築宮的大型用具。81譎詐　欺詐；詐騙。82口辯　能言善辯。83涉　涉及。此指閱讀。84習　通曉；熟悉。85伺候顏色　察顏觀色，看人臉色行事。86甲寅　六月二十四日。87秩　官吏的職位或品級。88京尹　官名，京兆尹的省稱，掌管京都政刑。89己未　十二月初三日。90文安憲侯　牛弘爵位為奇章郡公，卒後贈文安縣侯，諡曰憲，這裡記其贈爵與諡號。91恭　肅敬；有禮貌。92悔吝　悔恨。吝，恨惜。93酗　同「酗」。醉酒耍酒瘋。94作脯　製作肉乾。脯，乾肉。95江南河　隋代大運河中的一段。96京口　地名，即今江蘇鎮江市。97餘杭　郡名，治所錢塘縣，在今浙江杭州。98驛宮　沿途供皇帝臨時住宿的宮館。99草頓　簡單的住所。100會稽　郡名，治所會稽縣，在今浙江紹興。101袴褶　服裝名，上服褶而下縛袴，其外不再穿裘裳，故稱為袴褶。袴，套褲。褶，上衣。102戎衣　軍服。103緋　紅色。104胥史　官府中辦理文書的小吏。105屠商　宰殺牲畜和經商的人。106皁　黑色。107箕子　商朝人，紂王的父輩，封國於箕（據說封地在今朝鮮半島），故稱為箕子。紂王暴虐，箕子規諫而不聽，遂披髮裝瘋為奴，被紂王囚禁。周武王滅商後獲釋，歸鎬京。事見《史記》卷三。108不臣　不向隋朝稱臣。109冠帶　帽子和腰帶。本指服制，引申為文明之稱。110蠻貊　泛指少數民族。此處引申為不開化之意。111脅　脅迫；逼迫。112存育　保全、養育。存，撫養；保全。113往巡彼土　去巡視你們的國土。即加兵於高麗的意思。彼，指高麗。114藩禮　藩國向所臣服之國應盡的禮節。115闕　同「缺」。116武馬　戰馬。117簡閱　挑選檢查。

【校　記】1達　原作「至」。據章鈺校，十二行本、乙十一行本、孔天胤本皆作「達」，張敦仁《通鑑刊本識誤》同，今據改。2每　原作「或」。據章鈺校，十二行本、乙十一行本皆作「每」，今據改。按，《通鑑紀事本末》卷二六作「每」。3左　原作「右」。據章鈺校，十二行本、乙十一行本皆作「左」，今據改。按，《通鑑紀事本末》卷二六作「左」。4承　原作「乘」。

據章鈺校，十二行本、乙十一行本、孔天胤本皆作「承」，張敦仁《通鑑刊本識誤》同，今據改。5 宜早來朝 原無此四字。據章鈺校，十二行本、乙十一行本、孔天胤本皆有此四字，張敦仁《通鑑刊本識誤》、張瑛《通鑑校勘記》同，今據補。按，《通鑑紀事本末》卷二六有此四字。

【語譯】六年（庚午 西元六一〇年）

春，正月初一日癸亥，天亮前三刻時，有幾十個盜賊，戴著白帽，穿著白衣，燃香持花，自稱是彌勒佛，從建國門進城，守城門的衛士都向他們磕頭，這些人趁便搶了衛士的武器，將要作亂，齊王楊暕正好遇上，殺了這群人。於是京都大搜捕，受牽連被判罪的有一千多家。

隋煬帝把各民族的部落酋長全都集中在洛陽，正月十五日丁丑，在端門街大規模展演百戲。劇場周圍五千步，奏樂的有一萬八千人，聲聞幾十里，從黃昏直到天亮，燈火照亮了天地，整整一個月才結束，耗費金錢億萬。從這以後，每年都如此。

各民族部落請求到東都東邊的豐都市場做生意，隋煬帝同意了。先下令整修裝飾店鋪，屋簷式樣統一，設置漂亮的帷帳，珍稀貨物堆積，商人們衣飾華麗富貴，賣菜的人也坐在用龍鬚草編織成的席子上。每有胡人路過酒食店，令店主邀請他們都進店就座，酒足飯飽後離開，不要他們付錢，騙他們說：「中國富饒，喝酒吃飯一律不用付錢。」胡人都驚奇讚歎。其中聰慧的人略有覺察，看到用絲綢纏樹，就問：「中國也有窮苦人，他們衣不蔽體，為什麼不把這些絲綢送給他們，纏在樹上做什麼？」市集上的人感到慚愧，無言以對。

隋煬帝讚賞裴矩的才幹，對群臣說：「裴矩特別能領會朕的心意，凡是他陳述奏報的事，都是朕已經考慮好的，還沒有講出來那一刻，裴矩就上奏了，如果他不是盡心效忠國家，怎麼能夠做到這樣？」這時裴矩與左翊衛大將軍宇文述、內史侍郎虞世基、御史大夫裴蘊、光祿大夫郭衍都因為善於諂媚而受到煬帝寵愛。宇文述很會奉承隋煬帝，形貌舉動都迎合皇上心意，侍衛隋煬帝的人都效仿他。郭衍曾經勸說隋煬帝五天上一次朝，他說：「不要學高祖，自己白白辛苦。」隋煬帝更加認為郭衍忠心，說：「只有郭衍的心和朕一樣。」

隋煬帝上朝時儀容端莊，講話下詔，文辭義理粲然可觀，可是他心裡卻喜愛聲色，他在東、西兩京以及到各地巡遊，常常讓和尚、尼姑、道士、道姑陪同自己，稱之為四道場。梁公蕭鉅，是蕭琮的姪子；千牛左右宇文皛，是宇文慶的孫子，兩人都受隋煬帝寵信。隋煬帝天天都在苑中林亭間擺酒席，命燕王楊倓與蕭鉅、宇文皛以及高祖的妃嬪同坐一席，和尚、尼姑、道士、道姑同坐一席，隋煬帝和他的寵姬同坐一席，各席差不多互相連接。隋煬帝退朝就和他們宴飲，他們互相勸酒，酒醉飯飽之後就亂七八糟，不管什麼事都做得出來，習以為常。楊氏女子中有長相好的，常常進宮侍奉煬帝。宇文皛進出皇宮，不受門禁限制，以致妃嬪、公主都有醜聞，隋煬帝也不加罪。

隋煬帝又派遣朱寬去招撫流求國。流求不順從，隋煬帝就派虎賁郎將廬江人陳稜、朝請大夫同安人張鎮周徵調一萬餘名東陽兵，從義安渡海進攻流求國。海上航行一個多月後，抵達流求，以張鎮周為先鋒，流求國王渴剌兜派兵迎戰。隋軍多次擊敗流求軍，於是到達流求國都，渴剌兜親自率軍出戰，再次戰敗，退入營寨，陳稜等人乘勝攻下流求國都，殺死了渴剌兜，俘虜一萬餘人後返回。二月十三日乙巳，陳稜等人向隋煬帝進獻流求俘虜，隋煬帝頒賞百官，進升陳稜為右光祿大夫，張鎮周為金紫光祿大夫。

二月二十三日乙卯，隋煬帝下詔「近世以來賜封的各級爵位采邑有虛假，名實不符，從今以後只有立功的人才可以得到賜封，仍讓子孫繼承。」於是以前賜封的五等爵位，不是有功的人就都免除了。

二月二十八日庚申，把徵召來的周、齊、梁、陳舊時的散樂全都配屬太常，全都設置博士弟子以相傳授，樂工達到三萬多人。

三月初二日癸亥，隋煬帝巡幸江都宮。

當初，隋煬帝想要大規模建造汾陽宮，讓御史大夫張衡繪製好圖樣奏報。張衡趁機會進諫說：「近年勞役繁多，百姓疲困，希望皇上留意，稍稍減省。」隋煬帝心裡很不高興，事後隋煬帝眼睛盯著張衡對侍臣說：「張衡自稱因為他的謀劃，才使我有了天下。」於是隋煬帝翻出先前齊王楊暕私帶皇甫詡隨從車駕到汾陽宮，又巡幸涿郡祭祀恆山時父老拜見有很多人衣冠不整等舊帳，申斥張衡作為執法官沒能舉劾匡正，調他出京城為榆林太守。過了很久，張衡監督修築樓煩城，因為隋煬帝巡幸，張衡得以拜謁隋煬帝。隋煬帝厭惡張衡沒有瘦下來，認為他沒有自省悔過，對張衡說：「你這麼肥胖，還應該回到榆林郡。」又派張衡去做榆林郡守。沒多久，敕令張衡去監修江都宮。禮部尚書楊玄感出使到江都，張衡對楊玄感說：「薛道衡真死得冤枉。」楊玄感上奏了此事。江都郡丞王世充又上奏張衡多次削減築宮器具。隋煬帝因此大怒，用枷鎖鎖住張衡押送到江都鬧市，將要殺他，過了很久又把他放了，免官除名，放歸鄉里。任命王世充兼任江都宮的督造總監。

王世充原本是西域胡人，姓支氏，父親叫支收，年幼時隨母嫁王氏，因而冒用王姓。王世充生性詭詐，能言善辯，讀了許多典籍史傳，愛好兵法，學習律令。隋煬帝幾次巡幸江都，王世充善於觀察皇上臉色阿諛奉承，雕飾水池亭臺，進獻奇珍異寶，由此受到寵信。

夏，六月二十四日甲寅，規定江都太守俸祿與京尹等同。

冬，十二月初三日己未，文安憲侯牛弘去世。牛弘寬弘忠厚，謙恭節儉，學問精湛淵博。隋朝的老臣中，始終得到皇帝信任，沒有憾悔的，只有牛弘一個人。弟弟牛弼，喜歡喝酒耍酒瘋，曾經因醉酒射殺了牛弘的駕車牛。牛弘回到家裡，他妻子出迎並對他說：「叔叔射死了你駕車的牛。」牛弘沒有責怪、追究，隨口回答說：「做牛肉乾。」坐定之後，妻子又說：「叔叔突然射死了牛，真是奇怪！」牛弘說：「已經知道了。」臉色平靜，讀書不止。

隋煬帝敕令開鑿江南運河，從京口到餘杭，長八百餘里，寬十多丈，讓龍舟可以通行，並在沿岸設置驛宮、簡單的住所，準備東遊會稽。

隋煬帝認為隨駕百官穿上衣和套褲相連的服裝，在軍旅中行動不便，這一年，首次下詔：「隨駕遠行之人，文武群臣都穿戎服，五品以上的官員，一律穿紫袍，六品以下的官員，兼用紅綠色，文書小吏著青衣，庶民百姓穿白衣，屠戶商人穿黑衣，士兵穿黃衣。」

隋煬帝駕臨啓民可汗營帳時，高麗使者在啓民可汗處，啓民可汗不敢隱瞞，就和使臣一起去朝見隋煬帝。黃門侍郎裴矩勸隋煬帝說：「高麗原是西周箕子的封地，漢、晉時都是郡縣，現在卻不稱臣，另立國家。先帝早就想伐高麗，只不過楊諒無能，師出無功。在陛下這個時候，怎麼能夠不攻取，而使文明之境竟淪為蠻荒之邦呢？今天高麗的使者親眼看到啓民舉國歸化中國，可以趁他害怕時，脅迫他們入朝。」隋煬帝聽從了他的意見。敕令牛弘對高麗使者宣讀詔旨說：「朕因為啓民誠心為中國效力，所以親自駕臨他的營帳。明年應當巡視涿郡，你回去轉告高麗王，最好早日來朝拜，不必驚恐疑慮，朕對你們撫育的禮遇與對啓民可汗一樣。如果不來朝貢，將要率領啓民可汗巡行你的國土。」高麗王高元恐懼，因應盡的藩國禮節多有欠缺，隋煬帝打算征討高麗。下令徵收全國富人稅捐，用來購買戰馬，每匹戰馬高達十萬錢。又下令檢查武器，一定要精良新造，如果有粗製濫造的，那麼監造軍械的使者立即處斬。

七年（辛未　西元六一一年）

春，正月壬寅❶，真定襄侯❷郭衍卒。

二月己未❸，上升釣臺❹，臨楊子津❺，大宴百僚。乙亥❻，帝自江都行幸涿郡，御龍舟，度河入永濟渠，仍敕選部❼、門下、內史、御史四司之官於前船[1]選補，其受選者三千餘人，或徒步隨船三千餘里，不得處分❽，凍餒疲頓❾，因而致死者什一二。

壬午❿，下詔討高麗。敕幽州總管⓫元弘嗣⓬往東萊⓭海口造船三百艘，官吏督役，晝夜立水中，略不⓮敢息，自腰以下皆生蛆，死者什三四。

夏，四月庚午⓯，車駕至涿郡之臨朔宮⓰，文武從官九品以上，並令給宅安置。

先是，詔總徵天下之②兵，無問遠近，俱會於涿⑰。又發江淮以南水手一萬人，弩手三萬人，嶺南排鑹手⑱三萬人，於是四遠⑲奔赴如流。五月，敕河南、淮南、江南造戎車⑳五萬乘送高陽㉑，供載衣甲幔幕㉒，令兵士自挽之，發河南、北民夫以供軍須㉓。秋，七月，發江、淮以南民夫及船運黎陽㉔及洛口諸倉米至涿郡，舳艫相次㉕千餘里，載兵甲及攻取之具，往還在道常數十萬人，填咽於道，晝夜不絕，死者相枕㉖，臭穢盈路，天下騷動。

山東、河南大水，漂沒㉗三十餘郡。冬，十月乙卯㉘，底柱崩，偃㉙河逆流數十里。

初，帝西巡，遣侍御史韋節召西突厥處羅可汗，令與車駕會大斗拔谷，國人㉚不從，處羅謝使者㉛，辭以佗故。帝大怒，無如之何㉜。會其酋長射匱遣使來求婚，裴矩因奏曰：「處羅不朝，恃彊大耳。臣請以計弱之㉝，分裂其國，即易制也。射匱者，都六之子，達頭之孫，世為可汗，君臨㉞西面，今聞其失職，附屬處羅，故遣使來以結援㉟耳。願厚禮其使，拜為大可汗，則突厥勢分，兩從我㊱矣。」帝曰：「公言是也。」因遣矩朝夕至館，微諷諭㊲之。帝於仁風殿召其使者，言處羅不順之狀，稱射匱向善，吾將立為大可汗，今發兵誅處羅，然後為婚㊳。帝取桃竹㊴白羽箭一枚以賜射匱，因謂之曰：「此事宜速，使疾如箭也。」使者返，路徑㊵處羅，處羅愛箭，將留之，使者譎而得免。射匱聞而大喜，興兵襲處羅。處羅大敗，棄妻子，將左右[3]數千騎東走，緣道㊶被劫，寓㊷於高昌，東保時羅漫山㊸。高昌王麴伯雅上狀㊹。帝遣裴矩與向氏親要左右馳至玉門關㊺晉昌城㊻，曉諭㊼處羅使入朝。十二月己未㊽，處羅來朝於臨朔宮，帝大悅，接以殊禮㊾。帝與處羅宴，處羅稽首，謝入見之晚。帝以溫言㊿慰勞之，備設天下珍膳(51)，盛陳女樂，羅綺絲竹，眩(52)曜耳目，然處羅終有怏怏之色。

帝自去歲謀討高麗，詔山東置府(53)，令養馬以供軍役。又發民夫運米，積於瀘河、懷遠(54)二鎮，車牛往者皆不返，士卒死亡過半，耕稼失時(55)，田疇(56)多荒。加之饑饉，穀價踊貴(57)，東北邊尤甚，斗米直數百錢。所運米或粗惡(58)，令民糴(59)以[4]償之。又發鹿車(60)夫六十餘萬，二人共推米三石，道途險遠，不足充餱糧(61)，至鎮，無可輸(62)，皆懼罪亡命。重以官吏貪殘，因緣(63)侵漁(64)，百姓困窮，財力俱竭，安居則不勝凍餒，死期交急，剽掠(65)則猶得延生，於是始相聚為羣盜。

鄒平民王薄(66)擁眾據長白山(67)，剽掠齊、濟(68)之郊，自稱知世郎，言事可知矣。

又作無向遼東浪死(69)歌以相感勸，避征役者多往歸之。

平原(70)東有豆子䴚(71)，負海帶河(72)，地形深阻(73)，自高齊(74)以來，羣盜多匿其中。有劉霸道者，家於其旁，累世仕宦，貲產富厚。霸道喜遊俠，食客常數百人，及羣盜起，遠近多往依之，有眾十餘萬，號「阿舅賊」。

漳南人竇建德(75)，少尚氣俠，膽力過人，為鄉黨所歸附。會募人征高麗，建德以勇敢選為二百人長(76)。同縣孫安祖亦以驍勇選為征士(77)，安祖辭以家為水所漂(78)，妻子餒死，縣令怒笞之。安祖刺殺令，亡抵(79)建德，建德匿之。官司逐捕，蹤跡至建德家，建德謂安祖曰：「文皇帝時，天下殷盛(80)，發百萬之眾以伐高麗，尚為所敗。今水潦(81)為災，百姓困窮，加之往歲西征(82)，行者不歸，瘡痍(83)未復，主上不恤(84)，乃更發兵親擊高麗，天下必大亂。丈夫(85)不死，當立大功，豈可但為亡虜(86)邪？」乃集無賴少年，得數百人，使安祖將之，入高雞泊(87)中為羣盜，安祖自號將軍。時鄃人張金稱(88)聚眾河曲(89)，蓨人高士達聚眾於清河(90)境內為盜。郡縣疑建德與賊通，悉收其家屬，殺之。建德帥麾下二百人亡歸士達，士達自稱東海公，以建德為司兵(91)。頃之，孫安祖為張金稱所殺，其眾盡歸建德，兵至萬餘人。建德能傾身接物(92)，與士卒均勞逸，由是人爭附之，為之致死(93)。

自是所在羣盜蜂起，不可勝數，徒眾多者至萬餘人，攻陷城邑94。甲子95，敕都尉96、鷹揚97與郡縣相知追捕，隨獲斬決98，然莫能禁止。

【章　旨】以上為第四段，寫隋煬帝大業七年（西元六一一年），橫徵暴斂討伐高麗，徵兵徵役，全國騷動，加上山東、河南廣大地區遭受水災，人民走投無路，聚眾起義。山東王薄首倡，河北竇建德、高士達等人相繼。很快的，山東河北已成燎原之勢。

【注　釋】❶壬寅　正月十六日。❷真定襄侯　郭衍生前爵位為真定縣侯，諡曰襄，故稱。❸己未　二月初三日。❹釣臺　也稱釣魚臺。古釣臺遺址不一，此釣臺是漢淮陰侯韓信垂釣處，故址在今江蘇淮安北。❺楊子津　古津渡名，在今江蘇江都南，有揚子橋，自古為江濱津要處。❻乙亥　二月十九日。❼選部　官署名，吏部的代稱。❽處分　處理。此處意謂作出安排，讓受選者任職。❾疲頓　勞苦困頓。❿壬午　二月二十六日。⓫幽州總管　大業初已廢諸州總管府，這是元弘嗣此前官名。⓬元弘嗣　（西元五六五—六一三年）河南洛陽人，仕隋，官至黃門侍郎。傳見《隋書》卷七十四、《北史》卷八十七。⓭東萊　郡名，治所掖縣，在今山東萊州。⓮略不　完全不；一點也不。略，完全。⓯庚午　四月十五日。⓰臨朔宮　行宮名，故址在今北京市。⓱涿　即涿郡。⓲排鑹手　投擲小矛之類武器的能手。排鑹，如同飛鏢。⓳四遠　四方邊遠之地。⓴戎車　兵車。㉑高陽　縣名，縣治在今河北高陽東。㉒幔幕　帳幕；帳篷。㉓軍須　同「軍需」。指軍用的物資。㉔黎陽倉　名，開皇三年（西元五八三年）置。故址在今河南浚縣西南。㉕次　按次序排列。㉖死者相枕　死屍一個壓一個。枕，以頭枕物。㉗漂沒　淹沒。㉘乙卯　十月三日。㉙偃　同「堰」。築土以堵水。此指因砥柱崩塌而堵住了河水。㉚國人　西突厥國內的貴族大臣。㉛謝使者　向使者道歉。謝，認錯；道歉。㉜無如之何　沒法把他怎麼樣；無可奈何。㉝弱之　削弱它。之，指西突厥。㉞君臨　以君主的身分來統管。臨，統管；治理。㉟結援　結交以求援助。㊱兩從我　謂射匱、處羅兩部皆依從隋朝。㊲諷諭　用委婉的話進行勸說。㊳為婚　成婚。㊴桃竹　竹的一種。又名桃枝竹、桃絲竹。可做箭桿。㊵路徑　路經。徑，通「經」。走過。㊶緣道　沿途。緣，圍繞；沿著。㊷寓　寄居。㊸時羅漫山　山名，天山支脈，在今新疆烏魯木齊與哈密之間。㊹上狀　上言其狀。即將處羅逃亡高昌的情況上報隋廷。㊺玉門關　古關名，故址在今甘肅玉門西北。㊻晉

昌城　城名，故址在今甘肅安西縣東南鎖陽城。(47)曉諭　明白開導。(48)己未　十二月初八日。(49)殊禮　特殊的禮遇。殊，特出；出眾。(50)溫言　溫和的言辭。(51)珍膳　珍貴的食物。膳，食物。(52)眩　光彩奪目。(53)府　庫府，用以貯藏軍用物資。(54)瀘河懷遠　兩鎮名，瀘河鎮，故址在今遼寧義縣境，懷遠鎮與瀘河鎮相鄰，故址在今遼寧義縣東北，朝陽東。(55)耕稼失時　耽誤了農時。(56)田疇　耕熟的田地。疇，已耕作的土地。(57)踊貴　物價上漲。(58)粗惡　謂米粗糙，質量惡劣。(59)糴　買糧。(60)鹿車　小車。用人力推挽的車。(61)餱糧　路上食用的乾糧。(62)輸　繳納。(63)因緣　藉著機會。(64)侵漁　侵蝕盤剝。(65)剽掠　擊殺，搶劫。剽，搶劫。(66)王薄　鄒平（今山東鄒平北）人，首舉義旗，拉開了隋末農民戰爭的序幕。事散見《隋書》卷六十五、六十七、七十一等。(67)長白山　山名，在今山東章丘境。(68)齊濟　兩郡名。齊郡，治所歷城縣，在今山東濟南。濟，即濟北郡，治所盧縣，在今山東茌平西南。(69)浪死　猶言白白送死。浪，輕率；徒然。(70)平原　郡名，治所安德縣，在今山東陵縣。(71)豆子䴚　地名，故址在今山東商河縣、惠民北。䴚，鹽澤。(72)負海帶河　謂其地理位置依海傍黃河。(73)深阻　幽深險峻。(74)高齊　即北齊。因北齊皇室姓高，故稱高齊。(75)竇建德　（西元五七三—六二一年）貝州漳南（今河北故城縣東北）人，隋末農民起義軍領袖。傳見《舊唐書》卷五十四、《新唐書》卷八十五。(76)長　小頭目。(77)征士　應募出征高麗的兵士。(78)漂　淹沒。(79)亡抵　逃亡到。(80)殷盛　富強。(81)水潦　雨多成災。(82)西征　指西征吐谷渾事。(83)瘡痍　創傷。(84)恤　顧惜；救濟。(85)丈夫　成年男子的通稱。(86)亡虜　逃犯。(87)高雞泊　湖泊名，廣袤數百里，蘆葦叢生，可以躲避。故址在今河北故城縣西南。(88)張金稱　（？—西元六一六年）鄃縣（今山東夏津）人，隋末率眾起事。事散見《隋書》卷四、六十三、六十七等。(89)河曲　地名，清河之曲。故址在今河北清河縣境。(90)清河　郡名，治所清河縣，在今河北清河縣西北。(91)司兵　官名，掌軍事。(92)傾身接物　待人接物謙虛。傾，斜；倒。(93)致死　盡以死力。致，極；盡。(94)城邑　城鎮。邑，城市。(95)甲子　十二月十三日。(96)都尉　武官名，隋置奉車、駙馬都尉，掌禁衛。(97)鷹揚　武官名，即鷹揚郎將，由驃騎將軍所改。武散官，無職掌。(98)隨獲斬決　抓獲後隨即斬決。決，絕；完畢。

【校記】[1]前船　原作「船前」。據章鈺校，十二行本、乙十一行本二字皆互乙，今據改。按，《通鑑紀事本末》卷二六作「前船」。[2]之　原無此字。據章鈺校，十二行本、乙十一行本、孔天胤本皆有此字，今據補。[3]左右　原無此二字。據章鈺校，十二行本、乙十一行本、孔天胤本皆有此二字，張敦仁《通鑑刊本識誤》、張瑛《通鑑校勘記》同，今據補。[4]以　原作「而」。據章鈺校，十二行本、乙十一行本、孔天胤本皆作「以」，今據改。

【語譯】七年（辛未　西元六一一年）

春，正月十六日壬寅，真定襄侯郭衍去世。

二月初三日己未，隋煬帝登上釣臺，又到楊子津邊，大宴百官。十九日乙亥，隋煬帝從江都巡幸涿郡，乘坐龍舟，渡過黃河進入永濟渠，並敕令吏部、門下省、內史省、御史四個部門的官員，隨船辦公，選任調補官吏，這一路參加選補的人有三千多人，有的步行隨船走了三千多里，也沒有得到選補，這些人挨凍受餓，疲困不堪，因此死亡了一兩成人。

二月二十六日壬午，隋煬帝下詔征討高麗，敕令幽州總管元弘嗣到東萊海口造船三百艘，官吏監督工程，工匠晝夜站在水中，一點也不敢休息，從腰以下都生了蛆，死亡的有十分之三四。

夏，四月十五日庚午，隋煬帝到達涿郡的臨朔宮，隨從的文武官員，九品以上的均由涿郡提供房舍安置。此前，下詔在全國徵調軍隊，無論遠近，都到涿郡集中。又徵發江淮以南的水手一萬人、弓弩手三萬人、嶺南排鑹手三萬人，於是四方趕赴涿郡的人如江河奔流而來。五月，敕令河南、淮南、江南等地製造輜重運輸車五萬輛送往高陽，用來裝載衣服、盔甲、帳幕，讓士兵自己拉車；又徵發黃河南北地區的民伕供給軍用物資。秋，七月，徵發長江、淮河以南民伕以及船隻把黎陽和洛口糧倉的米運輸到涿郡，船舶前後依次相連一千多里，運載武器鎧甲以及攻城器具，在道路上來往的人常常幾十萬人，道路壅塞，日夜不停，路途上死去的人互相枕壓，臭穢滿路，天下騷動。

山東、河南發大水，淹沒了三十餘郡。冬，十月初三日乙卯，黃河底柱崩塌，河水被阻塞倒流數十里。

起初，隋煬帝西巡，派遣侍御史韋節徵召西突厥處羅可汗，命他前往大斗拔谷與隋煬帝車駕相會，西突厥國人不從，處羅可汗向使者道歉，用別的藉口謝絕了。隋煬帝大怒，但又無可奈何。適逢西突厥酋長射匱派使者來求婚，裴矩趁機啟奏說：「處羅可汗不來朝見，是自恃強大，臣請求用計謀削弱他，分裂他的國家，到那時就容易制服了。射匱是都六可汗的兒子，達頭可汗的孫子，世代都是可汗，統治突厥西部，現在聽說射匱喪失了可汗的職位，依附處羅可汗，因此才派使者來結交求援罷了。希望皇上用厚禮對待他的使者，拜射匱為大可汗，那麼突厥勢必爭鬥分裂，兩部分都將臣服我們。」隋煬帝說：「你說得很對。」於是就派裴矩早晚都到驛館，委婉地暗示使者。隋煬帝在仁風殿召見使者，講了處羅可汗不順從的情況，並稱讚射匱一心向善，表示將要立他為大可汗，讓他發兵誅滅處羅可汗，事成後再行通婚。隋煬帝取出一枝桃竹白羽箭賜給射匱，並對他說：「這件事要快，使其像箭一樣迅速。」使者返回，路經處羅可汗的地方，處羅可汗很喜歡這枝箭，想留下它，射匱的使者用詭計才保住了箭。射匱聽了使者的回報大為高興，發兵襲擊處羅可汗。處羅可汗大敗。處羅拋棄妻兒，率領左右幾千名騎兵東逃，沿途遭受劫掠，最後寄居在高昌，東面據守時羅漫山。高昌王麴伯雅上奏報告情況。隋煬帝派遣裴矩和處羅可汗的母親向氏的親信馳馬到達玉門關晉昌城，勸說開導處羅可汗入朝。十二月初八日己未，處羅可汗來到臨朔宮朝見，隋煬帝非常高興，用隆重的禮儀接待他。隋煬帝與處羅可汗宴飲，處羅可汗磕頭謝罪，抱歉入朝太晚。隋煬帝溫言勸慰他，擺出全國各地的珍美食品，安排盛大的女子樂隊演奏，個個穿著綾羅綢緞，演奏各種管絃樂器，讓人眼花繚亂，可是處羅可汗始終有怏怏不樂的表情。

隋煬帝從去年就謀劃征討高麗，下詔山東設置府庫，命令養戰馬以供軍用。又徵發民伕運輸糧米，積儲在瀘河、懷遠兩鎮，前往的車和牛都沒有返回，士兵死亡過半，耽誤了耕作季節，大多田地荒蕪，加上嚴重饑荒，穀價飛漲，東北邊境地區尤其嚴重，一斗米值數百錢。運送的米有些很粗劣，就強迫百姓買好米來補償。又徵發鹿車夫六十多萬，兩人一起推米三石，路途遙遠艱險，這三石米連做車夫的乾糧都不夠，到達交糧的鎮所，無糧可交，都畏罪逃亡。加上官吏貪汙殘暴，藉機侵蝕盤剝，百姓窮困，財力俱竭。安分守己，經不住受凍挨餓，死期迫在眼前，搶掠劫奪還可延長性命，於是開始聚集為群盜。

山東鄒平縣平民王薄擁眾佔據長白山，劫掠齊郡、濟北郡的郊外，自稱知世郎，意思是說能知世事。又創作了〈無向遼東浪死歌〉用來感召勸告百姓，逃避徵兵服役的人許多前去歸附他。

平原郡東部有個叫豆子䴚的地方，靠海帶河，地形幽深險阻，自從高氏齊朝以來，群盜多隱匿其中。有個叫劉霸道的人，住在附近，世代為官，家產富厚。劉霸道喜歡仗義行俠，家中食客常有數百名，及至群盜興起，遠近的人大多都前去依附他，他擁有部眾十幾萬人，號稱「阿舅賊」。

漳南人竇建德，年輕時就行俠仗義，膽識氣力過人，為鄉里人所歸附。正趕上朝廷招募人征伐高麗，竇建德因勇敢而被挑選為二百人長。同縣的孫安祖也因驍勇而被選為征士，孫安祖用房屋家產全被洪水沖走，妻子兒女又都餓死了為藉口要求免役，縣令很生氣，鞭笞打孫安祖。孫安祖殺死了縣令，逃到竇建德家中，竇建德把他藏了起來。官府追捕孫安祖，跟蹤追尋到竇建德家。竇建德對孫安祖說：「文皇帝時，國家富庶強盛，調發百萬部眾討伐高麗，尚且被高麗打敗，如今水澇成災，百姓窮困，加上往年西征吐谷渾，從軍的一去不回，創傷還沒有恢復，皇上不體恤百姓，竟還要徵兵親自攻打高麗，天下必定大亂。大丈夫不死的話，應當建立大功，怎麼能只做逃犯呢？」於是聚集無賴少年，得到幾百人，讓孫安祖率領，進入高雞泊中為盜，孫安祖自稱將軍。當時鄃縣人張金稱在河曲聚集民眾，蓨郡人高士達在清河郡內聚集民眾，成為盜賊。郡縣官吏懷疑竇建德與盜賊串通，逮捕了他的全部家屬，把他們殺死了。竇建德率領屬下二百人逃歸高士達，高士達自稱東海公，任用竇建德為司兵。不久，孫安祖被張金稱殺害，孫安祖的部眾全都歸附竇建德，兵力達到一萬多人。竇建德謙虛待人，與士兵同甘共苦，因此人們爭著歸附他，願意替他出死力。

從此，各地群盜蜂起，不可勝數，士卒多的達到一萬餘人，攻城掠地。十二月十三日甲子，隋煬帝敕令都尉、鷹揚郎將與郡縣互相配合追捕盜賊，捕獲後隨時斬殺，然而不能禁止。

八年（壬申　西元六一二年）

春，正月，帝分西突厥處羅可汗之眾為三，使其弟闕達[1]度設❶將羸弱萬餘口，居于會寧❷，又使特勒❸大奈別將餘眾居于樓煩❹，命處羅將五百騎常從車駕❺巡幸，賜號曷娑[2]那可汗，賞賜甚厚。

初，嵩高❻道士潘誕自言三百歲，為帝合煉金丹。帝為之作嵩陽觀❼，華屋❽數百間，以童男童女各一百二十人充給使，位視三品，常役數千人，所費巨萬。云金丹應用石膽、石髓❾，發石工鑿嵩高大石深百尺者數十處。凡六年，丹不成。帝詰之，誕對以「無石膽、石髓，若得童男女膽髓各三斛❿六斗，可以代之。」帝怒，鎖⓫詣涿郡，斬之。且死，語人曰：「此乃天子無福，值我兵解⓬時至，我應生梵摩天⓭」云。

四方兵皆集涿郡，帝徵合水令庾質，問曰：「高麗之眾不能當我一郡，今朕以此眾伐之，卿以為克不⓮？」對曰：「伐之可克。然臣竊有愚見，不願陛下親行。」帝作色曰：「朕今總兵至此，豈可未見賊而先自退邪？」對曰：「戰而未克，懼損威靈⓯。若車駕留此，命猛將勁卒，指授方略⓰，倍道兼行⓱，出其不意，克之必矣。事機⓲在速，緩則無功。」帝不悅，曰：「汝既憚行，自可留此。」右尚方署⓳監事⓴耿詢㉑上書[3]切諫，帝大怒，命左右斬之，何稠苦救，得免。

壬午㉒，詔左十二軍出鏤方、長岑、溟海、蓋馬、建安、南蘇、遼東、玄菟、扶餘、朝鮮、沃沮、樂浪㉓等道，右十二軍出黏蟬、含資、渾彌、臨屯、候城、提奚、蹋頓、肅慎、碣石、東暆、帶方、襄平㉔等道，駱驛引途㉕，總集平壤㉖，凡一百一十三萬三千八百人，號二百萬，其餽運者倍之㉗。宜社㉘於南桑乾水㉙上，類上帝㉚於臨朔宮南，祭馬祖㉛於薊城㉜北。帝親授節度：每軍大將、亞將㉝各一人；騎兵四十隊，隊百人，十隊為團，步卒八十隊，分為四團，團各有偏將一人；其鎧冑、纓拂、旗旛㉞，每團異色；受降使者㉟一人，承詔㊱慰撫，不受大將節制；其輜重散兵㊲等亦為四團，使步卒挾之㊳而行；進止立營，皆有次敘儀法㊴。癸未㊵，第一軍發，日遣㊶一軍，相去四十里，連營漸進，終四十日，發乃盡㊷。首尾相繼，鼓角相聞，旌旗亙九百六十里。御營內合十二衛、三臺㊸、五省㊹、九寺㊺，分隸內、外、前、後、左、右六軍，次後發，又亙八十里。近古出師之盛，未之有也。

甲辰㊻，內史令元壽薨。

二月壬戌㊼，觀德王雄㊽薨。

北平襄侯段文振㊾為兵部尚書，上表，以為帝「寵待突厥太厚，處之塞內，資以兵食，戎狄之性，無親而貪，異日㊿必為國患，宜以時諭遣，令出塞外，然後明設烽候(51)，緣邊鎮防，務令嚴重，此萬歲之長策也。」兵曹郎(52)斛斯政(53)，椿之孫也，以器幹(54)明悟，為帝所寵任，使專掌兵事。文振知政險薄(55)，不可委以機要，屢言於帝，帝不從。及征高麗，以文振為左候衛大將軍，出南蘇道。文振於道中疾篤，上表曰：「竊見遼東小醜(56)，未服嚴刑，遠降六師(57)，親勞萬乘(58)。但夷狄多詐，深須防擬(59)，口陳降款(60)，毋宜遽受。水潦方降，不可淹遲(61)。唯願嚴勒諸軍，星馳(62)速發，水陸俱前，出其不意，則平壤孤城，勢可拔也。若傾其本根(63)，餘城自克。如不時(64)定，脫(65)遇秋霖(66)，深為艱阻，兵糧既竭，彊敵在前，靺鞨出後，遲疑不決，非上策也。」三月辛卯(67)，文振卒，帝甚惜之。

癸巳(68)，上始御師，進至遼水(69)。眾軍總會，臨水為大陳，高麗兵阻水(70)拒守，隋兵不得濟。左屯衛大將軍麥鐵杖(71)謂人曰：「丈夫性命自有所在，豈能然艾灸頞(72)，瓜蔕歕鼻，治黃(73)不差，而臥死兒女手中乎？」乃自請為前鋒，謂其三子曰：「吾荷國恩(74)，今為死日！我得良殺(75)，汝當富貴。」帝命工部尚書宇文愷造浮橋三道於遼水西岸，既成，引橋趣(76)東岸，橋短不及岸丈餘。高麗兵大至，隋兵驍勇者爭赴水接戰，高麗兵乘高擊之，隋兵不得登岸，死者甚眾。麥鐵杖躍登岸，與虎賁郎將錢士雄、孟叉等皆戰死。乃斂兵，引橋復就西岸。詔贈鐵杖宿公，使其子孟才襲爵，次子仲才、季才並拜[4]正議大夫(77)。更命少府監何稠接橋，二日而成，諸軍相次繼進，大戰于東岸，高麗兵大敗，死者萬計。諸軍乘勝進圍遼東城[78]，即漢之襄平城也。車駕度遼，引曷薩那可汗及高昌王伯雅觀戰處以懾憚[79]之，因下詔赦天下。命刑部尚書衛文昇、尚書右丞[80]劉士龍[81]撫遼左之民，給復[82]十年，建置郡縣，以相統攝[83]。

夏，五月壬午[84]，納言楊達薨。

諸將之東下也，帝親戒之曰：「今者弔民伐罪[85]，非為功名。諸將或不識朕意，欲輕兵掩襲，孤軍獨鬬，立一身之名[86]以邀勳賞[87]，非大軍行法[88]。公等進軍，當分為三道，有所攻擊，必三道相知，毋得輕軍獨進，以致失亡。又，凡軍事進止，皆須奏聞待報，毋得專擅。」遼東[89]數出戰不利，乃嬰城固守，帝命諸軍攻之。又敕諸將，高麗若降，即宜撫納，不得縱兵[90]。遼東城將陷，城中人輒言請降，諸將奉旨不敢赴機[91]，先令馳奏，比[92]報至，城中守禦亦備，隨出拒戰。如此再三，帝終不悟[5]。既而城久不下，六月己未[93]，帝幸遼東城南，觀其城池形勢，因召諸將詰責之曰：「公等自以官高，又恃家世[94]，欲以暗懦[95]待我邪？在都之日，公等皆不願我來，恐見病敗[96]耳。我今來此，正欲觀公等所為，斬公輩耳！公今畏死，莫肯盡力，謂我不能殺公邪？」諸將咸戰懼[97]失色。帝因留止[6]城西數里，御六合城[98]。高麗諸城各堅守不下。右翊衛大將軍來護兒帥江、淮水軍，舳艫數百里，浮海先進，入自浿水[99]，去平壤六十里，與高麗相遇，進擊，大破之。護兒欲乘勝趣其城，副總管周法尚止之，請俟[100]諸軍至俱進。護兒不聽，簡精甲[101]四萬，直造[102]城下。高麗伏兵於羅郭[103]內空寺中，出兵與護兒戰而偽敗，護兒逐之入城，縱兵俘掠[104]，無復部伍[105]。伏兵發，護兒大敗，僅而獲免，士卒還者不過數千人。高麗追至船所，周法尚整陳[106]待之，高麗乃退。護兒引兵還屯海浦[107]，不敢復留應接諸軍。

左翊衛大將軍宇文述出扶餘道，右翊衛大將軍于仲文出樂浪道，左驍衛大將軍荊元恆出遼東道，右翊衛將軍薛世雄[108]出沃沮道，右[7]屯衛將軍辛世雄出玄菟道，右禦衛將軍張瑾出襄平道，右武候將軍趙孝才[109]出碣石道，涿郡太守檢校左武衛將軍崔弘昇[110]出遂城[111]道，檢校右禦衛虎賁郎將衛文昇出增地[112]道，皆會於鴨綠水[113]西。述等兵自瀘河、懷遠二鎮，人馬皆給百日糧，又給排甲[114]、槍矟并衣資、戎具、火幕[115]，人別三石[116]已上，重莫能勝致。下令軍中遺[8]棄米粟者斬。士卒[9]皆於幕下掘坑埋之，纔行及中路[117]，糧已將盡。

高麗遣大臣乙支文德[118]詣其營詐降，實欲觀虛實。于仲文先奉密旨：「若遇高元及文德來者，必擒之。」仲文將執之，尚書右丞劉士龍為慰撫使[119]，固止之。

仲文遂聽[120]文德還，既而悔之，遣人紿文德曰：「更欲有言，可復來。」文德不顧，濟鴨綠水而去。仲文與述等既失文德，內不自安，述以糧盡，欲還。仲文議以精銳追文德，可以有功，述固止之[10]，仲文怒曰：「將軍仗十萬之眾，不能破小賊，何顏以見帝？且仲文此行，固知無功，何則？古之良將能成功者，軍中之事，決在一人，今人各有心，何以勝敵？」時帝以仲文有計畫[121]，令諸軍諮稟[122]節度[123]，故有此言。由是述等不得已而從之，與諸將度水追文德。文德見述軍士有飢色，故欲疲之[124]，每戰輒走。述一日之中，七戰皆捷，既恃驟勝[125]，又逼羣議[126]，於是遂進，東濟薩水[127]，去平壤城三十里，因山為營。文德復遣使詐降，請於述曰：「若旋師者，當奉高元朝行在所[128]。」述見士卒疲弊，不可復戰，又平壤城險固，度[129]難猝拔[130]，遂因其詐而還。述等為方陳而行，高麗四面鈔擊，述等且戰且行[131]。秋，七月壬寅[132]，至薩水，軍半濟[133]，高麗自後擊其後軍，右屯衛將軍辛世雄戰死。於是諸軍俱潰，不可禁止，將士奔還，一日一夜至鴨綠水，行四百五十里。將軍天水王仁恭[134]為殿[135]，擊高麗，卻之。來護兒聞述等敗，亦引還。唯衛文昇一軍獨全。

初，九軍度遼，凡三十萬五千，及還至遼東城，唯二千七百人，資儲[136]器械巨萬計，失亡蕩盡。帝大怒，鎖繫述等。癸卯[137]，引還。

初，百濟王璋[138]遣使請討高麗，帝使之覘[139]高麗動靜，璋內與高麗潛通。隋軍將出，璋使其臣國智牟來請師期[140]，帝大悅，厚加賞賜，遣尚書起部郎[141]席律詣百濟，告以期會[142]。及隋軍度遼，百濟亦嚴兵[143]境上，聲言助隋，實持兩端。

是行也，唯於遼水西拔高麗武厲邏[144]，置遼東郡[145]及通定鎮[146]而已。八月，敕運黎陽、洛陽、洛口、太原等倉穀向望海頓[147]，使民部尚書盧江[11]樊子蓋[148]留守涿郡。九月庚寅[149]，車駕至東都。

冬，十月甲寅[150]，工部尚書宇文愷卒。

十一月己卯[151]，以宗女為華容公主，嫁高昌。

宇文述素有寵於帝，且其子士及[152]尚帝女南陽公主[153]，故帝不忍誅。甲申[154]，與于仲文等皆除名為民，斬劉士龍以謝天下。薩水之敗，高麗追圍薛世雄於白石山[155]，世雄奮擊，破之，由是獨得免官。以衛文昇為金紫光祿大夫。諸將皆委罪[156]於于仲文，帝既釋諸將，獨繫仲文。仲文憂恚[157]，發病困篤[158]，乃出之[159]，卒于家。

是歲，大旱，疫[160]，山東尤甚。

張衡既放廢[161]，帝每令親人覘衡所為。帝還自遼東，衡妾告衡怨望，謗訕[162]

朝政，詔賜盡163于家。衡臨死大言曰[12]：「我為人作何等事，而望久活？」監刑者塞耳，促令殺之。

【章旨】以上為第五段，寫隋煬帝大業八年（西元六一二年）御駕親征高麗，詳細載述了這一戰役的全過程。隋朝出動百餘萬大軍征伐一個彈丸小國，出兵之盛，曠古未聞。結果大敗而歸，並沒有出人意外。兵未發，有識之士已預見其敗。百萬大軍，行動遲緩，敵方早做好準備，此其一。隋煬帝親征，又剛愎自用，還要親自指揮，不知陣前變化，眾將無所適從，連連喪失戰機，此其二。兵馬未動，糧草先行。隋軍後勤輜重糧秣，基地在涿郡，距離遼東仍然遙遠，進軍平壤，兵士自負糧秣輜重，實際上沒有後勤支持，兵愈多，其敗愈速，此其三。可以說這是一個殘虐之主發動的一次必敗的戰爭，教訓是極為深刻的。

【注釋】❶闕達度設　人名，處羅可汗之弟。設，突厥官名，主管軍隊。❷會寧　郡名，治所鳴沙縣，在今甘肅敦煌。❸特勒　突厥官名，可汗子弟為特勒。據突厥文〈闕特勤碑〉，「特勒」應為「特勤」。❹樓煩　郡名，治所靜樂縣，在今山西靜樂。❺車駕　馬駕的車。又作帝王的代稱。❻嵩高　山名，即嵩山。在今河南登封西北。❼嵩陽觀　道觀名，當在嵩高山上。觀，道教的廟宇。❽華屋　金碧輝煌的房屋。華，光輝；光彩。❾石膽石髓　石膽，石脂類，可入藥。石髓，石鐘乳，可以入藥。❿斛　古代容量名，十斗為一斛。⓫鎖　拘繫。⓬兵解　古代學仙的人謂脫去凡骨登仙為尸解。潘誕稱被兵器所殺為兵解。⓭梵摩天　又稱梵天。佛經有梵眾天，為梵民所居；梵輔天，為梵佐所居；大梵天，為梵王所居，統稱為梵天。⓮不　通「否」。⓯威靈　尊嚴的神靈。此處指帝王的威望。⓰方略　計謀策略。⓱兼行　加倍趕路。⓲事機　事情的機會；時機。⓳右尚方署　官署名，隸少府監，掌造軍器。⓴監事　官名，監管作工。㉑耿詢　（？—西元六一八年）字敦信，丹陽（今江蘇南京）人，歷仕陳、隋，官至太史丞。傳見《隋書》卷七十八、《北史》卷八十九。㉒壬午　正月二日。㉓鏤方長岑溟海蓋馬句　以上地名多用漢時郡縣舊名。鏤方、長岑、朝鮮屬樂浪郡（治今朝鮮平壤南）。蓋馬，屬玄菟郡（治今遼寧撫順東）。遼東，漢郡名，治今遼寧遼陽。溟海，漢樂浪郡海溟縣。建安、南蘇、扶餘，皆高麗國城守之處。沃沮，古地名，在今朝鮮咸鏡道境內。㉔黏蟬含資渾彌句 以上地名也多是漢時郡縣、國舊名。黏蟬、含資、渾彌、提奚、東暆、帶方等縣，屬樂浪郡。候城、襄平屬遼東郡。臨屯，漢郡名，治今朝鮮江原南道。蹋頓，即漢末遼西烏丸蹋頓所居。肅慎，古國名，其地在今黑龍江松花江流域。碣石，在今朝鮮平壤西南。按，東暆，疑為「東暆」之誤。㉕引途 上路。㉖平壤 地名，高麗國都城，在今朝鮮平壤。㉗餽運者倍之 指運送軍需物資的人數與出征兵士相比又加倍。㉘宜社 即祭社。㉙桑乾水 河名，源出於山西馬邑桑乾山，東入河北及北京市郊外，下流入大清河（即永定河）。㉚類上帝 祭祀名，即祭天。以事類而祭天，求便宜。㉛馬祖 馬神名，指天駟（房星）。㉜薊城 即薊縣城，涿郡治所薊縣，在今天津市。㉝亞將 即副將。㉞鎧冑纓拂旗旛 鎧冑，盔甲和頭盔。纓拂，結頭盔的纓穗。旗旛，旗幟。㉟受降使者 官名，掌管接受與處理敵方投降事宜。㊱承詔 指直接受皇帝指使，受詔命。㊲散兵 古代非正式編制而在軍中服役的兵士。㊳挾之 夾持。之，指輜重、散兵。㊴儀法 法度。㊵癸未 正月初三日。㊶日遣 每天派出。㊷發乃盡 指軍隊才出發完畢。㊸三臺 官署名，包括御史、謁者與司隸三臺。㊹五省 官署名，包括尚書省、門下省、內史省、祕書省和殿內省。㊺九寺 官署名，包括太常、光祿、衛尉、宗正、太僕、大理、鴻臚、司農、太府等九寺。㊻甲辰 正月二十四日。㊼壬戌 二月十二日。㊽觀德王雄 楊雄封為觀王，德為諡號，故稱。㊾段文振 （？—西元六一二年）北海期原（今山東青州）人，歷仕周、隋，官至兵部尚書。贈北平侯，諡曰襄。傳見《隋書》卷六十、《北史》卷七十六。㊿異日 他日。(51)烽候 即烽火臺。古代邊防用烽燧報警的土堡哨所。(52)兵曹郎 官名，即兵部侍郎。隋煬帝改尚書諸曹侍郎為郎。(53)斛斯政 （？—西元六一三年）河南（今河南）人，仕隋，官至兵部侍郎。傳見《隋書》卷七十、《北史》卷四十九。(54)器幹 辦事才能。(55)險薄 邪惡輕薄。(56)遼東小醜 對高麗國的蔑稱。(57)六師 即六軍。古代天子有六軍。(58)萬乘 周制，天子地方千里，出兵萬乘。後以萬乘稱天子。(59)防擬 提防。(60)降款 降服；服罪。(61)淹遲 遲緩。淹，停滯。(62)星馳 如流星飛馳。形容迅速。(63)本根 草本的根莖，比喻事物的根基。(64)不時 不及時。(65)脫 副詞。倘若。(66)秋霖 秋天的霖雨。霖，連綿大雨。(67)辛卯 三月十二日。(68)癸巳 三月十四日。(69)遼水 水名，即今遼河。從遼寧昌圖折西南，流至盤山灣入海。(70)阻水 依靠遼水。阻，恃；依仗。(71)麥鐵杖 （？—西元六一二年）始興（今廣東韶關市東南）人，歷仕陳、隋，官至左屯衛大將軍。贈宿國公，諡曰武烈。傳見《隋書》卷六十四、《北史》卷七十八。(72)頞 鼻樑。(73)治黃 治黃熱病。此病熱則頭痛，故燃艾灸鼻樑。熱則上壅塞鼻，瓜蒂味苦寒，故噴鼻以治鼻塞。(74)荷國恩 承受國家恩惠。荷，承受。(75)良殺 好死。(76)趣 同「趨」。趨赴；趨向。(77)正議大夫 官名，文散官，取秦大夫掌議論之意，無職掌。78遼東城　即遼東郡城。在今遼寧遼陽。79懾憚　畏懼。此處作使動用法。80尚書右丞　官名，與尚書左丞分掌尚書諸司糾駁。81劉士龍　（？—西元六一二年）弘農（今河南靈寶）人，仕隋，官至尚書右丞。事散見《隋書》卷四、六十、六十六、七十四等。82給復　給予免除徭役賦稅。83統攝　管理。84壬午　五月初四日。85弔民伐罪　撫慰人民，討伐有罪。弔，慰問。86立一身之名　樹立己身的名聲。87勳賞　功勞獎賞。88非大軍行法　不是這次大軍征伐的原則。89遼東　指據守遼東的高麗。90縱兵　放縱兵士任意殺傷。91赴機　謂乘機而入。赴，趨往；投入。92比　及。93己未　六月十一日。94家世　家閥和世系。即家庭出身。95暗懦　糊塗懦弱。96病敗　因失敗而受恥辱。病，恥辱。97戰懼　恐懼發抖。戰，通「顫」。98六合城　略如大業三年所造行城，城周圍八里，城及女牆高七八丈。99浿水　河名，在朝鮮境內。即今清川江。100俟　等待。101簡精甲　挑選精銳的甲士。簡，挑選；選拔。精甲，精銳的甲士。102直造　一直到達。造，到；去。103羅郭　外城。羅，即羅城，古代為加強防守，在城牆外加建的凸出形小城圈。104俘掠　俘虜敵兵與搶掠財物。105部伍　指戰鬥隊列。106整陳　整頓軍隊，擺成陣列。陳，同「陣」。107海浦　通海之口。浦，河流注入江海的地方。108薛世雄　（西元五五二—六一四年）字世英，本河東汾陰（今山西萬榮西南）人，歷仕周、隋，官至右翊衛將軍。傳見《隋書》卷六十五、《北史》卷七十六。109趙孝才　（西元五四七—六一九年）名才，字孝才，張掖酒泉（今甘肅張掖）人，歷仕周、隋，官至右候衛大將軍。傳見《隋書》卷六十五、《北史》卷七十八。110崔弘昇　（西元五五三—六一二年）字上客，博陵安平（今河北安平）人。歷仕周、隋，官至涿郡太守。傳附《隋書．崔弘度傳》、《北史．崔辯傳》。111遂城　縣名，縣治在今河北徐水縣西北遂城。112增地　地名，在今朝鮮清川江入海處。113鴨綠水　水名，古名馬訾水，一名益州江。其水色綠如鴨頭，故名鴨綠江。源出白頭山，經集安至丹東市南入黃海。114排甲　即盾牌。115火幕　取暖的帳幕。116石　重量單位。一百二十斤為一石。117中路　行程的一半；半道。118乙支文德　人名，高麗大臣。乙支，高麗複姓。119慰撫使　朝廷臨時差遣的官職，到某地行安撫之職。120聽　聽任；允許。121計畫　計慮；謀劃。122諮稟　有事要商量稟告。諮，商量；徵詢。123節度　部署；節制調度。124疲之　使其疲憊。之，指宇文述軍士。125驟勝　屢次勝利。驟，屢次；頻頻。126逼羣議　受大家議論的逼迫。127薩水　水名，在今朝鮮境內。128行在所　又稱行在，指封建帝王所在的地方。129度　估計；揣度。130猝拔　突然攻克。猝，突然。古代多作「卒」。拔，攻克。131且戰且行　一邊戰鬥，一邊撤走。且，表示兩件事同時進行。132壬寅　七月二十四日。133半濟　渡過一半。134王仁恭　（西元五五八—六一七年）字元實，天水上邽（今甘肅天水市）人，仕隋，官至馬邑太守。傳見《隋書》卷六十五、《北史》卷七十八。135為殿　為後軍斷後。136資儲　物資儲備。137癸卯　七月二十五日。138百濟王璋百濟國王餘璋。璋繼餘昌王之後立為百濟王。事見《隋書·百濟傳》、《北史·百濟傳》。139覘　窺視；偵察。140師期　發兵日期。141尚書起部郎　官名，屬工部尚書，即工部郎中，掌興造、工匠、諸公廨屋宇等。142告以期會　將起兵之期與會師日期告訴國智牟。143嚴兵　整頓軍隊。嚴，整肅。144武厲邏　高麗於遼水之西設置的警戒觀察哨所。145遼東郡　郡名，治所通定鎮，在今遼寧瀋陽新民東北。146通定鎮　鎮名，故址在今遼寧瀋陽新民東北。147望海頓　地名，故址在今遼寧錦州南。148樊子蓋　（西元五四五—六一六年）字華宗，廬江（今安徽合肥西）人，歷仕周、隋，官至民部尚書，封濟公。傳見《隋書》卷六十三、《北史》卷七十六。149庚寅　九月十三日。150甲寅　十月八日。151己卯　十一月初三日。152士及　即宇文士及（？—西元六四二年），雍州長安（今陝西西安）人，歷仕隋、唐，官至中書令。傳見《舊唐書》卷六十三、《新唐書》卷一百。153南陽公主　隋煬帝之長女。傳見《隋書》卷八十、《北史》卷九十一。154甲申　十一月初八日。155白石山　山名，在今朝鮮境內。156委罪　把罪責推委給別人。157憂恚　憂慮而怨恨。158困篤　病重垂危。159出之　謂從監獄中放出于仲文。160疫　瘟疫，流行性傳染病的通稱。161放廢　謂罷免官職，放還鄉里。162謗訕　毀謗、譏刺。163賜盡　賜其自殺。

【校記】1達　原無此字。據章鈺校，十二行本、乙十一行本、孔天胤本皆有此字，張敦仁《通鑑刊本識誤》同，今據補。2娑　原作「婆」。據章鈺校，十二行本、孔天胤本皆作「娑」，張敦仁《通鑑刊本識誤》同，今據改。按，《隋書·煬帝紀下》、《北史·煬帝紀》皆作「娑」。3書　原作「事」。據章鈺校，十二行本、乙十一行本、孔天胤本皆作「書」，張敦仁《通鑑刊本識誤》同，今據改。4拜　原作「拜官」。據章鈺校，十二行本、乙十一行本、孔天胤本皆無「官」字，熊羅宿《胡刻資治通鑑校字記》同，今據刪。5悟　原作「寤」。據章鈺校，十二行本、乙十一行本、孔天胤本皆作「悟」，熊羅宿《胡刻資治通鑑校字記》同，今據改。6止　原無此字。據章鈺校，十二行本、乙十一行本、孔天胤本皆有此字，張敦仁《通鑑刊本識誤》同，今據補。7右　原作「左」。據章鈺校，十二行本、乙十一行本、孔天胤本皆作「右」，張敦仁《通鑑刊本識誤》同，今據改。按，《通鑑紀事本末》卷二六作「右」。8遺　「遺」上原有「士卒有」三字。據章鈺校，十二行本、乙十一行本、孔天胤本皆無此三字，張敦仁《通鑑刊本識誤》同，今據刪。按，《通鑑紀事本末》卷二六無此三字。9士卒　原作「軍士」。據章鈺校，十二行本、乙十一行本、孔天胤本皆作「士卒」，張敦仁《通鑑刊本識誤》同，今據改。按，《通鑑紀事本末》卷二六作「士卒」。10之　原無此字。據章鈺校，十二行本、乙十一行本、孔天胤本皆有此字，張敦仁《通鑑刊本識誤》、張瑛《通鑑校勘記》同，今據補。11廬江　原無此二字。據章鈺校，十二行本、乙十一行本、孔天胤本皆有此二字，張敦仁《通鑑刊本識誤》、張瑛《通鑑校勘記》同，今據補。[12]曰　原無此字。據章鈺校，十二行本、乙十一行本、孔天胤本皆有此字，張敦仁《通鑑刊本識誤》同，今據補。

【語譯】八年（壬申　西元六一二年）

春，正月，隋煬帝把西突厥處羅可汗的部眾分為三部分，命令處羅可汗的弟弟闕達度設率領衰弱之人一萬多口，住在會寧，又命令特勒大奈另外率領其餘部眾住在樓煩，命令處羅可汗率領五百名騎兵隨從車駕巡幸，賜號曷娑那可汗，賞賜很優厚。

當初，嵩高山道士潘誕自稱有三百歲，給隋煬帝煉金丹。隋煬帝為他建造了嵩陽觀，華麗的房屋幾百間，用童男童女各一百二十人供使喚，官位等同三品，經常役使幾千人，耗費了億萬資財。他說煉金丹要用石膽、石髓，徵發石工開鑿嵩高山的大石頭，深達百尺的有幾十處。總共六年，金丹沒有煉成。隋煬帝責問他，潘誕回答說：「沒有石膽、石髓，如果得到童男童女的膽和骨髓各三斛六斗，可以代替。」隋煬帝大怒，拘繫了潘誕送到涿郡，把他殺了。臨死，對人說：「這是天子無福，當我被兵器解脫成仙的時候，我就升上梵摩天了。」

四方的軍隊都集中到涿郡，隋煬帝徵召合水令庾質，問道：「高麗的人口還不如我國的一個郡多，今天朕用這麼多的軍隊討伐它，你認為能否戰勝它？」庾質回答：「討伐可以取勝，但臣私下有愚見，不希望陛下親自出征。」隋煬帝臉色變了，說：「朕今天統領大軍到此，怎能沒看見敵軍自己就先後撤呢？」庾質回答說：「作戰而不能取勝，恐怕有損陛下威望。如果陛下留在涿郡，派猛將勁卒，指示策略，倍道兼行，出其不意，一定能夠打敗敵人。軍機在於神速，遲緩就會無功。」隋煬帝不高興，說：「你既然害怕前往，自己可以留在此地。」右尚方署監事耿詢上書懇切諫阻，隋煬帝大怒，命令身邊人把他斬首。何稠極力相救，耿詢才幸免一死。

正月初二日壬午，隋煬帝詔令左翼十二軍分別進兵鏤方、長岑、溟海、蓋馬、建安、南蘇、遼東、玄菟、扶餘、朝鮮、沃沮、樂浪；右翼十二軍分別進兵黏蟬、含資、渾彌、臨屯、候城、提奚、蹋頓、肅慎、碣石、東暆、帶方、襄平，各路人馬不斷上路，全部到平壤城會師，軍隊共達一百一十三萬三千八百人，號稱二百萬，運送軍需的人是士兵的兩倍。隋煬帝在桑乾水的南面祭祀社主，在臨朔宮南祭祀上天，在薊城北郊祭祀馬祖。隋煬帝親自部署：每軍設大將、副將各一人；騎兵四十隊，每隊一百人，十隊組成一個團；步兵八十隊，分為四個步兵團，每團設偏將一名；頭盔鎧甲、帽纓馬纓、旗幟旌幡，每團用不同的顏色；受降使者一人，直接秉受詔命撫慰投降的人，不受大將調度管束。輜重後勤部隊也分成四個團，派步兵左右夾護行進，軍隊前進、停止、紮營都按一定的次序法度進行。正月初三日癸未，第一軍出發，以後每天派出一軍，前後相距四十里，一營接著一營逐漸推進，過了四十天，軍隊才出發完畢。各軍首尾相繼，鼓角相聞，旌旗連綿九百六十里。御營內共有十二衛、三臺、五省、九寺，分別隸屬內、外、前、後、左、右六軍，跟在後面出發，又連綿八十里。近古以來出兵的如此盛況，是沒有的。

正月二十四日甲辰，內史令元壽去世。

二月十二日壬戌，觀德王楊雄去世。

北平襄侯段文振任兵部尚書，他上表認為隋煬帝「對待突厥的恩寵太過優厚，安置他們在塞內，供應武器糧食。戎狄的本性，無視親情，而又貪得無厭，他日一定會成為國家的禍患，應該及時加以曉諭，讓他們回到塞外，然後大明大白地設置烽火臺及偵察哨所，沿邊境加強鎮守防禦，務必嚴密警戒，這才是萬世長久之策。」兵曹郎斛斯政，是斛斯椿的孫子，因為精明強幹，被隋煬帝寵信，讓他專掌軍事。段文振知曉斛斯政陰險刻薄，不能委以機要，他多次向隋煬帝進言，隋煬帝都沒有聽從。等到征伐高麗，隋煬帝任命段文振為左候衛大將軍，進軍南蘇道。段文振在途中病重，向隋煬帝上表說：「臣私下認為遼東小醜，未受嚴刑，致使朝廷大軍長途跋涉，勞煩陛下御駕親征。但夷狄多詐，一定要嚴加防備，他們口頭上表示誠心投降，不應當馬上接受。如今大水剛剛到來，不可逗留遲緩。希望嚴令眾軍，迅速進發，水陸並進，出其不意，那麼平壤這座孤城，肯定能夠攻克。如果摧毀了他們的根基，其他城池自然會攻克。如果不能及時平定，倘若遇到秋雨連綿，愈加遭受艱難險阻，軍糧用盡，強敵在前，靺鞨出兵背後，如果還遲疑不決，就不是上策了。」

三月十二日辛卯，段文振去世，隋煬帝深感惋惜。

三月十四日癸巳，隋煬帝開始親自統帥諸軍，進兵到達遼水。各路大軍會合，緊靠遼水擺開龐大的陣勢，高麗軍隊依靠遼水在東岸駐守抵抗，隋軍不能渡過遼水。左屯衛大將軍麥鐵杖對人說：「大丈夫性命自有歸宿，怎麼可以點燃艾草在鼻樑灸治，用瓜蒂在鼻孔噴汁，治熱病不癒，而臥身死於兒女之懷？」於是主動請求擔任前鋒，對三個兒子說：「我身受國恩，今天是死的日子，我得好死，你們應該富貴。」隋煬帝命工部尚書宇文愷在遼水西岸建造三座浮橋，建成後，向東岸移動浮橋，橋身太短，還差一丈多不能到達東岸。這時高麗士卒大量趕到，隋軍中驍勇的士兵爭相跳進水中與高麗士兵交戰，高麗士兵在岸上乘高攔擊，隋軍不能上岸，死了很多人。麥鐵杖躍身上岸，與虎賁郎將錢士雄、孟叉等都戰死了。於是隋軍收兵，把浮橋又移到西岸。隋煬帝下詔追贈麥鐵杖為宿公，讓他的兒子麥孟才繼承爵位，次子麥仲才、麥季才都拜授正議大夫。又命少府監何稠接長浮橋，兩天才完成，各軍按順序相繼進發，與高麗軍在東岸大戰，高麗兵大敗，死了的人數以萬計。各路軍隊乘勝進兵包圍遼東城，也就是漢代的襄平城。隋煬帝車駕渡過遼水，帶領曷薩那可汗和高昌王麴伯雅巡視戰場，以使他們恐懼懾服，於是下詔大赦天下。命令刑部尚書衛文昇、尚書右丞劉士龍安撫遼東百姓，免除十年徭役賦稅，設置郡縣，以便管理。

夏，五月初四日壬午，納言楊達去世。

眾將領東征時，隋煬帝親自告誡他們說：「今日出兵是為了撫慰百姓，討伐罪逆，不是為了建功立名。各位將領有的不瞭解朕的本意，打算輕兵偷襲，孤軍獨鬥，建立個人的功名來求得封賞，這不是這次大軍征伐的原則。你們進軍，應當分為三路，要是發動攻擊，一定要三路相互配合，不要輕軍獨進，導致失敗。又，凡是軍事上的進止，都須奏報，等待回覆，不得專擅。」遼東高麗兵幾次出戰不利，於是環城固守，隋煬帝命令各軍進攻他們。又敕令諸將，高麗人如果投降，就立即安撫接納，不得縱兵進攻。遼東城即將陷落，城中高麗人就說要求投降，諸將奉聖旨不敢抓住戰機，而是先派人飛馬奏報隋煬帝，等到批奏回來，城中防守也完備了，隨後出兵抵抗。像這樣重複了好幾次，隋煬帝始終沒有醒悟。結果城池久攻不下。六月十一日己未，隋煬帝巡視遼東城東南郊，察看城池形勢，於是把眾將領召集起來斥責說：「你們自以為官位高，又依仗是官宦世家，想把我當成是糊塗懦弱的人嗎？在京都的時候，你們都不願我來，擔心打了敗仗蒙受羞恥。我現今來到這裡，正是要看看你們的作為，斬殺你們而已！你們現在怕死，沒人肯盡力，認為我不能殺你們嗎？」眾將領都嚇得發抖變了臉色。隋煬帝便停留在城西幾里外的地方，親臨六合城。高麗各城堅守，不能攻破。右翊衛大將軍來護兒率領江淮水軍，船艦相連幾百里，橫渡黃海，首先進入高麗境土，沿浿水前進，距離平壤六十里，與高麗兵遭遇，便發動進攻，大敗高麗兵。來護兒想乘勝奔赴平壤城，副總管周法尚阻止他，請求等待各路大軍到達後一同前進。來護兒不聽，精選了四萬名甲士，一直到達城下。高麗人在外城的空寺廟中設下伏兵，出城與來護兒交戰，偽裝失敗，來護兒追擊入城，放縱士兵搶劫，不再有戰鬥隊列。高麗伏兵發起襲擊，來護兒大敗，僅自身逃出，士兵回來的不過幾千人。高麗人追擊到停船的地方，周法尚整陣以待，高麗兵才退走。來護兒率軍後撤返回，駐紮海濱，不敢再留下來接應各路軍隊。

左翊衛大將軍宇文述進軍扶餘道，右翊衛大將軍于仲文進軍樂浪道，左驍衛大將軍荊元恒進軍遼東道，右翊衛將軍薛世雄進軍沃沮道，右屯衛將軍辛世雄進軍玄菟道，右禦衛將軍張瑾進軍襄平道，右武候將軍趙孝才進軍碣石道，涿郡太守檢校左武衛將軍崔弘昇進軍遂城道，檢校右禦衛虎賁郎將衛文昇進軍增地道，全都到鴨綠水西岸會師。宇文述等各軍從瀘河、懷遠二鎮啟程，人馬都配備一百天的糧食，又供給鎧甲、刀槍、長矛，以及衣物、攻城用具、取暖帳篷等，每人都負擔三石以上，這個重量沒有人能夠成功到達。於是下令軍中丟棄糧食的斬首。士兵便都在營帳下挖坑把糧食等物埋起來，隊伍才走到半路，糧食已即將吃光。

高麗派遣大臣乙支文德到隋軍軍營詐降，其實是想打探虛實。于仲文事先接到密旨：「如果遇到高元和乙支文德來，一定要抓獲他們。」于仲文將抓捕乙支文德，尚書右丞劉士龍擔任慰撫使，堅決制止，于仲文便聽任乙支文德返回，但馬上就後悔了，派人騙乙支文德說：「另外還有話說，可以再回來。」乙支文德頭也不回，渡過鴨綠水離去。于仲文與宇文述等人已經讓乙支文德跑掉了，自己心裡不安。宇文述因為糧食光了，想要返回。于仲文建議派精兵追趕乙支文德，可以立功，宇文述堅決阻止他，于仲文生氣地說：「將軍擁有十萬之眾，不能打敗一個小賊，有什麼臉面去見皇上？況且我于仲文這次出征，本來就知道不能成功。為什麼呢？古代良將之所以成功，軍中事務，一人決斷，現今人各有心，怎麼能夠戰勝敵人呢？」當時，隋煬帝認為于仲文有謀略，命令各軍向他諮詢，聽從指揮，所以他才說這話。因此宇文述等不得已聽從了于仲文，和眾將一起渡過鴨綠水追趕乙支文德。乙支文德看到宇文述兵士面有飢色，因此有意使他們疲勞，每次與隋軍交戰就逃走，宇文述在一天之中，七戰全勝。既自恃多次打了勝仗，又迫於眾人議論，於是進軍，向東渡過薩水，離平壤城三十里，依山紮營。乙支文德又派來使者詐降，向宇文述請求說：「如果大軍回撤，一定讓國王高元到行在所朝見。」宇文述看到士兵疲弊，不能再交戰，加上平壤城池險要堅固，估計難以迅速攻取，於是趁著高麗人的假投降順水推舟撤軍。宇文述列方陣行進，高麗人從四面包抄攻擊，宇文述等人一邊作戰，一邊撤走。秋，七月二十四日壬寅，到達薩水，部隊渡過一半，高麗人從後面攻擊隋軍的後衛軍，右屯衛將軍辛世雄戰死，於是各軍全都潰敗，不能制止，將士逃回，一天一夜到達鴨綠水，走了四百五十里。將軍天水人王仁恭殿後，反擊高麗，打退了高麗兵。來護兒得知宇文述等兵敗，也率軍撤回。只有衛文昇一軍保全。

當初，九路大軍渡過遼河，共三十萬五千人，等到返回遼東城，只有二千七百人，軍資器械價值以億萬計，喪失殆盡。隋煬帝大怒，上枷鎖拘捕了宇文述等人，七月二十五日癸卯，率軍返回。

當初，百濟國王餘璋遣使請求討伐高麗，隋煬帝派他偵察高麗的動靜，餘璋暗中與高麗勾結。隋軍即將出征時，餘璋派遣使臣國智牟前來請問出兵日期，隋煬帝大為高興，厚加賞賜，派尚書起部郎席律前往百濟，通報會師的日期。等到隋軍渡過遼水，百濟也在邊境上整頓軍隊，聲稱支援隋軍，實際是首尾兩端。

這一次東征，隋軍只在遼水西岸攻佔了高麗武厲邏，設置了遼東郡和通定鎮而已。八月，敕令運送黎陽、洛陽、洛口、太原等地倉庫的糧食到望海頓，委派民部尚書盧江人樊子蓋留守涿郡。九月十三日庚寅，隋煬帝車駕回到東都。

冬，十月初八日甲寅，工部尚書宇文愷去世。

十一月初三日己卯，將宗室女封為華容公主，嫁高昌王。

宇文述一向受到隋煬帝的寵信，並且他的兒子宇文士及娶了皇上的女兒南陽公主，所以隋煬帝不忍心誅殺宇文述。十一月初八日甲申，宇文述與于仲文等都被罷官除名，貶為平民，把劉士龍斬首以謝天下。薩水潰敗時，高麗軍追擊薛世雄，包圍在白石山，薛世雄奮勇反擊，打敗了高麗軍，因此只有他一人沒有被罷官。任命衛文昇為金紫光祿大夫。眾將領都把罪過推到于仲文身上，隋煬帝赦免了眾將領後，只拘繫了于仲文。于仲文又憂愁又怨恨，生病垂危，便放他出獄，死在家中。

這一年，大旱，瘟疫流行，山東地區尤為嚴重。

張衡被免官放歸鄉里後，隋煬帝經常命張衡的親屬監視張衡的行為。隋煬帝從遼東回來，張衡的小妾告發張衡懷恨在心，誹謗朝政，隋煬帝下詔賜張衡在家自盡。張衡臨死前大喊道：「我替人做了那樣的大事，還能指望長久活命嗎？」監刑的人堵住耳朵，趕快下令殺死張衡。

【研　析】本卷所記西元六〇八—六一二年五年間事，隋統一國家由極度強盛走向沒落，引起這一巨大轉折的是煬帝的「暴政」。

所謂「暴政」，並不只是指統治者生性殘暴，嚴刑峻法。歷史上各種演義性的作品，總是熱衷於將煬帝描述成一個暴虐、毫無人性的統治者，這並不是歷史的真象。本卷記嵩山道士潘誕自稱已活了三百歲，願意為煬帝煉製長生不老藥。「帝為之作嵩陽觀，華屋數百間，以童男童女各一百二十人充給使，位視三品，常役數千人，所費巨萬。」結果搞了六年，並沒煉成所謂金丹，面對煬帝質問，潘誕竟稱未能採集到煉丹必需的石膽、石髓，「若得童男女膽髓各三斛六斗，可以代之。」煬帝大怒，「鎖詣涿郡，斬之」。雖然醉心於長生不老，但在道士要求取「童男女膽髓」時，反被煬帝處死，他顯然還沒有喪失基本的人性。煬帝的「暴政」，主要表現在為了自己的政治目標，短時間內進行大規模的工程建設，發動舉國動員的戰爭，超越了民眾可以忍受的極限。秦朝、隋朝均因「暴政」二世而亡，後果相同，但「暴政」呈現的形式並不一樣。煬帝的「暴政」，主要表現在修建東都、大運河以及對高麗失敗的戰爭。茲予以申說。

西元六〇四年十月，煬帝即位不久，下令修建東京洛陽，後改名東都。北周宣帝時就曾下令在洛陽進行大規模建設，以為東京，因周宣帝暴亡，文帝執政後下令停建，改而在原長安城以北，修建新的都城，即大興城，整個國家的政治軍事布置以及財富轉運活動，圍繞關中地區展開。與文帝相比，煬帝更關注經濟文化更為發達的東方與南方，他長期坐鎮揚州的經歷，以及即位之初楊諒在東方發動的反叛，無疑也是促使其將帝國政治中心移至洛陽的動因。術士章仇太翼所說：「陛下木命，雍州為破木之衝，不可久居。又讖云：『脩治洛陽還晉家。』」則是修建洛陽的直接原因。

東都洛陽的修建，工程浩大。「發大江之南、五嶺以北奇材異石，輸之洛陽。又求海內嘉木異草，珍禽奇獸，以實園苑。」為保證洛陽的供給，修築洛口倉與回洛倉兩大倉儲系統，「置洛口倉於鞏東南原上，築倉城，周回二十餘里，穿三千窖，窖容八千石以還，置監官并鎮兵千人。十二月，置回洛倉於洛陽北七里，倉城周回十里，穿三百窖。」工程急促，每月徵調二百萬民工，勞役辛苦，生活沒有保障，「役丁死者什四五，所司以車載死丁，東至成皋，北至河陽，相望於道。」原本是根據政治、經濟形勢的變化，修建一個偉大的帝國都城，卻成了隋王朝自掘墳墓之舉。

隋朝大運河也以洛陽為中心展開。西元六〇五年三月，徵發黃河以南各地民工百餘萬人，自洛陽西苑引穀、洛之水達於黃河，又從河南滎陽東北的板渚引黃河入汴水，再從今開封之東引汴水入泗水，而泗水連接淮河，這條利用黃河、淮河支流，溝通兩大水系的運河，被稱為「通濟渠」；同年又徵調淮河以南民工十餘萬人，整修春秋戰國以來不斷利用的溝通淮河、長江的水道，即「邗溝」。西元六〇八年，又徵發河北各地民工百餘萬人，從洛陽附近的黃河北岸，引沁水東流入今天津附近的清河（衛河），復經白河（沽水）、桑乾河（永定河）而達今北京市一帶的涿郡，這一段運河被稱為「永濟渠」。西元六一〇年，隋朝下令開建連通鎮江與杭州間的「江南河」，「自京口至餘杭，八百餘里，廣十餘丈，使可通龍舟，并置驛宮、草頓，欲東巡會稽。」

這幾段運河構成了隋大運河的全貌，連通黃河、淮河、長江、錢塘江、海河五大水系，全長二千七百公里。隋大運河中的各段在此前的歷史中均有開建利用，如永濟渠在曹操時代已見雛形，邗溝自春秋戰國時即已不斷利用，南朝時即有連接會稽與建康的水路，實際就是隋江南河的前身，而黃河、淮河間的水路交通，魏晉南北朝時期也斷斷續續地在利用與拓展，但畢竟只有在隋朝統一的條件下才得以貫通、擴建，使之真正成為南北交通的大動脈。隋大運河的出現，使中國歷史上統一國家政治、經濟重心從此明顯偏於東方，南方在國家政治、經濟中的重要性也越來越得到加強，而此前圍繞黃河流域而進行的東西對峙逐漸成為歷史。

儘管隋大運河所蘊含的歷史意義，無論如何講都不算誇張，但對於全憑人力修建這一偉大工程的隋代男女民工來說，大運河直接帶給他們的只是痛苦。如果不是煬帝這樣好大喜功的皇帝，隋大運河不可能在如此短的時間內完成。皇帝的暴政與當時百姓的痛苦，構建起日後華夏民族光榮的歷史記憶，這或許就是歷史的悖論。

煬帝時期，以建設東都、修建大運河為標誌，國家政治、經濟重心向黃河中下游轉移，或者說向東部轉移，這成為隋煬帝發動高麗戰爭的一個促動因素。漢代即已形成的高麗政權，統治今朝鮮半島北部，其北進策略，影響及松花江流域與遼河流域，漢魏以來便是東北邊疆的不穩定因素。南北朝時期，高麗為了自身利益，與南方政權往來不斷，先後與草原的柔然、突厥人發生政治聯繫，對付中原政權，與北魏、北齊政權都發生過某種形式的衝突。北朝後期至於隋唐，朝鮮半島東南面的百濟、新羅等小國逐漸發展起來，積極投靠中原政權，以與北邊的高麗抗衡，使中原政權與高麗的關係更趨複雜。隋文帝晚年發動高麗之戰，以失敗告終。防範突厥坐大，一直是隋政權的既定國策，而高麗雖向隋朝表示臣服，卻仍往突厥派出使臣。煬帝北巡塞北，欲震懾突厥，「帝之幸啓民帳也，高麗使者在啓民所，啓民不敢隱，與之見帝。」這再次引起了隋朝統治者的警惕，攻打高麗，不只是要使高麗徹底臣服，也是為了遏止突厥的政治野心。

隋文帝曾攻打高麗失敗，後來英明如唐太宗晚年也要奮力進攻高麗，煬帝發起對高麗的戰爭，是北朝到唐代中原王朝與高麗衝突關係中的一個環節，不能說全是煬帝的過錯。但建東都、修運河，在連續大規模徭役徵發之後，再一次進行全國總動員，超過了百姓的承受能力，高麗之役正式發起前的後勤保障動員，東萊海邊造船的民夫，「自腰以下皆生蛆，死者什三四」，而運送軍需「往還在道常數十萬人，填咽於道，晝夜不絕，死者相枕，臭穢盈路，天下騷動」。戰爭還沒開始，「百姓困窮，財力俱竭，安居則不勝凍餒，死期交急，剽掠則猶得延生，於是始相聚為羣盜。」西元六一一年五月，「山東、河南大水，漂沒三十餘郡」，次年又發生大旱，加劇了局勢的嚴重性，「所在羣盜蜂起，不可勝數，徒眾多者至萬餘人，攻陷城邑。」

第一次高麗之戰的過程，與其說是戰爭，不如說是煬帝更大規模的巡幸活動。既是戰爭，原本應命一大將，率軍「倍道兼行，出其不意」，全權指揮，臨機應敵。對小國的作戰，有利則進，無利則止，原本不需傾國而動。但煬帝進行了長達一年多的戰爭動員，僅戰鬥部隊就調集了一百一十三萬人，編組為數眾多的團隊，「其鎧胄、纓拂、旗旛，每團異色」，「進止立營，皆有次敘儀法。」日發一軍，前軍出發已有四十天，最後一軍才開拔，「近古出師之盛，未之有也」。同時，煬帝將作戰的目標定為「弔民伐罪」，禁止將領相機赴敵，「輕兵掩襲，孤軍獨鬬，立一身之名以邀勳賞」，「凡軍事進止，皆須奏聞待報，毋得專擅。」可以說舉全國之力而發起的戰爭，目標並不明確，煬帝似乎還沉浸在巡幸塞北、突厥人望塵而敗的喜悅之中，企圖有征無戰。結果在錯誤的時間、以錯誤的方式、同錯誤的敵人打了一場目的不明的戰爭，「九軍度遼，凡三十萬五千，及還至遼東城，唯二千七百人，資儲器械巨萬計，失亡蕩盡。」

高麗戰爭的失敗，意味著煬帝通過突顯皇帝個人權威以震懾人心的統治策略失敗，「帝自（大業）八年以後，每夜中眠恆驚悸，云有賊，令數婦人搖撫，乃得眠。」這應當是高麗戰爭失利帶給他的長期心理恐懼。為找回面子，重新獲得控制國家的威信，煬帝又連續發動了兩次攻打高麗的戰爭，結果高麗未亡，國內百姓暴動、統治上層離心，隋帝國分崩離析。

卷第一百八十二

隋紀六

起昭陽作噩（癸酉　西元六一三年），盡旃蒙大淵獻（乙亥　西元六一五年），凡三年。

【題　解】本卷載述西元六一三—六一五年，共三年史事，當隋煬帝大業九年至十一年。三年中，隋煬帝又兩征高麗，平定楊玄感之亂，在雁門受困於突厥，民變四起，遍布全國。隋煬帝面臨四面楚歌，仍執迷不悟，因隋軍還貌似強大，隋煬帝之令，尚能行於朝野。但人民起義的烈火，卻是越燒越旺，隋軍征討，勝利越多，殺戮越重，民變愈熾，正如老子所說：「民不畏死，奈何以死懼之。」

煬皇帝中

大業九年（癸酉　西元六一三年）

春，正月丁丑❶，詔徵天下兵集涿郡。始募民為驍果❷，修遼東古城❸以貯軍糧。

靈武❹賊帥白瑜娑劫掠牧馬，北連突厥，隴右多被其患，謂之「奴賊」。

戊戌❺，赦天下。○己亥❻，命刑部尚書衛文昇等輔代王侑留守西京。

二月壬午❼，詔：「宇文述以兵糧不繼，遂陷王師❽，乃軍吏❾失於支料❿[1]，非述之罪，宜復其官爵。」尋又加開府儀同三司。

帝謂侍臣曰：「高麗小虜，侮慢⓫上國⓬，今拔海移山⓭，猶望克果⓮，況此虜乎？」乃復議伐高麗。左光祿大夫⓯郭榮⓰諫曰：「戎狄失禮，臣下之事，千鈞⓱之弩，不為鼷鼠⓲發機⓳，奈何親辱⓴萬乘以敵小寇乎？」帝不聽。

三月丙子㉑，濟陰孟海公㉒起為盜，保據周橋㉓，眾至數萬，見人稱引書史，輒殺之。

丁丑㉔，發丁男十萬城大興㉕。

戊寅㉖，帝幸遼東，命民部尚書㉗樊子蓋等輔越王侗留守東都。

時所在㉘盜起：齊郡王薄、孟讓、北海㉙郭方預、清河張金稱、平原郝孝德、河間㉚格謙、勃海㉛孫宣雅各聚眾攻剽㉜，多者十餘萬，少者數萬人，山東苦之。

天下承平日久，人不習兵[2]，郡縣吏每與賊戰，望風沮敗㉝。唯齊郡丞閿鄉張須陀㉞得士眾心，勇決善戰。將郡兵擊王薄於泰山下，薄恃其驟勝，不設備，須陀掩擊，大破之。薄收餘兵將[3]北度河，須陀追擊於臨邑㉟，又破之。薄北連孫宣雅、郝孝德等十餘萬攻章丘㊱，須陀帥步騎二萬擊之，賊眾大敗。賊帥裴長才等眾二萬掩至㊲城下，大掠，須陀未暇集兵，帥五騎與戰，賊競赴㊳之，圍百餘重，身中數創㊴，勇氣彌厲㊵。會城中兵至，賊稍退卻，須陀督眾擊之，長才等敗走。庚子㊶，郭方預等合軍攻陷北海，大掠而去。須陀謂官屬曰：「賊恃其彊，謂我不能救，吾今速行，破之必矣。」乃簡精兵倍道進擊，大破之，斬數萬級，前後獲賊輜重不可勝計。

歷城羅士信㊷，年十四，從須陀擊賊於濰水㊸上。賊始布陳，士信馳至陳前，刺殺數人，斬一人首，擲空中，以矟盛之，揭㊹以略陳，賊徒愕眙㊺，莫敢近。須陀因引兵奮擊，賊眾大潰。士信逐北㊻，每殺一人，劓㊼其鼻懷之，還以驗㊽殺賊之數，須陀歎賞，引置左右。每戰，須陀先登，士信為副。帝遣使慰諭，并畫須陀、士信戰陳之狀而觀之。

夏，四月庚午㊾，車駕度遼。壬申㊿，遣宇文述與上大將軍楊義臣趣平壤。

左光祿大夫王仁恭出扶餘道。仁恭進軍至新城(51)，高麗兵數萬拒戰，仁恭帥勁騎(52)一千擊破之，高麗嬰城固守。帝命諸將攻遼東，聽以便宜從事。飛樓(53)、橦(54)、雲梯(55)、地道四面俱進，晝夜不息，而高麗應變拒之，二十餘日不拔，主客(56)死者甚眾。衝梯(57)竿長十五丈，驍果吳興沈光(58)升其端，臨城與高麗戰，短兵接，殺十數人，高麗競擊之而墜，未及地，適(59)遇竿有垂絙(60)，光接而復上。帝望見，壯之，即拜朝散大夫，恆置左右。

【章　旨】以上為第一段，寫大業九年（西元六一三年）隋煬帝第二次親征高麗，沉重苛嚴的徵兵徵徭，擾動天下，即將進一步激發起全國農民大起義。隋軍在河北、山東討伐，雖然屢次獲勝，但無法撲滅農民起義。

【注　釋】❶丁丑　正月初二日。❷驍果　勇猛敢死之士。❸遼東古城　城名，隋大業八年置遼東郡，治所通定鎮，故址在今遼寧新民東北。❹靈武　郡名，治所回樂縣，在今寧夏靈武西南。❺戊戌　正月二十三日。❻己亥　正月二十四日。❼壬午　二月乙巳朔，無壬午。壬午疑為「壬子」之誤。壬子，二月初八日。❽陷王師　使王師遭受失敗。陷，沒入；沉落。王師，指帝王的軍隊。❾軍吏　在軍隊中供職的低級官員。❿支料　支度料理。⓫侮慢　侮辱輕慢。⓬上國　諸侯稱帝室為上國。此是隋煬帝以隋朝大國而自居。⓭拔海移山　形容艱難費力。⓮克果　能達到目的。克，能。果，決定；結局。⓯左光祿大夫　官名，文散官，無職事。⓰郭榮　（西元五四七—六一四年）自稱太原（今山西太原）人，歷仕周、隋，官至右候衛大將軍。傳見《隋書》卷五十、《北史》卷七十五。⓱鈞　古代重量單位名，三十斤為一鈞。⓲鼷鼠　小老鼠。⓳發機　發動弩機。⓴辱　屈；枉。㉑丙子　三月初二日。㉒孟海公　濟陰（今山東曹縣西北）人，隋末農民起義領袖。事散見《隋書》相關各傳。㉓周橋　地名，故址在今山東曹縣西北。㉔丁丑　三月初三日。㉕城大興　修築大興城。城，築城。大興，即西京長安。㉖戊寅　三月初四日。㉗民部尚書　官名，隋煬帝改戶部尚書為民部尚書。㉘所在　到處；處處。㉙北海　郡名，治所益都縣，在今山東青州。㉚河間　郡名，治所河間縣，在今河北河間。㉛勃海　郡名，治所饒安縣，在今河北鹽山縣西南。㉜攻剽　攻劫掠奪。㉝望風沮敗　遠遠望見敵人便潰敗。沮，敗壞；毀壞。㉞張須陀　（西元五六三—六一四年）

弘農閿鄉縣（今河南靈寶）人，仕隋，官至滎陽通守。傳見《隋書》卷七十一、《北史》卷八十五。㉟臨邑　縣名，縣治在今山東濟南市北。㊱章丘　縣名，縣治在今山東章丘西北。㊲掩至　乘其不備突然而至。㊳競赴　爭先恐後地奔去。㊴創傷。㊵彌厲　更加振奮。㊶庚子　三月二十六日。㊷羅士信　（西元六〇三—六二二年）齊州歷城（今山東濟南市）人，歷仕隋、唐，官至絳州總管，封郯國公。傳見《舊唐書》卷一百八十七上、《新唐書》卷一百九十一。㊸濰水　水名，在今山東濰坊東，源於諸城，北流經昌邑北入萊州灣。㊹揭　高舉。㊺愕眙　驚視。眙，直看。㊻逐北　追擊敗逃的敵兵。北，敗北；敗逃。㊼剷　割除；割下。㊽驗　查對；核查。㊾庚午　四月二十七日。㊿壬申　四月二十九日。51新城　地名，故址在今遼寧撫順北。52勁騎　精壯的騎兵。53飛樓　古代攻城的戰具。54橦　通「幢」。古代攻陷敵陣的衝車。55雲梯　古代攻城的戰具。以大木做床，下設六輪，上立二梯，各長二丈餘，中施轉軸，用人力推進，可以爬越城牆，或窺視城中。56主客指敵我雙方。高麗兵守城，稱主；隋兵攻城，稱客。57衝梯　衝是古代用來衝撞城牆的戰車。衝梯是衝車上的梯子。58沈光（西元五九〇—六一七年）字總持，吳興（今浙江吳興南）人，仕隋，官至折衝郎將。傳見《隋書》卷六十四、《北史》卷七十八。59適　恰巧。60垂絚　下垂的繩索。絚，大繩；粗繩。

【校　記】1料　原作「科」。據章鈺校，十二行本、乙十一行本、孔天胤本皆作「料」，張敦仁《通鑑刊本識誤》同，今據改。按，《通鑑紀事本末》卷二六、《通鑑綱目》卷三七上皆作「料」。2兵　原作「戰」。據章鈺校，十二行本、乙十一行本、孔天胤本皆作「兵」，今據改。按，《通鑑紀事本末》卷二六、《通鑑綱目》卷三七上皆作「兵」。3將　原無此字。據章鈺校，十二行本、乙十一行本、孔天胤本皆有此字，今據補。按，《隋書・誠節・張須陀傳》有此字。

【語　譯】煬皇帝中

大業九年（癸酉　西元六一三年）

春，正月初二日丁丑，隋煬帝下詔徵調全國軍隊到涿郡集結。開始招募平民組建驍勇敢死隊。修建遼東古城以便屯積軍糧。

靈武賊帥白瑜娑搶奪牧馬，北面與突厥聯合，隴右地區大多受他禍害，人們稱之為「奴賊」。

正月二十三日戊戌，大赦天下。〇二十四日己亥，隋煬帝命令刑部尚書衛文昇等輔佐代王楊侑留守西京。

二月壬午日，隋煬帝下詔說：「宇文述因軍糧接繼不上，才打了敗仗，這是軍吏失於支度料理，不是宇文述的罪過，應當恢復他的官爵。」沒多久，又加封為開府儀同三司。

隋煬帝對侍臣說：「高麗小虜，侮慢上國，如今移山填海，隋朝也有望辦到，何況這個小虜？」於是重議討伐高麗。左光祿大夫郭榮進諫說：「戎狄失禮，是臣下處理的事情，千鈞大弩，不會向小老鼠發箭，怎能親辱聖駕去對付一個小虜呢？」隋煬帝不聽。

三月初二日丙子，濟陰人孟海公起來造反，佔據周橋，部眾達到數萬。他看到有人說話引經據典，就殺掉那人。

三月初三日丁丑，徵發十萬民工修築大興城。

三月初四日戊寅，隋煬帝巡視遼東，命令民部尚書樊子蓋等人輔佐越王楊侗留守東都。

當時到處盜賊群起：齊郡人王薄、孟讓，北海人郭方預，清河人張金稱，平原人郝孝德，河間人格謙，勃海人孫宣雅各自聚眾攻城搶劫，人數多的達十餘萬，少的也有幾萬，崤山以東多受其苦。天下太平的日子長了，人們不熟習軍事，郡縣的官吏每次與賊兵交戰，望風潰逃，只有齊郡郡丞閿鄉人張須陀得士眾之心，勇敢果斷善於打仗。他率領郡兵在泰山下進攻王薄，王薄依仗自己多次打勝仗，不設防備，張須陀率兵突襲，大敗王薄。王薄搜集殘餘部眾，將要北渡黃河，張須陀追擊到臨邑，再次打敗了他。王薄向北聯合孫宣雅、郝孝德等部十餘萬人攻打章丘，張須陀率領步兵、騎兵兩萬人迎擊，賊兵大敗。賊帥裴長才等部眾二萬突然到了章丘城下，大肆劫掠。張須陀沒有時間集合軍隊，帶領五名騎兵迎戰。賊兵爭先恐後地奔上前，把張須陀包圍了一百餘重，張須陀身上多處受傷，越戰越勇。正好城裡官兵趕到，賊兵漸退，張須陀指揮部眾攻擊，裴長才等人敗逃。三月二十六日庚子，郭方預等部合兵攻陷北海，大肆搶掠後離去。張須陀對部屬說：「賊兵依仗自己強大，以為我無力救援，我們現在急速進軍，一定能大敗他們。」於是挑選精兵日夜兼程，大破賊兵，斬首數萬，前後繳獲賊兵輜重物資難以計數。

歷城人羅士信，十四歲，跟隨張須陀在濰水攻打賊兵。賊兵剛開始布陣，羅士信馳馬衝到陣前，刺殺了幾個人，斬下一個人頭，拋向空中，再用長矛接住，高挑人頭在陣前疾馳而過。賊眾驚得目瞪口呆，沒有人敢靠近。張須陀趁機率兵奮力進攻，賊眾大敗，羅士信追殺敗兵，每殺一人，就割下鼻子揣在懷中，回營之後用以查對所殺賊兵的數目。張須陀很讚賞他，就把他留在自己身邊。每次打仗，張須陀衝鋒在前，羅士信緊隨其後。隋煬帝派遣使者慰問，並畫下張須陀、羅士信陣前作戰情形來觀賞。

夏，四月二十七日庚午，隋煬帝車駕渡過遼水。二十九日壬申，隋煬帝派遣宇文述與上大將軍楊義臣進軍平壤。

左光祿大夫王仁恭進軍扶餘道。王仁恭挺進到新城，幾萬名高麗兵進行抵抗，王仁恭率領精壯騎兵一千人打敗了高麗軍，高麗人環城固守，隋煬帝命令眾將攻打遼東，允許眾將相機行事。隋軍用高樓、衝車、雲梯、地道，繞城四面同時進攻，晝夜不停，而高麗兵也隨機應變，進行抵抗，二十多天沒有攻破，雙方死傷都很慘重。衝車雲梯拍竿長十五丈，驍果戰士吳興人沈光爬到頂端，靠近城牆與高麗兵交戰，短兵相接，沈光殺死了十幾個敵兵，高麗士兵群起攻擊沈光，沈光從城牆上掉下來，還沒落到地面上，恰好遇上衝車拍竿上垂下的繩子。沈光抓住繩子又向上爬。隋煬帝看見了，認為他很勇敢，立即任命他為朝散大夫，經常帶在身邊。

禮部尚書楊玄感，驍勇，便騎射❶，好讀書，喜賓客，海內知名之士多與之遊。與蒲山公李密❷善，密，弼之曾孫也，少有才略，志氣雄遠，輕財好士，為左親侍❸。帝見之，謂宇文述曰：「向者左仗❹下黑色小兒，瞻視異常，勿令宿衛！」述乃諷密使稱病自免，密遂屏人事，專務讀書。嘗乘黃牛讀漢書❺，楊素遇而異之，因召至家，與語，大悅，謂其子玄感等曰：「李密識度如此，汝等不及也！」由是玄感與為深交。時或侮之，密曰：「人言當指實，寧可面諛？若決機兩陳之間，喑嗚❻咄嗟❼，使敵人震懾，密不如公；驅策❽天下賢俊，各申❾其用，公不如密。豈可以階級❿稍崇而輕天下士大夫邪？」玄感笑而服之。

素恃功驕倨⓫，朝宴⓬之際，或失臣禮，帝心銜而不言，素亦覺之。及素薨，帝謂近臣曰：「使素不死，終當夷族⓭。」玄感頗知之，且自以累世貴顯⓮，在朝文武多父之故吏⓯，見朝政日紊⓰，而帝多猜忌，內不自安，乃與諸弟潛謀⓱作亂。帝方事⓲征伐，玄感自言：「世荷國恩，願為將領。」帝喜曰：「將門必有將，相門必有相，固⓳不虛也。」由是寵遇日隆⓴，頗預朝政。

帝伐高麗，命玄感於黎陽督運㉑，遂與虎賁郎將王仲伯、汲郡㉒贊治㉓趙懷義等謀，故㉔逗遛漕運，不時㉕進發，欲令度遼諸軍乏食。帝遣使者促之，玄感揚言水路多盜，不可前後而發。玄感弟虎賁郎將玄縱，鷹揚郎將萬石㉖，並從幸遼東，玄感潛遣人召之，二人皆亡還。萬石至高陽㉗，為監事㉘許華所執，斬於涿郡。

時右驍衛大將軍來護兒以舟師自東萊將入海趣平壤，玄感遣家奴偽為使者從東方來，詐稱護兒反。六月乙巳㉙，玄感入黎陽縣[1]，閉城，大索男夫㉚，取帆布㉛為牟㉜、甲，署官屬，皆準開皇之舊㉝。移書傍郡，以討護兒為名，各令發兵會於倉所㉞。郡縣官有幹用㉟者，玄感皆以運糧追集之，以趙懷義為衛州刺史，東光㊱尉元務本為黎州刺史，河內郡㊲主簿㊳唐禕為懷州刺史。

治書侍御史㊴游元㊵，督運在黎陽，玄感謂曰：「獨夫㊶肆虐，陷身絕域㊷，此天亡之時也。我今親帥義兵以誅無道，卿意如何？」元正色㊸曰：「尊公荷國寵靈㊹，近古無比，公之弟兄，青紫㊺交映，當謂竭誠盡節，上答鴻恩㊻。豈意墳土未乾，親圖反噬㊼？僕有死而已，不敢聞命㊽！」玄感怒而囚之，屢脅以兵㊾，不能屈，乃殺之。元，明根之孫也。

玄感選運夫少壯者得五千餘人，丹陽㊿、宣城(51)篙梢(52)三千餘人，刑三牲(53)誓眾，且諭之曰：「主上無道，不以百姓為念，天下騷擾(54)，死遼東者以萬計。今與君等起兵以救兆民(55)之弊，何如？」眾皆踴躍稱萬歲(56)。乃勒兵部分。唐禕自玄感所逃歸河內。

先是玄感陰遣家僮至長安，召李密及弟玄挺赴黎陽。及舉兵，密適至(57)，玄感大喜，以為謀主(58)，謂密曰：「子(59)常以濟物為己任，今其時矣！計將安出？」

密曰：「天子出征，遠在遼外，去幽州猶隔千里。南有巨海，北有彊胡[60]，中間一道，理極艱危。公擁兵出其不意，長驅入薊，據臨渝[61]之險，扼[62]其咽喉。歸路既絕，高麗聞之，必躡[63]其後，不過旬月，資糧皆盡，其眾不降則潰，可不戰而擒，此上計也。」玄感曰：「更言其次。」密曰：「關中四塞[64]，天府[65]之國，雖有衛文昇，不足為意。今帥眾鼓行而西，經城[66]勿攻，直取長安，收其豪傑，撫其士民[67]，據險而守之。天子雖還，失其根本，可徐圖[68]也。」玄感曰：「更言其次。」密曰：「簡精銳，晝夜倍道，襲取東都，以號令四方。但恐唐禕告之，先已固守。若引兵攻之，百日不克，天下之兵四面而至，非僕[69]所知也。」玄感曰：「不然，今百官家口並在東都，若先取之，足以動其心。且經城不拔，何以示威？公之下計，乃上策也。」遂引兵向洛陽，遣楊玄挺將驍勇千人為前鋒，先取河內。唐禕據城拒守，玄挺無所獲。

禕又使人告東都越王侗與樊子蓋等勒兵為備，脩武[70]民相帥守臨清關[71]。玄感不得度[72]，乃於汲郡南度河，從之者如市[73]。使弟積善將兵三千自偃師[74]南緣洛水西入，玄挺自白司馬坂[75]逾邙山[76]南入，玄感將三千餘人隨其後，相去十里許，自稱大軍。其兵皆執單刀柳楯[77]，無弓矢甲冑。東都遣河南[78]令達奚善意[79]將精兵五千人拒積善，將作監、河南贊治裴弘策將八千人拒玄挺。善意度洛南，營於漢王寺⑳。明日，積善兵至，不戰自潰，鎧仗㉑皆為積善所取。弘策出至白司馬坂，一戰，敗走，棄鎧仗者太半，玄挺亦不追。弘策退三四里，收散兵，復結陳以待之。玄挺徐至，坐息良久，忽起擊之，弘策又敗，如是五戰。丙辰㉒，玄挺直抵太陽門㉓，弘策將十餘騎馳入宮城，自餘無一人返者，皆歸於玄感。

玄感屯上春門㉔，每誓眾曰：「我身為上柱國㉕，家累㉖鉅萬金，至於富貴，無所求也。今不顧滅族者，但為天下解倒懸之急㉗耳！」眾皆悅。父老爭獻牛酒，子弟詣軍門請自効㉘者，日以千數。

【章　旨】以上為第二段，寫楊玄感順應民心思變，起兵反隋。楊玄感野心勃勃，急於想稱帝，不聽李密上計置隋煬帝於死地，而妄想僥倖取勝，採用下策向西進兵東都，響應者從之如雲。

【注　釋】❶便騎射　熟悉騎馬射箭。便，熟悉。❷李密　（西元五八二—六一八年）字玄邃，一字法主，本遼東襄平（今遼寧遼陽）人，襲爵蒲山公。先從楊玄感起兵，後又加入翟讓領導的起義軍，被稱為魏公，後又降唐，拜光祿大夫。因謀反被殺。傳見《隋書》卷七十、《北史》卷六十、《舊唐書》卷五十三、《新唐書》卷八十四。❸左親侍　官名，隸屬左翊衛，侍衛之官。❹左仗　儀仗隊之左。凡朝會儀衛分為五仗，此其一。❺漢書　書名，東漢班固著，記西漢二百三十年史事。❻暗嗚　吼叫聲。❼咄嗟　斥責聲。咄，呵叱。❽驅策　驅使、鞭策。❾申　通「伸」。施展。❿階級　官階等級。⓫驕倨　驕傲；傲慢。⓬朝宴　朝會與飲宴。⓭夷族　消滅家族。夷，削平。⓮貴顯　高貴、顯赫。⓯故吏　舊吏。⓰日紊　日漸紊亂。⓱潛謀　暗中謀劃。潛，暗中。⓲方事　正從事。方，正在。⓳固　的確；確實。⓴日隆　一天比一天重厚。㉑督運　掌督管運送軍事物資。㉒汲郡　郡名，治所衛縣，在今河南淇縣東。㉓贊治　官名，隋煬帝改州為郡，置郡太守；罷長史、司馬，置贊務一人為副長官。《隋書》作贊務，即贊治，因《隋書》成書於唐，避高宗諱，故改「治」為「務」。㉔故　故意；有意。㉕不時　不按時；不及時。㉖萬石　（？—西元六一三年）人名，仕隋，官至鷹揚郎將。傳附《北史・楊敷傳》。㉗高陽　縣名，縣治在今河北高陽東。㉘監事　官名，掌庫、倉署事。㉙乙巳　六月初三日。㉚索男夫　搜索男丁以為兵士。㉛帆布　施於船上做帆的布。㉜牟　通「鍪」。兜鍪，即戰士戴的頭盔。㉝準開皇之舊　以文帝開皇初舊官制為準。㉞倉所　指黎陽倉所在地。㉟幹用　有辦事的才幹。㊱東光　縣名，縣治在今河北東光東。㊲河內郡　郡名，郡治野王縣，在今河南沁陽。㊳主簿　官名，掌文書簿記。㊴治書侍御史　官名，屬御史臺，掌管律令。㊵游元　（？—西元六一三年）字楚客，廣平任縣（今河北任縣東）人，仕隋，官至朝請大夫，兼治書侍御史。傳見《隋書》卷七十一、《北史》卷八十五。㊶獨夫　眾叛親離的統治者。猶言一夫。此指隋煬帝。㊷絕域　極遠的地域。㊸正色　表情端莊嚴肅。㊹寵靈　恩寵、寵異。㊺青紫　漢制，丞相、太尉金印紫綬，御史大夫銀印青綬，三府崇貴，後稱貴官。㊻鴻恩　大恩。多指皇恩。鴻，通「洪」。㊼反噬　反咬一口。比喻受人恩惠反加陷害，或犯罪者誣指檢舉者為反噬。噬，咬。㊽聞命　聽命；服從命令。㊾脅以兵　用兵器威脅。兵，兵器。㊿丹陽　郡名，治所石頭城，在今江蘇南京。(51)宣城　郡名，治所宛陵縣，在今安徽宣城市。(52)篙梢　熟練的駕船人。篙，指撐篙的人。梢，指掌舵的人。(53)刑三牲　宰殺豬、牛、羊。刑，殺。三牲，指牛、羊、豬。(54)騷擾　擾亂；政局動亂不安。(55)兆民　指萬民，極言數量之多。兆，數名，古代下數以十萬為億，十億為兆；中數以萬萬為億，萬億為兆；上數以億億為兆。(56)稱萬歲　叫好。萬歲，原為古代飲酒上壽時的祝詞，上下通用。(57)適至　正好來到。適，恰巧；正好。(58)謀主　主謀的人。(59)子　您。古時對男子的尊稱，也是通稱。(60)彊胡　指靺鞨、契丹等少數民族。(61)臨渝　即臨榆。關名，故址在今河北撫寧東榆關。(62)扼　掐住，引申為據守。(63)躡　緊隨在後。(64)四塞　四面險要。舊說關中東有函谷關，南有武關，西有散關，北有蕭關，故稱關中為四塞之地。(65)天府　天，尊稱。府，藏物之所。在這裡是物產豐富的意思。(66)經城　指西取長安沿途所經過的城市。(67)士民　士子和庶民。(68)徐圖　慢慢地計議。徐，緩慢。(69)僕　本指供役使的人。此是自身謙稱。(70)脩武　縣名，縣治在今河南修武。(71)臨清關　關名，故址在今河南新鄉東北。(72)度　通「渡」。過。(73)如市　如集市上的人一樣擁擠。(74)偃師　縣名，縣治在今河南偃師東南。(75)白司馬坂　即白馬山。故址在今河南洛陽北邙山北麓。(76)邙山　在今洛陽北。(77)柳楯　用柳樹條編製的盾。楯即盾牌。(78)河南　縣名，縣治在今河南洛陽。(79)達奚善意　人名，達奚為複姓，善意為名。(80)漢王寺　古寺名，故址在今河南偃師西南。(81)鎧仗　鎧甲與兵器。鎧，古代戰士用以護身的鐵甲。(82)丙辰　六月十四日。❸太陽門 《隋書・地理志》：東都東面三門，有建陽門，無太陽門，疑誤。❹上春門 城門名，東京外郭城東面三門，最北的稱上春門，唐改上東門。❺上柱國 官名，勳官，用於酬功勞。又為武散官，無職事。❻累 堆集；積聚。❼倒懸之急 比喻處境極困苦危急。倒懸，頭向下，腳向上地被倒掛。❽自効 自我盡力效勞。

【校　記】①縣 原無此字。據章鈺校，十二行本、乙十一行本、孔天胤本皆有此字，張敦仁《通鑑刊本識誤》同，今據補。

【語　譯】禮部尚書楊玄感，驍勇，熟悉騎馬射箭，愛好讀書，喜歡交朋友，全國知名人士大多與他交往。楊玄感與蒲山公李密是好朋友。李密是李弼的曾孫，從小就有才能謀略，志向遠大，輕財好士，擔任左親侍。隋煬帝看到李密，對宇文述說：「剛才在左翊衛隊列中那個皮膚黑黑的青年，目光尖銳，非同一般，不要讓他擔任宿衛！」宇文述便暗示李密，讓他假說有病，自己辭職。李密於是斷絕與人來往，一心一意讀書。李密曾經騎在黃牛身上讀《漢書》，楊素碰上了很是驚異，於是把李密召到家中，和他交談，大為高興，對他的兒子楊玄感等說：「李密的識見氣度如此，你們趕不上他！」因此，楊玄感和李密結交成為好朋友。有時楊玄感故意欺侮李密，李密說：「人說話應該誠實，怎麼能當面奉承？如果兩軍陣前交戰，吼叫呵斥，使敵人震驚懾服，我李密不如您；如果驅使天下賢士俊傑，使他們各自發揮才能，您不如我李密。怎麼能因為官爵等級較高就輕視天下的士大夫呢？」楊玄感笑了，十分佩服他。

楊素居功自傲，在朝廷宴會上，有時失去人臣禮節，隋煬帝懷恨在心但沒說出口，楊素也覺察到了。等到楊素去世，隋煬帝對近臣說：「如果楊素不死，最終會被滅族。」楊玄感很清楚這一情況，而且自以為累世顯貴，朝中文武大臣很多人都是父親舊部，他看到朝政日益混亂，隋煬帝又多猜疑忌恨，內心非常不安，便和他的幾個弟弟暗中謀劃作亂。隋煬帝這時正忙於征伐高麗，楊玄感自言：「我家世代蒙受國恩，願意擔任將領。」隋煬帝高興地說：「將門必有將，相門必有相，確實不假。」因此對楊玄感的寵信一天比一天隆盛，常常讓楊玄感參與朝政。

隋煬帝征伐高麗，命令楊玄感在黎陽督運軍資。楊玄感於是和虎賁郎將王仲伯、汲郡贊治趙懷義等人謀劃，故意拖延漕運，不按時進發，想使渡過遼河的各路隋軍缺乏軍糧。隋煬帝派遣使者催促，楊玄感揚言水路多盜，不能前後接連發運。楊玄感的弟弟虎賁郎將楊玄縱、鷹揚郎將楊萬石，都隨從隋煬帝到了遼東，楊玄感暗中派人召他們回來，二人都逃了回來。楊萬石到達高陽，被監事許華抓住，在涿郡斬首。

當時右驍衛大將軍來護兒率領水軍，將要從東萊渡海趕赴平壤，楊玄感派家奴偽裝成使者從東邊來，謊稱來護兒反叛。六月初三日乙巳，楊玄感進入黎陽縣，關閉城門，大規模搜索男丁，用帆布製作頭盔、鎧甲，委任官職，都按照隋文帝開皇年間的舊制。向附近各郡行文，以討伐來護兒為名，命令各郡發兵到黎陽倉集合，郡縣官吏中有才幹的人，楊玄感就用押運糧草的名義趕快召集起來，任命趙懷義為衛州刺史，東光縣尉元務本為黎州刺史，河內郡主簿唐禕為懷州刺史。

治書侍御史游元，在黎陽督運軍糧，楊玄感對他說：「獨夫肆虐，陷身在絕遠地區，這是上天要滅亡他的時候。我現今親自率領正義之軍誅滅無道之君，您意下如何？」游元端莊嚴肅地說：「你父親蒙受國家的恩寵，近古以來無人可比。你的兄弟，青綬紫綬交映，你應當竭誠盡節，用來報答洪恩，哪裡會想到你父親墳土未乾，你卻圖謀造反？我只有一死而已，不敢聽命！」楊玄感大怒，把游元囚禁起來，多次用刀威逼他，沒能讓他屈服，於是殺了他。游元，是游明根的孫子。

楊玄感挑選年輕力壯的運糧民伕五千人，丹陽、宣城的舵手三千多人，宰殺牛羊豬三牲祭旗，聚眾誓師，並且曉諭眾人說：「皇上無道，不顧念老百姓，天下動亂，戰死在遼東的人數以萬計。現今我和大家一同起兵拯救億萬百姓，怎麼樣？」眾人都跳躍歡呼。於是楊玄感統率軍隊，部署任務。唐禕從楊玄感那裡逃回河內。

此前，楊玄感暗中派家僮回到長安，召李密和弟弟楊玄挺到黎陽。等到起兵時，李密剛好趕到，楊玄感非常高興，用李密為謀主，對李密說：「你經常以拯救蒼生為己任，現在正是時候！你認為該怎樣謀劃？」李密說：「天子出征，遠在遼水之外，距離幽州還有一千里，南邊有大海，北邊有強大的胡人，中間只有一條通道，按理說極其艱險。你率領軍隊出其不意，長驅直入佔據薊城，據守臨渝關之險，鎖住他的咽喉，他的歸路切斷了，高麗人得知，一定緊隨在後邊，不過一月光景，軍資糧草全沒有了，他的東征軍不投降也要潰散，可以不戰就抓住皇上，這是上策。」楊玄感說：「再說第二策。」李密說：「關中四面都是屏障，稱為天府之國，雖然有衛文昇，但不必在意。現今率領部隊，大張旗鼓向西挺進，所經過的城池不必攻取，直取長安，招收那裡的豪傑，安撫那裡的士民，據險而守。天子即使從高麗回來，失去了根本，我們可以一步一步地籌劃。」楊玄感說：「你另外再說下策。」李密說：「選取精銳士兵，晝夜兼程，襲取東都，用以號令四方。但擔心唐禕通報東都，提前做好了防守。如果領兵攻打，一百天還攻不下來，天下之兵從四面八方到來，那就不是我能預料的了。」楊玄感說：「不對。如今百官的家屬都在東都，如果先攻佔了它，足以動搖皇家軍心。再說，經過的城池不攻佔，怎能顯示我們的軍威？你說的下策，才真上策。」楊玄感於是領兵南下洛陽，派楊玄挺率領驍勇士兵一千名為先鋒，首先奪取河內。唐禕佔據河內城堅守，楊玄挺一無所獲。唐禕又派人通告留守東都的越王楊侗與樊子蓋等部署軍隊作防備，脩武縣的民眾自動組織起來守護臨清關，楊玄感無法通過，便在汲郡南邊渡過黃河，追隨的人如同市集。楊玄感派他的弟弟楊積善率領三千名士兵從偃師南邊沿著洛水向西進入東都，楊玄挺從白司馬坂翻過邙山從南邊進入東都，楊玄感率領三千多人緊隨其後，相距十里左右，自稱主力大軍。楊玄感的士兵都拿著單刀和柳木盾牌，沒有弓箭頭盔鎧甲。東都派出河南令達奚善意率領五千精兵抵抗楊積善，將作監、河南贊治裴弘策率領八千人抵抗楊玄挺。達奚善意渡過洛水，在南岸漢王寺紮營。第二天，楊積善兵到來，官兵不戰自潰，鎧甲兵器全被楊積善的軍隊繳獲。裴弘策出兵到達白司馬坂，與楊玄挺的軍隊一交戰就敗逃，丟棄了一大半鎧甲兵器，楊玄挺也不追擊。裴弘策後退三四里，收攏散兵，重新列陣等待敵軍。楊玄挺慢慢趕來，士兵坐下休息了很長時間，突然發起攻擊，裴弘策又戰敗了，就這樣一連五戰。六月十四日丙辰，楊玄挺直達太陽門，裴弘策帶領十幾名騎兵馳入宮城，其餘沒有一個人返回，全都歸附了楊玄感。

楊玄感屯駐在上春門，每次誓師對部眾說：「我身為上柱國，家中聚積億萬黃金，對於富貴，我一無所求。現今我不顧滅族的原因，只是為了解救天下老百姓倒懸的危難啊！」部眾都非常高興。父老鄉親爭著獻上牛肉美酒，到軍營門口請求投軍效力的青年人，每天有數千。

內史舍人韋福嗣❶，洸之兄子也，從軍出拒玄感，為玄感所獲，玄感厚禮之，使與其黨胡師耽共掌文翰❷。玄感令福嗣為書遺樊子蓋，數❸帝罪惡，云：「今欲廢昏立明，願勿拘小禮，自貽❹伊戚❺。」樊子蓋新自外藩❻入為京官，東都舊官多慢之，至於部分軍事，未甚承稟。裴弘策與子蓋同班❼，前出討賊失利，子蓋更使出戰，不肯行，子蓋命引出斬之以徇。國子祭酒河東楊汪❽，小有不恭，子蓋又將斬之，汪頓首流血，乃得免。於是將吏震肅，無敢仰視，令行禁止。玄感盡銳攻城，子蓋隨方拒守，玄感不能克。然達官子弟應募從軍者，聞弘策死，皆不敢入城。韓擒虎子世諤❾、觀王雄子恭道、虞世基子柔、來護兒子淵、裴蘊子爽、大理卿鄭善果❿子儼、周羅睺子仲等四十餘人皆降於玄感，玄感悉以親重要任委之。善果，譯之兄子也。

玄感收兵得五萬餘人，分五千人[1]守慈磵道⓫，五千守伊闕道⓬，遣韓世諤將三千人圍滎陽⓭，顧覺將五千人取虎牢⓮。虎牢降，以覺為鄭州刺史，鎮虎牢。

代王侑使刑部尚書衛文昇帥兵四萬救東都，文昇至華陰⓯，掘楊素冢，焚其骸骨，示士卒以必死，遂鼓行出崤、澠⑯，直趨東都城北。玄感逆拒⑰之，文昇且戰且行，屯於金谷⑱。

遼東城久不拔，帝遣⑲造布囊百餘萬口，滿貯土，欲積為魚梁大道⑳，闊三十步，高與城齊，使戰士登而攻之，又作八輪樓車㉑，高出於城，夾魚梁道，欲俯射城內，指期㉒將攻，城內危蹙㉓。會楊玄感反書至，帝大懼，引納言蘇威入帳中，謂曰：「此兒聰明，得無為患㉔？」威曰：「夫識是非，審㉕成敗，乃謂之聰明，玄感粗疏㉖，必無所慮。但恐因此寖㉗成亂階㉘耳。」帝又聞達官子弟皆在玄感所，益憂之。兵部侍郎斛斯政素與玄感善，玄感之反，政與之通謀，玄縱兄弟亡歸，政潛遣之。帝將窮治玄縱等黨與，政內不自安，戊辰㉙，亡奔高麗。庚午㉚，夜二更㉛，帝密召諸將，使引軍還，軍資、器械㉜、攻具㉝，積如丘山，營壘、帳幕，按堵㉞不動，皆棄之而去。眾心恟懼㉟，無復部分，諸道分散。高麗即時覺之㊱，然不敢出，但於城內鼓譟。至來日午時，方漸出外，四遠㊲覘偵㊳，猶疑隋軍詐之。經二日，乃出數千兵追躡㊴，畏隋軍[2]之眾，不敢逼，常相去八九十里。將至遼水，知御營㊵畢度，乃敢逼後軍。時後軍猶數萬人，高麗隨而抄擊㊶，最後羸弱數千人為所殺略㊷。

初，帝再征高麗，復問太史令庾質曰：「今段[43]何如？」對曰：「臣實愚迷[44]，猶執[45]前見，陛下若親動萬乘，勞費實多。」帝怒曰：「我自行猶不克，直遣人去，安得有功？」及還，謂質曰：「卿前不欲我行，當為此耳。玄感其有成乎？」質曰：「玄感地勢[46]雖隆，素非人望[47]，因百姓之勞，冀[48]幸成功。今天下一家[49]，未易可動。」

帝遣虎賁郎將陳稜[50]攻元務本於黎陽，又遣左翊衛大將軍宇文述、左[3]候衛將軍屈突通乘傳發兵以討玄感。來護兒至東萊，聞玄感圍東都，召諸將議旋軍[51]救之。諸將咸以無敕，不宜擅還[52]，固執不從，護兒厲聲曰：「洛陽被圍，心腹之疾，高麗逆命[53]，猶疥癬[54]耳。公家之事，知無不為？專擅[55]在吾，不關諸人，有沮議[56]者，軍法從事！」即日迴軍。今子弘、整[57]馳驛奏聞。帝時還至涿郡，已敕護兒救東都，見弘、整，甚悅，賜護兒璽書曰：「公旋師之時，是朕敕公之日，君臣意合，遠同符契[58]。」

先是，右武侯大將軍李子雄坐事除名，今從軍自效，從來護兒在東萊，帝疑之，詔鎖子雄送行在所。子雄殺使者，逃奔玄感。衛文昇以步騎二萬度瀍水[59]，與玄感戰，玄感屢破之。玄感每戰，身先士卒，所向摧陷[60]，又善撫悅[61]其下，皆樂為致死，由是每戰多捷，眾益盛，至十萬人。文昇眾寡不敵，死傷太半且盡，乃更進屯邙山之陽62，與玄感決戰，一日十餘合。會楊玄挺中流矢63死，玄感軍乃稍卻。

秋，七月癸未64，餘杭民劉元進起兵以應玄感。元進手長尺餘65，臂垂過膝66，自以相表非常，陰有異志。會帝再發三吳67兵征高麗，三吳兵皆相謂曰：「往歲天下全盛，吾輩父兄征高麗者猶太半不返。今已罷弊68，復為此行，吾屬69無遺類矣！」由是多亡命。郡縣捕之急，聞元進舉兵，亡命者雲集，旬月70間，眾至數萬。

始，楊玄感至東都，自謂天下響應，功在朝夕[4]。得韋福嗣，委以心膂71，不復專任李密。福嗣每畫策72，皆持兩端73。密揣74知其意，謂玄感曰：「福嗣元75非同盟，實懷觀望，明公初起大事而姦人在側，聽其是非76，必為所誤，請斬之！」玄感曰：「何至於此？」密退，謂所親曰：「楚公77好反而不欲勝，吾屬今為虜矣！」

李子雄勸玄感速稱尊號78，玄感以問密，密曰：「昔陳勝79自欲稱王，張耳80諫而被外。魏武81將求九錫82，荀彧83止而見誅。今者密欲正言，還恐追蹤二子84，阿諛順意，又非密之本圖。何者？兵起以來，雖復頻捷，至於郡縣，未有從者，東都守禦尚彊，天下救兵益至，公當挺身力戰，早定關中，迺亟欲自尊(85)，何示人不廣也？」玄感笑而止。

屈突通引兵屯河陽，宇文述繼之，玄感問計於李子雄，子雄曰：「通曉習兵事，若一得度河，則勝負難決，不如分兵拒之。通不能濟，則樊、衛(86)失援。」玄感然之，將拒通；樊子蓋知其謀，數擊其營，玄感不得往。通濟河，軍於破陵(87)。玄感分為兩軍，西抗文昇，東拒通。子蓋復出兵大戰，玄感軍屢敗，與其黨謀之，李子雄曰：「東都援軍益至(88)，我軍數敗，不可久留，不如直入關中，開永豐倉(89)以振貧乏(90)，三輔(91)可指麾而定。據有府庫(92)，東面而爭天下，亦霸王之業也。」李密曰：「弘化(93)留守元弘嗣握彊兵在隴右，可聲言其反，遣使迎公，因此入關，可以紿眾。」

會華陰諸楊(94)請為鄉導(95)，壬辰(96)，玄感解東都圍，引兵西趣潼關(97)，宣言：「我已破東都、取關西(98)矣！」宇文述等諸軍躡之。至弘農宮(99)，父老遮(100)說玄感曰：「宮城空虛，又多積粟，攻之易下。」玄感以為然。弘農(101)太守蔡王智積(102)謂官屬曰：「玄感聞大軍將至，欲西圖關中，若成其計，則難克也。當以計縻之(103)，使不得進，不出一旬，可以成擒。」及玄感軍至城下，智積登陴[104]詈[105]之，玄感怒，留攻之。李密諫曰：「公今詐眾西入，軍事貴速，況乃追兵將至，安可稽留[106]？若前不得據關[107]，退無所守，大眾一散，何以自全？」玄感不從，遂攻之，燒其城門，智積於內益火，玄感兵不得入。三日不拔，乃引而西。至閿鄉[108]，宇文述、衛文昇、來護兒、屈突通等軍追及之[5]於皇天原[109]。玄感上槃豆[110]，布陳亙五十里，且戰且行，玄感一日三敗。八月壬寅[111]，玄感陳於董杜原[112]，諸軍擊之，玄感大敗，獨與十餘騎奔上洛[113]。追騎至，玄感叱之，皆反走[114]。至葭蘆戍[115]，獨與弟積善徒步走，自度不免，謂積善曰：「我不能受人戮辱[116]，汝可殺我！」積善抽刀斫殺之，因自刺，不死，為追兵所執，與玄感首俱送行在所。磔[117]玄感尸於東都市，三日，復臠[118]而焚之[119]。玄感弟玄獎為義陽[120]太守，將赴玄感，為郡丞周旋玉所殺。仁行為朝請大夫，伏誅於長安。

玄感之圍東都也，梁郡[121]民韓相國舉兵應之，玄感以為河南道[122]元帥，旬月間眾十餘萬，攻剽郡縣。至襄城[123]，聞玄感敗，眾稍散，為吏所獲，傳首東都。

帝以元弘嗣，斛斯政之親也，留守弘化郡，遣衛尉少卿李淵[124]馳往執之，因代為留守，關右[125]十三郡[126]兵皆受徵發。淵御眾寬簡，人多附之。帝以淵相表[127]奇異，又名應圖讖，忌之。未幾，徵詣行在所，淵遇疾未謁，其甥❶²⁸王氏在後宮，帝問曰：「汝舅來何遲[129]？」王氏以疾對，帝曰：「可得死否？」淵聞之，懼，因縱酒納賂以自晦[130]。

【章　旨】以上為第三段，寫楊玄感志大才疏，剛愎自用，屯兵於東都堅城之下，又屢誤戰機，用人不專，西進入關不速，很快兵敗身亡。

【注　釋】❶韋福嗣　（？—西元六一三年）京兆杜陵（今陝西長安）人，隋荊州總管韋世康次子，官至內史舍人。傳附《隋書・韋世康傳》、《北史・韋孝寬傳》。❷文翰　指信札、公文書等。❸數　責備；述說。❹貽　遺留。❺伊戚　憂患；悲哀。❻外藩　地方州郡。❼同班　同為贊治次留守立班，故稱同班。❽楊汪　（？—西元六二一年）字元度，本弘農華陰（今陝西華陰）人，曾祖時遷居河東，歷仕周、隋，官至吏部尚書。傳見《隋書》卷五十六、《北史》卷七十四。❾世咢　河南東垣（今河南新安）人，韓擒虎之子，襲父爵為上柱國。不知所終。傳附《隋書・韓擒虎傳》、《北史・韓擒虎傳》。❿鄭善果　（？—西元六二九年）鄭州滎澤（今河南鄭州西北）人，歷仕隋、唐，官至禮部尚書。傳見《北史》卷九十一、《舊唐書》卷六十二、《新唐書》卷一百。⓫慈磵道　地名，故址在今河南宜陽境。⓬伊闕道　地名，故址在今河南伊川縣西南。⓭滎陽　縣名，縣治在今河南滎陽。⓮虎牢　鎮名，故址在今河南滎陽汜水鎮。⓯華陰　縣名，縣治在今陝西華陰。⓰崤澠　崤，崤谷，即函谷。故址在今河南靈寶南，是秦的東關。東自崤山，西至潼津，深險如函，通名函谷。澠，即澠池。縣名，縣治在今河南澠池縣東。⓱逆拒　迎面抵抗。⓲金谷　谷名，故址在今河南洛陽西北。⓳遣　命令。⓴魚梁大道　築道如同魚樑的樣子，中間高，兩邊低。㉑八輪樓車　樓車下裝有八個輪子。樓車，古代戰車，上設望樓，可以瞭望敵人。㉒指期　規定日期。㉓危蹙　危急、緊迫。㉔得無為患　莫非要造成禍患。㉕審　仔細觀察、研究。㉖粗疏　粗魯而不縝密。㉗寖　逐漸。㉘亂階　動亂的臺階。指成為發生禍亂的開端和途徑。㉙戊辰　六月二十六日。㉚庚午　六月二十八日。㉛二更　古代把一夜分為甲、乙、丙、丁、戊五段。二更約為夜間十至十一點鐘左右。㉜器械　用具的總稱。㉝攻具　攻城的器具，如雲梯、樓車等。㉞按堵　同「安堵」。安居；安定。㉟悔懼　震動恐懼。悔，憂恐。㊱覺之　指發現了隋軍的撤退行動。㊲四遠　四方邊遠之地。

(38)胡偵 偵察。(39)追躡 追趕；尾隨。躡，緊緊跟隨在後面。(40)御營 隋煬帝所在的軍營。(41)抄擊 從兩側襲擊。抄，指斜行而出其前。(42)殺略 屠殺和劫奪。(43)今段 指自今以後一段事。即隋煬帝再征高麗一事。(44)愚迷 愚昧而迷惑。(45)執 持；堅持。(46)地勢 地位、權勢。(47)人望 聲望；眾人所仰望。(48)冀 希望。(49)一家 一個家庭。比喻天下統一。(50)陳稜 字長威，廬江襄安（今安徽巢縣）人，仕隋，官至右禦衛將軍。傳見《隋書》卷六十四、《北史》卷七十八。(51)旋軍 回軍。旋，返還。(52)擅還 擅自回軍。(53)逆命 違抗朝廷命令。(54)疥癬 疥瘡與癬瘡，皆為皮膚病。比喻為小患。(55)專擅 專斷擅命。(56)沮議 阻止回軍的動議。沮，阻止；敗壞。(57)弘整 來護兒之子來弘、來整。來弘（？—西元六一七年），仕隋，官至果毅郎將、金紫光祿大夫。來整（？—西元六一七年），仕隋，官至武賁郎將、右光祿大夫。事附《隋書・來護兒傳》、《北史・來護兒傳》。(58)符契 符命。指來護兒回軍與君主符命一致。符，古代朝廷用以傳達命令、調兵遣將的憑證。契，投合；符合。(59)瀍水 水名，即瀍河。源出於河南洛陽西北穀城山，南流經洛陽城東，入於洛水。(60)摧陷 摧垮敵人，攻陷敵陣。(61)撫悅 安撫部下，使人心悅。(62)邙山之陽 邙山的南面。陽，山的南面稱陽。(63)流矢 無目標而飛來的箭。(64)癸未 七月十一日。(65)手長尺餘 指從手指頂端至手腕橫紋處的長度。(66)臂垂過膝 是說雙臂垂下則其手過膝。(67)三吳 地名，說法不同：一是稱吳興、吳郡、會稽為三吳。二是稱吳郡、吳興、丹陽為三吳。三是稱蘇州、潤州、湖州為三吳。(68)罷弊 疲困。罷，通「疲」。疲勞。(69)吾屬 我們。屬，輩；類。(70)旬月 一整月。旬，十天。(71)心膂 膂，脊骨。心和膂都是人體重要部分，因以比喻親信和作為骨幹的人。(72)畫策 計劃；謀劃。(73)持兩端 動搖不定，懷有二心。(74)揣 忖度；推測。(75)元 通「原」。原來；本來。(76)是非 判斷是非。(77)楚公 指楊玄感。玄感襲父爵楚國公，故稱他為楚公。(78)尊號 指稱皇帝之號。(79)陳勝 秦末率眾起事，自立為王。傳見《史記》卷四十八、《漢書》卷三十一。(80)張耳 秦末起兵反秦，後與陳勝分裂。傳見《史記》卷八十九。(81)魏武 即魏武帝曹操，三國魏國的奠基者。諡號武王。傳見《三國志》卷一。(82)九錫 傳說古代帝王尊禮大臣所給的九種器物。一般指衣服、車馬、弓矢、斧鉞、虎賁、秬鬯、命珪、朱戶、納陛等。(83)荀彧 曹操謀臣，因反對曹操進爵為魏公，飲藥自殺。傳見《三國志》卷十。(84)追蹤二子 走張耳、荀彧的老路。(85)自尊 指稱尊號。(86)樊衛 指樊子蓋、衛文昇。(87)破陵 地名，故址在今河南孟津東。(88)益至 來的越來越多。益，更；愈加。(89)永豐倉 隋著名糧倉名，故址在今陝西華陰東北渭河口上。(90)振貧乏 救濟貧困的人。振，通「賑」。救濟。(91)三輔 此指漢三輔之地，包括長安在內的近畿之地扶風、馮翊、京兆等地。(92)府庫 倉庫。(93)弘化 郡名，治所合水縣，在今甘肅慶陽。(94)華陰諸楊 指在華陰縣故鄉的楊玄感的宗黨。(95)鄉導 即嚮導、帶路人。鄉，通「嚮」。方向。(96)壬辰 七月二十日。(97)潼關 關名，地處今陝西、山西、河南三省的要衝，歷代皆為軍事重地。故址在今陝西潼關縣境。98關西　地區名，指潼關以西的關中之地。99弘農宮　行宮名，故址在今河南靈寶境內。100遮　攔住。101弘農　郡名，治所弘農縣，在今河南靈寶。102蔡王智積　（？—西元六一六年）隋文帝弟楊整之子，襲父爵為蔡王。傳見《隋書》卷四十四、《北史》卷七十一。103縻之　謂牽制楊玄感軍，使其不得離開弘農郡。縻，牛鼻繩，此處用為動詞。104陴　城上女牆，上有孔穴，可以窺外。105詈　罵；責備。106稽留　停留。稽，停；留止。107據關　據守關口。關，此指潼關。108閿鄉　據《隋書》卷七十、《北史》卷四十一，當作「閿鄉」，縣名，縣治在今河南靈寶西。109皇天原　地名，故址在今河南靈寶西北。110槃豆　地名，故址在今河南靈寶西。111壬寅　八月一日。112董杜原　地名，故址在今陝西潼關縣東。113上洛　郡名，治所上洛縣，在今陝西商州。114反走　反身回跑。走，跑。115葭蘆戍　戍名，故址在今河南盧氏西。116戮辱　刑辱。戮，殺；懲罰。117磔　車裂分屍。118臠　碎割。119焚之　指把屍體焚燒。120義陽　郡名，治所義陽縣，在今河南信陽。121梁郡　郡名，治所宋城縣，在今河南商丘。122河南道　地區名，即隋河南地區。包括今河南、山東大部和安徽、江蘇的部分地區。123襄城　郡名，治所襄城縣，在今河南襄城縣。124李淵　（西元五六六—六三五年）隴西狄道（今甘肅臨洮）人，仕隋，為太原留守，後起兵滅隋，創立唐朝，成為開國皇帝。廟號高祖。事見《舊唐書》卷一、《新唐書》卷一。125關右　關西；函谷關以西。126十三郡　包括天水、隴西、金城、枹罕、臨洮、漢陽、靈武、朔方、平涼、弘化、延安、雕陰、上郡等。127相表　外貌。128甥　外甥。129何遲　為什麼遲緩。130自晦　自我隱藏。晦，隱藏。

【校記】 [1]人　原無此字。據章鈺校，十二行本、乙十一行本、孔天胤本皆有此字，今據補。按，《通鑑紀事本末》卷二七有此字。[2]軍　原作「兵」。據章鈺校，十二行本、乙十一行本、孔天胤本皆作「軍」，今據改。[3]左　原作「右」。據章鈺校，十二行本、乙十一行本皆作「左」，今據改。按，《通鑑紀事本末》卷二七作「左」。[4]功在朝夕　原無此四字。據章鈺校，十二行本、乙十一行本皆有此四字，張敦仁《通鑑刊本識誤》同，今據補。按，《通鑑紀事本末》卷二七有此四字。[5]之　原無此字。據章鈺校，十二行本、乙十一行本、孔天胤本皆有此字，張敦仁《通鑑刊本識誤》同，今據補。

【語　譯】 內史舍人韋福嗣，是韋洸哥哥的兒子。他從軍抵抗楊玄感，被楊玄感俘獲。楊玄感對他厚禮相待，讓他和自己的親信胡師耽共同掌管文書。楊玄感命韋福嗣寫信給樊子蓋，歷數隋煬帝的罪惡。信中說：「今日我要廢黜昏君另立明主，希望你不要拘泥小節，給自己遺留禍患。」樊子蓋剛從地方州郡調入東都做京官，東都舊官大多輕視他，至於軍事部署，很少向他彙報請示。裴弘策和樊子蓋官居同列，前些天出城討伐賊兵失利，樊子蓋又派裴弘策出戰，裴弘策不肯出戰，樊子蓋就下令將裴弘策拉出去斬首示眾。國子監祭酒河東人楊汪對樊子蓋略有不敬，樊子蓋又要殺他，楊汪磕頭流血，才得免死。於是東都的將領官吏都震驚畏懼，沒有人敢抬頭看他，令出即行，有禁則止。楊玄感集中全部精兵攻城，樊子蓋根據情況頑強抵抗，楊玄感久攻不克。但是應募從軍的貴族高官子弟，聽到裴弘策被處死，都嚇得不敢進城。韓擒虎的兒子韓世咢、觀王楊雄的兒子楊恭道、虞世基的兒子虞柔、來護兒的兒子來淵、裴蘊的兒子裴爽、大理卿鄭善果的兒子鄭儼、周羅睺的兒子周仲等四十餘人都投降了楊玄感，楊玄感把全部親近顯貴的要職都授予了他們。鄭善果，是鄭譯哥哥的兒子。

楊玄感招募士兵得到五萬餘人，他分出五千人把守慈磵道，五千人把守伊闕道，派韓世咢率三千人包圍滎陽，顧覺率五千人攻取虎牢。虎牢守軍投降，楊玄感任命顧覺為鄭州刺史，鎮守虎牢。

代王楊侑命令刑部尚書衛文昇率軍四萬救援東都，衛文昇到達華陰，挖掘楊素的墳墓，焚燒了楊素的屍骨，向士卒們顯示必死的決心。於是衛文昇擊鼓進軍，穿過崤谷、澠池，直奔東都城北。楊玄感率軍迎擊，衛文昇且戰且行，屯駐金谷。

遼東城好久不能攻取，隋煬帝派人製作一百多萬個布袋，裝滿泥土，想堆積成為魚梁大道，寬三十步，高與城牆相等，派戰士登上魚梁大道攻城。又製造八個輪子的樓車，高出城牆，夾在魚梁大道兩旁，想俯射城內。隋軍規定日期準備攻城，城內危急。恰好楊玄感造反的公文到達，隋煬帝大為驚慌，便帶領納言蘇威進入軍帳，對蘇威說：「這小子很聰明，莫非要造成禍患？」蘇威說：「能識別是非，判斷成敗，才叫做聰明，楊玄感為人粗疏，不必憂慮。只是害怕由此逐漸成為禍亂的開端。」隋煬帝聽說高官顯貴的子弟都在楊玄感那兒，更加憂慮。兵部侍郎斛斯政一向與楊玄感交情好，楊玄感造反，斛斯政與他暗通信息，楊玄縱兄弟得以逃回，其實是斛斯政偷偷放走的。隋煬帝即將徹底追查楊玄縱等人的同黨，斛斯政內心惶恐不安。六月二十六日戊辰，斛斯政出逃投奔高麗。二十八日庚午，夜裡二更時分，隋煬帝祕密召見眾將領，命令他們率軍撤回，軍用物資、輜重器械、攻城器具，堆積如山。營壘、帳幕，原地不動，全部丟棄而去。隋軍人心惶恐不安，組織混亂，各路隊伍分散。高麗馬上發現了，但是不敢出擊，只在城內擊鼓吶喊。到了第二天中午，才逐漸派兵出城，四處遠遠偵察，仍然懷疑隋軍詐退。過了兩天，才出動幾千人尾隨追蹤，害怕隋軍眾多，不敢逼近，常常與隋軍相距八九十里。即將到達遼水，得知隋煬帝御營全部渡過了遼水，才敢逼近隋軍的殿後部隊。當時隋軍的殿後軍隊還有幾萬人，高麗軍隊隨後從兩側包抄襲擊，殺死了走在最後面的幾千名老弱隋兵。

當初，隋煬帝準備再次征討高麗，又問太史令庾質：「今後一段情況將怎麼樣？」庾質回答：「臣確實愚昧，還是堅持上次的意見，陛下若是御駕親征，勞苦耗費實在太多。」隋煬帝生氣地說：「我親自征伐尚不能取勝，只派別人去，豈能成功？」等到隋煬帝從高麗回來，對庾質說：「你以前不想讓我去，應當是為了這樁事。楊玄感能成功嗎？」庾質回答：「楊玄感雖位高權重，但一向不是人們所仰望，他想藉著百姓的力量，希望僥倖成功。如今天下統一，不易搖動。」

隋煬帝派遣虎賁郎將陳稜往黎陽攻打元務本，又派遣左翊衛大將軍宇文述、左候衛將軍屈突通乘驛站的傳車發兵討伐楊玄感。來護兒到達東萊，聽說楊玄感包圍東都，於是召集諸將商討回師救援。諸將都認為沒得到皇帝的敕命，不宜擅自回師，堅持不聽從來護兒的建議。來護兒厲聲說道：「洛陽被包圍，是心腹之患，高麗抗拒王命，猶如皮膚上的疥癬而已。朝廷大事，既然知道了處於危難，怎麼能不行動？擅自行動的責任由我一人承擔，跟各位無關，再有阻攔回師之事的，軍法從事！」於是即日回師。來護兒命令兒子來弘、來整先乘驛馬飛報隋煬帝，隋煬帝當時已經回到涿郡，並且已下令來護兒救援東都。隋煬帝見到來弘、來整，非常高興，賜給來護兒璽書說：「你回師之時，正是我給你下令之日，君臣心投意合，雖距離遙遠，卻相合如同符契。」

此前，右武候大將軍李子雄因罪被免官除名，讓他在軍隊中效力，他跟隨來護兒到東萊，隋煬帝懷疑他，詔令將他上枷鎖送到皇帝行宮。李子雄殺死押護使者，逃奔楊玄感。衛文昇率領步騎兵兩萬人渡過瀍水，與楊玄感交戰，楊玄感多次打敗了他。楊玄感每次戰鬥都身先士卒，摧敵陷陣。他還善於撫慰部下，大家都樂意為他效命，所以每次作戰大多取勝，部眾愈來愈多，達到十萬人。衛文昇寡不敵眾，部下死傷大半，快要全軍覆沒，於是前進到邙山的南面屯駐，與楊玄感決戰，一天之內雙方交戰十多次。恰巧楊玄挺中流箭而死，楊玄感的軍隊才稍稍後退。

秋，七月十一日癸未，餘杭人劉元進起兵響應楊玄感。劉元進手長一尺有餘，手臂垂下來超過膝蓋，他自認為相貌非凡，早就暗存謀反之心，正逢隋煬帝再次徵調三吳軍隊征伐高麗，三吳士兵都互相議論說：「往年國家全盛之時，我們這些人的父兄中出征高麗的尚且大半回不來。如今國家已經疲憊，又要被徵調去打高麗，我們這些人恐怕都會死光！」因此很多人都逃亡。郡縣官吏急加搜捕，逃亡的人聽說劉元進起兵，雲集一起，一個月內，部眾達到幾萬人。

起先，楊玄感到達東都，他自認為天下響應，很快就能成功。俘獲韋福嗣後，把他當做親信，不再專用李密。韋福嗣每次出謀劃策，都模稜兩可。李密揣摩到韋福嗣的心意，就對楊玄感說：「韋福嗣原本不是我們的同盟，他確實心存觀望，你剛起來辦大事，就有奸邪小人在身邊，若聽從他判斷，一定會被他所誤，請你殺了他！」楊玄感說：「哪裡要到這一步？」李密退下來對他親近的人說：「楚公喜歡謀反，卻不想獲勝，我們這些人將要成為俘虜了！」

李子雄勸楊玄感趕快稱帝，楊玄感詢問李密，李密說：「從前陳勝自己想稱王，張耳諫阻，卻被排斥在外邊。魏武帝曹操想得到九錫，荀彧阻止而被殺害。今天我李密要說出正確意見，恐怕就要追隨張耳、荀彧去了，但阿諛奉承，隨順上意，又不是李密願意的。為什麼呢？我們起兵以來，雖然多次打勝仗，但說到郡縣，沒有一個響應的，東都防守的力量還很強大，全國的救兵越來越多地到達，你應當帶頭奮起作戰，早一點平定關中，你卻要急於稱尊號，為什麼要向人展示心胸不廣呢？」楊玄感一笑作罷。

屈突通率領軍隊屯駐河陽，宇文述領兵相繼於後。楊玄感向李子雄詢問計策，李子雄說：「屈突通懂得用兵，如果讓他一旦渡過了黃河，就勝負難料了，我們不如分出一部分兵力抵抗他。屈突通不能渡過黃河，那麼樊子蓋、衛文昇就失去了援兵。」楊玄感贊成這個意見，將去抵抗屈突通；樊子蓋得知了這個計謀，多次攻打楊玄感的軍營，楊玄感不能前往。屈突通渡過黃河，駐紮在破陵。楊玄感分兵為二，向西抵抗衛文昇，向東抵抗屈突通。樊子蓋又出兵大戰，楊玄感軍一再戰敗。楊玄感和他的同黨商議對策，李子雄說：「東都的援軍越來越多，我軍屢敗，不可久留，不如直入關中，打開永豐倉救濟貧苦百姓，關中三輔地區就可很快平定，我們佔據府庫，向東爭奪天下，也是霸王之業。」李密說：「弘化郡留守元弘嗣擁有強兵盤踞隴右，我們可以揚言說他謀反，派使者來迎接你，趁這機會進入關中，可以蒙蔽部眾。」

適逢華陰縣楊氏宗族人請求作嚮導，七月二十日壬辰，楊玄感解除對東都的包圍，領兵西赴潼關，大肆揚言說：「我軍已經攻破了東都，現在要奪取關西了！」宇文述等各支隋軍緊緊尾隨在楊玄感軍後面。楊玄感到達弘農宮，父老們擋在路上勸楊玄感說：「弘農宮城空虛，又有很多屯積的糧食，攻打它很容易攻下來。」楊玄感認為很對。弘農太守蔡王楊智積對官屬們說：「楊玄感得知東都救援大軍就要到達，想西進奪取關中，如果讓他的計謀成功，那麼就難以打敗他了。應當用計謀來牽制他，使他無法前進，要不了十天，就可以抓獲他。」等到楊玄感兵臨城下，楊智積登上城上女牆大罵楊玄感，楊玄感發怒，就留下來攻城，李密諫阻說：「你如今是蒙蔽眾人向西進軍，兵貴神速，況且追兵即將到來，怎麼可以停留？如果前進不能佔據潼關，後退沒有地方可以據守，大軍一旦潰散，你拿什麼保全自己？」楊玄感不聽從，於是攻城，燒弘農城的城門，楊智積在內把火加大，楊玄感的士兵不能進入，三天沒有攻克，楊玄感便率軍西去。到達閿鄉，宇文述、衛文昇、來護兒、屈突通等各路軍隊在皇天原追上了楊玄感。楊玄感據守槃豆，列陣連綿五十里，邊戰邊走，一天之內敗了三次。八月初一日壬寅，楊玄感在董杜原布陣，各路官軍一起進攻，楊玄感大敗，獨自與十多個騎兵逃奔上洛，追趕的騎兵到了，楊玄感大聲喝斥，追兵都轉身逃走。楊玄感到了葭蘆戍，隻身和弟弟楊積善徒步逃亡，他自料無法幸免，對楊積善說：「我不能遭受別人誅殺侮辱，你可殺掉我！」楊積善抽刀將楊玄感殺死，然後自殺，沒有死，被追兵抓住，楊積善和楊玄感的首級都被送到隋煬帝的行宮。隋煬帝在東都鬧市將楊玄感車裂分屍，過了三天，又切成細塊焚燒。楊玄感的弟弟楊玄獎擔任義陽太守，準備投奔楊玄感，被郡丞周旋玉殺死。楊仁行擔任朝請大夫，在長安被處死。

楊玄感包圍東都時，梁郡人韓相國舉兵響應楊玄感，楊玄感封韓相國為河南道元帥，一個月內部眾就有十餘萬人，率兵攻掠郡縣。打到襄城時，得知楊玄感失敗，部眾逐漸散去，韓相國被官吏抓獲，首級傳送東都。

隋煬帝因元弘嗣是斛斯政的親戚，留守弘化郡，就派衛尉少卿李淵馳馬前往抓捕，趁此代替元弘嗣為留守，關西十三個郡的兵力都受李淵調遣。李淵對待部下寬厚簡約，人們大多願意依附他。隋煬帝認為李淵相貌奇特怪異，名字又與圖讖相應，就猜忌他。沒有多久，隋煬帝徵召李淵到行在所，李淵遇上生病沒有去拜見隋煬帝，李淵的外甥女王氏是後宮的嬪妃，隋煬帝便問王氏：「你舅舅為什麼這麼遲緩？」王氏用李淵生了病來回答，隋煬帝說：「能夠病死嗎？」李淵聽到了這話，心懷恐懼，於是放縱飲酒，收受賄賂，用來隱蔽自己。

癸卯❶，吳郡❷朱燮、晉陵❸管崇聚眾寇掠江左。燮本還俗❹道人，涉獵經史，頗知兵法，形容❺眇小❻，為崑山縣❼博士❽，與數十學生起兵，民苦役者赴之如歸。崇長大，美姿容，志氣倜儻，隱居常熟❾，自言有王者相❿，故羣盜相與奉之。時帝在涿郡，命虎牙郎將⓫趙六兒將兵萬人屯揚子⓬，分為五營以備南賊⓭。崇遣其將陸顗度江，夜襲六兒，破其兩營，收其器械軍資而去，眾益盛，至十萬。

辛酉⓮，司農卿⓯雲陽趙元淑⓰坐楊玄感黨伏誅。帝使大理卿鄭善果、御史大夫裴蘊、刑部侍郎骨儀⓱與留守樊子蓋推玄感黨與。儀，本天竺⓲胡人也。帝謂蘊曰：「玄感一呼而從者十萬，益知天下人不欲多，多即相聚為盜耳。不盡加誅，無以懲後。」子蓋性既殘酷，蘊復受此旨，由是峻法治之，所殺三萬餘人，皆籍沒其家，枉死⑲者太半，流徙⑳者六千餘人。玄感之圍東都也，開倉賑給百姓。凡受米者，皆阬之於都城之南。玄感所善文士會稽虞綽㉑、琅邪王胄㉒俱坐徙邊，綽、胄亡命，捕得，誅之。

帝善屬文㉓，不欲人出其右㉔。薛道衡死，帝曰：「更㉕能作『空梁落燕泥』否？」王胄死，帝誦其佳句曰：「『庭草無人隨意綠』，復能作此語邪？」帝自負才學㉖，每驕天下之士，嘗謂侍臣曰：「天下皆謂朕承藉緒餘㉗而有四海，設㉘令朕與士大夫㉙高選，亦當為天子矣。」

帝從容謂祕書郎㉚虞世南㉛曰：「我性不喜人諫，若位望通顯㉜而諫以求名者[1]，彌所不耐。至於卑賤之士，雖少寬假㉝，然卒[2]不置之地上。汝其知之！」世南，世基之弟也。

帝使裴矩安集㉞隴右，因之會寧，存問㉟曷薩那可汗部落，遣闕度設寇掠吐谷渾以自富，還而奏狀㊱，帝大賞之。

九月己卯㊲，東海㊳民彭孝才起為盜，有眾數萬。

甲午㊴，車駕至上谷㊵，以供費㊶不給㊷，免太守虞荷等官。閏月己巳㊸，幸博陵㊹。

冬，十月丁丑㊺，賊帥呂明星圍東郡㊻，虎賁郎將費青奴擊破之。劉元進帥其眾將度江，會楊玄感敗，朱燮、管崇共迎元進，推以為主，據吳郡，稱天子，燮、崇俱為尚書僕射，署置百官，毗陵、東陽、會稽、建安㊼豪傑多執長吏㊽以應之。帝遣左屯衛大將軍代人吐萬緒㊾、光祿大夫下邽魚俱羅㊿將兵討之。

十一月己酉51，右候衛將軍馮孝慈討張金稱於清河，孝慈敗死。楊玄感之西也，韋福嗣亡詣東都歸首52，是時如其比者53皆不問。樊子蓋收玄感文簿54，得其書草55，封以呈帝，帝命執送行在。李密亡命56，為人所獲，亦送東都。樊子蓋鎖送福嗣、密及楊積善、王仲伯等十餘人詣高陽，密與王仲伯等竊謀亡去，悉使出其所齎金以示使者曰：「吾等死日，此金並留付公，幸用相瘞57，其餘即皆報德。」使者利其金，許諾，防禁漸弛。密請通市58酒食，每宴飲，諠譁竟夕59，使者不以為意，行至魏郡60石梁驛61，飲62防守者皆醉，穿牆而逸63。密呼韋福嗣同去，福嗣曰：「我無罪，天子不過一面64責我耳。」至高陽，帝以書草示福嗣，收付大理(65)。宇文述奏：「凶逆(66)之徒，臣下所當同疾，若不為重法，無以肅將來。」帝曰：「聽公所為。」十二月甲申(67)，述就野外，縛諸應刑者於格(68)上，以車輪括(69)其頸，使文武九品以上皆持兵(70)斫射，亂發矢如蝟毛(71)，支體糜碎(72)，猶在車輪中。積善、福嗣仍加車裂，皆焚而揚之。積善自言手殺玄感，冀得免死。帝曰：「然則梟類(73)耳！」因更其姓曰梟氏。

唐縣(74)人宋子賢，善幻術(75)，能變佛形，自稱彌勒出世，遠近信惑，遂謀因無遮大會(76)舉兵襲乘輿，事泄，伏誅，并誅黨與千餘家。

扶風(77)桑門(78)向海明亦自稱彌勒出世，人有歸心者，輒獲吉夢，由是三輔人翕然(79)奉之，因舉兵反，眾至數萬。丁亥(80)，海明自稱皇帝，改元白烏。詔太僕卿楊義臣擊破之。

帝召衛文昇、樊子蓋詣行在，慰勞之，賞賜極厚，遣還所任(81)。

劉元進攻丹陽(82)，吐萬緒濟江擊破之，元進解圍去，緒進屯曲阿(83)。元進結柵拒緒，相持百餘日，緒擊之，賊眾大潰，死者以萬數。元進挺身(84)夜遁，保其壘。朱燮、管崇等屯毗陵，連營百餘里，緒乘勝進擊，復破之。賊退保黃山(85)，緒圍之，元進、燮僅以身免，於陳(86)斬崇及其將卒五千餘人，收其子女三萬餘口，進解會稽87圍。魚俱羅與緒偕行88，戰無不捷，然百姓從亂者如歸市89，賊敗而復聚，其勢益盛。

元進退據建安，帝令緒進討，緒以士卒疲弊，請息甲90待來春，帝不悅。俱羅亦以賊非歲月91可平，諸子在洛京92，潛遣家僕迎之，帝怒。有司希旨，奏緒怯懦，俱羅敗衄93，俱羅坐斬，徵緒詣行在，緒憂憤，道卒。

帝更遣江都94丞王世充發淮南95兵數萬人討元進。世充度江，頻戰皆捷，元進、燮敗死於吳96，其餘眾或降或散。世充召先降者於通玄寺97瑞像98前焚香為誓，約降者不殺。散者始欲入海為盜，聞之，旬日[3]之間，歸首略盡，世充悉阬之於黃亭澗99，死者三萬餘人。由是餘黨復相聚為盜，官軍不能討，以至隋亡。帝以世充有將帥才，益加寵任。

是歲，詔為盜者籍沒其家。時羣盜所在皆滿，郡縣官因之各專威福，生殺任情矣。

章丘杜伏威100與臨濟輔公祏101為刎頸交102，俱亡命為羣盜。伏威年十六，每出則居前103，入則殿後104，由是其徒推以為帥。下邳苗海潮亦聚眾為盜，伏威使公祏謂之曰：「今我與君同苦隋政105，各舉大義106，力分勢弱，常恐被擒，若合為一，則足以敵隋矣。君能為主，吾當敬從。自揆[107]不堪，宜來聽命，不則一戰以決雌雄[108]。」海潮懼，即帥其眾降之。伏威轉掠淮南，自稱將軍，江都留守遣校尉[109]宋顥討之，伏威與戰，陽為不勝，引顥眾入葭葦[110]中，因從上風縱火，顥眾皆燒死。海陵[111]賊帥趙破陳以伏威兵少，輕之[112]，召與并力[113]，伏威使公祏嚴兵[114]居外，自與左右十人齎牛酒入謁，於座殺破陳，并其眾。

【章旨】以上為第四段，寫隋煬帝平定楊玄感之亂，並未警悟戒懼，而是變本加厲施行暴政，信用群小，賞罰顛倒，民不堪命，江淮地區民眾暴動，成了大起義的中心。

【注釋】❶癸卯　八月二日。❷吳郡　郡名，治所吳縣，在今江蘇蘇州。❸晉陵　郡名，治所晉陵縣，在今江蘇常州。❹還俗　出家為僧道後，又再回家為俗人，稱還俗。❺形容　容貌、體形。❻眇小　細小。❼崑山縣　縣名，縣治在今江蘇蘇州。❽博士　縣博士不見於〈隋志〉，大概位在曹佐、市令以下。❾常熟　縣名，縣治在今江蘇常熟境。❿王者相　帝王的相貌。⓫虎牙郎將　武官名，隋代十二衛虎賁郎將的副將，掌宿衛。⓬揚子　地名，故址在今江蘇儀徵東南。⓭南賊　指在江南一帶活動的劉元進、朱燮、管崇等反隋軍隊。⓮辛酉　八月二十日。⓯司農卿　官名，司農寺長官，掌倉市薪米、園池果實等。⓰趙元淑　(?—西元六一三年)博陵(今河北定縣)人，寓居雲陽(今陝西涇陽西北)。歷仕周、隋，官至司農卿。傳見《隋書》卷七十、《北史》卷四十一。⓱骨儀　(?—西元六一七年)京兆長安(今陝西西安)人，仕隋，官至刑部侍郎。傳附《隋書・陰壽傳》、《北史・陰壽傳》。⓲天竺　古國名，即今印度。⓳枉死　受冤枉而死的。枉，冤屈。⓴流徙　流放。㉑虞綽　(西元五六一—六一四年)字士裕，會稽餘姚(今浙江餘姚)人，歷仕陳、隋，官至著作佐郎。傳見《隋書》卷七十六、《北史》卷八十三。㉒王胄　(西元五五八—六一三年)字承基，琅邪臨沂(今山東臨沂)人，歷仕陳、隋，官至朝散大夫。傳見《隋書》卷七十六、《北史》卷八十三。㉓屬文　寫作。屬，撰寫。㉔右　上。古人常以右為尊。㉕更　還；再。㉖才學　才能與學問。㉗承藉緒餘　指承繼帝王之業。承藉，憑藉。藉，借。緒餘，業餘；遺業。指帝王緒業之餘。㉘設　假使；假若。㉙士大夫　古代指居官有職位的人。㉚祕書郎　官名，隸祕書省，掌校寫經籍圖書。㉛虞世南　（西元五五八—六三八年）字伯施，越州餘姚（今浙江餘姚）人，歷仕陳、隋與唐三代，官至銀青光祿大夫、弘文館學士。有文集三十卷。傳見《舊唐書》卷七十二、《新唐書》卷一百二。㉜通顯　謂官位高，名聲大。㉝寬假　寬貸；寬容。假，寬容。㉞安集　安撫聚集。㉟存問　慰問；問候。㊱奏狀　把情況上奏朝廷。狀，狀況；情狀。㊲己卯　九月八日。㊳東海　郡名，治所朐山縣，在今江蘇連雲港市西南海州鎮。㊴甲午　九月二十三日。㊵上谷　郡名，治所易縣，在今河北易縣。㊶供費　供應的費用。㊷不給　不足。給，豐足。㊸己巳　閏九月二十八日。㊹博陵　郡名，治所鮮虞縣，在今河北定州。㊺丁丑　十月七日。㊻東郡　郡名，治所瑕丘，在今山東兗州。㊼毗陵東陽會稽建安　皆郡名。毗陵郡，治所晉陵縣，在今江蘇常州。東陽郡，治所金華縣，在今浙江金華。建安郡，治所閩縣，在今福建福州。㊽長吏　縣令、長、丞等皆稱長吏，泛指地方官中地位較高的人。㊾吐萬緒　（?—西元六一三年）字長緒，代郡（今山西代縣）鮮卑族人，歷仕周、隋，官至左屯衛大將軍。傳見《隋書》卷六十五、《北史》卷七十八。㊿魚俱羅　馮翊下邽（今陝西渭南縣北）人，仕隋，官至車騎將軍。傳見《隋書》卷六十四、《北史》卷七十八。(51)己酉　十一月九日。(52)歸首　投案自首。(53)如其比者　與韋福嗣相類似的。比，類似。(54)文簿　公文案卷。(55)書草　指給樊子蓋書信的草稿。(56)亡命　逃亡在外。(57)瘞　埋葬。(58)通市　通商。此指以金買物。(59)竟夕　終夜。竟，窮；終。(60)魏郡　郡名，治所安陽縣，在今河南安陽。(61)石梁驛　驛站名，故址在今河南安陽。(62)飲　使防守者飲酒。(63)逸　逃亡。(64)一面　一次會面。(65)大理　官署名，即大理寺，掌刑法獄案。(66)凶逆　兇惡的反叛者。凶，惡。(67)甲申　十二月十五日。(68)格　支架。(69)括　捆束。(70)持兵　手拿兵器。兵，兵器。(71)蝟毛　刺蝟毛。形容箭矢之多。(72)糜碎　又爛又碎。糜，爛。(73)梟類　梟鳥之類。梟，鳥名，貓頭鷹。古時傳說梟食其母，故以梟比喻惡人。(74)唐縣　縣名，縣治在今河北唐縣西。(75)幻術　幻化的法術；魔術。幻，假而似真，虛而不實。(76)無遮大會　佛教舉行的一種以布施為中心的法會，梵語般闍于瑟。華言解免。每五年舉行一次，故也稱般遮大會或五年大會。(77)扶風　郡名，治所雍縣，在今陝西鳳翔。(78)桑門　僧。梵語。即「沙門」的不同譯法。(79)翕然　聚合趨附的樣子。翕，合；聚。(80)丁亥　十二月十八日。(81)遣還所任　命他們各自返回留守任所。(82)丹陽　據胡三省注，此丹陽不是〈隋志〉丹陽郡，而是潤州管下丹陽縣，本曲阿，縣治在今江蘇丹陽。(83)曲阿　丹陽縣治，在今江蘇丹陽。(84)挺身　引身；脫身。(85)黃山　山名，一名筆架山，在今江蘇蘇州西南。(86)陳　通「陣」。(87)會稽　郡名，治所山陰縣，在今浙江紹興。(88)偕行　相伴而行。偕，共同；一起。(89)歸市　擁向集市。形容人多而踴躍。(90)息甲　解除盔甲，停戰之意。(91)歲月　年月；時序。此指短期間內。(92)洛京　指洛陽。洛陽為隋東都，故稱為洛京。(93)敗

衄　戰敗。衄，挫折；失敗。94江都　郡名，治所江陽，在今江蘇揚州。95淮南　泛指淮河以南地區，大致為今江蘇、安徽兩省長江以北、淮河以南的地方。96吳　指吳縣。吳郡治所，在今江蘇蘇州。97通玄寺　寺名，故址在今河南洛陽內。98瑞像　指佛像。99黃亭澗　山澗名，故址在今河南鞏縣西南。100杜伏威　（？—西元六二二年）齊州章丘（今山東章丘西北）人，起兵反隋後，佔有江東、淮南之地。後降唐，官至太子太保，兼行臺尚書令。傳見《舊唐書》卷五十六、《新唐書》卷九十二。101輔公祏　（？—西元六二二年）齊州臨濟（今山東章丘西北）人，與杜伏威一同起兵反隋，後降唐，又反，被殺。傳見《舊唐書》卷五十六、《新唐書》卷八十七。102刎頸交　指友誼深摯，可以同生死共患難的朋友。103出則居前　每出戰則衝鋒在前。104入則殿後　每回營則在最後斷敵。退卻在後的意思。殿，行軍的尾部，容易受敵人襲擊。105苦隋政　為隋政所苦。106舉大義　指起義兵反隋。107自揆　自己揣度。揆，測度；度量。108決雌雄　決定勝負。109校尉　武官名，隋煬帝設置鷹揚府郎將，每府置越騎校尉二人，掌騎兵；步兵校尉二人，掌步兵。110葭葦　蘆葦。111海陵　縣名，縣治在今江蘇泰州。112輕之　指輕視杜伏威。113并力　合力。114嚴兵　嚴密布置軍隊。

【校記】[1]者　原無此字。據章鈺校，十二行本、乙十一行本、孔天胤本皆有此字，張敦仁《通鑑刊本識誤》同，今據補。[2]卒　原無此字。據章鈺校，十二行本、乙十一行本皆有此字，張敦仁《通鑑刊本識誤》同，今據補。按，《通鑑紀事本末》卷二六、《通鑑綱目》卷三七上皆有此字。[3]日　原作「月」。據章鈺校，十二行本、乙十一行本、孔天胤本皆作「日」，今據改。按，《通鑑紀事本末》卷二六作「日」。

【語譯】八月初二日癸卯，吳郡人朱燮、晉陵人管崇聚眾搶掠江東一帶。朱燮本是個還俗道人，涉獵經史，頗通兵法，形體瘦小，為崑山縣博士，他和幾十名學生起兵，飽受賦役之苦的百姓都像回家一樣去投奔他。管崇身材高大，相貌俊美，志氣不凡，隱居常熟，自稱有帝王之相，因此群盜一齊擁戴他為首領。當時隋煬帝在涿郡，命令虎牙郎將趙六兒領兵一萬人駐守揚子，分為五營，以防備南面的賊人。管崇派部將陸顗渡江，夜襲趙六兒，攻破兩個營壘，繳獲他們的武器物資後離去。管崇的部眾越來越多，達到十萬人。

八月二十日辛酉，司農卿雲陽人趙元淑因為是楊玄感的同黨被株連判罪而死。隋煬帝派大理卿鄭善果、御史大夫裴蘊、刑部侍郎骨儀與東都留守樊子蓋追查楊玄感的同黨。骨儀原是天竺的胡人。隋煬帝對裴蘊說：

「楊玄感振臂一呼，響應的人就有十萬，我越發知道天下的人不應太多，人多了就相聚為盜。不把造反的人完全殺絕，就無法懲戒後人。」樊子蓋本性就殘酷，裴蘊又接受了隋煬帝的這個旨意，因此，用嚴刑峻法懲治楊玄感同黨，屠殺了三萬多人，全都抄沒他們的家產，冤枉而死的人有一大半，流放發配邊地的有六千餘人。楊玄感包圍東都時，打開糧倉賑濟百姓。凡是收受糧米的人，都被活埋於東都城南。與楊玄感交好的文士會稽人虞綽、琅邪人王胄也被罰流放邊疆。虞綽、王胄逃亡，抓獲後，處死了他們。

隋煬帝善寫文章，不願別人超過他。薛道衡被賜死，隋煬帝說：「還能寫『空梁落燕泥』嗎？」王胄被處死，隋煬帝吟誦他的佳句，說：「『庭草無人隨意綠』，還能寫這樣的句子嗎？」隋煬帝自負有文才學問，常傲視天下的文士，曾對侍臣說：「天下人都認為朕繼承先帝的遺業才擁有天下，實際上即使讓朕和士大夫一樣參加選拔，我也應當做天子。」

隋煬帝閒談時對祕書郎虞世南說：「我生性不喜歡別人進諫，如果是位高望重還想通過進諫來搏取名聲的人，我更加不能容忍。至於地位卑賤的士人，雖然可以稍許寬容，但最終也不會讓他有安身立命之地。你要知道這些話！」虞世南，是虞世基的弟弟。

隋煬帝派裴矩安撫隴右，裴矩於是到了會寧，慰問曷薩那可汗部落，派闕度設劫掠吐谷渾來增加自己的財富。裴矩回到京都把情況向隋煬帝奏報，隋煬帝大加讚許。

九月初八日己卯，東海郡人彭孝才起來造反，有數萬之眾。

九月二十三日甲午，隋煬帝車駕到達上谷，因為供應的費用不足，罷免了太守虞荷等人的官職。閏九月二十八日己巳，幸臨博陵。

冬，十月初七日丁丑，賊人的首領呂明星包圍東郡，虎賁郎將費青奴打敗了他。

劉元進率領部眾將渡過長江，恰好楊玄感敗亡，朱燮、管崇一起迎接劉元進，推舉他為頭領，攻佔吳郡，自稱天子，朱燮、管崇都擔任尚書僕射，設置百官，毗陵、東陽、會稽、建安等郡的地方豪紳，大都抓捕了地方長官，響應劉元進。隋煬帝派遣左屯衛大將軍代郡人吐萬緒、光祿大夫下邽人魚俱羅領兵討伐。

十一月初九日己酉，右候衛將軍馮孝慈在清河郡討伐張金稱，馮孝慈戰敗而死。

楊玄感向西進兵的時候，韋福嗣逃到東都投案自首，當時像他這樣的人都不追究。樊子蓋收繳了楊玄感的文書信札，發現了韋福嗣所寫的文書草稿，密封呈送隋煬帝，隋煬帝下令把韋福嗣押送到行在所。李密逃亡，被人抓獲，也押送到東都。樊子蓋把韋福嗣、李密，以及楊積善、王仲伯等十多個人上了枷鎖，押送到高陽，李密與王仲伯等人暗中策劃逃亡，讓大家拿出了身邊所帶的全部金子給使者看，並說：「我們死的那一天，這些金子全部留下交給你，請你用來給我們安葬，剩餘的金子你收下算是我們報答你的恩德。」使者貪圖金子，答應了，逐漸放鬆了防備。李密請求使者允許到酒店買酒食，每次宴飲，喧譁通宵，使者滿不在意。走到魏郡石梁驛，讓防守的人都喝醉了，李密等人鑿穿牆壁逃走。李密叫韋福嗣一起逃走，韋福嗣說：「我沒有罪，天子不過見一次面訓斥我罷了。」到了高陽，隋煬帝把繳獲的文書草稿出示給韋福嗣，把他收押交給大理寺。宇文述上奏說：「兇惡叛逆之徒，臣下都應該痛恨，如果不處以重刑，就不能警戒後來。」隋煬帝說：「任你處置。」十二月十五日甲申，宇文述到野外，把那些應該受刑的人綁在木頭支架上，用車輪套住頭頸，讓九品以上的文武官員全都手持兵器又砍又射，亂箭射到受刑者身上如同刺蝟毛，受刑者肢體糜爛破碎，仍被套在車輪之中。楊積善和韋福嗣另外還要處以車裂之刑，都焚屍揚灰。楊積善說自己親手殺死了楊玄感，希望能免一死。隋煬帝說：「那麼你就是梟一類的東西罷了！」便改楊積善的姓為梟。

唐縣人宋子賢，擅長幻術，能變幻成佛的形像，自稱是彌勒出世。遠近的人被迷惑相信，宋子賢於是圖謀利用無遮大會的機會舉兵襲擊隋煬帝，事情洩露，宋子賢被誅殺，牽連被殺的同黨有一千多家。

扶風和尚向海明也自稱是彌勒出世，想要歸附他的人，就會得到吉利的夢，因此三輔地方的人都紛紛信奉他，向海明於是起兵造反，部眾達到數萬人。十二月十八日丁亥，向海明自稱皇帝，改年號為白烏。隋煬帝下詔命令太僕卿楊義臣攻打向海明，打敗了他。

隋煬帝宣召衛文昇、樊子蓋前往行宮，慰勞他們，賞賜極為豐厚，命令他們回到自己的任上。

劉元進攻打丹陽，吐萬緒渡江打敗了他，劉元進解圍離去，吐萬緒進軍駐屯曲阿。劉元進構築柵欄抵抗吐萬緒，雙方相持百餘日，吐萬緒發起進攻，劉元進部眾大敗，死者數萬。劉元進脫身夜遁，堅守營壘。朱燮、管崇等人駐守毗陵，軍營連綿一百多里。吐萬緒乘勝進擊，又把朱燮、劉元進等人擊敗。朱、劉等人退保黃山，吐萬緒包圍了他們，劉元進、朱燮僅隻身逃出，官軍在陣前斬殺管崇及其將士五千餘人，俘獲其子女三萬餘人還進軍解了會稽之圍。魚俱羅與吐萬緒一起出征，戰無不勝，但是百姓隨從造反的人多得如同像趕集一樣，賊兵失敗後又聚集起來，聲勢更加壯大。

劉元進退守建安，隋煬帝命令吐萬緒進軍討伐，吐萬緒因士卒疲憊不堪，請求停戰等來年春天，隋煬帝很不高興。魚俱羅也認為造反的人不是短期可以平定的，他的幾個兒子都在東都洛陽，暗地派家奴來接魚俱羅，隋煬帝很生氣。主管官員迎合隋煬帝的旨意，上奏說吐萬緒懦弱怯敵，魚俱羅常打敗仗，魚俱羅獲罪被斬，隋煬帝徵召吐萬緒到行宮，吐萬緒憂懼悲憤，途中死去。

隋煬帝另外派遣江都郡丞王世充徵調淮南兵幾萬人討伐劉元進。王世充渡江，屢戰皆勝，劉元進、朱燮在吳縣兵敗身亡，他們的殘餘部眾有的投降，有的逃散。王世充召集先投降的人在通玄寺的佛像前焚香盟誓，約定不殺投降的人。逃散的人起先想入海為盜，聽到這個消息，十天之內，幾乎全部回來自首，王世充把這些人全部活埋在黃亭澗，死的人有三萬多，因此，其餘的人又相聚為盜，官軍不能討伐平定，以至隋亡。隋煬帝認為王世充有將帥之才，對他更加寵信重用。

這一年，隋煬帝下詔，凡作盜賊的人，抄沒其家。當時到處都是成群的盜賊，各地郡縣官吏藉機作威作福，生殺隨意。

章丘人杜伏威和臨濟人輔公祏是生死之交，他們都逃亡聚眾為盜。杜伏威十六歲，每次出戰都衝鋒在前，撤退時他便殿後，因此同夥推舉他為首領。下邳人苗海潮也聚眾為盜，杜伏威派輔公祏對苗海潮說：「如今我和您都深受隋朝苛政之苦，各舉義旗，力量分散，勢力弱小，常常擔心被擒獲。如果我們合而為一，那麼就足以對抗隋朝了。要是您能當領袖，我當恭敬相從，要是您估量自己不能勝任，就應前來聽從我的命令，否則我們可以一戰以決雌雄。」苗海潮害怕，隨即率領部眾歸降了杜伏威。杜伏威在淮南一帶轉戰掠奪，自稱將軍。江都留守派校尉宋顥率兵討伐，杜伏威與宋顥交戰，假裝不勝，把宋顥部眾引入蘆葦叢中，乘機從上風放火，宋顥部眾全被燒死。海陵賊人首領趙破陣認為杜伏威兵少，看不起他，想把杜伏威召來合併。杜伏威派輔公祏布兵在外，自己和身邊十個人帶著牛肉美酒進入趙破陣的營帳拜見他，把趙破陣殺死在座位上，合併了他的部眾。

十年（甲戌　西元六一四年）

春，二月辛未❶，詔百僚議伐高麗，數日，無敢言者。戊子❷，詔復徵天下兵，百道俱進。

丁酉❸，扶風賊帥唐弼立李弘芝為天子，有眾十萬，自稱唐王。

三月壬子❹，帝行幸涿郡，士卒在道，亡者相繼。癸亥❺，至臨渝宮❻，禡祭❼黃帝❽，斬叛軍者以釁鼓❾，亡者亦不止。

夏，四月，榆林❿太守成紀董純⓫與彭城賊帥張大虎戰於昌慮⓬，大破之，斬首萬餘級。

甲午⓭，車駕至北平⓮。

五月庚申⓯，延安⓰賊帥劉迦論自稱皇王，建元⓱大世，有眾十萬，與稽胡相表裏為寇。詔以左驍衛大將軍屈突通為關內討捕大使⓲，發兵擊之，戰於上郡⓳，斬迦論并[1]將卒⑳萬餘級，虜男女數萬口而還。

秋，七月癸丑㉑，車駕次懷遠鎮。時天下已亂，所徵兵多失期㉒不至，高麗亦困弊。來護兒至畢奢城㉓，高麗舉兵逆戰，護兒擊破之，將趣平壤，高麗王元懼，甲子㉔，遣使乞降，囚送斛斯政。帝大悅，遣使持節召護兒還。護兒集眾曰：「大軍三出，未能平賊，此還不可復來，勞而無功，吾竊恥㉕之。今高麗實困，以此眾擊之，不日㉖可克，吾欲進兵徑圍平壤，取高元，獻捷而歸，不亦善乎？」答表請行，不肯奉詔㉗。長史崔君肅固爭，護兒不可，曰：「賊勢破矣，獨以相任，自足辦之。吾在閫外㉘，事當專決，寧得高元還而獲譴㉙，捨此成功，所不能矣！」君肅告眾曰：「若從元帥違拒㉚詔書，必當聞奏，皆應獲罪。」諸將懼，俱請還，乃始奉詔。

八月己巳㉛，帝自懷遠鎮班師。邯鄲㉜賊帥楊公卿帥其黨八千人，抄㉝駕後第八隊，得飛黃上廄㉞馬四十二匹而去。冬，十月丁卯㉟，上至東都。己丑㊱，還西京。以高麗使者及斛斯政告太廟，仍徵高麗王元入朝，元竟不至。敕將帥嚴裝㊲，更圖後舉㊳，竟不果行。

初，開皇之末，國家殷盛㊴，朝野皆以高麗為意㊵，劉炫獨以為不可，作撫夷論[41]以刺之，至是，其言始驗。

十一月丙申[42]，殺斛斯政於金光門[43]外，如楊積善之法，仍烹[44]其肉，使百官啖之，佞者或啖[45]之至飽，收其餘骨，焚而揚之。

乙巳[46]，有事[47]于南郊，上不齋于次[48]。詰朝[49]，備法駕[50]，至即行禮。是日，大風。上獨獻[51]上帝，三公分獻五帝[52]。禮畢，御馬疾驅而歸。

乙卯[53]，離石胡[54]劉苗王反，自稱天子，眾至數萬。將軍潘長文討之，不克。汲郡[55]賊帥王德仁擁眾數萬，保林慮山[56]為盜。

帝將如東都，太史令庾質諫曰：「比歲[57]伐遼，民實勞弊[58]，陛下宜鎮撫關內，使百姓盡力農桑，三五年間，四海稍豐實，然後巡省[59]，於事為宜。」帝不悅。質辭疾不從，帝怒，下質獄，竟死獄中。十二月壬申[60]，帝如東都，赦天下。戊子[61]，入東都。

東海賊帥彭孝才轉掠沂水[62]，彭城[63]留守董純討擒之。純戰雖屢捷，而盜賊日滋[64]。或譖純怯懦，帝怒，鎖純詣東都，誅之。

孟讓自長白山寇掠諸郡，至盱眙[65]，眾十餘萬，據都梁宮[66]，阻淮為固[67]。江都丞王世充將兵拒之，為五柵以塞險要，羸形[68]示弱。讓笑曰：「世充文法小吏[69]，安能將兵？吾今生縛取[70]，鼓行入江都耳。」時民皆結堡自固，野無所掠，賊眾漸餒，乃少留兵，圍五柵，分人於南方抄掠。世充伺其懈，縱兵出擊，大破之，讓以數十騎遁去，斬首萬餘級。

齊郡賊帥左孝友眾十萬屯蹲狗山[71]，郡丞張須陀列營逼之，孝友窘迫[72]出降。須陀威振東夏[73]，以功遷齊郡通守[74]，領河南道十二郡黜陟討捕大使[75]。涿郡賊帥盧明月眾十餘萬軍祝阿[76]，須陀將萬人邀之。相持十餘日，糧盡，將退，謂將士曰：「賊見吾退，必悉眾來追，若以千人襲據[77]其營，可有大利。此誠危事，誰能往者？」眾莫對，唯羅士信及歷城秦叔寶[78]請行。於是須陀委[79]柵而遁，使二人分將千兵伏葭葦中，明月悉眾追之。士信、叔寶馳至其柵，柵門閉，二人超升其樓，各殺數人，營中大亂。二人斬關[80]以納外兵，因縱火焚其三十餘柵，煙焰漲天。明月奔還，須陀回軍奮擊，大破之，明月以數百騎遁去，所俘斬[81]無算[82]。叔寶名瓊，以字行[83]。

【章　旨】以上為第五段，寫大業十年（西元六一四年），隋軍在全國各地鎮壓起義軍，各路隋軍多次打勝仗，但造反的人卻越來越多，在全國形成了燎原之勢。

【注　釋】❶辛未　二月初三日。❷戊子　二月二十日。❸丁酉　二月二十九日。❹壬子　三月十四日。❺癸亥　三月二十五日。❻臨渝宮　行宮名，故址在今河北盧龍境。❼禡祭　古代行軍在野外祭神稱禡祭。此指隋煬帝禡祭黃帝是為了求福。❽黃帝　古代傳說中的五帝之一。他曾於阪泉打敗炎帝，又於涿鹿之野殺死蚩尤，從而平定天下，諸侯尊他為天子。❾釁鼓　殺人用血塗鼓。釁，血祭。殺牲後，以牲血塗於器物的縫隙也稱釁。❿榆林　郡名，治所榆林縣，在今內蒙古準噶爾旗東北。⓫董純　（？—西元六一四年）字德厚，隴西成紀（今甘肅靜寧西南）人，仕隋，官至榆林太守。傳見《隋書》卷六十五、《北史》卷七十八。⓬昌慮　縣名，縣治在今山東滕州東南。⓭甲午　四月二十七日。⓮北平　郡名，治所新昌縣，在今河北盧龍。⓯庚申　五月二十三日。⓰延安　郡名，治所膚施縣，在今陝西延安東。⓱建元　設立年號。⓲討捕大使　官名，隋煬帝臨時特派的去鎮壓各地反叛的使節。⓳上郡　郡名，治所洛交縣，在今陝西富縣。⓴并將卒　及其將卒；連同將卒。㉑癸丑　七月十七日。㉒失期　超過規定的日期。㉓畢奢城　城名，即卑沙城，在今遼寧大連東北。㉔甲子　七月二十八日。㉕竊恥　私下認為是恥辱。竊，自謙之詞，指自己、私下。㉖不日　不久；沒幾天。㉗奉詔　奉行詔令。㉘閫外　指統兵在外。閫，指郭門、國門。㉙獲譴　受到治罪。譴，罪過。㉚違拒　違背抗拒。㉛己巳　八月初四日。㉜邯鄲　縣名，縣治在今河北邯鄲。㉝抄　掠奪；搶劫。㉞飛黃上廐　飼養御馬的場所。隋尚乘局置左、右六閑，其一是左、右飛黃閑。廐，馬棚。㉟丁卯　十月初三日。㊱己丑　十月二十五日。㊲嚴裝　也作「嚴妝」。整齊裝束。㊳後舉　指以後再興兵討伐高麗的舉動。㊴殷盛　富足強盛。殷，富裕。㊵以高麗為意　以討伐高麗為自己的願望。意，願望；意圖。㊶撫夷論　文章名，其意以為高麗不可伐，用以諷勸人們。㊷丙申　十一月二日。㊸金光門　城門名，即大興城西三門之中的中門。㊹烹　古代用鼎鑊煮人的酷刑。㊺噉　吃。㊻乙巳　十一月十一日。㊼有事　指祭祀。㊽次　指祭祀前齋戒之處。㊾詰朝　明旦；明朝。㊿法駕　皇帝的車駕。也稱法車。隋煬帝改開皇制度，法駕由六乘改為十二乘。(51)獻　獻祭。(52)五帝　指天上五方之帝。東方蒼帝，西方白帝，南方赤帝，北方黑帝，中央黃帝。(53)乙卯　十一月二十一日。(54)離石胡　離石，郡名，治所離石縣，在今山西離石。離石胡即指居住在離石郡一帶的胡人。(55)汲郡　郡名，治所衛縣，在今河南淇縣東。(56)林慮山　山名，一名隆慮山。故址在今河南林州西。(57)比歲　近年。(58)勞弊　疲勞破弊。(59)巡省　巡視。巡，察看。省，察看。(60)壬申　十二月初九日。(61)戊子　十二月二十五日。(62)沂水　水名，今稱沂河，源出今山東沂源魯山，南流經臨沂入江蘇境。(63)彭城　郡名，治所彭城縣，在今江蘇徐州。(64)日滋　一天比一天增多。滋，增長。(65)盱眙　縣名，縣治在今江蘇盱眙東北。(66)都梁宮　行宮名，故址在今江蘇盱眙境。(67)阻淮為固　以淮水相阻隔進行固守。(68)羸形　虛弱。(69)文法小吏　只懂得法令條文的小官。文法，法制；法令條文。(70)生縛取　活捉。(71)蹲狗山　山名，以形似蹲坐的狗而得名。故址在今山東濟南附近。(72)窘迫　困迫；無路可走。

❼東夏　中國的東部。夏，中國的古稱。❼通守　官名，隋煬帝改州為郡，郡置太守，又各加置通守一人，位在太守下，佐助太守，治理郡事。❼黜陟討捕大使　官名，天子臨時差遣，掌督察官吏與討伐反叛。黜，降職。陟，升遷。❼軍祝阿　駐軍祝阿。祝阿，縣名，縣治在今山東禹城市西南。❼襲據　襲破而佔據。❼秦叔寶　（？—西元六三八年）名瓊，齊州歷城（今山東濟南市）人，先仕隋，後加入李密軍，最終歸唐，官至左武衛大將軍，封翼國公。傳見《舊唐書》卷六十八、《新唐書》卷八十九。❼委　丟棄。❽斬關　殺死營門守兵。❽俘斬　俘虜與斬首。❽無筭　無從計算；不可勝數。筭，同「算」。數；計數。❽以字行　以字行世。古人有名有字，以字代名，稱以字行。

【校　記】①并　原無此字。據章鈺校，十二行本、乙十一行本、孔天胤本皆有此字，張敦仁《通鑑刊本識誤》、張瑛《通鑑校勘記》同，今據補。

【語　譯】十年（甲戌　西元六一四年）

春，二月初三日辛未，隋煬帝下詔百官商議討伐高麗。幾天，都沒有人敢說話。二十日戊子，下詔再次徵調全國軍隊，被徵調的各路軍隊同時進發。

二月二十九日丁酉，扶風的賊人首領唐弼擁立李弘芝為天子，有部眾十萬，自稱唐王。

三月十四日壬子，隋煬帝出行駕臨涿郡，途中士兵不斷逃亡。二十五日癸亥，隋煬帝到達臨渝宮，在野外祭祀黃帝，斬殺叛離部隊的士兵用血祭鼓，但逃亡也未能禁止。

夏，四月，榆林太守成紀人董純與彭城賊兵首領張大虎在昌慮交戰，把張大虎打得大敗，斬殺一萬多人。

四月二十七日甲午，隋煬帝車駕到達北平。

五月二十三日庚申，延安賊兵首領劉迦論自稱皇王，建年號為大世，擁有部眾十萬人，與稽胡部落裡應外合抄掠搶劫。隋煬帝下詔任命左驍衛大將軍屈突通為關內討捕大使，發兵攻打劉迦論，在上郡交戰，屈突通殺了劉迦論連同他的部眾一萬多人，俘虜男女數萬人而回。

秋，七月十七日癸丑，隋煬帝車駕停駐懷遠鎮。當時全國大亂，徵調的士兵多數不能按期到達，高麗國也困乏疲憊。來護兒到達畢奢城，高麗發兵迎戰，來護兒打敗高麗軍隊，將要奔赴平壤，高麗王高元害怕了。

二十八日甲子，派遣使者請求投降，把斛斯政用囚車送還。隋煬帝大為高興，派使者持節召來護兒回師。來護兒集合眾將說：「隋朝大軍三次出征，沒有能夠平定高麗，這次回去不可能再來了，勞而無功，我個人深感羞愧。如今高麗確實困窘，拿我們這些軍隊攻擊它，要不了幾天就可打敗他們，我打算進兵直接包圍平壤，抓獲高元，獻上戰果然後班師，不是更好嗎？」於是來護兒回報奏表請求進兵，不肯接受回軍的詔命。長史崔君肅堅決反對，來護兒不聽，說：「高麗的兵勢已經崩潰，只須我們這一路軍隊，足可以平定。我現在統兵在外，遇事可以獨斷專行，寧願抓獲高元回去而被皇上治罪，捨棄這次成功，我做不到啊！」崔君肅告訴眾將官說：「如果聽從元帥違抗詔命，我一定要上奏皇上，大家都要被治罪。」眾將官都害怕了，全都請求回師，來護兒這才聽從了詔命。

八月初四日己巳，隋煬帝從懷遠鎮班師。邯鄲縣賊軍首領楊公卿率領他的同黨八千人，搶劫皇上車駕後面的第八隊官兵，獲得飛黃上廄所養御用駿馬四十二匹後離去。冬，十月初三日丁卯，隋煬帝到達東都洛陽。二十五日己丑，返回西京長安。隋煬帝用高麗使者和斛斯政祭告太廟，便徵召高麗王高元入朝觀見，高元終究沒來。隋煬帝下令將帥嚴裝待命，準備再次東征高麗，結果沒有成行。

當初，開皇末年，朝廷殷實強盛，朝野上下都想討伐高麗，只有劉炫認為不可，作了〈撫夷論〉來批評，到這時，他的話才得到了驗證。

十一月初二日丙申，在金光門外殺了斛斯政，就像殺楊積善的方法一樣，還把他的肉下鍋煮熟，讓百官們吃，一些奸佞之徒甚至吃飽了肚子，最後收取剩下的骨頭，燒成灰散揚。

十一月十一日乙巳，在南郊祭天，皇上沒有至齋戒處齋戒。明天早上，備好法駕，到達南郊立即舉行祭祀典禮。當天，大風，皇上單獨向昊天上帝獻祭，三公分別向五方帝獻祭。禮儀完畢，隋煬帝乘馬飛奔回宮。

十一月二十一日乙卯，離石郡胡人劉苗王造反，自稱天子，部眾達到數萬。隋軍將領潘長文討伐他，沒有取勝。

汲郡賊軍首領王德仁擁有部眾幾萬人，據守林慮山為盜。

隋煬帝將往東都，太史令庾質諫阻說：「近年征伐遼東，百姓實在勞苦疲憊，陛下應該安撫關內，使百姓致力農桑，三、五年內，國家逐漸殷實富裕了，然後巡視各地，這樣才比較合宜。」隋煬帝聽了不高興。於是庾質藉口有病不跟隨皇上出行，隋煬帝很生氣，把庾質關進監獄，庾質竟死在獄中。十二月初九日壬申，隋煬帝前往東都，大赦天下。二十五日戊子，隋煬帝進入東都。

東海反賊軍首領彭孝才輾轉搶掠到沂水，彭城留守董純討伐並把他擒獲。董純雖然屢戰屢捷，但是造反的人卻一天比一天多。有人進讒言說董純怯懦，隋煬帝大怒，將董純戴上枷鎖押往東都，把他殺了。

孟讓從長白山寇掠各郡，到達盱眙，有部眾十多萬，佔據都梁行宮，憑藉淮水固守。江都丞王世充領兵抵抗孟讓，構建了五個營寨阻塞險要地方，外露衰疲，以示勢弱。孟讓笑著說：「王世充是個文法小吏，哪能帶兵？我今天要活捉他，擊鼓行進，攻入江都。」當時百姓都構築堡壘自守，野外沒有可搶掠的物資，孟讓的軍隊漸漸飢餓，於是留下少量兵力，包圍王世充的五處營寨，分兵到南方搶掠。王世充趁孟讓鬆懈，縱兵出擊，大敗孟讓，孟讓帶了幾十個騎兵逃走，官軍斬殺一萬多人。

齊郡賊軍首領左孝友的十萬部眾屯駐蹲狗山，齊郡郡丞張須陀列陣進逼蹲狗山，左孝友走投無路出山投降。張須陀威振東夏，因功升遷齊郡通守，兼任河南道十二郡黜陟討捕大使。涿郡賊軍首領盧明月的部眾十多萬人駐紮在祝阿縣，張須陀帶兵一萬人截擊他，雙方相持十多天，糧食光了，將要撤退，張須陀對將士們說：「賊兵看見我們後退，一定全部出動來追擊，如果用一千人襲擊並佔據他們的大營，可以建立大功，這當然是危險事，誰能前往？」大家沒有作聲，只有羅士信和歷城人秦叔寶請求前往。於是張須陀棄營退走，讓羅士信和秦叔寶分別率領一千名士兵埋伏在蘆葦叢中，盧明月出動所有部眾追擊張須陀。羅士信、秦叔寶奔馳到盧明月營寨，營門緊閉，二人爬過柵欄登上門樓，各殺死數人，營中大亂。二人砍開營門，放外面士兵進入，於是縱火燒毀了盧明月的三十多處營寨，煙火滿天。盧明月飛奔回營，張須陀回軍奮擊，大敗盧明月。盧明月率領幾百騎逃走，官軍俘獲殺死的敵人不計其數。秦叔寶名瓊，以字號行世。

十一年（乙亥　西元六一五年）

春，正月，增祕書省官百二十員[1]，並以學士[2]補之。帝好讀書著述，自為揚州總管，置王府學士至百人，常令修撰[3]，以至為帝，前後近二十載，修撰未嘗暫停。自經術[4]、文章、兵、農、地理、醫、卜、釋、道乃至蒱博[5]、鷹狗，皆為新書，無不精洽[6]，共成三十一部，萬七千餘卷。初，西京嘉則殿有書三十七萬卷，帝命祕書監柳顧言[7]等詮次[8]，除其複重猥雜[9]，得正御本[10]三萬七千餘卷，納於東都修文殿。又寫五十副本，簡為三品[11]，分置西京、東都宮、省、官府，其正御[1]書皆裝翦華淨，寶軸[12]錦褾[13]。於觀文殿前為書室十四間，窗戶牀褥廚幔，咸極珍麗，每三間開方戶，垂錦幔。上有二飛仙，戶外地中施機發[14]。帝幸書室，有宮人執香爐[15]，前行踐機[16]，則飛仙下，收幔而上，戶扉[17]及廚扉皆自啟。帝出，則垂閉復故。

帝以戶口逃亡，盜賊繁多，二月庚午[18]，詔民悉城居[19]，田隨近給。郡縣驛亭[20]村塢[21]皆築城。

上谷[22]賊帥王須拔自稱漫天王，國號燕。賊帥魏刀兒自稱歷山飛。眾各十餘萬，北連突厥，南寇燕、趙。

初，高祖夢洪水沒都城，意惡之，故遷都大興。申明公李穆薨，孫筠襲爵。叔父渾忿其吝嗇㉓，使兄子善衡賊殺㉔之，而證其從父弟瞿曇，使之償死。渾謂其妻兄左衛率宇文述曰：「若得紹封㉕，當歲奉㉖國賦㉗之半。」述為之言於太子，奏高祖，以渾為穆嗣。二歲之後，不復以國賦與述，述大恨之。帝即位，渾累官至右驍衛大將軍，改封郕公，帝以其門族彊盛，忌之。會有方士㉘安伽陁言李氏當為天子，勸帝盡誅海內凡㉙李姓者。渾從子將作監敏，小名洪兒，帝疑其名應讖㉚，常面告之，冀其引決㉛。敏大懼，數與渾及善衡屏人私語，述譖之於帝，仍遣虎賁郎將河東裴仁基㉜表告渾反。帝收渾等家，遣尚書左丞元文都㉝、御史大夫裴蘊雜治之，按問數日，不得反狀，以實奏聞。帝更遣述窮治之，述誘教敏妻宇文氏為表㉞，誣告渾謀因度遼，與其家子弟為將領者共襲取御營，立敏為天子。述持入，奏之，帝泣曰：「吾宗社㉟幾傾㊱，賴公獲全耳。」三月丁酉㊲，殺渾、敏、善衡及宗族三十二人，自三從㊳以上皆徙邊徼㊴。後數月，敏妻亦鴆死。

有二孔雀自西苑飛集寶城㊵朝堂前，親衛校尉㊶高德儒等十餘人見之，奏以為鸞㊷，時孔雀已飛去，無可得驗，於是百官②稱賀。詔以德儒誠心冥會㊸，肇見嘉祥㊹，擢拜朝散大夫，賜物百段，餘人皆賜束帛。仍於其地造儀鸞殿。

己酉[45]，帝行幸太原。夏，四月，幸汾陽宮避暑。宮城迫隘[46]，百官士卒布散山谷間，結草為營而居之。

以衛尉少卿李淵為山西[47]、河東撫慰大使[48]，承制[49]黜陟選補郡縣文武官，仍發河東[50]兵討捕群盜。淵行至龍門[51]，擊賊帥毋端兒，破之。

秋，八月乙丑[52]，帝巡北塞[53]。

初，裴矩以突厥始畢可汗部眾漸盛，獻策分其勢，欲以宗女[54]嫁其弟叱吉設，拜為南面可汗，叱吉不敢受，始畢聞而漸怨。突厥之臣史蜀胡悉多謀略，為始畢所寵任，矩詐與為互市，誘至馬邑[55]下，殺之。遣使詔始畢曰：「史蜀胡悉叛可汗來降，我已相為[56]斬之。」始畢知其狀[57]，由是不朝。

戊辰[58]，始畢帥騎數十萬謀襲乘輿，義成公主先遣使者告變[59]。壬申[60]，車駕馳入鴈門[61]，齊王暕以後軍保崞縣[62]。癸酉[63]，突厥圍鴈門，上下惶怖[64]，撤[65]民屋為守禦之具，城中兵民十五萬口，食僅可支二旬，鴈門四十一城，突厥克其三十九，唯鴈門、崞不下。突厥急攻鴈門，矢及御前[66]，上大懼，抱趙王杲而泣，目盡腫。

左衛大將軍宇文述勸帝簡精銳數千騎潰圍[67]而出，納言蘇威曰：「城守[68]則我有餘力，輕騎(69)乃彼之所長，陛下萬乘之主，豈宜輕動？」民部尚書樊子蓋曰：「陛下乘危徼幸(70)，一朝狼狽(71)，悔之何及！不若據堅城以挫其銳，坐徵四方兵使入援。陛下親撫循士卒，諭以不復征遼，厚為勳格(72)，必人人自奮，何憂不濟？」內史侍郎蕭瑀(73)以為：「突厥之俗，可賀敦預知軍謀；且義成公主以帝女嫁外夷，必恃大國之援。若使一介(74)告之，借使(75)無益，庸(76)有何損？又，將士之意，恐陛下既免突厥之患，還事高麗，若發明詔，諭以赦高麗、專討突厥，則眾心皆安，人自為戰矣。」瑀，皇后之弟也。虞世基亦勸帝重為賞格(77)，下詔停遼東之役。帝從之。

帝親巡將士，謂之曰：「努力擊賊，苟能保全，凡在行陳，勿憂富貴，必不使有司弄刀筆(78)破汝勳勞。」乃下令：「守城有功者，無官直除(79)六品，賜物百段，有官以次(80)增益。」使者慰勞，相望於道(81)，於是眾皆踴躍(82)，晝夜拒戰，死傷甚眾。

甲申(83)，詔天下募兵。守令(84)競來赴難，李淵之子世民(85)，年十六，應募隸屯衛將軍(86)雲定興，說定興多齎旗鼓為疑兵，曰：「始畢敢舉兵圍天子，必謂我倉猝(87)不能赴援故也。宜晝則引旌旗令[3]數十里不絕，夜則鉦鼓(88)相應，虜必謂救兵大至，望風遁去。不然，彼眾我寡，若悉軍來戰，必不能支。」定興從之。

帝遣間使求救於義成公主，公主遣使告始畢云：「北邊有急。」東都及諸郡援兵亦至忻口⑧⁹。九月甲辰⑨⁰，始畢解圍去。帝使人出偵⑨¹，山谷皆空，無胡馬，乃遣二千騎追躡，至馬邑，得突厥老弱二千餘人而還。

丁未⑨²，車駕還至太原。蘇威言於帝曰：「今盜賊不息，士馬疲弊，願陛下亟⑨³還西京，深根固本⑨⁴，為社稷計。」帝初然之。宇文述曰：「從官妻子多在東都，宜便道⑨⁵向洛陽，自潼關而入。」帝從之。

冬，十月壬戌⑨⁶，帝至東都，顧眄⑨⁷街衢⑨⁸，謂侍臣曰：「猶大有人在。」意謂曏日⑨⁹平楊玄感，殺人尚少故也。蘇威追論勳格太重，宜加斟酌⑩⁰，樊子蓋固請，以為不宜失信，帝曰：「公欲收物情⑩¹邪？」子蓋懼，不敢對。帝性吝官賞⑩²，初平楊玄感，應授勳⑩³者多，乃更置戎秩⑩⁴：建節尉⑩⁵為正六品，次奮武、宣惠、綏德、懷仁、秉義、奉誠、立信⑩⁶等尉，遞降⑩⁷一階。將士守鴈門者萬七千人，得勳者纔千五百人，皆準平玄感勳，一戰得第一勳者進一階，其先無戎秩者止得立信尉，三戰皆[4]得第一勳者至秉義尉，其在行陳而無勳者四戰進一階，亦無賜。會仍議伐高麗，由是將士無不憤怨。

初，蕭瑀以外戚有才行，嘗事帝於東宮(108)，累遷至內史侍郎，委以機務。瑀性剛鯁(109)，數言事忤旨，帝漸疏之。及鴈門圍解，帝謂羣臣曰：「突厥狂悖(110)，勢何能為？少時未散，蕭瑀遽相恐動，情不可恕。」出為河池郡(111)守，即日遣之。候衛將軍(112)楊子崇(113)從帝在汾陽宮，知突厥必為寇，屢請早還京師，帝不納，及解圍[5]，帝怒之[6]曰：「子崇怯懦，驚動眾心，不可居爪牙之官(114)。」出為離石郡守。子崇，高祖之族弟也。

楊玄感之亂，龍舟水殿皆為所焚，詔江都更造，凡數千艘，制度仍大於舊者。

壬申(115)，盧明月帥眾十萬寇陳、汝(116)。

東海李子通(117)，有勇力，先依長白山賊帥左才相，羣盜皆殘忍，而子通獨寬仁(118)，由是人多歸之，未半歲，有眾萬人。才相忌之，子通引去，度淮，與杜伏威合。伏威選軍中壯士養為假子，凡三十餘人，濟陰王雄誕(119)、臨濟闞稜(120)為之冠。既而李子通謀殺伏威，遣兵襲之。伏威被重創墜馬，雄誕負之逃葭葦中，收散兵復振。將軍來整擊伏威，破之。其將西門君儀之妻王氏，勇而多力，負伏威以逃，雄誕帥壯士十餘人衛之，與隋兵力戰，由是得免。來整又擊李子通，破之，子通帥其餘眾奔海陵，復收兵得二萬人，自稱將軍。

城父朱粲(121)始為縣佐史(122)，從軍，遂亡命聚眾為盜，謂之「可達寒賊」，自稱迦樓羅王，眾至十餘萬，引兵轉掠荊、沔(123)及山南(124)郡縣，所過噍類(125)無遺。

十二月庚寅(126)[7]，詔民部尚書樊子蓋發關中兵數萬擊絳(127)賊敬盤陀等。子蓋不分臧否(128)，自汾水之北，村塢盡焚之，賊有降者皆阬之。百姓怨憤，益相聚為盜。詔以李淵代之。有降者，淵引置左右，由是賊眾多降，前後數萬人，餘黨散入他郡。

【章旨】以上為第六段，寫大業十一年（西元六一五年），隋煬帝因猜忌殺逐李渾，巡幸北疆，受困雁門，差一點被突厥人抓獲。隋煬帝脫險後，仍執迷不悟，虐政不改，西部地區，西京山南郡縣，也遍地民變。

【注釋】❶增祕書省官百二十員　隋煬帝改官制，於祕書省增少監一人，減校書郎為十人，加置佐郎四人，又置儒林郎十人，文林郎二十人，增加校書郎員四十人，加置楷書郎員二十人，共一百一十七人。❷學士　學者；文人。❸修撰　編纂。❹經術　即儒家經學。❺捕博　古代的博戲叫摴蒱，如同後世的擲色子。今通稱賭博為摴蒱。❻精洽　精審博洽。洽，周遍；廣博。❼柳顧言　名䛒，字顧言，本河東人，西晉永嘉之亂，徙家襄陽（今湖北襄樊）。歷仕後梁與隋，官至祕書監。傳見《隋書》卷五十八、《北史》卷八十三。❽詮次　分類編次整理。❾猥雜　雜濫；繁瑣。❿正御本　供皇帝觀看的本子。⓫三品三等。⓬軸　書畫卷軸。⓭褾　同「裱」。書軸、畫軸正面四邊裱的絲織物。也指裱被。⓮機發　安裝機關，能自動開閉。⓯香爐　焚香爐。用金屬或陶瓷做成，以陳設、熏衣、供佛、祀神等用。⓰踐機　踩動機關。⓱戶扉　門扇。⓲庚午　二月七日。⓳城居　謂築城而居。⓴驛亭　古代驛傳有亭，為行人休息之所，稱為驛亭。㉑村塢　村莊。塢，周圍高而中間低的地方。㉒上谷　郡名，治所易縣，在今河北易縣。㉓吝嗇　小氣。嗇，慳吝。㉔賊殺　殺害。賊，殺害。㉕紹封　繼承李穆的封爵。紹，承繼。㉖歲奉　每年進獻。奉，給與。㉗國賦　本指國家的稅收。此指李穆食封戶上繳的賦稅。㉘方士　方術之士。指古代求仙、煉丹、自言能長生不死的人。㉙凡　凡是；只要是。㉚應讖　與「李氏當為天子」的讖語相應。因高祖文帝曾夢洪水淹沒都城，洪水即以為「洪兒」李敏。㉛引決　自裁；自殺。㉜裴仁基　（？—西元六一九年）字德本，河東（今山西永濟西南）人，仕隋至光祿大夫，後歸順李密義軍，又為王世充俘獲。傳見《隋書》卷七十、《北史》卷三十八。㉝元文都　（？—西元六一八年）河南洛陽（今河南洛陽）人，歷仕周、隋，官至左驍衛大將軍，封魯國公。傳見《隋書》卷七十一、《北史》卷十七。㉞為表　寫表文。㉟宗社　宗廟和社稷。古代作為國家的代稱。㊱幾傾　幾乎傾覆。㊲丁酉　三月五日。㊳三從　指同高祖以下的宗親。㊴邊徼　邊疆。徼，邊界。㊵寶城　即東都洛陽皇城。又說在洛城羅郭之內，自為一城。㊶親衛校尉　武官名，掌親衛。親衛是親、勳、武三衛之一。㊷鸞　鳳凰之類的神鳥。㊸冥會　默契；暗合。冥，暗昧。㊹肇見嘉祥　肇見，首先發現。肇，開始；最早。嘉祥，祥瑞。㊺己酉　三月十七日。㊻迫隘　狹隘。㊼山西　太行山以西。㊽撫慰大使　官名，天子臨時差遣，掌安撫慰恤之事。㊾承制　秉承皇帝旨意。㊿河東　郡名，治所蒲阪縣，在今山西永濟西南。(51)龍門　縣名，縣治在今山西河津西。(52)乙丑　八月五日。(53)北塞　北部邊塞。(54)宗女　皇帝同宗族的女兒。(55)馬邑　郡名，治所善陽縣，在今山西朔州。(56)相為　為你；替你。(57)狀　狀況；內情。(58)戊辰　八月八日。(59)告變　告發非常事變。(60)壬申　八月十二日。(61)鴈門　郡名，治所雁門縣，在今山西代縣。(62)崞縣　縣名，縣治在今山西原平北。(63)癸酉　八月十三日。(64)惶怖　恐懼。(65)撤　撤除；拆掉。(66)矢及御前　箭矢已射到隋煬帝跟前。御前，天子跟前。(67)潰圍　突圍。潰，水沖破堤防而出。(68)城守　城市守備。指守城。(69)輕騎　輕裝的騎兵。(70)儌幸　同「僥倖」。求利不止，意外獲得成功或免於不幸。(71)狼狽　比喻為難、窘迫。(72)勳格　作戰立功受勳賞的等級。(73)蕭瑀　（西元五七四—六四七年）字時文，後梁明帝蕭巋之子。歷仕隋、唐，官至尚書左僕射，封宋國公。傳見《北史》卷九十三、《舊唐書》卷六十三、《新唐書》卷一百一。(74)一介　一人。(75)借使　假使。借，假設之詞，假使。(76)庸　副詞。豈；難道。(77)賞格　懸賞所定的等差、標準。(78)刀筆　指主辦文案的官吏。(79)直除　直接任命。除，拜官授職。(80)以次　按照官秩次序。(81)相望於道　使者絡繹不絕，形容使者頻繁出動。(82)踊躍　歡欣奮起的樣子。(83)甲申　八月二十四日。(84)守令　郡守縣令。泛指地方官。(85)世民　即唐太宗李世民（西元五七七—六四九年），唐高祖第二子，唐朝第二代皇帝。事見《舊唐書》卷二、三、《新唐書》卷二。(86)屯衛將軍　武官名，隋十二衛之一，掌禁衛。(87)倉猝　也作「倉卒」。匆促。猝，突然。(88)鉦鼓　古代軍中所用樂器名。敲鉦以作為鼓節。(89)忻口　地名，故址在今山西忻州北。(90)甲辰　九月十五日。(91)出偵　出去偵察情況。(92)丁未　九月十八日。(93)亟　趕快；急速。

94深根固本　意謂加強西京的防守。隋以西京為根本。95便道　方便、有利的道路。96壬戌　十月初三日。97顧眄　視；回頭看。顧，回頭看。眄，斜看。98街衢　街道。衢，四通八達的道路。99曩日　往日；舊時。100斟酌　仔細考慮。篩酒不滿叫斟，深叫酌。101物情　人心；人情。102吝官賞　吝惜官職和獎賞。103授勳　指授任勳官。104戎秩　軍職的品秩。105建節尉戎秩官名，無職事。106奮武宣惠綏德句　皆戎秩官名，無職事。107遞降　順次降低。遞，順次。108事帝於東宮　指煬帝做太子時，蕭瑀即在東宮侍奉。109剛鯁　剛直。110狂悖　狂妄背理；猖獗。悖，違犯；逆亂。111河池郡　郡名，治所梁泉縣，在今陝西鳳縣東北鳳州鎮。112候衛將軍　武官名，掌侍從警衛。113楊子崇　（？—西元六一七年）隋文帝族弟，官至候衛將軍。傳見《隋書》卷四十三、《北史》卷七十一。114爪牙之官　捍衛王室的武官。115壬申　十月十三日。116陳汝　皆州名。陳州，治所宛丘縣，在今河南淮陽。汝州，治所承休縣，在今河南汝州東。117李子通　（？—西元六二二年）東海丞（今江蘇連雲港市）人，早年起事反隋，後降唐。傳見《舊唐書》卷五十六、《新唐書》卷八十七。118寬仁　寬大仁厚。119王雄誕　（？—西元六二二年）曹州濟陰（今山東曹縣西北）人，先起事反隋，後歸唐，官至歙州總管。傳見《舊唐書》卷五十六、《新唐書》卷九十二。120闞稜　（？—西元六二二年）齊州臨濟（今山東章丘西北）人。傳見《舊唐書》卷五十六、《新唐書》卷九十二。121朱粲　（？—西元六二一年）亳州城父（今安徽亳州東南城父集）人，早年仕隋，後佔山稱王，又降王世充，封龍驤大將軍。傳見《舊唐書》卷五十六、《新唐書》卷八十七。122縣佐史　官名，在縣府中參謀議。123荊沔　皆州名，荊州，治所江陵，在今湖北江陵。沔州，治所沔陽縣，在今湖北沔陽西南。124山南　指長安南山之南。125噍類　活人。126庚寅　十二月己未朔，無庚寅。按，《隋書》、《北史》皆作「庚辰」。庚辰，十二月二十二日。127絳　郡名，治所正平縣，在今山西新絳。128臧否　善惡；得失。臧，善。否，惡。

【校　記】1御　原無此字。據章鈺校，十二行本、乙十一行本、孔天胤本皆有此字，張敦仁《通鑑刊本識誤》同，今據補。2官　原作「僚」。據章鈺校，十二行本、乙十一行本、孔天胤本皆作「官」，今據改。按，《通鑑綱目》卷三七作「官」。3令　原無此字。據章鈺校，十二行本、乙十一行本、孔天胤本皆有此字，今據補。按，《通鑑紀事本末》卷二八、《通鑑綱目》卷三七上皆有此字。4皆　原無此字。據章鈺校，十二行本、乙十一行本、孔天胤本皆有此字，今據補。5帝不納及解圍　原無此六字。據章鈺校，十二行本、乙十一行本、孔天胤本皆有此六字，張敦仁《通鑑刊本識誤》、張瑛《通鑑校勘記》同，今據補。6之　原無此字。據章鈺校，十二行本、乙十一行本、孔天胤本皆有此字，張敦仁《通鑑刊本識誤》同，今據補。7庚寅」。張敦仁《通鑑刊本識誤》作「庚辰」。按，《通鑑紀事本末》作「庚寅」，未知孰是。

【語譯】十一年（乙亥 西元六一五年）

春，正月，增加祕書省官員一百二十名，都以學士補任。隋煬帝喜好讀書寫文章，自從做揚州總管，就設置晉王府學士多達一百人，常常命令學士編撰典籍，直到他登上帝位，前後將近二十年，編撰從沒有中斷過。從儒家經典、文學、軍事、農業、地理、醫藥、占卜、佛教、道教，以至賭博、獵鷹犬馬等等，都編撰成新書，無不精審博洽，總計成書三十一部，一萬七千多卷。當初，西京嘉則殿有藏書三十七萬卷，隋煬帝命令祕書監柳顧言等人分類編次整理，剔除其中重複和猥雜的書籍，精選出供皇帝御覽的正本三萬七千餘卷，收藏在東都的修文殿。又抄寫了五十部副本，列為三等，分別存放在西京、東都的宮內、省署和官府中。正本書全都裝幀華美整潔，珍貴的卷軸，錦緞的裱被，隋煬帝在觀文殿前設置十四間藏書室，藏書室的門窗、床褥、書櫥、帷幔都極盡珍貴華麗。每三間藏書室開一個方形門，懸掛絲錦帷幔，上面有兩個飛仙，大門之外的地下埋設機關，隋煬帝駕臨藏書室時，有宮人手持香爐，走在前面腳踏機關，飛仙就會降下，把帷幔捲上去，門窗和書櫥都自動打開。隋煬帝出去後，帷幔自動垂下，門窗和書櫥關閉，恢復如故。

隋煬帝因為戶口逃亡，造反的人眾多，二月初七日庚午，詔令平民全都居住城內，就近分給耕地。郡縣、驛亭、村落全都築城。

上谷郡賊軍首領王須拔自稱漫天王，國號為燕。賊軍首領魏刀兒自稱歷山飛。他們的部眾各有十多萬，北邊與突厥勾結，南邊寇掠燕趙地區。

當初，高祖夢見洪水淹沒都城，心裡很討厭，所以遷都大興。申明公李穆去世，孫子李筠繼承爵位。他的叔父李渾痛恨李筠吝嗇，就派姪兒李善衡殺害了李筠，而李渾卻指證堂弟李瞿曇是兇手，讓李瞿曇抵命。李渾對他妻兄左衛率宇文述說：「如果我能繼承申明公的爵位，我每年一定把一半國賦分給你。」宇文述就替李渾在太子楊廣面前說情，上奏高祖，高祖就讓李渾繼承了李穆的爵位。兩年以後，李渾就不再給宇文述國賦，宇文述痛恨李渾。隋煬帝即位，李渾不斷升官一直做到右驍衛大將軍，改封為郕公。隋煬帝因李渾家族強盛，就猜忌他。適逢有方士安伽陁說李氏當為天子，勸隋煬帝全國凡是李姓的人全部殺死。李渾的姪兒將作監李敏，小名洪兒，隋煬帝懷疑這個名字應驗了讖語，曾當面告訴李敏，希望李敏自殺。李敏大為恐懼，多次與李渾及李善衡屏退旁人私下商議，宇文述在隋煬帝面前說李渾的壞話，還指使虎賁郎將河東人裴仁基上表告發李渾謀反，隋煬帝逮捕李渾等人全家，派尚書左丞元文都、御史大夫裴蘊共同審理此案。審問了幾天，沒有獲得謀反證據，據實奏報隋煬帝，隋煬帝改派宇文述徹底追查李渾，宇文述誘使李敏的妻子宇文氏上表，誣告李渾企圖利用隋煬帝渡遼河的機會，和李家為將的子弟共同襲擊御營，立李敏為天子。宇文述拿著宇文氏的揭發奏表進宮，上奏皇上，隋煬帝哭著說：「我的宗廟社稷差點兒傾覆，全靠你才得到保全。」三月初五日丁酉，殺李渾、李敏、李善衡，以及宗族三十二人，三親以內的家人，都發配到邊疆。幾個月後，李敏妻子也被毒死。

有兩隻孔雀從西苑飛落寶城朝堂前面，親衛校尉高德儒等十幾個人看見了，上奏說是鸞鳥。當時孔雀已經飛離，無從驗證，於是百官稱賀。隋煬帝認為高德儒心地虔誠暗合於天，首先看到美好的祥瑞，提升他為朝散大夫，賞賜絹帛一百段，其餘的人都得到一束帛的賞賜。便在孔雀降臨地建造儀鸞殿。

三月十七日己酉，隋煬帝巡幸太原。夏，四月，駕臨汾陽宮避暑。宮城狹小，百官和士兵分散在山谷間，搭蓋草棚棲身。

隋煬帝任命衛尉少卿李淵為山西、河東撫慰大使，可以稟承制命任免郡縣文武官吏，並徵調河東軍隊討捕群盜。李淵行進到龍門，進攻賊軍首領毋端兒，擊敗了他。

秋，八月初五日乙丑，隋煬帝巡幸北地關塞。

當初，裴矩因為突厥始畢可汗部眾逐漸增多，就向隋煬帝獻策分解他的勢力，打算把宗室女嫁給始畢的弟弟叱吉設，封他為南面可汗，叱吉設不敢接受，始畢知道後就逐漸產生怨恨。突厥的大臣史蜀胡悉足智多謀，被始畢可汗寵愛信任。裴矩假稱要與史蜀胡悉商談雙方貿易，把史蜀胡悉引誘到馬邑，殺害了他。派使者向始畢下詔說：「史蜀胡悉背叛可汗前來投降，我已經替您殺了他。」始畢知道實情，從此不再朝見。

八月初八日戊辰，始畢可汗率領幾十萬騎兵謀劃襲擊隋煬帝車駕，義成公主先派使者向隋煬帝告發變故。十二日壬申，隋煬帝車駕馳入雁門城，齊王楊暕率領後軍防守崞縣。十三日癸酉，突厥包圍雁門郡，隋軍上下恐懼，拆毀民房製作守城器具，城中軍民有十五萬人，糧食僅能支持二十天，雁門郡所屬四十一座城池，突厥攻陷了其中三十九座，只剩下雁門、崞縣沒有攻克。突厥軍隊急攻雁門，箭射到了隋煬帝面前，隋煬帝大驚，抱住幼子趙王楊杲哭泣，眼睛全腫了。

左衛大將軍宇文述勸說隋煬帝挑選精銳騎兵數千人突圍出去，納言蘇威說：「守城我方尚有餘力，使用輕騎兵則是對方長處，陛下是萬乘之主，怎麼能輕舉妄動？」民部尚書樊子蓋說：「陛下身處危境而希圖僥倖，一旦窘迫，後悔莫及！不如固守堅城，挫傷敵人的銳氣，坐守城池，徵召全國各地兵馬前來救援，陛下親自撫慰士卒，宣諭不再征伐遼東，增加功勳賞格，一定人人奮勇作戰，何必擔憂不能成功？」內史侍郎蕭瑀認為：「突厥的習俗，可汗的妻子可賀敦能夠參與軍事謀議，況且義成公主以皇帝女兒的身分嫁給外夷，也一定依仗大國作後援。如果派一個使者告訴她現在的情況，即使沒有益處，難道會有什麼損害？另外，將士們的想法，是怕陛下解除了突厥的禍患，又去征伐高麗，如果頒下明詔，宣布赦免高麗，專心討伐突厥，那麼大家心裡都安定下來，就會人自為戰。」蕭瑀，是蕭皇后的弟弟。虞世基也勸隋煬帝加重賞格，下詔停止征伐遼東。隋煬帝聽從了他們的意見。

隋煬帝親自巡視將士，對他們說：「你們努力殺敵，如能保住城池，凡是參加戰鬥的人，不必擔憂沒有富貴，保證不會讓主管部門的官吏舞文弄墨毀了你們的功勞。」於是頒布命令：「守城有功的人，沒有官職的直接提升為六品，賞賜絹帛一百段，已經有官職的按官職高低依次增加。」派出慰問將士的使者，在路上一批接一批往來不斷，於是大家踴躍殺敵，晝夜抵抗，死傷的人很多。

八月二十四日甲申，隋煬帝下詔向全國招募士兵。郡守縣令紛紛前來解救危難。李淵的兒子李世民，十六歲，應募隸屬屯衛將軍雲定興，他勸說雲定興多帶旗鼓作為疑兵。李世民說：「始畢可汗敢於興兵圍攻天子，一定是認為我們倉促匆忙間不能趕赴救援。我們應當在白天高舉旌旗，使其連綿幾十里不斷，夜晚鉦鼓之聲互相呼應，敵人必定認為我方援軍大量到達，望風逃走。否則，敵眾我寡，如果對方全軍來戰，我軍肯定不能支撐。」雲定興聽從了李世民的意見。

隋煬帝派密使向義成公主求救，公主派人告訴始畢可汗說：「北邊有緊急情況。」這時東都和各郡援兵也到達忻口。九月十五日甲辰，始畢可汗解圍離去。隋煬帝派人出去偵察，山谷都空了，沒有突厥的兵馬，便派遣兩千名騎兵追蹤，到了馬邑，俘獲突厥老弱兩千多人而回。

九月十八日丁未，隋煬帝車駕回到太原。蘇威對隋煬帝說：「如今盜賊沒有止息，兵馬疲憊，希望陛下盡快回到西京，鞏固根本，為國家著想。」隋煬帝最初同意了。宇文述說：「扈從官員的妻子兒女多在東都，應當走便道去洛陽，從潼關進京。」隋煬帝聽從了。

冬，十月初三日壬戌，隋煬帝到達東都，沿街左顧右盼，對侍臣們說：「還大有人在。」意思是說往日平定楊玄感，殺的人還是少了。蘇威提出追敘功勳賞格太重，應該加以斟酌，樊子蓋再三請求，認為不應該失信，隋煬帝說：「你想收買人心嗎？」樊子蓋很恐懼，不敢回答。隋煬帝生性吝嗇官職和獎賞，當初平定楊玄感，應當授任勳官的人很多，便重新建置軍職的品秩：建節尉為正六品，以下依次是奮武、宣惠、綏德、懷仁、秉義、奉誠、立信等尉，依次降低一級。守衛雁門的將士有一萬七千人，得到勳位的才有一千五百人，都按照平定楊玄感時行賞的標準，一次作戰得第一功的人晉升一級，先前無軍職品秩的人只能得到立信尉；三次作戰都得第一功的人提升秉義尉；那些四次參加作戰但未立功的人晉升一級，沒有物品賞賜。適逢隋煬帝又商議討伐高麗，因此將士無不憤怒。

當初，蕭瑀以外戚身分，又有才幹德行，曾經在東宮奉侍隋煬帝，屢次升遷後官至內史侍郎，被委以機密重任。蕭瑀性情剛強耿直，多次言事忤旨，隋煬帝逐漸疏遠了他。等到雁門之圍解除後，隋煬帝對群臣說：「突厥狂妄悖逆，能有多大作為？突厥人短期沒有散開，蕭瑀就馬上恐嚇動搖大家，不可寬恕。」於是把蕭瑀調出為河池郡守，當天就派他赴任。候衛將軍楊子崇跟隨隋煬帝在汾陽宮，知道突厥必定來犯，多次請求隋煬帝早日返回京城，煬帝不聽，等到突厥解圍而去，隋煬帝生他的氣說：「楊子崇膽小懦弱，驚動軍心，不能擔任捍衛王室的武官。」把他調出為離石郡守。楊子崇是高祖的族弟。

楊玄感作亂時，龍舟水殿全被燒毀，隋煬帝詔令江都重新建造，共幾千艘，規模比以前更為龐大。

十月十三日壬申，盧明月率領部眾十萬人劫掠陳州、汝州。

東海人李子通勇猛有力，起先依附長白山賊軍首領左才相，群盜全都殘忍，只有李子通寬厚仁慈，因此很多人歸附他，沒有半年，擁有部眾一萬人，左才相猜忌他，李子通率部離去，渡過淮河，與杜伏威聯合。杜伏威挑選軍中的壯士收養為義子，共三十多人，濟陰王雄誕、臨濟闞稜是其中最傑出的兩位。不久李子通謀殺杜伏威，派兵襲擊他。杜伏威遭受重傷跌落馬下，王雄誕背著他逃到蘆葦叢中，收攏逃散的士兵重新振作起來。隋朝將軍來整襲擊杜伏威，並打敗了杜伏威。杜伏威的部將西門君儀的妻子王氏，勇敢力大，背著杜伏威逃跑，王雄誕率領壯士十幾個人保護，與隋軍竭力死戰，因此得免於難。來整又襲擊李子通，打敗了李子通。李子通率領他的殘餘部隊逃往海陵，重新招收士兵，得到兩萬人，自稱將軍。

城父人朱粲起初為縣佐吏，後來從軍，於是逃跑聚眾為盜，叫做「可達寒賊」，自稱迦樓羅王，部眾達到十餘萬。朱粲率領士兵輾轉掠奪荊州、沔陽以及長安南山以南的郡縣，所過之處不再有一個活人。

十二月庚寅日，隋煬帝下詔命令民部尚書樊子蓋徵調關中數萬名官兵攻打絳郡賊人敬盤陀等，樊子蓋不分好壞，從汾水以北，村落全部焚毀，敵人有投降的全部活埋。百姓怨恨，更加聚集起來造反。隋煬帝下詔任用李淵替代樊子蓋，有投降的人，李淵帶來安置在自己的身邊，因此造反的人多有降附，前後有幾萬人，餘眾逃散到其他郡縣。

【研　析】本卷反映西元六一三—六一五年間，黃河中下游地區的民眾暴動，規模與聲勢越來越大，江南地區亦捲入其中。但這些暴動，基本上以民眾逃避暴政、求得生存為目的，缺乏明顯的政治訴求，對隋政權尚未構成致命的威脅，隋地方政府，仍在有效地運作，但煬帝獨斷專行，喪失調整政策的機會。以楊玄感起事、煬帝被突厥圍困於雁門為標誌，隋朝統治內部發生了分裂，突厥再次對隋政權構成強大威脅，煬帝為此放棄了重振江山社稷的雄心。茲就煬帝個人性格與隋政亂亡的關係作一些分析。

《陳書》帝紀總論說：「古人有言，亡國之主，多有才藝。考之梁、陳及隋，信非虛論。然則不崇教義之本，偏尚淫麗之文，徒長澆偽之風，無救亂亡之禍矣。」與文帝「不知學」、「性不喜書」不同，煬帝喜以文化人自居，頗以文才自負：「帝自負才學，每驕天下之士，嘗謂侍臣曰：『天下皆謂朕承藉緒餘而有四海，設令朕與士大夫高選，亦當為天子矣。』」皇帝位子可以通過選才而獲得，不失為一個有趣的想法，學界一般認為中國古代科舉制度的直接起源，正是煬帝大業二年設立進士科。作為頗有文學修養的帝王，煬帝不乏浪漫氣質，他曾「於景華宮徵求螢火，得數斛，夜出遊山，放之，光遍巖谷。」他「好讀書著述」，從他以晉王、揚州總管身分坐鎮揚州，到當皇帝，一直招聚文人學士編撰新書，「前後近二十載，修撰未嘗暫停。自經術、文章、兵、農、地理、醫、卜、釋、道乃至蒱博、鷹狗，皆為新書，無不精洽，共成三十一部，萬七千餘卷。」當然這些書籍是他資助文人學士完成的。他還下令整理、繕寫長安皇宮三十七萬卷散亂的藏書，複製五十套，「皆裝翦華淨，寶軸錦褾」，「分置西京、東都宮、省、官府。」他還為自己開設頗為精緻的私人圖書室，「窗戶床褥廚幔，咸極珍麗，每三間開方戶，垂錦幔。上有二飛仙，戶外地中施機發。帝幸書室，有宮人執香爐，前行踐機，則飛仙下，收幔而上，戶扉及廚扉皆自啟。」這些史實，均見於《通鑑》記錄，對於傳統文化的保存與發展，煬帝無疑做出過自己的貢獻。

喜讀書，好著述，自詡為文人領袖，「不欲人出其右」，養成其妒才護短的個性。薛道衡所著詩篇中有「暗牖懸蛛網，空梁落燕泥」一聯，透過環境細節的描寫，刻劃出思婦孤獨寂寞的心境，具有很高的藝術上獨創性。煬帝境界難臻於此，頗為妒忌，以至於薛道衡死後，他竟說：「更能作『空梁落燕泥』否？」這種極度自尊的性格，使其不願意聽取別人的意見，他自稱：「我性不喜人諫，若位望通顯而諫以求名者，彌所不耐。至於卑賤之士，雖少寬假，然卒不置之地上。」這種性格表現在政治上，則為「恃才矜己，傲狠明德，內懷險躁，外示凝簡，盛冠服以飾其姦，除諫官以掩其過」；「猜忌臣下，無所專任。」

明君賢相，相輔相成，是中國古代「盛世」政治上的一個典型特徵。煬帝「恃才矜己」，只願意聽好話，不願意瞭解真實的情況，臣下為自保，只能察顏色以順其意。蘇威便是一個典型。當隋文帝時，蘇威頗有作為，與高熲輔佐文帝，成開皇之治，「所修格令章程，並行於當世。」煬帝時，蘇威「與左翊衛大將軍宇文述、黃門侍郎裴矩、御史大夫裴蘊、內史侍郎虞世基參掌朝政，時人稱為『五貴』」，卻鮮有作為。《隋書・蘇威傳》稱：「及大業末年，尤多征役，至於論功行賞，威每承望風旨，輒寢其事。時羣盜蜂起，郡縣有表奏詣闕者，又訶詰使人，令減賊數。故出師攻討，多不克捷。」同書〈虞世基傳〉稱：世基「雖居近侍，唯諾取容，不敢忤意。盜賊日甚，郡縣多沒。世基知帝惡數聞之，後有告敗者，乃抑損表狀，不以實聞。是後外間有變，帝弗之知也。」裴矩亦「承望風旨，與時消息」。宇文述則「善於供奉，俯仰折旋，容止便辟，宿衛者咸取則焉。又有巧思，凡有所裝飾，皆出人意表。數以奇服異物進獻宮掖，由是帝彌悅焉。時述貴倖，言無不從，勢傾朝廷。」大臣們的心思全用在如何取悅皇帝，而不是如何協助皇帝治理好國家，政治腐敗、國家亂亡就難以避免。唐朝初創時，蘇威晚年曾有機會在洛陽進見秦王李世民，但自稱「老病不能拜起」，李世民表示：「公隋朝宰輔，政亂不能匡救，遂令品物塗炭，君弒國亡。見李密、王充，皆拜伏舞蹈。今既老病，無勞相見也。」拒絕接見。但如果煬帝如李世民一樣虛懷納諫，恐怕蘇威同樣能在大業時代成就又一個盛世，李世民也就沒有機會成為一代明君。在專制政治下，君明方能臣賢，隋朝亂亡，蘇威等投機取容，難逃其咎，但禍亂的根源還是煬帝本人。

應該說，儘管大業十一年以後，「所在盜起」，煬帝仍有改弦更張、重新穩定局勢的機會。黃河中下游地區大大小小的暴動集團之所以被稱作「羣盜」，是因為他們並沒有提出過推翻隋政權的政治主張，也沒有將隋政權地方政府作為主要的攻擊目標。暴動的原因主要是連續不斷地徭役徵發使生產難以進行，黃河中下游地區又發生嚴重的水旱災害，生存危機迫使他們「聚眾攻剽」而已。在本卷所記的年代內，隋朝地方政府雖因「天下承平日久，人不習兵，郡縣吏每與賊戰，望風沮敗」，但群盜尚未長期佔領任何有影響的郡縣城邑，最多不過襲擾劫掠而退。楊玄感以貴族子弟舉兵，以「為天下解倒懸之急，救黎元之命」為名，但如李密所說：

玄感「雖復頻捷，至於郡縣，未有從者，東都守禦尚彊，天下救兵益至。」煬帝被圍困於雁門時，「大懼，抱趙王杲而泣，目盡腫。」蕭瑀建議說：「將士之意，恐陛下既免突厥之患，還事高麗，若發明詔，諭以赦高麗、專討突厥，則眾心皆安，人自為戰。」加上虞世基也「勸帝重為賞格，下詔停遼東之役。」煬帝親自巡視將士，答應重賞有功者，「於是眾皆踊躍，晝夜拒戰，死傷甚眾。」「詔天下募兵。守令競來赴難。」這些都表明隋政權尚未喪失對局勢的掌控，即時調整政策，仍有可能挽救。

但因前述煬帝個人性格上的原因，官員們「各求苟免，上下相蒙」，使他可能並不知道真實的情況，即使知道，他也不可能如漢武帝晚年那樣，下詔罪己，與民更始，緩解危機。對於民眾暴動，採取殘酷鎮壓的辦法，「詔為盜者籍沒其家。時羣盜所在皆滿，郡縣官因之各專威福，生殺任情」，矛盾進一步激化。在天下已呈土崩瓦解之勢的情況下，煬帝還因先前巡幸的水殿龍舟在楊玄感叛亂時焚毀，「詔江都更造，凡數千艘，制度仍大於舊者。」煬帝「性吝官賞」，從雁門逃至洛陽後，守雁門有功者一萬七千人，得勳者只一千五百人，不僅無實質性的賞賜，連虛勳也不願授予。原本已下詔表示「停遼東之役」，到了洛陽又舉行會議，商量再次進攻高麗，「由是將士無不憤怨」。隋政權在煬帝統治下，已無繼續存在下去的可能性。

卷第一百八十三

隋紀七

起柔兆困敦（丙子　西元六一六年），盡彊圉赤奮若（丁丑　西元六一七年）五月，凡一年有奇。

【題　解】本卷載述西元六一六—六一七年五月，共一年半史事，當隋煬帝大業十二年、恭皇帝義寧元年上半年。大業十二年是隋末農民起義的第六年，全國黃河南北、江淮地區全面爆發大起義，隋煬帝卻在權奸包圍下昏暴自恣。這年，隋煬帝又違眾強行巡幸江都，連殺幾位勸諫的大臣，倒行逆施，不可救藥。大業十三年李密兵圍東都，李淵謀反，隋朝根基動搖。十一月李淵攻克長安，猶立傀儡皇帝恭皇帝，史稱義寧元年。恭皇帝楊侑，十三歲，隋煬帝之孫，元德太子楊昭之子。

煬皇帝下

大業十二年（丙子　西元六一六年）

春，正月，朝集使❶不至者二十餘郡，始議分遣使者十二道發兵討捕盜賊。

詔毗陵通守路道德集十郡兵數萬人，於郡東南起宮苑[2]，周圍十二里，內為十六離宮[3]，大抵倣東都西苑之制，而奇麗過之。又欲築宮於會稽，會亂，不果成。

三月上巳[4]，帝與羣臣飲於西苑水上，命學士杜寶[5]撰水飾圖經[6]，采古水事七十二，使朝散大夫黃袞[7]以木為之，間以妓航、酒船，人物自動如生，鍾磬箏瑟，能成音曲。

己丑[8]，張金稱陷平恩[9]，一朝殺男女萬餘口。又陷武安[10]、鉅鹿[11]、清河諸縣，金稱比諸賊尤殘暴，所過民無孑遺[12]。

夏，四月丁巳[13]，大業殿西院火，帝以為盜起，驚走，入西苑，匿草間，火定乃還。帝自八年以後，每夜眠中[1]恆驚悸[14]，云有賊，令數婦人搖撫，乃得眠。

癸亥[15]，歷山飛別將甄翟兒眾十萬寇太原，將軍潘長文敗死[16]。

五月丙戌朔[17]，日有食之，既。

壬午[18]，帝於景華宮[19]徵求螢火[20]，得數斛，夜出遊山，放之，光遍巖谷。

帝問侍臣盜賊，左翊衛大將軍宇文述曰：「漸少。」帝曰：「比從來少幾何[21]？」對曰：「不能什一[22]。」納言蘇威引身隱柱[23]，帝呼前問之，對曰：「臣非所司，不委㉔多少，但患漸近。」帝曰：「何謂也？」威曰：「他日賊據長白山，今近在汜水㉕。且往日租賦丁役，今皆何在？豈非其人皆化為盜乎？比見奏賊皆不以實㉖，遂使失於支計㉗，不時翦除。又昔在鴈門，許罷征遼，今復徵發，賊何由息？」帝不悅而罷。尋屬五月五日，百僚多饋珍玩，威獨獻尚書㉘。或譖之曰：「尚書有五子之歌㉙，威意甚不遜。」帝益怒。頃之㉚，帝問威以伐高麗事，威欲帝知天下多盜，對曰：「今茲㉛之役，願不發兵，但赦羣盜，自可得數十萬，遣之東征。彼喜於免罪，爭務立功，高麗可滅。」帝不懌。威出，御史大夫裴蘊奏曰：「此大不遜！天下何處有許多賊？」帝曰：「老革㉜多姦，以賊脅我！欲批其口㉝，且復隱忍㉞。」蘊知帝意，遣河南㉟白衣㊱張行本奏：「威昔在高陽典選，濫授㊲人官，畏怯突厥，請還京師。」帝令按驗㊳，獄成，下詔數威罪狀，除名為民。後月餘，復有奏威與突厥陰圖不軌者，事下裴蘊推之㊴，蘊處㊵威死。威無以自明，但摧謝㊶而已。帝憫而釋之，曰：「未忍即殺。」遂[2]并其子孫三世皆除名。

秋，七月壬戌㊷，濟景公樊子蓋卒。

江都新作龍舟成，送東都。宇文述勸幸江都，帝從之[3]。右候衛大將軍酒泉趙才(43)諫曰：「今百姓疲勞，府藏(44)空竭，盜賊蜂起，禁令不行，願陛下還京師，安兆庶(45)。」帝大怒，以才屬吏(46)，旬日，意解，乃出之。朝臣皆不欲行，帝意甚堅，無敢諫者。建節尉任宗上書極諫，即日於朝堂杖殺之。甲子(47)，帝幸江都，命越王侗與光祿大夫段達(48)、太府卿元文都、檢校民部尚書韋津(49)、右武衛將軍皇甫無逸(50)、右司郎(51)盧楚(52)等總留後事。津，孝寬之子也。帝以詩留別宮人曰：「我夢江都好，征遼亦偶然。」奉信郎(53)崔民象以盜賊充斥，於建國門(54)上表諫，帝大怒，先解其頤，然後斬之。

戊辰(55)，馮翊孫華舉兵為盜。虞世基以盜賊充斥，請發兵屯洛口倉，帝曰：「卿是書生，定猶恇怯(56)。」戊辰(57)，車駕至鞏(58)。敕有司移箕山、公路(59)二府於倉內，仍令築城以備不虞(60)。至汜水，奉信郎王愛仁復上表請還西京，帝斬之而行。至梁郡(61)，郡人邀(62)車駕上書曰：「陛下若遂幸江都，天下非陛下之有。」又斬之。是時李子通據海陵，左才相掠淮北，杜伏威屯六合(63)，眾各數萬。帝遣光祿大夫陳稜將宿衛精兵八千討之，往往克捷。

八月乙巳(64)，賊帥趙萬海眾數十萬，自恆山(65)寇高陽。

冬，十月己丑(66)，許恭公宇文述卒。初，述子化及、智及(67)皆無賴。化及事帝於東宮，帝寵昵(68)之，及即位，以為太僕少卿。帝幸榆林，化及、智及冒禁與突厥交市，帝怒，將斬之，已解衣辮髮，既而釋之，賜述為奴。智及弟士及，以尚主之故，常輕智及，惟化及與之親昵。述卒，帝復以化及為右屯衛將軍，智及為將作少監。

【章旨】以上為第一段，寫隋煬帝不聽忠言以安撫天下，而是在民變蜂起，烈火燎原背景下巡幸江都，有識者知其不返。

【注釋】❶朝集使　官名，各郡派往京城參加元旦大朝會謁見皇帝的使者。❷宮苑　宮殿和苑囿。苑，古代養禽獸的園林。❸離宮　古代帝王於正式宮殿之外，別築宮室，以便隨時遊處，謂之離宮，意思是說與正式宮殿分離。❹上巳　農曆每月上旬的巳日。三月上巳，為古代節日。漢以前，上巳必取巳日，但不必三月初三；自魏以後，一般習用三月初三，但不定為巳日。❺杜寶　官至著作郎，參與修撰《隋書》，因見其中記述隋煬帝事跡有缺漏，遂著《大業雜記》，加以彌補。❻水飾圖經　書名，內容不詳。❼黃袞　仕隋，官至散騎侍郎。傳附《隋書・何稠傳》、《北史・何稠傳》。❽己丑　三月初三日。❾平恩　縣名，縣治在今河北曲周東南。❿武安　縣名，縣治在今河北武安。⓫鉅鹿　縣名，縣治在今河北巨鹿西北。⓬孑遺　殘存；剩餘。孑，單。遺，餘。⓭丁巳　四月初一日。⓮驚悸　因驚恐而心跳加劇。悸，驚懼；心跳。⓯癸亥　四月初七日。⓰敗死　在戰鬥中失敗而死。⓱丙戌朔　五月初一日。⓲壬午　五月丙戌朔，無壬午。疑作「甲午」。甲午，五月初九日。⓳景華宮　宮名，位於東都西苑之內。⓴螢火　蟲名，即螢火蟲，夜間能發出微弱亮光。㉑幾何　多少。㉒什一　十分之一。㉓引身隱柱　把身體隱藏在柱後。㉔不委　不詳細；不確實。委，確實。㉕汜水　縣名，縣治在今滎陽西北汜水鎮。㉖以實　據實。㉗支計　收支會計之事。㉘尚書　書名，也稱《書》或《書經》。我國最早的歷史文獻彙編，是商、周兩代統治者的講話記錄及東周、戰國時期根據遠古材料加工編成的虞、夏史事記載。㉙五子之歌　《尚書・夏書》篇名，《書・序》說，太康失國，昆弟五人會於洛汭，作〈五子之歌〉。後人用作臣子勸誡之辭。㉚頃之　不久。㉛茲　代詞。此；這個。㉜老革　老兵。

革，兵。㉝批其口　打他的嘴巴。批，手擊。㉞隱忍　克制和忍耐。㉟河南　郡名，治所洛陽縣，在今河南洛陽。㊱白衣　即布衣，古代未仕者穿布衣。㊲濫授　不當授而授。濫，過度；失實。㊳按驗　審查；查驗。㊴推之　推究追查蘇威的罪行。㊵處　判定；處理。㊶摧謝　痛心謝罪。摧，傷痛。謝，道歉；認錯。㊷壬戌　七月初八日。㊸趙才　（西元五四六—六一八年）張掖酒泉（今甘肅酒泉東南）人，歷仕周、隋，官至右候衛大將軍。傳見《隋書》卷六十五、《北史》卷七十八。㊹府藏　庫府貯備。㊺兆庶　指百姓。㊻屬吏　交給官吏，以治其罪。㊼甲子　七月初十日。㊽段達　（？—西元六二一年）武威姑臧（今甘肅武威）人，仕隋，官至左驍衛大將軍。傳見《隋書》卷八十五、《北史》卷七十九。㊾韋津　京兆杜陵（今陝西長安）人。歷仕隋、唐，官至檢校民部尚書。傳附《隋書・韋世康傳》、《北史・韋孝寬傳》、《舊唐書・韋安石傳》、《新唐書・韋安石傳》。㊿皇甫無逸　字仁儉，安定烏氏（今寧夏固原東南）人，歷仕隋、唐，官至民部尚書。傳見《舊唐書》卷六十二、《新唐書》卷九十一、《隋書》卷七十一、《北史》卷七十。(51)右司郎　官名，隸尚書都司，掌都省之職。(52)盧楚　（？—西元六一八年）汲郡范陽（今河北定興西南）人，仕隋，官至尚書左丞。傳見《隋書》卷七十一、《北史》卷八十五。(53)奉信郎　官名，隸屬謁者臺，掌出使慰撫。(54)建國門　城門名，東都洛陽羅城門，正南門即建國門。(55)戊辰　七月十四日。(56)恇怯　懦弱；膽小。恇，恐懼。(57)戊辰　此「戊辰」重出。(58)鞏　縣名，縣治在今河南鞏縣東。(59)簑山公路　二府名。按，《隋書・地理志》不載，《新唐書》卷三十八載河南有鞏洛府等三十九府，不載此府名，疑移於倉城內，遂合併為鞏洛府。(60)不虞　沒有意料到的事。虞，意料；料度。(61)梁郡　郡名，治所陳縣，在今河南淮陽。(62)邀　阻截；攔住。(63)六合　縣名，縣治在今江蘇六合。(64)乙巳　八月二十一日。(65)恆山　郡名，治所真定縣，在今河北正定南。(66)己丑　十月六日。(67)化及智及　化及（？—西元六一八年），宇文述之子宇文化及，仕隋，官至奉屯衛將軍，後殺隋煬帝。傳見《隋書》卷八十五、《北史》卷七十九。（宇文）智及（？—西元六一八年），仕隋，官至將作少監。傳附《隋書・宇文化及傳》、《北史・宇文化及傳》。(68)寵昵　寵愛親近。

【校　記】

①中　原無此字。據章鈺校，十二行本、乙十一行本、孔天胤本皆有此字，張敦仁《通鑑刊本識誤》同，今據補。②遂　原無此字。據章鈺校，十二行本、乙十一行本、孔天胤本皆有此字，今據補。按，《通鑑紀事本末》卷二六有此字。③帝從之　原無此三字。據章鈺校，十二行本、乙十一行本、孔天胤本皆有此三字，張敦仁《通鑑刊本識誤》同，今據補。

【語　譯】煬皇帝下

大業十二年（丙子　西元六一六年）

春，正月，有二十多個郡的朝集使沒有到達京師，朝廷開始商議分派十二路使者到各地徵調軍隊討捕盜賊。

隋煬帝下詔命令毗陵郡通守路道德集中十郡兵數萬人，在毗陵郡東南建造行宮苑囿，周圍十二里，內建十六所離宮，大體仿效東都西苑的規制，而更加新奇華麗。還想在會稽建築離宮，適逢大亂，沒有建成。

三月上巳節，隋煬帝與群臣在西苑水濱宴飲，命令學士杜寶撰寫《水飾圖經》，採集了古代水上遊樂的七十二個故事，讓朝散大夫黃袞用木頭製作出來，並配上樂伎坐船、酒船，人物自己活動，栩栩如生，鐘磬箏瑟，能夠自動奏樂。

三月初三日己丑，張金稱攻陷平恩縣，一個早晨就殺了男女一萬多人。又攻陷了武安、鉅鹿、清河等縣。張金稱比其他盜賊尤為殘暴，所過之地，沒有留下一個活人。

夏，四月初一日丁巳，大業殿西院發生火災，隋煬帝以為發生了盜賊，驚慌而逃，進入西苑，躲藏在草叢中，火滅了才回宮。隋煬帝從大業八年以後，每天夜裡睡覺經常驚醒，說有賊，讓幾個女人在身邊搖動撫摩才能入睡。

四月初七日癸亥，歷山飛的部將甄翟兒率領部眾十萬進犯太原，將軍潘長文戰敗身亡。

五月初一日丙戌，發生日全蝕。

壬午日，隋煬帝在景華宮搜求螢火蟲，得到好幾斛，夜裡出來遊山時，把螢火蟲放出來，螢光遍布山谷。

隋煬帝向侍臣詢問盜賊情況，左翊衛大將軍宇文述說：「逐漸減少。」隋煬帝說：「比過去少多少？」宇文述回答，說：「不到過去的十分之一。」納言蘇威後退躲在殿柱後面，隋煬帝把他叫到座前問他，蘇威回答，說：「臣不主管這方面，不甚詳細有多少盜賊，只憂慮盜賊離我們越來越近。」隋煬帝問：「這是什麼意思？」蘇威說：「先前盜賊佔據長白山，如今已近在汜水縣。而且先前徵收租賦，徵用徭役，現在到哪裡徵到？這豈不是人們都變成盜賊了嗎？近來各地奏報的賊情都不真實，致使朝廷支計失誤，不能及時剿滅盜賊。另外，以前在雁門時，許諾不再征伐遼東，現在又徵調士兵，盜賊怎麼能夠平息？」隋煬帝很不高興，就退朝了。不久臨近五月五日，百官大多進獻珍玩，唯獨蘇威獻上《尚書》。有人詆毀蘇威說：「《尚書》中有〈五子之歌〉，蘇威用意極不恭敬。」隋煬帝更加惱怒。不久，隋煬帝向蘇威詢問征伐高麗的事情，蘇威想讓隋煬帝知道天下有很多盜賊，就回答說：「現今征遼之役，希望不要徵調軍隊，只要赦免群盜，即能得到幾十萬人，派他們東征，他們高興被赦免罪過，一定會爭著立功，高麗可以滅掉。」隋煬帝很不高興。蘇威出來，御史大夫裴蘊上奏說：「這太不恭敬了！天下哪裡有如許多的盜賊？」隋煬帝說：「這老兵奸詐頗多，拿盜賊威脅我！真想打他嘴巴，暫且再忍耐一下。」裴蘊知道隋煬帝的心意，便讓河南郡平民張行本上奏：「蘇威從前在高陽負責選拔官員時，濫授人官職；又懼怕突厥，請求返回京師。」隋煬帝令人審理查驗，構成罪案，於是下詔歷數蘇威的罪狀，將他削除官籍，成為平民。一個多月後，又有人奏報蘇威勾結突厥暗中圖謀不軌，這事交給裴蘊追查審理，裴蘊判蘇威死刑，蘇威無法為自己辯白，只是悲痛謝罪而已，隋煬帝憐憫他，把他放了，說：「不忍心立即誅殺。」於是蘇威和他的子孫三代都削除官籍。

秋，七月初八日壬戌，濟景公樊子蓋去世。

江都重新製造了龍舟，送到東都。宇文述勸隋煬帝巡幸江都，煬帝同意了。右候衛大將軍酒泉人趙才諫阻說：「現今百姓疲憊，府庫空虛，盜賊蜂起，禁令無人執行，希望陛下返回京師，安定百姓。」隋煬帝大怒，把趙才交給司法官吏。過了十天，隋煬帝怒氣消解，才把他放出來。朝中大臣都不願隋煬帝出行，但隋煬帝出行之意極為堅決，沒有人敢諫阻。建節尉任宗上書極力勸諫，當天就在朝堂上用刑杖打死。七月初十日甲子，隋煬帝巡幸江都，命越王楊侗與光祿大夫段達、太府卿元文都、檢校民部尚書韋津、右武衛將軍皇甫無逸、右司郎盧楚等人共同掌理留守政務。韋津是韋孝寬的兒子。隋煬帝作詩向宮人作別：「我夢江都好，征遼亦偶然。」奉信郎崔民象因盜賊充斥，在建國門上表諫阻，隋煬帝大怒，先割下崔民象的下巴，然後把他殺了。

七月十四日戊辰，馮翊郡人孫華起兵造反。虞世基認為盜賊充斥，請求隋煬帝派兵屯駐洛口倉，隋煬帝說：「你真是個書生，天下安定還這麼膽小怕事。」十四日戊辰，隋煬帝到達鞏縣，敕令有關部門將箕山、公路二府移到洛口倉內，並命令修築城池以備不測。隋煬帝到達汜水縣，奉信郎王愛仁又上表請求隋煬帝返回西京，隋煬帝將他斬首後繼續南行。到達梁郡，梁郡有人攔阻車駕上書說：「陛下如果如願到達江都，天下就不是陛下的了。」隋煬帝又斬了上書人。這時，李子通佔據海陵，左才相劫掠淮北，杜伏威屯兵六合，各有部眾幾萬人。隋煬帝派光祿大夫陳稜率領宿衛精兵八千人討伐他們，官軍連連獲勝。

八月二十一日乙巳，賊軍首領趙萬海部眾數十萬，從恆山郡進犯高陽郡。

冬，十月初六日己丑，許恭公宇文述去世。當初，宇文述的兒子宇文化及、宇文智及都是無賴。宇文化及曾在東宮侍奉隋煬帝，隋煬帝非常寵愛親近他。等到隋煬帝即位，任用宇文化及為太僕少卿。隋煬帝巡幸榆林時，宇文化及、宇文智及違犯禁令與突厥人做買賣，隋煬帝很生氣，準備處死兩人，已經解開了他們的衣服和髮辮，隨即又赦免了他們，將他們賞賜給宇文述為奴僕。宇文智及的弟弟宇文士及，因為娶了公主為妻的緣故，常輕視宇文智及，只有宇文化及與宇文智及親昵。宇文述死了以後，隋煬帝又任命宇文化及為右屯衛將軍，宇文智及為將作少監。

李密之亡也，往依郝孝德，孝德不禮之。又入王薄，薄亦不之奇❶也。密困乏，至削樹皮而食之，匿於淮陽村舍，變姓名，聚徒教授❷。郡縣疑而捕之，密亡去，抵其妹夫雍丘❸令丘君明。君明不敢舍❹匿[1]，轉寄密於遊俠❺王秀才家，秀才以女妻之。君明從姪懷義告其事，帝令懷義自齎敕書與梁郡通守楊汪❻相知收捕。汪遣兵圍秀才宅，適值❼密出外，由是獲免，君明、秀才皆死。

韋城翟讓❽為東郡[2]法曹❾，坐事當斬。獄吏黃君漢奇其驍勇，夜中潛謂讓曰：「翟法司，天時人事，抑❿亦可知，豈能守死獄中乎？」讓驚喜，叩頭[3]曰：「讓，圈牢⓫之豕，死生唯黃曹主⓬所命。」君漢即破械出之。讓再拜曰：「讓蒙再生之恩則幸矣，柰黃曹主何？」因泣下。君漢怒曰：「本以公為大丈夫，可救生民之命，故不顧其死以奉脫⓭，柰何反效兒女子涕泣相謝乎？君但努力自免，勿憂吾也！」讓遂亡命於瓦崗⓮為羣盜。同郡單雄信⓯，驍健，善用馬槊，聚少年往從之。離狐徐世勣⓰家於衛南⓱，年十七，有勇略，說讓曰：「東郡⓲於公與勣皆為鄉里，人多相識，不宜侵掠。滎陽⓳、梁郡，汴水所經，剽行舟[4]商旅，足以自資。」讓然之，引眾入二郡界，掠公私船，資用豐給，附者益眾，聚徒至萬餘人。

時又有外黃王當仁、濟陽王伯當⓴、韋城周文舉、雍丘李公逸㉑等皆擁眾為盜。李密自雍丘[5]亡命，往來諸帥間，說以取天下之策，始皆不信。久之，稍㉒以為然，相謂曰：「斯人公卿子孫[6]，志氣若是。今人人皆云楊氏㉓將滅，李氏將興。吾聞王者不死，斯人再三獲濟㉔，豈非其人乎？」由是漸敬密。

密察諸帥唯翟讓最彊，乃因㉕王伯當以見讓，為讓畫策㉖，往說諸小盜，皆下之㉗。讓悅，稍親近密，與之計事，密因說讓曰：「劉、項㉘皆起布衣為帝王。今主昏於上，民怨於下，銳兵盡於遼東，和親絕於突厥，方乃巡遊揚、越㉙，委棄東都，此亦劉、項奮起之會㉚也。以足下雄才大略，士馬精銳，席卷二京，誅滅暴虐，隋氏不足亡也！」讓謝曰：「吾儕㉛群盜，旦夕偷生草間㉜，君之言者，非吾所及也。」會㉝有李玄英者，自東都逃來，經歷諸賊，求訪李密，云「斯人當代隋家㉞。」人問其故，玄英言：「比來民間謠歌㉟有桃李章曰：『桃李子，皇后㊱繞揚州，宛轉花園裏。勿浪語㊲，誰道許？』『桃李子』，謂逃亡者李氏之子也；皇與后，皆君也；『宛轉花園裏』，謂天子在揚州無還日，將轉於溝壑㊳也；『莫浪語，誰道許』者，密也。」既與密遇，遂委身事之。前宋城㊴尉齊郡房彥藻[7]，自負其才，恨不為時用，預於楊玄感之謀，變姓名亡命。遇密於梁、宋之間㊵，遂與之俱遊漢、沔㊶，偏入諸賊，說其豪傑，還日，從者數百人，仍為遊客㊷，處於讓營。讓見密為豪傑所歸，欲從其計，猶豫未決。

有賈雄者，曉陰陽㊸占候㊹，為讓軍師㊺，言無不用。密深結於雄，使之託術數㊻以說讓，雄許諾，懷之未發。會讓召雄，告以密所言，問其可否，對曰：「吉不可言。」又曰：「公自立恐未必成，若立斯人，事無不濟。」讓曰：「如卿言，蒲山公㊼當自立，何來從我？」對曰：「事有相因。所以來者，將軍姓翟，翟者，澤也，蒲㊽非澤不生，故須將軍也。」讓然之，與密情好日篤㊾。

密因說讓曰：「今四海糜沸㊿，不得耕耘，公士眾雖多，食無倉廩(51)，唯資野掠(52)，常苦不給(53)。若曠日持久(54)，加以大敵臨之，必渙然(55)離散。未若先取滎陽，休兵館穀(56)，待士馬肥充(57)，然後與人爭利。」讓從之，於是破金隄關(58)，攻滎陽諸縣，多下之。

滎陽太守郇王慶(59)，弘之子也，不能討，帝徙張須陁為滎陽通守以討之。庚戌(60)，須陁引兵擊讓，讓屢為須陁所敗，聞其來，大懼，將避之。密曰：「須陁勇而無謀，兵又驟勝，既驕且狠，可一戰擒也。公但列陳以待，密保為公破之。」讓不得已，勒兵將戰，密分兵千餘人伏於大海寺(61)北林間。須陁素輕讓，方陳而前，讓與戰，不利，須陁乘之，逐北十餘里；密發伏掩之(62)，須陁兵敗。密與讓及徐世勣、王伯當合軍圍之，須陁潰圍(63)出，左右不能盡出，須陁躍馬(64)復入救之，來往數四，遂戰死。所部兵晝夜號哭，數日不止，河南郡縣為之喪氣。鷹揚郎將河東賈務本為須陁之副，亦被傷，帥餘眾五千餘人奔梁郡，務本尋卒。詔以光祿大夫裴仁基為河南道[8]討捕大使，代領其眾，徙鎮虎牢(65)。

讓乃令密建牙(66)，別統所部，號蒲山公營。密部分(67)嚴整，凡號令士卒，雖盛夏，皆如背負霜雪(68)。躬(69)服儉素，所得金寶，悉頒賜麾下，由是人為之用。麾下士卒多為讓士卒所陵辱(70)，以威約(71)有素，不敢報(72)也。讓謂密曰：「今資糧粗足(73)，意欲還向瓦崗，公若不往，唯公所適(74)，讓從此別矣。」讓帥輜重東引，密亦西行至康城(75)，說下數城，大獲資儲(76)。讓尋悔，復引兵從密。

【章　旨】以上為第二段，寫瓦崗軍興起，翟讓、李密計敗張須陁，從此，北方地區，農民起義軍佔據了主導地位。

【注　釋】❶不之奇　即不奇之，不以為李密有特殊才能。奇，特異；稀罕。❷教授　傳授學業。❸雍丘　縣名，縣治在今河南杞縣。❹舍　留住；住宿。❺遊俠　敢於反抗、救人急難的人。❻楊汪　（？—西元六二一年）字元度，弘農華陰（今陝西華陰）人，曾祖時，徙居河東。歷仕周、隋，官至大理卿。傳見《隋書》卷五十六、《北史》卷七十四。❼適值　恰巧遇上。適，恰好。值，相遇。❽翟讓　（？—西元六一七年）韋城（今山東東明西北）人，隋末聚眾起事，成為反隋主力之一。後被李密所殺。事散見《隋書》卷七十、七十一等。❾法曹　官名，掌司法。❿抑　連詞，表示轉折，相當於「則」、「然」。⓫圈牢　飼養家畜的地方。牢，養牲畜的欄圈。⓬黃曹主　黃君漢大概是獄吏中的主持人，故稱為曹主。⓭奉脫　開脫；解脫。奉，對別人的敬稱。⓮瓦崗　地名，在今河南滑縣東。翟讓軍以瓦崗寨為根據地。⓯單雄信　（？—西元六二一年）曹州（今山東定陶西南）人，隋末反隋驍將。傳見《舊唐書》卷五十三、《新唐書》卷八十四。⓰徐世勣　（西元五九二—六六七年）曹州離狐（今山東菏澤西北李家集）人，唐朝賜姓李氏，因避諱太宗，單名勣。先參加隋末民眾起義，後降唐，官至尚書左僕射、司空。傳見《舊唐書》卷六十七、《新唐書》卷九十三。⓱衛南　縣名，縣治在今河南滑縣東。⓲東郡　郡名，治所滑臺，在今河南滑縣東。⓳滎陽　郡名，治所成皋縣，在今河南滎陽西北。⓴王伯當　（？—西元六一八年）濟陰（今山東曹縣西北）人，隋末反隋義軍驍將。事散見《隋書》卷七十等。㉑李公逸　汴梁雍丘（今河南杞縣）人。傳見《舊唐書》

卷一百八十七上、《新唐書》卷一百九十一。㉒稍　逐漸。㉓楊氏　指隋楊氏王朝。㉔獲濟　得到救助。濟，救助；接濟。㉕因　憑藉；通過。㉖畫策　計劃；謀劃。畫，謀劃；計策。㉗下之　降服；歸順。㉘劉項　劉指劉邦，項指項羽，於秦末起義，劉邦建立漢朝稱帝，項羽曾稱西楚霸王。㉙揚越　指揚州一帶和越州一帶（即今浙江紹興一帶）。因隋煬帝改州為郡，故揚、越指古地名。㉚會　時機；機會。㉛吾儕　我輩。儕，輩；類。㉜草間　野間。草，草野；野間。㉝會　恰巧；適逢。㉞隋家　隋王朝。㉟謠歌　即歌謠。古代以曲合樂伴奏者稱歌，隨口唱者稱謠。㊱皇后　君主。皇，大。后，君。㊲浪語　隨便亂說。浪，輕率。㊳溝壑　溪谷；山溝。古人諱稱死曰填溝壑。㊴宋城　縣名，縣治在今河南商丘西南。㊵梁宋之間　指梁郡宋城縣一帶。梁郡，治所宋城縣，在今河南商丘西南。㊶漢沔　指漢水與沔水流域。沔水，一名沮水，源出陝西略陽，東南流至勉縣，西南入漢水。為漢水的上游。㊷遊客　從事遊說活動的人。㊸陰陽　古代以陰陽解釋萬物化生，凡天地、日月、晝夜、男女以至腑臟、氣血等皆屬陰陽。㊹占候　古代視天象變化以測吉凶。㊺軍師　為主人出謀劃策的人。㊻術數　用陰陽五行相生相剋的數理，來推斷人事吉凶，如占候、卜筮、星命等。㊼蒲山公　指李密。李密襲爵蒲山公。㊽蒲　草名，生長在沼澤江河水裡。㊾情好日篤　情誼一天比一天深厚。日，日漸。篤，篤厚；真誠。㊿糜沸　言如鍋裡煮的粥一樣沸騰。比喻動亂紛擾。糜，粥。(51)倉廩　儲藏米穀的倉庫。廩，糧倉。(52)野掠　在民間掠奪。(53)不給　供給不足。(54)曠日持久　空廢時日，相持長久。曠，荒廢。(55)渙然　流散的樣子。(56)館穀　居其館，食其穀。(57)肥充　肥壯而繁多。充，滿；繁多。(58)金隄關　關名，在今河南滎陽東北。(59)鄖王慶　隋河間王楊弘之子，襲爵為鄖王。後降唐，官至宜州刺史。傳附《隋書·河間王弘傳》、《北史·河間王弘傳》。(60)庚戌　十月二十七日。(61)大海寺　寺名，故址在今河南滎陽北。(62)發伏掩之　出動伏兵，突然襲擊張須陁。(63)潰圍　衝破包圍。(64)躍馬　策馬馳騁騰躍。(65)虎牢　即汜水縣，縣治在今滎陽汜水鎮。北臨黃河，絕岸峻壁，自古為戍守要地。(66)建牙　牙，軍前大旗。古代出兵，在軍前樹立大旗稱牙，後來也稱興兵建幕府或武將出鎮為建牙。此指讓李密建立幕府。(67)部分　處分整治。(68)如背負霜雪　形容李密軍威整肅，士兵威服，背冒冷汗。(69)躬　親自；自身。(70)陵辱　侵侮。陵，侵犯；欺侮。(71)威約　約束森嚴。約，約束；制約。(72)報　回答；報復。(73)粗足　稍微充足。粗，粗略。(74)所適　所往；去什麼地方。適，往；去。(75)康城　地名，故址在今河南禹州西北。(76)資儲　儲備；積蓄。

【校　記】[1]匿　原無此字。據章鈺校，十二行本、乙十一行本、孔天胤本皆有此字，張敦仁《通鑑刊本識誤》同，今據補。按，《通鑑紀事本末》卷二七有此字。[2]東郡　嚴衍《通鑑補》改作「東都」，今據以校正。[3]叩頭　原無此二字。據章鈺校，十二行本、乙十一行本、孔天胤本皆有此二字，張敦仁《通鑑刊本識誤》、張瑛《通鑑校勘記》同，今據補。④舟　「舟」下原有「掠」字。據章鈺校，十二行本、乙十一行本、孔天胤本皆無「掠」字，今據刪。按，《通鑑紀事本末》卷二七、《通鑑綱目》卷三七下皆無「掠」字。⑤雍丘　原作「雍州」。據章鈺校，十二行本、乙十一行本、孔天胤本皆作「雍丘」，張敦仁《通鑑刊本識誤》同，今據改。按，《通鑑紀事本末》卷二七、《通鑑綱目》卷三七下皆作「雍丘」。⑥孫　原作「弟」。據章鈺校，十二行本、乙十一行本、孔天胤本皆作「孫」，張敦仁《通鑑刊本識誤》同，今據改。按，《通鑑紀事本末》卷二七、《通鑑綱目》卷三七下皆作「孫」。⑦房彥藻　原作「房玄藻」。據章鈺校，十二行本、乙十一行本、孔天胤本皆作「房彥藻」，張敦仁《通鑑刊本識誤》同，今據改。按，《通鑑紀事本末》卷二七、《通鑑綱目》卷三七下皆作「房彥藻」。⑧道　原無此字。據章鈺校，十二行本、乙十一行本、孔天胤本皆有此字，張敦仁《通鑑刊本識誤》同，今據補。按，《通鑑紀事本末》卷二七有此字。

【語　譯】李密逃亡時，前去投靠郝孝德，郝孝德沒有以禮相待。李密又去王薄那裡，王薄也不認為他有特別的才能。李密窮困疲乏，以至於剝樹皮充飢，躲藏在淮陽郡的鄉村裡，改名換姓，招收學生傳授學業。郡縣官員懷疑他派人前去抓他，李密逃走，抵達他妹夫雍丘縣令丘君明那兒。丘君明不敢收留藏匿，就把李密轉送到游俠王秀才家寄居，王秀才把女兒嫁給李密。丘君明的堂姪丘懷義告發了這件事，隋煬帝命令丘懷義親自攜帶敕書與梁郡通守楊汪通報消息，抓捕李密。楊汪派兵包圍了王秀才住宅，正巧碰上李密外出，因此幸免於難。丘君明、王秀才都被處死。

韋城人翟讓擔任東郡法曹，犯罪當斬首。獄吏黃君漢賞識翟讓驍勇，便在夜裡暗中對翟讓說：「翟法司，天時人事，或許能夠看清楚，怎能守在獄中等死呢？」翟讓又驚又喜，磕頭說：「我翟讓，是關在圈裡的豬，是生是死只聽從黃曹主吩咐。」黃君漢立刻打開了翟讓的腳鐐手銬，把他放出，翟讓再三拜謝說：「我蒙您的再生之恩，實在幸運，但黃曹主您怎麼辦呢？」於是流下淚來。黃君漢生氣說：「我原本認為你是個大丈夫，可以拯救百姓的生命，所以不顧自己生死解救你，你怎麼反而學兒女子用哭泣流淚來感謝我呢？您儘管努力逃命，不必擔憂我！」翟讓於是逃亡到瓦崗作盜賊。同郡人單雄信驍勇矯健，擅長在馬上使用長矛，聚集了一群青年人去投奔翟讓。離狐人徐世勣家在衛南縣，十七歲，有勇有謀，勸說翟讓：「東郡對你和我都是家鄉，人們大多相識，不宜侵擾掠奪。滎陽、梁郡是汴水流經的地方，到那裡搶奪過往舟船和商旅，足以滿足我們的用度。」翟讓表示贊同，率領部眾進入滎陽、梁郡兩郡境內，搶掠公私船隻，資用豐足，依附的人越來越多，聚集部眾達一萬多人。

當時又有外黃人王當仁、濟陽人王伯當、韋城人周文舉、雍丘人李公逸等都擁眾為盜。李密從雍丘逃亡，在各個首領之間來往，用取天下的策略來遊說他們，他們開始都不相信。時間長了，逐漸有人認為李密說得對，彼此議論說：「這個人是公卿子孫，有這樣的志氣。現今人人都說楊氏將要滅亡，李氏將要興起。我聽說命當稱王的人大難不死，這個人多次逃脫危難，莫非稱王的就是這個人嗎？」因此，漸漸敬重李密。

李密調查瞭解到各部首領只有翟讓勢力最強，便通過王伯當的引薦見到了翟讓，為翟讓出謀劃策，去遊說其他小股造反部眾，他們都歸附了翟讓。翟讓很高興，漸漸親近李密，與他一起議事，李密於是勸翟讓說：「劉邦、項羽都出自平民而做了帝王，如今皇帝在上面昏庸無道，百姓在下面怨憤不平；精兵全都喪失在遼東，斷絕了與突厥的和親，現在仍在巡遊揚、越，拋棄東都，這正是效法劉邦、項羽奮起的大好時機。憑您的雄才大略，兵馬精銳，席捲東西二京，誅滅暴君，推翻隋朝並不是難事！」翟讓推辭說：「我輩身為群盜，日夜在草野間苟且偷生，你所說的，不是我做得到的。」恰巧有個叫李玄英的人，從東都逃出來，走過各支反隋部隊，求訪李密，說「這個人當取代隋家天下。」別人問他緣故，李玄英說：「近來民間歌謠有一首叫〈桃李章〉，說道：『桃李子，皇后繞揚州，宛轉花園裡。勿浪語，誰道許？』『桃李子』，是說逃亡的人是李氏之子；皇與后都是指國君；『宛轉花園裡』，是說隋煬帝在揚州回不來了，將會葬身於溝壑；『莫浪語，誰道許』是密字。」不久他遇到李密，便委身投靠李密。原宋城縣尉齊郡人房彥藻，自恃才學，恨自己不被當世重用，曾參與過楊玄感的謀亂，改名換姓逃亡。在梁郡、宋城之間遇見了李密，於是就和李密一起遊歷漢、沔地區，廣泛深入各部反隋軍，遊說其中的豪傑之士，返回時，有幾百人跟從他們，李密仍以說客身分，留在翟讓的營寨內。翟讓看見豪傑都歸附李密，打算聽從李密的計謀，但仍然猶豫不決。

有一個叫賈雄的人，通曉陰陽占卜，是翟讓的軍師，說的話沒有不被採用的。李密對賈雄深加交友，讓他用占卜之術勸說翟讓，賈雄答應了，心中盤算好了尚未行動。適逢翟讓召見賈雄，把李密勸說自己稱王的事告知賈雄，詢問是否可行。賈雄回答說：「大吉大利，不可言說。」又說：「你自己稱王恐怕未必成功，如果讓李密當王，事情沒有不成功的。」翟讓說：「照你的說法，蒲山公應當自己稱王，何必來追隨我？」賈雄回答說：「事情是相輔相成的。他之所以到你這來，因為將軍姓翟，翟是水澤的意思，蒲草不在水澤中就不能生存，所以必須依靠將軍你啊。」翟讓相信了，與李密的感情日益深厚。

李密便對翟讓說：「如今全國如一鍋沸騰的爛粥，百姓不得耕種，您的兵馬雖然眾多，但吃食沒有倉儲，只有依靠在民間掠奪，經常苦於供給不足，如果曠日持久，再加上大敵來臨，一定會分崩離析。不如先攻取滎陽，駐兵休整，就地取糧，等到兵強馬壯後，然後與別人較量高低。」翟讓聽從了李密的計謀，於是攻破金隄關，攻打滎陽等縣城，多數縣城被攻佔了。

滎陽郡太守郇王楊慶，是楊弘的兒子，不能討伐翟讓，隋煬帝調張須陁為滎陽通守討伐翟讓。十月二十七日庚戌，張須陁率軍攻打翟讓，翟讓先前多次被張須陁打敗，聽說他來，大為恐懼，將要躲避他。李密說：「張須陁有勇無謀，他的軍隊又屢次打勝仗，既驕傲又兇狠，可以一戰擒獲他。您只管擺開陣勢等待，我保證為您打敗他。」翟讓不得已，部署軍隊準備交戰，李密分兵一千多人埋伏在大海寺北面的樹林中。張須陁一向輕視翟讓，排方陣向前推進，翟讓與張須陁交戰，戰敗，張須陁乘勝追擊，追趕敗兵十餘里，李密發動伏兵突然襲擊，張須陁兵敗。李密與翟讓以及徐世勣、王伯當等合兵包圍了張須陁，張須陁衝破重圍，但他身邊的人沒有全部逃出，張須陁又躍馬衝入包圍去救援，衝出衝入，來回好幾次，於是戰死。張須陁的部眾日夜號哭，一連幾天都沒有停止。河南各郡縣因此而士氣低落。鷹揚郎將河東人賈務本是張須陁的副手，也受了傷，率領殘兵五千多人逃往梁郡，賈務本不久也死了。隋煬帝詔令光祿大夫裴仁基為河南道討捕大使，接替張須陁統領這支隊伍，移鎮虎牢關。

翟讓於是讓李密建立幕府，另外率領所屬的部眾，稱為蒲山公營。李密部署嚴明整肅，凡是對士兵下達號令，即使是盛夏，士兵們都像背負霜雪一樣。李密自己穿戴節儉樸素，所得金銀財寶，全部分給部屬，因此，人人樂意為他效勞。他的部下士卒很多受到翟讓士卒的陵辱，由於一向約束森嚴，沒有人敢報復。翟讓對李密說：「如今軍資糧食大體充足，我心裡想回到瓦崗，你如果不去，隨便你去到哪裡，我翟讓自此和你告別。」翟讓攜帶輜重向東走，李密也向西行到達康城，勸說幾座城池歸降，獲得了大批軍資糧食。翟讓不久後悔了，便又率領部眾追隨李密。

鄱陽❶賊帥操師乞自稱元興王，建元始興，攻陷豫章郡❷，以其鄉人林士弘❸為大將軍。詔治書侍御史劉子翊❹將兵討之。師乞中流矢死，士弘代統其眾，與子翊戰於彭蠡湖❺，子翊敗死。士弘兵大振，至十餘萬人。十二月壬辰❻，士弘自稱皇帝，國號楚，建元太平。遂取九江、臨川、南康、宜春❼等郡，豪傑爭殺隋守令，以郡縣應之。其地北自九江，南及番禺❽，皆為所有。

詔以右驍衛將軍唐公李淵為太原❾留守，以虎賁郎將❿王威、虎牙郎將⓫高君雅為之副，將兵討甄翟兒，與翟兒遇於雀鼠谷⓬。淵眾纔數千，賊圍淵數匝⓭，李世民將精兵救之，拔淵於萬眾之中，會步兵至，合擊，大破之。

帝疏薄骨肉⓮，蔡王智積每不自安，及病，不呼醫，臨終，謂所親曰：「吾今日始知得保首領⓯沒於地矣！」

張金稱、郝孝德、孫宣雅、高士達、楊公卿等寇掠河北，屠陷郡縣。隋將帥敗亡[1]相繼，唯虎賁中郎將[16]蒲城王辯[17]、清河郡丞華陰楊善會[18]數有功，善會前後與賊七百餘戰，未嘗負敗[19]。帝遣太僕卿楊義臣討張金稱。金稱營於平恩[20]東北，義臣引兵直抵臨清[21]之西，據永濟渠為營，去金稱營四十里，深溝高壘，不與戰。金稱日引兵至義臣營西，義臣勒兵擐甲[22]，約與之戰，既而不出。日暮，金稱還營，明旦，復來。如是月餘，義臣竟不出。金稱以為怯，屢逼其營詈辱[23]之，義臣乃謂金稱曰：「汝明旦來，我當必戰。」金稱易[24]之，不復設備。義臣簡精騎二千，夜自館陶[25]濟河[26]，伺金稱離營，即入擊其累重[27]。金稱聞之，引兵還，義臣從後擊之，金稱大敗，與左右逃於清河之東。月餘，楊善會討擒之。吏立木於市，懸其頭，張[28]其手足，令仇家割食之，未死間，歌謳[29]不輟。詔以善會為清河通守。

涿郡通守郭絢[30]將兵萬餘人討高士達。士達自以才略不及竇建德，乃進建德為軍司馬[31]，悉以兵授之。建德請士達守輜重，自簡精兵七千人拒絢，詐為與士達有隙而叛，遣人請降於絢，願為前驅，擊士達以自效[32]。絢信之，引兵隨建德至長河[33]，不復設備。建德襲之，殺虜數千人，斬絢首，獻士達，張金稱餘眾皆歸建德。楊義臣乘勝至平原㉞，欲入高雞泊討之。建德謂士達曰：「歷觀隋將，善用兵者無如義臣，今滅張金稱而來，其鋒㉟不可當㊱。請引兵避之，使其欲戰不得，坐費㊲歲月，將士疲倦，然後乘間擊之，乃可破也。不然，恐非公之敵。」士達不從，留建德守營，自帥精兵逆擊義臣，戰小勝，因縱酒高宴，建德聞之曰：「東海公㊳未能破敵，遽自矜大㊴，禍至不久矣。」後五日，義臣大破士達，於陳斬之，乘勝逐北，趣其營，營中守兵皆潰。建德與百餘騎亡去，至饒陽㊵，乘其無備，攻陷之，收兵，得三千餘人。義臣既殺士達，以為建德不足憂，引去。建德還平原，收士達散兵，收葬死者，為士達發喪，軍復大振，自稱將軍。先是，羣盜得隋官及士族㊶子弟，皆殺之，獨建德善遇㊷之。由是隋官稍以城降之，聲勢日盛，勝兵㊸至十餘萬人。

內史侍郎虞世基以帝惡聞㊹賊盜，諸將及郡縣有告敗求救者，世基皆抑損㊺表狀㊻，不以實聞，但云：「鼠竊狗盜㊼，郡縣捕逐，行當殄盡㊽，願陛下勿以介懷㊾。」帝良以為然，或杖其使者，以為妄言，由是盜賊徧海內，陷沒郡縣，帝皆弗之知㊿也。楊義臣破降河北賊數十萬，列狀51上聞，帝歎曰：「我初不聞賊頓52如此，義臣降賊何多也？」世基對曰：「小竊雖多，未足為慮，義臣克之，擁兵不少，久在閫外[53]，此最非宜。」帝曰：「卿言是也。」遽追義臣，放散其兵，賊由是復盛。

治書侍御史韋雲起劾奏：「世基及御史大夫裴蘊職典[54]樞要[55]，維持內外，四方告變，不為奏聞。賊數實多，裁減言少，陛下既聞賊少，發兵不多，眾寡懸殊，往皆不克，故使官軍失利，賊黨日滋。請付有司結正[56]其罪。」大理卿鄭善果奏：「雲起詆訾[57]名臣，所言不實，非毀[58]朝政，妄作威權[59]。」由是左遷雲起為大理司直[60]。

帝至江都，江、淮郡官謁見者，專問禮餉[61]豐薄，豐則超遷丞、守[62]，薄則率從停解[63]。江都郡丞王世充獻銅鏡屏風，遷通守。歷陽郡[64]丞趙元楷[65]獻異味[66]，遷江都郡丞。由是郡縣競務刻剝[67]，以充貢獻。民外為盜賊所掠，內為郡縣所賦，生計無遺。加之饑饉[68]無食，民始采樹皮葉，或擣藁為末，或煮土而食之，諸物皆盡，乃自相食[69]。而官食猶充牣[70]，吏皆畏法，莫敢振救[71]。王世充密為帝簡閱[72]江淮民間美女獻之，由是益有寵。

河間賊帥格謙擁眾十餘萬，據豆子䴏，自稱燕王，帝命王世充將兵討斬之。謙將勃海高開道[73]收其餘眾，寇掠燕地[74]，軍勢復振。

初，帝謀伐高麗，器械資儲，皆積於涿郡，涿郡人物殷阜[75]，屯兵數萬。又，臨朔宮多珍寶，諸賊競來侵掠。留守官虎賁郎將趙什住等不能拒，唯虎賁郎將雲陽羅藝[76]獨出戰，前後破賊甚眾，威名日重，什住等陰忌之。藝將作亂，先宣言以激其眾曰：「吾輩討賊數有功，城中倉庫山積，制[77]在留守之官，而莫肯散施[78]以濟貧乏，將何以勸將士？」眾皆憤怨。軍還，郡丞出城候藝，藝因執之，陳兵而入。什住等懼，皆來聽命，乃發庫物以賜戰士，開倉廩以賑貧乏，境內咸悅[2]。殺不同己者勃海太守唐禕等數人，威振燕地，柳城、懷遠並歸之。藝黜[79]柳城[80]太守楊林甫，改郡為營州，以襄平太守鄧暠為總管，藝自稱幽州總管。

突厥數寇北邊，詔晉陽留守[81]李淵帥太原道兵與馬邑太守王仁恭[82]擊之。時突厥方彊，兩軍眾不滿五千，仁恭患之。淵選善騎射者二千人，使之飲食舍止[83]一如突厥，或與突厥遇，則伺便[84]擊之，前後屢捷，突厥頗憚之。

【章　旨】以上為第三段，寫全國河北、江淮起義軍如火如荼，而隋煬帝在江都信用權奸，花天酒地，充耳不聞。隋煬帝甚至猜忌功臣，斥逐楊義臣，自毀長城。等到羅藝造反，預示隋朝官吏基礎動搖，隋煬帝的末日為期不遠了。

【注　釋】❶鄱陽　郡名，治所鄱陽縣，在今江西鄱陽北。❷豫章郡　郡名，治所南昌縣，在今江西南昌。❸林士弘　（？—

西元六二二年）饒州鄱陽（今江西鄱陽北）人。傳見《舊唐書》卷五十六、《新唐書》卷八十七。❹劉子翊　（西元五四八—六二二年）彭城叢亭（今江蘇徐州）人，仕隋，官至治書侍御史。傳見《隋書》卷七十一、《北史》卷八十五。❺彭蠡湖　湖名，即今鄱陽湖，在今江西九江市與鄱陽之間。❻壬辰　十二月十日。❼九江臨川南康宜春　皆郡名。九江郡，治所湓口城，在今江西九江市。臨川郡，治所臨汝縣，在今江西臨川區西北。南康郡，治所贛縣，在今江西贛州。宜春郡，治所宜春縣，在今江西宜春。❽番禺　地名，南海郡治所，在今廣東廣州。❾太原　郡名，治所太原縣，在今山西太原西南。❿虎賁郎將　武官名，隋十二衛將軍之副官，掌禁衛。⓫虎牙郎將　武官名，虎賁郎將之副官，掌禁衛。⓬雀鼠谷　山谷名，故址在今山西靈石境內。⓭數匝　好幾周。匝，環繞一周叫一匝。⓮骨肉　比喻至親。父母對於子女，子女對於父母，都稱為骨肉之親。⓯保首領　指保全頭頸。領，頸項。⓰虎賁中郎將　《隋書・百官志》無中郎將。《隋書・王辯傳》作「虎賁郎將」，《北史》本傳同。「中」字衍，當刪。⓱王辯　（西元五六二—六一七年）字警略，馮翊蒲城（今陝西蒲城縣）人。仕隋，官至虎賁郎將。傳見《隋書》卷六十四、《北史》卷七十八。⓲楊善會　字敬仁，弘農華陰（今陝西華陰）人，仕隋，官至清河通守。傳見《隋書》卷七十一、《北史》卷八十五。⓳負敗　失敗。負，敗。⓴平恩　縣名，縣治在今河北曲周東南。㉑臨清　縣名，縣治在今河北臨西縣。㉒擐甲　穿戴盔甲。擐，貫；穿。㉓詈辱　辱罵。詈，罵；責怪。㉔易　輕視；小看。㉕館陶　縣名，縣治在今河北館陶。㉖河　指清河。㉗累重　指家屬與資產。累，家室。㉘張　伸展；張開。㉙歌謳　同「謳歌」。謳，也作「嘔」。歌唱；吟誦。㉚郭絢　（？—西元六一三年）河東安邑（今山西運城市東北）人，仕隋，官至涿郡通守，兼領留守。傳見《隋書》卷七十三、《北史》卷八十六。㉛軍司馬　官名，掌軍事、用兵作戰。㉜自效　自我立功，以表示自己的真誠。效，功效；效驗。㉝長河　縣名，縣治在今山東德州東。㉞平原　郡名，治所安德縣，在今山東陵縣。㉟鋒　鋒芒。比喻軍隊的銳氣。㊱當　抵擋。㊲坐費　自然消耗。坐，副詞。無故；自然而然。㊳東海公　指高士達。高士達自號東海公。㊴矜大　驕傲自大。㊵饒陽　縣名，縣治在今河北饒陽。㊶士族　又稱「世族」或「勢族」。是東漢以後逐漸形成的世家大族，世代為官，經學傳世。在政治、經濟等方面享有特權。到了隋朝，士族已處於衰落階段。㊷善遇　很好地對待。㊸勝兵　足以克敵制勝的軍隊。㊹惡聞　厭惡聽到。㊺抑損　限制；減少。㊻表狀　給朝廷的上疏奏表。表，臣子給君主上言的文表。多用於陳述衷情。狀，文體的一種，向上級陳述事實的文書。㊼鼠竊狗盜　也作「鼠竊狗偷」。指小竊小盜。㊽殄盡　消滅光。殄，斷絕；滅絕。㊾介懷　同「介意」。指放在心上。㊿弗之知　不知道這些事。弗，不。(51)列狀　條列情狀。(52)頓　頓時；即時。(53)閫外　指統兵在外。閫，門檻，指郭門或國門。(54)典　掌管；主持。(55)樞要　中心。指中央政權中機要部門或官職。

(56)結正　結案判定。(57)詆訾　誣衊；詆毀。訾，詆毀。(58)非毀　詆毀；譏諷。非，譏諷。(59)威權　威勢和權力。(60)大理司直　官名，隸屬大理卿，不署曹事，只複理御史劾奏的事。(61)禮餉　奉獻給天子的禮物。(62)超遷丞守　破格提拔為郡丞、太守（或通守）。(63)率從停解　率，一概。停解，停職或罷免官職。解，罷任。(64)歷陽郡　郡名，治所歷陽縣，在今安徽和縣。(65)趙元楷　天水（今甘肅天水市西南）人，仕隋，官至江都郡丞，兼領江都宮使。傳附《隋書・趙芬傳》、《北史・趙芬傳》。(66)異味　異常的美味。(67)刻剝　侵奪；侵害。(68)饑饉　無穀吃叫饑，無菜吃叫饉。(69)自相食　指人吃人。(70)充牣　充滿。牣，盈滿；塞。(71)振救　救濟。振，通「賑」。救助。(72)簡閱　考察；挑選。(73)高開道　（？—西元六二〇年）滄州陽信（今山東陽信東南）人，曾參加隋末反隋起義，自稱燕王。傳見《舊唐書》卷五十五、《新唐書》卷八十六。(74)燕地　戰國時燕國舊境，包括今北京市及河北中部地區、遼寧西部。(75)殷阜　富實。阜，肥大；多。(76)羅藝　（？—西元六二七年）字子延，本襄陽人，寓居京兆雲陽（今陝西涇陽西北），歷仕隋、唐，官至左翊衛大將軍。傳見《舊唐書》卷五十六、《新唐書》卷九十二。(77)制　節制；控制；制止。(78)散施　發放。施，給予；發布。(79)黜　廢免。(80)柳城　縣名，遼西郡治所，在今遼寧朝陽。(81)晉陽留守　即太原留守。太原有晉陽宮，故也稱晉陽留守。(82)王仁恭　（西元五五八—六一七年）字元實，天水上邽（今甘肅天水市）人，仕隋，官至光祿大夫，領馬邑太守。傳見《隋書》卷六十五、《北史》卷七十八。(83)舍止　住宿；止宿。(84)伺便　找機會。

【校　記】[1]亡　原作「亡者」。據章鈺校，十二行本、乙十一行本、孔天胤本皆無「者」字，今據刪。按，《通鑑紀事本末》卷二六、《通鑑綱目》卷三七下皆無「者」字。[2]悅　原作「服」。據章鈺校，十二行本、乙十一行本、孔天胤本皆作「悅」，今據改。按，《通鑑綱目》卷三七下作「悅」。

【語　譯】鄱陽郡賊軍首領操師乞自稱元興王，建年號為始興，攻陷豫章郡，任用同鄉人林士弘為大將軍。隋煬帝下詔命令治書侍御史劉子翊領兵討伐他。操師乞中了流箭死去，林士弘接替統領他的部眾，與劉子翊在彭蠡湖交戰，劉子翊戰敗身亡，林士弘軍威大振，部隊達到十多萬人。十二月初十日壬辰，林士弘自稱皇帝，國號楚，建年號為太平。乘勝攻佔了九江、臨川、南康、宜春等郡，各地豪傑都爭先恐後殺死隋朝的郡守縣令，獻出郡縣歸附林士弘。這一地區北起九江，南到番禺，全被林士弘佔有。

隋煬帝下詔任命右驍衛將軍唐公李淵為太原留守，任命虎賁郎將王威、虎牙郎將高君雅為李淵的副將。

率兵討伐甄翟兒，在雀鼠谷與甄翟兒遭遇。李淵部眾只有幾千人，甄翟兒的軍隊將李淵包圍了好幾層，李世民率領精兵救援，把李淵從萬眾重圍中救出來，正好步兵也趕到了，合兵攻擊，大敗甄翟兒。

隋煬帝對親生骨肉疏遠刻薄，蔡王楊智積常常恐懼不安，後來他患病，不喊醫生治療，臨死時，對他親近的人說：「我今天才知道能夠保全頭顱而葬於地下了！」

張金稱、郝孝德、孫宣雅、高士達、楊公卿等搶掠河北，攻陷郡縣，大肆屠殺。隋朝的將帥敗亡接連不斷，只有虎賁中郎將蒲城人王辯、清河郡丞華陰人楊善會多次立功。楊善會前後與敵人交戰七百多次，未曾戰敗，隋煬帝派遣太僕卿楊義臣討伐張金稱，張金稱在平恩縣東北紮營，楊義臣率兵直抵臨清的西邊，緊靠永濟渠紮營，距離張金稱的營地四十里。楊義臣深挖壕溝，高築營壘，不出來交戰。張金稱每天進兵到楊義臣軍營西邊挑戰，楊義臣率領士兵，身穿鎧甲，約定日期交戰，到時卻不出來。直到太陽落山，張金稱率軍返回營地。第二天早晨，張金稱又來挑戰。就這樣過了一個多月，楊義臣始終沒有出來交戰。張金稱認為楊義臣膽怯，一再逼近楊義臣的軍營辱罵楊義臣。楊義臣於是對張金稱說：「你明天早上再來，我一定接戰。」張金稱不當一回事，不再警戒。楊義臣挑選精銳騎兵兩千人，在夜裡從館陶渡河，趁張金稱離開營地之時，立即偷襲張金稱的家累輜重。張金稱得知消息，領兵返回，楊義臣從後面襲擊他，張金稱大敗，和隨身侍從逃到清河的東邊。一個多月後，楊善會出擊抓獲了張金稱。隋朝官吏在鬧市中立了一根木柱，把張金稱的頭吊起來，張開他的手腳，命令張金稱的仇人割張金稱的肉吃，張金稱沒死的時候，還不斷唱歌。隋煬帝下詔，任命楊善會為清河郡通守。

涿郡通守郭絢領兵一萬多人討伐高士達。高士達自認為才能謀略趕不上竇建德，於是就提拔竇建德為軍司馬，把兵權全部交給他。竇建德請高士達看守輜重，自己挑選精兵七千人抵抗郭絢，詐稱與高士達有矛盾而叛變，派人向郭絢請求投降，表示願意做郭絢的前鋒，進攻高士達，自建功勞。郭絢相信了他，率兵跟隨竇建德到達長河，不再防備。竇建德襲擊郭絢，殺死和俘虜了幾千人，砍下郭絢的首級獻給高士達。張金稱的殘餘部眾也全部歸附了竇建德。楊義臣乘勝到達平原郡，打算進入高雞泊討伐高士達。竇建德對高士達說：

「我遂個瞭解隋朝將領，善於用兵的人，沒有一個趕得上楊義臣，他如今滅了張金稱前來，兵鋒不可阻擋，請你率領部眾避開他，讓他想戰卻不能戰，白白浪費時間，等到將士疲憊，然後找機會襲擊他，才可以打敗他。不這樣，恐怕你贏不了他。」高士達不聽從，留下竇建德守衛軍營，親自率領精兵迎戰楊義臣，初戰小勝，便大肆飲酒慶祝，竇建德知道後說：「東海公還沒打敗敵人，馬上就自高自大，大禍不久就要臨頭了。」過了五天，楊義臣大敗高士達，在陣前殺了高士達，乘勝追擊敗兵，直奔軍營，營中守兵全都逃散。竇建德與一百多名騎兵逃離，到達饒陽縣，趁官兵沒有防備，攻佔了饒陽縣，招集士兵，得到了三千多人。楊義臣已經殺了高士達，認為竇建德不值得憂慮，就領兵而去。竇建德返回平原，搜集高士達的散兵，埋葬死了的人，替高士達辦了喪事，軍威又重新振作起來，竇建德自稱將軍。此前，各路反隋軍抓獲隋軍官吏和士族子弟，全都殺了，只有竇建德善待他們。因此，隋朝官員逐漸獻城投降，聲勢日益強盛，能戰士兵達到了十多萬人。

內史侍郎虞世基因隋煬帝厭惡聽到盜賊的情況，諸將及郡縣報告戰敗請求救援的，虞世基全都加以限制，不據實奏報，只說：「鼠竊狗盜之輩，郡縣搜捕追逐，快要消滅乾淨了，請陛下不要放在心上。」隋煬帝認為說得很對，有時還杖打報告實情的使者，認為他們胡說，因此盜賊遍布天下，攻陷郡縣，隋煬帝全然不知。楊義臣擊敗並收降河北賊眾幾十萬，他條列情狀上奏隋煬帝，隋煬帝感歎道：「我當初不知道盜賊一下子多到如此地步，楊義臣降服的賊人怎麼這樣多？」虞世基回答說：「小賊雖然多，不值得擔心，楊義臣擊敗小賊，卻擁兵不少，長久在京城之外，這是最不妥當的。」隋煬帝說：「你說得對。」立刻派人追回楊義臣，遣散他的部眾，盜賊因此又多了起來。

治書侍御史韋雲起上奏彈劾：「虞世基和御史大夫裴蘊執掌樞要機密，維持朝廷內外聯繫，四方告急，卻不上奏皇上，盜賊的數量實際很多，他們削減數量說是很少，陛下既然聽說賊少，發兵不多，眾寡懸殊，前往討伐的官兵都不能取勝，所以導致官軍失敗，賊黨一天比一天增多。請將他們二人交付有關部門結案定罪。」大理卿鄭善果上奏：「韋雲起誣衊名臣，他所說的都不屬實，誹謗朝政，妄自作威作福。」因此貶韋雲起為大理司直。

隋煬帝到達江都，江、淮各郡來謁見的官員，隋煬帝只問進獻禮物多少，禮物豐富則越級升遷為郡丞、郡守，禮物微薄則一律停職罷官。江都郡丞王世充進獻銅鏡屏風，升遷為通守。歷陽郡丞趙元楷進獻珍美食品，升遷為江都郡丞。因此各郡縣爭相刻剝搜刮，用來充實貢獻的禮品。平民外受盜賊搶掠，內被郡縣徵稅逼迫，沒有了活路。加上饑荒缺糧，平民開始採集樹皮樹葉，或者把稻草搗成碎末，或煮泥土來充飢，各種能吃的東西都吃光了，於是人吃人。而官方糧食仍然充足，官吏都害怕法制，沒有人敢開倉救濟災民。王世充暗中挑選江淮美女進獻隋煬帝，因此更加受到寵信。

河間郡賊軍首領格謙擁有部眾十多萬人，佔據豆子𨺗，自稱燕王。隋煬帝命令王世充率兵討伐，殺了格謙。格謙的部將勃海人高開道搜集餘部，劫掠燕地，軍勢重新振作起來。

當初，隋煬帝圖謀征伐高麗，把器械軍資和糧食貯備都集中在涿郡，涿郡人口眾多、物產殷實，屯兵數萬。另外，涿郡臨朔宮有很多珍寶，各地的賊寇紛紛前來搶掠。留守官虎賁郎將趙什住等人沒辦法抵抗，只有虎賁郎將雲陽人羅藝獨自出戰，前後打敗賊兵很多人，威名越來越高，趙什住等人暗中嫉妒他。羅藝想要造反，他先公開揚言激勵他的部眾，說：「我們討賊屢建戰功，城中的倉庫糧食堆積如山，但控制在留守官手中，不肯發放用來救濟貧苦困乏的百姓，這怎麼能夠勉勵將士？」大家聽後都極為憤怒。軍隊回城，郡丞出城迎候羅藝，羅藝便把郡丞抓起來，列隊入城。趙什住等人很恐懼，都前來聽命，於是打開府庫賞賜戰士，打開糧倉救濟貧苦困乏的百姓，涿郡境內都很高興。羅藝殺了勃海太守唐禕等幾個與自己不同心的人，聲威震動燕地，柳城、懷遠等郡都歸附了羅藝。羅藝罷免了柳城太守楊林甫，改郡為營州，任命襄平太守鄧暠為營州總管，羅藝自稱幽州總管。

突厥多次侵擾北方邊境，隋煬帝下詔晉陽留守李淵率領太原道的兵馬與馬邑太守王仁恭攻打突厥。當時突厥正強，李淵、王仁恭兩軍部眾不滿五千人，王仁恭很擔憂。李淵挑選善於騎射的兩千人，讓他們飲食起居與突厥人完全一樣，與突厥人相遇，就找機會襲擊他們，前後多次告捷，突厥人很害怕他們。

恭皇帝❶上[1]

義寧元年（丁丑　西元六一七年）

春，正月，右禦衛將軍❷陳稜討杜伏威，伏威帥眾拒之。稜閉壁❸不戰，伏威遺以婦人之服，謂之「陳姥❹」。稜怒，出戰，伏威奮擊，大破之，稜僅以身免。伏威乘勝破高郵❺，引兵據歷陽，自稱總管，以輔公祏為長史，分遣諸將徇❻屬縣，所至輒下，江淮間小盜爭附之。伏威常選敢死之士五千人，謂之「上募」，寵遇甚厚，有攻戰，輒令上募先擊之，戰罷閱視，有傷在背者即殺之，以其退而被擊故也。所獲資財，皆以賞軍士。有戰死者，以妻、妾徇葬❼。故人自為戰❽，所向無敵。

丙辰❾，竇建德為壇於樂壽❿，自稱長樂王，置百官，改元丁丑⓫。

辛巳⓬，魯郡⓭賊帥[2]徐圓朗⓮攻陷東平，分兵略地，自琅邪⓯以西，北至東平⓰，盡有之，勝兵二萬餘人。

盧明月轉掠河南，至于淮北，眾號四十萬，自稱無上王。帝命江都通守王世充討之，世充與戰於南陽⓱，大破之，斬明月，餘眾皆散。

二月壬午⓲，朔方⓳鷹揚郎將梁師都⓴殺郡丞唐世宗，據郡，自稱大丞相，北連突厥。

馬邑太守王仁恭，多受貨賂㉑，不能振施。郡人劉武周㉒，驍勇喜任俠㉓，為鷹揚府校尉㉔，仁恭以其土豪，甚親厚之，令帥親兵屯閤㉕下。武周與仁恭侍兒㉖私通，恐事泄，謀作亂，先宣言曰：「今百姓饑饉，僵尸滿道，王府君㉗閉倉不賑卹㉘，豈為民父母㉙之意乎？」眾皆憤怒。武周稱疾臥家，豪傑來候問，武周椎牛㉚縱酒，因大言曰：「壯士豈能坐待溝壑？今倉粟爛積㉛，誰能與我共取之？」豪傑皆許諾。己丑㉜，仁恭坐聽事㉝，武周上謁，其黨張萬歲等隨入，升階，斬仁恭，持其首出徇，郡中無敢動者。於是開倉以賑飢民，馳檄㉞境內屬城，皆下之，收兵得萬餘人。武周自稱太守，遣使附于突厥。

李密說翟讓曰：「今東都空虛，兵不素練㉟。越王沖幼㊱，留守諸官政令不壹㊲，士民離心。段達、元文都，闇㊳而無謀，以僕料之，彼非將軍之敵。若將軍能用僕計，天下可指麾而定也[3]。」乃遣其黨裴叔方覘東都虛實，留守官司覺之，始為守禦之備，且馳表㊴告江都。密謂讓曰：「事勢如此，不可不發。兵法曰：『先則制於己，後則制於人㊵。』今百姓饑饉，洛口倉多積粟，去都百里有餘，將軍若親帥大眾，輕行㊶掩襲，彼遠未能救，又先無豫備，取之如拾遺㊷耳。

比(43)其聞知，吾已獲之，發粟以賑窮乏，遠近孰不歸附？百萬之眾，一朝可集，枕威養銳(44)，以逸待勞，縱(45)彼能來，吾有備矣。然後檄召(46)四方，引賢豪而資計策，選驍悍(47)而授兵柄(48)，除亡隋之社稷，布(49)將軍之政令，豈不盛哉？」讓曰：「此英雄之略，非僕所堪(50)。惟君之命(51)，盡力從事，請君先發，僕為後殿。」庚寅(52)，密、讓將精兵七千人出陽城(53)北，踰方山(54)，自羅口(55)襲興洛倉，破之。開倉恣(56)民所取，老弱襁負(57)，道路相屬(58)。

朝散大夫(59)時德叡以尉氏(60)應密，前宿城(61)令祖君彥(62)自昌平(63)往歸之。君彥，珽之子也，博學強記，文辭贍敏(64)，著名海內，吏部侍郎薛道衡嘗薦之於高祖，高祖曰：「是歌殺(65)斛律明月人兒邪？朕不須此輩！」煬帝即位，尤疾其名，依常調(66)選東平郡[4]書佐(67)，檢校(68)宿城令。君彥自負其才，恆[5]鬱鬱思亂，密素聞其名，得之大喜，引為上客，軍中書檄(69)，悉[6]以委之。

越王侗遣虎賁郎將劉長恭、光祿少卿房崱(70)帥步騎二萬五千討密。時東都人皆以密為飢賊盜米，烏合(71)易破，爭來應募，國子三館(72)學士及貴勝親戚皆來從軍，器械脩整(73)，衣服鮮華(74)，旌旗鉦鼓甚盛。長恭等當其前，使河南討捕大使裴仁基等將所部兵自汜水西[7]入以掩其後，約十一日會於倉城(75)南，密、讓具知其計。東都兵先至，士卒未朝食(76)，長恭等驅之度洛水，陳於石子河(77)西，南北十餘里。密、讓選驍雄(78)，分為十隊，令四隊伏橫嶺下以待仁基，以六隊陳於石子河東。長恭等見密兵少，輕之。讓先接戰，不利，密帥麾下橫衝之。隋兵飢疲，遂大敗，長恭等解衣潛竄(79)得免，奔還東都，士卒死者什五六。越王侗釋長恭等罪，慰撫之。密、讓盡收其輜重器甲(80)，威聲大振。

讓於是推密為主，上密號為魏公。庚子(81)，設壇場(82)，即位，稱元年，大赦。其文書行下(83)，稱行軍元帥府。其魏公府置三司(84)、六衛(85)，元帥府置長史以下官屬。拜翟讓為上柱國(86)、司徒、東郡公，亦置長史以下官，減元帥府之半。以單雄信為左武候大將軍，徐世勣為右武候大將軍，各領所部。房彥藻為元帥左長史，東郡邴元真為右長史，楊德方為左司馬，鄭德韜為右司馬，祖君彥為記室，其餘封拜各有差(87)。於是趙、魏(88)以南，江、淮以北，羣盜莫不響應，孟讓、郝孝德、王德仁及濟陰房獻伯、上谷王君廓(89)、長平李士才、淮陽魏六兒、李德謙、譙郡張遷、魏郡李文相、譙郡黑社、白社、濟北張青特、上洛周比洮、胡驢賊等皆歸密。密悉拜官爵，使各領其眾，置百營簿以領之。道路降者不絕如流，眾至數十萬。乃命其護軍(90)田茂廣築洛口城(91)，周[8]四十里而居之，密遣房彥藻將兵東略地[92]，取安陸、汝南、淮安[93]、濟陽[94]，河南郡縣多陷於密。

鴈門郡丞河東陳孝意[95]與虎賁郎將王智辯共討劉武周，圍其桑乾鎮[96]。壬寅[97]，武周與突厥合兵擊智辯，殺之，孝意奔還鴈門。三月丁卯[98]，武周襲破樓煩郡，進取汾陽宮，獲隋宮人，以賂突厥始畢可汗。始畢以馬報之[99]，兵勢益振，又攻陷定襄[100]。突厥立武周為定楊可汗[101]，遺以狼頭纛[102]。武周即皇帝位，立妻沮氏為皇后，改元天興。以衛士楊伏念為尚書左僕射，妹壻同縣苑君璋為內史令。武周引兵圍鴈門，陳孝意悉力[103]拒守，乘間出擊武周，屢破之。既而外無救援，遣間使詣江都，皆不報[104]。孝意誓以必死，旦夕向詔敕庫[105]俯伏流涕，悲動左右。圍城百餘日，食盡，校尉張倫殺孝意以降。

梁師都略定雕陰[106]、弘化[107]、延安等郡，遂即皇帝位，國號梁，改元永隆。始畢遺以狼頭纛，號為大度毗伽可汗。師都乃引突厥居河南[108]之地，攻破鹽川郡[109]。

左翊衛[110]蒲城郭子和坐事徙榆林。會郡中大饑[111]，子和潛結敢死士十八人攻郡門，執郡丞王才，數[112]以不恤[113]百姓，斬之，開倉賑施[114]。自稱永樂王，改元丑平。尊其父為太公，以其弟子政為尚書令，子端、子升為左右僕射。有二千餘騎，南連梁師都，北附突厥，各遣子為質以自固，始畢以劉武周為定楊天子，梁師都為解事天子115，子和為平楊天子116，子和固辭不敢當，乃更以為屋利設。

汾陰薛舉117，僑居118金城119，驍勇絕倫120，家貲鉅萬，交結豪傑，雄於西邊，為金城府校尉121。時隴右盜起，金城令郝瑗募兵得數千人，使舉將而討之。夏，四月癸未122，方授甲，置酒饗士123，舉與其子仁果124及同黨十三人，於座劫瑗發兵，囚郡縣官，開倉賑施。自稱西秦霸王，改元秦興。以仁果為齊公，少子仁越為晉公，招集羣盜，掠官牧馬。賊帥宗羅睺帥眾歸之，以為義興公。將軍皇甫綰將兵一萬屯枹罕125，舉選精銳二千人襲之，遂克枹罕[9]。岷山126羌酋鍾利俗擁眾二萬歸之，舉兵大振。更以仁果為齊王，領東道行軍元帥，仁越為晉王，兼河州127刺史，羅睺為興王，以副仁果。分兵略地，取西平128、澆河129二郡。未幾，盡有隴西之地，眾至十三萬。

李密以孟讓為總管、齊郡公，己丑130夜，讓帥步騎二千入東都外郭131，燒掠豐都市132，比曉133而去。於是東京居民悉遷入宮城134，臺省府寺135皆滿。鞏縣136長柴孝和、監察御史鄭頲以城降密，密以孝和為護軍，頲為右長史。

裴仁基每破賊得軍資，悉以賞士卒，監軍御史137蕭懷靜不許，士卒怨之。懷靜又屢求仁基長短劾奏之。倉城之戰，仁基失期不至，聞劉長恭等敗，懼不敢進，屯百花谷[138]，固壘[139]自守，又恐獲罪於朝。李密知其狼狽[140]，使人說之，啗以厚利[141]。賈務本之子閏甫在軍中，勸仁基降密，仁基曰：「如蕭御史何？」閏甫曰：「蕭君如棲[142]上雞，若不知機變，在明公一刀耳。」仁基從之。遣閏甫詣密請降。密大喜，以閏甫為元帥府司兵參軍[143]兼直[144]記室事，使之復命，遺仁基書，慰納之[145]，仁基還屯虎牢。蕭懷靜密表其事，仁基知之，遂殺懷靜，帥其眾以虎牢降密。密以仁基為上柱國、河東公。仁基子行儼[146]，驍勇善戰，密亦以為上柱國、絳郡公。

密得秦叔寶及東阿程齩金[147]，皆用為驃騎[148]。選軍中尤驍勇者八千人，分隸四驃騎以自衛，號曰「內軍」，常曰：「此八千人足當百萬。」齩金後更名知節。羅士信、趙仁基皆帥眾歸密，密署為總管，使各統所部。

癸巳[149]，密遣裴仁基、孟讓帥二萬餘人襲回洛[150]東倉，破之，遂燒天津橋[151]，縱兵大掠。東都出兵擊之，仁基等敗走，密自帥眾屯回洛倉。東都兵尚二十餘萬人，乘城擊柝[152]，晝夜不解甲。密攻偃師[153]、金墉[154]，皆不克。乙未[155]，還洛口。

東都城內乏糧，而布帛山積[156]，至以絹為汲綆[157]，然[158]布以爨[159]。越王侗使人運回洛倉米入城，遣兵五千屯豐都市，五千屯上春門[160]，五千屯北邙山，為九營，首尾相應，以備密。

丁酉[161]，房獻伯陷汝陰[162]，淮陽太守趙陁舉郡降密。

己亥[163]，密帥眾三萬復據回洛倉，大修營塹[164]以逼東都，段達等出兵七萬拒之。辛丑[165]，戰於倉北，隋兵敗走。丁未[166]，密使其幕府移檄[167]郡縣，數煬帝十罪，且曰：「罄[168]南山之竹，書罪無窮；決[169]東海之波，流惡[170]難盡。」祖君彥之辭也。

越王侗遣太常丞元善達間行[171]賊中，詣江都奏稱：「李密有眾百萬，圍逼東都，據洛口倉，城內無食。若陛下速還，烏合必散；不然者，東都決沒[172]。」因歔欷嗚咽，帝為之改容。虞世基進曰：「越王年少，此輩誑之。若如所言，善達何緣[173]來至？」帝乃勃然[174]怒曰：「善達小人，敢廷辱[175]我！」因使經賊中向東陽[176]催運[177]，善達遂為羣盜所殺。是後人人杜口[178]，莫敢以賊聞[179]。

世基容貌沈審[180]，言多合意，特為帝所親愛，朝臣無與為比。親黨憑之[181]，鬻官賣獄，賄賂公行，其門如市[182]。由是朝野共疾怨之。內史舍人封德彝[183]託附世基，以世基不閑[184]吏務，密為指畫[185]，宣行詔命，諂順帝意，羣臣表疏忤旨者，皆屏而不奏。鞫獄[186]用法，多峻文深詆，論功行賞，則抑削就薄。故世基之寵日隆而隋政益壞，皆德彝所為也。

【章　旨】以上為第四段，寫魏公李密兵圍東都。

【注　釋】❶恭皇帝　隋朝第三代皇帝楊侑，元德太子楊昭之子，隋煬帝之孫。《謚法》：尊賢讓善曰恭。西元六一七年十一月—六一八年五月在位。❷右禦衛將軍　武官名，隋十二衛將軍之一，掌禁兵。❸閉壁　關閉營壘門。❹陳姥　陳老太婆。陳稜閉壘不敢出戰，怯如老太婆，故用此語以羞辱他。姥，通「姆」。老太太。❺高郵　縣名，縣治在今江蘇高郵西北。❻徇　奪取。❼徇葬　用人或物陪葬。徇，通「殉」。用人從葬。❽人自為戰　人人主動奮戰。❾丙辰　正月初五日。❿樂壽　縣名，縣治在今河北獻縣。⓫改元丁丑　義寧元年（西元六一七年）即丁丑年，竇建德以干支作年號。⓬辛巳　正月三十日。⓭魯郡　郡名，治所瑕丘縣，在今山東兗州。⓮徐圓朗　兗州人，先參加隋末民眾起義，後歸唐，官至兗州總管。傳見《舊唐書》卷五十五、《新唐書》卷八十六。⓯琅邪　郡名，治所臨沂縣，在今山東臨沂。⓰東平　郡名，治所鄆城縣，在今山東鄆城縣東南。⓱南陽　郡名，治所穰縣，在今河南鄧州。⓲壬午　二月一日。⓳朔方　郡名，治所岩綠縣，在今陝西靖邊東北。⓴梁師都　（?—西元六二八年）夏州朔方（今陝西靖邊東北）人，仕隋為鷹揚郎將，後歸唐，又叛。傳見《舊唐書》卷五十六、《新唐書》卷八十七。㉑貨賂　以財貨賄賂人。㉒劉武周　（?—西元六二〇年）河間景城（今河北滄州西景城）人，仕隋為鷹揚府校尉，後叛。傳見《舊唐書》卷五十五、《新唐書》卷八十六。㉓任俠　打抱不平，仗義行事。㉔鷹揚府校尉　武官名，掌鷹揚府兵。鷹揚府，官署名，隋十二衛下屬官署，由驃騎將軍府所改。㉕閤　大門旁的小門。㉖侍兒　侍女。㉗王府君　指王仁恭。府君，尊稱太守為府君。㉘賑卹　救濟。卹，憂念；救濟。㉙為民父母　古代稱郡縣地方官為父母官。㉚椎牛　殺牛。椎，捶擊的工具。㉛爛積　倉穀長期堆積，以致腐爛變質。㉜己丑　二月初八日。㉝坐聽事　坐在廳裡處理政事。㉞馳檄　迅速傳檄。檄，文書。古代官方文書用木簡，長一尺二寸，多做徵召、曉諭、申討等用。若有急事，則插上羽毛，稱為羽檄。後泛稱這類官文書為檄。㉟素練　平時訓練。素，平素；往常。㊱沖幼　年幼。沖，幼小在位稱為沖。㊲政令不壹　政令不統一。壹，通「一」。一致；統一。㊳闇　昏昧。㊴馳表　馳馬上表。㊵先則制於己二句　意思是先發制人，後發則為人所制。㊶輕行　輕裝行進。㊷拾遺　拾取他人遺失的東西為己有。遺，丟失；遺失。㊸比　及；等到。㊹枕威養銳　坐枕軍威，養精蓄銳。㊺縱　即使。㊻檄召　用文書召告。㊼驍悍　勇猛。驍，勇捷。悍，勇敢。㊽兵柄　兵權。柄，器物的把，比喻權力。㊾布　發布；頒行。㊿堪　能承當。(51)惟君之命　絕對服從你的命令。(52)庚寅　二月初九日。(53)陽城　縣名，縣治在今河南登封東南。(54)方山　山名，故址在今河南登封北。(55)羅口　地名，故址在今河南鞏縣南。(56)恣　任意；

放縱。(57)襁負 用繈褓背負小兒的人。(58)屬 接連。(59)朝散大夫 官名，文散官，無職事。(60)尉氏 縣名，縣治在今河南尉氏。(61)宿城 縣名，縣治在今山東東平東。(62)祖君彥 （？—西元六一八年）范陽（今北京市）人，北齊尚書僕射祖珽之子。仕隋，官至檢校宿城令。後加入李密軍。傳見《北齊書》卷三十九、《隋書》卷七十六、《北史》卷四十七、《新唐書》卷八十四。(63)昌平 縣名，縣治在今北京市昌平東南。(64)贍敏 詳贍快捷。(65)歌殺 謂編歌謠而殺害。歌殺斛律光事詳見本書卷一百七十一〈陳紀〉五宣帝太建四年。(66)常調 正常的遷轉。(67)書佐 官名，州郡皆有書佐，主辦文書。(68)檢校 未得實授的加官稱為檢校。(69)書檄 泛指軍中的文書。(70)房彥 人名。(71)烏合 倉卒集合之眾，如烏鴉忽聚忽散。(72)三館 隋朝以國子、太學、四門為三館。(73)脩整 裝飾很整齊。(74)鮮華 新鮮而華麗。(75)倉城 指興洛倉城。(76)朝食 吃早飯。(77)石子河 水名，故址在今河南鞏縣境。(78)驍雄 指勇猛善戰的軍隊。(79)解衣潛竄 脫掉武官服，穿上便服，偷偷逃跑。(80)器甲 指器械衣甲。(81)庚子 二月十九日。(82)壇場 在平坦的土地上，用土築的高臺。古代以壇為祭天神及遠祖之所，遇大事如朝會、盟誓、封拜都立壇以表示鄭重。(83)文書行下 指對部下所頒發的文書。(84)三司 即三公。東漢改大司馬為太尉，與司徒、司空並稱三公，亦稱三司。(85)六衛 隋唐武職有十六衛，六衛所指不詳。(86)上柱國 官名，隋置上柱國、柱國，以賞有功勳之人，並為散官，不理事。而李密所拜上柱國則與此不同，既賞功勳，又開府置僚佐，當是理事的武官。(87)差 等差；差別。(88)趙魏 地區名，指戰國時期趙國、魏國舊地，大致包括今山西、河北、河南東部、山東南部與安徽西北部。(89)王君廓 （？—西元六二八年）并州石艾（今山西平定南）人，先參加隋末民眾起事，後歸唐，官至左領軍大將軍。傳附《舊唐書·廬江王瑗傳》、《新唐書》卷九十二。(90)護軍 武官名，隋諸衛各置護軍，以作為將軍之副將。(91)洛口城 城名，洛水入黃河之口，故址在今河南鞏縣東南。(92)略地 攻佔土地。略，掠奪；佔領。(93)安陸汝南淮安 皆郡名。安陸郡，治所安陸縣，在今湖北安陸。汝南郡，治所汝陽縣，在今河南汝南縣。淮安郡，治所比陽縣，在今河南泌陽。(94)濟陽 縣名，縣治在今河南蘭考東北堌陽鎮。(95)陳孝意 （？—西元六一七年）河東（今山西永濟西南）人，仕隋，官至雁門郡丞。傳見《隋書》卷七十一、《北史》卷八十五。(96)桑乾鎮 鎮名，故址在今山西朔縣東南。(97)壬寅 二月二十一日。(98)丁卯 三月十七日。(99)報之 回報劉武周。(100)定襄 郡名，治所大利縣，在今內蒙古和林格爾西北。(101)定楊可汗 據《大唐創業起居注》，劉武周攻佔樓煩郡，報，報答。自稱天子，國號定楊，故始畢可汗立他為定楊可汗。定楊就是滅隋的意思。(102)狼頭纛 繡有狼頭的大旗。相傳突厥為狼的後裔（即圖騰是狼），牙門建狼頭纛，以表示承襲狼的機智狠猛和不忘本。(103)悉力 全力。悉，盡。(104)不報 置之而不答覆。(105)詔敕庫 存放詔敕的屋舍。(106)雕陰 郡名，治所上縣，在今陝西綏德。(107)弘化 郡名，治所合水縣，在今甘肅慶陽。(108)河南指河套以南地區。[109]鹽川郡　郡名，治所五原縣，在今陝西定邊。[110]左翊衛　官署名，隋十二衛府之一。[111]大饑　大荒年。饑，五穀不熟；荒年。[112]數　數落；責備。[113]恤　救濟；顧惜。[114]賑施　以財物救濟。賑，救濟。施，給予。[115]解事天子　精明幹練者稱為解事，解事天子亦略取此意。[116]平楊天子　胡三省注：「平楊，猶定楊也。」[117]薛舉　（？—西元六一八年）河東汾陰（今山西萬榮西南）人，仕隋為金城府校尉，後叛，自稱西秦霸王。傳見《舊唐書》卷五十五、《新唐書》卷八十六。[118]僑居　寓居。[119]金城　郡名，治所金城縣，在今甘肅蘭州。[120]絕倫　無以倫比。[121]金城府校尉　武官名，掌管金城郡軍事的長官。[122]癸未　四月初三日。[123]饗士　犒賞兵士。[124]仁果　（？—西元六一八年）薛舉長子。傳附《舊唐書．薛舉傳》、《新唐書．薛舉傳》。[125]枹罕　郡名，治所枹罕縣，在今甘肅臨夏西南。[126]岷山　山名，故址在今甘肅岷縣境。[127]河州　即枹罕郡。枹罕原為河州，隋煬帝改河州為枹罕郡。[128]西平　郡名，治所湟水縣，在今青海樂都。[129]澆河　郡名，治所河津縣，在今青海黃河南岸貴德。[130]己丑　四月初九日。[131]外郭　即外城。[132]豐都市　隋東都三市，此為東市。唐以其在洛水南，故叫南市。其內東西南北居兩坊之地，一百二十行，三千餘店肆。[133]比曉　到天將亮時。[134]宮城　又稱紫微城，是皇帝與臣下議事和寢宮所在地，位於郭城西北隅，皇城以北。[135]臺省府寺　官署名，皆中央官署。[136]鞏縣　縣名，縣治在今河南鞏縣東北。[137]監軍御史　官名，以御史監軍，故稱監軍御史，掌監軍事。[138]百花谷　山谷名，故址在今河南鞏縣東南。[139]固壘　加固堡壘。[140]狼狽　進退兩難，為難窘迫。[141]啗以厚利　用厚利來引誘。啗，以利誘人。[142]棲　棲息的地方，此指雞窩。[143]司兵參軍　武官名，掌參謀軍事。[144]直　值班；值勤。此指兼作記室事。[145]慰納之　指李密接納了裴仁基的投降，並以書信安慰他。[146]行儼　裴仁基子裴行儼（？—西元六一九年），河東（今山西永濟西南）人，先降李密，後降王世充，封為左輔大將軍。傳附《北史．裴仁基傳》。[147]程齩金　（？—西元六六五年）後改名知節，濟州東阿（今山東東阿西南）人，先參加了李密義軍，後降王世充，又歸唐，官至左衛大將軍。傳見《舊唐書》卷六十八、《新唐書》卷九十。[148]驃騎　武官名，此用開皇官制，隋煬帝改為鷹揚郎將。[149]癸巳　四月十三日。[150]回洛　地名，故址在今河南孟津東。隋在此曾建回洛倉。[151]天津橋　橋名，位於東都城內洛水之上。因洛水橫貫東都，有河漢之象，故名其橋為天津橋。[152]柝　巡夜時所敲的木梆。[153]偃師　縣名，縣治在今河南偃師東南。[154]金墉　城名，故址在今河南洛陽東北。[155]乙未　四月十五日。[156]山積　堆積如山。[157]汲綆　汲水器上的繩索。[158]然　「燃」的本字。[159]爨　炊；做飯。[160]上春門　隋東都洛陽外郭城東面三門，北面的稱上春門，唐改稱上東門。[161]丁酉　四月十七日。[162]汝陰　郡名，治所汝陰縣，在今安徽阜陽。[163]己亥　四月十九日。[164]營塹　軍營及周圍的溝池。[165]辛丑　四月二十一日。[166]丁未　四月二十七日。[167]移檄　傳送檄書。移，傳送。[168]罄　器中空。引申為盡、完。

⓰⓽決　導引水流。⓱⓪流惡　沖刷罪惡。流，用水沖洗。⓱⓵間行　行動隱祕。⓱⓶決沒　肯定失陷。⓱⓷何緣　憑藉什麼。緣，憑藉；因。⓱⓸勃然　突然。⓱⓹廷辱　在朝廷上當面汙辱人。⓱⓺東陽　郡名，治所金華縣，在今浙江金華。⓱⓻催運　催促運輸糧草。⓱⓼杜口　閉口不說話。⓱⓽以賊聞　把賊軍的情況上報朝廷。⓲⓪沈審　深沉而慎重。沈，同「沉」。審，周密；慎重。⓲⓵憑之　憑藉隋煬帝對虞世基的親愛。⓲⓶其門如市　比喻去他家的人眾多。⓲⓷封德彝　（西元五六八—六二七年）名倫，字德彝，觀州蓨縣（今河北景縣）人，歷仕隋、唐，官至尚書左僕射，封趙國公。傳見《舊唐書》卷六十三、《新唐書》卷一百。⓲⓸不閑　不熟悉。閑，熟練。⓲⓹指畫　指點規劃。⓲⓺鞫獄　審訊囚犯。鞫，審訊；查問。

【校　記】[1]上　原無此字。據章鈺校，十二行本、乙十一行本、孔天胤本皆有此字，今據補。[2]帥　原無此字。據章鈺校，十二行本、乙十一行本、孔天胤本皆有此字，今據補。按，《通鑑紀事本末》卷二六有此字。[3]也　原無此字。據章鈺校，十二行本、乙十一行本、孔天胤本皆有此字，張敦仁《通鑑刊本識誤》同，今據補。[4]郡　原無此字。據章鈺校，十二行本、乙十一行本、孔天胤本皆有此字，張敦仁《通鑑刊本識誤》同，今據補。[5]恆　原作「常」。據章鈺校，十二行本、乙十一行本、孔天胤本皆作「恆」，今據改。按，《通鑑紀事本末》卷二七作「恆」。[6]悉　原作「一」。據章鈺校，十二行本、乙十一行本、孔天胤本皆作「悉」，張敦仁《通鑑刊本識誤》同，今據改。[7]西　原作「而」。據章鈺校，十二行本、乙十一行本、孔天胤本皆作「西」，張瑛《通鑑校勘記》、熊羅宿《胡刻資治通鑑校字記》同，今據改。按，《通鑑紀事本末》卷二七作「西」。[8]周　原作「方」。據章鈺校，十二行本、乙十一行本、孔天胤本皆作「周」，張敦仁《通鑑刊本識誤》同，今據改。[9]遂克枹罕　原無此四字。據章鈺校，十二行本、乙十一行本、孔天胤本皆有此四字，張敦仁《通鑑刊本識誤》、張瑛《通鑑校勘記》同。按，《通鑑紀事本末》卷二七有此四字，今據補。

【語　譯】恭皇帝上

義寧元年（丁丑　西元六一七年）

春，正月，右禦衛將軍陳稜討伐杜伏威，杜伏威率領部眾抵抗。陳稜緊閉營壘不出戰，杜伏威送婦人衣服給陳稜，稱他為「陳姥」。陳稜很生氣，出營作戰，杜伏威奮勇攻擊，大敗官軍，陳稜僅隻身逃脫。杜伏威乘勝攻破高郵，帶兵佔據歷陽，自稱總管，任命輔公祏為長史，分別派遣將領攻取江都郡所屬各縣，大軍所到之處，城池全都投降，江淮間小股反隋軍爭相歸附杜伏威。杜伏威經常選拔敢死勇士五千人，稱之為「上募」，對這支隊伍特別寵愛厚待。有戰鬥，就命令上募首先攻打，戰鬥結束後逐一檢查將士，凡背上有傷的立即處死，因他是轉身後退才被敵人擊傷的。所繳獲的軍資財物，全都用來賞賜戰士。士兵有戰死的，杜伏威就用女人為死者的妻妾以殉葬。所以上募軍人人奮勇作戰，所向無敵。

正月初五日丙辰，竇建德在樂壽縣設壇，自稱長樂王，設置百官，改年號丁丑。

正月三十日辛巳，魯郡反隋軍首領徐圓朗攻陷東平，分兵攻佔土地，從琅邪以西，北邊到東平，全都佔有，擁有能戰士兵兩萬餘人。

盧明月轉移劫掠河南，到達淮北，部眾號稱四十萬，自稱無上王。隋煬帝令江都通守王世充討伐盧明月，王世充與盧明月在南陽交戰，大敗盧明月，殺了他，盧明月殘餘部眾全都潰散。

二月初一日壬午，朔方郡鷹揚郎將梁師都殺了郡丞唐世宗，佔據郡城，自稱大丞相，向北勾結突厥。

馬邑太守王仁恭，大量收受財物賄賂，不能賑濟百姓。馬邑郡人劉武周驍勇，喜歡行俠仗義，擔任鷹揚府校尉。王仁恭因為劉武周是本郡豪族，特別親近厚待他，讓他率領親兵駐防內宅大門旁邊的小門。劉武周與王仁恭的侍女私通，擔心事情敗露，就圖謀作亂，先揚言說：「如今百姓鬧饑荒，死屍滿路，王府君關閉糧倉不加賑濟撫恤，這哪裡是做父母官的思想呢？」大家聽了都非常憤怒。劉武周藉口有病躺在家裡，當地豪傑前來問候，劉武周殺牛飲酒，放出大話說：「壯士怎麼可以坐著等死？如今倉裡堆積的糧食已經腐爛，誰能和我一起去取糧？」在場的豪傑都答應願意前往。二月初八日己丑，王仁恭坐在廳堂裡辦理公事，劉武周上堂謁見，他的黨羽張萬歲等人隨他進入，登上臺階，殺了王仁恭，拿著王仁恭的首級出來示眾，郡內無人敢動。於是劉武周打開糧倉賑濟飢民，向郡屬各縣迅速發布文告，各縣全都降附，招集到士兵一萬餘人。劉武周自稱太守，派遣使者歸附突厥。

李密勸翟讓說：「如今東都空虛，守城士兵平時缺乏訓練。越王楊侗年幼，留守官員政令不能統一，軍民離心，段達、元文都，昏庸沒有謀略，依我估計，他們不是將軍您的對手，如果將軍能夠用我的計策，天下一揮手就可安定。」於是派遣同黨裴叔方偵察東都虛實，留守東都的官員發覺了，開始了防禦準備，並且馳馬上表到江都報告。李密對翟讓說：「形勢既然這樣，不能不發兵攻擊。兵法說：『搶先下手主動權控制在自己手中，後動手就會被別人控制。』如今百姓飢餓，洛口倉有很多積糧，距離東都一百多里，將軍如果親自率領大軍，輕裝行軍，突然偷襲，敵人因為路遠不能救援，事先又沒有防備，奪取洛口倉如同拾起遺物。等到敵人得知消息，我們已經奪取到手，發放糧食救濟窮困百姓，遠近的人誰不來歸附？百萬大軍，一個早晨就可集結，坐枕軍威，養精蓄銳，以逸待勞，即使敵人能夠前來，我軍已有防備了。然後傳檄號召四方，招攬豪傑賢士，向他們詢問計策，選拔驍勇強悍的將軍，交給他們兵權，除掉隋朝的社稷，頒行將軍的政令，難道不是壯舉嗎？」翟讓說：「這是英雄的謀略，不是我能勝任的。我完全聽從你的號令，拼盡全力去辦，請你首先出發，我殿後。」二月初九日庚寅，李密、翟讓率領精兵七千人從陽城北邊出發，翻過方山，從羅口偷襲興洛倉，攻佔了它。開倉聽憑百姓隨意取糧，老人、弱小、背負嬰兒的婦女，沿路絡繹不絕。

朝散大夫時德叡率領尉氏縣響應李密，原宿城縣令祖君彥從昌平前往歸附李密。祖君彥，是祖珽的兒子，博學強記，文章辭藻詳贍快捷，著稱國內。吏部侍郎薛道衡曾經將他推薦給高祖隋文帝，高祖說：「他就是用歌謠來殺害了斛律明月的那個人的兒子嗎？朕不要這種人！」隋煬帝即位，尤其嫉妒祖君彥的名聲，按常規把他選調到東平郡做書佐，為宿城縣候補縣令。祖君彥自恃有才，總是鬱鬱不得志考慮作亂。李密平時聽說了他的名聲，得到他非常高興，把他待為上賓，軍中書信文告，全部交給祖君彥辦理。

越王楊侗派虎賁郎將劉長恭、光祿少卿房崱率領步兵、騎兵兩萬五千人討伐李密。當時東都人都認為李密是搶糧的飢餓盜賊，烏合之眾，容易打敗，爭著前來應募，國子、太學、四門三館的學子，以及貴族豪富皇親國戚也來從軍，兵器整齊，衣服新鮮華麗，旌旗鉦鼓，聲勢極為壯觀。劉長恭等人率領軍隊正面攻擊，讓河南討捕大使裴仁基等率領本部兵馬從汜水關西進入掩襲李密的後背，約定二月十一日在興洛倉南面會師。李密、翟讓全面知道了這個計謀。東都官兵先到達興洛倉，士兵沒有吃早飯，劉長恭驅趕他們渡過洛水，在石子河西岸布陣，南北十多里。李密、翟讓挑選驍勇善戰的士兵，分為十隊，命令四個隊埋伏在橫嶺下攔截裴仁基，用六個隊在石子河東邊布陣。劉長恭等看見李密兵少，不放在眼裡。翟讓先與隋兵交戰，不佔上風，李密率領部下橫衝過去，隋軍又餓又乏，於是大敗。劉長恭等人脫掉官服，暗中逃竄得以脫身，跑回東都，士兵死亡十之五六。越王楊侗免了劉長恭等人兵敗之罪，慰問安撫他們。李密、翟讓收繳了隋軍的全部輜重兵器，聲威大振。

翟讓於是推舉李密為全軍的主帥，尊奉李密為魏公。二月十九日庚子，設置壇場，李密即位，稱元年，大赦天下。向下級發布的文告命令，稱為行軍元帥府。魏公府設置三司、六衛，元帥府設置長史以下的官員。拜授翟讓為上柱國、司徒、東郡公，也設置長史以下官員，數量減為元帥府的一半。任命單雄信為左武候大將軍，徐世勣為右武候大將軍，各自統領所轄部眾。任命房彥藻為元帥左長史，東郡人邴元真為右長史，楊德方為左司馬，鄭德韜為右司馬，祖君彥為記室，其他的人都有不同等級的封拜。於是趙、魏以南，江、淮以北，反隋軍莫不響應，孟讓、郝孝德、王德仁以及濟陰人房獻伯、上谷人王君廓、長平人李士才、淮陽人魏六兒、李德謙、譙郡人張遷、魏郡人李文相、譙郡的黑社、白社、濟北人張青特、上洛人周比洮、胡驢賊等全都歸附李密。李密對他們全都封官授爵，讓他們各自率領原有部眾，設置百營簿來統領他們。道路上歸降的人源源不絕，部眾達到數十萬。於是李密命令護軍田茂廣修築洛口城，方圓四十里，以供居住。李密派房彥藻率兵往東掠取土地，奪取了安陸、汝南、淮安、濟陽，黃河以南的郡縣大部分被李密攻佔。

雁門郡丞河東人陳孝意與虎賁郎將王智辯討伐劉武周，包圍他的據點桑乾鎮。二月二十一日壬寅，劉武周與突厥人合兵攻打王智辯，殺死了他，陳孝意逃回雁門。三月十七日丁卯，劉武周襲取樓煩郡，進兵奪取了汾陽宮，俘獲隋朝宮人，把這些宮人作為禮品送給了突厥的始畢可汗。始畢可汗用馬匹回報劉武周，劉武周兵勢更加強大，又攻陷了定襄。突厥立劉武周為定楊可汗，送給他狼頭大旗。劉武周即皇帝位，立妻沮氏為皇后，改元天興。任命衛士楊伏念為尚書左僕射，妹夫同縣人苑君璋為內史令。劉武周率軍包圍雁門，陳孝意全力防守，伺機出擊劉武周，一再打敗了他。不久因外面沒有援兵，陳孝意派密使前往江都告急，都沒有答覆。陳孝意誓死堅守，每日早晚向存放皇帝詔敕的庫房跪拜哭泣，悲慟之情感動了左右的人。雁門被包圍一百多天，糧盡，校尉張倫殺了陳孝意後投降。

梁師都攻佔了雕陰、弘化、延安等郡，於是即皇帝位，國號梁，改年號為永隆。始畢可汗送給他狼頭大旗，號稱大度毗伽可汗。梁師都便引領突厥人入居河南之地，攻破鹽川郡。

左翊衛蒲城人郭子和因事獲罪流放榆林。適逢榆林郡饑荒嚴重，郭子和暗地結交敢死之士十八人進攻郡門，抓獲了郡丞王才，斥責他不體恤百姓疾苦，把他殺了，開倉賑濟百姓。郭子和自稱永樂王，改年號丑平。尊稱他的父親為太公，任命他的弟弟郭子政為尚書令，郭子端、郭子升為左右僕射。郭子和擁有兩千多名騎兵，南面連絡梁師都，北面依附突厥，向兩方各送兒子作為人質，以使自己穩固。始畢可汗封劉武周為定楊天子，梁師都為解事天子，郭子和為平楊天子，郭子和堅決推辭不敢接受，於是改封他為屋利設。

汾陰人薛舉，僑居金城，驍勇絕倫，家財億萬，與豪傑之士結交，稱雄於西邊，擔任金城府校尉。當時隴右盜賊起事，金城令郝瑗招募到幾千名士兵，命薛舉率領他們討伐盜賊。夏，四月初三日癸未，正給新募士兵發鎧甲，擺設酒宴犒勞將士，薛舉和他的兒子薛仁果以及同黨十三人，在筵席座位上劫持郝瑗，舉兵造反，囚禁郡縣官吏，開倉賑濟。薛舉自稱西秦霸王，改年號秦興。封薛仁果為齊公，幼子薛仁越為晉公。薛舉招集群盜，搶掠官府牧馬。賊兵首領宗羅睺率眾歸附，封為義興公。將軍皇甫綰率兵一萬人屯駐枹罕，薛舉挑選精兵兩千人襲擊他，攻下了枹罕。岷山羌人酋長鍾利俗擁有部眾兩萬人，歸附了薛舉，薛舉兵勢大振。改封薛仁果為齊王，兼領東道行軍元帥，薛仁越為晉王，兼河州刺史，宗羅睺為興王，任薛仁果的副將。薛舉分兵攻掠土地，奪取了西平、澆河二郡。不久，薛舉全部佔有隴西之地，部眾達到十三萬人。

李密任命孟讓為總管，封為齊郡公。四月初九日己丑夜晚，孟讓率領步兵、騎兵兩千人進入東都外城，焚燒搶掠豐都市區，到天快亮時離去。於是東京居民全都遷入宮城，臺、省、府、寺都住滿了人。鞏縣縣長柴孝和、監察御史鄭頲獻城投降李密，李密任命柴孝和為護軍，鄭頲為右長史。

裴仁基每次打敗敵兵繳獲了軍糧物資，全都用來賞賜士卒，監軍御史蕭懷靜不同意，士卒們怨恨他。蕭懷靜又多次尋找裴仁基的過失上奏彈劾他。洛口倉城之戰，裴仁基誤期沒有趕到，他聽說劉長恭等人戰敗，害怕不敢進城，屯駐在百花谷，堅壁自守，又害怕被朝廷治罪。李密偵知裴仁基處境窘迫，派人勸他投降，用厚利引誘。賈務本的兒子賈閏甫在裴仁基軍中，也勸裴仁基投降李密。裴仁基說：「怎樣處置蕭懷靜御史呢？」賈閏甫說：「蕭君就像雞窩裡的雞，如果他不懂得隨機應變，就在於您的一刀而已。」裴仁基聽從了，派遣賈閏甫前往李密軍營請求投降。李密大為高興，任命賈閏甫為元帥府司兵參軍兼任記室事，派他向裴仁基覆命，並送給裴仁基一封信，安慰接納裴仁基。裴仁基返回虎牢關鎮守。蕭懷靜祕密上表奏報這件事，裴仁基知道了此事，於是殺了蕭懷靜，率領部眾獻出虎牢關投降了李密。李密任命裴仁基為上柱國、河東公。裴仁基的兒子裴行儼，驍勇善戰，李密也任命他為上柱國、絳郡公。

李密得到了秦叔寶和東阿人程齩金，都任命為驃騎將軍。李密挑選軍中特別勇敢的士兵八千人，分別隸屬於四位驃騎將軍，用來保衛自己，稱為「內軍」。他經常說：「這八千人足以抵擋百萬大軍。」程齩金後來改名為程知節。羅士信、趙仁基都率領部眾歸附李密，李密任命他們為總管，讓他們各自統領原有部眾。

四月十三日癸巳，李密派遣裴仁基、孟讓率領兩萬人襲擊回洛東倉，打下了東倉，接著放火焚燒天津橋，縱兵大掠。東都出兵攻打他們，裴仁基等戰敗逃走，李密親自率領部眾屯駐回洛倉。東都的軍隊還有二十多萬，登城擊柝，晝夜都不脫鎧甲。李密攻打偃師、金墉，都沒有攻克。十五日乙未，返回洛口。

東都城內缺糧，而布帛堆積如山，甚至用絲絹作汲水的繩子，燒布煮飯。越王楊侗派人把回洛倉的米運入城內，派五千名士兵駐守豐都市，五千名士兵駐守上春門，五千名士兵駐守北邙山，分為九營，首尾呼應，用以防備李密。

四月十七日丁酉，房獻伯攻陷汝陰，淮陽太守趙陁獻出郡城投降李密。

四月十九日己亥，李密率領部眾三萬人又佔據回洛倉，大規模修築營壘壕塹逼近東都，段達等出兵七萬抵抗李密軍。二十一日辛丑，兩軍在回洛倉的北邊交戰，隋軍敗退。二十七日丁未，李密讓他的幕府向各郡縣發布檄文，列舉隋煬帝十條罪狀，還說：「砍盡南山的竹子做成竹簡，書寫他的罪過，無窮無盡；決開東海的水，難以洗盡暴君的罪惡。」這是祖君彥撰寫的文辭。

越王楊侗派遣太常丞元善達祕密穿過李密軍的控制區域，前往江都向隋煬帝奏報，說：「李密擁有部眾百萬，圍逼東都，佔據了洛口倉，東都城內沒有糧食。如果陛下迅速返回東都，烏合之眾一定四散；否則，東都必定陷落。」於是嗚咽流淚，隋煬帝也變了臉色。虞世基進言說：「越王年紀輕，這些人欺騙了他。如果真像元善達說的那樣，元善達為何能到這裡來？」隋煬帝便勃然大怒，說：「元善達小人，竟敢在朝廷上侮辱我！」於是派元善達經過敵軍的控制區回到東陽去催運糧食，元善達終於被敵軍所殺。此後，人人閉口不言，沒有人敢把敵軍情況向隋煬帝報告。

虞世基容貌沉穩，所言大多投合隋煬帝的心意，特別受到隋煬帝的信任寵愛，朝臣沒有人能與他相比。虞世基的親朋黨與依仗他的勢力，鬻官賣獄，賄賂公行，門庭若市。因此，朝野上下都痛恨虞世基。內史舍人封德彝依附虞世基，因為虞世基不熟悉官吏事務，封德彝暗中替他出謀劃策，發布詔命，迎合隋煬帝的心意，群臣表章疏奏有違忤皇上旨意的，都丟在一邊不上奏。審訊囚犯，執法用刑，多引用嚴厲苛刻的條文，深加誣陷；論功行賞，則壓抑削減，採用最低標準。所以，隋煬帝對虞世基的寵愛日益隆盛，而隋朝的政治日益敗壞，這都是封德彝幹的。

初，唐公李淵娶於神武肅公竇毅，生四男，建成、世民、玄霸、元吉[1]，一女，適太子千牛備身臨汾柴紹[2]。

世民聰明勇決，識量過人，見隋室方亂，陰有安天下之志，傾身[3]下士[4]，散財結客，咸得其歡心。世民娶右驍衛將軍長孫晟之女。右勳衛[5]長孫順德[6]，晟之族弟也，與右勳侍[7]池陽劉弘基[8]皆避遼東之役，亡命在晉陽依淵，與世民善。左親衛[9]竇琮[10]，熾之孫也，亦亡命在太原，素與世民有隙，每以自疑，世民加意待之，出入臥內，琮意乃安。

晉陽宮監⑪猗氏裴寂⑫，晉陽⑬令武功劉文靜⑭，相與同宿，見城上烽火，寂歎曰：「貧賤如此，復逢亂離，將何以自存？」文靜笑曰：「時事可知，吾二人相得，何憂貧賤？」文靜見李世民而異之，深自結納，謂寂曰：「此非常人，豁達類漢高⑮，神武同魏祖⑯，年雖少，命世才⑰也。」寂初未然之。

文靜坐與李密連昏⑱，繫太原獄，世民就省之。文靜曰：「天下大亂，非高、光⑲之才，不能定也。」世民曰：「安知其無？但人不識耳。我來相省，非兒女子之情⑳，欲與君議大事也。計將安出？」文靜曰：「今主上南巡江、淮，李密圍逼東都，羣盜殆以萬數。當此之際，有真主㉑驅駕而用之，取天下如反掌㉒耳。太原百姓皆避盜入城，文靜為令㉓數年，知其豪傑，一旦收集[1]，可得十萬人，尊公所將之兵復且數萬，一言出口，誰敢不從？以此乘虛入關，號令天下，不過半年，帝業成矣。」世民笑曰：「君言正合我[2]意。」乃陰部署賓客，淵不之知也。世民恐淵不從，猶豫久之，不敢言。

淵與裴寂有舊，每相與宴語，或連日夜。文靜欲因寂關說㉔，乃引寂與世民交。世民出私錢數百萬，使龍山㉕令高斌廉與寂博，稍以輸之，寂大喜，由是日從世民遊，情款益狎㉖。世民乃以其謀告之，寂許諾。

會突厥寇馬邑，淵遣高君雅將兵與馬邑太守王仁恭并力拒之，仁恭、君雅戰不利㉗，淵恐并獲罪，甚憂之。世民乘間屏人說淵曰：「今主上無道，百姓困窮，晉陽城外皆為戰場。大人若守小節，下有寇盜，上有嚴刑，危亡無日㉘。不若順民心，興義兵，轉禍為福，此天授之時也！」淵大驚曰：「汝安得為此言？吾今執汝以告縣官㉙！」因取紙筆，欲為表。世民徐曰㉚：「世民觀天時㉛人事如此，故敢發言，必欲執告，不敢辭死！」淵曰：「吾豈忍告汝？汝慎勿出口！」明日，世民復說淵曰：「今盜賊日繁㉜，遍於天下，大人受詔討賊，賊可盡乎？要之㉝，終不免罪。且世人皆傳李氏當應圖讖㉞，故李金才無罪，一朝族滅。大人設能㉟盡賊，則功高不賞，身益危矣！唯昨日之言，可以救禍，此萬全之策也，願大人勿疑。」淵乃歎曰：「吾一夕思汝言，亦大有理。今日破家亡軀㊱亦由汝，化家為國㊲亦由汝矣！」

先是，裴寂私以晉陽宮人侍淵，淵從寂飲，酒酣，寂從容言曰：「二郎㊳陰養士馬，欲舉大事，正為寂以宮人侍公，恐事覺并誅，為此急計耳。眾情已協㊴，公意如何？」淵曰：「吾兒誠有此謀，事已如此，當復柰何，正須從之耳。」

帝(40)以淵與王仁恭不能禦寇，遣使者執詣(41)江都，淵大懼，世民與寂等復說淵曰：「今主昏(42)國亂，盡忠無益。偏裨(43)失律(44)，而罪及明公(45)。事已迫矣，宜早定計。且晉陽士馬精彊，宮監蓄積巨萬，以茲舉事，何患無成？代王幼沖，關中豪傑並起，未知所附，公若鼓行(46)而西(47)，撫而有之，如探囊(48)中之物耳。柰何受單使(49)之囚，坐取夷滅乎？」淵然之，密部勒(50)，將發。會帝繼遣使者馳驛赦淵及仁恭，使復舊任，淵謀亦緩。

淵之為河東討捕使也，請大理司直(51)夏侯端(52)為副。端，詳之孫也，善占侯及相人(53)，謂淵曰：「今玉牀(54)搖動，帝座(55)不安，參墟得歲(56)，必有真人(57)起於其分，非公而誰乎？主上猜忍，尤忌諸李，金才既死，公不思變通，必為之次矣。」淵心然之。及留守晉陽，鷹揚府司馬(58)太原許世緒(59)說淵曰：「公姓在圖籙，名應歌謠，握五郡(60)之兵，當四戰之地(61)，舉事則帝業可成，端居(62)則亡不旋踵，唯公圖之。」行軍司鎧(63)文水武士彠(64)、前太子(65)左勳衛唐憲(66)、憲弟儉(67)皆勸淵舉兵。儉說淵曰：「明公北招戎狄，南收豪傑，以取天下，此湯、武之舉(68)也。」淵曰：「湯、武非所敢擬(69)，在私則圖存，在公則拯亂(70)，卿姑(71)自重，吾將思之。」憲，邕之孫也。時建成、元吉尚在河東，故淵遷延未發。

劉文靜謂裴寂曰：「先發制人，後發制於人[72]。何不早勸唐公舉兵，而推遷[73]不已？且公為宮監，而以宮人侍客，公死可爾，何誤唐公也？」寂甚懼，屢趣[74]淵起兵。淵乃使文靜詐為敕書，發太原、西河[75]、鴈門、馬邑民年二十已上五十已下悉為兵，期歲暮[76]集涿郡，擊高麗，由是人情恟恟[77]，思亂者益眾。

及劉武周據汾陽宮，世民言於淵曰：「大人為留守，而盜賊竊據離宮，不早建大計[78]，禍今至矣！」淵乃集將佐謂之曰：「武周據汾陽宮，吾輩不能制，罪當族滅，若之何？」王威等皆懼，再拜請計。淵曰：「朝廷用兵，動止[79]皆稟節度。今賊在數百里內，江都在三千里外，加以道路險要，復有他賊據之，以嬰城膠柱[80]之兵，當巨猾[81]豕突[82]之勢，必不全矣。進退維谷，何為而可？」威等皆曰：「公地[83]兼親賢[84]，同國休戚[85]，若俟奏報，豈及事機？要在平賊，專之可也。」淵陽若[86]不得已而從之者，曰：「然則[87]先當集兵。」乃命世民與劉文靜、長孫順德、劉弘基等各募兵，遠近赴集，旬日間近萬人，仍密遣使召建成、元吉於河東，柴紹於長安。

王威、高君雅見兵大集，疑淵有異志，謂武士彠曰：「順德、弘基皆背征[88]三侍[89]，所犯當死，安得將兵[90]？」欲收按[91]之。士彠曰：「二人皆唐公客，若爾，必大致紛紜。」威等乃止。留守司兵[92]田德平欲勸威等按募人之狀[93]，士彠曰：「討捕之兵，悉隸唐公，威、君雅但寄坐[94]耳，彼何能為？」德平亦止。晉陽鄉長[95]劉世龍[96]密告淵云：「威、君雅欲因晉祠[97]祈雨，為不利。」五月癸亥[98]夜，淵使世民伏兵於晉陽宮城之外。甲子[99]旦，淵與威、君雅共坐視事，使劉文靜引開陽府[100]司馬胙城劉政會[101]入立庭中，稱有密狀。淵目威等取狀視之，政會不與，曰：「所告乃副留守事，唯唐公得視之。」淵陽驚曰：「豈有是邪？」視其狀，云[3]：「威、君雅潛引突厥入寇。」君雅攘袂[102]大詬曰：「此乃反者欲殺我耳。」時世民已布兵塞衢路，文靜因與劉弘基、長孫順德等共執威、君雅繫獄。丙寅[103]，突厥數萬眾寇晉陽，輕騎入外郭北門，出其東門。淵命裴寂等勒兵為備，而悉開諸城門，突厥不能測，莫敢進。眾以為威、君雅實召之也，淵於是斬威、君雅以徇。淵部將王康達將千餘人出戰，皆死，城中恟懼[104]。淵夜遣軍潛出城，旦則張旗[105]鳴鼓自他道來，如援軍者。突厥終疑之，留城外二日，大掠而去。

煬帝命監門將軍[106]涇陽龐玉、虎賁郎將霍世舉將關內兵援東都。柴孝和說李密曰：「秦地[107]山川之固，秦、漢所憑以成王業者也。今不若使翟司徒[108]守洛口，裴柱國(109)守回洛，明公自簡精銳西襲長安。既克京邑(110)，業固兵彊，然後東向以平河、洛(111)，傳檄而天下定矣。方今隋失其鹿(112)，豪傑競逐，不早為之，必有先我者，悔無及矣！」密曰：「此誠上策，吾亦思之久矣。但昏主(113)尚存，從兵(114)猶眾，我所部皆山東人，見洛陽未下，誰肯從我西入？諸將出於羣盜，留之各競雌雄，如此，則大業隳矣。」孝和曰：「然則大軍既未可西上，僕請間行觀釁(115)。」密許之。孝和與數十騎至陝縣(116)，山賊歸之者萬餘人。時密兵鋒甚銳，每入苑(117)，與隋兵連戰。會密為流矢所中，臥[4]營中，丁丑(118)，越王侗使段達與龐玉等夜出兵，陳於回洛倉西北。密與裴仁基出戰，達等大破之，殺傷太半(119)，密乃棄回洛，奔洛口。龐玉、霍世舉軍(120)於偃師，柴孝和之眾聞密退，各散去。孝和輕騎歸密，楊德方、鄭德韜皆死。密以鄭頲為左司馬，滎陽鄭乾象為右司馬。

李建成、李元吉棄其弟智雲(121)於河東而去，吏執智雲送長安，殺之。建成、元吉遇柴紹於道，與之偕行(122)。

【章　旨】以上為第五段，寫唐公李淵在其次子李世民推動下策劃反隋的過程。

【注　釋】❶建成世民玄霸元吉　唐太宗李世民的四位同胞兄弟，李淵竇氏所生的四個兒子。建成（西元五八八—六二六年），唐高祖李淵長子，先封為太子，玄武門之變時被殺。傳見《舊唐書》卷六十四、《新唐書》卷七十九。玄霸，李淵第三子，早卒。傳見《舊唐書》卷六十四、《新唐書》卷七十九。元吉（西元六〇三—六二六年），李淵第四子，封齊王，玄武門之變時，與李建成同時遇害。傳見《舊唐書》卷六十四、《新唐書》卷七十九。❷柴紹（？—西元六三八年）字嗣昌，晉州臨汾（今山西臨汾）人，歷仕隋、唐，官至左衛大將軍。傳見《舊唐書》卷五十八、《新唐書》卷九十。❸傾身　側身，對人謙虛之意。❹下士　謙恭對待賢士。❺右勳衛　武官名，掌宿衛。❻長孫順德　河南洛陽（今河南洛陽）人。歷仕隋、唐，官至左驍衛大將軍。傳見《舊唐書》卷五十八、《新唐書》卷一百五。❼右勳侍　武官名，隋煬帝改右勳衛為右勳侍，亦掌宿衛。❽劉弘基（西元五八二—六五〇年）雍州池陽（今陝西三原北）人，歷仕隋、唐，官至輔國大將軍，封夔國公。傳見《舊唐書》卷五十八、《新唐書》卷九十。❾左親衛　武官名，開皇時置親、勳、武三衛，此是其一。掌宿衛。❿竇琮（？—西元六二二年）扶風平陵（今陝西咸陽西北）人。歷仕隋、唐，官至右領軍大將軍。傳附《舊唐書・竇威傳》、《新唐書・竇威傳》。⓫晉陽宮監　官名，隋離宮皆置宮監，總領宮事。⓬裴寂（西元五七〇—六二九年）字玄真，蒲州桑泉（今山西臨猗）人，歷仕隋、唐，官至尚書左僕射，唐開國功臣。傳見《舊唐書》卷五十七、《新唐書》卷八十八。⓭晉陽　縣名，縣治在今山西太原西南。⓮劉文靜（西元五六八—六一九年）字肇仁，自稱彭城人，世居京兆武功（今陝西武功西北）。歷仕隋、唐，官至納言，封魯國公，唐開國功臣之一。傳見《舊唐書》卷五十七、《新唐書》卷八十八。⓯漢高　即漢高祖劉邦。⓰魏祖　即魏武帝曹操。⓱命世才　著名於一世的傑出人才。⓲連昏　聯姻。昏，通「婚」。⓳高光　高，指漢高祖劉邦。光，指光武帝劉秀。二人為兩漢開國皇帝。⓴兒女子之情　即兒女情，指男女戀愛或親人之間的感情。㉑真主　真命天子。㉒反掌　比喻事情輕而易舉。㉓為令　指做晉陽縣令。㉔關說　通關節以進遊說之辭。關，通。㉕龍山　胡三省注說，當時沒有龍山縣，疑高斌廉在開皇中曾為龍山縣令，此處以舊官書之。但趙紹祖《通鑑注商》引溫大雅《大唐創業起居注》龍山作「遼山」。據此，「龍山」當改作「遼山」。遼山在今山西太原附近。㉖情款益狎　情誼更加誠摯融洽。㉗仁恭君雅戰不利　王仁恭於同年二月為劉武周所殺。此當追述往年李淵起兵由來之事。㉘無日　無時日，即時間不久、隨時。㉙縣官　朝廷。也指皇帝。㉚徐曰　不緊不慢地說。㉛天時　自然運行的時序。㉜日繁　一天比一天多。㉝要之　總之。㉞應圖讖　指應「李氏當為天子」的讖言。㉟設能　如果能。設，假設。㊱亡軀　指被殺身死。㊲化家為國　把家變為國。意指奪得天下。㊳二郎　李世民為李淵第二子，故稱世民為二郎。㊴眾情已協　大家想法一致。協，相同；相合。㊵帝　此指隋煬帝。㊶執詣　拘捕並送到。㊷主昏　君主昏庸。㊸偏裨　偏將與裨將。將佐的通稱。㊹失律　行軍無紀律。假借為行軍作戰失利之稱。㊺明公　對李淵的尊稱。明，英明。㊻鼓行　古代行軍，擊鼓則進，鳴金則止，因稱行進為鼓行。㊼而西　指向關中長安進發。㊽探囊　伸手到袋中取東西，比喻極容易辦到的事。囊，口袋。(49)單使　一介之使。(50)部勒　部署約束。(51)大理司直　官名，隸屬大理卿，不署曹事，只管複查御史所檢劾之事。(52)夏侯端　（？－西元六二七年）壽州壽春（今安徽壽縣）人，歷仕隋、唐，官至祕書監。傳見《舊唐書》卷一百八十七上、《新唐書》卷一百九十一。(53)相人　通過觀察人的形貌以占測其命運。(54)玉牀　天上星座名，據《晉書・天文志》載，紫宮門內有六星，稱天牀（即玉牀）。(55)帝座　星座名，在天市垣內，候星西。今屬武仙座。(56)參墟得歲　參墟，參為晉星，故以晉陽為參墟。得歲，稱歲星移居參星之位為得歲。(57)真人　謂帝王。(58)鷹揚府司馬　武官名，在鷹揚府掌軍事。(59)許世緒　并州（今山西太原西南）人，歷仕隋、唐，官至蔡州刺史。傳見《舊唐書》卷五十七、《新唐書》卷八十八。(60)五郡　指太原、雁門、馬邑、樓煩、西河等五郡。(61)四戰之地　四面平坦，無險可守，容易受攻擊之地。(62)端居　平居。(63)行軍司鎧　官名，掌衣甲兵器。(64)武士彠　并州文水（今山西文水縣東）人，仕唐，官至工部尚書，封應國公。傳見《舊唐書》卷五十八、《新唐書》卷二百六。(65)前太子　指隋文帝長子楊勇。勇先被立為太子，後被廢。(66)唐憲　歷仕隋、唐，官至金紫光祿大夫。傳附《新唐書・唐儉傳》。(67)憲弟儉　據《新唐書・唐儉傳》作「儉弟憲」。疑此有誤。唐儉（西元五七九－六五六年），字茂約，并州晉陽（今山西太原西南）人，仕唐，官至民部尚書。傳見《舊唐書》卷五十八、《新唐書》卷八十九。(68)湯武之舉　指商湯滅夏桀、周武王滅商紂王的舉動。(69)擬　比，自比於君主。(70)拯亂　治亂。拯，援救；整治。(71)姑　姑且；暫且。(72)後發制於人　後發者為人所制。發，行動。(73)推遷　推故遷延。(74)趣　催促；從速。(75)西河　郡名，治所隰城縣，在今山西汾陽。(76)期歲暮　約定年底以年終為期。歲暮，一年將盡時。(77)人情恟恟　人心惶惶，紛擾不安的樣子。(78)大計　重大的謀劃。此指起兵滅隋。(79)動止　行動舉止。此指軍事行動。(80)膠柱　鼓瑟的人要轉動絃柱，以調節音量的高低，如膠其柱，則音量無法調節。比喻拘泥而不知變通。(81)巨猾　十分狡詐；大姦大惡。(82)豕突　豕受驚駭則奔突難制，因用以比喻人的橫衝直撞，流竄侵擾。豕，豬。(83)地　門地。同「門第」。(84)親賢　與隋煬帝有親戚關係，人品又賢良。(85)休戚　喜樂與憂慮。休，喜慶。戚，難過。(86)陽若　假裝好像。陽，通「佯」。(87)然則　既然如此；那麼。(88)背征　違背徵兵令，即逃避兵役，指避遼東之役而亡命。(89)三侍　隋煬帝改制，把開皇時的親、勳、武三衛改為親、勳、武三侍，三侍也皆分左、右。(90)將兵　統領軍隊。(91)收按　收捕而推案其罪。(92)留守司兵　武官名，留守僚佐，參謀軍事。(93)按募人之狀　審查召募人的具體情況。(94)寄坐　是說王威等無實權，不過寄身在留守座間。(95)鄉長　官名，地方基層官。開皇初，在地方置保長、黨長，鄉長也是此類地方官，維護地方治安與徵收賦稅。(96)劉世龍　曾改名義節，并州晉陽（今山西太原西南）人，歷仕隋、唐，官至鴻臚卿。傳見《舊唐書》卷五十七、《新唐書》卷八十八。(97)晉祠　祠名，即晉陽晉王祠，故址在今山西太原西南懸甕山下。98癸亥 五月十四日。99甲子 五月十五日。100開陽府 府名，按《新唐書・地理志三》，太原郡有府十八個，此其一。開陽，《新唐書》作「聞陽」。101劉政會 （？—西元六三五年）滑州胙城（今河南延津東北）人，歷仕隋、唐，官至刑部尚書，封邢國公。傳見《舊唐書》卷五十八、《新唐書》卷九十。102攘袂 揎袖捋臂，奮起的樣子。袂，古代稱衣袖為袂。103丙寅 五月十七日。104忷懼 震動恐懼。105張旗 懸掛旗幟。106監門將軍 武官名，隸屬監門府，分左、右，掌宮殿門禁及守衛事。107秦地 指關中地區。習稱陝西為秦。108翟司徒 翟讓封為司徒，故稱翟司徒。109裴柱國 裴仁基封為上柱國，故稱他為裴柱國。110京邑 指京都長安。邑，都城。111河洛 黃河與洛水。此指兩河流域地區。112隋失其鹿 《史記・淮陰侯列傳》說：「秦失其鹿，天下共逐之。」後因稱統治者失去政權為失其鹿。此指隋王朝已失去政權。113昏主 昏庸的君主。此指隋煬帝。114從兵 隨從的兵士。115覬釁 看準空隙而欲有所圖。釁，嫌隙。116陝縣 縣名，縣治在今河南三門峽市西。117苑 此指西苑，在洛陽宮城西。118丁丑 五月二十八日。119太半 過半。太，通「大」、「泰」。120軍 駐紮。121智雲 （西元六〇四—六一七年）本名稚詮，唐高祖李淵第五子，後追封為楚王。傳見《舊唐書》卷六十四、《新唐書》卷七十九。122偕行 相伴出發。偕，共同；一起。

【校記】1集 原作「拾」。據章鈺校，十二行本、乙十一行本、孔天胤本皆作「集」，張敦仁《通鑑刊本識誤》同，今據改。按，《通鑑紀事本末》卷二六、《通鑑綱目》卷三七下皆作「集」。2我 原作「吾」。據章鈺校，十二行本、乙十一行本皆作「我」，熊羅宿《胡刻資治通鑑校字記》同，今據改。按，《通鑑紀事本末》卷二六作「我」。3云 原作「乃云」。據章鈺校，十二行本、乙十一行本、孔天胤本皆無「乃」字，今據刪。按，《通鑑紀事本末》卷二六無「乃」字。4臥 原作「尚臥」。據章鈺校，十二行本、乙十一行本、孔天胤本皆無「尚」字，張瑛《通鑑校勘記》、熊羅宿《胡刻資治通鑑校字記》同，今據刪。

【語譯】當初，唐公李淵娶了神武肅公竇毅的女兒為妻，生有四男，李建成、李世民、李玄霸、李元吉，一個女兒，嫁給太子千牛備身臨汾人柴紹。

李世民聰明、勇敢、果決，見識器量過人，他看到隋王室開始混亂，暗懷安定天下的志向。他傾身下士，散發錢財，結交賓客，得到眾人的喜愛。李世民娶了右驍衛將軍長孫晟的女兒。右勳衛長孫順德，是長孫晟的族弟，他和右勳侍池陽人劉弘基全都躲避遼東征役，逃亡到晉陽依附李淵，與李世民關係好。左親衛竇琮是竇熾的孫子，也逃亡在太原，一向與李世民有隔閡，常常疑慮不安，李世民特意善待他，讓他出入自己的臥房，竇琮的心情才安定下來。

晉陽宮監猗氏縣人裴寂，和晉陽令武功人劉文靜，兩人一起同住，看到城上的烽火，裴寂歎息說：「我們這樣貧賤，又遇上戰亂，骨肉分離，靠什麼生存下去呢？」劉文靜笑著說：「現在的事情可以看得清楚，我們二人相投合，何必擔憂貧賤？」劉文靜看到李世民非常驚異，深意和他結交，並對裴寂說：「這人不是平常人，他豁然大度類似漢高祖，神采英武如同魏武帝，年紀雖輕，卻是著名一世的傑出人才。」裴寂起初並不這樣看。

劉文靜因和李密聯姻而獲罪，囚禁在太原監獄，李世民去探望他。劉文靜說：「天下大亂，沒有漢高祖、漢光武帝那樣的大才，不能安定天下。」李世民說：「怎麼知道沒有那樣的人才呢？只是人們不認識罷了。我來看望你，不是兒女之情，是想來和你商議大事，你有什麼好計謀？」劉文靜說：「如今皇上南巡江淮，李密包圍逼近東都，群盜差不多以萬計。在這個時候，有真命天子出來驅使駕御這些人，奪取天下易如反掌。太原郡百姓全都進城躲避群盜，文靜當縣令數年，知道其中的豪傑人士，一旦收攏起來，可以得到十萬人。你父親率領的軍隊又有幾萬，一聲令下，誰敢不聽從？用這些兵力乘虛入關，號令天下，用不了半年，帝王之業就建成了。」李世民笑著說：「你的話正合我的心意。」於是暗中部署賓客，李淵不知道此事。李世民擔心李淵不贊同，猶豫了很久，一直沒敢說。

李淵和裴寂是老朋友，常常在一起宴飲交談，有時夜以繼日。劉文靜想通過裴寂勸說李淵，便引薦裴寂和李世民結交。李世民拿出自己的幾百萬錢，讓龍山令高斌廉與裴寂賭博，漸漸地輸給裴寂，裴寂大為高興，因此每天與世民在一道遊樂，感情越來越親密。李世民就把自己的謀劃告訴了裴寂，裴寂答應相助。

適逢突厥人侵犯馬邑，李淵派遣高君雅率兵與馬邑太守王仁恭合力抵抗突厥人，王仁恭、高君雅與突厥交戰失利，李淵害怕被牽連獲罪，很是憂慮。李世民乘機屏退左右勸李淵說：「如今主上無道，百姓窮困，晉陽城外都成了戰場。大人您如果謹守小節，下有群盜，上有嚴刑，大禍隨時來臨。不如順應民心，興兵起義，轉禍為福，這是天賜良機啊！」李淵大吃一驚，說：「你怎麼說出這種話？我現在把你抓起來報告皇上！」於是拿起紙筆，要寫奏表。李世民不緊不慢地說：「我看天時人事已經這樣，所以才敢說這話，如果一定要把我抓起來告發，我不怕一死！」李淵說：「我哪裡忍心告發你？你千萬謹慎不要出口胡言！」第二天，李世民又勸李淵說：「如今盜賊一天多似一天，遍布天下，大人受詔討賊，賊眾能消滅乾淨嗎？總之，最終還是免不了獲罪。況且世人都傳言李氏當應驗圖讖，所以李金才沒有任何罪過，卻一天之間被誅滅全族。大人您即使能把賊眾完全剿滅，那麼功勞特高沒法賞賜，自身更加危險了！只有昨天的話可以免除災禍，這是萬全之策，希望大人不要疑慮。」李淵於是歎息說：「我一夜都在思考你的話，也是十分有道理。今天就是家破人亡也由你，變家為國也由你了！」

此前，裴寂私自用晉陽的宮人侍候李淵，李淵和裴寂一起飲酒，喝到興頭，裴寂從容地說：「二郎暗中蓄養兵馬，想要舉兵起事，只因我讓宮女侍候您，害怕事情敗露一併被殺頭，才做出這應急的計畫。大家的思想已統一了，您的心意如何？」李淵說：「我的兒子真的有了這個圖謀，事情到了這一步，又能怎樣呢，只須聽從他了。」

隋煬帝因為李淵與王仁恭不能抵禦突厥人，派使者拘捕他們送到江都，李淵非常恐懼。李世民與裴寂等又勸李淵說：「如今主上昏庸，國家動亂，盡忠沒有益處，將佐打了敗仗，而要加罪於您。事情已經緊迫了，應當及早拿定主意。況且晉陽兵馬精悍，宮監積蓄的軍資物品價值億萬，利用這些來舉事起義，何愁不能成功？代王年幼，關中豪傑紛紛起來造反，不知道依附誰，您如果擊鼓西進，招撫他們為自己的部屬，如同探囊取物。怎麼去接受一介之使的囚禁，坐等滅族呢？」李淵認為說得對，祕密部署軍隊，即將起事。恰好隋煬帝接著派使者乘驛馬趕來赦免李淵和王仁恭，讓他們官復原職，李淵的謀劃也延緩下來。

李淵任職河東討捕使的時候，請求大理司直夏侯端做他的副手。夏侯端，是夏侯詳的孫子，善於占卜天象和給人看相。夏侯端對李淵說：「如今玉床星座搖動，帝座星也不安定，歲星進入參宿的位置，一定有帝王從參宿的分野興起，不是您還是誰呢？主上猜忌殘忍，尤其猜忌姓李的人，李金才已經死了，您不考慮變通，一定是下一個李金才。」李淵心裡很贊同。等到李淵為晉陽留守，鷹揚府司馬太原人許世緒勸李淵說：「您的姓氏在圖讖上，名字應驗歌謠，手握五郡兵馬，處在四戰之地，起事則帝業可成，平居很快就會滅亡，希望您籌謀此事。」行軍司鎧文水人武士彠、前太子左勳衛唐憲、唐憲弟弟唐儉都勸李淵起兵。唐儉勸李淵說：「明公您北面招撫戎狄，南面收攬豪傑，拿這些來奪取天下，這是商湯王、周武王一樣的舉動啊。」李淵說：「我不敢與商湯王、周武王相比，論私是為了生存，論公是為拯救禍亂，你暫且自我珍重，我將認真考慮。」唐憲，是唐邕的孫子。當時李建成、李元吉還在河東，所以李淵一再拖延，沒有起兵。

劉文靜對裴寂說：「先發制人，後發就為人所制，您為何不早勸唐公起兵，而沒完沒了地推故拖延？況且您身為宮監，卻用宮女侍候他人，您死也就算了，為何要誤唐公呢？」裴寂極為恐懼，多次催促李淵起兵。李淵就讓劉文靜偽造敕書，徵調太原、西河、雁門、馬邑等地年在二十歲以上、五十歲以下的人全部當兵，約定年底在涿郡集合，去攻打高麗。因此人心擾動，想作亂的人更多了。

等到劉武周佔據汾陽宮，李世民對李淵說：「大人您擔任留守，而盜賊竊據離宮，如果不早定大計，大禍現在臨頭了！」李淵於是召集將佐屬吏，對他們說：「劉武周佔據汾陽宮，我們這些人沒能制止，罪當滅族，怎麼辦？」王威等都很害怕，拜了又拜，求問對策。李淵說：「朝廷用兵，軍事行動都要奏報請求。如今賊眾在數百里之內，江都在三千里之外，加上道路險要，又有其他盜賊盤踞，用只夠環城自守而動輒受制的軍隊，來抵抗十分狡詐狂奔亂竄的盜賊，必定不能保全。現在進退兩難，怎麼辦才好呢？」王威等人都說：「您的門第既是皇親，又是賢臣，同國家命運休戚與共，如果等著奏報，怎麼趕得上事情的有利時機？關鍵在於平定盜賊，專擅行事也是可以的。」李淵假裝無可奈何而聽從的樣子，說：「既然如此就應當先徵集兵士。」於是讓李世民與劉文靜、長孫順德、劉弘基等人各自招募軍隊，遠近百姓前往匯聚，十天之內募得近一萬人。又暗中派人到河東召回李建成、李元吉，到長安召回柴紹。

王威、高君雅看到軍隊大規模集中，懷疑李淵要造反，對武士彠說：「長孫順德、劉弘基兩人都是逃避征遼的三侍官員，犯的是死罪，怎麼能帶兵？」想把兩人逮捕治罪。武士彠說：「兩人都是唐公的客人，如果這樣做，肯定導致大的紛爭。」王威等這才作罷。留守司兵田德平想勸王威等人調查招募軍人的情況，武士彠說：「討伐敵人搜捕盜賊的軍隊，全部隸屬於唐公，王威、高君雅不過是寄居唐公身邊，他們能幹什麼？」田德平也只好作罷。

晉陽鄉長劉世龍祕密告訴李淵說：「王威、高君雅想利用到晉祠禱祈求雨的機會，對您下手。」五月十四日癸亥夜晚，李淵讓李世民在晉陽宮城之外埋伏軍隊。十五日甲子早晨，李淵與王威、高君雅坐在一起議事，派劉文靜帶領開陽府司馬胙城人劉政會進入站在廳堂上，宣稱有機密的狀子稟報。李淵用眼睛示意王威等去取狀子來看，劉政會不給，說：「所要告發的是副留守的事，只有唐公能看狀子。」李淵假裝吃驚地說：「難道有這等事？」看過狀子，說：「王威、高君雅暗地勾引突厥前來侵犯。」高君雅挽起袖子舉臂大罵說：「這是造反的人想殺害我罷了。」這時李世民已經部署軍隊阻斷了交通道路，劉文靜就和劉弘基、長孫順德等人一起把王威、高君雅抓起來關入監獄。十七日丙寅，幾萬名突厥兵入侵晉陽，突厥輕騎從外城北門進入，從東門出去。李淵命令裴寂等人部署軍隊防備，而打開全部城門，突厥人不能探知虛實，不敢進城。眾將領都認為確實是王威、高君雅召來的，李淵於是殺了王威、高君雅示眾。李淵部將王康達率領一千多人出戰，全部戰死，城中震動恐懼。李淵夜裡暗中派軍隊出城，天亮後懸旗鳴鼓從另一條道路上開來，好像是援軍。突厥始終狐疑不決，在城外停留兩天，大肆搶劫一番離去。

隨煬帝命令監門將軍涇陽人龐玉、虎賁郎將霍世舉率領關內軍救援東都。柴孝和勸李密說：「秦地山川險固，是秦、漢賴以成就帝業之處。現在不如派翟司徒防守洛口，裴柱國防守回洛，明公您親自挑選精銳部隊西襲長安。攻下京師後，基業穩固，兵強馬壯，然後再向東平定河、洛地區，只要發布一紙文告，天下就會平定了。如今隋朝已失其鹿，天下豪傑競相追逐，如果不早下手，必定有人搶在我們之前，那時後悔就來不及了！」李密說：「這確實是上策，我也考慮好久了。但是昏君還在，隨從他的軍隊還很多，我所轄部下都是華山以東的人，看到洛陽沒有攻下，誰肯跟隨我西進入關？眾將領都是群盜出身，留在這裡各自爭奪高下，這樣，大業就敗毀了。」柴孝和說：「既然大軍不能西進，我請求從小路去探察實情，尋找機會。」李密同意了。柴孝和與幾十名騎兵到了陝縣，山區盜賊歸附他的有一萬多人。當時李密軍隊士氣正旺，常常攻入東都西苑與隋兵交戰。恰巧李密被流箭射中，躺在營中養傷。五月二十八日丁丑，越王楊侗派段達和龐玉等人乘夜出兵，在回洛倉西北布陣，李密與裴仁基出戰，段達等人大敗李密，殺傷過半。李密便放棄回洛，逃奔洛口。這時龐玉、霍世舉駐軍偃師，柴孝和的部眾聽到李密敗退，各自散去，柴孝和輕騎回到李密軍中，楊德方、鄭德韜全都戰死。李密任命鄭頲為左司馬，滎陽人鄭乾象為右司馬。

李建成、李元吉把弟弟李智雲丟在河東後離去，當地官吏抓住李智雲送到長安，把他殺死。李建成、李元吉在路上遇到柴紹，和他同行。

【研　析】本卷所記西元六一六年及六一七年上半年事，以煬帝巡幸江都為轉捩點，煬帝失去了對全國局勢的掌控，隋朝各地政治勢力開始拋棄隋煬帝，稱王稱帝，自圖發展。黃河中下游已蔓延四、五年的「羣盜」，在反隋的旗號下聚集起來，形成黃淮間李密、河北竇建德兩股強大的勢力。唐公李淵起兵太原，進佔長安，立煬帝之孫楊侑為隋帝，以中央政府的名義相號召，儘管只控制晉陝一帶，卻對煬帝江都政權的合法性提出了最為嚴重的挑戰。為什麼煬帝巡幸江都會引起政局的巨大變化，而煬帝又不顧一切要南巡江都呢？下面予以申述。

由於隋政權源於西魏北周，以關隴為立國之基，關隴地區對於隋政權的重要性，不只是周秦漢以來的長期形成的歷史傳統，還在於現實的政治、軍事布局。隋朝統一後，西魏北周成長起來的統治集團，亦即關隴集團，仍是隋帝國的統治核心與政治支柱，掌握著全國政治與經濟資源。隋朝實行府兵制，並在統一以後實行兵農合一制度，軍府主要布置在關中及其周邊地區，隋文帝曾多次發布命令收繳民間兵器，關中地區並不在收繳範圍之內。從開皇十一年開始，原北齊統治的黃河中下游地區發生越來越嚴重的民眾暴動，並向淮南、江南蔓延，但關隴地區並沒出現大的動盪。如前兩卷所分析的那樣，民眾暴動主要由於生存危機所致，並沒有明確的政治意圖，關隴地區穩定，意味著隋政權的根基並沒有發生動搖，隋政權仍有足夠的政治資源維繫對全國的控制。

大業後期，一些政治人物已注意到，要奪取政權，必須奪得關中，而要實現穩定，也必須保證對關中的控制。楊玄感舉兵時，魏公李密即向其建議：「關中四塞，天府之國……今帥眾鼓行而西，經城勿攻，直取長安。收其豪傑，撫其士民，據險而守之。天子雖還，失其根本，可徐圖也。」後玄感久攻洛陽不下，其部將李子雄亦主張：「直入關中，開永豐倉以振貧乏，三輔可指麾而定，據有府庫，東面而爭天下，亦霸王之業也。」後李密招聚瓦崗等群盜，以洛口倉為主要爭奪對象，柴孝和對他說：「秦地山川之固，秦、漢所憑以成王業者也。今不若……簡精銳西襲長安。既克京邑，業固兵彊，然後東向以平河、洛，傳檄而天下定矣。方今隋失其鹿，豪傑競逐，不早為之，必有先我者，悔無及矣！」李密本人亦曾向楊玄感作如此建議，作為西魏六大柱國之一李弼之孫，他自然知道關中的重要性，無奈其網羅的「羣盜」均是「山東人」，且大都滿足於現實的利益，沒有政治遠見，對西向入關沒有熱情，李密雖「思之久矣」，也只能作罷。唐公李淵在太原舉兵後，鼓行入關，兵不血刃地佔據長安，終移隋鼎，建立唐朝，並利用關隴地區的政治軍事資源，削平群雄，重新實現全國的統一。

煬帝即位以後，總在「巡幸」之中，又常以東都洛陽作為駐蹕之地，對關中地區並沒給予足夠的關注，在全國形勢穩定，中央政權政令暢通的情況下，這並不會引起嚴重的政治問題。但當黃河中下游地區「羣盜」蜂起的情形下，對國家政治、軍事中心區域的切實控制，便成了維繫國家穩定的重要手段。大業十年（西元六一四年）十一月，煬帝征遼返回後，欲再次駐蹕東都，太史令庾質即進諫說：「比歲伐遼，民實勞弊，陛下宜鎮撫關內，使百姓盡力農桑，三五年間，四海稍豐實，然後巡省，於事為宜。」煬帝「不悅」，不僅未予採納，庾質亦因此死於獄中。次年八月，煬帝逃脫突厥雁門之圍到達晉陽，蘇威對煬帝說：「今盜賊不息，士馬疲弊，願陛下亟還西京，深根固本，為社稷計。」煬帝最初同意這一意見，但仍因「從官妻子多在東都」而返歸洛陽。大業十二年八月，煬帝七月準備從洛陽巡幸江都，「朝臣皆不欲行，帝意甚堅，無敢諫者」。右候衛大將軍趙才諫阻：「今百姓疲勞，府藏空竭，盜賊蜂起，禁令不行，願陛下還京師，安兆庶。」被投進監獄，奉信郎崔民象諫阻，被處死。「至汜水，奉信郎王愛仁復上表請還西京，帝斬之而行。至梁郡，郡人邀車駕上書曰：『陛下若遂幸江都，天下非陛下之有。』又斬之。」煬帝隨駕部隊「多關中人」，長安、關中在政治上的重要性顯而易見，煬帝卻執意前往揚州，甚至處死諫阻者。唐代人朱敬則在其〈隋煬帝論〉中故作解人說：「豈不是色醉其心，天奪其鑑，竄吳夷以避其地，虛宮闕以候聖人？蓋為大唐之驅除也。」

在當時人看來，煬帝在天下大亂之際，拒絕回到長安，反而南投江都，無異於自棄天下，但如果認為煬帝此次南巡揚州，是「色醉其心」，僅僅是貪圖享受，則大謬不然。這年正月，朝廷大會，「朝集使不至者二十餘郡」，煬帝再糊塗，也知道國家已然失控，其內心的恐懼與日俱增。《隋書・五行志》中說煬帝「飲酒大醉，因賦五言詩，其卒章曰：『徒有歸飛心，無復因風力。』令美人再三吟詠，帝泣下霑襟，侍御者莫不歔欷。帝因幸江都。」詩歌是內心世界的流露，煬帝詩中的「歸飛心」當指回長安，而他認為無「風力」可以憑藉，這隻迷途的鳥兒決意飛向江都：「我夢江都好，征遼亦偶然。」既是對征遼的錯誤的間接承認，亦是他將江都作為政治與生命歸宿的表現。

其實，在最終決定南奔江都前半年，煬帝即已開始作退守江南的準備。「詔毗陵通守路道德集十郡兵數萬人，於郡東南起宮苑，周圍十二里，內為十六離宮，大抵倣東都西苑之制，而奇麗過之。又欲築宮於會稽，會亂，不果成。」煬帝曾坐鎮揚州長達十年，對南方文化頗為熟悉，他擅長詩文，文化心理上傾向南方。揚州也是他政治上成功的關鍵，他在這裡曾作過「據淮海，復梁、陳之舊」的政治準備，這我們在卷一百七十九的研析中，已有論述。煬帝當上皇帝後，在長安只有數月盤桓。文帝取周建隋之初，特地下詔「前代品爵，皆依舊不降」，而煬帝在大業五年下令：「魏、周官不得為蔭」，也就是不承認關隴集團在西魏、北周時期累積的政治資本。大業時期，煬帝所信任的大臣除坐鎮揚州時的晉王「藩邸」人員外，主要就是文帝時受壓制的南方人或有梁、陳政治背景的人，如裴蘊、裴矩、虞世基、姚察、許善心、來護兒、麥鐵杖等。當其在雁門被突厥圍困時，特地令許善心「領江南兵宿衛殿省」，在他看來，真正可以信任的是江南人以及江南人組成的軍隊。總之，煬帝在對全國失控之時，決意南下江都，乃因其心理上更親近南方，其政治根基亦在南方，關中是隋及唐代前期政治的重心所在，對於煬帝來說，卻並非如此。

煬帝南巡江都，築宮江南，事實上放棄了重新掌控全國局勢的努力。《隋書》卷七十末史家評論說：「煬帝魂褫氣懾，望絕兩京，謀竄身於江湖，襲永嘉之舊迹。」如本卷所記，李密因此勸說翟讓：「今主昏於上，民怨於下，銳兵盡於遼東，和親絕於突厥，方乃巡遊揚、越，委棄東都，此亦劉、項奮起之會也。」煬帝巡幸江都而不返，雖然並不是如前引朱敬則〈隋煬帝論〉所說，「為大唐之驅除」，給唐王朝騰出空間，但確實在煬帝南奔江都以後，李密、竇建德、梁師都、劉武周以及李淵等，才開始其割據一方、稱王稱帝的活動。要結束隋末群雄並起的局面，不僅需要英明的政治領袖，還有待率先控制關隴的政治集團，唐王朝應運而生。

卷第一百八十四

隋紀八　起彊圉赤奮若（丁丑　西元六一七年）六月，不滿一年。

【題　解】本卷載述西元六一七年六月至十二月，不足一年。當隋煬帝大業十三年之下半年，史又稱恭皇帝義寧元年。這一時期，事煩變劇，述史頭緒繁多，分為十四段。這是隋王朝崩潰前的垂死掙扎時期，全國烽煙遍地，戰爭最為激烈。東都爭奪是主戰場，李密率領瓦崗軍圍困東都，隋王朝全力救援，隋軍雲集，四面空虛。於是河北、江淮農民起義軍竇建德、杜伏威等皆稱王，西北梁師都、劉武周、薛舉、李軌等形成邊塞軍閥割據。李淵乘間起兵，奪取了關中，擁立代王楊侑為恭皇帝，為隋唐禪代奠基。

恭皇帝下

義寧元年（丁丑　西元六一七年）

六月己卯❶，李建成等至晉陽。

劉文靜勸李淵與突厥相結，資❷其士馬以益兵勢。淵從之，自為手啓❸，卑辭厚禮❹，遺始畢可汗云：「欲大舉義兵❺，遠迎主上❻，復與突厥和親，如開皇之時。若能與我俱南，願勿侵暴❼百姓；若但和親，坐受寶貨，亦唯可汗所擇。」始畢得啓，謂其大臣曰：「隋主為人，我所知也，若迎以來，必害唐公而擊我無疑矣。苟❽唐公自為天子，我當不避盛暑，以兵馬助之。」即命以此意為復書。使者七日而返，將佐皆喜，請從突厥之言，淵不可。裴寂、劉文靜等[1]皆曰：「今義兵雖集而戎馬❾殊乏❿，胡兵⓫非所須，而馬不可失，若復稽回⓬，恐其有悔。」淵曰：「諸君宜更思其次。」寂等乃請尊天子⓭為太上皇，立代王為帝，以安隋室。移檄郡縣，改易旗幟，雜用絳白⓮，以示突厥。淵曰：「此可謂『掩耳盜鍾⓯』，然逼於時事，不得不爾⓰。」乃許之，遣使以此議告突厥。

西河郡不從淵命，甲申⓱，淵使建成、世民將兵擊西河，命太原⓲令太原溫大有⓳與之偕行，曰：「吾兒年少，以卿參謀軍事；事之成敗，當以此行卜之⓴。」時軍士新集，咸未閱習，建成、世民與之同甘苦，遇敵則以身先之。近道菜果，非買不食，軍士有竊之者，輒求其主償之，亦不詰竊者，軍士及民皆感悅㉑。至西河城下，民有欲入城者，皆聽其入。郡丞㉒高德儒閉城拒守，己丑㉓，攻拔之。執德儒至軍門，世民數之曰：「汝指野鳥為鸞，以欺人主，取高官，吾與義兵，正為誅佞人㉔耳！」遂斬之。自餘不戮一人，秋毫無犯㉕，各尉撫㉖使復業，遠近聞之大悅。建成等引兵還晉陽，往返凡九日。淵喜曰：「以此行兵，雖橫行天下可也。」遂定入關之計。

淵開倉以賑貧民，應募者日益多。淵命為三軍，分左右，通謂之義士。裴寂等上淵號為大將軍，癸巳㉗，建大將軍府，以寂為長史，劉文靜為司馬，唐儉及前長安尉溫大雅㉘為記室，大雅仍與弟大有共掌機密，武士彠為鎧曹㉙，劉政會及武城崔善為㉚、太原張道源㉛為戶曹㉜，晉陽長㉝上邽姜謩㉞為司功參軍，太谷長殷開山㉟為府掾㊱，長孫順德、劉弘基、竇琮及鷹揚郎將高平王長諧、天水姜寶誼㊲、陽屯為左、右統軍㊳，自餘文武，隨才授任。又以世子建成為隴西公、左領軍大都督，左三統軍隸焉；世民為敦煌公、右領軍大都督，右三統軍隸焉；各置官屬。以柴紹為右領軍府長史，諮議㊴譙人劉贍領西河通守。道源名河，開山名嶠，皆以字行。開山，不害之孫也。

李密復帥眾向東都，丙申㊵，大戰于平樂園㊶。密左騎，右步㊷，中列彊弩，鳴千鼓以衝之，東都兵大敗，密復取回洛倉。

突厥遣其柱國康鞘利等送馬千匹詣李淵為互市㊸，許發兵送淵入關，多少隨所欲。丁酉[44]，淵引見康鞘利等，受可汗書，禮容盡恭，贈遺康鞘利等甚厚。擇其馬之善者，止市[45]其半，義士[46]請以私錢市其餘，淵曰：「虜饒馬[47]而貪利，其來將不已，恐汝不能市也。吾所以少取者，示貧，且不以為急故也，當為汝貰[48]之，不足為汝費。」

乙巳[49]，靈壽[50]賊帥郗士陵帥眾數千降於淵，淵以為鎮東將軍、燕郡公，仍置鎮東府，補僚屬，以招撫山東郡縣。

己巳[51]，康鞘利北還。淵命劉文靜使於突厥以請兵，私謂文靜曰：「胡騎入中國，生民之大蠹[52]也。吾所以欲得之者，恐劉武周引之共為邊患。又，胡馬行牧，不費芻粟[53]，聊欲藉之以為聲勢耳。數百人之外，無所用之。」

秋，七月，煬帝遣江都通守王世充將江、淮勁卒，將軍王隆帥邛黃蠻[54]，河北大使[55]太常少卿韋霽[56]、河南大使[57]虎牙郎將王辯等各帥所領同赴東都，相知討李密。霽，世康之子[58]也。

壬子[59]，李淵以子元吉為太原太守，留守晉陽宮，後事並[2]委之。癸丑[60]，淵帥甲士三萬發晉陽，立軍門誓眾[61]，并移檄郡縣，諭以尊立代王之意。西突厥阿史那大柰[62]亦帥其眾以從。甲寅[63]，遣通議大夫[64]張綸將兵徇稽胡。丙辰[65]，淵至西河，慰勞吏民，賑贍66窮乏。民年七十以上，皆除散官67，其餘豪俊，隨才授任，口詢功能，手註官秩，一日除千餘人。受官者[3]皆不取告身68，各分淵所書官名而去。淵入雀鼠谷。壬戌69，軍賈胡堡70，去霍邑71五十餘里。代王侑遣虎牙郎將宋老生帥精兵二萬屯霍邑，左武侯大將軍屈突通將驍果數萬[4]屯河東以拒淵。會積雨72，淵不得進，遣府佐沈叔安等將羸兵還太原，更運一月糧。乙丑73，張綸克離石74，殺太守楊子崇75。

劉文靜至突厥，見始畢可汗，請兵，且與之約曰：「若入長安，民眾土地入唐公，金玉繒帛76歸突厥。」始畢大喜，丙寅77，遣其大臣級失特勒先至淵軍，告以兵已上道。

【章　旨】以上為第一段，寫李淵起兵，連結突厥，解除了後顧之憂，傳檄郡縣，大舉南進。

【注　釋】❶己卯　六月庚辰朔，無己卯。按，此干支源於《大唐創業起居注》，當為五月三十日，誤記於六月。❷資　憑藉；依托。❸手啓　親筆寫信。啓，書信。❹卑辭厚禮　言詞卑謙，禮品豐厚。此時李淵為求助於突厥，向始畢可汗稱臣。❺義兵　正義之師。❻主上　指隋煬帝。❼侵暴　侵略與糟蹋。暴，欺侮；糟蹋。❽苟　假若；如果。❾戎馬　戰馬；軍馬。❿殊乏　特別缺乏。殊，極；甚。⓫胡兵　指突厥兵。⓬稽回　停留。稽，停；留止。⓭天子　此天子仍指隋煬帝。⓮雜用絳白　旗幟摻雜用絳色、白色。隋朝崇尚紅色，今改用絳色並摻雜白色，以表示不完全是為了隋朝，消除突厥的疑慮。⓯掩耳盜鍾　是說盜鐘人因盜鐘時怕耳朵聽到鐘聲，於是捂上耳朵去偷。比喻自欺而不能欺騙別人。一般習稱「掩耳盜鈴」。掩，捂著。⓰不爾　不這樣。⓱甲申　六月初五日。⓲太原　縣名，縣治在今山西太原西南。⓳溫大有　（？—西元六一八年）

字彥將，太原祁縣（今山西祁縣）人，歷仕隋、唐，官至中書侍郎。傳附《舊唐書・溫大雅傳》、《新唐書・溫大雅傳》。⑳以此行卜之　把這次進攻西河郡的成敗作為估量起兵的結果。卜，估量。㉑感悅　又感激又高興。㉒郡丞　官名，佐助郡太守治理郡政。㉓己丑　六月初十日。㉔佞人　善於花言巧語、阿諛奉承的人。㉕秋毫無犯　不取民一點一滴。常形容行軍紀律嚴明。秋毫，鳥獸之毛，至秋更生，毛細而末端尖銳，稱作秋毫。㉖尉撫　安撫。尉，通「慰」。㉗癸巳　六月十四日。㉘溫大雅　（？—西元六二八年）字彥弘，太原祁縣（今山西祁縣）人，歷仕隋、唐，官至禮部尚書，封黎國公。著有《大唐創業起居注》三卷。傳見《舊唐書》卷六十一、《新唐書》卷九十一。㉙鎧曹　此為李淵開大將軍府所置官署，掌兵甲。㉚崔善為　貝州武城（今山東武城縣西北）人，歷仕隋、唐，官至大理卿。傳見《舊唐書》卷一百九十一、《新唐書》卷九十一。㉛張道源　（？—西元六二四年）太原祁縣（今山西祁縣）人，仕唐，官至太僕卿。傳見《舊唐書》卷一百八十七上、《新唐書》卷一百九十一。㉜戶曹　也是李淵大將軍官署，掌戶口、財稅與土地。㉝晉陽長　官名，晉陽縣長，掌一縣之行政。㉞姜謩（？—西元六二七年）秦州上邽（今甘肅天水市）人，歷仕隋、唐，官至隴州刺史。傳見《舊唐書》卷五十九、《新唐書》卷七十一。㉟殷開山　（？—西元六二三年）名嶠，字開山，雍州鄠縣（今陝西戶縣）人，歷仕隋、唐，官至吏部侍郎，兼陝東道大行臺吏部尚書。傳見《舊唐書》卷五十八、《新唐書》卷九十。㊱府掾　官名，佐助府主治事。㊲姜寶誼　秦州上邽（今甘肅天水市）人。傳見《新唐書》卷八十八。㊳左右統軍　李淵分為三軍，各分左右。下文有左三統軍、右三統軍。㊴諮議　官名，此大將軍府諮議參軍，諮詢謀議軍事。㊵丙申　六月十七日。㊶平樂園　地名，由平樂觀所改。故址在今河南洛陽東。㊷左騎二句　左軍為騎兵，右軍為步兵。㊸互市　往來貿易。多指中國與周邊少數民族物物交換。㊹丁酉　六月十八日。㊺止市　只買。止，只；僅。市，購買。㊻義士　一般指有節操的人。此指李淵的義兵。㊼虜饒馬　指突厥游牧民族有很多的馬。饒，富足；多。㊽貰　賒欠。㊾乙巳　六月二十六日。㊿靈壽　縣名，縣治在今河北靈壽西北。51己巳　六月庚辰朔，無己巳。按，《大唐創業起居注》卷三己巳作「乙巳」。這裡取材於《起居注》，當以「乙巳」為是。乙巳，六月二十六日。52大蠹　大害。蠹，蛀蟲。53芻粟　飼養牲口的草和料。芻，餵牲口的草。54邛黃蠻　中國古代西南地區的少數民族名。邛，指今四川邛崍一帶。55河北大使　官名，派往河北主持鎮壓起事民眾的臨時差遣官。56韋霽　京兆杜陵（今陝西長安東北）人。仕隋，位至太常少卿，封安邑縣伯。傳附《隋書・韋世康傳》、《北史・韋孝寬傳》。57河南大使　官名，派往河南主持鎮壓起事民眾的臨時差遣官。58世康之子　據《隋書・韋世康傳》、《周書・韋孝寬傳》及《北史・韋孝寬傳》，韋霽乃韋孝寬之子，非韋世康之子。59壬子　七月初四日。60癸丑　七月初五日。61誓眾　誓師。62阿史那大柰　即史大柰（？—西元六二八年），原突厥人，歸隋，歷仕隋、唐，官至左武衛大將軍。傳見《舊唐書・突厥傳下》、《新唐書》卷一百十。❻❸甲寅 七月初六日。❻❹通議大夫 官名，文散官，無職事。❻❺丙辰 七月初八日。❻❻賑贍 用財物周濟人。❻❼散官 官職的一種。有官名而無職事的官，但有品秩和俸祿。隋朝開始定散官之制。❻❽告身 委任官職的文憑。❻❾壬戌 七月十四日。❼⓿賈胡堡 地名，故址在今山西靈石西南。❼❶霍邑 縣名，縣治在今山西霍州。❼❷積雨 連續下雨。積，多。❼❸乙丑 七月十七日。❼❹離石 郡名，治所離石縣，在今山西離石。❼❺楊子崇 （?—西元六一七年）隋文帝族弟，仕隋，官至候衛將軍。傳見《隋書》卷四十三、《北史》卷七十一。❼❻繒帛 絲織物的總稱，古代稱為帛，漢代稱為繒。❼❼丙寅 七月十八日。

【校記】 1 等 原無此字。據章鈺校，十二行本、乙十一行本、孔天胤本皆有此字，今據補。2 並 原作「悉以」。據章鈺校，十二行本、乙十一行本、孔天胤本皆作「並」，今據改。按，《通鑑紀事本末》卷二六作「並」。3 者 原無此字。據章鈺校，十二行本、乙十一行本、孔天胤本皆有此字，今據補。按，《通鑑紀事本末》卷二六有此字。4 將驍果數萬 原無此五字。據章鈺校，十二行本、乙十一行本、孔天胤本皆有此五字，張敦仁《通鑑刊本識誤》、張瑛《通鑑校勘記》同，今據補。

【語 譯】恭皇帝下

義寧元年（丁丑 西元六一七年）

六月己卯日，李建成等人到達晉陽。

劉文靜勸李淵與突厥結交，借助它的兵馬來擴大自己的軍事勢力。李淵贊同了，親自寫了一封信，言詞謙卑，禮品豐厚，送給始畢可汗。信中說：「我想大興正義之師，到遠方去迎接皇上，重新與突厥和親，就如同開皇年間一樣。如果可汗能和我一同去南方，希望不要侵暴百姓，如果只是和親，坐收金銀財寶，也願可汗選擇。」始畢可汗得到這封信，對他的大臣們說：「隋朝皇上的為人，我是瞭解的，如果把他迎接回來，一定加害唐公並攻擊我們，這是毋庸置疑的。如果唐公自己做天子，我一定不避盛暑，用我們的兵馬幫助他。」隨即下令按這個意思寫了回信。使者第七天回來了，李淵部將都很高興，請求李淵聽從突厥可汗的話，李淵不同意。裴寂、劉文靜等人都說：「如今正義之師雖然集結，但特別缺乏戰馬，突厥兵不是我們需要的，而戰馬不能失去，如果拖延回信，恐怕突厥後悔。」李淵說：「諸位應當另想別的辦法。」裴寂等人於是請求尊奉隋煬帝為太上皇，立代王楊侑為帝，用來安定隋王室。傳布檄文到各郡縣，改換旗幟，雜用絳色和白色，按這樣做給突厥看。李淵說：「這樣可以說是『掩耳盜鐘』，但是迫於形勢，不得不這樣。」於是同意這樣做，派使者把這個決議通告突厥。

西河郡不服從李淵的命令，六月初五日甲申，李淵派李建成、李世民領兵攻打西河郡，命令太原令太原人溫大有與軍同行。李淵對溫大有說：「我兒子年輕，請你參謀軍事，事情的成敗，就拿這次出征的結果作預測。」當時士兵都是新近招募來的，全都沒有經過訓練。李建成、李世民與士兵們同甘共苦，遇到敵人就身先士卒，道路兩旁的蔬菜瓜果，不是買的不准吃，兵士有偷吃的，就找到物主給予賠償，也不責怪偷吃的人，士兵及百姓們全都又感激又高興。大軍到達西河城下，百姓有想進城的，都聽任他們進入。西河郡丞高德儒緊閉城門堅守，初十日己丑，李建成攻取了西河城，把高德儒押到軍營門口，李世民責備高德儒說：「你指野鳥為鳳凰，欺騙人主，獲取高官，我們興義兵，就是為了誅滅像你這樣的奸佞之人！」於是殺了高德儒。其餘官員一個不殺，秋毫無犯，派人分頭撫慰百姓，讓他們各復其業，遠近的人聽到消息大為高興。李建成等人率軍返回晉陽，往返一共九天。李淵高興地說：「以這個樣子用兵，就是橫行天下也是可以的。」於是決定了進兵關中的計畫。

李淵打開糧倉賑濟貧民，應募當兵的人一天比一天多。李淵命令設置三軍，又分左、右軍，通稱為義士。裴寂等人給李淵奉上大將軍的尊號。六月十四日癸巳，設置大將軍府，任命裴寂為長史，劉文靜為司馬，唐儉和前長安尉溫大雅為記室，溫大雅仍然和他弟弟溫大有共同掌管機密，任命武士彠為鎧曹，劉政會和武城人崔善為、太原人張道源都為戶曹，晉陽長上邽人姜謩為司功參軍，太谷長殷開山為府掾，長孫順德、劉弘基、竇琮以及鷹揚郎將高平人王長諧、天水人姜寶誼、陽屯為左、右統軍，其餘的文武僚佐，隨才授任。又以世子李建成為隴西公、左領軍大都督，左三統軍隸屬他；以李世民為敦煌公、右領軍大都督，右三統軍隸屬他，二人各自設置官府僚屬。任命柴紹為右領軍府長史，諮議譙縣人劉贍任西河通守。張道源名河，殷開山名嶠，都以字號行世。殷開山，是殷不害的孫子。

李密又率部眾前往東都，六月十七日丙申，與隋軍在平樂園大戰。李密左邊是騎兵，右邊是步兵，中間列隊強弩，擂動千面戰鼓衝擊敵軍，東都隋軍大敗，李密再次奪取了回洛倉。

突厥派他們的柱國康鞘利等人送一千匹馬到李淵處做交易，答應發兵送李淵入關，兵馬的多少聽從李淵的想法。六月十八日丁酉，李淵召見康鞘利等人，接受了可汗的書信，禮儀容止都非常恭敬，贈送康鞘利等人的禮物極為豐厚。李淵挑選其中的良馬，只買下一半，義士們請求用自己的錢購買餘下的馬匹，李淵說：「胡人馬匹很多，又貪圖利益，他們會不斷地送馬來，恐怕你們沒錢買了。我之所以少買，是表示貧窮，而且也不急用的緣故。我當為你們賒欠下來，不必用你們的錢。」

六月二十六日乙巳，靈壽縣賊兵首領郗士陵率領部眾幾千人投降李淵，李淵任命郗士陵為鎮東將軍、燕郡公，並設置鎮東府，補充鎮東府僚屬，以此來招撫潼關以東的各個郡縣。

己巳日，康鞘利返回北方。李淵派劉文靜出使突厥請求出兵，李淵私下告訴劉文靜說：「胡人騎兵進入中原，是百姓的一大禍害。我所以要得到突厥的騎兵，是怕劉武周勾結他們一起成為邊境上的禍害。還有，胡馬放牧飼養，不用耗費草料，聊且借助他們來壯大聲勢而已。幾百人以外，就無所用了。」

秋，七月，隋煬帝派江都通守王世充率領江、淮精兵，將軍王隆率領邛地黃蠻，河北大使太常少卿韋霽、河南大使虎牙郎將王辯等人各自率領所轄部隊一同趕赴東都，互相配合討伐李密。韋霽，是韋世康的兒子。

七月初四日壬子，李淵任命兒子李元吉為太原太守，留守晉陽宮，後方事務全都交給他。初五日癸丑，李淵統率甲士三萬人從晉陽出發，站在軍營門前誓師，並向各郡縣發布檄文，曉諭大家尊立代王為帝的本意。西突厥阿史那大柰也率領他的部眾隨從。初六日甲寅，李淵派出通議大夫張綸領兵攻打稽胡。初八日丙辰，李淵到達西河，慰勞官吏百姓，救濟貧困民眾。七十歲以上的老百姓，都授給散官的頭銜，其他的豪傑英俊，依據個人的才能授給職務。親口詢問求職人的功績才能，親手寫出授給的官職品秩，一天任用了一千多人。得到官職的人都不拿委任狀，各自拿著李淵書寫的官名離去。李淵進入雀鼠谷。十四日壬戌，駐軍賈胡堡，距離霍邑五十多里。代王楊侑派遣虎牙郎將宋老生率領精兵兩萬屯守霍邑，左武侯大將軍屈突通率勇猛敢死之士數萬人屯守河東，用以抵抗李淵。適逢連續大雨，李淵不能進軍，派府佐沈叔安等率領老弱士卒返回太原，再運一個月的糧食。十七日乙丑，張綸攻克離石郡，殺了太守楊子崇。

劉文靜到達突厥，見到始畢可汗，請求派兵援助，並且與始畢可汗約定說：「如果進入長安，民眾土地歸唐公，金玉繒帛歸突厥。」始畢可汗大為高興。七月十八日丙寅，始畢可汗派大臣級失特勒先到達李淵的軍隊，通知李淵突厥援兵已經上路。

淵以書❶招李密。密自恃兵彊，欲為盟主。己巳❷[1]，使祖君彥復書曰：「與兄派流雖異❸，根系本同❹。自唯❺虛薄，為四海英雄共推盟主。所望左提右挈❻，戮力同心，執子嬰❼於咸陽，殪商辛❽於牧野❾，豈不盛哉？」且欲使淵以步騎數千自至河內❿，面結盟約。淵得書，笑曰：「密妄自矜大⓫，非折簡⓬可致。吾方有事關中，若遽絕之，乃是更生一敵，不如卑辭推獎⓭以驕其志，使為我塞成皋之道⓮，綴東都之兵，我得專意西征。俟關中平定，據險養威，徐觀蚌鷸[2]之勢⓯，以收漁人之功，未為晚也。」乃使溫大雅復書曰：「吾雖庸劣⓰，幸承餘緒，出為八使⓱，入典六屯⓲，顛而不扶⓳，通賢⓴所責。所以大會義兵，和親北狄㉑，共匡天下，志在尊隋。天生烝民㉒，必有司牧㉓，當今為牧，非子而誰？老夫年逾知命㉔，願不及此。欣戴㉕大弟㉖，攀鱗附翼㉗，唯弟早膺圖籙，以寧兆民！宗盟之長，屬籍㉘見容，復封於唐，斯榮足矣。殪商辛於牧野，所不忍言，執子嬰於咸陽，未敢聞命。汾晉㉙左右，尚須安輯，盟津㉚之會，未暇卜期㉛。」密得書甚喜，以示將佐曰：「唐公見推，天下不足定矣！」自是信使㉜往來不絕。

雨久不止，淵軍中糧乏。劉文靜未返，或傳突厥與劉武周乘虛襲晉陽。淵召將佐謀北還。裴寂等皆曰：「宋老生、屈突通連兵據險，未易猝下㉝。李密雖云連和，姦謀難測。突厥貪而無信，唯利是視㉞。武周，事胡者也。太原一方都會，且義兵家屬在焉，不如還救根本，更圖後舉。」李世民曰：「今禾菽㉟被野，何憂乏糧？老生輕躁㊱，一戰可擒。李密顧戀㊲倉粟，未遑㊳遠略㊴。武周與突厥外雖相附，內實相猜。武周雖遠利太原，豈可近忘馬邑？本興大義，奮不顧身以救蒼生，當先入咸陽㊵，號令天下。今遇小敵，遽已班師，恐從義之徒一朝解體，還守太原一城之地為賊耳，何以自全？」李建成亦以為然。淵不聽，促令引發㊶。世民將復入諫，會日暮，淵已寢。世民不得入，號哭於外，聲聞帳中。淵召問之，世民曰：「今兵以義動，進戰則克，退還則散。眾散於前，敵乘於後㊷，死亡無日，何得不悲？」淵乃悟曰：「軍已發，柰何？」世民曰：「右軍㊸嚴㊹而未發，左軍雖去，計㊺亦未遠，請自追之。」淵笑曰：「吾之成敗皆在爾㊻，知復何言，唯爾所為。」世民乃與建成分道[3]夜追左軍復還。丙子㊼，太原運糧亦至。

【章旨】以上為第二段，寫李淵用計連結李密，仍畏首畏尾，李世民挺身而出，堅定了李淵的信心。

【注釋】❶書 書函；書信。❷己巳 七月二十一日。❸派流雖異 李淵為李虎之孫，李密是李弼後裔，二人出身世系不同，即所謂異派。❹根系本同 李弼的祖先，本遼東襄平人。李虎的祖先，本隴西成紀人。所謂根系，是說二人同為李姓。❺唯 同「惟」。思。❻左提右挈 相互扶持。❼子嬰 秦代最後一位君主。劉邦進攻咸陽，子嬰出城投降。❽殪商辛 殺死商辛。商辛，即商紂王。周武王伐紂，牧野之戰，紂兵敗自焚而死。❾牧野 地名，故址在今河南淇縣南。❿河內 郡名，治所野王縣，在今河南沁陽。⓫妄自矜大 狂妄自大。矜，驕傲。⓬折簡 古人以竹簡作書，簡長二尺四寸，短者為其一半。折簡，折半之簡。此指書信。⓭推奬 推崇鼓勵。⓮塞成皋之道 指阻斷江都隋煬帝的使者往來的通道。成皋在今河南滎陽汜水鎮。⓯蚌鷸之勢 即鷸蚌相持之勢。⓰庸劣 平庸愚劣。⓱八使 漢順帝曾派遣八使巡察地方。此泛指臨時差遣的使節。李淵為河東討捕使，故稱為八使。⓲六屯 隋制為六軍十二衛，掌宿衛。李淵曾為右驍衛將軍，故稱入典六屯。⓳顛而不扶 跌倒而不去扶持。顛，倒；仆。⓴通賢 猶言大賢。㉑北狄 此指突厥。㉒烝民 眾民；百姓。㉓司牧 治理百姓的官吏。㉔年逾知命 《論語》：「五十而知天命」。此指年齡已超過五十歲。㉕欣戴 樂於擁護。欣，喜悅。㉖大弟 對年輕同輩的親近稱呼。㉗攀鱗附翼 比喻依附帝王以立功業。㉘屬籍 宗屬之籍。李淵與李密同為李姓，故自稱為同宗。㉙汾晉 地區名，指今山西太原周圍地區。㉚盟津 地名，在今河南孟津南。周武王伐紂，曾在這裡大會諸侯。㉛卜期 預測日期。古代迷信，常以占卜的方法預測吉凶，選定吉日。㉜信使 古稱使者為信，也叫信使。㉝未易猝下 不能輕易一舉攻下。猝，突然。㉞唯利是視 只看到利益。㉟禾菽 糧食。禾，泛指穀類。菽，泛指豆類。㊱輕躁 輕佻急躁。㊲顧戀 眷念留戀。㊳未遑 未及。遑，來得及。㊴遠略 長遠的打算。㊵咸陽 地名，原是秦朝都城，此用咸陽借喻隋都長安。㊶引發 領隊出發。㊷乘於後 利用對方後退的機會進行襲擊。乘，利用；趁機會。㊸右軍 古代作戰分為三軍，稱中軍、左軍、右軍。㊹嚴 穿戴裝束。指戎裝嚴整，處於戒備狀態。㊺計 計算；估計。㊻爾 你。㊼丙子 七月二十八日。

【校記】[1]己巳 原無此二字。據章鈺校，十二行本、乙十一行本、孔天胤本皆有此二字，張敦仁《通鑑刊本識誤》同，今據補。按，《通鑑紀事本末》卷二六有此二字。[2]蚌鷸 原作「鷸蚌」。據章鈺校，十二行本、乙十一行本、孔天胤本二字皆互乙，今據改。按，《通鑑紀事本末》卷二六作「蚌鷸」。③分道 原無此二字。據章鈺校，十二行本、乙十一行本、孔天胤本皆有此二字，張敦仁《通鑑刊本識誤》同，今據補。按，《通鑑紀事本末》卷二六有此二字。

【語譯】李淵寫信招撫李密，李密自恃兵力強盛，想當盟主。七月二十一日己巳，他讓祖君彥回信說：「我和兄長雖然支派不同，但祖系相同，我自己覺得勢單力薄，卻被天下英雄共同推舉為盟主。希望你提攜輔助，同心協力，在咸陽活捉子嬰，在牧野殺死商辛，這難道不是盛舉嗎？」並且李密想要李淵親自率領幾千名步騎兵到河內郡，當面締結盟約。李淵接到回信，笑著說：「李密狂妄自大，不是一封信就可以招來的，我正要進兵關中，如果立即和他斷絕，就是又出來一個敵人，不如用謙恭的言詞推崇鼓勵他，使他更加驕傲，讓他替我阻斷成皋的道路，牽制東都的軍隊，使我們能夠專心西征。等到平定了關中，據守險要，養精蓄銳，靜觀鷸蚌相爭，坐收漁人之利，也為時不晚。」於是李淵讓溫大雅回信說：「我雖然平庸愚劣，卻很幸運繼承了祖宗的遺業，出朝為巡行天下的使者，入朝掌管六軍，國家顛危卻不扶持，大賢所責。因此，我大規模聚集正義之師，與突厥和親，共同匡正天下，志在尊奉隋朝。上天降生了眾多的民眾，一定要有治理的官吏，當今主宰萬民的人，不是你還是誰呢？老夫我已經過了知命之年，沒有了主宰人民的心意。我十分高興擁戴老弟，攀龍附鳳，希望老弟早日應驗圖讖，也好安定億萬民眾！你是宗族的盟長，能容納我們這一支同宗，又封我在唐地，這樣的殊榮足夠了。在牧野殺死商辛，我不忍心說這樣的話，在咸陽活捉子嬰，我不敢接受這樣的命令。汾晉一帶，還須我去安撫，到盟津會盟，我還沒有測定日期。」李密得到回信極為高興，拿信給部將們看，說：「唐公擁護我，天下就很容易平定了！」從此雙方信使往來不絕。

久雨不止，李淵軍中缺糧。劉文靜沒有回來，有傳言說突厥與劉武周趁虛襲擊晉陽。李淵召集部將商量返回北方。裴寂等人都說：「宋老生、屈突通聯軍據守險要，不容易很快攻下，李密雖然說和我們聯合，他的陰謀詭計很難猜測。突厥貪婪而無誠信，唯利是圖。劉武周，是奉侍突厥的人。太原是一個地區的都會，並且又是義軍家屬所在，不如回去救援我們的根基，再籌劃以後的行動。」李世民說：「現今禾穀豆子遍地都是，何愁無糧？宋老生輕佻急躁，一戰就可抓獲，李密留戀糧倉，來不及做長遠打算，劉武周和突厥表面上互相依附，其實心裡互相猜疑。劉武周雖然遠出貪圖太原，但豈能忘記附近的馬邑？我們原來是興舉大義，奮不顧身拯救天下蒼生，應當搶先進入咸陽，號令天下。如今遇上小小敵人，就立即班師，恐怕跟隨起義的人一旦散離，我們只能回去守住太原一城之地做賊罷了，依靠什麼能保全自己呢？」李建成也認為是這樣。李淵不聽，催促領隊出發。李世民將要進去再次勸諫，正趕上天色晚了，李淵已經睡下。李世民不能進入營帳，在外哭喊，聲音傳入帳中，李淵召進李世民，問他，李世民說：「如今大軍為了大義而出動，進兵交戰就勝利，退還就要離散。部眾在前面潰散，敵人趁機在後追擊，死期就在眼前，怎麼不傷心？」李淵才醒悟過來，說：「軍隊已經出發了，怎麼辦？」李世民說：「右路軍整裝而沒有出發，左路軍雖然離去，估計沒有走多遠，我請求親自去追回來。」李淵笑著說：「我的成敗全在你了，我知道了，你還說什麼，只隨你去做。」李世民就與李建成分路乘夜追左路軍回來。七月二十八日丙子，太原運送的糧食也到了。

武威❶鷹揚府司馬❷李軌❸，家富，好任俠。薛舉作亂於金城，軌與同郡曹珍、關謹、梁碩、李贇、安脩仁等謀曰：「薛舉必來侵暴，郡官庸怯，勢不能禦，吾輩豈可束手并妻孥❹為人所虜邪？不若相與并力拒之，保據河右❺，以待天下之變。」眾皆以為然，欲推一人為主，各相讓，莫肯當。曹珍曰：「久聞圖讖李氏當王，今軌在謀中，乃天命也。」遂相與拜軌，奉以為主。丙辰❻，軌令脩仁集諸胡，軌結民間豪傑，共起兵，執虎賁郎將謝統師、郡丞韋士政。軌自稱河西大涼王，置官屬並擬開皇故事❼。關謹等欲盡殺隋官，分其家貲，軌曰：「諸人既逼以為主，當稟❽其號令。今興義兵以救生民，乃殺人取貨，此羣盜耳，將何以濟❾？」於是以統師為太僕卿，士政為太府卿❿。西突厥闕度設據會寧川⓫，自稱闕可汗，請降於軌。

薛舉自稱秦帝⓬，立其妻鞠氏為皇后，子仁果為皇太子。遣仁果將兵圍天水⓭，克之，舉自金城徙都之⓮。仁果多力，善騎射，軍中號萬人敵⓯。然性貪而好殺。嘗獲庾信子立⓰，怒其不降，磔於火上⓱，稍割以啗軍士。及克天水，悉召富人，倒懸之，以醋灌鼻，責⓲其金寶。舉每戒之曰：「汝之才略足以辦事，然苛虐⓳無恩，終當覆我國家。」

舉遣晉王仁越將兵趣劍口⓴，至河池郡㉑，太守蕭瑀拒卻之。又遣其將常仲興濟河擊李軌，與軌將李贇戰於昌松㉒，仲興舉軍敗沒。軌欲縱遣之，贇曰：「力戰獲俘，復縱以資敵，將焉用之？不如盡阬之。」軌曰：「天若祚㉓我，當擒其主，此屬㉔終為我有。若其無成，留之何益？」乃縱之。未幾，攻張掖、敦煌㉕、西平、枹罕，皆克之，盡有河西五郡之地。

【章旨】以上為第三段，寫李軌、薛舉乘亂分別割據河西、隴右之地。

【注釋】❶武威　郡名，治所姑臧縣，在今甘肅武威。❷鷹揚府司馬　官名，各郡置鷹揚府，有郎將、副郎將、長史、司馬。司馬掌軍事。❸李軌　（？—西元六一九年）字處則，武威姑臧（今甘肅武威）人，原仕隋，後叛，自稱河西大涼王，為李淵所滅。傳見《舊唐書》卷五十五、《新唐書》卷八十六。❹妻孥　妻子兒女。❺河右　即河西。指黃河以西的地區，相當於今寧夏回族自治區與甘肅一帶。❻丙辰　七月己酉朔，丙辰當是七月八日，不當在丙子之後，疑誤。❼擬開皇故事　擬，仿效。開皇故事，隋文帝開皇年間的典章制度。故事，先例；舊日的典章制度。❽稟　承受。❾濟　成事。❿太府卿　官名，太府寺長官，掌左右庫藏及尚方、司染、甄官等署。⓫會寧川　地名，故址在甘肅永登東南。⓬秦帝　薛舉原自稱西秦霸王，改元秦興，今稱尊號，故稱秦帝。⓭天水　郡名，治所上邽縣，在今甘肅天水市西南。⓮徙都之　都城由金城郡遷往天水郡。徙，遷移。⓯萬人敵　一人可敵萬人，極言其勇武過人。⓰立　庾立（？—西元六一七年），南陽新野（今河南新野）人，庾信之子。嗣父爵為義城縣侯。傳附《北史·庾信傳》。⓱磔於火上　剮成肉塊，扔進火中。磔，剮。⓲責　求；索取。⓳苛虐　苛刻暴虐。⓴劍口　地名，即劍門關口。故址在今四川劍閣東北劍門關。㉑河池郡　郡名，治所梁泉縣，在今陝西鳳縣東北鳳州鎮。㉒昌松　縣名，縣治在今甘肅武威東南。㉓祚　福；賜福。指賜以皇位。㉔此屬　此輩；這些人。㉕敦煌　郡名，治所敦煌縣，在今甘肅敦煌西。

【語譯】武威鷹揚府司馬李軌家中富有，喜歡仗義行俠。薛舉在金城作亂，李軌和同郡人曹珍、關謹、梁碩、李贇、安脩仁等商量說：「薛舉一定會前來侵犯施暴，郡官昏庸膽小，肯定不能抵禦，我們怎能捆住雙手連同妻子兒女一起被人俘虜呢？不如大家同心協力合力抵抗，據守河西，以等待天下變化。」大家都認為有道理，想推選一個人為首領，每個人互相推讓，沒有人肯當首領。曹珍說：「我很早就聽到圖讖上說李氏應當為王，今天李軌參加了我們的謀劃，這是天命。」於是大家一起參拜李軌，推舉他為首領。丙辰日，李軌命令安脩仁召集各部落胡人，李軌聚結民間豪傑，共同起兵，抓捕了虎賁郎將謝統師、郡丞韋士政。李軌自稱河西大涼王，建置官府僚屬都仿照開皇年間的制度。關謹等人想把隋朝官吏殺光，瓜分他們的家財，李軌說：「各位既然逼我當首領，就應當接受我的號令。如今我們是興起義兵拯救百姓，如果殺人取貨，這就是一群強盜，我們如何能成功？」於是李軌任命謝統師為太僕卿，韋士政為太府卿。西突厥的闕度設佔據會寧川，自稱闕可汗，請求投降李軌。

薛舉自稱秦皇帝，冊立妻子鞠氏為皇后，兒子薛仁果為皇太子。薛舉派薛仁果率軍包圍天水，攻下了天水，薛舉從金城遷都天水。薛仁果力氣大，善於騎馬射箭，軍中稱他為萬人敵。但是生性貪婪，喜歡殺人。薛仁果曾經抓獲庾信的兒子庾立，他生氣庾立不投降，就把庾立剁成肉塊，扔進火中，一點點割成碎片讓士兵們吃。當攻下天水的時候，薛仁果叫來全部富人，把他們倒吊起來，用醋灌鼻，索取金銀財寶。薛舉常常告誡他說：「你的才幹謀略足以辦成大事，但你苛刻暴虐，沒有恩德，最終要毀滅我的朝廷。」

薛舉派晉王薛仁越率軍趕赴劍口，到達河池郡時，河池太守蕭瑀出兵抵抗，把薛仁越打退。薛舉又派他的部將常仲興渡過黃河攻打李軌，與李軌的部將李贇在昌松交戰，常仲興全軍戰敗覆沒。李軌要把俘虜全部釋放，李贇說：「我們奮力作戰，抓獲了俘虜，又放掉他們，送給敵軍，將要幹什麼呢？不如全部活埋。」李軌說：「上天如果賜福給我，就應當活捉他們的首領，這些人終歸為我所有。如果事情不能成功，留下他們又有什麼好處？」於是釋放了俘虜。不久，李軌進攻張掖、敦煌、西平、枹罕，全部攻克，全部佔有了河西五郡之地。

煬帝詔左禦衛大將軍涿郡留守薛世雄將燕地精兵三萬討李密，命王世充等諸將皆受世雄節度，軍[1]所過盜賊，隨便誅翦❶。世雄行至河間，軍於七里井❷，竇建德士眾惶懼，悉拔諸城南遁，聲言還入豆子䴚。世雄以為畏己，不復設備❸，建德謀還襲之。其處去世雄營百四十里，建德帥敢死士二百八十人先行，令餘眾續發❹，建德與其士眾約曰：「夜至，則擊其營，已明，則降之。」未至二[2]里所，天欲明，建德惶惑議降。會天大霧，人咫尺❺不相辨，建德喜曰：「天贊❻我也！」遂突入其營擊之，世雄士卒大亂，皆騰柵❼走。世雄不能禁，與左右數十騎遁歸❽涿郡，慙恚❾發病卒。建德遂圍河間。

【章旨】以上為第四段，寫隋煬帝身在江都，仍在遙控軍事。涿郡薛世雄兵敗，隋朝河北軍事力量枯竭。

【注釋】❶誅翦　殺戮翦滅。翦，同「剪」。❷七里井　地名，故址在今河北河間南近郊。❸設備　布置防備。❹續發　接續先行部隊出發。❺咫尺　一咫為八寸。咫尺比喻距離很近。❻贊　助。❼騰柵　翻過木柵。騰，跳躍。❽遁歸　逃回。❾慙恚　羞愧而怨恨。恚，發怒；怨恨。

【校記】①軍　原無此字。據章鈺校，十二行本、乙十一行本、孔天胤本皆有此字，張敦仁《通鑑刊本識誤》同，今據補。②二　原作「一」。據章鈺校，十二行本作「二」，張敦仁《通鑑刊本識誤》云：「無注本亦作『二』。」今據改。按，《通鑑紀事本末》卷二七、《通鑑綱目》卷三七下皆作「二」。

【語譯】隋煬帝下詔命令左禦衛大將軍涿郡留守薛世雄率領燕地三萬精兵討伐李密，命令王世充等將領都受薛世雄指揮，大軍沿途遇見盜賊，隨便誅殺。薛世雄行進到河間，駐軍在七里井。竇建德部眾驚惶恐懼，撤離所佔領的全部城池，向南逃走，揚言要回豆子䴚。薛世雄認為竇建德害怕自己，不再布置防備，竇建德密謀回軍襲擊薛世雄。竇建德軍隊的駐地距薛世雄的軍營有一百四十里，竇建德率領敢死隊二百八十人先出發，命令其餘的人隨後陸續出發，與士兵約定說：「如果夜晚到達，就進攻敵軍營壘，如果到達時天已經大亮，就向薛世雄投降。」當大軍走到距離敵軍營壘二里處，天就要亮了，竇建德惶惑不安，和大家商議是否投降。正巧天降大霧，人相距咫尺都看不清對方。竇建德高興地說：「這是老天爺幫助我啊！」於是率軍突然進入薛世雄軍營襲擊，薛世雄士卒大亂，全都翻越營寨逃走。薛世雄無法制止，只好與左右幾十名騎兵逃回涿郡。薛世雄慚愧憤恨，發病而死。竇建德於是包圍河間。

八月己卯[1]，雨霽[2]。庚辰[3]，李淵命軍中曝[4]鎧仗[5]行裝。辛巳[6]旦，東南由山足細道[7]趣霍邑。淵恐宋老生不出，李建成、李世民曰：「老生勇而無謀，以輕騎挑之[8]，理無不出。脫[9]其固守，則誣以貳[10]於我。彼恐為左右所奏，安敢不出？」淵曰：「汝測之善，老生不能逆戰賈胡[11]，吾知其無能為也！」淵與數百騎先至霍邑城東數里以待步兵，使建成、世民將數十騎至城下，舉鞭指麾[12]，若將圍城之狀，且詬之。老生怒，引兵三萬自東門、南門分道而出，淵使殷開山趣召後軍。後軍至，淵欲使軍士先食而戰，世民曰：「時不可失。」淵乃與建成陳於城東，世民陳於城南。淵、建成戰小卻[13]，世民與軍頭[14]臨淄段志玄[15]自南原引兵馳下，衝老生陳，出其背，世民手殺數十人，兩刀皆缺，流血滿袖，灑之[16]復戰。淵兵復振，因傳呼曰：「已獲老生矣！」老生兵大敗，淵兵先趣其門，門閉，老生下馬投塹[17]，劉弘基就斬之，僵尸[18]數里。日已暮，淵即命登城，時無攻具，將士肉薄[19]而登，遂克之。

淵賞霍邑之功，軍吏疑奴應募者不得與良人⑳同，淵曰：「矢石㉑之間，不辨貴賤，論勳之際，何有等差？宜並從本勳授。」壬午㉒，淵引見霍邑吏民，勞賞如㉓西河，選其丁壯使從軍。關中軍士欲歸者，並授五品散官㉔，遣歸。或諫以官太濫，淵曰：「隋氏吝惜勳賞，此所以失人心也，柰何效之？且收眾以官，不勝於用兵乎？」

丙戌㉕，淵入臨汾郡㉖，慰撫如霍邑。庚寅㉗，宿鼓山㉘。絳郡㉙通守陳叔達㉚拒守，辛卯㉛，進攻，克之。叔達，陳高宗之子，有才學，淵禮而用之。

癸巳㉜，淵至龍門㉝，劉文靜、康鞘利以突厥兵五百人、馬二千匹來至。淵喜其來緩，謂文靜曰：「吾西行及河，突厥始至，兵少馬多，皆君將命之功也。」

汾陽㉞薛大鼎㉟說淵：「請勿攻河東，自龍門直濟河，據永豐倉，傳檄遠近，關中可坐取也。」淵將從之。諸將請先攻河東，乃以大鼎為大將軍府察非掾㊱。

河東縣㊲戶曹任瓌㊳說淵曰：「關中豪傑皆企踵㊴以待義兵。瓌在馮翊㊵積年㊶，知其豪傑，請往諭之，必從風而靡。義師自梁山㊷濟河，指韓城㊸，逼郃陽㊹。蕭造文吏，必[1]望塵請服。孫華之徒，皆當遠迎，然後鼓行而進，直據永豐㊺，雖未得長安，關中固已定矣。」淵悅，以瓌為銀青光祿大夫。

時關中羣盜，孫華最彊，丙申㊻，淵至汾陰，以書招之。己亥㊼，淵進軍壺口㊽，河濱之民獻舟者日以百數，仍置水軍。壬寅㊾，孫華自郃陽輕騎渡河見淵。淵握手與坐，慰獎之，以華為左光祿大夫、武鄉縣㊿公，領馮翊太守，其徒有功者，委華以次授官，賞賜甚厚。使之先濟(51)，繼遣左右統軍王長諧、劉弘基及左領軍長史陳演壽、金紫光祿大夫史大柰將步騎六千自梁山濟，營(52)於河西(53)以待大軍。以任瓌為招慰大使，瓌說韓城，下之。淵謂長諧等[2]曰：「屈突通精兵不少，相去五十餘里，不敢來戰，足明其眾不為之用。然通畏罪，不敢不出。若自濟河擊卿等，則我進攻河東，必不能守；若全軍守城，則卿等絕其河梁(54)。前扼其喉，後拊其背(55)，彼不走必為擒矣。」

【章　旨】以上為第五段，寫李淵克霍邑，下臨汾，渡龍門，進兵關中，一路勢如破竹。

【注　釋】❶己卯　八月初一日。❷霽　雨停。❸庚辰　八月初二日。❹曝　日曬。曝，本作「暴」，後人加「日」旁。❺鎧仗　鎧甲與兵器。❻辛巳　八月初三日。❼細道　小路。❽挑之　挑戰宋老生。❾脫　如果；假如。❿貳　兩屬；腳踏兩條船。⓫賈胡　指賈胡堡。李淵曾於此地駐軍。⓬指麾　本指手的動作，引申為發令調遣。麾，同「揮」。⓭小卻　稍微後退。卻，退。⓮軍頭　武官名，一軍之長。⓯段志玄　（？—西元六四二年）齊州臨淄（今山東淄博東北）人，仕唐，官至右衛大將軍，封樊國公。傳見《舊唐書》卷六十八、《新唐書》卷八十九。⓰灑之　意謂把衣袖的血抖落。⓱投塹　跳進護城河。塹，壕溝；護城河。⓲僵尸　倒斃的屍體。僵，死。⓳肉薄　即肉搏。兩軍相近，用短兵或徒手搏鬥。⓴良人　平民；良家子。㉑矢石　箭與石。古代作戰，發矢拋石以打擊敵人。矢，箭。㉒壬午　八月初四日。㉓如　比照。㉔五品散官　隋煬帝置散官九大夫，朝請大夫為正五品，朝散大夫為從五品。㉕丙戌　八月初八日。㉖臨汾郡　郡名，治所臨汾縣，在今山西臨汾南。㉗庚寅　八月十二日。㉘鼓山　地名，故址在今山西新絳北。㉙絳郡　郡名，治所正平縣，在今山西新絳。㉚陳叔達（？—西元六三五年）字子聰，吳興長城（今浙江長興）人，陳宣帝第十六子。歷仕陳、隋、唐三代，官至侍中，封江國公。傳見《舊唐書》卷六十一、《新唐書》卷一百。㉛辛卯　八月十三日。㉜癸巳　八月十五日。㉝龍門　縣名，縣治在今山西河津。㉞汾陽　舊、新《唐書・薛大鼎傳》，「汾陽」皆作「汾陰」。據此，「陽」應改為「陰」字。汾陰，縣名，縣治在今山西萬榮西南。㉟薛大鼎　（？—西元六五四年）蒲州汾陰（今山西萬榮西南）人，仕唐，官至鴻臚少卿。傳見《舊唐書》卷一百八十五上、《新唐書》卷一百九十七。㊱察非掾　官名，掌糾察。㊲河東縣　縣名，河東郡治所，縣治在今山西永濟西南。㊳任瓌　（？—西元六二九年）字瑋，廬州合肥（今安徽合肥）人，歷仕陳、隋、唐三代，官至徐州總管，封管國公。傳見《舊唐書》卷五十九、《新唐書》卷九十。㊴企踵　踮起腳跟。企，踮起腳。㊵馮翊　郡名，治所馮翊縣，在今陝西大荔。㊶積年　多年。㊷梁山　山名，故址在今陝西韓城市西北。㊸韓城　縣名，縣治在今陝西韓城市。㊹郃陽　縣名，縣治在今陝西合陽。㊺永豐　即永豐倉。因位於廣通渠旁，又稱廣通倉。位於今陝西大荔境。㊻丙申　八月十八日。㊼己亥　八月二十一日。㊽壺口　山名，故址在今山西吉縣西南黃河岸邊。㊾壬寅　八月二十四日。㊿武鄉縣　縣名，本為華陰縣，西魏改稱武鄉縣，隋煬帝又改為馮翊。縣治在今陝西大荔。(51)先濟　此指先渡過黃河。濟，渡。(52)營　安營紮寨。(53)河西　指黃河西岸。(54)河梁　河上橋樑。此指蒲津橋。(55)拊其背　在後面攻擊其背部。拊，拍；輕擊。

【校　記】[1]必　原作「必當」。據章鈺校，十二行本、乙十一行本皆無「當」字，今據刪。按，《通鑑紀事本末》卷二六、《通鑑綱目》卷三七下皆無「當」字。[2]等　原無此字。據章鈺校，十二行本、乙十一行本、孔天胤本皆有此字，今據補。

【語　譯】八月初一日己卯，雨停天晴。初二日庚辰，李淵命令部隊在太陽下曬鎧甲、武器、行裝。初三日辛巳早晨，隊伍沿著東南山麓小路趕赴霍邑。李淵擔心宋老生不出戰，李建成、李世民說：「宋老生勇而無謀，用輕騎兵向他挑戰，按理他不會不出戰。假如他固守不出戰，我們就造謠說他將投降我們。他害怕被左右的人奏報，怎敢不出戰？」李淵說：「你推測得很好，宋老生不敢在賈胡堡迎戰我軍，我就知道他沒什麼本事！」李淵與幾百名騎兵先到達霍邑城東面幾里遠的地方等待步兵，派李建成、李世民率領幾十名騎兵進到城下，舉起鞭子指指點點，好像即將圍城的樣子，還大罵宋老生。宋老生大怒，領兵三萬人從東門、南門分路出擊，李淵派殷開山迅速召集後繼部隊。後繼部隊趕到，李淵想讓軍士先吃飯再交戰，李世民說：「時機不可喪失。」李淵於是與李建成在城東布陣，李世民在城南布陣。李淵、李建成剛一交戰稍稍後退，李世民與軍頭臨淄人段志玄從南原領兵飛馳而下，衝擊宋老生的軍陣，從背後打擊，李世民親手殺死幾十個人，兩把刀都砍缺了，敵兵的血流滿衣袖，李世民甩掉鮮血又投入戰鬥。李淵的軍隊又振作起來，乘勢大喊：「已抓到宋老生了！」宋老生的軍隊大敗，李淵的士兵先衝到城門，城門已經關閉，宋老生下馬跳入護城河，劉弘基趕上斬殺了他，隋軍的死屍散布數里。天已經黑下來了，李淵立即命令登城，當時沒有攻城器具，將士們肉搏登城，終於攻下了霍邑。

李淵賞賜攻打霍邑的戰功，軍官們疑心應募的奴僕不能和良家子弟同樣論功，李淵說：「矢石之間，不認貴賤，論功的時候，哪有等級差別？應當一律按功勞大小頒賞授官。」八月初四日壬午，李淵接見霍邑的吏民，慰勞賞賜，比照攻克西河郡，挑選其中的壯士讓他們從軍。關中的軍士想回家的，一律授五品散官，遣送回家。有人諫阻，認為授官太濫，李淵說：「隋朝吝惜勳位賞賜，這是大失人心的原因啊，怎麼能效法它？況且用官位來收攬人心，不是比用兵要好嗎？」

八月初八日丙戌，李淵進入臨汾郡，撫慰如同霍邑。十二日庚寅，在鼓山住宿。絳郡通守陳叔達守城抵抗，十三日辛卯，李淵進攻，打下了絳郡。陳叔達，是陳高宗的兒子，有才學，李淵以禮相待，用他做官。

八月十五日癸巳，李淵到達龍門，劉文靜、康鞘利帶領突厥兵五百人，馬二千匹到來。李淵非常高興突厥緩緩而來，對劉文靜說：「我向西進兵到達黃河，突厥才到來，而且兵少馬多，這都是你奉命行動的功勞。」

汾陽人薛大鼎勸李淵說：「請不要進攻河東，從龍門直接渡過黃河，佔據永豐倉，向遠近各地發布檄文，可以坐取關中。」李淵想要聽從。眾將請求先攻打河東，於是任用薛大鼎為大將軍府察非掾。

河東縣戶曹任瓌勸李淵說：「關中豪傑都踮起腳尖等待義軍，我在馮翊郡多年，知曉那裡的豪傑，請讓我前去曉諭他們，一定會像隨風一邊倒一樣來歸附。義軍從梁山渡過黃河，指向韓城，進逼郃陽。蕭造是一個文官，一定是看到塵土飛起就會請求投降。孫華這樣的人，都會遠遠迎接，然後擊鼓而行，向前進軍，直接攻佔永豐倉，雖然沒有得到長安，關中基本已經平定了。」李淵很高興，任命任瓌為銀青光祿大夫。

當時關中群盜，孫華最強，八月十八日丙申，李淵到達汾陰，用書信招撫孫華。二十一日己亥，李淵進軍壺口，黃河岸邊獻船的民眾每天數以百計，李淵便設置了水軍。二十四日壬寅，孫華從部陽輕騎渡過黃河來見李淵。李淵和孫華握手一起坐下，慰問嘉獎，任命孫華為左光祿大夫、武鄉縣公，兼馮翊太守，他的部屬中有功的人，授權孫華依次授予軍職，賞賜極為豐厚。李淵讓孫華先渡過黃河，隨即又派遣左、右統軍王長諧、劉弘基以及左領軍長史陳演壽、金紫光祿大夫史大柰率領步騎兵共六千人從梁山渡過黃河，在黃河西岸紮營等待主力大軍。任命任瓌為招慰大使，任瓌遊說韓城，韓城投降了。李淵對王長諧等人說：「屈突通精兵不少，離我軍五十多里，他不敢來戰，這足以表明他的部眾已經不肯效命了。但是屈突通害怕獲罪，又不敢不出戰。如果他親自渡河襲擊你們，那我就進攻河東，河東一定不能守住。如果屈突通用全部軍力守城，那麼你們就拆除河上的橋樑。前面扼住他的咽喉，後面攻擊他的脊背，他不逃走，一定被我們活捉。」

驍果從煬帝在江都者多逃亡[1]，帝患之，以問裴矩，對曰：「人情非有匹偶❶，難以久處，請聽軍士於此納室❷。」帝從之。九月，悉召江都境內寡婦、處女集宮下，恣將士所取，或先與姦者聽自首，即以配之。

武陽❸郡丞元寶藏以郡降李密，甲寅❹，密以寶藏為上柱國、武陽公。寶藏使其客鉅鹿魏徵❺為啟謝密，且請改武陽為魏州，又請帥所部西取魏郡❻，南會諸將取黎陽倉。密喜，即以寶藏為魏州總管，召魏徵為元帥府文學參軍❼，掌記室❽。徵少孤貧，好讀書，有大志，落拓❾不事生業❿。始為道士，寶藏召典書記。

密愛其文辭，故召之。

初，貴鄉⑪長弘農魏德深⑫，為政清靜，不嚴而治。遼東之役，徵稅百端⑬，使者旁午⑭，責成郡縣，民不堪命，唯貴鄉閭里不擾，有無相通⑮，不竭其力，所求皆給。元寶藏受詔捕賊，數調器械，動以軍法從事。其鄰城營造⑯，皆聚於聽事，官吏遞⑰相督責⑱，晝夜喧囂，猶不能濟。德深聽隨便修營，官府寂然⑲，恆若無事，唯戒吏以不須過勝餘縣，使百姓勞苦。然民各自竭心，常為諸縣之最⑳，縣[2]民愛之如父母。寶藏深害其能，遣將千兵赴東都。所領兵聞寶藏降密，思其親戚，輒出都門，東向慟哭㉑而返。或勸之降密，皆泣曰：「我與魏明府㉒同來，何忍棄去？」

河南、山東大水，餓殍㉓滿野，煬帝詔開黎陽倉賑之，吏不時㉔給，死者日數萬人。徐世勣言於李密曰：「天下大亂，本為饑饉。今更得黎陽倉，大事濟矣。」密遣世勣帥麾下五千人自原武㉕濟河，會元寶藏、郝孝德、李文相及洹水㉖賊帥張升、清河賊帥趙君德共[3]襲破黎陽倉，據之，開倉恣民就食㉗，浹旬㉘間，得勝兵二十餘萬。武安、永安、義陽、弋陽、齊郡㉙相繼降密。竇建德、朱粲之徒亦遣使附密。密以粲為揚州總管、鄧公㉚。泰山道士徐洪客獻書於密，以為：「大眾久聚，恐米盡人散，師老㉛厭戰，難可成功。」勸密「乘進取之機，因㉜士馬之銳，沿流東指，直向江都，執取獨夫㉝，號令天下。」密壯其言，以書招之，洪客竟不出，莫知所之㉞。

乙卯㉟，張綸徇龍泉、文成㊱等郡，皆下之，獲文成太守鄭元璹㊲。元璹，譯之子也。

【章　旨】以上為第六段，寫隋煬帝日暮途窮仍困守江都。李密軍奪取黎陽倉，河北群雄歸服，勢力達到了鼎盛。

【注　釋】❶匹偶　配偶。❷納室　娶妻。室，妻。❸武陽　郡名，治所貴鄉縣，在今河北大名東北。❹甲寅　九月六日。❺魏徵　（西元五七九－六四二年）字玄成，鉅鹿曲城（今河北巨鹿西北）人，小時曾出家為道士，後參加反隋義軍，隨李密歸唐，官至侍中，封鄭國公。極言直諫，為貞觀名臣。曾主持《隋書》的編纂工作。傳見《舊唐書》卷七十一、《新唐書》卷九十七。❻魏郡　郡名，治所安陽縣，在今河南安陽。❼文學參軍　官名，掌侍奉，參議軍事。❽記室　官名，掌章表書記文檄。❾落拓　窮困潦倒。❿生業　謀生之業。⓫貴鄉　縣名，武陽郡治所，縣治在今河北大名東北。⓬魏德深　（？－西元六一七年）本鉅鹿（今河北巨鹿西北）人，家居弘農（今河南靈寶），仕隋，官至貴鄉縣長。傳見《隋書》卷七十三、《北史》卷八十六。⓭百端　多種多樣。指賦稅繁多。⓮旁午　交錯；紛繁。⓯有無相通　互通有無。通，流通；交換。⓰營造　製作；建造。⓱遞　交替；順次更迭。⓲督責　監督催促。⓳寂然　寂靜無事。⓴最　考績居上者稱最。㉑慟哭　痛哭。慟，極其悲痛。㉒魏明府　對魏德深的尊稱。古代州縣官習稱府君，英明者稱明府。㉓餓殍　餓死的人。殍，餓死。㉔不時　不及時；不準時。㉕原武　縣名，縣治在今河南原陽西南。㉖洹水　縣名，縣治在今河北魏縣西南舊魏縣。㉗就食　把人移至糧多處，就地吃飯。㉘浹旬　十天；一旬。浹，周匝。㉙武安永安義陽弋陽　皆郡名。武安郡，治所永年縣，在今河北永年東南。永安郡，治所新城縣，在今河南光山縣。義陽郡，治所義陽縣，在今河南信陽。弋陽郡，治所光城縣，在今河南光山縣。

齊郡，治所歷城縣，在今山東濟南市。㉚鄧公　爵位名，李密以朱粲做揚州總管，封為鄧公。㉛師老　軍隊喪失了銳氣。老，暮氣；衰落。㉜因　憑藉。㉝獨夫　指隋煬帝。㉞所之　所到之地。之，往。㉟乙卯　九月初七日。㊱龍泉文成　兩郡名。龍泉郡，治所隰川縣，在今山西隰縣。文成郡，治所吉昌縣，在今山西吉縣。㊲鄭元璹　（？—西元六四六年）滎陽開封（今河南開封）人。歷仕隋、唐，官至鴻臚卿。傳附《隋書・鄭譯傳》、《北史・鄭譯傳》、《舊唐書・鄭善果傳》、《新唐書・鄭善果傳》。

【校記】①亡　原作「去」。據章鈺校，十二行本、乙十一行本、孔天胤本皆作「亡」，張敦仁《通鑑刊本識誤》同，今據改。②縣　原無此字。據章鈺校，十二行本、乙十一行本、孔天胤本皆有此字，張敦仁《通鑑刊本識誤》同，今據補。按，《通鑑紀事本末》卷二七、《通鑑綱目》卷三七下皆有此字。③共　原作「兵」。據章鈺校，十二行本、乙十一行本、孔天胤本皆作「共」，張敦仁《通鑑刊本識誤》、張瑛《通鑑校勘記》同，今據改。

【語譯】跟從隋煬帝到江都的驍果勇士大多逃亡，隋煬帝十分憂心，就此事詢問裴矩，裴矩回答說：「人的常情，沒有配偶，難以在一個地方久居，請求聽任軍士在這裡娶妻。」隋煬帝聽從了。九月，把江都境內的寡婦、處女全部召集在宮門前，讓將士隨意選取，有原來就有姦情的人，讓他們自首，即正式婚配為夫妻。

武陽郡丞元寶藏獻出郡城投降李密。九月初六日甲寅，李密封元寶藏為上柱國、武陽公。元寶藏讓他的門客鉅鹿人魏徵寫信感謝李密，並且請求把武陽郡改為魏州，又請求讓自己率領所部向西攻打魏郡，南下會合眾將攻取黎陽倉。李密非常高興，立即任命元寶藏為魏州總管，徵召魏徵為元帥府文學參軍，掌管記室。魏徵小時候死了父親，家境貧寒，喜歡讀書，胸懷大志，窮困潦倒不從事謀生之業。魏徵最初做道士，元寶藏召他掌管文書事務。李密喜歡魏徵的文辭，因此徵召他。

當初，貴鄉縣長弘農人魏德深，為政清靜無為，不用嚴法，卻治理得很好。征伐遼東之役，稅徵繁多，使者前後交錯，苛求郡縣，百姓都承受不了。唯獨貴鄉縣鄉里沒有受到騷擾，互通有無，沒有耗竭百姓的財力，上邊需求的都能供給。元寶藏受詔討捕盜賊，幾次徵調武器和軍用輜重，動不動就以軍法論處。貴鄉縣的鄰縣把營造工匠都集中在縣衙廳堂，官吏輪流監督催促，晝夜喧囂，還無法完成任務。魏德深聽憑工匠隨意選擇場所修造，官府裡安安靜靜，常像沒有事一樣。他只是告誡官吏們，無須比鄰縣造得多造得好，使百姓勞苦。然而工匠們各自盡心竭力造作，常常為各縣之冠，縣民愛戴魏德深如同父母。元寶藏對他的才能深為妒忌，派他率領一千名士兵趕赴東都。魏德深率領的戰士聽到元寶藏投降李密的消息，大家思念自己的親戚，常常走出東都城門，面向東方放聲痛哭，然後返回城內。有人勸他們投降李密，大家哭著說：「我們與魏明府一同來，怎能忍心棄他而去？」

河南、山東發大水，餓死的人滿山遍野，隋煬帝下詔打開黎陽倉賑濟飢民，但官吏們不及時發放糧食，餓死的人每天有數萬。徐世勣對李密說：「天下大亂，本來就是因為饑荒，現在如果再奪取黎陽倉，大事成功了。」李密派徐世勣率領部眾五千人從原武渡過黃河，會同元寶藏、郝孝德、李文相，以及洹水賊軍首領張升、清河賊軍首領趙君德共同攻破黎陽倉，佔據了它，然後開倉聽任飢民取食，十天之內，得到二十餘萬能作戰的兵士。武安、永安、義陽、弋陽、齊郡相繼投降李密。竇建德、朱粲等也派遣使者表示歸附李密。李密任命朱粲為揚州總管，封鄧公。泰山道士徐洪客向李密呈獻書信，認為：「大量部眾長久聚集，恐怕糧盡人散，軍隊士氣衰落，討厭作戰，難以成功。」他勸李密「乘著有利進取的時機，憑藉軍隊的銳氣，沿運河東下，直指江都，捉拿獨夫，號令天下。」李密認為他的建議壯偉，寫信召他來。但徐洪客始終沒有出山，沒有人知道他的下落。

九月初七日乙卯，張綸攻打龍泉、文成等郡，全部攻佔了，抓獲文成太守鄭元璹。鄭元璹，是鄭譯的兒子。

屈突通遣虎牙郎將桑顯和將驍果數千人夜襲王長諧等營，長諧等戰不利，孫華、史大柰以遊騎❶自後擊顯和，大破之。顯和脫走❷入城，仍自絕河梁。丙辰❸，

馮翊太守蕭造降於李淵。造，脩之子也。

戊午❹，淵帥諸軍圍河東，屈突通嬰城自守。

將佐復推❺淵領太尉，增置官屬，淵從之。時河東未下，三輔豪傑至者日以千數。淵欲引兵西趣長安，猶豫未決。裴寂曰：「屈突通擁大眾❻，憑堅城，吾捨之而去。若進攻長安不克，退為河東所踵❼，腹背受敵，此危道也。不若先克河東，然後西上。長安恃通為援，通敗，長安必破矣。」李世民曰：「不然。兵貴神速，吾席❽累勝❾之威，撫歸附[1]之眾，鼓行而西，長安之人望風震駭，智不及謀❿，勇不及斷⓫，取之若振槁葉⓬耳。若淹留⓭自弊於堅城之下，彼得成謀⓮脩備⓯以待我，坐費日月，眾心離沮⓰，則大事去矣。且關中蜂起之將，未有所屬，不可不早招懷也。屈突通自守虜耳，不足為慮。」淵兩從之，留諸將圍河東，自引軍而西。

朝邑⓱法曹武功靳孝謨，以蒲津⓲、中潬⓳二城降，華陰令李孝常⓴以永豐倉降，仍應接河西諸軍。孝常，圓通之子也。京兆諸縣亦多遣使請降。

【章旨】以上為第七段，寫李淵分兵圍河東，自己親率大軍直進關中。隋朝關中郡縣望風請降。

【注　釋】❶遊騎　無固定防地，流動出擊的騎兵。❷脫走　脫身逃走。❸丙辰　九月初八日。❹戊午　九月初十日。❺推舉。❻擁大眾　擁有多數之人。❼所踵　追逐；跟隨。❽席　憑藉；倚仗。❾累勝　接連打勝仗。❿智不及謀　有智謀的人來不及謀劃。形容動作神速。⓫勇不及斷　勇武之士來不及決斷。⓬槁葉　枯木上的葉子。槁，乾枯的樹木。⓭淹留　滯留；停留不前。⓮成謀　考慮成熟的計謀。⓯脩備　整治武備。脩，整治。⓰離沮　人心離散，士氣沮喪。⓱朝邑　縣名，縣治在今陝西大荔東朝邑鎮。⓲蒲津　城名，於蒲津所修之城，扼守津口。故址在今山西永濟境。⓳中潬　城名，在今山西永濟、陝西大荔之間蒲津關下黃河中流沙洲上。⓴李孝常　京兆涇陽（今陝西咸陽東北）人。先仕隋，後降唐，封義安王。傳附《北史・李圓通傳》。

【校　記】[1]附　原作「順」。據章鈺校，十二行本、乙十一行本、孔天胤本皆作「附」，張敦仁《通鑑刊本識誤》同，今據改。按，《通鑑紀事本末》卷二六、《通鑑綱目》卷三七下皆作「附」。

【語　譯】屈突通派虎牙郎將桑顯和率領驍果數千人乘夜偷襲王長諧等人的軍營，王長諧等交戰失利，孫華、史大柰用遊騎從背後襲擊桑顯和，大敗桑顯和。桑顯和脫身逃入河東城，便自己斷絕了河橋。九月初八日丙辰，馮翊太守蕭造投降了李淵。蕭造，是蕭脩的兒子。

九月初十日戊午，李淵率領各路軍隊包圍河東，屈突通環城自守。

眾將領又推舉李淵兼職太尉，增設太尉府僚屬，李淵聽從了。當時河東郡還沒有攻下，三輔地區的豪傑來投奔李淵的日以千計。李淵打算率軍西赴長安，猶豫不決。裴寂說：「屈突通擁有大量軍隊，依靠堅固的城池，我軍拋開他向前推進，如果進攻長安打不下來，退兵時遭到河東隋軍的跟踵追擊，腹背受敵，這是危險的途逕。不如先攻下河東，然後西上。長安依靠屈突通為外援，屈突通戰敗，一定攻破長安。」李世民說：「不是這樣。兵貴神速，我軍憑藉連勝的軍威，安撫歸順的民眾，擊鼓而行，向西進軍，長安的人就會望風震恐，有智慧的人來不及謀劃，有勇力的人來不及決斷，奪取長安如同搖動枯木的葉子。我們如果滯留，自弊於堅城之下，使敵人有時間完成謀劃整治武備來等待我們，而我軍卻待在這裡浪費時間，軍心離散，士氣沮喪，那麼大事就全完了。況且關中蜂擁而起的將領，沒有歸屬，不能不盡早招撫。屈突通只是一個自守巢穴的敵人，不值得憂慮。」李淵聽從了雙方的意見，留下眾將包圍河東，自己率軍西進。

朝邑縣法曹武功人靳孝謨獻出蒲津、中潭兩座城池投降李淵，華陰縣令李孝常獻出永豐倉投降，還前去接應河西的各路李淵軍隊。李孝常，是李圓通的兒子。京兆各縣也大多派遣使者請求投降。

王世充、韋霽、王辯及河內通守孟善誼、河陽郡尉❶獨孤武都❷各帥所領會東都，唯王隆後期❸不至。己未❹，越王侗使虎賁郎將劉長恭等帥留守兵，龐玉等帥偃師兵，與世充等合十餘萬眾，擊李密於洛口，與密夾洛水相守。煬帝詔諸軍皆受世充節度。

帝遣攝❺江都郡丞馮慈明❻向東都，為密所獲，密素聞其名，延❼坐勞問，禮意甚厚，因謂曰：「隋祚已盡，公能與孤❽共[1]立大功乎？」慈明曰：「公家歷事先朝，榮祿兼備。不能善守門閥❾，乃與玄感舉兵，偶脫罔羅❿，得有今日，唯圖反噬，未諭高旨。莽、卓、敦、玄⓫非不彊盛，一朝夷滅，罪及祖宗。僕死而後已，不敢聞命！」密怒，囚之。慈明說防人席務本，使亡走。奉表江都，及致書東都論賊形勢，至雍丘⓬，為密將李公逸所獲，密又義而釋之。出至營門，翟讓殺之。慈明，子琮之子也。

密之克洛口也，箕山府郎將張季珣⓭固守不下，密以其寡弱，遣人呼之。季琦罵密極口⑭，密怒，遣兵攻之，不能克。時密眾數十萬在其城下，季琦四面阻絕⑮，所領不過數百人，而執志彌固⑯，誓以必死。久之，糧盡水竭，士卒羸病⑰，季琦撫循⑱之，一無離叛，自三月至于是月，城遂陷。季琦見密不肯拜，曰：「天子爪牙⑲，何容⑳拜賊？」密猶欲降之，誘諭㉑終不屈，乃殺之。季琦，祥之子也。

【章　旨】以上為第八段，寫隋朝地方官吏馮慈明、張季琦盡忠殉國。

【注　釋】❶郡尉　隋制，舊有兵處，由州刺史統管。隋煬帝罷州置郡，另置都尉領兵。按，《北史》卷六十一〈獨孤武都傳〉作「都尉」。「郡」應作「都」。都尉正四品，領兵，與郡不相知。❷獨孤武都　雲中（今山西大同）人。隋大業末，官至河陽都尉。❸後期　比指定的日期晚。❹己未　九月十一日。❺攝　代理。❻馮慈明　（西元五五〇－六一七年）字無佚，信都長樂（今河北冀州）人，歷仕北齊、周與隋三代，官至尚書兵曹郎，攝江都郡丞。傳見《隋書》卷七十一、《北史》卷五十五。❼延　引進；接待。❽孤　古代帝王的謙稱。意思是少德之人。❾門閥　指祖先建立功勳者的家世。謂名門貴族。❿罔羅　漁獵的工具。此指法網。⓫莽卓敦玄　古代的四大亂政權臣。莽，指王莽，西漢末皇戚，後篡漢稱帝，被綠林軍所殺。卓，指董卓，東漢末年豪強，後被呂布殺死。敦，指王敦，東晉初掌軍權的人，後叛晉，兵敗而死。玄，指桓玄，於東晉末年叛晉，兵敗被殺。⓬雍丘　縣名，縣治在今河南杞縣。⓭張季琦　（西元五九〇－六一七年）京兆（今陝西西安）人。仕隋，大業末，為鷹揚郎將。傳見《隋書》卷七十一、《北史》卷八十五。⓮極口　極力地說。⓯阻絕　受阻而隔絕。⓰執志彌固　保持意志更為堅固。⓱羸病　瘦弱而有病。羸，瘦弱；疲病。⓲撫循　同「拊循」。安撫。⓳爪牙　爪和牙。引申指武臣。⓴容　容許；允許。㉑誘諭　勸誘告諭。

【校　記】1共　原無此字。據章鈺校，十二行本、乙十一行本、孔天胤本皆有此字，今據補。按，《通鑑紀事本末》卷二七、《通鑑綱目》卷三七下皆有此字。

【語　譯】王世充、韋霽、王辯以及河內通守孟善誼、河陽郡尉獨孤武都各自率領所轄部隊會師東都，只有王隆過了期限還沒到達。九月十一日己未，越王楊侗派虎賁郎將劉長恭等率領東都的留守部隊，龐玉等率領偃師的軍隊，與王世充等部合兵在一起有十多萬人，在洛口攻打李密，與李密軍隊隔著洛水相互對峙，隋煬帝下詔命令各軍都受王世充指揮。

隋煬帝派遣江都代理郡丞馮慈明前往東都，被李密抓獲。李密一向聽說馮慈明的大名，請他上坐，慰勞問候，禮節很隆重，便對馮慈明說：「隋朝國運已到盡頭，您能和我一同建立大業嗎？」馮慈明說：「你們家幾代人侍奉先朝，榮華富貴和高官厚祿都兼有了，卻不能很好地守住世家門第，而與楊玄感起兵造反，僥倖漏網逃脫，活到今天，只是一門心思造反，不懂得高深的真理。王莽、董卓、王敦、桓玄不是不強盛，一旦誅滅，罪及祖宗。我只求一死，不敢從命！」李密大怒，囚禁了馮慈明。馮慈明勸說看管他的席務本，讓自己逃走了。馮慈明向江都上表，又寫信給東都陳述盜賊的形勢，到達雍丘後，被李密的部將李公逸抓獲，李密又一次仗義釋放了他。馮慈明走到營門，被翟讓殺死。馮慈明，是馮子琮的兒子。

李密攻克洛口時，箕山府郎將張季珣堅守不降，李密認為他兵少勢弱，派人喊他投降，張季珣破口大罵李密，李密大怒，派兵攻打他，未能攻克。當時李密有幾十萬軍隊在張季珣城下，此城四面交通被切斷，張季珣所率領的部眾只有幾百人，而意志更加堅定，誓死不屈。時間長了，糧食吃完，水也沒有了，士兵體弱多病，張季珣安撫慰問，沒有一個背叛的人，從三月堅守直到九月，城池終於被攻陷。張季珣見了李密不肯下拜，說：「天子的武將，豈容向賊人下拜？」李密仍想讓他投降，勸誘告諭，張季珣始終不屈，於是殺了他。張季珣，是張祥的兒子。

庚申❶，李淵帥諸軍濟河。甲子❷，至朝邑，舍於長春宮❸，關中士民歸之者如市。丙寅❹，淵遣世子建成、司馬劉文靜帥王長諧等諸軍數萬人屯永豐倉，守潼關以備東方兵，慰撫使竇軌❺等受其節度。敦煌公世民帥劉弘基等諸軍數萬人徇渭北❻，慰撫使殷開山等受其節度。軌，琮之兄也。

冠氏長于志寧❼、安養尉顏師古❽及世民婦兄長孫無忌❾謁見淵於長春宮。師古名籀，以字行。志寧，宣敏之兄子。師古，之推之孫也。皆以文學知名，無忌仍有才略。淵皆禮而用之，以志寧為記室，師古為朝散大夫，無忌為渭北行軍典籤❿。

屈突通聞淵西入，署鷹揚郎將湯陰堯君素⓫領河東通守，使守蒲坂⓬，自引兵數萬趣長安，為劉文靜所遏。將軍劉綱戍潼關，屯都尉⓭南城⓮，通欲往依之，王長諧先引兵襲斬綱，據城以拒通，通退保北城。淵遣其將呂紹宗等攻河東，不能克。

柴紹之自長安赴太原也，謂其妻李氏⓯曰：「尊公舉兵，今偕行則不可，留此則及禍，柰何？」李氏曰：「君弟⓰速行，我一婦人，易以潛匿⓱，當自為計。」紹遂行。李氏歸鄠縣別墅⓲，散家貲，聚徒眾。淵從弟神通⓳在長安，亡入鄠縣山中，與長安大俠⓴史萬寶等起兵以應淵。西域商胡何潘仁入司竹園㉑為盜，有眾數萬，劫前尚書右丞李綱㉒為長史，李氏使其奴馬三寶㉓說潘仁與之就神通，合勢攻鄠縣，下之。神通眾逾一萬，自稱關中道行軍總管，以前樂城㉔長令狐德棻㉕為記室。德棻，熙之子也。李氏又使馬三寶說羣盜李仲文、向善志、丘師利等，皆帥眾從之。仲文，密之從父。師利，和之子也。西京留守屢遣兵討潘仁等，皆為所敗。李氏徇盩厔、武功、始平㉖，皆下之，眾至七萬。左親衛段綸，文振之子也，娶淵女，亦聚徒於藍田㉗，得萬餘人。及淵濟河，神通、李氏、綸各遣使迎淵。淵以神通為光祿大夫㉘，子道彥㉙為朝請大夫，綸為金紫光祿大夫，使柴紹將數百騎並㉚南山迎李氏。何潘仁、李仲文、向善志及關中羣盜，皆請降於淵，淵一一以書慰勞授官，使各居其所，受敦煌公世民節度。

刑部尚書領京兆內史㉛衛文昇年老，聞淵兵向長安，憂懼成疾，不復預事，獨左翊衛將軍陰世師㉜、京兆郡丞骨儀㉝奉代王侑乘城拒守。己巳㉞，淵如蒲津。庚午㉟，自臨晉㊱濟渭，至永豐倉[1]勞軍，開倉賑飢民。辛未㊲，還長春宮。壬申㊳，進屯馮翊㊴。世民所至，吏民及羣盜歸之如流，世民收其豪俊以備僚屬，營于涇陽㊵，勝兵九萬。李氏將精兵萬餘會世民於渭北，與柴紹各置幕府，號「娘子軍㊶」。

先是，平涼㊷奴賊數萬圍扶風太守竇璡㊸，數月不下，賊中食盡。丘師利遣其弟行恭㊹帥五百人負米麥持牛酒詣奴賊營，奴帥長揖，行恭手斬之，謂其眾曰：

「汝輩皆良人，何故事奴為主，使天下謂之奴賊？」眾皆俯伏曰：「願改事公。」行恭即帥其眾與師利共謁世民於渭北，世民以為光祿大夫。琟，琮之從子也。隰城(45)尉房玄齡(46)謁世民於軍門，世民一見如舊識，署記室參軍，引為謀主。玄齡亦自以為遇知己，罄竭(47)心力，知無不為。

淵命劉弘基、殷開山分兵西略扶風，有眾六萬，南度渭水，屯長安故城(48)。城中出戰，弘基逆擊，破之。世民引兵趣司竹(49)，李仲文、何潘仁、向善志皆帥眾從之，頓于阿城(50)，勝兵十三萬，軍令嚴整，秋毫不犯。乙亥(51)，世民自盩厔遣使白淵，請期日(52)赴長安。淵曰：「屈突(53)東行不能復西，不足虞矣！」乃命建成選倉上精兵自新豐(54)趣長樂宮(55)，世民帥新附諸軍北屯長安故城，至並聽教(56)。延安、上郡、雕陰(57)皆請降於淵。丙子(58)，淵引軍西行，所過離宮園苑皆罷之，出宮女還其親屬。冬，十月辛巳(59)，淵至長安，營(60)於春明門(61)之西北，諸軍皆集，合二十餘萬。淵命各依壁壘，毋得入村落侵暴。屢遣使至城下諭衛文昇等以欲尊隋之意，不報。辛卯(62)，命諸軍進圍城。甲午(63)，淵遷館於安興坊(64)。

【章旨】以上為第九段，寫李淵成功地阻隔屈突通，用重兵圍長安。

【注釋】❶庚申　九月十二日。❷甲子　九月十六日。❸長春宮　離宮名，故址在今陝西大荔東朝邑鎮。❹丙寅　九月十八日。❺竇軌　（？—西元六三〇年）字士則，扶風平陵（今陝西咸陽西北）人，歷仕隋、唐，官至右衛大將軍。傳附《舊唐書・竇威傳》、《新唐書・竇威傳》。❻渭北　泛指渭水以北地區。❼于志寧　（西元五八八—六六五年）雍州高陵（今陝西高陵）人，歷仕隋、唐，官至尚書左僕射、同中書門下三品，監修國史，封燕國公。有文集二十卷。傳見《舊唐書》卷七十八、《新唐書》卷一百四。❽顏師古　（西元五八一—六四五年）名籀，字師古，雍州萬年（今陝西西安）人，歷仕隋、唐，官至祕書監、弘文館學士。曾為《漢書》作注，有文集六十卷。傳見《舊唐書》卷七十三、《新唐書》卷一百九十八。❾長孫無忌　（？—西元六五九年）字輔機，河南洛陽（今河南洛陽）人，唐太宗長孫皇后之兄。官至尚書右僕射、太尉，封齊國公，唐初功臣。傳見《舊唐書》卷六十五、《新唐書》卷一百五。❿典籤　官名，自親王府至州郡皆有此官，職責是掌管文書。⓫堯君素　（？—西元六一八年）魏郡湯陰（今河南湯陰東）人，仕隋，歷官鷹揚郎將，領河東通守。傳見《隋書》卷七十一、《北史》卷八十五。⓬蒲坂　古地名，河東郡治所，故址在今山西永濟西南。⓭都尉　官名，潼關有守兵，故隋設都尉以鎮守。⓮南城　與下文中的「北城」當是扼守潼關的南、北二城。⓯李氏　指唐高祖女平陽公主（？—西元六二三年）。平陽公主曾聚眾配合李淵起兵，所部號「娘子軍」。傳見《新唐書》卷八十三。⓰弟　同「第」。只管；儘管。⓱潛匿　躲藏。⓲別墅　於本宅外另建的園林遊息處所。也稱別業、別館。⓳神通　（？—西元六三〇年）唐高祖從父弟，仕唐，官至開府儀同三司，封淮安王。傳見《舊唐書》卷六十、《新唐書》卷七十八。⓴大俠　有名的見義勇為的俠客。㉑司竹園　地名，故址在今陝西周至境。㉒李綱　（西元五四七—六三一年）字文紀，觀州蓨縣（今河北景縣）人，歷仕隋、唐，官至太子少師。傳見《舊唐書》卷六十二、《新唐書》卷九十九。㉓馬三寶　平陽公主家奴。事附《舊唐書・柴紹傳》、《新唐書・裴寂傳》。㉔樂城　縣名，縣治在今廣東德慶東。㉕令狐德棻　（西元五八三—六六六年）宜州華原（今陝西耀州）人，歷仕隋、唐，官至太常卿、金紫光祿大夫。曾修撰《晉書》、《五代史志》和《周書》等史書。傳見《舊唐書》卷七十三、《新唐書》卷一百二。㉖盩厔武功始平　皆縣名，盩厔縣治在今陝西周至，武功縣治在今陝西武功西，始平縣治在今陝西興平東南。㉗藍田　縣名，縣治在今陝西藍田。㉘光祿大夫　官名，隋代文散官，無職事。㉙道彥　李神通之子，仕唐，官至涼州都督，封膠東公。傳附《舊唐書・李神通傳》、《新唐書・李神通傳》。㉚並　通「傍」。沿著。㉛京兆內史　官名，隋煬帝改京兆、河南尹為內史，掌治都城。㉜陰世師　（西元五六五—六一七年）武威（今甘肅武威）人。仕隋，官至左翊衛將軍。傳附《隋書・陰壽傳》、《北史・陰壽傳》。㉝骨儀　（？—西元六一七年）京兆長安（今陝西西安）人，仕隋，官至京兆郡丞。傳附《隋書・陰壽傳》、

《北史・陰壽傳》。㉞己巳　九月二十一日。㉟庚午　九月二十二日。㊱臨晉　即朝邑縣，古稱臨晉。㊲辛未　九月二十三日。㊳壬申　九月二十四日。㊴馮翊　縣名，馮翊郡治所，縣治在今陝西大荔。㊵涇陽　縣名，縣治在今陝西涇陽。㊶娘子軍　因平陽公主李氏置幕府，故稱娘子軍。㊷平涼　郡名，治所平高縣，在今寧夏固原。㊸竇璡　（？—西元六三三年）字之推，歷仕隋、唐，官至祕書監，封鄧國公。傳附《舊唐書・竇威傳》、《新唐書・竇威傳》。㊹行恭　（西元五八六—六六五年）丘和之子，仕唐，官至右武候大將軍。傳附《舊唐書・丘和傳》、《新唐書・丘和傳》。㊺隰城　縣名，縣治在今山西汾陽。㊻房玄齡　（西元五七九—六四八年）字喬，齊州臨淄（今山東淄博東臨淄鎮）人，歷仕隋、唐，官至尚書左僕射。監修國史，主撰《晉書》。封梁國公，為貞觀名相。傳見《舊唐書》卷六十六、《新唐書》卷九十六。㊼罄竭　竭盡；不遺餘力。罄，空；盡。㊽長安故城　城名，故址在今陝西西安西北。㊾司竹　即司竹園，故址在今陝西周至東。㊿阿城　即秦阿房宮城，故址在今陝西西安西南。51乙亥　九月二十七日。52期日　約定日期。53屈突　即隋將屈突通。時欲西救長安，為劉文靜所阻。54新豐　縣名，縣治在今陝西臨潼東北。55長樂宮　故漢宮名，故址在今陝西長安西北。56至並聽教　並至所預定之地聽從教令。教，太子與王的命令稱教。57雕陰　郡名，治所上縣，在今陝西綏德。58丙子　九月二十八日。59辛巳　十月初四日。60營　安營；駐紮。61春明門　城門名，長安東面三門之中門。62辛卯　十月十四日。63甲午　十月十七日。64安興坊　坊名，胡三省注說在安興門外。唐長安城東面三門之南門延興門，隋時為安興門。

【校　記】①倉　原無此字。據章鈺校，十二行本、乙十一行本、孔天胤本皆有此字，張瑛《通鑑校勘記》同，今據補。按，《通鑑紀事本末》卷二六有此字。

【語　譯】九月十二日庚申，李淵率領各路軍隊渡過黃河。十六日甲子，到達朝邑，住在長春宮，前來歸附的關中士人、百姓像趕集一樣多。十八日丙寅，李淵派遣世子李建成、司馬劉文靜率領王長諧等各路軍隊幾萬人屯駐永豐倉，據守潼關以防備東邊的軍隊，慰撫使竇軌等人受李建成的指揮。敦煌公李世民率領劉弘基等各路軍隊幾萬人進攻渭北，慰撫使殷開山等人受李世民的指揮。竇軌，是竇琮的哥哥。

冠氏縣長于志寧、安養縣尉顏師古，以及李世民的妻兄長孫無忌在長春宮謁見李淵。顏師古名籀，以字行世。于志寧，是于宣敏哥哥的兒子。顏師古，是顏之推的孫子。都以文學聞名，長孫無忌也有才幹謀略。

李淵都以禮相待，任用他們，任命于志寧為記室，顏師古為朝散大夫，長孫無忌為渭北行軍典籤。

屈突通聽說李淵西入關中，就署用鷹揚郎將堯君素兼領河東通守，讓他守衛蒲坂，自己領兵數萬人奔赴長安，被劉文靜攔阻。隋朝將軍劉綱戍守潼關，屯駐在都尉南城，屈突通想去依附他，王長諧先領兵襲殺了劉綱，佔據城池抵禦屈突通，屈突通退守北城。李淵派他的部將呂紹宗等攻打河東，沒能攻下。

柴紹從長安趕往太原的時候，對他的妻子李氏說：「你父親起兵，如今你不能和我一起走，你留在這裡就要遭受災禍，怎麼辦呢？」李氏說：「你只管快走，我是一個婦人，容易潛藏，我自己想辦法。」柴紹於是走了。李氏回到鄠縣的別墅，拿出家產，聚集部眾。李淵的堂弟李神通住在長安，逃入鄠縣山中，與長安大俠史萬寶等人起兵響應李淵。西域的胡商何潘仁進入司竹園做盜賊，有部眾幾萬人，劫持前尚書右丞李綱為長史，李氏派家奴馬三寶勸說何潘仁，和她一起投奔李神通，合兵攻打鄠縣，攻了下來。李神通部眾超過一萬人，他自稱關中道行軍總管，任命前樂城長令狐德棻為記室。令狐德棻是令狐熙的兒子。李氏又派馬三寶勸說群盜李仲文、向善志、丘師利等人，他們都率眾相隨。李仲文，是李密的堂叔。丘師利，是丘和的兒子。西京留守多次派兵討伐何潘仁等，都被何潘仁等打敗。李氏攻打盩厔、武功、始平，全部攻克，部眾達到七萬人。左親衛段綸是段文振的兒子，娶了李淵的女兒，也在藍田聚眾起兵，得到一萬餘人。等到李淵渡過黃河，李神通、李氏、段綸各自派遣使者迎接李淵。李淵任命李神通為光祿大夫，李神通的兒子李道彥為朝請大夫，段綸為金紫光祿大夫，派柴紹率領幾百名騎兵順著南山迎接李氏。何潘仁、李仲文、向善志，以及關中的群盜，全都請求歸降李淵，李淵一一去信慰勞，授予官職，讓他們各居其地，接受敦煌公李世民的指揮。

刑部尚書兼領京兆內史衛文昇年老，聽說李淵兵向長安，憂懼成疾，不能參與政事，只有左翊衛將軍陰世師、京兆郡丞骨儀輔佐代王楊侑登城抵抗防守。九月二十一日己巳，李淵前往蒲津。二十二日庚午，李淵從臨晉渡過渭河，到永豐倉慰勞守軍，開倉救濟飢民。二十三日辛未，李淵回到長春宮。二十四日壬申，李淵進軍屯駐馮翊。李世民所到之處，官吏平民以及群盜像流水一樣歸附他，李世民從中挑選出豪傑之士用來補充僚屬，在涇陽紮營，能作戰的士兵有九萬人。李氏率領精兵一萬多人在渭北與李世民會師。李氏與柴紹各自設置幕府，李氏的部眾號稱「娘子軍」。

此前，平涼郡幾萬奴僕賊軍包圍了扶風太守竇璡，幾個月沒有攻下來，賊軍糧盡。丘師利派他的弟弟丘行恭率領五百人背著米麥拿著牛酒到奴賊的軍營，奴帥向丘行恭長揖下拜，丘行恭趁機親手殺了奴帥，對大家說：「你們都是良民，為什麼要把奴僕當主人對待，讓天下的人稱你們叫奴賊呢？」大家都伏在地上說：「願意改事您。」丘行恭當即率領這些人與丘師利一起到渭北謁見李世民，李世民任命丘行恭為光祿大夫。竇璡是竇琮的姪子。隰城縣尉房玄齡到軍門謁見李世民，李世民一見就像是老朋友，便署用房玄齡為記室參軍，請他作謀主，房玄齡也自認為遇見了知己，竭盡心力，凡是知道的就努力去做。

李淵命令劉弘基、殷開山分兵向西進攻扶風，擁有部眾六萬人，向南渡過渭水，屯駐在長安故城。長安故城中的隋軍出戰，劉弘基迎擊，打敗了隋軍。李世民率兵奔赴司竹，李仲文、何潘仁、向善志都率眾跟隨他，屯駐在阿城，有能作戰士兵十三萬人，軍紀嚴整，秋毫不犯。九月二十七日乙亥，李世民從盩厔派使者向李淵報告，請求約定日期進軍長安，李淵說：「屈突通向東行軍，無法再向西，已不必憂慮了！」於是命令李建成挑選在永豐倉的精兵，從新豐趕赴長樂宮；李世民率領新歸附的各軍北進駐紮在長安故城，到達預定的地點聽候命令。延安、上郡、雕陰等郡都向李淵請求投降。二十八日丙子，李淵率軍西進，所經過的隋煬帝離宮園苑都予以罷廢，放出宮女交還她們的親屬。冬，十月初四日辛巳，李淵到達長安，在春明門西北紮營，各路軍隊全部會合，共二十餘萬人。李淵命令部隊各自留在營壘，不得進村落侵擾百姓。李淵多次派使者到城下對衛文昇等人說明自己尊奉隋室的心意，沒有答覆。十四日辛卯，李淵命令各軍進兵圍城。十七日甲午，李淵把中軍指揮部遷到安興坊。

巴陵❶校尉❷鄱陽董景珍、雷世猛、旅帥❸鄭文秀、許玄徹、萬瓚、徐德基、

郭華、沔陽張繡等謀據郡叛隋，推景珍為主。景珍曰：「吾素寒賤，不為眾所服。
羅川❹令蕭銑❺，梁室❻之後，寬仁大度，請奉之以從眾望。」乃遣使報銑。銑喜
從之，聲言討賊，召募得數千人。銑，巖之孫也。

會潁川❼賊帥沈柳生寇羅川，銑與戰不利，因謂其眾曰：「今天下皆叛，隋
政不行❽，巴陵豪傑起兵，欲奉❾吾為主。若從其請以號令江南，可以中興梁祚❿，
以此召柳生，亦當從我矣。」眾皆悅，聽命，乃自稱梁公，改隋服色旗幟皆如梁
舊。柳生即帥眾歸之，以柳生為車騎大將軍。起兵五日，遠近歸附者至數萬人，
遂帥眾向巴陵。景珍遣徐德基帥郡中豪傑數百人出迎，未及見銑，柳生與其黨謀
曰：「我先奉梁公，勳居第一。今巴陵諸將，皆位高兵多，我若入城，反出其下。
不如殺德基，質⓫其首領，獨挾梁公進取郡城，則無出我右⓬者矣。」遂殺德基。
入白銑，銑大驚曰：「今欲撥亂反正⓭，忽自相殺，吾不能為若⓮主矣。」因步
出軍門。柳生大懼，伏地請罪，銑責而赦之，陳兵入城，景珍言於銑曰：「徐德
基建義⓯功臣，而柳生無故擅殺⓰之，此而不誅，何以為政？且柳生為盜日久，
今雖從義，凶悖不移⓱，共處一城，勢必為變。失今不取，後悔無及！」銑又從
之。景珍收柳生，斬之，其徒皆潰去。丙申⓲，銑築壇燔燎，自稱梁王，改元鳴

鳳。

王寅⑲，王世充夜度洛水，營於黑石⑳，明日，分兵守營，自將精兵陳於洛北。李密聞之，引兵度洛逆戰，密兵大敗，柴孝和溺死。密帥麾下精騎度洛南，餘眾東走月城㉑，世充追圍之。密自洛南策馬㉒直趣黑石，營中懼，連舉六烽，世充釋月城之圍，狼狽自救。密還與戰，大破之，斬首三千餘級。

【章旨】以上為第十段，寫後梁宗室蕭銑起兵於巴陵，自稱梁王，以及隋將王世充救援東都，與李密交戰情況。

【注釋】❶巴陵　郡名，治所巴陵縣，在今湖南岳陽。❷校尉　官名，由大都督所改，掌管軍事。❸旅帥　官名，由帥都督所改，掌管軍事。❹羅川　縣名，縣治在今湖南汨羅北。❺蕭銑　（西元五八四－六二一年）蘭陵（今山東棗莊東南嶧城鎮西）人。後梁宣帝曾孫，仕隋為羅川令，後叛，稱帝，為唐所滅。傳見《舊唐書》卷五十六、《新唐書》卷八十七。❻梁室　指後梁宗室後裔。❼潁川　郡名，治所潁陰縣，在今河南許昌。❽不行　指隋朝政令不能推行。❾奉　輔助；擁戴。❿梁祚　後梁國運。⓫質　抵押；作人質。⓬我右　在我之上。右，上。古者以右為尊。⓭撥亂反正　謂治理亂世，使之恢復正常安定。⓮若　你；你們。⓯建義　樹立義旗。⓰擅殺　任意、隨便殺人。擅，獨斷專行。⓱凶悖不移　兇惡違亂的本性不改。悖，違反；逆亂。移，改變。⓲丙申　十月十九日。⓳王寅　十月二十五日。⓴黑石　地名，故址在今河南鞏縣西南。㉑月城　指臨洛水修築的偃月城，為城外所築的半圓形小城，作為防禦掩護之用，與倉城相呼應。㉒策馬　以鞭擊馬。策，馬鞭，此處用為動詞。

【語譯】巴陵校尉鄱陽人董景珍、雷世猛、旅帥鄭文秀、許玄徹、萬瓚、徐德基、郭華、沔陽人張繡等人圖謀佔據巴陵郡反叛隋朝，推舉董景珍為盟主。董景珍說：「我一向貧賤，不被眾人所信服。羅川縣令蕭銑是梁王室的後代，他寬仁大度，請你們擁戴他為盟主以順從眾望。」於是派使者報告蕭銑。蕭銑高興地接受了，他聲稱討賊，招募到了幾千人。蕭銑，是蕭巖的孫子。

恰逢潁川賊兵首領沈柳生侵犯羅川，蕭銑交戰失利，便對自己的部眾說：「現在天下都反叛了，隋朝政令不能推行，巴陵的豪傑起兵，要推舉我為盟主。如果接受他們的請求來號令江南，就可以中興梁氏社稷，以此召納沈柳生，他也會跟隨我們。」大家都很高興，願意聽從命令。於是蕭銑自稱梁公，把隋朝的服色旗幟換成梁朝舊制。沈柳生隨即率眾歸附了蕭銑，蕭銑任命沈柳生為車騎大將軍。起兵五天，遠近前來歸附的達到幾萬人，於是蕭銑率眾向巴陵進軍。董景珍派徐德基率領巴陵郡的豪傑幾百人出城迎接，還沒來得及見到蕭銑，沈柳生就與他的同黨商議說：「我是首先擁戴梁公，功勳應列第一。現在巴陵眾將，都位高兵多，我如果進城，反而要位列他們之下。不如殺了徐德基，扣留他們的首領作人質，獨自挾持梁公進兵奪取巴陵郡城，那就沒有人在我之上了。」於是殺了徐德基，進入軍帳報告蕭銑，蕭銑大驚，說：「如今打算撥亂反正，突然自相殘殺，我不能做你們的盟主了。」於是走出軍門。沈柳生非常恐懼，伏地請罪，蕭銑責備後赦免了他，列隊入城。董景珍對蕭銑說：「徐德基是起義的功臣，而沈柳生無故獨斷專行殺害了他，這樣的人如果不殺，怎能當政？況且沈柳生長時間為盜，如今雖然歸附義軍，兇殘悖逆的本性很難改變，共在一個城中，勢必叛變。失掉今天抓他的機會，後悔就來不及了！」蕭銑又聽從了。董景珍抓捕了沈柳生，把他殺了，沈柳生的部眾潰散離去。十月十九日丙申，蕭銑築壇焚燒柴火祭祀上天，自稱梁王，改年號為鳴鳳。

十月二十五日壬寅，王世充夜裡渡過洛水，在黑石紮營。第二天，王世充分兵守營，自己率領精兵在洛水北岸布陣。李密得知消息，領兵渡過洛水迎戰，李密的軍隊大敗，柴孝和淹死。李密率領手下精銳騎兵渡過洛水到南岸，其餘部眾向東逃入月城，王世充追趕，包圍了月城。李密從洛水南岸策馬直奔黑石，營中隋軍恐懼，接連高舉六次烽火，王世充解除了對月城的包圍，狼狽回軍自救。李密掉頭和他交戰，大敗王世充，斬首三千多級。

甲辰❶，李淵命諸軍攻城，約「毋得犯七廟及代王、宗室，違者夷三族！」孫華中流矢卒。十一月丙辰❷，軍頭雷永吉先登，遂克長安。代王在東宮，左右奔散，唯侍讀❸姚思廉❹侍側。軍士將登殿，思廉厲聲訶❺之曰：「唐公舉義兵，匡帝室，卿等毋得無禮！」眾皆愕然❻，布立❼庭下。淵迎王於東宮，遷居大興殿後❽，聽思廉扶王至順陽閤下，泣拜而去。思廉，察之子也。淵還，舍於長樂宮，與民約法十二條，悉除隋苛禁❾。

淵之起兵也，留守官發其墳墓，毀其五廟❿。至是，衛文昇已卒，戊午⓫，執陰世師、骨儀等，數以貪婪苛酷，且拒義師，俱斬之，死者十餘人，餘無所問。

馬邑郡丞三原李靖⓬，素與淵有隙，淵入城，收靖[1]，將斬之。靖大呼曰：「公興義兵，欲平暴亂，乃以私怨殺壯士乎？」世民為之固請，乃捨之。世民因召置幕府⓭。靖少負志氣，有文武才略，其舅韓擒虎每撫之曰：「可與言將帥之略者，獨此子耳！」

【章　旨】以上為第十一段，寫李淵破長安，護代王，釋李靖。

【注　釋】❶甲辰　十月二十七日。❷丙辰　十一月九日。❸侍讀　官名，掌給帝王講學。❹姚思廉　（？—西元六三七年）字簡之，雍州萬年（今陝西西安）人，歷仕隋、唐，官至散騎常侍。曾受詔與魏徵修史，撰成《梁書》五十卷、《陳書》三十卷。傳見《舊唐書》卷七十三、《新唐書》卷一百二。❺訶　同「呵」。怒斥；大聲喝斥。❻愕然　驚訝的樣子。❼布立　排列而立。布，陳列。❽大興殿後　大興殿是隋宮正殿，因代王未即皇位，故居於殿後。❾苛禁　苛刻的禁令。❿五廟　隋制，諸公立五廟，即二昭二穆和太祖廟。李淵襲爵為唐公，故得以立五廟。⓫戊午　十一月十一日。⓬李靖　（西元五七一—六四九年）本名藥師，雍州三原（今陝西三原東北）人，歷仕隋、唐，官至兵部尚書、尚書右僕射，封衛國公。撰有《李衛公兵法》一書，為兵家名著。傳見《舊唐書》卷六十七、《新唐書》卷九十三。⓭幕府　將帥在外的營帳。軍旅無固定的住所，以帳幕為府署，故稱幕府。

【校　記】1收靖　原無此二字。據章鈺校，十二行本、乙十一行本、孔天胤本皆有此二字，張瑛《通鑑校勘記》同，今據補。按，《通鑑紀事本末》卷二六有此二字。

【語　譯】十月二十七日甲辰，李淵命令各軍攻打長安城，約定「不得侵犯隋皇室七廟，以及代王、宗室，違犯的人夷滅三族！」孫華被流矢射中死了。十一月初九日丙辰，軍頭雷永吉首先登上城牆，於是攻克了長安。代王在東宮，身邊的人都逃散了，只有侍讀姚思廉陪伴在身旁。軍士將要登上殿堂，姚思廉大聲怒斥說：「唐公興起義兵，匡正帝室，你們不得無禮！」大家都非常驚訝，站列在殿庭下。李淵到東宮迎接代王，遷居到大興殿後宮，聽任姚思廉扶著代王楊侑到順陽閣下，流淚叩拜後離去。姚思廉，是姚察的兒子。李淵返回，住在長樂宮，與百姓約法十二條，全部廢除了隋朝的苛刻法令。

李淵起兵時，長安的留守官挖了李淵的祖墳，毀掉了李氏的五廟。到這時，衛文昇已死。十一月十一日戊午，李淵抓獲了陰世師、骨儀等人，斥責他們貪婪苛酷，並且抗拒義師，全都斬首，死了十幾個人，其他的人沒有追究。

馬邑郡丞三原人李靖，一向與李淵有矛盾，李淵入城，抓拿了李靖要殺掉他。李靖大叫著說：「您興起義兵，想平息暴亂，就因私怨而殺壯士嗎？」李世民堅持替李靖求情，李淵才放了他。李世民便把李靖安置在自己的幕府。李靖小時就很有志氣，有文武才略，他的舅舅韓擒虎常常撫摸著他說：「可以和他談論將帥謀略的人，只有這個孩子而已！」

王世充自洛北之敗，堅壁❶不出。越王侗遣使勞之❷，世充慚懼，請戰於密。丙辰❸，世充與密夾石子河❹而陳，密布陳南北十餘里。翟讓先與世充戰，不利而退，世充逐之，王伯當、裴仁基從旁橫斷其後❺，密勒中軍擊之，世充大敗，西走。

翟讓司馬王儒信勸讓自為大冢宰❻，總統[1]眾務，以奪密權，讓不從。讓兄柱國滎陽公弘，粗愚❼人也，謂讓曰：「天子汝當自為，柰何與人？汝不為者，我當為之！」讓但❽大笑，不以為意，密聞而惡之。總管崔世樞自鄢陵❾初附於密，讓囚之私府，責其貨，世樞營求❿未辦，遽欲加刑。讓召元帥府記室邢義期博，逡巡⓫未就，杖之八十。讓謂左長史房彥藻曰：「君前破汝南，大得寶貨，獨與魏公，全不與我。魏公我之所立，事未可知。」彥藻懼，以狀告密，因與左司馬鄭頲共說密曰：「讓貪愎⓬不仁，有無君之心，宜早圖之。」密曰：「今安危未定，遽相誅殺，何以示遠？」頲曰：「毒蛇螫⓭手，壯夫[2]解腕⓮，所全者大故也。彼先得志，悔無所及。」密乃從之，置酒召讓。戊午⓯，讓與兄弘及兄子司徒府長史摩侯同詣密，密與讓、弘、裴仁基、郝孝德共坐，單雄信等皆立侍⓰，房彥藻、鄭頲往來檢校⓱。密曰：「今日與達官飲，不須多人，左右止留數人[3]

給使⑱而已。」密左右皆引去，讓左右猶在。彥藻白密曰：「今方為樂，天時甚寒，司徒左右，請給酒食。」密曰：「聽司徒進止⑲。」讓應[4]曰：「甚佳。」乃引⑳讓左右盡出，獨密下壯士蔡建德持刀立侍。食未進，密出良弓，與讓習射，讓方引滿，建德自後斫之，踣㉑於牀前，聲若牛吼，并弘、摩侯、儒信皆殺之。徐世勣走出，門者斫之傷頸，王伯當遙訶止之。單雄信叩頭請命，密釋之。左右驚擾，莫知所為，密大言曰：「與君等同起義兵，本除暴亂。司徒專行貪[5]虐，陵辱羣僚，無復上下㉒。今所誅止其一家，諸君無預也。」命扶徐世勣置幕下，親為傅瘡㉓。讓麾下欲散，密使單雄信前往宣慰㉔，密尋獨騎㉕入其營，歷㉖加撫諭㉗，令世勣、雄信、伯當分領其眾，中外㉘遂定。讓殘忍，摩侯猜忌，儒信貪縱，故死之日，所部無哀之者。然密之將佐始有自疑之心矣。始，王世充知讓與密必不久睦㉙，冀其相圖㉚，得從而乘之。及聞讓死，大失望，歎曰：「李密天資明決㉛，為龍為蛇，固不可測也！」

【章旨】以上為第十二段，寫瓦崗軍內鬨，李密火併翟讓，削弱凝聚力和戰鬥力。

【注釋】❶堅壁　堅守壁壘，不與敵方決戰。壁，營壘；壁壘。❷勞之　即慰勞王世充。❸丙辰　十一月九日。按，前文已有丙辰、戊午，作者分別敘西京、東都事，使時間不相亂，故重出。❹石子河　水名，即今河南鞏縣東石河。為洛河支流。

❺橫斷其後　衝斷王世充軍的後隊。❻大冢宰　官名，在《周禮》為輔導天子之官。鄭玄曾注釋說：總領百官稱為冢，列職於王則稱為大。後世因以大冢宰為宰相之稱。❼粗愚　粗魯而蠢笨。❽但　只；僅僅。❾鄢陵　縣名，縣治在今河南鄢陵。❿營求　設法求取。營，謀劃。⓫逡巡　遲疑徘徊，欲行又止。⓬貪愎　貪婪而剛愎自用。⓭螫　毒蟲刺人。⓮壯夫解腕　毒蛇咬手，勇士砍斷自己的手腕，以防危及全身。比喻做事到要害關頭，須下定決心，當機立斷。⓯戊午　十一月十一日。因分別敘述東都與西京事，使不相亂，故重複出現。⓰立侍　站立侍衛。⓱檢校　查核。⓲給使　供差遣使喚。⓳進止　進退；去留。⓴引　帶領。㉑踣　僵仆；仆倒。㉒上下　指尊卑、貴賤等界限。㉓傅瘡　在創傷上敷藥。傅，同「敷」。㉔宣慰　安撫。㉕獨騎　即獨自一人騎馬，不帶隨從侍衛。㉖歷　依次；一一。㉗撫諭　安撫勸說。㉘中外　內外。指翟讓營內外。中，內。㉙久睦　長期和睦相處。㉚相圖　相互圖謀殺害。㉛明決　英明果斷。

【校　記】①統　原作「領」。據章鈺校，十二行本、乙十一行本、孔天胤本皆作「統」，今據改。按，《通鑑紀事本末》卷二七作「統」。②夫　原作「士」。據章鈺校，十二行本、乙十一行本、孔天胤本皆作「夫」，張敦仁《通鑑刊本識誤》同，今據改。按，《通鑑紀事本末》卷二七作「夫」。③數人　原無此二字。據章鈺校，十二行本、乙十一行本、孔天胤本皆有此二字，張敦仁《通鑑刊本識誤》同，今據補。按，《通鑑紀事本末》卷二七有此二字。④應　原無此字。據章鈺校，十二行本、乙十一行本、孔天胤本皆有此字，張敦仁《通鑑刊本識誤》同，今據補。按，《通鑑紀事本末》卷二七有此字。⑤貪　原作「暴」。據章鈺校，十二行本、乙十一行本、孔天胤本皆作「貪」，今據改。按，《通鑑紀事本末》卷二七、《通鑑綱目》卷三七下皆作「貪」。

【語　譯】王世充自從洛水北岸戰敗後，堅守營壘不出戰。越王楊侗派使者慰勞他，王世充既慚愧又憂懼，就向李密挑戰。十一月初九日丙辰，王世充與李密夾石子河布陣，李密布陣南北長十多里。翟讓先與王世充交戰，不利而後退，王世充追擊翟讓，王伯當、裴仁基從側面橫擊切斷王世充的後隊，李密指揮中軍攻擊，王世充大敗，向西逃走。

翟讓的司馬王儒信勸說翟讓自任大冢宰，總管眾務，剝奪李密的權力，翟讓沒有聽從。翟讓的哥哥柱國滎陽公翟弘，是個粗魯愚笨的人，他對翟讓說：「天子你應該自己來當，為什麼讓給別人？你不做天子，我就來做！」翟讓只是哈哈大笑，並不在意，但李密聽說後，很厭惡這件事。總管崔世樞剛從鄢陵歸附李密時，翟讓把他囚禁在自己私宅，向他索取錢財，崔世樞設法籌措沒有湊足，翟讓立即想給崔世樞加刑。翟讓召元帥府記室邢義期來賭博，邢義期遲疑徘徊沒有來，翟讓杖擊邢義期八十棍。翟讓對左長史房彥藻說：「你從前攻破汝南，得到大量金銀財寶，只送給了魏公，一點也不給我。魏公是我擁立的，事情的結果還不知道。」房彥藻害怕，把情況報告了李密，便與左司馬鄭頲一起勸李密說：「翟讓貪婪剛愎，不講仁義，心目中沒有君王，應該盡早除掉他。」李密說：「現在我們的安危還未確定，突然互相殘殺，怎能昭示遠人歸附？」鄭頲說：「毒蛇咬手，壯士砍斷手腕，是為了保全性命。如果他們先得手，您後悔就來不及了。」李密於是聽從了，便擺設酒席叫來翟讓。十一月十一日戊午，翟讓和他哥哥翟弘及姪子司徒府長史翟摩侯一起前往李密那裡。李密和翟讓、翟弘、裴仁基、郝孝德坐在一起，單雄信等人站著侍衛，房彥藻、鄭頲來往檢查。李密說：「今天和各位高官飲酒，不需要很多人，身邊只留幾個供差遣的就可以了。」李密身邊的人全都退出，翟讓身邊的人還在。房彥藻對李密說：「今天正好飲宴作樂，天氣很冷，司徒左右的侍衛，請賞給酒食。」李密說：「聽司徒的安排。」翟讓回答說：「很好。」於是房彥藻就把翟讓左右侍衛全部帶出去了，只有李密手下壯士蔡建德持刀站立侍衛。酒菜還沒端上來，李密拿出一把良弓，交給翟讓試射。翟讓剛拉滿了弓，蔡建德從背後砍殺翟讓，翟讓倒在了坐床前面，叫聲如同牛吼，蔡建德把翟弘、翟摩侯、王儒信全都殺了。徐世勣逃出，看門人砍傷了他的頸子，王伯當在遠處呵斥制止，單雄信磕頭請求饒命，李密放了他。身邊的人驚慌擾亂，不知道怎麼辦，李密高聲地說：「我和各位一同興起義兵，原本是平息暴亂。翟司徒專行貪婪暴虐，陵辱僚屬，不再有尊卑上下。今天只誅殺翟讓一家，與各位沒有關係。」李密命人把徐世勣安置在幕帳下，親自為他傷口敷藥。翟讓的部屬打算逃散，李密讓單雄信前去宣慰安撫。不一會，李密單人獨騎進到翟讓軍營，一一加以安撫勸說，命令徐世勣、單雄信、王伯當分別率領翟讓的部眾，於是內外安定下來。翟讓為人殘忍，翟摩侯猜疑妒嫉，王儒信貪婪放縱，因此死的那一天，所屬部眾沒有一個人為他們哀傷。但是，李密的部將從此有了懼疑之心。最初，王世充知道翟讓與李密一定不會長期和睦，希望他們互相殘殺，自己可以乘機利用，等到他聽說翟讓死，大失所望，歎息說：「李密天資英明果斷，是龍是蛇，實在不能預測！」

壬戌❶，李淵備法駕迎代王即皇帝位於天興殿❷，時年十三，大赦改元❸，遙尊煬帝為太上皇。甲子❹，淵自長樂宮入長安。以淵為假黃鉞❺、使持節、大都督內外諸軍事、尚書令、大丞相，進封唐王。以武德殿為丞相府，改教❻稱令❼，日於虔化門❽視事。乙丑❾，榆林、靈武、平涼、安定❿諸郡皆遣使請命。丙寅⓫，詔軍國機務，事無大小，文武設官，位無貴賤，憲章⓬賞罰，咸歸相府。唯郊祀天地，四時⓭禘祫⓮奏聞。置丞相府官屬，以裴寂為長史，劉文靜為司馬。何潘仁使李綱入見，淵留之，以為丞相府司錄⓯，專掌選事。又以前考功郎中⓰竇威⓱為司錄參軍，使定禮儀。威，熾之子也。淵傾府庫以賜勳人⓲，國用不足，右光祿大夫劉世龍獻策，以為「今義師數萬，並在京師，樵蘇⓳貴而布帛賤，請伐六街⓴及苑中樹為樵，以易布帛，可得數十萬匹。」淵從之。己巳㉑，以李建成為唐世子㉒，李世民為京兆尹、秦公，李元吉為齊公。

【章　旨】以上為第十三段，寫李淵擁立隋恭帝掩人耳目，大權獨攬丞相府。

【注　釋】❶壬戌　十一月十五日。❷天興殿　胡三省注：「當作大興殿。」大興殿，隋宮正殿。《隋書・恭帝紀》作「上即皇帝位於大興殿」，據此，「天」應改作「大」。❸改元　即將大業十三年改為義寧元年。❹甲子　十一月十七日。❺假黃鉞　以黃金裝飾的鉞稱為黃鉞，天子所用。為尊崇李淵，也假以天子儀仗。假，借。鉞，大斧。❻教　文體名，朝廷大臣告眾之詞。❼令　文體名，皇后、太子、諸侯王發布的指示或文告。❽虔化門　在大興殿東。❾乙丑　十一月十八日。❿安定　郡名，治所安定縣，在今甘肅涇川縣北。⓫丙寅　十一月十九日。⓬憲章　典章制度。⓭四時　四季。⓮禘祫　古代祭祀名，四季祭祀宗廟，夏祭稱禘，又說三年一祭稱祫，五年一祭稱禘。⓯司錄　官名，總錄丞相府事。⓰考功郎中　官名，屬吏部，掌考第及孝秀貢士。⓱竇威　（？—西元六一八年）字文蔚，扶風平陵（今陝西咸陽西北）人，歷仕隋、唐，官至內史令。傳見《舊唐書》卷六十一、《新唐書》卷九十五。⓲勳人　有功之人。勳，大功勞。⓳樵蘇　柴草。樵，柴。蘇，草。⓴六街　長安城中左右有六條大街。㉑己巳　十一月二十二日。㉒世子　即帝王和諸侯的正妻所生的長子。

【語　譯】十一月十五日壬戌，李淵備辦法駕迎接代王楊侑在天興殿即皇帝位，當時楊侑十三歲。大赦天下，改換年號，遙尊隋煬帝為太上皇。十七日甲子，李淵從長樂宮進入長安。恭帝任命李淵假黃鉞、使持節、大都督內外諸軍事、尚書令、大丞相，進位封唐王。以武德殿為丞相府，改教稱令，每天在虔化門處理政事。十八日乙丑，榆林、靈武、平涼、安定等郡都派遣使者來請求聽命。十九日丙寅，恭帝下詔，軍國機要事務，無論大小，文武官員的設置，無論職位高低，法令制定，功罪賞罰，全部歸丞相府處理。只有在郊外祭祀天地以及四季祭祀宗廟奏報皇帝。李淵設置丞相府官屬，任命裴寂為長史，劉文靜為司馬。何潘仁派李綱入京晉見，李淵留下李綱，任命他為丞相府司錄，專門掌管選用官員事宜。又任命前考功郎中竇威為司錄參軍，讓他制定禮儀。竇威，是竇熾的兒子。李淵拿出府庫中所有的財物賞賜給有功的人，國家財用不夠，右光祿大夫劉世龍獻策，認為「現在義軍有幾萬人，都在京師，柴草昂貴而布帛便宜，請求砍伐長安城中六街以及皇家苑囿中的樹木為柴，用來換取布帛，可以得到幾十萬匹。」李淵聽從了這個建議。二十二日己巳，李淵冊封李建成為唐世子，李世民為京兆尹、秦公，李元吉為齊公。

河南諸郡盡附李密，唯滎陽太守郇王慶，梁郡太守楊汪尚為隋守。密以書招慶，為陳利害，且曰：「王之先[1]世，家[2]住山東，本姓郭氏，乃非楊族。芝焚蕙歎❶，事不同此。」初，慶祖父元孫早孤，隨母郭氏養於舅族。及武元帝❷從周文帝[3]起兵關中，元孫在鄴，恐為高氏❸所誅，冒姓郭氏，故密云然。慶得書惶恐，即以郡降密，復姓郭氏。

十二月癸未❹，追謚唐王淵大父襄公❺為景王，考❻仁公❼為元王，夫人竇氏❽為穆妃。

薛舉遣其子仁果寇扶風，唐弼據汧源❾拒之。舉遣使招弼，弼乃殺李弘芝，請降於舉，仁果乘其無備，襲破之，悉并其眾。弼以數百騎走詣扶風請降，扶風太守竇璡殺之。舉勢益張❿，眾號三十萬，謀取長安。聞丞相淵已定長安，遂圍扶風。淵使李世民將兵擊之。又使姜謩、竇軌俱出散關⓫，安撫隴右，左光祿大夫李孝恭⓬招慰山南，府戶曹⓭張道源⓮招慰山東。孝恭，淵之從父兄子也。

癸巳⓯，世民擊薛仁果於扶風，大破之，追奔至壠坻⓰而還。薛舉大懼，問其羣臣曰：「自古天子有降事乎？」黃門侍郎錢唐褚亮⓱曰：「趙佗歸漢⓲，劉禪仕晉⓳，近世蕭琮，至今猶貴。轉禍為福，自古有之。」衛尉卿郝瑗趨進曰：

「陛下失問。褚亮之言又何悖也！昔漢高祖屢經奔敗⑳，蜀先主㉑亟亡妻子，卒成大業。陛下柰何以一戰不利，遽為亡國之計乎？」舉亦悔之曰：「聊以此試君等耳。」乃厚賞瑗，引為謀主。

乙未㉒，平涼留守張隆，丁酉㉓，河池太守蕭瑀及扶風、漢陽郡㉔相繼來降。以竇璡為工部尚書、燕國公，蕭瑀為禮部尚書、宋國公。

姜謩、竇軌進至長道㉕，為薛舉所敗，引還。淵使通議大夫㉖醴泉劉世讓㉗安集唐弼餘黨，與舉相遇，戰敗，為舉所虜。

李孝恭擊破朱粲，諸將請盡殺其俘，孝恭曰：「不可，自是以往，誰復肯降矣？」皆釋之[4]。於是自金川㉘出巴㉙、蜀㉚，檄書所至，降附者三十餘州。

屈突通與劉文靜相持月餘，通復使桑顯和夜襲其營，文靜與左光祿大夫段志玄悉力苦戰，顯和敗走，盡俘其眾，通勢益蹙。或說通降，通泣曰：「吾歷事兩主㉛，恩顧㉜甚厚。食人之祿㉝而違其難，吾不為也！」每自摩㉞其頸曰：「要當為國家受一刀。」勞勉㉟將士，未嘗不流涕，人亦以此懷之。丞相淵遣其家僮㊱召之，通立斬之。及聞長安不守㊲，家屬悉為淵所虜，乃留顯和鎮潼關，引兵東出，將趣洛陽。通適去，顯和即以城降文靜。文靜遣竇琮等將輕騎與顯和追之，及於稠桑㊳。通結陳自固，竇琮遣通子壽㊴往諭之，通罵曰：「此賊何來？昔與汝為父子，今與汝為仇讎㊵！」命左右射之。顯和謂其眾曰：「今京城已陷，汝輩皆關中人，去欲何之？」眾皆釋仗㊶而降。通知不免，下馬東南向再拜號哭曰：「臣力屈至此，非敢負國，天地神祇㊷實知之！」軍人執通送長安，淵以為兵部尚書，賜爵蔣公，兼秦公元帥府長史。

淵遣通至河東城下招諭堯君素，君素見通，歔欷不自勝㊸，通亦泣下霑衿㊹，因謂君素曰：「吾軍已敗，義旗所指，莫不響應，事勢如此，卿當[5]早降。」君素曰：「公為國大臣，主上㊺委公以關中，代王付公以社稷，柰何負國生降㊻，乃更為人作說客㊼邪？公所乘馬，即代王所賜也，公何面目乘之哉？」通曰：「吁㊽，君素，我力屈而來。」君素曰：「方今力猶未屈，何用多言？」通慚而退。

東都米斗三千[6]，人餓死者什二三。

庚子㊾，王世充軍士有亡降李密者，密問：「世充軍中何所為？」軍士曰：「比見益募兵，再饗將士，不知其故。」密謂裴仁基曰：「吾幾落奴度中㊿，光祿(51)知之乎？吾久不出兵，世充芻糧將竭，求戰不得，故募兵饗士，欲乘月晦(52)

以襲倉城耳，宜速備之。」乃命平原公郝孝德、琅邪公王伯當、齊郡公孟讓勒兵分屯倉城之側以待之。其夕三鼓[53]，世充兵果至，伯當先遇之，與戰，不利。世充兵即陵城，總管魯儒拒卻之，伯當更收兵擊之，世充大敗，斬其驍將費青奴，士卒戰溺死者千餘人。世充屢與密戰，不勝，越王侗遣使勞之，世充訴以兵少，數戰疲弊，侗以兵七萬益之。

劉文靜等引兵東略地[54]，取弘農郡[55]，遂定新安[56]以西。

甲辰[57]，李淵遣雲陽令詹俊、武功縣正[58]李仲袞徇[59]巴、蜀，下之。

乙巳[60]，方與[61]賊帥張善安襲陷廬江郡[62]，因度江，歸林士弘[63]於豫章[64]。士弘疑之，營於南塘[65]上。善安恨之，襲破士弘，焚其郛郭[66]而去，士弘徙居南康[67]。蕭銑遣其將蘇胡兒襲豫章，克之，士弘退保餘干[68]。

【章　旨】以上為第十四段，寫河南、隴右、關中、巴蜀各地的戰鬥，主戰場仍是爭奪東都，李密與王世充對決，陷入膠著狀態。

【注　釋】❶芝焚蕙歎　比喻同類相感。芝、蕙，皆香草名。❷武元帝　指楊忠，隋高祖之父，高祖即位追諡為武元皇帝。❸高氏　指北齊皇帝高氏。❹癸未　十二月初七日。❺大父襄公　大父，祖父。襄公，即李虎，仕北魏，官至左僕射。追封唐國公，諡曰襄。❻考　亡父。❼仁公　即李昞。北周安州總管、柱國大將軍。諡曰仁。❽竇氏　竇毅之女。唐高宗上元元年（西元六七四年），改上尊號為太穆順聖皇后。傳見《舊唐書》卷五十一、《新唐書》卷七十六。❾汧源　縣名，縣治在今陝西隴縣。⑩勢益張　勢力更加強大。張，大；強大。⑪散關　關名，關中四關中的西關。故址在今陝西寶雞西南。⑫李孝恭　（西元五九一—六四〇年）襄武王李琛之子，仕唐，官至禮部尚書，封河間郡王。傳見《舊唐書》卷六十、《新唐書》卷七十八。⑬府戶曹　指丞相府戶曹參軍。⑭張道源　（？—西元六二四年）并州祁縣（今山西祁縣）人，仕唐，官至大理卿。傳見《舊唐書》卷一百八十七上、《新唐書》卷一百九十一。⑮癸巳　十二月十七日。⑯壠坻　地名，故址大約在今陝西隴縣西隴山一帶。⑰褚亮　字希明，杭州錢塘（今浙江杭州西）人，歷仕陳、隋、唐三代，官至通直散騎常侍、文學館學士。傳見《舊唐書》卷七十二、《新唐書》卷一百二。⑱趙佗歸漢　趙佗本為秦南海龍川令，秦滅，自立為南越武王，後歸漢，呂后當政時，叛漢自立為南越武帝，文帝時去帝號，向漢稱臣。⑲劉禪仕晉　劉禪為三國蜀後主，魏滅蜀，降魏，封安樂公。後仕晉。⑳奔敗　敗逃。㉑蜀先主　三國時劉備，於成都創建蜀國，稱帝。㉒乙未　十二月十九日。㉓丁酉　十二月二十一日。㉔漢陽郡　郡名，治所上祿縣，在今甘肅禮縣。㉕長道　縣名，縣治在今甘肅禮縣東北長道鎮。㉖通議大夫　官名，隋初置為文散官，無職事。㉗劉世讓　（？—西元六二三年）字元欽，雍州醴泉（今陝西禮泉北）人，歷仕隋、唐，官至廣州總管。傳見《舊唐書》卷六十九、《新唐書》卷九十四。㉘金川　縣名，縣治在今陝西安康。㉙巴　指巴州，治所化成縣，在今四川巴中。㉚蜀　指蜀郡，治所成都縣，在今四川成都。㉛兩主　指隋文帝與隋煬帝。㉜恩顧　指受皇帝的恩寵。㉝祿　俸祿。㉞摩　撫；撫摩。㉟勞勉　慰勞、鼓勵。勉，鼓勵。㊱家僮　對男女奴僕的通稱。㊲不守　失守。㊳稠桑　驛站名，故址在今河南靈寶北。㊴通子壽　即屈突通之子屈突壽。傳附《舊唐書・屈突通傳》、《新唐書・屈突通傳》。㊵仇讎　仇人。讎，仇敵。㊶釋仗　放下兵器。仗，兵仗。㊷神祇　天地之神。祇，地神。㊸不自勝　自己經受不起。勝，經得起；受得住。㊹霑衿　浸溼衣襟。霑，浸溼。衿，同「襟」。衣襟。㊺主上　指隋煬帝。㊻生降　活著投降敵人。㊼說客　遊說的人。㊽吁歎詞。㊾庚子　十二月二十四日。㊿幾落奴度中　幾乎陷入王世充的算計之中。幾，幾乎。奴，指王世充。度，忖度；揣度。㊿光祿　指裴仁基。仁基時任光祿大夫。㊿月晦　月色昏暗。晦，昏暗。㊿三鼓　三更。也稱丙夜，即夜半。古代把一夜分為一鼓、二鼓、三鼓、四鼓、五鼓；也稱一更、二更、三更、四更、五更。㊿略地　攻佔地盤。略，攻略；掠奪。㊿弘農郡　郡名，治所弘農縣，在今河南靈寶。㊿新安　縣名，縣治在今河南新安。㊿甲辰　十二月二十八日。㊿縣正　官名，隋煬帝改縣尉為縣正，掌管一縣治安，糾察奸宄。㊿徇　攻取。㊿乙巳　十二月二十九日。㊿方與　縣名，縣治在今山東魚臺西。㊿廬江郡　郡名，治所合肥縣，在今安徽合肥西。㊿林士弘　（？—西元六二二年）饒州鄱陽（今江西鄱陽）人，曾於隋末起義中，自稱皇帝。傳見《舊唐書》卷五十六、《新唐書》卷八十七。㊿豫章　郡名，治所南昌縣，在今江西南昌。㊿南塘地名，屬南昌縣，在今江西南昌南。66郛郭　外城。67南康　郡名，治所南康縣，在今江西贛州西南。68餘干　縣名，縣治在今江西餘干。

【校記】1先　原作「家」。據章鈺校，十二行本、乙十一行本、孔天胤本皆作「先」，張敦仁《通鑑刊本識誤》、張瑛《通鑑校勘記》同，今據改。2家　原作「本」。據章鈺校，十二行本、乙十一行本皆作「家」，張敦仁《通鑑刊本識誤》同，今據改。按，《通鑑綱目》卷三七上作「家」。3帝　原無此字。據章鈺校，十二行本、乙十一行本、孔天胤本皆有此字，今據補。按，《通鑑綱目》卷三七下有此字。4皆釋之　原無此三字。據章鈺校，十二行本、乙十一行本、孔天胤本皆有此三字，張敦仁《通鑑刊本識誤》、張瑛《通鑑校勘記》同，今據補。按，《通鑑紀事本末》卷二六、《通鑑綱目》卷三七下皆有此三字。5當　原作「宜」。據章鈺校，十二行本、乙十一行本、孔天胤本皆作「當」，今據改。按，《通鑑紀事本末》卷二六、《通鑑綱目》卷三七下皆作「當」。6三千　原作「三錢」。據章鈺校，十二行本、乙十一行本「錢」作「千」。孔天胤本「三」作「千」，張瑛《通鑑校勘記》同，今據改。按，《通鑑綱目》卷三七下「錢」作「千」。

【語譯】河南諸郡全都歸附李密，只有滎陽太守鄅王楊慶、梁郡太守楊汪還為隋朝守城。李密寫信招撫鄅王楊慶，替他陳述利害，並說：「您的先世，家住在山東，原本姓郭，不是楊氏家族。雖然芝草被焚，蕙草也會歎息，您的事情與此不同。」當初，楊慶的祖父元孫早年喪父，跟隨母親郭氏在舅舅家養育長大。等到隋武元帝楊忠跟隨周文帝宇文泰在關中起兵，元孫在鄴城，擔心被北齊高氏殺害，就冒姓郭，所以李密才這樣說。楊慶收到信很惶恐，立即獻出郡城投降李密，又改姓郭。

十二月初七日癸未，恭帝追贈唐王李淵的祖父襄公李虎諡號為景王，父親仁公李昞諡號為元王，李昞的夫人竇氏為穆妃。

薛舉派他的兒子薛仁果侵犯扶風郡，唐弼據守汧源抵抗薛仁果。薛舉派使者招降唐弼，唐弼便殺死自己所立唐王李弘芝，向薛舉請求歸降。薛仁果乘唐弼沒有防備，襲擊並打敗了唐弼，全部吞併了唐弼的部眾。唐弼率領幾百名騎兵逃往扶風郡請求投降，扶風太守竇璡殺了他。薛舉的勢力更加強大，部眾號稱三十萬人，圖謀攻取長安。聽說丞相李淵已經平定長安，便包圍了扶風。李淵派李世民率兵攻打薛舉。又派姜謩、竇軌都從散關出發，安撫隴右，左光祿大夫李孝恭招撫山南，府戶曹張道源招撫崤山以東。李孝恭，是李淵的堂姪。

十二月十七日癸巳，李世民在扶風郡攻打薛仁果，把他打得大敗，追擊逃兵到達壠坻後回軍。薛舉大為恐懼，問他的臣屬說：「自古以來天子有投降的事情嗎？」黃門侍郎錢唐人褚亮說：「趙佗歸附漢朝，劉禪當晉朝的臣子，近世則有蕭琮，他的子孫到現在還享受榮華富貴。轉禍為福的事，自古以來就有。」衛尉卿郝瑗快步上前說：「陛下不該問這種話。褚亮的回答又是多麼荒謬！從前漢高祖經過多次逃亡失敗，蜀漢先主劉備多次失去妻子兒女，他們最終建立了大業。陛下怎麼能因為一次戰役失敗，馬上作亡國的打算呢？」薛舉也後悔了，說：「我不過聊且用這樣的問話試探一下各位罷了。」於是重賞郝瑗，請他為謀主。

十二月十九日乙未，平涼留守張隆，二十一日丁酉，河池太守蕭瑀以及扶風、漢陽郡相繼來投降，李淵任命竇璡為工部尚書、燕國公，蕭瑀為禮部尚書、宋國公。

姜謩、竇軌進軍到長道縣，被薛舉打敗，領軍退還。李淵派遣通議大夫醴泉人劉世讓安撫收容唐弼的殘餘部眾，劉世讓與薛舉遭遇，戰敗，被薛舉俘虜。

李孝恭打敗朱粲，眾部將請求全部殺掉俘虜，李孝恭說：「不行，從此以後，誰還肯投降？」把俘虜都放了。於是從金川到巴蜀，檄文所到之處，投降歸附的有三十多州。

屈突通和劉文靜相持了一個多月，屈突通又派桑顯和夜裡襲擊劉文靜軍營。劉文靜和左光祿大夫段志玄一起竭力苦戰，桑顯和敗逃，劉文靜全部俘獲了桑顯和的部眾，屈突通的處境更加艱難。有人勸說屈突通投降，屈突通流著淚說：「我接連侍奉兩代皇上，恩寵甚厚，吃人家的俸祿而在危難時背叛人家，我不做這樣的事！」他常常摸著自己的脖子說：「終究應當為朝廷挨一刀。」他慰勞鼓勵將士，未曾不痛哭流涕，大家也因此心向著他。丞相李淵派屈突通的家僮去召降，屈突通立刻殺了家僮。等到聽說長安已經失守，家屬都被李淵俘獲，便留下桑顯和鎮守潼關，自己率軍東下，即將奔向洛陽。屈突通剛走，桑顯和就獻出城池投降了劉文靜，劉文靜派竇琮等人率領輕騎兵同桑顯和一起去追趕屈突通，在稠桑追上了。屈突通列陣自守，竇琮派屈突通的兒子屈突壽前去勸說他，屈突通罵道：「你這個賊子怎麼來了？過去我和你是父子，現在我和你是仇敵！」便命令身邊的人用弓箭射屈突壽。桑顯和對屈突通的部眾說：「如今京城已經陷落，你們都是關中人，離去後想到哪裡去呢？」屈突通的部眾都放下武器投降。屈突通知道自己不能脫身，下馬面向東南方向磕頭大哭說：「臣用盡了力量落到這個地步，我不敢辜負國家，天地神靈都是知道的！」軍士抓住屈突通押送長安，李淵任命他為兵部尚書，賜爵為蔣公，兼任秦公李世民元帥府長史。

李淵派屈突通到河東城下招撫曉諭堯君素，堯君素見了屈突通，禁不住悲傷歎息，屈突通也流淚浸溼了衣襟，便對堯君素說：「我軍已經戰敗，義軍旌旗所指之處，沒有不響應的。事勢到了這個地步，您應該及早投降。」堯君素說：「您身為國家大臣，皇上把關中交給您，代王把國家託付給您，為什麼辜負國家活著投降，竟然又為人做說客呢？您所騎的馬，就是代王所賜啊，您還有什麼臉面騎牠呢？」屈突通說：「唉，君素啊，我是力量用盡了才來的。」堯君素說：「現今我的力量還沒有用盡，何必多說？」屈突通羞愧地離開了。

東都的一斗米值三千，餓死的人十成佔了兩三成。

十二月二十四日庚子，王世充的士兵有逃亡去投降李密的，李密問：「王世充在軍中做什麼呢？」降兵回答說：「近來見他擴充招兵，一再犒勞將士，不知其中緣故。」李密對裴仁基說：「我差點落入王世充這個奴才的算計中，裴光祿你知道是什麼緣故嗎？我長時間沒有出兵，王世充的草料糧食即將罄竭，求戰不得，所以招募士兵犒賞將士，想趁月黑昏暗之夜襲擊倉城，我們要盡快防備。」於是命令平原公郝孝德、琅邪公王伯當、齊郡公孟讓率領軍隊分別駐紮在倉城的兩旁等待敵軍。當天夜裡三更時分，王世充的軍隊果然來到，王伯當首先遭遇敵軍，交戰不利，王世充的軍隊立即登城，總管魯儒率軍把敵人打了回去，王伯當又集結軍隊攻擊，王世充大敗，王伯當殺死了王世充的驍將費青奴，士兵戰死溺死的有一千多人。王世充多次與李密交戰，沒有取勝，越王楊侗派使者慰問，王世充訴說兵力太少，多次作戰，疲憊不堪，楊侗給他增加了七萬兵力。

劉文靜等領兵向東攻城略地，奪取了弘農郡，於是平定了新安以西。

十二月二十八日甲辰，李淵派雲陽縣令詹俊、武功縣正李仲袞攻打巴蜀，攻佔了這些地方。

十二月二十九日乙巳，彭與縣的賊帥張善安襲取了廬江郡，趁勢渡江，到豫章郡歸附林士弘。林士弘猜疑張善安，讓張善安在南塘上紮營。張善安懷恨林士弘，偷襲打敗了林士弘，焚燒了豫章郡的外城後離去，林士弘移居南康縣城。蕭銑派他的部將蘇胡兒襲擊豫章，攻下了豫章城，林士弘退守餘干縣。

【研　析】本卷記西元六一七年下半年事，以李淵起兵太原，進據長安，另立自己控制的隋中央政府為主線。茲結合上一卷相關內容，就以下兩個問題作些分析：其一，李淵起兵與「稱臣突厥」，其二，李淵何以能迅速進據長安。

《通鑑》本卷開頭即稱：李淵謀舉兵，「劉文靜勸李淵與突厥相結，資其士馬以益兵勢。淵從之，自為手啓，卑辭厚禮，遺始畢可汗云：『欲大舉義兵，遠迎主上，復與突厥和親，如開皇之時。若能與我俱南，願勿侵暴百姓；若但和親，坐受寶貨，亦唯可汗所擇。』」突厥始畢可汗答應「以兵馬助之」，李淵對此表示疑慮，讓劉文靜、裴寂等再思良策，「寂等乃請尊天子為太上皇，立代王為帝，以安隋室。移檄郡縣，改易旗幟，雜用絳白，以示突厥。」

隋末政亂，突厥復興於草原。《通典》卷一百九十七綜述其事說：「及隋末亂離，中國人歸之者甚眾，又更強盛，勢陵中夏……薛舉、竇建德、王世充、劉武周、梁師都、李軌、高開道之徒，雖僭尊號，俱北面稱臣，受其可汗之號。東自契丹，西盡吐谷渾、高昌諸國，皆臣之。控弦百萬，戎狄之盛，近代未有也。」也就是說，隋末北方群雄，起兵舉事、據地稱王稱帝者，對突厥均以臣屬自處。《通鑑》上卷記本年三月：「梁師都略定雕陰、弘化、延安等郡，遂即皇帝位，國號梁，改元永隆。始畢遺以狼頭纛，號為大度毗伽可汗……始畢以劉武周為定楊天子，梁師都為解事天子，子和為平楊天子，子和固辭不敢當，乃更以為屋利設。」諸人雖自稱皇帝，卻接受突厥的庇護，接受突厥授予的封號，打著突厥人的狼頭旗。李淵欲舉兵，亦得看突厥的臉色行事，親自寫信，「卑辭厚禮」以求獲得始畢可汗的支持，但李淵又不願突厥大兵隨自己南下進入長安，最後商量了一個折衷的辦法，「改易旗幟，雜用絳白，以示突厥。」這究竟是一個什麼辦法，何以李淵認為這不過是一個掩耳盜鈴之舉，卻又不得不加以採用呢？

陳寅恪先生在〈論唐高祖稱臣突厥事〉一文中，對此有精彩的考證。隋朝朝服、旗幟採用絳色，即深紅色，而突厥人的旗幟為白色，所謂旗幟「雜用絳白」，即是李淵舉兵時，既打隋朝的旗幟，也打突厥人的旗幟。「唐高祖之不肯竟改白旗而用調停之法兼以絳雜半續之者，蓋欲表示一部分之獨立而不純服從突厥之意……實表示維持中夏之地位而不純臣服於突厥之意。」就本卷所記我們可以知道，李淵起兵時，與突厥聯絡，甚至願意打突厥的旗幟，本意並不是藉突厥以壯大聲勢，而是防止突厥支持馬邑的「定楊天子」劉武周進攻晉陽，使自己進退失據。在舉兵南下過程中，李淵一方面盡量避免冒犯突厥，一方面又小心翼翼地拒絕大量的突厥軍隊直接參與自己的軍事行動。考察其原因，一來突厥軍隊直接與李淵進入關中，李淵將難以遏止突厥人的搶掠活動，「胡騎入中國，生民之大蠹也」，如此他便難以獲得關中人民的真心擁護；一來突厥軍隊直接參戰，李淵創建政權後，便很難擺脫突厥的控制，形同傀儡，難以在與群雄的爭逐中，佔據道義上的優勢。形勢所迫，必須利用突厥的影響，又為將來考慮，與突厥保持相當的距離，這不能不說是李淵的高明之處。當然，李淵畢竟曾經臣事突厥，這意味著唐朝初年，與突厥的關係將面臨一個艱難的調整過程。

李淵自六月於晉陽舉兵，七月誓眾，兵指長安，僅三萬軍隊。十月底兵圍長安，已有二十萬人，最後幾乎是兵不血刃地奪取長安，在隋末群雄中異軍突起，迅速確立起對全國的號召力。李淵的成功，可以從以下兩個方面加以理解。

首先，李淵本人為隋朝統治集團的核心成員，容易獲得關隴集團的認可。李淵的祖父李虎來自武川，與宇文泰、獨孤信等「以功參佐命」，為西魏最初統兵的六柱國之一，北周建立時，追封為唐國公，李氏家族屬於關隴集團的核心家族，在西魏北周的政治地位，甚至高於楊氏。李淵之父李昞，娶獨孤信第四女為妻，與隋文帝楊堅為連襟，李淵與隋煬帝楊廣，政治上雖是君臣，血緣上則為姑表兄弟。李淵本人七歲時襲封唐國公，其妻竇氏為周武帝之姐襄陽長公主的女兒，也就是說，從血緣上講，李淵又是周武帝的外甥女婿。與周、隋皇室這種千絲萬縷的血緣關係，使李淵在關隴集團中具有天然的政治影響力，在隋末亂局中，他奮而起兵，也就具有得天獨厚的優勢，能夠獲得隋朝統治集團的支持。

其次，李淵從晉陽起事，到進入長安，一直以「尊隋」義舉相號召，宣揚自己的政治目標是恢復隋朝的統治秩序，這使他容易被關中擁隋政治勢力所接受，減少進入長安的阻力。李淵起兵晉陽，召募兵士，「通謂之義兵」，以隋大將軍身分揮師長安，而不是急於獨樹一幟，如劉武周、梁師都輩，直接稱帝，將自己與隋統治集團對立起來。李密致信於他，要求以自己為首進行聯合，共同反隋。李淵表示自己「所以大會義兵，和親北狄，共匡天下，志在尊隋」，並不是要推翻隋朝的統治：「殪商辛於牧野，所不忍言，執子嬰於咸陽，未敢聞命。」圍攻長安前，「屢遣使至城下諭衛文昇等以欲尊隋之意」，因衛文昇堅決不投降，只得攻城，仍下令「毋得犯七廟及代王、宗室，違者夷三族！」取得長安後，以代王楊侑為隋帝，「遙尊煬帝為太上皇」，在煬帝仍在時，不與決裂，同樣有利於籠絡擁隋勢力。

政治目標決定政治手段運用。起兵之初，西河郡不從，李建成、李世民奉命往攻，「近道菜果，非買不食，軍士有竊之者，輒求其主償之，亦不詰竊者，軍士及民皆感悅」，攻下西河後，因守將高德儒曾為討煬帝喜歡，「指野鳥為鸞」而得官，以「義軍」的名義將其處死，「自餘不戮一人，秋毫無犯，各慰撫使復業，遠近聞之大悅。」充分展示了「義軍」的形象，贏得了政治聲譽。「關中豪傑皆企踵以待義兵」，兵至河東，「三輔豪傑至者日以千數」。李淵軍隊進入關中後，「京兆諸縣亦多遣使請降」；「關中士民歸之者如市」；「何潘仁、李仲文、向善志及關中羣盜，皆請降於淵」。長安城雖是攻而克之，但攻佔以後，只處死「貪婪苛酷，且拒義師」的陰世師、骨儀等十幾個人，「餘無所問」。即使是為煬帝堅守河東、「力屈」被俘獲的屈突通，李淵也任命他為兵部尚書，「賜爵蔣公，兼秦公元帥府長史」，從而最大限度的爭取到隋朝原有政治力量的支持。

總之，李淵的政治身分及其舉兵後「尊隋」旗號下的政治舉措，是其能夠順利取隋而代之的根本原因。李淵取隋建唐，如同楊堅代周建隋，只是皇室姓氏變化，政權的政治基礎並沒發生實質性的變化，這正是李唐政權能夠迅速平定隋末群雄，重新恢復統一秩序的關鍵。

◎新譯貞觀政要

許道勳／注譯　陳滿銘／校閱

唐太宗李世民不僅雄才大略，且能任賢納諫，勵精圖治，在位期間政績顯赫，開創了歷史上少有的太平盛世，史稱「貞觀之治」。史臣吳兢鑑於玄宗晚年日漸奢靡，乃「參詳舊史，撮其指要」，編成《貞觀政要》一書獻上，意欲玄宗知所戒惕。書中選錄了唐太宗和四十五位大臣間的言論，通過君臣之間生動而明白的言談，反映了貞觀時期的人倫之紀和軍國之政，可作為有國有家者政教之典範。其中所彰顯的安本治國之道，至今仍是不易之理，值得讀者用心探究。

◎新譯水經注

陳橋驛、葉光庭／注譯

《水經注》是一部以記載河道水系為主的綜合性地理巨作。全書以《水經》為綱，不僅逐一細述各河流、湖泊等水系的源頭、流程與歸宿，並於相關流域內的地貌氣候、水利土壤、名勝古蹟、地理沿革等，都有詳盡的記載，在中國地理學、考古學、水利學的研究上，具有重要地位。其華美的文字和高明的寫作技巧，更被譽為中國山水寫景的太上之作。本書各篇題解提綱挈領，注譯通俗易曉，篇後並有研析重點解說，不僅有助於一般讀者閱讀，也便於學術界研究參考。

◎新譯東京夢華錄

嚴文儒／注譯　侯迺慧／校閱

《東京夢華錄》可說是一本「文字版的清明上河圖」，所記為宋徽宗時期北宋都城東京開封的方方面面，描繪其間上至王公貴族、下及庶民百姓的日常生活情景，是研究北宋都市社會生活、經濟文化的重要歷史文獻。本書正文以黃丕烈舊藏元刊明印本為底本，參校其他善本，改正部分訛誤，注釋、語譯則吸取了近年相關研究的最新成果，並在「研析」中對於內文的重要章節，從歷史、文化等方面作了評說。

◎新譯徐霞客遊記　黃珅／注譯　黃志民／校閱

人間第一奇境，必待第一奇才來領略，徐霞客正是「天留名壤待名人」的最佳寫照。他將一生遊覽觀察的經歷，化為文字走筆成書，規模宏大、博辨詳考，可說是劃時代的地理巨著。本書是現代學者首次將徐霞客的遊記作較全面的呈現，注釋及語譯皆力求詳瞻精實，評析部分則以徐霞客及其自然觀、藝術觀為中心，深入剖析遊記中所顯示的人與自然的關係。